William Hepworth Dixon
Neu Amerika – Ein Augenzeugenbericht.
Kultur und Leben im 19. Jahrhundert

SEVERUS Verlag

ISBN: 978-3-95801-668-2
Druck: SEVERUS Verlag, 2017
Nachdruck der Originalausgabe von 1868
Coverbild: Coverbild: www.pixabay.com

Satz und Lektorat: Amelie Bölscher

Der SEVERUS Verlag ist ein Imprint der Diplomica Verlag GmbH.
Bibliografische Information der Deutschen Nationalbibliothek:
Die Deutsche Nationalbibliothek verzeichnet diese Publikation in der Deutschen National-
bibliografie; detaillierte bibliografische Daten sind im Internet über http://dnb.d-nb.de
abrufbar.

© SEVERUS Verlag, 2017
http://www.severus-verlag.de
Printed in Germany
Alle Rechte vorbehalten.
Der SEVERUS Verlag übernimmt keine juristische Verantwortung oder irgendeine Ha
für evtl. fehlerhafte Angaben und deren Folgen.

William Hepworth Dixon

# Neu Amerika – Ein Augenzeugenbericht
## Kultur und Leben im 19. Jahrhundert

**Editorische Notiz**

Der Text der vorliegenden Edition folgt der Ausgabe:
William Hepworth Dixon: Neu Amerika – Ein Augenzeugenbericht, Verlag Hermann Costenoble, Jena, 1868.
Der Text wurde aus Fraktur übertragen. Die Orthographie wurde behutsam modernisiert, grammatikalische Eigenheiten bleiben gewahrt. Die Interpunktion folgt der Druckvorlage. Der Inhalt ist im historischen Kontext zu lesen.

# Inhalt

Vorwort ...................................................................................5
Anmerkungen zur sechsten Auflage ........................................6
Anmerkung zur siebenten Auflage .........................................11
Das Land im Westen ..............................................................13
Das blutende Kansas ..............................................................22
Die Überlandpost....................................................................30
Die Prärien .............................................................................39
Die Prärie-Indianer .................................................................47
Der rote Mann ........................................................................53
Indianer-Leben .......................................................................61
Die Beförderung der Post .......................................................69
Rote Gemeinden .....................................................................77
Die Indianer-Frage .................................................................83
Die Stadt der Ebenen ..............................................................90
Prärie-Justiz ............................................................................99
Sierra madre .........................................................................104
Bitter Creek ..........................................................................113
Das Herabsteigen von den Bergen .......................................121
Das neue Jerusalem ..............................................................128
Das Mormonen-Theater .......................................................137
Der Tempel ...........................................................................144
Die beiden Seher ..................................................................150
Die Flucht aus der Knechtschaft ..........................................156
Die Niederlassung in Utah ...................................................161
Arbeit und Glaube ................................................................167
Missionsarbeit ......................................................................172

Das mormonische Licht ...................................................................178
Weltliche Bestimmungen ................................................................183
Hohe Politik......................................................................................189
Die Ehe in Utah................................................................................195
Polygamische Gesellschaft...............................................................202
Die Lehre von den Pluralitäten.........................................................207
Das große Schisma...........................................................................215
Das Siegeln......................................................................................220
Die Frauen am Salzsee .....................................................................226
Die republikanische Platform...........................................................235
Onkel Sam's Besitzung ....................................................................241
Die vier Rassen.................................................................................247
Die Geschlechter ..............................................................................254
Die Damen........................................................................................262
Squatter-Frauen ................................................................................268
Weibliche Politik ..............................................................................274
Männer und Frauen ..........................................................................281
Das Hausrecht ..................................................................................286
Der Berg Libanon.............................................................................293
Das Haus eines Zitterers...................................................................300
Die Zitterer-Gemeinde .....................................................................308
Mutter Anna......................................................................................315
Der Zustand der Auferstehung .........................................................323
Geistige Zyklen ................................................................................331
Spiritualismus...................................................................................339
Seherinnen........................................................................................350
Gleiche Rechte .................................................................................356
Die harmlosen Leute ........................................................................362
Die Revolution der Frauen ...............................................................369
Oneida-Bach.....................................................................................378
Heiligkeit..........................................................................................386

Eine Bibel-Familie ................................................................. 392
Neue Grundlagen ................................................................. 401
Pantagamie ......................................................................... 408
Jung Amerika ...................................................................... 414
Sitten .................................................................................. 420
Freiheiten ........................................................................... 427
Gesetz und Rechtspflege ..................................................... 433
Politik ................................................................................ 438
Norden und Süden .............................................................. 446
Farbe .................................................................................. 453
Rekonstruktion ................................................................... 463
Union ................................................................................. 472

*Hauptstraße in der Salzsee-Stadt*

# Vorwort

Das Studium der Vergangenheit, womit ich mich längere Zeit beschäftigt hatte, führte mich im vergangenen Sommer zu dem James Fluss und dem Plymouth Rock.

Ich zog aus, eine alte Welt zu suchen, und fand eine neue.

Im Osten, Westen, Norden und Süden stieß ich auf neue Gedanken, neue Unternehmungen, neue Auffassungen, kurz auf ein neues Amerika. Die Männer, welche diesen freien Staat gründeten, – – die edelste Tat, welche England je in der Geschichte *errungen* hat – wurden durch zwei große Leidenschaften dazu angeregt: große Freiheitsliebe und ein tiefes, religiöses Gefühl. In unserer großen „Pflanzung" aber sind Freiheit und Religion eine Macht, welche „zu Hause" im sozialen wie im häuslichen Leben ungekannt ist.

Inmitten von wohlbegründeten gesellschaftlichen Kreisen und konservativen Kirchen finden wir oft die eigentümlichsten Doktrinen und kühnsten Versuche, und nur durch genaue Beobachtung der in ihnen wirkenden Kräfte fangen wir an, die Stärke solcher Gesellschaften und Kirchen richtig zu beurteilen.

Was ich an Veränderungen, welche jetzt bei Männern und Frauen unter dem Einflusse dieser Hauptleidenschaften sich zeigen, habe beobachten können, das ist in nachstehenden Seiten dargestellt.

*St. James Terrasse, am Neujahrstage 1867.*

## Anmerkungen zur sechsten Auflage

Von Vater Rones, dem Gründer des Bibel-Kommunismus, habe ich eine Kritik meiner Beschreibung der Bibel-Familie in Oneida erhalten, welche zunächst an seine eigenen Anhänger gerichtet ist. Da er und seine Leute glauben, dass ich in „meiner Hitze und Eile", wie sie sich ausdrücken, ihnen Unrecht getan habe, so will ich versuchen, dem von mir vorgeblich irregeleiteten Publikum die Beschwerdepunkte mit mir nötig erscheinenden Bemerkungen vorzulegen. –

Nach Aufführung meines Berichtes über die Gelegenheit, welche ich gehabt, genaue Kenntnis von Oneida zu erhalten, bemerkt Herr Noyes: „Er hatte die Gelegenheit, welche er bezeichnet; es ist aber augenscheinlich, dass er, aus irgend einem Grunde, das, was er hörte, nicht recht verdaute."

Herr Noyes macht es sich nun sehr leicht, meine schlechte Verdauung zu erklären, und seine Auseinandersetzung wird wahrscheinlich dem Leser ebenso merkwürdig wie mir erscheinen.

„Ich bin versucht", sagt nämlich dieser Lehrer der Frömmigkeit weiter, „zu glauben, dass buchstäblich Verdauungsbeschwerden mit der Färbung, welche feine Ansichten über uns angenommen, etwas zu tun hatten. Um die Wahrheit zu sagen: *unsere Lebensweise behagte ihm nicht.*

Wir hatten keinen Tee, keinen Kaffee, kein Fleisch, keinen Wein. Dies nennt ein munterer Engländer unerträgliches Fasten. Die Quäker und Mormonen behandelten seinen Magen besser.

Nach der ersten Nacht, welche er bei uns zubrachte, hatte er arge Kopfschmerzen. Ich bemerkte, dass ‚eine Schraube los war'. Als ich ihn darum befragte, gestand er, dass er durch unsere magere Kost abgespannt sei. Mit allem Eifer ging ich daran, dies wieder gut zu machen; ich schickte nach Tee, Kaffee und Rindfleisch, und setzte ihm den besten Wein vor, welchen wir hatten. Ich muss ihm beistimmen, es war nur schlechtes Zeug. Aber es war zu spät. Die ‚Chemie seines Besuches' war gestört, und ich fürchte, dass etwas von dieser Störung in sein Buch gekommen ist. Wir müssen es als eine scharfe Beurteilung unseres unglücklichen Mangels an Beobachtungsgabe und der geringen Geschicklichkeit in unseren Versuchen, gastfreundlich zu sein, hinnehmen."

Alles was Herr Noyes hier erzählt, mag unbestritten wahr sein, obschon ich mich nicht genau mehr darauf besinnen kann, an jenem Morgen besonderes Kopfweh gehabt zu haben. Ich kann umso weniger leugnen, dass die „Chemie meines Besuches" gestört war, als ich auch nicht den geringsten Begriff davon habe, was er mit der „Chemie meines Besuches" in Oneida meint.

Herr Noyes gibt die Erklärung ab, dass meine Mitteilungen über die Bibel-Kommunisten als meine eigenen betrachtet werden müssten, und nicht als von ihm ausgehend. Das ist gerade das, was ich wünsche und erwarte.

Eine Beschreibung seiner Einrichtungen von seinem eigenen Gesichtspunkte aus, würde wahrscheinlich viele Personen interessieren. Ich glaube nicht, dass ein Leser von „Neu Amerika" mein Familienbild von Oneida als eine offizielle Skizze betrachten wird.

Herr Noyes beklagt sich, dass „ein ernstlicher Mangel" in meiner Beschreibung von Oneida die Abwesenheit jeder genauen Erklärung seiner „hauptsächlichsten wissenschaftlichen Entdeckung", der Lehre von der Enthaltsamkeit der Männer, ist. Es geschah dies absichtlich. Ich habe diese „wissenschaftliche Entdeckung" dem Professor Huxley und anderen Physiologen unter meinen Freunden erklärt, bezweifle aber, ob es gut sein würde, mehr zu tun, da man, nach meiner unmaßgeblichen Anschauung, noch kaum darauf vorbereitet sein dürfte, in einem populär gehaltenen Werke solche Andeutungen zu finden. Es mag indessen wahr sein, was Herr Noyes sagt, dass „dies das erste Prinzip unseres Kommunismus, theoretisch sowohl wie historisch, ist, und dass ohne dasselbe keine Ehe bestehen kann."

Herr Noyes bemerkt, dass ich von ihm als den „Propheten" und von seinen Anhängern als den „Heiligen" spräche; das erstere sei ein Wort, welches sie nie gebrauchten, und der andern Bezeichnung hätten sie sich früher bedient, sie jetzt aber wieder abgeschafft. „Ich sagte ihm ausdrücklich, dass ich in der Gemeinde als Herr Noyes bekannt sei, zuweilen auch als Vater Noyes, dass ich aber keinen offiziellen Namen habe."

Diese Frage ist nicht wichtig, und Herr Noyes legt ihr auch keinen besonderen Wert bei. Wenn ich durch den Gebrauch eines anstößigen Wortes seinen Gefühlen wehe getan habe, so tut mir das sehr leid. Ich habe nur darauf zu erwidern, dass ich diese Namen von meinen Freunden in Neu-England gehört habe, und dass ich sie zur näheren Bezeichnung benutzte; durchaus aber nicht in der Absicht, diese eigentümlichen Leutchen „zu karikieren." In den späteren Ausgaben von „Neu Amerika" ist das Wort „Prophet" im Texte bereits durch das Wort „Prediger" ersetzt.

Was nun folgt, ist von größerer Wichtigkeit.

Herr Noyes protestiert dagegen, dass meine Beschreibung seiner Heirat die Ansicht verbreiten könne, dass er arm sei und seine Frau nur des Geldes wegen gesucht habe.

Meine Erzählung gibt zu diesem Glauben allerdings Anlass, und wenn ich den Fehler begangen und geglaubt, dass das von Herrn Noyes selbst so dargestellt worden sei, so werde ich sehr schnell und gutwillig meinen Fehler bekennen und ihn deshalb um Verzeihung bitten.

„Dixon hat Henriette nie gesehen", sagt Herr Noyes. „Glaubt er, dass, wenn ich töricht oder gottlos genug gewesen wäre, eine Frau ihres Geldes wegen zu heiraten, ich auch das wunderbare Glück gehabt haben würde, die beste Frau in der Welt zu erhalten, und den guten Geschmack, es dann später herauszufinden und eine Liebesheirat daraus zu machen, um ‚in Frieden zu leben', wie die alte Erzählung sagt, ‚und um in einem Fetttopfe zu sterben'? Wenn er alle die Briefe aus der Zeit unserer Brautschaft gelesen hätte und dem Pfade unseres ehelichen Lebens bis jetzt gefolgt wäre, so würde er gewusst haben, dass Henriette A. auf allen meinen Lebenswegen und vom Anfange bis zum Ende die Josephine meines Glückes gewesen, und dass ihr Geld das geringste Item des Wertes ist, weshalb ich sie heiratete und weshalb ich sie noch liebe."

Nun will ich, weil es bestritten werden kann, alles das unberührt lassen, was mir, so viel ich mich entsinnen kann, Herr Noyes bei Gelegenheit meines Besuches in Oneida Creek über seine Vergangenheit, seine Liebesbewerbung und seine Heirat selbst gesagt hat; mich dagegen aber an seine eigenen Worte halten, welche er in seinem eigenen offiziellen Organe (von dem er mir ein Exemplar selbst gegeben) veröffentlicht hat.

Im „Circular" vom 8. Januar 1866 ist ein Artikel aus der Feder des Herrn Noyes unter dem Titel: „Ein finanzieller Roman", worin er seine Stellung zur Zeit seiner Heirat beschreibt, die Gründe anführt, welche ihn bestimmten, dem Fräulein Holton seine Hand anzubieten, und die pekuniären Vorteile erwähnt, welche ihm dadurch erwuchsen, dass sie seinen Antrag angenommen hat. In diesem Artikel sagt er: „Ich schuldete alles in allem meinem Wirt für Kost und Logis und dem Buchdrucker gegen achtzig Taler. Ich hatte nicht die entfernteste Idee, wie ich aus diesem Zustande herauskommen sollte. Aber als ich eines Tages meine Briefe öffnete, fand ich einen, welcher gerade achtzig Taler enthielt. Dieser Brief kam von Henriette A. Holton, welche jetzt Henriette A. Noyes ist. Sie schickte das Geld aus Inspiration, und hatte diese von ihrem Großvater auf eine Art, welche sie für wunderbar hielt, empfangen. Mit diesem Gelde bezahlte ich meine Schulden."

Diese Nachricht über die Not des „Predigers" habe ich mir notiert und sie bei meiner Beschreibung benutzt.

Weiterhin sagt Herr Noyes: „Im Frühling ging ich nach Putney. Hier sah ich Henriette A. Holton, die junge Dame, welche mir achtzig Taler geschickt hatte, als ich in Ithaka war. Ich fand, dass sie mir glaubte und mir Vertrauen schenkte. – Wir fühlten keine besondere sentimentale Liebe zu einander. Sie hatte meine Aufsätze gelesen, welche ich im New Haven Perfectionist veröffentlicht hatte, und in ihrem Herzen die Wahrheit aufgenommen; sie fühlte Respekt vor mir und hielt mich für einen Mann Gottes. – Ich schrieb ihr bald darauf einen Brief, in welchem ich ihr die Ehe unter solchen Bedingungen, welche mit den sozialen Prinzipien unserer Gemeinde vereinbar waren, anbot."

Dies ward ebenfalls von mir notiert und benutzt.

„Durch diese Heirat erhielt ich, außer ihr selbst und der guten gesellschaftlichen Stellung, welche sie, als einer der ersten Familien in Vermont angehörig, einnahm, Geld genug, um mir ein Haus und eine Druckerei zu bauen, und eine Presse und Typen zu kaufen, mit denen ich zu arbeiten anfangen konnte. Wir kauften die Presse und die Typen in den ersten drei Wochen unserer Verehelichung, und begannen das Werk zu veröffentlichen. Ihr Großvater gab uns Geld genug, um etwa sechs Jahre bis zu seinem Tode leben zu können und dann empfing sie, als sein Erbe, neuntausend Taler. Alles in allem haben wir von ihm nicht weniger als sechszehntausend Taler empfangen."

Diese Worte sind meine Bürgen dafür, dass ich gesagt habe, Herr Noyes habe kein Geheimnis daraus gemacht, dass er Miss Holton ihres Geldes wegen geheiratet habe. In demselben Artikel sagt er noch einmal: „Es war die Wahrheit, welche Henriette Holton zu mir zog, *es war die Zeitung, welche sie heiratete*."

Im Grunde genommen ist es gerade das, was ich sagte. Er macht kein Geheimnis daraus, dass er Henriette ihres Geldes wegen heiratete; um seine eigenen Worte zu gebrauchen, „sie ward ihm als Belohnung dafür gegeben, dass er die Wahrheit predigte."

Ich verlasse diese Kritik in vollständig guter Laune und um ihm zu zeigen, dass ich das tue, zitiere ich, für einen größeren als für das Circular erreichbaren Kreis, seine Ansicht über den allgemeinen Zweck meines Werkes: „Ist es gut? Ist es wahrheitsgetreu? Wird es dem neuen Amerika und der neuen Welt dazu verhelfen, der ‚guten Zeit' entgegen zu gehen? Ja, in einer Hinsicht wenigstens ist es ein Wort zur guten Stunde. *Es kündigt die nächste Vorstellung an. Die Prüfung des Sklaventums* ist während der letzten dreißig Jahre auf der Bühne gewesen. Seine Katastrophe ist gekommen. Es ist ausgespielt. Der Vorhang ist gefallen. Dixon schreitet, wie ein tüchtiger Direktor, in den Vordergrund der Bühne und sagt zu ganz Amerika, und vielleicht auch zur ganzen Welt: „Meine Damen und Herren! Die nächste Vorstellung wird sein: ‚*Die Prüfung der Ehe*'."

Dies ist Vater Noyes' Ansicht; ich brauche nicht hinzu setzen, dass er allein die seinige ausspricht, nicht die meine.

Den 9. März 1867.

## Anmerkung zur siebenten Auflage

Diese Auflage von „Neu Amerika" ist sorgfältig durchgesehen worden; einige Namen und Daten sind abgeändert, und der Text hat jetzt, wie ich hoffe, seine endliche Gestalt angenommen.

*Den 20. Mai 1867.*

## 1. Das Land im Westen

„Vermute, diese Yankees müssen auf dieser Seite des Flusses die Augen offen halten; sie müssten es denn gerade lieben, ihre Augenzähne ausziehen zu lassen – heh, Richter?"

Der Mann, welcher so als Richter angeredet wurde, erhebt sein Kinn aus einer Schüssel Maisbrei und Salzfleisch, sieht zuerst mich und dann meinen Reisegefährten an, blinzelt mit einem Auge nach rechts und nach links, und sagt langsam: „Vermute, ihr habt Recht da, Scheriff."

Da dies über die Tafel eines kleinen Hotels in der Stadt Atchison gesprochen wird – das einzige Wunder bei diesem Hotel ist der Umstand, dass ein so kleiner Platz so viel Schmutz fassen und so viel Ungeziefer ernähren kann – so möchte dieser legale Witz einige Worte der Erklärung bedürfen.

Die Yankees, welche hier vom Scheriff gewarnt werden, die Augen offen zu halten, um sich nicht der Gefahr auszusetzen, ihre Augenzähne zu verlieren, sind mein Freund Charles W. Dilke und ich, zwei Männer von unzweifelhaft englischer Geburt und englischem Blute.

Englische Gesichter sieht man nicht alle Tage im Staate Kansas und diese Jungen im Westen (jeder Mann, welcher jenseits des Missouri wohnt, ist ein Junge, gerade wie jedes Frauenzimmer selbstverständlich bei ihnen eine Lady ist) haben nur unklare Begriffe von Ethnologie und Akzent, und nennen jedermann, welcher mit einem weißen Gesicht und ohne Bowiemesser über den Fluss kommt, einen Yankee, einen Reisenden aus den Staaten von Neu-England, welcher Goldstaub, reserviertes Land und Eckparzellen sucht. „Der Fluss" ist der Missouri, welcher hier zwischen dem bewohnten Staate dieses Namens und der wilden, unbewohnten Gegend fließt, welche auf den Karten Kansas genannt wird, in Poesie und Dichtung aber das blutende Kansas heißt. Einem Jungen im Westen ist der Missouri die Themse, der Rhein und die Seine; sein Strom für Handel, Schönheit,

Luxus und Kunst, und jeder Mann und jede Frau, das heißt jeder Junge und jede Lady, welche in den westlichen Hochländern jenseits dieses bewaldeten und steilen Ufers wohnen, sagen auch, dass sie hinunter zum Flusse gehen, gerade wie sich ein Bauer der Picardie damit rühmt, dass er nach Paris geht, oder wie ein Krämer von Marylebone von einem Abstecher nach Brighton oder der Insel Wight spricht.

Der Fluss scheidet ihn, wie er sagt, vom Osten, *von den Staaten*; und der gewöhnliche Scherz, den man überall, von Atchison bis nach dem Salzsee hört, ist, dass ein Mann, welcher über den Missouri geht, einen Ausflug nach Amerika macht.

In seinen hohen Stiefeln, mit seinem ins Gesicht gedrückten Hute, seinem Gürtel, seiner Büffelhaut, mit seinem Bowiemesser und seinem Sechsläufer fühlt der Junge des Westens für die unbewaffneten, nüchternen, nichts unternehmenden Leute, welche auf dem entgegengesetzten Ufer des Flusses wohnen, die stolze Verachtung, welche ein Araber jenseits des Jordan für die Bewohner von Galiläa nährt, mit der Beimischung von wildem Hasse, welchen ein rechts vom Duero wohnender spanischer Hidalgo für die portugiesischen Hausierer fühlt, welche an dem westlichen Ufer herumkriechen.

Was nun endlich die Frage über das Herausnehmen des Augenzahnes betrifft, so habe ich darüber meine ganz besondere Anschauung. Vor fünf oder sechs Jahren besuchte ich meinen alten Freund Landor in seinem Hause in Florenz, und gab ihm meine Freude zu erkennen, dass er so gesund und munter aussah (er war damals vierundachtzig Jahre alt). Auf meine Glückwünsche erwiderte er die bemerkenswerten Worte: „Mein lieber Freund, schweige davon, ich habe vier Zähne verloren!" Als ich darüber lächelte, fügte der Veteran hinzu: „Lache nicht darüber, ich hätte lieber meinen ganzen Verstand verloren, als einen meiner Zähne."

Nun mag ich nicht gerade ganz so weit gehen, als Landor, obschon die Drohung, *nolens volens* einen Augenzahn herausgenommen zu haben, einen Heiligen außer Fassung bringen dürfte; aber wir sind „jenseits des Jordan" und auf diesem Flussufer müssen wir uns in das Unvermeidliche fügen.

Gestern in aller Frühe, an einem schwülen Augustmorgen, verließen wir St. Louis, eine schöne und tätige Stadt voll wilden, ungestümen Lebens, halb sächsisch, halb lateinisch; eine Stadt, welche durch einen panischen Schrecken, wie er bisweilen Kairo und Aleppo zur Zeit der Pest betrifft, fürchterlich heimgesucht worden war.

Die Cholera hat in einem der heißesten Monate – in der Hitze einer großen, tief in dem Abzugsgraben eines großen Kontinents liegenden Ebene, welche dreihundert Meilen von den nächsten Hügeln, achthundert Meilen von einer Gebirgskette entfernt ist – zahllose Opfer von den Kaien, an denen die armen Irländer arbeiten, und den Hütten, in denen die sorglosen Neger wohnen, hinweggerafft. In diesem Jahre bildete sich keine Howard-Gesellschaft, um die Armen, wie bei einer früheren Heimsuchung der Pest, zu unterstützen. Damals begaben sich fünfzehnhundert junge, kräftige Männer mit allem Eifer an das helfende Werk; Nichts war getan, um einer Kalamität zu begegnen, welche eine Stadt, die, wie St. Louis, auf einem der tiefsten Abzugskanäle der Welt erbaut ist, öfters heimsuchen kann. Mit einem Mangel an Umsicht, wie er jenseits der Mauern von Gotham kaum seines Gleichen finden dürfte, hatte der Magistrat aufgehört, tägliche Listen der Toten zu veröffentlichen, deren Zahl nur nach den Leichenzügen, welche durch die Stadt ihren Weg nahmen, und nach dem Register der Begräbnisse auf zehn oder zwölf sehr beschäftigten Kirchhöfen erraten werden konnte. – Die Zahl der Todesfälle war ganz bedeutend und ward wesentlich noch durch die Arithmetik der Furcht vergrößert. In jeder Straße brannten Feuer; kalt ward in jede Schleuse massenhaft geworfen; kein Mensch wagte sich in ein öffentliches Fuhrwerk; schreckliche Geschichten, Ausgeburten des Gehirns eines Südländers, flüsterte man sich ins Ohr. Man hörte da, dass alle Beamte von den Kirchhöfen geflohen seien, selbst Mörder und Verbrecher, denen man Begnadigung versprochen, wenn sie die Opfer der Cholera begraben würden, seien nicht zum Bleiben zu bewegen gewesen; dass die unbeerdigten Leichen in Haufen auf der Insel lägen; dass Särge und Leichentücher von den Flüchtigen in Brand gesteckt würden, und dass tausend namenlose Schrecknisse in den Totenhäusern und auf den Kirchhöfen begangen worden seien.

Die Totenglocken läuteten Tag und Nacht. Wir hatten die Stadt zeitig verlassen. Der Mittag sah uns Trauben pflückend und Melonen essend in Macon, Mitternacht brachte uns nach St. Joseph (scherzweise St. Joe genannt) am Missouri, einige Dutzend Meilen oberhalb Atchison, und natürlich auf dem östlichen Ufer.

Gegen zwei Uhr des Nachts kamen wir an das Ende unseres Schienenweges, wo selbst der Wagen, in welchem wir fuhren, seinen Inhalt in ein Feld entleerte, welches keine besondere Lokalität vorstellte, sondern ein Stück von Stinkkraut überwucherten, wüsten Landes war und in einer Gegend lag, von welcher man allgemein annahm, dass eine Fähre in der Nähe sei. Als wir an der letzten Planke der Eisenbahn anlangten, war die Nacht kühl und frostig, und es war uns angenehm, den Ruf des Laufburschen vom Hotel zu hören (jeder Tölpel heißt hier ein Laufbursche): „Wünscht jemand nach Planter's Hotel?" Ja, wir sehnten uns alle nach Planter's Hotel und darum eilten wir mit unseren Reisetaschen, Stöcken, Tüchern und Überziehern nach einem Omnibus, welcher an der Planke bereit stand uns aufzunehmen. Ha! Was für ein Ungetüm lag da zu unseren Füßen? Etwas wie ein großer schwarzer Hund schlief auf dem Boden, der, sobald wir die Türe eindrückten, zu schnarchen und zu strampeln anfing.

Für einen Hund schien es zu groß zu sein, vielleicht war es ein Bulle, welcher die Türe gefunden und aus der Kühle des Missouri hier hereingekrochen war.

Jetzt fing es an zu schwören, solche Fläche, wie sie nur Onkel Toby in Flandern hörte, und als es zum Bewusstsein erwacht war, stellte es sich heraus, dass das fremde Tier der Fuhrmann war, welcher sich in eine Büffelhaut gerollt und verborgen hatte und hier schnarchte.

Wir nahmen mit einem halben Dutzend ebenso schlaftrunkenen Wichten, wie wir selbst waren, unsere Plätze ein, riefen „Alles in Ordnung" und hießen den Fuhrmann fortfahren.

„Vermute, Sie werden auf die Fähre warten?", sagte dieser mit einer Ladung von Bei- und Scheltworten, welche Damen und Geistliche als stark gewürzt bezeichnen würden.

„Wann wird die Fähre herüberkommen?", fragte jemand.

„Na, ich vermute gegen sieben Uhr." Es war jetzt um zwei Uhr, die Nacht rau und kalt, der Omnibus gepfropft voll Passagiere und wir lagen auf offenem Felde. Wir rüttelten den Laufburschen aus dem Schlafe – er sowohl wie der Fuhrmann waren in den bequemsten Ecken unseres Wagens wieder eingenickt –und hörten, dass man gerade hier in einem Ruderboote über den Fluss kommen könnte, wenn man es wagen wollte. Es wagen!?

Dahin plackten wir uns durch das Stinkkraut, unsere Habseligkeiten schleppend, da uns dieselben niemand bis zum Flusse tragen wollte; wir fühlten, dass wir am Ufer standen, hörten das Rauschen des Stromes und riefen nach dem gegenüberliegenden steilen Ufer um Hilfe. –

Das Ufer war abschüssig und weich, der schwarze Lehm schlüpfte unter unseren Füßen weg, und auf der dahin eilenden brausenden Flut lag ein dichter gelber Nebel.

Auf den gegenüberliegenden Höhen konnten wir die Außenlinien einer kleinen Stadt unterscheiden; einige weiße Häuser lagen hier und dort zerstreut, und unterhalb derselben traten die dunklen Konturen des Flussufers hervor.

Wo aber war das Ruderboot?

Nicht auf unserer Seite des Flusses; denn Bill, der Fährmann, wohnte unbeweibt in seiner Hütte auf der Kansasseite, und ein Yex! Yex! ein Schlachtschrei, den der Laufbursche ausstieß, und der genug gewesen wäre, die Siebenschläfer aus ihrer Verzückung zu erwecken, kam nur als Echo von den Kansas-Höhen zu uns zurück. Mit ihm kam kein Boot herüber, und nachdem wir uns ungefähr eine Stunde in der Nähe des Wassers herumgetrieben hatten, sahen wir den Nebel dichter werden und bildeten uns ein, der Strom würde breiter. Wir wandten uns weg vom schmutzigen Ufer und waren nicht gerade unangenehm berührt, dass unser Schlachtgeschrei des Bootsmanns Ruhe nicht zu stören vermocht hatte.

Als wir zurück zum Omnibus kamen, fanden wir den Fuhrmann in der Ecke schnarchend. Nie werden wir die Salven von Flüchen vergessen, welche er während der nächsten vier Stunden abfeuerte; es sei jedoch auch der rauen, aber wohlgemeinten Freundlichkeit gedacht, mit welcher er uns eine seiner wollenen Decken und seine Büffelhaut aufnötigte.

Mein Freund legte sich hin und schlief; der Schlaf übermannt uns leicht in der Jugend; ich selbst lief auf der Planke hin und her, machte einen zweiten Spaziergang nach dem Flusse, beobachtete, wie die Sterne nach und nach erblassten, schimpfte auf das Stinkkraut und rauchte eine Zigarre.

Um sieben Uhr kam die Fähre herübergedampft; um acht Uhr saßen wir bei Tische in „Planter's Hotel", mitten unter den rohen Aristokraten von Kansas, einer „muntern Sorte von Hunden", jeder Hund mit einem Bowiemesser in seiner Tasche und mit einem Sechsläufer im Gürtel.

„Können Sie mir sagen, mein Herr, um welche Stunde die Überlandpost von Atchison nach dem Salzsee geht?", war die einfache Frage, worauf, wie wir oben hörten, der Scheriff mit der Vermutung antwortete, dass unser Augenzahn in Kansas wohl nicht sicher sein würde. Ich nahm die Antwort nicht so schnell auf, als ich wohl hätte tun können, sah dem Manne fest ins Gesicht und wiederholte meine Frage, diesmal mit ganz besonderer Betonung, worauf die Gesellschaft in ein satanisches Gelächter ausbrach.

Dann hören wir vom Richter, dass die Überlandpost (um mit dieser zu reisen, sind wir, auf unserem Wege nach Denver und dem Salzsee, von St. Louis nach Atchison, ihrem Ausgangspunkte, gekommen) aufgehört habe, auf der Platteroute zu gehen, und dass die Beamten und Wagen den Fluss hinab nach Leavenworth geschickt worden seien, von wo die Post in Zukunft auf einem leichteren und sichereren Wege über die Ebenen expediert werden solle.

Post, Postagent, Inventar, Maultiere, Wagen, alles ist den Fluss hinab nach Leavenworth geschafft, und es bleibt uns keine andere Wahl übrig, als unsere Habseligkeiten aufzunehmen und ihnen zu folgen.

Diese Leute machten sich mit einer Art von Galgenhumor auf unsere Kosten lustig; denn die Wegnahme der Überlandpost von Atchison nach Leavenworth ist ein harter Schlag für ihre Stadt, so dass es den Leuten, welche ihr Geld darin stecken haben und die dabei entweder stehen oder damit fallen müssen, wohl vergeben werden kann, wenn sie es nicht gerade als einen Scherz betrachten.

Da wir als ihre Unglücksgefährten angesehen werden, so erwartet man in der Stadt, dass wir uns im Allgemeinen als Opfer einer Verschwörung betrachten und tun, als ob wir mindestens einen unserer Augenzähne verloren hätten.

Mit Hunderten von Redensarten sagt man uns, dass die Post die beste Route durch die Prärien, der schlechtesten wegen, aufgegeben habe. Die Platteroute, hören wir, ist sicher und bequem; eine gute Straße, gute Tiere und gute Stationen; die Militärposten auf derselben sind stark und die Indianer durchweg dem weißen Manne freundlich gesinnt.

Mit einem Worte, es ist *die* Route.

Die neue Route heißt die Smoky Hill Route, so genannt nach dem Nebel, der sich auf Hunderten von Meilen auf derselben hinzieht.

„Na, meine Herren", sagte der Scheriff, „Sie werden es sehen und dann selbst urteilen. Vielleicht lieben Sie es, Ihren noch verbleibenden Augenzahn herzugeben." Einer dieser Bürger nimmt eine Zeitung neueren Datums aus seiner Tasche und liest Nachrichten aus derselben von der Gegend um Smoky Hill vor. Es ist da erzählt, wie „der schwarze Kessel", „die römische Nase", „der gefleckte Hund" und einige andere würdige Repräsentanten der roten Rasse auf dem Kriegspfade wandeln; es ist da beschrieben, wie dieser oder jener einsame Rancho geplündert und von den Cheyennen in Brand gesteckt worden ist; und sie gibt Listen von Weißen, welche durch diese Wilden getötet wurden. Aus derselben Zeitung lernen wir, dass der Stand der Dinge im Norden eher noch schlimmer ist, als besser.

Eine Anzahl Weißer kamen den Missouri herunter, wurden von den Schwarzfuß-Indianern angegriffen, welche Schüsse mit ihnen wechselten und ihnen nachschwammen. Durch die Schnelligkeit aber, mit welcher die Weißen ihre Boote fortbewegten, wurden sie bald ausgestochen. Diese Partei, welche auf diese Weise dem Tomahawk entgangen ist, berichtet, dass sieben Weiße, welche in einem Boote auf demselben Flusse heruntergefahren sind, von den „Krähen", einem Indianerstamme, welcher vor Kurzem einen Friedensvertrag mit der Regierung abgeschlossen hat, gefangen und getötet wurden; dass sie aber in Folge einer angeblichen Zurücksetzung ihren Vertrag verbrannt, sich mit Ocker und Rötel bemalt und den Kriegspfad betreten haben, wie ihre Brüder, die Cheyennen und Sioux vor ihnen.

Ein langer, wüster Mensch, der mit seiner Büchse, seinem Bowiemesser und seinem Sechsläufer tändelt, lungert ins Zimmer und wird uns als Kapitän Walker vorgestellt.

„Der berühmte Kapitän Jem Walker, mein Herr, welcher siebenundzwanzigmal durch die Ebenen gewandert ist, und nach welchem

Walkers Creek benannt wurde." Wir müssen errötend bekennen, dass wir diesen Bach nicht kennen, selbst von diesem berühmten Manne haben wir noch nichts gehört.

Kapitän Walker ist der Ansicht, dass wir Toren sind, wenn wir uns auf die Smoky Hill Route wagen. Die Plattestraße ist die einzige sichere. Wenn wir dagegen einwenden, dass wir doch nicht füglich auf derselben reisen können, weil die Post nicht mehr diesen sicheren Weg einschlägt, so meint er, dass wir einige Tage in Atchison verweilen sollen, in welcher Zeit er uns die Schliche kennen lehren und uns im Allgemeinen in Prärie-Politik fest machen will. Wenn wir aber nicht wissen, was für uns am besten ist, so hat er nichts dawider, dass wir uns zum Teufel scheren, da wir dann ganz sicher seien, mit einem Cheyennemesser unangenehme Bekanntschaft zu machen.

Es ist klar, dass diese Leute in Atchison nur eine schlechte Meinung von der Leavenworth Route, im Vergleiche zu ihrer eigenen, haben.

Wir hörten, dass des Nachmittags ein kleines Dampfboot den Fluss hinab nach Leavenworth ging, verlangten unsere Rechnung und ließen unsere Kisten an Bord bringen.

Es ist jetzt neun Uhr morgens, und da wir nichts zu tun haben, halten es unsere neuen Freunde für gut, da zu bleiben und uns zu helfen, eine Freundlichkeit ihrerseits, gegen welche wir nichts einzuwenden haben würden, wenn es nicht wegen der öftern sarkastischen Anspielung, dass wir betrogen seien, gewesen wäre. Gegen Mittag erhebt uns ein Zufall in ihrer guten Meinung zu einer Höhe, welche augenscheinlich noch bedeutender ist, als die, von welcher wir herabgefallen, und wir werden dadurch in den Stand gesetzt, die Stadt, moralisch gesprochen, mit dem Schwerte in der Hand und mit fliegenden Fahnen zu verlassen. Ich schlenderte gerade die Straße hinab und erfreute mich an unserer Unterhaltung und einer Zigarre, als ich das Wort „Postamt" an einem Ladenfenster sah. Ich ging hinein und fand da einen Brief von einer mir allerdings unbekannten Hand vor, aber mit meinem Namen auf dem Couvert, worauf drei Cents zu bezahlen waren. Ich erlegte das Geld, öffnete das Siegel und fand, dass der Brief nicht für mich war. Ich legte ihn natürlich wieder zusammen und gab ihn dem Postmeister mit dem Bemerken zurück, dass er, weil er nicht für mich bestimmt, dem Eigentümer, für den er sicher von Wert sei, zugestellt werden müsse. Der Postmeister sah mich von der Seite an, nahm den Brief und gab mir meine drei Cents zurück.

„Siehst Du", sagte der Scheriff zu seinem Freunde, „das war verdammt schlau, – – liest da seinen Brief und bekommt sein Geld wieder! Ich will mich hängen lassen, wenn ich nach alle dem glaube, dass sie Yanks sind."

Ein Schelmenstück ist anscheinend genug, um die ganze Welt mit einander verwandt zu machen!

## 2. Das blutende Kansas

„Na, Sam", sagte ich zu einem muntern, jungen Neger von fünfunddreißig Jahren, einem Jungen mit scharfem Auge und einer trefflichen Rasierhand, welcher im Barbiersalon von Planter's Hotel, Leavenworth, mein Gesicht einpuderte und Rosenwasser auf mein Haar tupfte, „wo bist Du aufgezogen worden?"

„Ich auferzogen in Missouri, Sar!"

„Also bist Du ein geborener Sklave?"

„Ja, Sar, ich Sklave in Weston; sehr schlechten Meister, immer betrunken und armen jungen Nigger mit Füßen stoßen."

„Und wie hast Du Deine Freiheit erhalten, Sam? Hast Du darum gekämpft?"

„Nein, Sar, ich nicht kämpfen; kämpfen große Sünde; ich schwimmen."

„Schwimmen? Ach ja! Du meinst, Du bist über den Missouri nach Kansas geschwommen, aus einem Sklavenstaate in einen freien Staat?"

„Das wahr, Sar. Eine dunkle Nacht ich wegschleichen von Weston, ich nach Flussseite durch den Wald laufen; ich bei den Bäumen ins Wasser gehen und arbeiten herüber nach Schmutzufer." Dabei deutete er auf einen großen Schlammhaufen, welcher bei niedrigem Wasser vor Leavenworth fault. „Da warten bis zum Morgen, sehen nach den Sternen vom Himmel und den Lichtern in diesen Häusern hier herum; wenn Tageslicht aber kommen, krieche aus den Binsen und wate hinüber nach dem Landungsplatze."

„Dann warst Du frei?", Sam beantwortete diese Frage nur durch eine Grimasse.

„Hattest Du von Leuten auf dieser Seite des Flusses irgendwelche Hilfe bei Deiner Flucht – die Sklaven hatten immer gute Freunde in Kansas?"

„Nein, Sar, ich keine Hilfe zur Flucht; ich nie jemand sagen, ich nicht wissen, wann fortlaufen bis letzten Augenblick. Der Herr hat es mir offenbart, Sar. Ich Methodist, Sar; meisten Niggerjungen in Missouri Methodisten; ich gerade von Kapelle nach Haus kommen und nachdenken über wunderbare Wege des Herrn, als jemand mir ins Ohr sagen: ‚Steh' auf, Sam, laufe weg und sei ein Mann!' Es war die Stimme des Herrn, ich sie gut kennen. Zuerst ich nicht sehe, was tun; ich denke, es ganz schlecht, weglaufen vom Meister und ihm stehlen zwölfhundert Dollars. Dann ich denken, dass es recht sein, der Stimme des Herrn zu gehorchen, da ich mehr dem Herrn gehöre, als dem Meister, und dann ich laufen weg in den Wald."

„Natürlich wurdest Du verfolgt?"

„Ja, Sar", sagte Sam, indem er die letzten seiner schönen Schnörkel auf meinem Gesicht anbrachte. „Meister kommen herüber nach Leavenworth und finden mich auf der Straße. ‚Komm hierher, Du verfluchter Nigger', er sagen und seinen Revolver herausnehmen. Er hat Boot da liegen, dann kommen Leute. ‚Du lässt den Nigger laufen', der Eine sagen; ‚Stich ein Messer in den verdammten Nigger', ein Anderer sagen. Dann großer Skandal kommen, sie für mich kämpfen den ganzen Tag, und meine Seite gewinnen."

Diese kleine Geschichte ereignete sich vor sechs kurzen Jahren.

Missouri, der fruchtbare Staat jenseits des Flusses, dessen Wälder ich vor mir habe, während ich schreibe, war damals ein Sklavenstaat mit einer zerstreuten, aber sehr heißköpfigen Bevölkerung von Sklavenzüchtern und Sklavenhändlern. Neun Jahre vor dieser Zeit, also im Jahre 1851, als sich die Welt in Hydepark versammelte, um ihr Fortschrittsjubiläum zu feiern, da war dieses große Land, welches westlich vom Ufer des Missouri nach den Felsengebirgen zu liegt, ohne Namen. Eine Anzahl wilder indianischer Stämme, die Kansas, Cheyennen und Arrapachen, jagten in den großen Ebenen und folgten dem Elen, dem Büffel und der Antilope nach ihren verborgenen Schlupfwinkeln.

Zwei große Reiserouten durchschnitten die Prärien; die eine ging südlich nach Santa Fe und Neu-Mexico, die andere führte westwärts beim Plattefluß vorüber nach dem Salzsee und San Francisco; aber das Land war immer noch indianisches Jagdgebiet, in dem der weiße Mann kein Recht hatte zu jagen.

Von der Regierung waren in diesem Lande der Indianer ein halbes Dutzend Forts aufgeworfen worden – Fort Bent, Fort Laramie, Fort Leavenworth, Fort Calhoun, das alte Fort, – aber mehr in der Absicht, um die Rechte des roten Mannes zu wahren, als den weißen Reisenden und Händlern in ihrer Not zu helfen. – Aber während Leute aller Nationen sich in Hydepark versammelten und sich über das wunderbare Land wunderten, welches dort damals nur durch einen leeren Raum repräsentiert war, kamen eine Anzahl Ansiedler über den Missouri auf Flößen und in Kanus, nahmen die Höhen zwischen Fort Calhoun und Fort Leavenworth in Besitz, errichteten Lager von Blockhäusern, pfählten sich die schönsten Stücke Land ab, namentlich die an den Ufern von Bächen und Teichen, und legten so den Grund zu dem, was jetzt die bevölkerten und blühenden Städte Omaha, Nebraska, Atchison und Leavenworth sind – Städte des freien Territoriums von Nebraska und des freien Staates Kansas. Dann begann die ganze Linie des Missouri-Flusses entlang der schwankende blutige Kampf, welcher diesem Landesstrich das traurige Beiwort „Das blutende Kansas" gebracht hat. Es währte dies sechs Jahre und war das Vorspiel zum Bürgerkrieg Lawrence und Leavenworth waren die Folgen dieser Schlacht, wovon Sam's kleine Geschichte als Beispiel genommen werden kann. Jedermann weiß, dass in dem großen Kampfe zwischen den Freiländlern und den Sklavenhaltern von Amerika im Jahre 1820 ein Waffenstillstand geschlossen wurde, welcher in der Geschichte als das Missouri-Kompromiss bekannt is. Durch diese Urkunde ward bestimmt, dass in irgendeiner Gegend, welche westlich höher als 36° 30' nördliche Breite liegt, Sklaverei nie eingeführt werden durfte. Ausgenommen davon war der Teil Missouris, welcher bis über diese Linie reichte. Dreißig Jahre lang ward dieser Waffenstillstand gehalten und selbst als der Freiheitskrieg gegen die Sklaverei in anderen Gegenden wütete, ward das Missouri-Kompromiss im Westen respektiert. Als sich der Kampf der Entscheidung näherte, zeigten beide streitende Parteien gleiche Unzufriedenheit über diesen Friedensvertrag. Die Sklavenhalter in Missouri, welche ausnahmsweise in ihrem Staate den Vorteil hatten, mit ihren Sklaven sich oberhalb der verbotenen Linie niederlassen zu dürfen, wünschten diese ihre heimatliche Einrichtung mit sich durch das hinter ihnen belegene Land am Fuße der Felsengebirge (Rocky Mountains) zu nehmen, selbst wenn sie von da nicht im Stande sein sollten, es bis nach dem Stillen Ozean zu bringen. Der ganze Süden ging mit ihnen in ihren Plänen, obschon diese Tat eine offene Herausforderung des Gesetzes war. Geheime Gesellschaften tauchten in verschiedenen Staaten auf – die Blauen Logen, die Socialen Banden, die Söhne des Südens und manche mehr – und alle verpflichteten sich, den Pflanzern zu helfen und die Sklaverei westlich vom Missouri zu verpflanzen. Alles dies geschah trotz ihres eigenen Kompromisses und in Verletzung ihres eigenen Waffenstillstandes.

Die Sklavenhalter von Missouri gewannen ohne einen Schuss einen Sieg dadurch, dass sie in aller Stille durch eine lokale Verfügung, welche weder in Boston noch New York die Aufmerksamkeit auf sich lenkte, ihre eigene Grenze nach Westen ausdehnten, und zwar von der Linie, welche von Norden nach Süden durch Stadt Kansas gezogen ist, bis zu der am Ufer des Flusses. Auf diese Weise fügten sie sechs neue und gut bevölkerte Distrikte zu ihrem Staate und vergrößerten damit die Ausdehnung des Sklavenreiches. Dies war eine durchaus gesetzwidrige Tat; aber niemand in den Städten im Osten bemerkte das, bis die Vorlagen, welche diesen Wechsel herbeibrachten, Gesetz geworden waren und der Distrikt mit Herren und Sklaven bevölkert war. Das Spiel schien ganz in ihren Händen. Von diesem neuen Sklavenboden, der auf dem andern Flussufer vor meinem Fenster liegt, strömen Blaue Logen, Sociale Bande und Söhne des Südens hinüber in diese Kansas-Jagdgründe und jeder Sklavenhalter, begleitet von seinen Söhnen und Negern, verhilft sich zu den schönsten Parzellen.

Von St. Louis bis nach Neu-Orleans ward ihr Mut belobt, ihr Erfolg vorhergesagt. In Washington unterstützten die Sklavenhaltersenatoren diesen Schimpf an den freien Staaten, statt diese Pflanzer von Missouri zur Rechenschaft zu ziehen und das Gesetz gegen sie in Anwendung zu bringen. Durch Parteiagitationen erlangten sie ein neues Kompromiss, worin es ausgemacht ward, dass die Sklavenfrage im Allgemeinen der Bevölkerung irgendeines unorganisierten Landes, das in die Union als Territorium oder Staat einzutreten verlange, anheim gegeben werden solle. Das, glaubte man, würde den Pflanzern von Missouri und Kansas eine offene Erklärung dafür sein, dass Missouri und Kansas als Sklavenstaaten organisiert werden sollten. Aber jetzt kam Neu-England ins Feld. Die Verwandlung von Nebraska vom freien Boden in einen Boden für Sklaven würde die Sklaverei im Westen so weit nördlich als Boston getragen haben. – Eine „Nördliche Auswanderer Unterstützungs-Gesellschaft" bildete sich in Massachusetts; kräftige Farmer, heißblütige Professoren, junge Dichter schirrten ihre Pferde an den Wagen, zogen über den Kontinent nach Missouri, schworen, sich auf neuen Ländereien der Indianer niederzulassen, das Kompromiss des Kongresses zu akzeptieren und in ihrer Eigenschaft als freie Bürger für eine freie Verfassung für Kansas zu stimmen. Die Blauen Logen hatten sich bereits in Hütten in Leavenworth und Atchison niedergelassen, und als der erste Neu-Engländer über den Fluss kam und diesen Schildwachen nicht beantworten konnte, dass er Sklaven besaß, so setzten sie ihn in ein offenes Boot, ohne Lebensmittel und ohne Ruder, und ließen ihn unter Hohngelächter und Drohungen den Fluss hinabschwimmen. Eine Versammlung der Söhne des Südens ward in Westport an der Grenze von Kansas, aber innerhalb Missouri abgehalten, welche nach heftiger Debatte folgenden Beschluss einstimmig annahm: „Diese Gesellschaft will, so oft sie immer dazu aufgefordert wird, sich zur gegenseitigen Unterstützung und zur Entfernung aller und jeder Einwanderer unter den Auspizien der nördlichen Auswanderer Unterstützungs-Gesellschaft bereit halten."

Der „Squatter Souverain", eine Zeitung, welche in der Stadt Atchison erschien (gegründet und so genannt nach David Atchison, Senator von Missouri), gibt in einer der ersten Nummern folgende Erklärung der Pflanzer zum Besten: „Wir wollen fortfahren zu lynchen und zu hängen, zu teeren und zu federn und zu ertränken jeden weißleberigen Abolitionisten, welcher sich unterstehen wird, unser Land zu beflecken."

Im Jahre 1854 kamen dreißig Freiländler von Neu-England über den Fluss in einem offenen Boote; sie waren gut bewaffnet und brachten Zelte und Lebensmittel mit sich. – Sie bahnten sich ihren Weg den Kansasfluss hinauf und machten am Fuße eines schönen Abhanges, in der Mitte einer ausgedehnten, mit Blumen bedeckten Prärie, halt. Nachdem sie ihre Zelte aufgeschlagen und angefangen hatten, Holz für ihre Schuppen zu fällen, nannten sie den Ort, an welchem sie ihren Lagerplatz hatten, die Stadt Lawrence, nach dem Namen ihres beliebten Säckelmeisters. Im August stießen noch Siebzig zu ihnen, Leute, welche, wie sie selbst, wohl bewaffnet und mutig waren, und nun gingen sie daran, diese Stadt zu gründen und den Grund und Boden zu befreien. Jetzt war für die Missourileute der Zeitpunkt gekommen, zu beweisen, wes Geistes sie seien; einhundert Yankees, getrennt von ihren Freunden durch sechs große Staaten, waren in ihre Mitte gekommen und hatten ihrer Drohung, jeden zu lynchen, hängen oder ertränken, der ohne Negersklaven in seinem Gefolge über den Kansas kommen würde, Trotz geboten. Dreihundertundfünfzig Söhne des Südens setzten sich zu Pferde, sprengten durch den seichten Fluss, und nachdem sie zeitig des Morgens ein Lager aufgeworfen und Vorposten ausgestellt hatten, ließen sie nach Lawrence sagen, dass diese neuen Ansiedler das Territorium verlassen und versprechen müssten, nie wieder zurückzukehren. Drei Stunden Bedenkzeit wurden den Freiländlern gegeben, um ihre Sachen zusammen zu packen und sich auf den Weg zu machen. Ein Yankee-Horn berief die Einwanderer zu den Waffen; eine höfliche, aber entschiedene Antwort ward in das Missourilager geschickt; und als die Söhne des Südens merkten, dass die Yankees zum Kampfe bereit seien und möglicherweise sich so lange schlagen würden, als ein Mann seine Flinte würde halten können, da fingen sie an misstrauisch auf einander zu werden, die Güte ihrer Karabiner zu bezweifeln und sich wegzustehlen. Die Dämmerung fand ihr Lager sehr gelichtet, der grauende Morgen aber es abgebrochen und verschwunden. Von diesem Tage an wuchs und gedieh Lawrence. Mehr als einmal fiel es in die Hände von Missouri und die Spuren von Kartätschen sind noch an einigen Gebäuden zu sehen, aber seine freie Landbevölkerung ist nie verjagt worden und es ist jetzt eine allerliebste kleine Stadt mit der Freundlichkeit eines Ortes in Neu-England. Es ist die Hauptstadt eines freien Staates. Mancher heftige Kampf hat in den Straßen von Leavenworth gewütet, da die Söhne des Südens in einer Anzahl Dörfer an jenen bewaldeten Ufern dicht dabei wohnten. Blut ist fast in jedem Gässchen namentlich zur Zeit der Wahl vergossen worden; da kamen gewöhnlich Tausende von Leuten aus Missouri in Boten herüber, nahmen Besitz von den Wahlbuden und gaben eine überwiegende, aber eingebildete Majorität zu Gunsten der Sklavenverfassung ab. Ein guter Bürger, William Philipps, ein Advokat, ward von den Söhnen des Südens ergriffen, weil er als

Advokat einen Protest gegen die Betrügereien, welche bei den Wahlen vorkamen, abgefasst hatte; er ward mit Gewalt in ein Boot gesetzt und flussaufwärts nach Weston auf der Missouriseite gebracht; dort ward er zuerst geteert und gefedert, musste dann auf einem Fenzriegel reiten, ward sodann als Sklave zur Auktion gebracht und endlich unter wütendem Geschrei und Drohungen einem Neger zugeschlagen. Nach seiner Befreiung von Weston kehrte Philipps nach Leavenworth zurück, fest in seinem Freilandglauben und bereit, den Posten der Gefahr in jedem neuen Kampfe wieder zu übernehmen.

Heute über acht Tage werden es gerade zehn Jahre, als eine Bande der Blauen Logen von dem gegenüber liegenden Ufer abstieß, am Landungsplatze ausstieg und von der Stadt, welche Stunden lang vollständig in ihrer Gnade lag, Besitz nahm. Unter dem Vorwande, nach Waffen zu suchen (eine vollständig gesetzwidrige Untersuchung ihres Teils) insultierten und plünderten sie die Freiländler in jedem Hause. Philipps verweigerte diesen Kerlen über seine Schwelle zu kommen, worauf das Haus erstürmt und der Eigentümer getötet wurde. Ehe er fiel, hatte Philipps zwei seiner Angreifer totgeschossen. Sein Haus ward mit vielen anderen Wohnungen bis auf den Boden niedergebrannt, und jeder Freiländler, der in Leavenworth gefunden ward, auf ein Dampfboot gesetzt und den Fluss hinuntergeschickt. Und dennoch halten die Neu-Engländer treu zu ihrer Fahne, in wachsender Zahl und glühender Begeisterung; sie wurden echte Ansiedler des Landes, was die Missourileute nicht waren. Hier und an anderen Plätzen hat es sich gezeigt, dass die Sklaverei, als ein soziales System, die solide Grundlage zu einer kolonisierenden Macht entbehrt. Sklaven konnten nicht vorteilhaft das Prärieland bearbeiten. Neger, welche unter eines Aufsehers Auge und Peitsche arbeiten, bedürfen dazu den reichen Boden vom Mississippi und Alabama. Mit der Pistole in der einen, einer Hacke in der andern Hand, schlugen diese kräftigen Neu-Hampshire- und Massachusetts-Burschen sich durch, und plagten sich, nicht nur bis sie bei der Ballotage eine ehrliche Majorität errungen hatten, sondern bis sie im offenen Felde auch vollständig obenan waren.

Einer der komischen Zwischenfälle dieses Krieges war die Schlacht von Black Jack, als der Kapitän Clay Pate (Lehm-Kopf, ein ominöser Name!), ein Virginier, der sich für einen Soldaten von Profession ausgab, sich an die Spitze von sechsundfünfzig Söhnen des Südens stellte und den alten John Brown von Osawatomie (später unglücklicherweise von Harper's Fähre) samt seiner Bande von siebenundzwanzig Freiländlern aufzufressen drohte. Pate hatte seine Heeresmacht von einer kleinen Armee organisiert, mit Kavallerie und Infanterie, Lagerrequisiten und Bagagetrain; und da er eben Palmyra geplündert hatte, so waren seine Maulesel mit Kriegsbeute schwer beladen. Brown offerierte ehrlichen Kampf und ging hinaus in die offenen Ebenen. Nach einem tüchtigen Scharmützel ergab Clay Pate dem zähen alten Burschen sich selbst, mit seinem Schwerte, seinem Bagagetrain, der ganzen Beute von Palmyra, einundzwanzig gesunden Menschen, allen seinen Toten und Verwundeten und seinem prächtigen Zelte.

Im Jahre 1861, wenige Monate nachdem diese Bürger von Leavenworth für meinen Freund Sam am Landungsplatze unter meinem Fenster die kleine Schlacht gekämpft hatten, wurden die Wunden des blutenden Kansas durch seine Aufnahme als freier Staat in die Union gestillt und geheilt.

## 3. Die Überlandpost

Die Überlandpost ist eine der großen Errungenschaften der großen Republik. – Die statistischen Nachweise der Post sagen uns, wie viel und begreiflicherweise wie wichtige Briefe von den Städten am Atlantischen Ozean westlich nach dem Stillen Ozean gehen. Diese Post ist ein Institut der Regierung.

Als wir noch in London waren und von unserem Ausflug nach den Felsengebirgen träumten, war es uns immer eine Beruhigung zu wissen, dass, wenn wir unter die wilden Cheyennen und Sioux ausziehen würden, dies in Begleitung der Staatspost geschehen würde. Wenn man auf die Karte sieht und den großen Raum betrachtet, über den der Cheyeune, Sioux, Commanche und Arrapache wandert, so ist man geneigt zu glauben, dass man auf solcher Reise einer starken Beimischung von Gefahr ausgesetzt ist; aber dabei überkommt einen der beruhigende Gedanke, dass aus der ganzen Route über die Prärien und über die Berge die amerikanischen Posten täglich unter dem Schutze von starken berittenen Eskorten begleitet werden. In diesem Worte „täglich" liegt etwas Magisches. Das was täglich getan wird, muss ziemlich sicher sein. Müsste das nicht ein armseliger Tropf sein, der sich unter dem Schutze von Truppen der Vereinigten Staaten mit der Regierungspost selbst auf einer Straße, welche von Sioux und Klapperschlangen heimgesucht ist, zu reisen fürchtet? – Als Präsident Colfax im vergangenen Herbst über die Ebenen fuhr, um die Indianer-, die Goldgräber- und Mormonen-Frage unter Indianern, Goldgräbern und Mormonen zu studieren, statt über diese in den Regierungsberichten nachzulesen, da galoppierten nur ein General, ein Oberst und vierundzwanzig berittene Leute um seinen Wagen herum, und dennoch hat er offen bekannt, dass, obschon ihm die Rothäute einige Furcht eingejagt und seine Reise durch Plünderung der vor ihm liegenden Stationen und die Drohung, jeden Augenblick seinen Skalp zu nehmen, sehr verzögert hätten – er dennoch sicher nach Denver und dem Salzsee gekommen sei.

Colfax war allerdings ein Staatsbeamter und hatte, außer seiner Eskorte, noch eine große Anzahl wohlbewaffneter Männer um sich. – Wir sind nur zwei Fremde, nur ungenügend mit Colts bewaffnet – da wir uns immer eingebildet haben, dass, wenn gekämpft werden müsse, dies die Arbeit unserer Eskorte sei, welche an unserer Seite zum Schutze der Staatspost reitet.

In Leavenworth fanden wir die Postagenten, an die wir Briefe von ihrem Chef in New York haben, wie wir diese überhaupt an alle Beamten besitzen, welche auf diesem Wege der Überlandpost-Compagnie beschäftigt sind. Nichts kann höflicher, aber auch nichts unangenehmer sein, als ihre Antworten auf unsere Fragen. Alles was unter den Umständen für uns getan werden kann, soll geschehen. Wir sind zu einer unglücklichen Zeit gekommen. Wenn wir nur einen Monat eher aufgebrochen wären oder einen Monat länger blieben, so würde alles gut sein. Man werde aber sein Bestes tun; wir würden es etwas unbequem über die Ebenen finden, die Agenten hätten aber kaum Zweifel darüber, dass wir sicher an das Ende unserer Reise kommen würden.

Solche Worte regen unsere Phantasie auf, da unsere Gesundheit, unsere Bequemlichkeit, ja unser Leben von dem Zustande dieser Ebenen abhängen. Tatsache ist, dass die alte Straße über den Plattefluss, auf Befehl des Kongresses, gegen einen kürzeren Weg durch die weite von Indianern bewohnte Gegend um Smoky Hill Fork ausgetauscht wurde; ein kürzerer und vielleicht ein besserer Weg mag dies schon sein, wenn nur erst der Weg gemacht, mit Brücken versorgt und geebnet wäre, und wenn die Indianerstämme, welche den Büffel und die Antilope darauf jagen, weggetrieben oder durch Unterhandlungen zum Frieden gebracht wären. Davon ist aber nichts geschehen.

Von den weißen Männern sind zwei große Reisewege durch diese Ebenen angelegt worden. 1) Die Plattestraße von Omaha und Atchison über Kearney, Denver und die Salzseestadt nach San Francisco. 2) Die Arkansasstraße, die von Arkansas City ausgeht und bei Fort Atchison und Fort Wise vorbeiführend nach Puebla, der Goldgegend von Colorado und von da nach San Francisco geht. – Die Indianer scheinen sich in das Vorhandensein dieser zwei Straßen in der Verzweiflung gefügt zu haben. Sie haben aufgehört, gegen die Plattestraße starken Widerstand zu leisten; haben für dieselbe gekämpft und sie verloren: zuerst an die pilgernden Mormonen, dann an die Goldgräber, Leute, welche in ihr Land kamen in Banden von achtzig bis hundert, eine Reihe Wagen vor sich her trieben und wohlbewaffnet mit Büchsen und Revolvern waren.

Für die Arkansasstraße bewahren sie einen heftigeren Widerwillen, da dies hauptsächlich eine Probestraße ist und das Recht, auf derselben zu reisen, von ihren Häuptlingen gekauft wurde. Dennoch haben sie gezeigt und beweisen noch, dass sie bereit sind den weißen Mann zu achten, der auf einer dieser beiden Straßen durch ihr Gebiet zieht, obschon es mit großem Widerwillen und manchem Gemurmel und Proteste geschieht. Aber auf den weiten Prärien zwischen diesen Wegen liegen die großen Büffelweiden, auf denen fast alles, was an Elentieren, Antilopen und den schwarzgeschwänzten Hirschen auf indianischem Gebiete verblieben ist, seine Nahrung findet.

Die Büffelweiden gehören auch ihnen, sagen die Cheyennen und Arrapachen, und sie müssen sie frei von den Weißen halten, oder wie die Hunde sterben. Sie sagen, dass sie nicht vor den Bleichgesichtern aussterben wollen, deshalb müssen sie diese Büffelweiden von Kansas und Colorado (so haben die Weißen diese Ebenen – auf dem Papiere – genannt) frei von der Post und dem Fuhrwerk halten.

Nun schneidet aber die neue und ohne Zweifel die kürzere Route von St. Louis nach Francisco, welche vom Kongress für die Überlandpost gewählt worden ist, gerade diese Büffel-, Elentier- und Antilopenweiden in zwei Hälften und wie die Cheyennen und ihre Bundesgenossen, die Comanchen, Arrapachen, Kiowas, Sioux und Apachen, sehr gut wissen, wird hinter dieser neuen Post eine Eisenbahn gebaut, eine Bahn, welche bereits bis Wamego in der Nähe von Fort Riley geht.

Nun haben die roten Männer, welche wohl wissen, dass die Post nur der Vorbote von etwas viel Schlechterem ist, und dass die Eisenbahnglocke bald dem Knalle der Peitsche des Fuhrmanns folgen wird, eine Versammlung ihrer Stämme berufen und, wie manche sagen, beschlossen, gegen die Weißen, welche ihre Büffelweiden eingenommen haben, einen Krieg zu versuchen. – Diese Tapferen sagen, dass, wenn einmal die Lokomotive den Büffel und die Antilope weggepfiffen haben wird, es töricht wäre, den Tomahawk zu erheben und den Bogen zu spannen. Jetzt ist die Zeit für sie, den Schlag zu führen, jetzt oder nie, und wenn auch wenige alte Männer, grau an Haaren und gebrochen an Geist, den Frieden mit den weißen Nachbarn und Gehorsam dem Willen des großen Geistes anempfehlen, so sagt man doch, dass die jungen Tapferen, stolz auf ihre eigenen Kräfte und unbekannt mit der Zahl und den Hilfsmitteln der Weißen, ganz für den Krieg eingenommen sind. Wenn das Bleichgesicht nicht auf die Büffelweiden kommen will, so werden sie Frieden halten; wenn er aber seinen Bahnhof baut, Brunnen gräbt und sein Gras auf diesen Ebenen mäht, so wollen die Cheyennen und Arrapachen, unterstützt von ihren Brüdern der Prärie und des Hügellandes, seine Hütte verbrennen und seinen Skalp nehmen.

So lauten die Gerüchte, die wir aus jedermanns Munde in Kansas hören. Es ist wahr, dass ein kleiner Teil den Alarm von Leavenworth, Lawrence und Wamego als einen mehr oder weniger unbegründeten Schrecken betrachtet; dies sind Anhänger der neuen Route über Smoky Hill Fork, welche dieselbe eröffnet und offen gehalten zu sehen wünschen. – Ihre Zahl ist nur gering, und ich habe nicht gehört, dass einer dieser Helden bis jetzt bereit gewesen wäre, sich auf der Straße, welche durch das Land der Cheyennen führt, niederzulassen Wie wir also von den Postagenten in Leavenworth hören, ist das die Straße, auf welcher wir eine Reise von dreizehnhundert Meilen zu machen haben; durch ein Land, welches zum größten Teil noch nicht vermessen ist, durch welches keine Heerstraße führt, in dem viele Ströme und Täler, aber keine einzige Brücke ist; ein Land, in welchem die Hügel, Bäche und Flüsse bis jetzt noch keinen Namen haben und in welchem die kleinen Militärposten der Vereinigten Staaten, selbst nur Korrals von Stämmen und Brettern, zweihundert Meilen voneinander entfernt liegen. Dennoch muss eine Fahrstraße, auf welcher eine so treffliche Post wie die, welche von New York nach San Francisco, von den tausend weniger bedeutenden Städten, welche dieselbe ebenfalls unterhalten, gar nicht zu reden, ihren täglichen Lauf nimmt, mindestens von Damaskus nach Banias sicher sein. – Als wir aber dies, oder etwas dem Ähnliches, einem Freunde in Leavenworth sagten, erfuhren wir zu unserem großen Erstaunen, dass nie eine tägliche Post auf dieser Route gewesen sei, noch je ein Versuch dazu gemacht worden wäre; dass weder genug Leute, noch Maultiere auf der Straße seien, um die tägliche Post zu befördern; dass tatsächlich nur ein Wagen, ein leerer Wagen vor uns gegangen sei; dass niemand wisse, wo dieser leere Wagen sei, oder ob er je sicher auf die andere Seite der Ebenen kommen werde. Wir sehen nach unseren Pistolen und fühlen das Haar auf unseren Köpfen; die Lage der Dinge ist zugleich tragisch und komisch; und die freundlichen Scherze unserer Freunde in Pall Mall, über die beste Art, sich über ein Skalpiermesser zu freuen, kommen immer näher und werden unangenehmen. Wir finden auch, dass wir die einzigen beiden Passagiere sind, welche sich für die Fahrt eingeschrieben haben, so dass die Zahl der Revolver, welche ins Spiel kommen, wenn wir von den Cheyennen und Comanchen angegriffen werden, außer unserer militärischen Eskorte, nur zwei zu sein scheinen.

Alle unsere Bekannten in dieser Stadt raten uns, mehr und bessere Waffen anzuschaffen, ein Rat, in welchen die Postagenten herzlich einstimmen. Die neue Waffe des Westens, Smith-und-Weston genannt, ist ein niedliches Werkzeug, eine so prächtige Maschine, einem Manne Schrot ins Fleisch zu jagen, als ein Mordkünstler sich nur wünschen kann. Da Bowiemesser und dergleichen unnütz sind für einen Britischen, der es gesehen, aber nie, wie ein Livornese oder Valencianer gehandelt hat, die Seite des Gegners aufzuschlitzen, so kaufen wir uns ein Paar dieser Smith-und-Westons und bezahlen unsere Fahrt von fünfhundert Dollars nach dem Salzsee. Eine Eskorte von Veteranen vom Potomac, unterstützt von diesen Sechsläufern, wird gewiss alle die Cheyennen, Arrapachen und Sioux verjagen, die etwa über die Rechte des Menschen, namentlich über die Rechte der roten Männer an den Büffelweiden, lärmen werden. –

Die Schienen sind westlich bis Wamego gelegt – den klaren Quellen – so genannt von der Tatsache, dass kein Wasser im Dorfe ist, und hier sollen wir den Wagen für unsere lange Fahrt antreffen. Die Postkutsche ist ein alter und viel gebrauchter Concord-Wagen, eine Art Fuhrwerk, welches in Europa unbekannt ist, obschon man einen Begriff von seiner Unbeholfenheit und Unbequemlichkeit andeuten kann, wenn man von einer französischen Diligence das Coupé wegschneidet und das Rotundo ausbaucht, bis der Eigentümer glaubt, dass es neun Personen fassen kann.

Als wir zu diesem Wagen gelangen, finden wir ihn mit zweiundvierzig Zentnern Briefsäcken, enthaltend Staatsdepeschen, Liebesbriefe, Anweisungen, Wechsel, Rechnungen und alle Arten Lebens- und Todesnachrichten, vollgepfropft, deren Wert für den Gouverneur, die junge Dame, den Kommis, Bankier, Auswanderer und Händler weit über allen Preis sein muss; und hier sind fünf Passagiere eingeschrieben, welche sich auf die Straße wagen wollen (drei davon sind eine junge Frau und zwei kleine Kinder), und welche, da sie das Fahrgeld richtig bezahlt und ihre Billets haben, das Recht beanspruchen können, aufgenommen zu werden. Aber dies erscheint unmöglich, wie ein Blick auf den Wagen und die Briefsäcke das erfahrene Auge des Wamego-Postagenten überzeugt. Was ist da zu tun? Die Post muss fort, selbst wenn die Passagiere einen Monat lang in Wamego warten sollten; und da der Schwager bereits mit der Peitsche knallt und eine Ladung von Flüchen herauspoltert (welche die arme Dame und ihre Kinderchen mit anhören mussten), so entschloss sich der Agent schnell, hieß uns einsteigen mit unseren Revolvern, sagte dem Fuhrmanne ein scharfes Wort und dahin flogen wir in einer Staubwolke und ließen unsere Reisegefährtin erstaunt und protestierend in Staub und Schmutz eingehüllt zurück. Wir sahen uns einander voll Verwunderung an, denn in diesem Paradies der Frauen ist eine Schürze gewöhnt, alles nach ihrem Willen zu haben –das beste Zimmer im Hotel, den obersten Platz bei Tische, den ersten Sitz im Wagen, trotz Eures früheren Anrechts. Ha! Die Revolver haben das getan! Während wir dahinfliegen, sehen wir aus dem Fenster nach den Soldaten, welche unsere Begleiter nach dem Cheyenne-Land sein sollten. Keiner zu sehen! „Die Eskorte", sagt der Agent, „wird in Junction City zu Ihnen stoßen, wenn sie gebraucht werden sollte. Sie müssen annehmen, die Post ginge von Junction City aus", und damit winkte er höflich mit der Hand und dahin fahren wir in Staub gehüllt. Nach einigen Stunden kommen wir bei Fort Riley vorbei, in weiteren zwei oder drei Stunden sind wir in Junction City, eine Stadt von sechs hölzernen Hütten, wo wir absteigen und unsere Abendmahlzeit, bestehend aus heißem Maiskuchen, Tee und Tomaten einnehmen; und nach einer angenehmen

Unterhaltung von ungefähr einer Stunde, hören wir des Fuhrmanns Ruf: „An Bord!" Wir stürzen hinaus in die Nacht, mit umgeschwungenen Riemen und für den Kampf geladenen Pistolen, und finden, dass unsere große Concord-Kutsche für einen leichten Prärie-Wagen ausgetauscht ist, der kleiner von Gestalt und zerbrechlicher von Bauart ist, ohne Türe, mit sehr schlechten Federn und mit Segeltuch-Rouleau statt der Fenster. In diesen Wagen sind die Briefsäcke mit kunstfertiger Gewalt hineingezwängt worden, mit einer Kunstfertigkeit, wie man sie nur im Westen kennt, und zwar so niedlich arrangiert, dass es für zwei menschliche Wesen unmöglich erscheint, sich zwischen Briefsäcke und Wand hineinzudrängen. Aber mit der Zeit gelingt es uns, diese Tat auszuführen, indem wir unsere Beine in einander verschlingen, unsere Hälse strecken und unsere Ellbogen in Riemen schnallen. Die beiden ebengenannten menschlichen Wesen haben sehr gegen ihren Willen darein gewilligt, sich zwischen die Säcke zu schlängeln unter dem Versprechen, dass diese Säcke in wenig Minuten so zusammengerüttelt werden, um mehr Platz zu verschaffen. Dies ist nicht leicht, wie wir uns selbst sagen müssen, da wir unsere eigene kleine Unordnung an Pistolen, Büchern, Karten, Cognacflaschen, Shawls, Nachtmützen, präserviertem Fleisch, Zigarrentaschen, Stöcken, Regenschirmen und so weiter zu unseren Füßen haben. Wir fangen an zu fürchten, dass wir eine schlechte Woche haben werden, wenn die Ladung nicht ganz bedeutend zusammengerüttelt wird.

Aber sieh, der Bursche will sich auf den Weg machen, ohne dass die Eskorte zu sehen ist.

„Brr", sagen wir zu dem Agenten.

„Na", sagt derselbe in Erwiderung darauf, „der kommandierende Offizier will uns keine Soldaten geben, die Mannschaft ist jetzt sehr klein; das Land ist vor und hinter ihm von Indianern geplagt; er hat genug zu tun, um sich selbst auf seinem Posten zu halten. – „Aber", setzt der gutmütige Agent zu unserer Beruhigung hinzu, „Sie werden die Straße in Ordnung finden, einige Soldaten sind gestern über die Ebenen gezogen, Sie werden diese weiterhin überholen. Adieu!" Und fort fahren wir!

Die Wahrheit kommt jetzt wie eine Offenbarung über uns: Wir sind die Eskorte!

Nicht eine Seele zieht mit der Post aus, weder jetzt, noch während der ganzen Reise, außer dem Jungen, der die Maultiere treibt (welche alle vierzig oder fünfzig Meilen am Wege gewechselt werden); keine Eskorte, kein Postagent, niemand außer uns. Ich kann nicht sagen, dass ich auf meinen Reisen etwas Ähnliches wie diese Präriepost je gesehen hätte. In den gefährlichsten Distrikten, welche von einem Reisenden oder Händler westlich von der chinesischen Tatarei passiert werden können, lassen die Leute in New York und St. Louis die wichtigste Post, die von einer Stadt in der Welt, außer von London, expediert werden kann, ohne Schaffner. Niemand zweifelt, dass die Cheyennen und Sioux jetzt in diesen Ebenen eine Beratung haben werden, wenn sie ja noch nicht auf dem Kriegspfade sein sollten; ja sie haben sogar schon in ihrer indianischen Art und Weise davon Notiz gegeben, dass sie die Post auf der Straße aufzuhalten beabsichtigten; und dennoch geht die Post in ihre Büffelweiden, trotz ihrer Warnungen, ohne einen einzigen Schaffner, selbst ohne einen solchen alten Burschen, wie sie früher auf Hounslow Heath ihr Horn zu blasen und ihren Schießprügel zu schultern pflegten.

Vielleicht vergesse ich aber das Vertrauen, welches sie in ihre englische Bewachung setzten. Sie wissen, dass wir bewaffnet sind, sie fühlen die natürliche Gewissheit, dass wir unsere Werkzeuge zu gebrauchen verstehen.

„Die Straße ist ein wenig rau", sagt einer der Viehtreiber, als wir von seiner Station in die dunkle Mitternacht und die unbekannte Prärie hineinrollen; „aber die Regierung tut nichts für uns, bis sie durch ein großes Unglück aufgerüttelt wird; sie machen sich nichts aus einigen Menschenleben, am allerwenigsten aus denen einiger armen Fuhrleute und Kutscher." Ein vorübergehender Freund wünscht sogar, dass wir skalpiert werden möchten, da er glaubt, dass dies in New York eine angenehme und vorteilhafte Stimmung hervorrufen wird. Wir haben fünfhundert Taler dafür bezahlt, die Post der Vereinigten Staaten nach dem Salzsee zu eskortieren. Es ist das teuer, aber das Privilegium könnte die Kosten verlohnen, wenn wir nur die schönen Gelegenheiten dazu beachten wollten, die vor unseren Füßen liegen und die uns auffordern, uns um sie zu bekümmern. Sechs Nächte und Tage sind wir mit unseren Pistolen und der Korrespondenz der Vereinigten Staaten eingeschlossen; unser einziger Gefährte ist draußen der Junge, welcher nicht in den Wagen sehen kann, wenn die Leder heruntergeschlagen sind. – An der einen Stelle fällt ein Sack aus dem Wagen und würde gewiss auf der Ebene zurückgelassen werden, wenn wir nicht den Fuhrmann halten und ihn aufheben ließen. An einer andern Stelle ist ein Sack geborsten und ein Strom von Briefen liegt zu unseren Füßen. Wir brauchen uns nur zu helfen und zu lesen und einzustecken, was wir wollen. Könnten nicht die Geheimnisse eines einzigen Briefes in manchen Händen mehr wert sein, als die fünfhundert Taler, welche wir bezahlt haben, um sie zu bewachen?

## 4. Die Prärien

Von allen Staaten und Territorien, welche noch aus dem Papiere existieren, kann man Kansas als den Prärie-Staat bezeichnen.

Nebraska, Colorado und das Indianer-Territorium sind mit Prärien bedeckt, große, grasreiche Ebenen, welche nicht flach sind, schwellende Hochländer, welche vom Flusse nach den Bergen in einer Reihe aufsteigender, mehr oder weniger größeren Wogen sich erheben. Aber Kansas ist ohne Zweifel die Gegend, in welcher sich diese Ebenen im größten Maßstabe und am vollkommensten zeigen.

Auf den alten Karten, welche die Naturgeschichte jeder Sektion der großen Republik zeigen, ist auf dem Distrikte, welcher jetzt Kansas heißt, ein Büffel abgebildet, gerade wie Nebraska durch eine Antilope, Iowa durch einen Biber, Utah durch einen Bären bezeichnet ist. Über diese Ebenen vom indianischen Territorium herauf kommen die wilden und zahlreichen Herden, von denen sich die Cheyennen, die Arrapachen, die Comanchen und die Rjovas nähren.

Bis zweihundert Meilen westlich vom Missouri sind diese Ebenen grün durch die Bäume, am meisten dem Kansasfluss und seiner vielen Bäche und Zuflüsse entlang. Das Holz ist Hickory, Walnuss, Eiche und Wasserulme. Von Büschen und Blumen ist die Gegend bedeckt, unter denen namentlich die wilden Ringelblumen, Klee, Wasserlilien (in den Sümpfen), Harzkraut, Stinkkraut und Sonnenblumen gedeihen. Diese Sonnenblumen des Westens sind nicht die schwarzgelben, stolzen Blumen unserer Hausgärten, welche, wie große, unverschämte Junggesellen, an einem einzigen Stängel blühen, sondern kleine goldene Blumen, welche in Trauben wachsen und gleich unseren Butterblumen zahllos sind wie die Sterne am Himmel. In manchen Teilen ist die Prärie wie belebt von ihrem goldenen Lichte. Ein weißes Holzgebäude, auf dieser Seite des Flusses ein Rancho genannt, lugt hier und da unter dem Blätterwerk heraus, mit seinen grünen Jalousien, seinem kleinen Gärtchen und seiner Schafhürde. Hier ist eine Herde Vieh, dort ein Zug Wagen. Weiterhin passieren wir ein indianisches Dorf, in welchem einige Delawaren-Familien wohnen, welche aus jenen atlantischen Wäldern fortgejagt wurden, an deren Stelle jetzt die Kaien und Paläste von Dover, Baltimore und Philadelphia stehen und hier unsichere Wurzeln im Boden gefasst haben. Diese Delawaren haben schon lange das Beil vergraben, Hosen angezogen und den Gebrauch der Kriegsfarbe vergessen. Viele von ihnen spielen die Farmer, sind freundlich mit ihren blassen Nachbarn und verheiraten selbst ihre Söhne in die Familien der Weißen. Wir kommen bei einem Shawnee-Dorfe vorbei, von dem man ungefähr dasselbe sagen kann. Die Ranchos der Weißen stehen mitten darunter: gefährliche Nachbarn für diese Eingeborenen, da das Bleichgesicht seinen Weg durch die Spalten und Risse des indianischen Charakters findet, sich anfänglich nützlich, dann dem Stamme furchtbar macht und seine Verbindung mit ihnen gewöhnlich damit endet, dass er ihr Herr und Gebieter wird.

Die Luft ist warm und angenehm; ein Wohlgeruch von Prärieblumen, der sich mit dem fernen Schnee der Sierras verbindet. Der Himmel ist tiefblau, nicht mit dem goldenen Nebel, welcher bei unserer südlichen Landschaft das Auge stört. Eine einzige Wolke, dicht und grell in ihrer Weiße, erscheint wie ein Punkt und sticht gegen die Einförmigkeit des Azur ab, dadurch auf einen Blick die unterscheidenden Schönheiten des sizilianischen und englischen Himmels in sich vereinigend. Als wir uns vom Flusse wegwenden, verschwindet die Waldszenerie, das Land öffnet sich zur Rechten und Linken, die Ebenen schwellen langsam in größere Strecken Hochlandes. Um die Bäche und Teiche, welche zumeist trocken an der Oberfläche sind, erscheinen noch hier und da Sträucher, gewöhnlich die wilde Weide und Clematis; mehr als alles andere aber eine Pflanze, das Harzkraut genannt. Mit dem Harzkraut scheint die Natur am liebsten zu grünen und sich zu schmücken.

Wenn das Land entweder durch Feuer gereinigt oder von dem Präriepflüger aufgebrochen ist, dann verschwindet das Harzkraut und das Feuerkraut erscheint an seiner Stelle. Dieses stirbt ebenfalls nach zwei oder drei, an manchen Stellen nach einer Ernte, und diese zweite Grasart wird durch eine dritte, das Kitzelkraut, ersetzt. (*P.S.* Lass das

Kitzelkraut nicht an deinen Beinen in die Höhe kommen, denn es scheint lebendig zu sein; es scheint zu wissen, dass du es nicht vertragen kannst, und kriecht in deinen Beinkleidern in die Höhe, je schneller du kratzest und dich abplagst.) Nach diesem Grase kommen drei oder vier wilde Grasarten, und nachdem diese von der Natur ausgesäten Fruchtbarmacher ihre faulenden Blätter auf den Boden geworfen haben, kann der Farmer mit seiner Egge und seinem Samen kommen, denn der Boden ist für seinen Gebrauch fertig.

Wir fahren Nacht und Tag, wie Leute fahren müssen, welche die Bewachung einer Regierungspost haben, und fangen an, jede Spur von Menschen und seinen Künsten, außer einer, hinter uns zu lassen. Eine Präriehenne gackert im wilden Salbei; eine Klapperschlange rollt sich unter den Sonnenblumen zusammen; tote Maultiere, tote Pferde, tote Ochsen liegen auf dem Weg zerstreut, auf denen die Aaskrähe, der Rabe und der Wolf Nahrung finden; diese weißen Hörner und Skelette der Diener des Menschen sind oft die einzigen Anzeichen, dass er seinen Weg über die Ebenen gefunden hat.

Durch Mut, Geschicklichkeit und Ausdauer hat sich der Händler aus dem Westen selbst einen Weg durch dieses schwierige Terrain gebahnt und hat sich einen Handel und eine Straße zwischen dem Atlantischen und Stillen Ozean eröffnet. Er hat diese Heldentat als Privatmann, ohne Unterstützung vom Staate, zu Stande gebracht, ohne das Hurrahrufen einer gelehrten Gesellschaft, auf Kosten von Blut und Geld, das nie auf dieser Erde gezählt werden kann. Und warum? Ein Mann aus dem Westen macht sich nichts aus Blut, nicht viel aus Geld, wenn er glaubt, dass er dasselbe in einem Geschäft angelegt hat, das ihn bezahlen wird. Solch ein tollkühner, munterer Bursche, welcher mehr als zu viel schwört, hält sein Leben in seiner Hand, bringt reichlich Hilfe, wenn Hilfe nötig ist und ist sorgloser seines eigenen und deines Blutes wegen als ein Araber, fast mehr noch als ein Chinese. Dieser Weg durch die Prärien ist durch ihn wieder und immer wieder mit Knochen gepflastert, aber die Spuren seiner Reise, seiner Leiden sterben mit den Herbstblumen aus dem Gesichte.

Die Natur ist hier zu mächtig für den Menschen, um mehr als eine Fährte auf die Landschaft zu werfen. Sie mag sich einen Tag lang als ein Büschel Gras auf dem grauen Sande zeigen, dann aber verschwindet sie wie die Spur eines Schiffes auf der See aus dem Gesichte. Die Prärie ist nicht die Heimat des Menschen. Selbst wenn er Zeit hätte sie zu bepflanzen und von ihr zu ernten, so könnte er kaum einen Grashalm oder einen Stängel Mais auf diesen offenen Ebenen bauen, wo Myriaden Heuschrecken durch die Luft rasseln und in ihrem Hunger jedes Blatt und jeden Zweig verschlingen.

Wir fahren bei einem einsamen Rancho vorbei, auf dem ein unternehmender und hoffnungsreicher Farmer ein Feld mit Mais für seine Winternahrung bepflanzt hat. – Betrachtet euch die Ernte dieses armen Mannes! Legionen von Heuschrecken befinden sich auf derselben und jede Ähre, die ihm Brot geliefert haben würde, wird abgefressen!

Auf diesen Hochländern ist die Natur Herr und König. Schnepfen und Regenvögel gibt es massenweise; Amseln, Aaskrähen, Raben und Geier sind auch zu sehen, Blumen sind ebenfalls häufig, am meisten die zwergartige Sonnenblume, welche so dick durch die Landschaft gesät ist, dass sie derselben den Anschein brennenden Goldes gibt. Die Zwergsonnenblume ist in der Tat die Prärieblume, welche die Natur überall auf unserem Wege vom Missourifluss nach dem großen Salzsee verschönt; an einigen Stellen ist sie niedrig und verwachsen, der Stängel nicht einen Fuß lang, die Blume nicht höher als die gewöhnliche Glockenblume; an anderen aber erhebt sie sich zehn oder zwölf Fuß hoch, mit Büscheln von Blumen, jede Blume so groß wie eine Päonie.

Ameisen plagen sich auf der Erde; die kleinen Präriehunde – die Komödianten der Wüste – sitzen vergnügt auf ihren Erdhaufen, bis wir dicht an sie heranfahren, dann stoßen sie ein kurzes Gelächter aus und mit einem Spottschrei tauchen sie in ihre Löcher, mit dem Kopfe zuerst, und verschwinden uns aus dem Gesichte mit einem letzten vergnügten Wedeln ihrer Schwänze. Eulen, Präriehunde und Klapperschlangen leben ganz freundschaftlich mit einander, die Eulen und Schlangen leben in den Löchern der Präriehunde und fressen, glaube ich, die Hunde manchmal, wenn sie Mangel an Futter haben. Es mag nur ein Aberglaube sein, aber die Fuhrleute, welche diese Ebenen passieren, haben die fixe Idee, dass das Fleisch eines Präriehundes ganz besonders giftig sei, und dass Menschen, welche davon essen, irrsinnig werden.

Einst war ich in einem Anfall von Hunger genötigt, einen zu töten.

„Lord!" sprach der Junge auf dem Rancho. „Sie wollen doch das Tier nicht etwa essen, Herr?"

„Warum nicht? Ich bin hungrig genug, um einen Cheyennen zu verspeisen."

„Na", sagte der Junge, „wir Leute von den Prärien glauben, dass die Eule, die Klapperschlange und der Präriehund alle von einem Gelichter sind, des Teufels eigene Brut, und dass jeder, welcher davon isst, verrückt wird."

„Wirf ihn in die Pfanne, ich muss es riskieren." Es stellte sich heraus, dass das Fleisch köstlich war, ähnlich dem Geschmacke eines Eichhörnchens und da der Präriejunge sah, wie ich die wohlschmeckenden Knochen abnagte, ergriff und verschlang er augenblicklich ein Bein. Ich hoffe, die Fuhrknechte werden fortfahren ihre Zweifel in die Heilsamkeit des Präriehundes zu setzen, da die Kapriolen dieser kleinen Tiere dieselben jedermann, der über die Ebenen, auf denen selten Komödie gespielt wird, reist, zu Lieblingstieren machen.

Nachdem wir bei Fort Ellworth vorbei sind – eine Anzahl hölzerner Hütten, in denen gegen hundert Leute liegen, welche nicht gut bewaffnet sind (wie wir hören) und welche ihre Füße sorgfältig innerhalb der Grenzen und die Cheyennen und Arrapachen in Frieden lassen, – haben wir vor uns eine Strecke von zweihundertundzwanzig Meilen gefährlichen Landes, ohne einen einzigen Posten zum Schutze; ein Land, in welchem keine Stadt, kein Lager, kein Rancho ist, nur die Blockställe, welche für die Überland-Maultiere jetzt gebaut werden. Wir sind allein mit der Natur und – der Regierungspost.

Um uns her haben wir manche Anzeichen, dass die Cheyennen und Arrapachen in unserer Nähe sind; bisweilen sehen wir deutlich den Beweis, dass ein Späher auf einer entfernten Klippe des Smoky Hill steht und wir bemerken blauen Rauch von einem benachbarten Bache aufsteigen. – Wir sind jetzt zwischen Big Creek und der Big Timber Station, im Herzen des romantischen Wildpretlandes, eines Landes langer, niedriger, wellenförmiger Hügel, die mit einer kurzen, süßen Grasart – dem Bündelgras – bedeckt sind, welches die Büffel gern fressen. Wir haben aufgehört, auf Klapperschlangen und Präriehennen zu schießen und heben uns unsere Patronen für den edleren Gebrauch der Selbstverteidigung auf, obschon wir in Versuchung kommen, bisweilen einen Schuss auf ein Elentier, eine Antilope oder einen schwarzgeschwänzten Hirsch zu wagen. Da das Hauptwild die Büffel sind, an deren festen Häuten unsere kleinen Sechsläufer nutzlos sein würden, so sitzen wir zahm in unserem Wagen und lassen die Herden vorbeidefilieren; in Ratten, in Compagnien, in Bataillonen, in Armeen donnern die schwarzen, zottigen Tiere vor uns her, manchmal vom Norden nach Süden, manchmal vom Süden nach Norden, aber immer laufen sie vor unserer Fronte und quer über unsere Marschroute.

Die Ebenen strotzen von Leben, zumeist sind es Büffel, Bullen und Kühe.

Vierzig Stunden lang haben wir dieselben stets in Sicht gehabt, Tausende auf Tausende, Zehntausende auf Zehntausende; eine unzählbare Masse ungezähmter Tiere, alle von ihnen geeignet zur menschlichen Nahrung, genug, sollten wir glauben, um die Arrapachen-, Comanchen- und Cheyennen-Wigwams bis in die Ewigkeit zu versorgen. Ein- oder zweimal versuchte der Fuhrmann zu schießen, aber Furcht vor den Rothäuten vereitelte gewöhnlich seinen Wunsch abzufeuern.

Dieser Büffel, welcher des weißen Mannes Jagdlust reizt, ist auch des roten Mannes Lebensunterhalt, und ein Cheyenne-Krieger kann nicht begreifen, warum ein Weißer in sein Land kommt und den Büffel seines geringen Vergnügens wegen vernichtet. Einen weißen Mann, welcher einen Büffel tötet, um davon zu leben, kann der Indianer begreifen, obschon sein Jagdgrund durch die Büchse des weißen Mannes leidet; aber ein Mann, der den Büffel zu seinem Vergnügen schießt, und ihn nicht zu essen wünscht, ist ein Geheimnis, dem die Rothaut gern durch Tomahawk und Skalpiermesser ein Ende machen möchte.

Während wir die Ebenen hinangehen, eine Reihe wellenförmiger Steppen, die nirgends auf ein Dutzend Meilen flach sind, wird die Sonne über uns immer ungestümer und das Land unter unseren Füßen immer heißer. Schlangen, Eidechsen, Heuschrecken schwärmen auf dem Boden und in der Luft; die Hitze ist unerträglich und erinnert uns bisweilen während der windstillen Mittagszeit an das Tal des Jordan. Wasser ist selten und schlecht und das trockene, heiße Fieber der äußeren Natur schleicht sich in uns und verdirbt unser Blut.

Der vierte Tag unserer Reise durch die Ebene war von tropischer Wärme. Das kurze, süße Gras, das der Büffel zu fressen liebt, ist hinter uns in den niedriger gelegenen Ebenen, wo Feuchtigkeit, obschon selten, nicht ganz unbekannt ist, wie es hier manche Stunden lang zu sein scheint. Unser Pfad ist mit Skeletten von Ochsen, Maultieren und Pferden bestreut, Raben und Wölfe sieht man an diesen Überresten des Maultieres und Ochsen fett werden, zahm genug, um sich kaum von ihrem Mahle durch das Rollen unserer Wagenräder im heißen Sande stören zu lassen. Ein goldner Nebel, die Wirkung der Hitze, bedeckt die Erde, und die *Fata morgana* quält unsere ausgetrockneten Lippen mit der Aussicht auf Wasser, das man nie erreichen soll. Totenstille herrscht um uns. Im Westen sehen wir eine kleine Wolke, welche anfangs nicht größer als ein Präriehund erscheint; weiterhin wird sie von der Größe eines Fuchses, eines Büffels, eines Berges; in wenigen Minuten ist der Himmel mit einem schwarzen, schwefelhaltigen Leichentuche bedeckt, aus welchem häufige Blitze zu springen und zu tanzen anfangen. Ein Blitzstrahl kommt durch die stille, schweigsame Luft, wie ein Flintenschuss, plötzlich mit einem scharfen Donnerschlag. Darauf folgt heulender Regen und Wind, der den Sand vom Boden aufwirbelt und unter die Vorhänge unseres Gebirgswagens treibt, wodurch wir mit Schmutz und Kot ganz bespritzt werden. Keine Sorgfalt kann den strömenden Regen abhalten, in wenigen Minuten sind wir durch und durch nass und fast erstickt. Vier oder fünf Stunden lang tobt dieser Sturm von Regen und Sand heftig gegen uns. Zwei- oder dreimal bleiben die Maultiere aus Furcht stehen, wenden ihren Rücken dem himmlischen Feuer zu, und weigern sich trotz aller Ermutigung der Stimme und Peitsche vorwärts zu gehen.

Wären sie nicht an den Wagen geschirrt, so würden sie vor dem Sturme fliehen, für ihr Leben davon fliegen, bis der Sturm nachgelassen und aufgehört hat. Da sie aber an den Wagen gekettet sind, können sie nur stehen und klagen. Sobald der Sturm vorüber ist, lugen die Sterne aus; die Luft ist kühl und rein, und wir schleppen uns durch die nasse und dampfende Ebene hin.

Mangel an Schlaf, Mangel an Nahrung, Mangel an Bewegung, da wir über die ungeebneten Wege die ganze Nacht und den ganzen Weg gestoßen wurden, an Bächen eines Tröpfchen Wassers wegen, an den

Blockställen zum Wechsel der Maultiere aber nur für wenige Minuten hielten – hatten uns krank gemacht. Wir erhalten nicht regelmäßig unsere Nahrung und unser Getränke und sind in einen Wagen gepfercht, der wahrscheinlich von irgend einem teuflischen Genius als Folterkammer bestimmt ist, eine Maschine, in der man weder sitzen noch stehen, noch sich niederlegen kann.

Mein Freund leidet an einer Gallenkrankheit, ich bin mit einem Hautausschlag geplagt; aber trotz dieser lebhaften Erinnerungen an unser Unglück erstaunten wir jeden Tag über den frischen Lebensstrom, der mit dem Morgengrauen in uns strömte. Wir kriechen aus unserer elenden Höhle, einer Höhle ohne Türe, ohne Fenster, ohne Stufen, mit nichts als einem rohen Stück Segeltuch als Dach, rohen Segeltuch-Lappen an der Seite, in den Staub und Schmutz eines Stalles; zerstoßen und zerschlagen und herumgeworfen, bis unsere Köpfe geschwollen sind, unsere Gesichter voll Beulen, unsere Hände zerrissen; schlaflos, hungrig; unsere Schläfe von Schmerz gefoltert, unsere Nasenlöcher voll Sand, unsere Glieder steif und von Krämpfen krumm gezogen; aber nachdem wir unsern Mund ausgespült hatten und unsere Köpfe in irgend einen kleinen Bach getaucht, dessen Wasser wir nicht zu trinken wagten, gingen wir drei oder vier Meilen der Postkutsche voraus, winden uns die langen Präriehöhen hinauf, atmen die frische Morgenluft, machen eine Pause in unserem geschwinden Schritte, sehen uns einander an und lächeln. Die Wirkung hiervon ist magisch; aller Schmerz, aller Krampf, alle Schwäche ist verschwunden, das Blut fließt frei, die Lungen arbeiten kräftig, die Nasenlöcher scheinen sich von innen heraus zu öffnen und die Augen Sand und Staub durch eine innere Kraft auszustoßen. Wenn wir nur Etwas zu essen bekommen könnten, wir fühlen Kraft genug in uns, jedem andern Schmerze zu trotzen.

Aber Nahrung ist etwas, was wir nicht bekommen können.

## 5. Die Prärie-Indianer

Die roten Männer haben sich unter einander auf einem Felde in der Nähe von Fort Ellsworth beraten, ob es rätlich sei, den weißen Männern, an deren Spitze ihr „Großer Vater" in Washington steht, eine Straße durch ihr Land über diese Smoky Hill Fort eröffnen zu lassen; und man sagt, dass die kriegerischen Stämme dieser Gegend, die Cheyennen und Arrapachen, getragen und unterstützt durch ihre Verbündeten aus dem Süden und aus dem Norden, den kräftigen Sioux, wilden Kiowas, klugen Comanchen und schnellen Apachen, den Krieg beschlossen haben.

Diese Indianer behaupten, von den Weißen betrogen worden zu sein; dies sagen sie immer, wenn sie auf den Kriegspfad gehen, da der Stolz eines roten Mannes nicht zugibt, dass er sich dazu bekennt, Unrecht getan – oder ein Versprechen gebrochen zu haben. Bei diesen Grenzstreitigkeiten hat der Indianer nach seiner eigenen Ansicht immer Recht. So viel man von diesen Cheyennen und ihren Verbündeten erfahren kann, scheint es, dass im zeitigen Frühjahr dieses Jahres (1866) Major Wyncoop, ein Regierungsbeamter, der sich damit beschäftigt, Bündnisse zu schließen – ein wichtiger und verdienstlicher Zweig des öffentlichen Dienstes – unter diesen Prärie-Jägern war, und ihnen Waffen und wollene Decken, Mehl und Whisky gegen ihr Versprechen gegeben hat, sich gut gegen die Wagen der Auswanderer und Züge von Kaufmannsgütern auf der Straße zu benehmen.

Wyncoop, sagen sie, hat ihnen mit seinem eigenen Munde das Versprechen gegeben, dass sie keine Furcht wegen ihrer Büffelweiden zu haben brauchten, da der „Große Vater" in Washington nicht die Absicht hätte, irgend eine neue Straße über Smoky Hill zu eröffnen. Nachdem Wyncoop sie verlassen, fingen sie an zu glauben, dass er der Überbringer von Lügen gewesen, da sie hörten, dass selbst während er in ihrer Wohnung geschlafen und Elen mit den Cheyenne-Häuptlingen und Kriegern, der „Römischen Nase", dem „Schwarzen Habicht" und dem „Gefleckten Hunde", gegessen habe, die Weißen ihren Plan gemacht hätten, mitten durch diese Büffelländereien eine Straße anzulegen.

Natürlich haben sie von den Weißgesichtern gehört, dass alle Straßen frei und offen sein sollen. Man hat ihnen gesagt, dass die Straße von St. Louis nach New York eben so frei für den roten, wie für den weißen Mann ist; und man hat ihnen ebenfalls gesagt, dass, obschon diese zweite Angelegenheit sich nach der ersten von selbst versteht, der Weg von St. Louis nach dem Salzsee eben so frei für den weißen, wie den roten Mann sein solle; allein die Römische Nase, der Schwarze Habicht und der Gefleckte Hund sind zu schlau, um sich durch das, was sie kleines Kindergeschwätz nennen, hinter-gehen zu lassen. Sie antworten, dass nach ihrer Anschauung jene Straße von St. Louis nach New York nicht offen sein würde. Würde man dem Schwarzen Habicht erlauben, auf den Feldern von Ohio zu jagen? Würde man es dem Gefleckten Hunde gestatten, seine Wohnung in den Straßen von Indianapolis aufzuschlagen? Würde die Römische Nase auf dieser Straße von St. Louis nach New York Schafe und Kühe töten und verzehren können, Tiere, welche an die Stelle seiner eigenen Büffel und Elentiere getreten sind? Wenn aber das nicht der Fall ist, fragen sie, wie kann der Weg für sie, Bewohner der Wigwams und Jäger nach Wild, offen genannt werden? Diese Cheyennen, diese Arrapachen und Sioux wissen so gut als irgendein Bleichgesicht in Washington, dass ihre Gesetze nicht unsere Gesetze, ihre Freiheit nicht unsere Freiheit ist. Wenn es eine ihrer indianischen Gewohnheiten wäre, einen Parteiruf zu haben, so würden sie wahrscheinlich den Ruf erheben: „Den Jagdgrund für den Jäger!"

Die Römische Nase und der Gefleckte Hund erzählen uns, dass der allerbeste aller Jagdgründe, welche jetzt den roten Leuten geblieben, die Prärieländereien sind, welche entlang und um Smoky Hill Fork liegen, eine trockene und sandige Schlucht von mehr als hundert Meilen in der Länge, welche sich am Fuße dieses hohen Grates oder Abhanges hinzieht, der Smoky Hill von der Nebelkappe genannt wird, welche gewöhnlich über seiner Spitze schwebt. Hier wachsen die süßen Büschelgräser, welche der Büffel zu kauen liebt, und hierher kommen die Herden Wild, von denen die Indianerwohnung für ihren Wintervorrat abhängig ist. – Stört diese Herden in ihren jetzigen Quartieren und wohin können sie fliehen? Im Süden liegt die Arkansasstraße von St. Louis nach Santa Fe, im Norden die Plattestraße von Omaha nach dem Salzsee.

Kein Wild verweilt auf dem Pfade eines weißen Mannes und einen Pfad für die Post über Smoky Hill Fork zu machen, heißt geradezu, die Nahrung des roten Mannes fortjagen. Das Elen und die Antilope können möglicherweise in die Nähe der Spur eines Händlers oder Auswanderers wandeln; der Büffel dagegen, ein kühneres, wilderes, aber vorsichtigeres Tier, nie. – „Weißer Mann kommen, Büffel gehen", sagt der Schwarze Habicht mit seiner scharfen Logik, „wenn Büffel fort, Squaw und Papoose sterben." Vom Standpunkte des Schwarzen Habicht aus betrachtet, ist die Klugheit, sich unseren Übergriffen auf ihre Jagdgründe zu widersetzen, über allen Zweifel erhaben.

Eine zweite Ursache hat dazu beigetragen, den Verdruss herbeizubringen, der uns auf diesen Ebenen verfolgt.

Eine der großen Fehden, welche das östliche Amerika vom westlichen trennen – die Staaten, welche östlich vom Mississippi liegen, von den Staaten und Territorien, welche westlich vom „großen Tranke" belegen sind – hat seinen Ursprung in der Frage: Welche Politik sollte die Regierung bei ihren Unterhandlungen mit den roten Männern verfolgen? Die Städte im Osten sind alle für Rosenwasser und Klein-Kindergeschwätz, die Städte im Westen sind alle für Revolver und Bowiemesser. Jede Abteilung hat ihre Meinung und ihre Leidenschaft. In Boston glaubt niemand, dass ein roter Indianer Unrecht tun kann; in Denver glaubt niemand, dass ein roter Indianer etwas recht machen kann.

Jede Partei zeiht die andere der Unwissenheit und Unverschämtheit; Massachusetts betrachtet die Rothaut aus dem romantischen Lichte, als einen Repräsentanten von Stämmen und Nationen, teuer der Kunst und Dichtung, welche schnell in das Land der Träume übergehen; Colorado sieht ihn nur von der prosaischen Seite als Dieb, Räuber, Mörder, der weiße Frauen gestohlen und weiße Männer skalpiert haben mag. In Massachusetts, in Rhode Island, in Neu-Hampshire hat fast jeder von einem Indianer entweder eine Skizze gemacht, oder ein

Lied komponiert, oder einen Roman gelesen, während in Colorado, in Neu-Mexico und Kalifornien von dieser romantischen Persönlichkeit fast jedem ein Verwandter geschlachtet oder eine Verwandtin entführt worden ist, – ein Unterschied, welcher den radikalen Gegensatz der Ideen über Indianerpolitik im Osten und im Westen sehr wohl erklärt.

Da Massachusetts stark in Washington vertreten ist, so hat es in Kansas gewöhnlich seinen eigenen Weg gehabt; und wo nur immer der Verhaftsbefehl eines Richters laufen kann, da es nahe an den Ebenen liegt, hat Colorado bisweilen im einsamen Grasland und am namenlosen Bache seinen eigenen Weg eingeschlagen.

Einen plötzlichen Schlag gab Colorado seinem wilden Feinde im vergangenen Jahre, als eine Anzahl berittene Freiwillige unter Oberst Shevington das Cheyennen-Lager am Sandbache, eine kurze Strecke vor uns, überfielen, woselbst eintausend Indianer unter dem Befehl der Weißen Antilope, eines alten und berühmten Cheyennen-Kriegers, lagerten. Die Colorado-Freiwilligen, welche auf Befehl von Washington zusammengebracht waren, ritten auf diese Indianer ein und schossen in nicht unterscheidendem Hasse und blinder Wut die Tapferen, den Squaw und den Papoose nieder. Die Weiße Antilope fiel wie ein Held in der Erzählung eines Dichters; denn als er sah, dass Verteidigung nutzlos sei, sprang er auf einen Haufen Sand, öffnete seine gestickte Jacke und hieß die Bleichgesichter feuern.

Mit zwanzig Kugeln in seinem Körper rollte er auf die Erde. Die meisten seiner Genossen fielen um seine Leiche; Alt und Jung, Männer und Frauen, gerunzelte Krieger und stöhnende Kinder. Sechzehn der Freiwilligen wurden getötet und ihre Kameraden ritten nach Denver zurück, bedeckt, wie sie glaubten, mit dem Ruhme ihrer Taten.

In Neu-England ist dieser Überfall auf das Cheyennen-Lager überall als das indianische Gemetzel verschrien; in den Ranchen dieser Prärien, in den Städten in der Nähe des Meeres wird es überall als der „Große Kampf" gefeiert. Die Meinung über diesen Punkt wird als ein Zeichen eines guten Verstandes betrachtet. In Boston würde eine Billigung des großen Kampfes dich einem sozialen Bann aussetzen; in Denver würde ein Tadel des indianischen Gemetzels ein Bowiemesser in deine Seite bringen. Nachdem ich dies vorausgeschickt habe, brauche ich kaum hinzuzufügen, dass ich westlich vom Missouri nie einen

Mann gesehen habe, welcher nicht sagt, dass die Angelegenheit von Landbacher, obschon schrecklich genug in vielen Einzelheiten, eine gute und nützliche strenge Tat war, – eine Tat, welche zweimal des Jahres wiederholt werden sollte, bis jeder Indianerstamm von diesen Ebenen weggefegt worden ist.

Die Leute im Osten behaupten, dass, als Shevington das Lager der Indianer angriff, die Cheyennen mit den Weißen in Frieden waren, und dass die amerikanische Flagge über dem Zelt der Weißen Antilope wehte.

Shevington leugnet dies und behauptet, dass das Lager der Cheyennen die Zufluchtsstätte von Hundesoldaten gewesen, einer Bande von geächteten Rothäuten und Meuchelmördern, welche Niederlassungen geplündert und manchen Monat lang die Fuhrleute und Auswanderer gemordet hätten; er und seine Freunde behaupten, dass dies bewiesen sei erstens dadurch, dass die Indianer gerade in diesem Lager ein weißes, sechzehn Jahre altes Mädchen und drei kleine weiße Kinder hatten, welche sie nach langer Unterhandlung an die Bürger verkauften; zweitens dadurch, dass sie sich rühmten, zwei oder drei weiße Frauen in ihren Hütten zu haben, welche sie weder weggeben, noch verkaufen wollten, und drittens dadurch, dass die Weißen, als sie das indianische Lager nahmen, eine Anzahl Ringe, Bänder, Photographien und menschliche Skalps fanden.

Namentlich ist es *eine* grausame Tat dieser Indianer, welche besonders den Unwillen in Denver erregt haben soll.

In einem Rancho am „Laufenden Bache" nicht weit von jener Stadt lebte ein Mann, namens Hungate mit seiner Frau und zwei Kindern; ein braver Mann und guter Farmer, welcher bei seinen Nachbarn in Ansehen stand. – Die roten Männer waren über seine einzeln dastehende Farm hergefallen, hatten sein Vieh fortgetrieben, seinen Rancho verbrannt, seiner Frau Gewalt angetan, seine Kinder ermordet und ihn selbst erschossen. Die Köpfe der ganzen Familie Hungate waren skalpiert, die Körper zerhackt und zermalmt. Als man sie in diesem verstümmelten Zustande fand, wurden sie nach der Stadt Denver gebracht und öffentlich gezeigt, wie die Verwundeten in Paris von 48, und dadurch das heiße Blut von Colorado zum Wahnsinn getrieben. Die Weiße Antilope hatte für das Blut Hungate's einzustehen.

Man sagt, dass zwei der Skalpe, welche die Volontäre unter Shevington nach dem Kampfe am Sandbach fanden, frisch gewesen seien; einer, der Skalp eines weißen Mannes, war kaum kalt; von dem zweiten, dem Skalp einer weißen Frau, sagte der Armeechirurg, dass er erst in den letzten zehn Tagen abgezogen sei.

Aus Kampf wird Kampf und der Streit des letzten Jahres kann nur durch einen Streit im kommenden Herbste beantwortet werden. Ein Sohn der Weißen Antilope geht jetzt auf den Ebenen herum und ruft die Stämme und Nationen dazu auf, den Tod seines Vaters zu rächen, was „die Römische Nase", „der Schwarze Habicht", „der Große Büffel", „die Lanze" und „die Kleine wollene Decke" als mächtige Häuptlinge sehr gern tun sollen, da sie dadurch die seltene Gelegenheit haben, ihre Lust nach Blut zu befriedigen und zu gleicher Zeit ihre Lieblings-Büffelweiden von allen weißen Störenfrieden des indianischen Wildes zu säubern.

## 6. Der rote Mann

Eine lange Reihe von Gedichten und Novellen hat dem englischen Leser die Gewohnheit beigebracht, den roten Mann eher als eine malerische Gestalt auf der Prärie und dem See zu betrachten, als eine lebende Macht inmitten der amerikanischen Städte. Wir haben in unserem Geiste die Indianer dahin versetzt, wo wir Leute wohnen lassen, die für uns nur in Erzählungen und Theaterstücken existieren.

Wenn wir uns entweder einen Irokesen oder einen Mohikaner denken, so steht er vor unserer Einbildung in seiner Kriegsfarbe und mit seinem Jagdgerät da; er sitzt im Rate unter dem Verhandlungsbaume, sieht Gott in den Wolken und hört ihn in den Winden.

Wir bemerken ihn, wie er mit dem Habichtsauge sich aus dem Kriegspfade dahinstiehlt, wie er über Minnehaha im Wigwam wacht, wie er sich von seinen alten Jagdgründen am Ohio losreißt und in seine neue Heimat im Westen aufbricht. Wir bringen ihn in Verbindung mit Hemlockbäumen, fließenden Gewässern und stillen Tälern.

Aber ob er zu uns kommt mit seinem Jagdgerät oder in seiner Farbe und mit seinen Federn, mit der Friedenspfeife im Munde oder dem Skalpiermesser in der Hand, stets ist er für uns derselbe: ein Geschöpf der Phantasie, ein Gemälde, ein Gedicht, ein Roman, kein Mann von Fleisch und Blut, der mit Geistesgaben ausgerüstet, reich an Leidenschaften, fruchtbar an Gedanken, einer, der stark im Widerstande ist und schnell sich dem Gedächtnis aller derer einprägt, welche mit ihm in Berührung kommen.

In den Vereinigten Staaten kennen ihn die Leute besser. Der rote Mann lebt unter ihnen gerade wie der schwarze Mann; ein weniger gelehriges Genie, aber fruchtbarer an Gedanken, der seine eigene Weise, seine eigenen Künste, seine eigenen Überlieferungen hat, und die Fähigkeit, welche der schwarze Mann nicht hat, zu denken und Gedanken wiederzugeben.

Sie haben mit ihnen Tag für Tag wie mit einem Manne zu verhandeln, welcher Rechte an den Grund und Boden hat, die kein Yankee wegleugnen kann und die kein ehrlicher Yankee zu bestreiten wünscht.

Es hat noch keine Menschenrasse eine andere aus irgendeinem Lande fortgetrieben und Ländereien und Städte von ihnen genommen, ohne an dem Platze, welchen sie in Besitz nehmen wollten, einen lokalen Schutzgeist zu finden, welcher ihre Politik, ihre Gebräuche und ihre Künste beeinflusste. Der Mensch ist eine lebende Macht, welche durch ein Naturgesetz auf ihren Genossen einwirkt und wieder einwirkt. Alle Macht ist relativ. Wenn der Starke den Schwachen beeinflusst, so beeinflusst wieder der Schwache den Starken. – Zahlen sind Stärke und wenn die höhere Rasse den Nachteil haben sollte, gering an Zahl zu sein, so fallen sie gewissermaßen auf das Niveau ihrer Sklaven, trotz ihrer anfänglichen Übermacht an physischen Gaben und moralischer Gewalt.

So haben die römischen Herren von Griechenland die Kunst, die Sprache, die Religion und zuletzt das Land sich angeeignet, das sie durch das Schwert gewonnen hatten.

Der normannische Held ward ein englischer Gentleman und hat dazu beigetragen, diesen Namen zum stolzesten Titel, der auf der Erde getragen wird, zu machen. Nach drei Generationen stellte es sich heraus, dass die Ansiedler unter Strongbow sich mehr als Irländer fühlten, als die Kelten. Die Soldaten von Herzog Rollo wurden in Sizilien milder. Die Mantschu-Tataren sind Griechen geworden. Selbst in solchen Fällen, in denen Feuer und Schwert angewandt wurden, um das Urvolk zu verdünnen, ist der Erfolg ziemlich derselbe geblieben.

Den Israeliten ward gesagt, die Hetiter und Amoriter, die Cananiter, Pheresiter und Jebusiter niederzumetzeln und sie erschlugen diese Nationen ohne Gnade, wie ihnen Gott befohlen hatte. Aber die Gebräuche und Ideen dieser Heiden hielten sich an den Boden und Generation nach Generation dieses auserwählten Volkes fiel in die Sünde, den einheimischen Göttern nachzulaufen.

Dagon, Moloch, Aschtaroth zogen die Leute von Jehovah weg und die Künste von Tyrus und Sidon hatten ihren Einfluss auf die, welche das Schwert von Jabin nicht aus dem Lande vertreiben konnte. – Auf gleiche Weise haben die roten Menschen, welche unsere Vorfahren an der atlantischen Seeküste fanden und welche sie zurückgetrieben haben erst nach den Alleghenies, dann nach dem Ohio und Wabash, dann nach dem Mississippi und endlich über den großen Fluss westlich bis Kansas und Arkansas, Spuren ihrer früheren Gegenwart im Nationalcharakter, in der Volkspolitik, im Volksleben zurückgelassen.

Sie haben dies an Stellen getan, von denen sie Vollständig verschwunden sind, ebenso wie in Distrikten, in denen sie noch vorkommen: unter den Spiritualisten von Neu-England, unter den Mormonen vom Salzseetal. Der Mensch ist, was er isst, und eine Nation wird der ähnlich, die sie aufzehrt. Wo der Indianer durch Verähnlichung vernichtet worden ist, muss das Bleichgesicht ebenfalls einem Wechsel unterworfen gewesen sein, um nach der Höhe der Widerstandskraft bemessen zu werden, einer Eigenschaft, in der einige Stämme dieser Rothäute besonders stark sind. Wenn der Indianer den Kampf mit dem Bleichgesicht überlebt hat, wie am Oneida-Bach, in Wyandotte, in St. Mary's Mission und an manchen anderen Plätzen, da ist die Macht des Widerstandes gegen den Weißen noch in Tätigkeit und beeinflusst den Nationalcharakter auf eine Weise, die niemand voraussehen konnte und die jetzt niemand hinwegleugnen wird.

Die anglo-sächsische Macht der Verähnlichung ist sehr groß; aber die Cheyennen und Dakotas bieten ihr vielleicht die härteste Mahlzeit dar, welche sie je verdauen musste. Die indianische Faser ist überaus zäh. Kann jemand bis zu diesem Augenblicke sagen, dass, obschon die Weißen eine geringe Übermacht hatten, der Einfluss der Weißen auf die roten Menschen stärker gewesen ist, als der der roten Menschen auf die Weißen?

Lasst die, welche so denken, in diese westlichen Ebenen kommen, in die Ländereien, in denen rote und weiße Leute in Allem, nur nicht in Eintracht, mit einander leben; sie werden finden, dass jeder des Andern Laster sich angeeignet hat, dass, während der Indianer gelernt hat, seinen blassen Bruder in Schwelgerei zu überbieten, der weiße Mann seinem roten Bruder nur in Wildheit und List ähnlich geworden ist. Wenn der Yankee dem Indianer das Whiskytrinken gelehrt hat, so hat der Indianer dem Yankee das Halten von Squaws gelehrt. Fast alle alten Trapper und Fuhrleute, welche unter den Indianern gelebt haben, sind Polygamisten: – Jean Baker von Clear Creek hat zwei Squaws; Mageary von Süd-Platte hat drei; Bent von Smoky Hill soll sechs geheiratet haben. Wie ein indianischer Häuptling zu Oberst Marey sagte: „Das erste Ding, was ein Yankee in den Ebenen haben will, ist viel Frau." Wenn der kleine Bär trinkt und seine Squaw zu Tode prügelt, hat Jem Smithers zum Spaß skalpieren gelernt. Man hört in diesen Gegenden Anekdoten, welche das Blut erstarren machen. Jack Dunkier, von Central City, skalpierte fünf Sioux in Gegenwart seines weißen Kameraden.

Derselbe Colorado-Junge soll nach Denver mit dem Beine eines indianischen Kriegers an seinen Sattel geschlungen geritten sein, ein Bein, welches er vom Körper losgeschnitten hatte, und man sagt, dass er zwei ganze Tage davon gegessen hätte. Niemand glaubte seine Geschichte; aber eine Prahlerei ist in ihrer Art auch eine Tatsache und darüber ist kein Zweifel, dass sich in der Stadt Denver ein Mann öffentlich rühmte, Stücke von einem menschlichen Schenkel gekocht und gegessen zu haben. Ein Pawnee würde sich solcher Tat rühmen und sich damit in den Versammlungen seines Stammes brüsten. Der Yankee lernt es schnell, die Verbrechen der roten Männer nachzuahmen.

Einer von den Sandy Creek-Volontären kam nach Denver zurück mit dem Herzen einer Frau an der Spitze einer Stange; er hatte die Squaw erschossen, ihre Brust aufgeschlitzt und ihr Herz herausgerissen. Niemand tadelte ihn und seine Trophäe ward vom Pöbel mit Jubelgeschrei in den öffentlichen Straßen begrüßt. Es freut mich, sagen zu können, dass die Ansicht der Weißen, selbst in den rohen Bergwerksdistrikten, in Bezug auf die Taten dieses Mannes sich änderte; nicht, dass jemand daran gedacht hätte, ihn wegen seiner Verbrechen zu arretieren, nicht, dass seine gleichgesinnten Kameraden seines Scherzes wegen schlecht von ihm gedacht hätten; nein, aber die Späße des Schnapsladens, des Spielhauses und des Rauchzimmers drehten sich ziemlich frei um seine Tat, und der Kerl, der wenig Witz und Geduld besaß, floh aus der Stadt und kam nie zurück. Bei den tapferen Cheyennen würde ein solches Verbrechen einen Krieger zum Häuptling erhoben haben. Ein Verbrechen, obschon es nicht den Verlust von Leben nach sich zog, ist mir selbst abschreckender erschienen, als der Mord einer Squaw in der Zeit des Krieges – die Verletzung indianischer Gräber durch die Yankees.

Ein Regierungszug, der durch indianisches Territorium ging, kam an einen Haufen Steine und Felsen, welche der kundige Trapper als den Begräbnisplatz irgend eines großen indianischen Häuptlings bezeichnete; die Jungen aus dem Westen rissen es auf, warfen die Knochen des alten Kriegers umher, hoben den Bogen und die Pfeile, sowie den Löffel aus Büffelhorn auf (ein Offizier der Armee der Vereinigten Staaten gab mir das Horn als Andenken) und schleppten die Perlen und Schmuckgegenstände und die Überbleibsel der Büffelbekleidung, in die der Häuptling zu seiner endlichen Ruhe gewickelt worden war, weg.

Mit ihren vielen Lastern haben die Yankees von den Indianern einige ihrer einfachen Tugenden erborgt: einen Zug von Gastfreundschaft, eine hohe Achtung für ein verpfändetes Wort und große Verachtung vor Schmerz und Tod. –

Die roten Menschen haben der ganzen Welt das indianische Kraut rauchen gelehrt. Haben sie vom Bleichgesicht irgendeine Wohltat empfangen, welche mit dieser Gabe des wilden an den zivilisierten Menschen zu vergleichen wäre? – Es ist keine Redensart, wenn man sagt, dass im weißen Amerika der rote Einfluss sehr weit verbreitet ist und stark gefühlt wird ebenso in Einrichtungen wie in Gedanken.

Die Konföderation der fünf Nationen war der Typus, welchen die Weißen angenommen, als sie die Konföderation der dreizehn Kolonien gründeten, nicht nur so weit es die Prinzipien ihrer Union betraf, sondern auch bis in die geringsten Einzelheiten. Die Irokesen hatten die Theorie der Staatsrechte erfunden, eine nicht zu definierende und gefährliche Theorie, welche die Macht der besondern Handlung, vielleicht des Rücktrittes von der Union in sich begriff; das hat zu tausend Streitigkeiten und zum Bürgerkriege geführt, dessen Ende noch nicht abgesehen werden kann. Diese Irokesen haben die Theorie aufgebracht, ihre Macht und ihr Territorium auszudehnen, nicht dadurch, dass sie zu den Grenzen irgend einer Nation der Konföderation hinzufügen, sondern dadurch, dass sie wirklich neue Stämme und Nationen in die Union hineinbringen, ein neues Prinzip politischen Wachstums, das die Weißen auch von ihnen geborgt haben. Unter diesen beiden Prinzipien sind die fünf Nationen zu acht angewachsen, und die dreizehn Kolonien sind ihnen gefolgt, haben das Werk fortgesetzt und sich in achtundvierzig Staaten und Territorien ausgebreitet.

Als bei der Konferenz von 1774 die Kommissionäre von Pennsylvanien, Maryland und Virginien mit den irokesischen Sachems in Lancaster Rat pflogen, redete sie der Häuptling Casannatego so an, wie es ein griechisches Mitglied der achäischen Versammlung getan haben würde: „Unsere weisen Vorfahren haben die Vereinigung und die Freundschaft zwischen den fünf Nationen hergestellt. Diese Vereinigung hat uns mächtig gemacht. Dies hat uns große Macht und Autorität unseren Nachbarnationen gegenüber gegeben. Dadurch, dass ihr dasselbe tut, werdet ihr frische Stärke und Macht erwerben. Deshalb rate ich, was immer vorkommen mag, euch nie mit einander zu entzweien."

Die offiziellen Berichte des indianischen Büros an den Kongress geben zu, dass diese Konföderation der Irokesen der wahre politische Keim der Vereinigten Staaten gewesen sei. Die Männer der fünf Nationen hatten sehr hohe Begriffe von Freiheit, sowohl von politischer als von häuslicher Seite. Man halte jedermann für seines Mitmenschen ebenbürtig. Der Sachem, selbst wenn er aus einem Herrscherstamme entsprossen, ward zu seinem Amte gewählt. Sie hatten keinen erblichen Rang und keinen andern Titel, als solche Namen, welche ihre Ämter bezeichneten, zum Beispiel Krieger, Rat und Seher.

Sie sagten, dass alle Männer irokesischer Rasse frei und einander gleich geboren seien, und dass niemand, der so frei geboren wäre, je ein Sklave werden könne.

Sie widersetzten sich der Sklaverei in der Tat in jeder Art und Weise. Kein Irokese konnte einen andern besitzen. Wenn er Feinde im Kampfe gefangen nahm, so wurden sie entweder getötet oder naturalisiert und in seinen Stamm aufgenommen.

Ja, das Gefühl der Freiheit war sogar so mächtig bei den fünf Nationen, dass sie den Grund und Boden selbst für frei erklärten, so dass kein Sklave innerhalb der Distrikte, auf denen die Roten jagten, gefunden werden konnte, selbst wenn Negersklaven überall in den Straßen von Boston, Philadelphia und New York gekauft und verkauft wurden. Mit der Zeit aber lernten einige der weniger edlen Indianerstämme – die Cherokesen, Choktaws und Chickasaws – vom weißen Manne ihren Bruder Neger zu kaufen und zu stehlen und ihn wie einen Maulesel oder Hund in Gefangenschaft zu halten.

Unter einigen Indianerstämmen, obschon weniger in diesen wilden westlichen Provinzen als unter den Delawaren, Mohikanern und Senecas, haben die Frauen eine ganz besondere Macht, nicht nur im Wigwam, woselbst sie die Ehrenplätze einnehmen, sondern auch öffentlich und im öffentlichen Leben; selbst das Recht, Versammlungen zu halten und über die Fragen von Krieg und Frieden zu beraten. Unter den höheren Klassen von Indianerstämmen setzen die Tapferen einen gewissen Stolz darein, ihren Squaws solchen Respekt zu erweisen, dass er die gewöhnliche Höflichkeit in den Städten übersteigt; dies versteigt sich oft dahin, was man aus Mangel eines besseren Namens Ritterlichkeit nennen könnte. Natürlich ist in geregelter Gesellschaft, wo die Rechte durch das Gesetz geschützt werden und nicht der Willenslaune eines Einzelnen überlassen sind, solcher offener und anerkannter Schutz der Männer gegen die Frauen wenig nötig. Es ist eine Tugend des Wilden und Halbwilden, des Jägers und des Hirten, des Seneca-Indianers und des Anezi-Arabers, welche nicht verfehlt hat, mit ihrer moralischen und poetischen Schönheit die Sitten eines weit höher stehenden Volkes zu beeinflussen. Wer kann bezweifeln, dass indianische Ideen über Hexerei, Vielweiberei, Vielgötterei, Seelenwanderung, über die Existenz von Geistern, zukünftige Belohnungen tief in den Volksgeist eingedrungen sind und jetzt zum Guten oder Bösen den amerikanischen religiösen Gedankenlauf beeinflussen?

Eins der ersten Dinge, welche einem englischen Auge an diesen Rothäuten auffallen, ist (vielleicht nach ihrer Malerei und ihren Federn) ihre Einteilung in Stämme, die älteste Form, in welcher sich die Menschen in Gesellschaften organisierten. Es ist ein orientalisches System, das man in Medien und Indien, in Arabien und Scythien unter allen wandernden und Viehzucht treibenden Völkern findet. Auf der ersten Stufe vom wilden zum zivilisierten Leben werden alle Rassen in Stämme geteilt, entweder von der Familie oder dem Clan. In Sparta waren drei dieser Originalstämme, in Athen vier, in Palästina zwölf, in Rom drei; in jedem dieser Staaten hatte es den Anschein, als ob ein Stamm eine Art königliches Vorrecht gehabt hätte: in Sparta der Hylleer, der Eupatride in Athen, das Haus Judah in Palästina, die Ramnes in Rom. Unter den zahlreichen Stämmen der roten Rasse scheint kein solcher königlicher Charakter vorzuherrschen; der Cheyenne gesteht dem Sioux kein moralisches Übergewicht zu, der Mohikaner nicht dem Seneca; jede Nation ist ein besonderer Körper und die Hauptpolitik der roten Eingeborenen ist die, ihre Stammunabhängigkeit aufrecht zu erhalten. Von ihnen haben die weißen Ansiedler das Gefühl für Staatsrechte geborgt.

## 7. Indianer-Leben

Die Geschichte von Minnehaha, dem lachenden Wasser, hat uns gezeigt, dass unter diesen Söhnen des Sees und der Prärie eine Masse von Überlieferungen existiert, welche für die Kunst zu gebrauchen sind. Das Leben des roten Indianers – wie er der Spur folgt, den Bison und das Elen jagt, seiner Geliebten mit dem Skalp eines im Kampfe oder heimlich erschlagenen Feindes den Hof macht, wie er im Kriegstanze springt, wie er den Tomahawk begräbt und das Messer zur Seite legt, wie er seine Genossen im Rate haranguirt, wie er die Bosheit seiner Erbeuter herausfordert, wie er unter seinem Hemlock sitzt und die Friedenspfeife raucht – ist nichts weniger als ein Roman. Der Wald, in dem er wohnt, die Ebene, auf der er jagt, der Fluss, auf dem er schwimmt, sind ihm voll von Myriaden Geistern. Sein Kanu ist eine Arche, sein Wigwam ein Zelt. Auf allen Seiten ist er in Berührung mit der innersten Seele der Dinge und zu feinem Ohr spricht die Natur aus jedem Blatt und durch jeden Stein. Was Wunder denn, dass seine ungeschriebene Poesie von wilder und mutiger Art ist; neu in ihrem Charakter, frisch in ihren Farben, ähnlich und nicht ähnlich einem Romane von Homer, Ossian und den ursprünglichen Gothen?

Ein junger Jäger verliebte sich in ein schönes Mädchen und begehrte sie zur Frau, und da er der Stolz seines Stammes war, sowohl wegen seiner Schnelligkeit, wie wegen seines Mutes im Kampfe, ward sein Antrag von ihrem Vater angenommen und er verheiratete sich mit ihr. An ihrem Hochzeitstage starb sie. Die Frauen gruben eine Gruft in den Boden, wickelten ihre Glieder in ein Tuch und legten sie in das Bündelgras nieder, nachdem sie über ihre Leiche gejammert hatten. Aber der junge Jäger konnte sie nicht verlassen. Sein Bogen war ungespannt im Wigwam, seine Keule lag mäßig auf dem Boden; denn sein Herz war in jenem Grabe im Walde begraben und seine Ohren hörten nicht mehr das Getöse der Schlacht und der Jagd. Eine Freude auf der

Erde war ihm geblieben: – allein auf dem Hügel zu sitzen, unter welchem seine Liebe ruhte, an seine verlorene Braut zu denken und ihr in Gedanken ins Land der Geister zu folgen.

Alte Leute des Stammes hatten ihm gesagt, als er noch ein Kind war, dass die Seelen nach dem Tode zu den Inseln der Seligen gingen, die fern im Süden lägen, in einem sonnigen Klima, auf einem ruhigen See, unter einem ungetrübten, blauen Himmel, und eines Tages, als er auf dem kalten Boden saß und Schnee auf den Bäumen über ihm war, da kam ihm der Gedanke, dass er diese Insel suchen wollte, auf welcher die Seele seiner Geliebten weilte. Er wandte sein Antlitz gen Süden und begab sich auf die Reise, welche ihn eine Zeit lang durch ein Land von Seen, Hügeln und Tälern führte, welche ähnlich wie in seiner Heimat waren; aber hierauf erschien weniger Schnee in den Bäumen, weniger Frost auf den Strömen, mehr Glanz in der Luft, mehr Grün auf der Erde; dann kam er zu Knospen und Blüten, er sah Blumen auf dem Felde und hörte das Gezwitscher der Vögel im Busche. Er sah einen Pfad, der in einen dichten Hain führte, und folgte diesem durch die Bäume bis er an einen hohen Abhang kam, auf dessen Spitze eine Indianer-Wohnung war. An der Tür dieser Wohnung stand ein alter Mann mit weißem Haar, blassem Gesichte und feurigen Augen, der mit Fellen von wilden Tieren bekleidet war und, auf einen Stock gelehnt, ihn mit wehmütigem Lächeln empfing.

Der Jäger fing an seine Geschichte zu erzählen. – „Sei still!", sagte der alte Mann; „ich habe Dich erwartet und bin aufgestanden, Dich zu bewillkommnen. Die, welche Du suchst, ist hier gewesen, hat eine Zeit lang ausgeruht und ist dann weiter gegangen. Komm in meine Hütte." Als der Jäger sich mit Speise und Schlaf erfrischt hatte, führte ihn der Alte aus der Hütte und sagte: „Siehst Du jenen Golf und dahinter die Ebene? Das ist das Land der Seelen. Du stehst an seinen Grenzen und meine Hütte ist das Eingangstor. Aber nur Seelen können über dies Tor hinausgehen. Lege Dein Bündel nieder und Deinen Köcher, lass Deinen Körper und Deinen Hund zurück; jetzt geh' in das Land der Geister." Der Jäger sprang von der Erde, wie ein Vogel auf seinen Fittigen.

Wald, See, Berg waren dieselben, aber er sah sie mit neuen Augen und fühlte sie mit einem fremden Gefühl. Die Natur erschien ihm hell und mit Stimme begabt zu sein. Die Luft war balsamischer, der Himmel glänzender, der Rasen grüner, als sie unseren sterblichen Sinnen erscheinen. Die Vögel sangen zu ihm aus den Bäumen und Tiere huschten munter an ihm vorbei. Kein Geschöpf fürchtete sich vor ihm, da im Lande der Geister nie Blut vergossen wird. Ein Schritt ohne Anstrengung vorwärts, mehr über den Boden gleitend als laufend; ging durch Bäume und Felsen so, wie ein Mann von Fleisch und Bein durch eine Welle Schaum oder eine Wolke Rauch gehen würde. Endlich kam er an einen großen glänzenden See, aus dessen Mitte eine prächtige Insel aufstieg. Ein Kanu von weißem Stein lag dicht am Ufer, mit Rudern für ihn zurechtgelegt. Als er in das Boot stieg und vom Ufer stieß, bemerkte er, wie in einem Traume, dass an seiner Seite ein anderes weißes Kanu sei, in welchem blass und schön, wie er sie zuletzt gesehen, seine Braut war. Als er vom Ufer stieß, verließ sie dasselbe ebenfalls und folgte der Bewegung seiner Ruder, wie die Akkorde in der Musik. Eine stille Freude zog in des Jägers Herz ein, als sie ihren Weg nach der Insel der Seligen nahmen. Als er vorwärts nach dem Lande schaute, fürchtete er für seine Geliebte, da sich eine große weiße Linie Brandung zornig vor ihnen brach, und er im klaren tiefen Wasser die Körper von ertrinkenden Menschen sehen konnte und die Knochen von Tausenden, welche in dieser Brandung umgekommen waren. Da seine Muskeln stark und sein Mut kühl war, so hatte er für sich keine Furcht; aber er war ihretwegen unruhig, dass sie in dieser glänzenden Schale der Brandung ausgesetzt sei; als sie indessen kühn durch die Klippen ruderten, fanden sie, dass ihre Kanus durch dieselben wie durch die Luft gingen. Um sie herum waren viele Boote, jedes mit einer Seele beladen. Manche waren in arger Not, manche scheiterten und gingen verloren. Die Boote, welche Kinder trugen, glitten heimwärts wie die Vögel. Die, welche Jünglinge und Mädchen trugen, trafen auf Windstöße und Wellen. Ältere Leute wurden von Stürmen und Ungewittern betroffen, jeder nach seinen Handlungen, da die Windstille und der Sturm nicht auf dem Geistersee waren, sondern in den Leuten, welche darauf fuhren. Der Jäger und seine Braut kamen sanft und ruhig an's Ufer und sprangen leicht aus ihren Kanus auf die goldene Insel. Welcher Wechsel von der trüben kalten Erde, auf der der Jäger lebte. Sie sahen keine Gräber. Sie hörten nie von Krieg. Nie beunruhigten Windstöße die Luft, nie verdunkelten Nebel die Sonne. Kein Blut ward je vergossen, nie fühlte man Hunger oder Durst, denn die Luft, welche sie atmeten, war Speise und Trank. Ihre Füße wurden nie müde und ihre Schläfe schmerzten nie. Für die Toten fühlte man keinen Schmerz. Gern würde der Jäger mit seiner Braut in diesem Lande der Geister geblieben sein; aber ein großes Etwas, genannt der Herr des Lebens, kam zu ihm und sprach zu dem jungen Manne mit einer Stimme wie ein sanfter Windhauch: „Geh zurück in das Land, woher Du kamst, Dein Tag ist noch nicht erschienen. Kehre zu Deinem Stamme zurück und zu der Pflicht eines guten Menschen. Wenn das geschehen ist, wirst Du mit dem Geiste, den Du liebst, vereinigt werden. Sie ist aufgenommen, sie wird stets hier sein; so jung und glücklich, als ich sie vom Lande des Schnees herrief." Als die Stimme zu sprechen aufhörte, erwachte der Jäger aus seinem Schlafe und fand den Hügel zu seinen Füßen, Schnee in den Bäumen über sich und eine starre Sorge im Herzen.

Ach, es war alles ein Traum!

Der rote Mann glaubt an einen Gott, oder vielmehr, er glaubt an viele Götter, ebenso an ein Leben nach dem Tode, das er mit seinem Pferde, seinem Falken und seinem Hunde teilt. Er glaubt, dass es einen guten und einen bösen Geist gibt, welche an Würde und Stärke einander gleich sind; dass unter diesen eine Anzahl Götter leben; Geister des Felsens, des Baumes, der Wolke, des Flusses und des Frostes, Geister des Windes, der Sonne und der Sterne. Kein griechischer Schäfer bevölkerte je den Hymettos und Arkadien, Orion und den Bären mit einer solchen unendlichen Anzahl von Gestalten und Schimmer, als der Cheyenne, der Pawnee und die Schlange ihre Ebenen und Berge, ihre Bäche und Wälder, ihre Seen und ihre Himmel bewohnt glauben.

Aber der Indianer hat nie gelernt, seinen Gottheiten Tempel zu erbauen; er ist zufrieden, sie im Baume und in der Blume, im Sonnenschein und im Sturme, im Habicht, im Biber und in der Forelle zu finden. Seine einzige Religion ist die der Natur, seine einzige Gottesverehrung eine Art Magie. Er glaubt an Hexen und Beschwörer, an ihre Macht, Menschen zu Tieren herabzusetzen und Tiere zu Menschen zu erheben. Der Schlaf ist ihm nur eine andere Seite seines Lebens und Träume sind ihm so tatsächlich, wie seine Taten im wachen

Zustande. – In seiner Einbildung wimmelt jeder Raum von Göttern und Geistern, welche ihm nahe sind, wenn er jagt und kämpft, welche im Stande sind zu hören, wenn er sie ruft, und ihm ihre Gegenwart und ihre Wünsche durch Zeichen und Laute zu erkennen geben können. Er ist die ursprüngliche Quelle von allem Geisterklopfen und allem Tischrücken, und in der Kunst, Dämonen zu Hilfe zu rufen, ist er noch weit darüber hinaus, von solchen unansehnlichen Ritualen wie den Davenports und Holmes erreicht zu werden. Seine religiösen Gebräuche sind wenig und kabbalistisch; so singt er z.B. für einen Kranken und bringt dem Toten Speise dar; er trägt einen Talisman in seinem Ohr, in seiner Nase und um sein Handgelenk, – gewöhnlich eine Muschel aus der großen See – als eine Verteidigung gegen die bösen Geister. Er hat keine Priester, wie wir das Wort verstehen, aber er unterwirft sich bedingungslos seinem Propheten *(jossakeed)* und Seher, und er tut dies nicht nur mit seiner Seele, sondern auch mit seinem Körper. In der Tat ist sein Prophet auch sein Arzt, da Krankheit nach seiner Meinung nicht nur ein geistiger, sondern auch ein physischer Fehler ist, welcher nur von einem besiegt werden kann, der Macht über Sünde und Tod hat. Brigham Young hat auf dem einen Ende des Salzsees ungefähr dieselben Funktionen zu verrichten, wie ein Shoshone-Seher auf dem andern auszuüben haben mag.

Die roten Menschen haben keine bestimmten Gesetze. Ihre Regierungsweise ist patriarchalisch. Die oberste Gewalt wird, wie bei jeder wilden Horde, von den ältesten Männern des Stammes ausgeübt, außer zur Zeit des Krieges: dann übernehmen die Tapfersten und Listigsten die Leitung. Sie kennen die Abgabe der Stimmen nicht, weder heimliche noch offene, sondern erklären sich bei der Wahl ihrer Führer für den, welchem sie den Vorzug geben, durch ein Geschrei.

Sie haben keinen Begriff von dem Nutzen und der Macht der Arbeit und nur langsam und missmutig können sich selbst die Besten von ihnen entschließen Handel zu treiben. Sie tragen das Gefühl in sich, dass sie stets ein wilder Stamm gewesen sind, eine Rasse von Jägern und Kriegern, Herren des Bogens und der Keule; und sie sind zu stolz, sich zu schmiegen und zu plagen und die Arbeit von Frauen und Feiglingen zu verrichten. Wenn sie nicht durch Hunger zur Jagd getrieben wären, so würden sie weiter nichts tun als trinken und kämpfen. In diesen Dingen übertreffen die Creeks und Dakotas die größten Raufbolde von Denver, Leavenworth und New York. –

Ich kann nicht gerade sagen, dass ihr häusliches Leben edel oder schön sei. Ein Tapferer der Prärie, auf einem starken Pony reitend, mit einer Büchse im Sattel, einer wollene Decke hinter sich geschnallt, angetan mit einer schönen Jacke aus Tierfellen, die mit Perlen und Tasseln geschmückt ist, mit seiner Squaw, die schwerfällig zu Fuß sich an seiner Seite hinschleppt, ihr Papoose auf dem Rücken und eine Quantität Lebensmittel in ihren Händen trug, das war eins meiner ersten Bilder von den Ritterlichkeiten des Indianerlebens. Ein Haufen Ute-Krieger, welche durch die Straßen von Denver stürmten, in die Läden eindrangen und ihre Gesichter anmalten, während die Squaws und Papooses, beladen mit Kraut, Büffelhäuten und verschiedenen häuslichen Kleinigkeiten ihnen nach im Schmutze sich wälzten, war ein zweites. –

Eine träge, übermütige Horde Pawnees, welche auf der Straße nach dem Atlantischen Ozean tauchte und trank, während die Squaws von den Tapferen zu fünfzig Cents per Tag und einer Ration Mais und ungekochtem Fleische vermietet an der Eisenbahnlinie als Tagelöhner arbeiteten, das war ein drittes Bild. Als diese Beispiele sich mehrten, fing ich an zu denken, dass der edle Indianer nicht ein so großer Gentleman sei, als ein Leser annehmen möchte, der an „den letzten der Mohikaner" glaubte. „Warum arbeiten diese Burschen nicht selbst, statt sich in den Kram- und Grogläden herumzutreiben, während ihre Frauen den Boden bearbeiten und Holz tragen?" Ein Omaha-Freund, welcher neben mir stand, lächelte. „Siehst Du nicht, dass sie alle Krieger und Gentlemen sind? Sie können sich nicht durch Arbeit erniedrigen."

Die Sioux-, Pawnee- und Cheyenne-Squaw ist (obschon sie einen gewissen Einfluss im Wigwam und eine ungewisse Redefreiheit bei den Beratungen haben mag, wenn ihr Charakter als eine Frau zufällig groß ist) in vieler Hinsicht und im Allgemeinen nichts Besseres als eine Sklavin; denn solche Rechte, wie sie ausüben kann, gehören ihr mehr als Mitglied des Stammes, als in ihrer Eigenschaft als Mutter und Frau an. Ihr Mann hat sie wahrscheinlich für eine wollene Decke, einen alten Karabiner, oder ein Fässchen Whisky gekauft und es hängt ganz von der Laune des Mannes ab, oder von seiner Liebe, ob er sie wie eine Dame oder wie einen Hund behandeln will. Er kann sie verkaufen oder sie verschenken. Die Squaw steht so unter dem Jäger, wie das Pferd unter seinem Herrn. Sie ist eins der beweglichen Güter des Mannes, eins von vielen, denn der Indianer ist ein Anhänger der Vielweiberei und hält einen Harem in der Prärie. Sie hat alle Arbeit in dem Hause und außer dem Hause zu verrichten: den Wigwam im Boden fest zu machen, Wasser vom Strome zu holen, Holz im Busche zu sammeln, Wurzeln zu graben und Eicheln aufzulesen, die Mahlzeiten vorzurichten und zu kochen, Kleider zu machen, Skalpe zu trocknen, den Wigwam auszubessern und die Kinder auf dem Marsche zu tragen. Und während sie tausend Mühseligkeiten zu erdulden hat, besitzt sie kaum irgendwelche Rechte als Frau oder Weib. Der Mann kann sie für den geringsten Fehler weggeben. Ihr Kind kann ihr vom Schoße genommen werden. Ihre Sittsamkeit ist nicht immer geachtet. Während die Sünde, in welche sie ihre Gedanken geführt haben mögen, mit empörenden Strafen heimgesucht werden, kann sie von ihrem Manne zu unmoralischen Dingen gezwungen werden, welche sie als Frau nicht nur in ihren eigenen Augen, sondern auch in denen der Genossen ihrer Schande herabsetzen. Wenn sie ohne Erlaubnis ihres Mannes Ehebruch begeht, erlaubt ihm der Gebrauch, ihre Nase aufzuschlitzen; wenn ihn indessen die Laune befällt, kann er ihre Reize an einen vorübergehenden Gast verkaufen. Im freien Leben im Walde kommt es häufig vor, dass der Shoshone und der Comanche seine Squaw irgendeinem Fremdling anbietet, welcher seine Wohnung besucht.

Die Theorie des Wigwams ist, dass das weibliche Mitglied desselben ein bewegliches Gut ist, und dass ihre Schönheit, ihre Sittsamkeit, ihre Dienste nur dem Herrn gehören und ihm zu Gebote stehen müssen, wenn es ihm gefällt. Für sie gibt es nichts, als zu hören und gehorchen.

Und die indianische Squaw ist so, wie solche Lebensart sie machen muss. Wenn ihr Genosse grausam ist, ist sie wild; wenn er schmutzig ist, ist sie schwierig; wenn er leichtfertig ist, ist sie schamlos. Wenn irgendetwas Gemeines und Schlechtes zu tun ist, dann wird es den Frauen überlassen.

Wenn es einen Feind zu martern gibt, werden die Weiber auf ihn gehetzt. Ein Tapferer mag seinen Gefangenen mit der Keule totschlagen, aber die entsetzlichen und langsamen Schmerzen, welche durch Abziehen der Haut, Ausreißen der Nägel, Brechen der Fingergelenke, Anzünden von Feuer unter den Füßen, Ausdrücken der Augen verursacht werden, können nur von den Dämonen verursacht werden, welche ihren Wohnsitz in weiblichen Gestalten aufgeschlagen haben.

Alle die Leute, welche gegen die Indianer am Sandbach gekämpft haben und die ich gesprochen habe, sagen aus, dass die Squaws wütender kämpfen, als die Tapferen, und ich höre, dass alle weißen Frauen, welche das doppelte Unglück hatten: in die Hände der Indianer zu fallen und es überleben ihre Schande zu erzählen, sich dahin äußern, dass die Squaws grausamer und schlechter seien, als ihre Herren.

Die Geschichte der Gefangenschaft einer weißen Frau unter den Sioux und Arrapachen ist eine, welche nie erzählt werden sollte. In Colorado sind fünfzig, vielleicht hundert Frauen, denen in ihrem Leben solche Schande vorgekommen ist und es ist schrecklich die blitzenden Augen zu sehen und die eifrigen Flüche von Vater, Sohn oder Liebhaber eines dieser unglücklichen Geschöpfe zu hören, wenn man von einem Cheyennen anders als wie von einem Hunde spricht, welchen totzuschießen die Pflicht eines jeden ehrlichen Mannes ist.

Es würde ein gefährlicher Versuch für einen Yankee sein, in den Straßen von Denver und Central-City oder entlang der Route durch die Felsengebirge, welche die Wagenzüge und die Post reisen, etwas zu Gunsten der Indianer zu sagen.

Doch haben die Indianer bei allen ihren Fehlern manche Tugenden und Fähigkeiten. Sie sind tapfer. Im Allgemeinen sind sie keusch. In Geduld kommen ihnen wenige gleich; in Ausdauer niemand. Sie sind liebreich gegen ihre Kinder und ihren Squaws ziemlich treu.

Ihre Ehrfurcht für das Alter, für Gelehrsamkeit und für Tapferkeit ähnelt einem religiösen Gefühle und ist nur um einen Grad niedriger als die, welche sie ihrem Großen Geiste zollen. Zur Zeit des Krieges und gegen einen Feind betrachten sie alles als erlaubt; aber das erste und schlechteste aller Laster beim Wilden: die Gewohnheit zu lügen ist vergleichsweise selten bei diesen roten Menschen.

## 8. Die Beförderung der Post

In Banden von fünfzehn bis vierzig, wohlbewaffnet und gut beritten, bewegen sich die Cheyennen und ihre Bundesgenossen unsern Weg entlang, plündern die Stationen und bedrohen die Fuhrleute und Treiber mit Feuer und Blei.

Der Krieg der Rothäute kommt nie plötzlich, denn weil viele Nationen und Stämme hineingezogen werden müssen, gibt es viel Hin- und Herrennen, viel Tabakrauchen und viel Rederei. Wenn jemand Krieg wünscht, muss er erst den Häuptling und seinen Stamm überreden, es zu wagen; dann muss er im Lande herum zu anderen Stämmen reiten, wispern, haranguiren, aufregen, bis das Blut mancher jüngeren Tapferen aufkocht. Versammlungen müssen gehalten, Ratschläge verglichen und eine Entscheidung von den Verbündeten gefasst werden.

Wenn die Rederei, an welcher die alten und furchtsamen Krieger einen Hauptanteil haben, langsam geht, stehlen sich die jüngeren Tapferen fort in Feindes Land, woselbst sie dadurch böses Blut machen, dass sie einen Rancho plündern, Maultiere wegtreiben und wo möglich Frauen fortschleppen. Sie wissen, dass die Weißen sich aufmachen und kämpfen werden, dass zufällig dabei zwei oder drei Tapfere getötet werden können und sind ziemlich sicher, dass die Nationen, welche bei diesem Scharmützel gelitten haben, laut um Rache schreien werden.

In der Regel leisten die Weißen diesen Angriffen der Indianer wenig Widerstand, da sie gering an Zahl und ohne Schutz von der Regierung sind, außer wenn es ein Leben gekostet hat oder Frauen gefangen sind. Das Bleichgesicht sagt, dass es besser sei, die Roten zu füttern, als sie zu bekriegen, wenn sie keine Verbrechen begangen hätten, da er ihnen stets mit einer Schlinge um den Hals entgegentreten müsse. Ein Weißer darf nicht auf eine Bande Comanchen feuern, obschon er ziemlich gewiss sein kann, dass sie seine Feinde sind und darauf ausgehen, ihm das Leben zu nehmen. Sollte er einen Indianer töten, so würde man ihn wegen Mordes verurteilen. Die Rothaut hat deshalb ihre Wahl, wann und wo sie angreifen will und den großen Vorteil eine Salve zu geben, wo sie will. Nur wenn jemand getötet ist, fühlt sich der Weiße sicher, um Schuss für Schuss zurückzugeben.

So haben die Weißen, wenn Abteilungen von Indianern nach einsamen Ranchos und Stationen aus den Ebenen kommen, so zu sagen das fette Kalb zu schlachten – das heißt, sie haben ihren Vorrat von Speck, getrockneter Büffelzunge, Bohnen und eingemachten Früchten aufzutragen, den Kessel zum Kochen zu bringen, die Pfanne zum Braten anzusetzen und die Schurken, welche sie morden werden, bis zum letzten Pfund Fleisch, bis zur allerletzten Brotkruste zu füttern. Sie schätzen sich dann nur zu glücklich, wenn sie in ihre Wildnis zurückkehren, ohne Frauen und Skalpe mitgenommen zu haben.

Natürlich gibt es wenige Frauen in diesen gefährlichen Ebenen; ich sollte meinen, nicht ein Dutzend zwischen Wamego und Denver.

Nun sind diese kleinen Banden von Cheyennen und Arrapachen vor uns von dem großen Lager der sechs Nationen, was bei Fort Ellsworth liegt, unter der Anführung der „Römischen Nase" gekommen.

Sie gehen als eine Art Fühlhörner und Aufstachler eine kurze Strecke vor uns voraus, insultieren die Weißen und zehren die Straße auf. Nachdem wir Fort Riley passiert sind, hören wir an jeder Station von ihrer Gegenwart und ihren Räubereien.

Rothäute aber lassen sich nur dann sehen, wenn sie freundlich gesinnt sind und betteln wollen. Als wir über einen der langen, niedrigen Kämme von Smoky Hill gingen, sahen wir eine kleine Partie Comanchen auf der gegenüberliegenden Seite dahin ziehen; sie waren gut beritten und führten Extra-Pferde und am Blitzen ihrer Büchsen sahen wir, dass sie wohlbewaffnet waren. – Im Gegensatz zum Beduinen, hat jede Rothaut einen eigenen Revolver; manche von ihnen haben zwei oder drei Revolver im Gürtel; fast jeder hat seine Büchse über sein Pferd geschnallt. Sie scheinen unsern Weg zu kreuzen.

„Wer sind diese Indianer?", frage ich den Fuhrmann, an dessen Seite ich auf dem Kutschersitz mich befinde.

„Na", sagt er in seiner bedächtigen Weise des Westens, „vermute, das sind einige Hunde."

Sie scheinen Halt gemacht zu haben; für einen Augenblick glaube ich, dass sie uns ein weißes Pferd verbergen wollen, was einer von ihnen führt. „Vermute, ich weiß nicht, was ich aus ihnen machen soll", fügt der Fuhrmann hinzu, nachdem er sich Zeit genommen, über seinen Mangel an Meinung nachzudenken; „wenn sie freundlich wären, würden sie zu uns kommen und betteln; wenn sie Diebe wären, würden sie sich im Bache verstecken, um nicht gesehen zu werden; vermute, sie sind auf dem Kriegspfade aus."

Als sie halten, können wir sie zählen; es sind nur fünf Leute mit vier Leitpferden außer ihren eigenen. Fünf Leute können nicht daran denken, die Post anzugreifen, in welcher möglicherweise ein Dutzend mit Flinten sein können; namentlich nicht, wenn die Vorhänge herunter sind und sie von ihrem Verstecke nicht in die Kutsche sehen und ihre Feinde zählen können.

Eine genaue Kenntnis der Feinde, mit denen sie im Kampfe zusammenkommen können, ist ein Hauptpunkt im Systeme eines indianischen Kriegers, der sich selbst mehr auf seinen Erfolg, als auf seine Tapferkeit einbildet. Reich an Kriegslist, fürchtet er sich stets vor einem Hinterhalt und er wagt es selten, einen Feind anzugreifen, wenn er entweder aus Mangel an Licht oder aus einer andern Ursache nicht in das wahre Element seines Wildes sehen kann.

Diese Kenntnis der Indianer ist jetzt von Nutzen für uns. In Gegenwart unserer Cheyenne-Nachbarn ziehen wir die Vorhänge unseres Wagens ziemlich fest zu, so dass die Rothäute, welche sehen können, dass wir zwei, der Treiber und ich, außen sind, nicht sagen können, wie viel mehr mit Revolvern innen sitzen. – Sie wissen im Allgemeinen, dass bei der brennenden Hitze auf diesen Ebenen niemand außerhalb des Wagens fährt, außer wenn die Sitze innen besetzt sind. Diese Regel trifft bei uns nicht zu, da unsere Sitze von Postsäcken besetzt sind; aber die Cheyennen und Comanchen wissen nichts von unserer Einschränkung.

Nun werden aber fünf Rothäute, obschon sie sich auf einen einzelnen Mann stürzen würden oder selbst auf zwei, die nicht besser bewaffnet sind, als sie selbst, und gegen welche sie des Privilegiums sich erfreuen würden, die erste Salve abzufeuern, immer sich besinnen, ehe sie den Hahn auf einen Feind von unsichtbarer und unbekannter Stärke spannen.

Ohne Überraschung deshalb, aber mit viel innerlicher Genugtuung sehen wir sie ihre Beratung abbrechen, in Linie fallen und sich den Bach entlang bewegen, so dass sie mit jedem Schritt die Entfernung von uns vermehren.

Beim nächsten Blockhause finden wir, dass diese Abteilung Cheyennen mit Leitpferden, welche sie von irgend einer Karawane gestohlen haben, hier gewesen sind und sehr ungezogen und herrschsüchtig waren; sie haben ihre Worte nicht auf die Waagschale gelegt, ihre Drohungen nicht verborgen gehalten. Sie haben alles auf der Station aufgezehrt: das getrocknete Elen, die Büffelzunge, den fetten Speck, die eingemachten Früchte; sie haben die Jungen gezwungen ihnen Kaffee zu kochen, reines Wasser zu holen, die Hufeisen ihrer Pferde auszubessern und sie haben den Platz mit der Bemerkung verlassen, dass die Post aufhören, das Inventar fortgebracht und die Hütten verbrannt werden müssen. Nachdem wir unsere Lippen mit etwas faulem Wasser benetzt haben, das mit einigen Tropfen Cognac versetzt ward, den wir glücklicherweise von New York mitgebracht, brechen wir von der Station auf und folgen der Spur dieser drohenden Tapferen.

Wir passieren tiefe Täler, in welchen sie sich nach der Meinung unseres Fuhrmanns versteckt halten; kommen bei kleinen Hügeln vorbei, unter denen die skalplosen Köpfe von Weißen, welche bei den letzten Treffen ermordet wurden, kaum kalt geworden sind.

Die lange grüne Linie des Smoky Hill ist zu unserer Linken, nicht eine halbe Meile von unserem Wege, welcher, für zwei oder drei Tage und Nächte, dem Ufer des Smokyflusses entlang liegt. Als wir nach Low Creek kommen, finden wir, dass die Männer in Furcht sind, obschon nur wenige Meilen von Ellsworth entfernt.

Eine Anzahl Cheyennen sind auf der Station gewesen, haben die Lebensmittel aufgezehrt, das, was sie brauchten, mit fortgenommen und versprochen, in vierzehn Tagen wiederzukommen, die Hütte niederzubrennen und die Männer zu ermorden. Die Jungen sagen, dass diese Indianer zurückkommen werden, ehe die vierzehn Tage verstrichen sind. Sie bemerken manche Zeichen von dem Zorne der Wilden, welche wir nicht sehen. Der Schmied ging diesen Morgen aus, sah aber in einer Stunde genug, um sich zum schnellen Rückzuge bewogen zu fühlen. Ein Farmer, der in einem Rancho dicht dabei wohnte, rief seinen Mann mit den Pferden von den Ebenen herein. Jeder ist umgürtet und auf der Hut; alles in allem fünf Männer gegen so viele tausend Rothäute. Mit einiger Genugtuung hören wir, dass sieben Soldaten der Vereinigten Staaten vom Fort vor uns her geritten sind, um nach Büffeln und Rothäuten zu sehen. Nachdem die Maultiere angespannt sind, unsere Revolver abgefeuert und wieder geladen und eine Kanne schlechten Wassers verschluckt ist, zünden wir unsere Zigarren an und springen auf den Wagen.

Gerade als wir aus der Station herausfahren, kommt ein Pferd ohne Reiter schwitzend und keuchend in den Hof und wird alsbald als einem der Soldaten gehörig erkannt, die heute nach Büffeln und Rothäuten ausgezogen sind: das eine oder das andere scheint er gefunden zu haben.

Bill, der Fuhrmann, zieht die Zügel an und ist unentschieden, ob er fortfahren soll; bei weiterer Überlegung indessen peitscht er, mit einer Grimasse und einem resoluten Blick auf der Stirn, sein Gespann in Wut und stürzt mit ihm hinaus auf die heißen und trockenen Ebenen.

Eine halbe Meile von der Station kommen wir auf ein sterbendes Pferd. Der Fuhrmann sagt, dass es einem der Soldaten gehöre, welche vor uns gegangen sind. Dem Tiere ist der Leib ausgerissen; ob es aber von einem Büffelhorn gespießt oder mit einem Messer aufgeschlitzt ist, können wir nicht entscheiden, während wir schnell vorbeirollen. Sattel und Zeug sind fortgenommen; es ist aber niemand da, um uns zu sagen, durch wen oder weshalb.

Wir halten unsere Revolver fest umspannt und unsere Augen fest auf die nahen und fernen Gegenstände gerichtet. In Chalk Bluff finden wir die beiden Viehtreiber Kelly und Walden in schrecklicher Furcht. – Kelly, ein junger Irländer, machte ein saures Gesicht und seinen Witz über das schmutzige Ungeziefer, was eben hier gewesen war; aber Walden, ein Yankee, der den Krieg durchgemacht, ist erschreckend blass und ernst. Sie vermuten, dass diese Cheyennen auf Unheil sinnen. Wir geben diesen braven Burschen ein wenig Cognac, schütteln ihre Hände und ersuchen sie guten Mutes zu sein, während wir mit dem Wagen davonrollen.

(Ich bedauere, sagen zu müssen, dass drei Wochen später diese Männer von den Cheyennen ermordet wurden. Die Indianer kamen zur Hütte und fragten wie gewöhnlich nach Lebensmitteln und Tabak. Kelly setzte ihnen das Mittagsbrot auf den Tisch, welches sie sofort verschlangen. Ich kann nicht sagen, wie die armen Leute so sorglos geworden sind, wie sie gewesen sein müssen, aber die Cheyennen, welche bemerkten, dass sie nicht auf ihrer Hut waren, stachen Kelly mit der Lanze durch's Herz und schossen Walden in die Eingeweide. Kelly fiel tot nieder und Walden lebte nur wenige Stunden. – Ein Wagen kam heran und ein Weißer hörte die Geschichte von ihm selbst.)

Die ganze Straße ist unbewaffnet, unbeschützt; denn die beiden Forts Ellsworth und Wallace, jedes mit ein paar schwachen Compagnien, stehen auf zweihundertundzwanzig Meilen entfernt von einander. Wenn sie im Stande sind, sich selbst zu verteidigen, ist es genug.

Pond Creek liegt eine Meile von Fort Wallace; eine Frau und ihre Tochter, Frau und Fräulein Bartholomew, wohnen hier; und als eine Anzahl Cheyennen gestern nach der Station kamen, die Lebensmittel alle aufzehrten und sie niederzubrennen drohten, schickte die Frau einen Fuhrmann nach dem Fort, welches eine Garnison von einhundertundfünfzig Männern und zwei Feldkanonen enthält, und bat tun Hilfe; aber Lieutenant Bates, der Herr, welcher das Kommando hat, antwortete auf ihren Hilferuf, dass, wenn sie und ihre Tochter Schutz brauchte, sie denselben innerhalb der Fortifikationen suchen müssten, da er keinen Mann entbehren könnte, um die Straße zu verteidigen, entlang welcher wir die Regierungspost bewachten.

Sie packte einige wenige Dinge in ein Taschentuch und als wir aus dem Hofe fuhren, sahen wir die beiden Frauen nach dem Militärposten aufbrechen.

Die „große Holz-Station", einen Platz, an welchem wir einige Bäume finden, die unseren Augen sehr willkommen sind, haben die Rothäute kaum verlassen, als wir hineinrollen; eine Abteilung von achtundzwanzig mit „der kleinen wollenen Decke" an ihrer Spitze sind hier drei Tage gewesen, haben fetten Speck gegessen und heißen Kaffee getrunken und die Viehtreiber behandelt, wie die Könige die besiegten Sklaven.

Das Land, sagten sie, gehört ihnen, und alles, was hineingebracht wird, gehört auch ihnen.

Als sie fortgehen wollten, zählten sie diese Bäume, einundfünfzig an der Zahl. „Nicht niederschlagen Bäume", sagten sie, „wir lieben sie dastehen im Bache." Auf einen Heudiemen deutend, welcher für die Maultiere dalag, fügten sie humoristisch hinzu: "Geschnitten Gras, – viel geschnitten Gras – machen großes Feuer" und als sie wegritten, drehte sich ihr Häuptling um und sagte: "Vierzehn Tage wir kommen zurück; ihr gegangen, gut; ihr nicht gegangen – ugh!" und dabei begleitete er seine Drohung mit einer schrecklichen Pantomime, leckende Flammen andeutend.

In Cheyenne Wells haben wir eine andere häusliche Szene. Lange ehe wir nach dieser Station kamen, hatten wir von den Fuhrleuten und Treibern von Jack Dunbar, dem Inhaber der Station, gehört, einem wilden Coloradoteufel, einem der Helden vom Sandbach, der eine Kugel in das Herz der "weißen Antilope" gejagt hatte, als die alte Rothaut ihre Brust entblößt und die Truppen aufgefordert hatte zu feuern. Wir hofften wenigstens einen Mann zu finden, der durch diese indianische Razzia nicht in Schrecken gesetzt worden war; aber als wir in seinen Hof kamen, sahen wir, dass alles in Unordnung war, denn Dunbar hat eine Frau in Cheyenne Wells und da sein eigener Anteil bei der Expedition nach dem Sandbache den Indianern wohl bekannt ist, fürchtet er, dass der erste schwere Schlag des kommenden Krieges auf ihr Haupt fallen könnte.

Ein Blick auf den Frachtbrief belehrt ihn, dass die Post voll ist; dass Passagiere, welche hunderte von Talern bezahlt haben, wegen Mangel an Platz zurückgelassen worden sind; aber hier ist es, wie er sagt, eine Frage von Leben oder Tod – über das Leben oder den Tod einer Frau – und er kommt zu uns mit der Mütze in der Hand und bittet uns, wir möchten seine Frau mit nach einem sichern Platze nehmen. Was ihn selbst betrifft, so ist er willens, bei seiner Herde zu bleiben und sich und seinen Stall bis zum äußersten zu verteidigen; aber die arme Frau kann nicht kämpfen und im Falle seines eigenen Todes würde ihr Schicksal, ehe er Zeit haben würde, sie zu töten, schrecklich sein, weit über den Begriff einer englischen Einbildungskraft.

Was können wir tun, als zu versprechen, ihm zu willfahren? Eine neue Ordnung unserer Posttaschen, eine neue Biegung unserer Glieder; und ein Loch wird in dem Fuhrwerk gemacht, in welches die Frau des Helden ihren schmächtigen und biegsamen Körper einzwängt. Ein Kissen, welches wir unter ihren Kopf legen, beschützt sie vor manchem

Stoß und Schlag; als wir sie aber dreißig Stunden später aus dem Wagen heben, ist es schwer für uns zu sagen, ob sie leben oder sterben wird.

In der Nacht bekommen wir roheren Burschen etwas Ruhe dadurch, dass wir auf den Kutschersitz klettern, die kalte Luft einatmen und bisweilen unsere Beine dort zusammenrollen. Nur der glühende, heiße Tag tötet. Wenn die Sonne ihren Weg nach Westen zu ihrem Untergange nimmt, wird die Luft kühler für die Haut und balsamischer für die Lungen und es scheint ein frischer Lebensquell in die Adern zu kommen. Unsere Pulse schlagen schneller, unsere Brust hebt sich, unsere Glieder nehmen an Stärke zu. Die trübselige und zum Nachdenken stimmende Einsamkeit der Prärie zieht in unsere Seelen ein, als die Sterne anfangen zu blitzen und wenn der aufgehende Mond sein Haupt vom Horizonte erhebt und den großen Ozean von wallendem Grase mit seinem sanften Lichte badet, fühlen wir in der Schönheit und der Majestät einen solchen vorzüglichen Balsam, dass wir den Cheyennen und Sioux als einen Mann und Bruder begrüßen könnten, wenn nur nicht das Skalpiermesser in seiner Hand wäre.

## 9. Rote Gemeinden

Zwischen den großen Seen und dem Golf von Mexiko gibt es vielleicht zweihundert Stämme und Stämmchen dieser roten Menschen: die Creeks, Dakotas, Mohikaner, Cheyennen, Pawnees, Shoshonen, Cherokesen, Sioux, Comanchen und andere, welche mehr oder weniger an Geist und Gestalt von einander verschieden sind, Leute, welche einst über diese Hügel und Täler streiften in ihrer Kriegsfarbe tanzten, das Elen und den Bison jagten, und ihren langen und sanften Namen manchem amerikanischen Flusse und amerikanischen Staate gelassen haben.

Was mit diesen Leuten des Waldes zu tun sei, ist der Gedanke der Kolonisten und des Regierers von jenen Tagen an gewesen, als der erste Sachse ins Land kam. Bisweilen hat wohl hier und da ein Abenteurer ihnen zu lebhaft mit dem Karabiner und der Flasche zugesetzt; aber seine bessere Natur und seine höhere Denkart haben ihn dazu gebracht, den Gebrauch von Pulver und Whisky, die zerstörenden Engel der Zivilisation, zu bedauern; und von den Tagen Penn's wenigstens an haben die Schreiber allgemein das Anrecht des roten Mannes an das Land angenommen und sein Recht, für verlorenes Jagdgebiet entschädigt zu werden, ist von den Gesetzen anerkannt worden. Diese Politik, Geld für das Land zu bezahlen, welches die Weißen von den Roten genommen haben, war umso edler und gerechter, als die Indianer, wie z.B. die Senecas und Walla-Wallahs, keinen rechten Begriff davon haben, was Rechte an den Boden sind. Der Boden? Sie kennen keinen Boden. Ein Seneca verstand sein Recht dahin, im Hudsonflusse zu fischen; ein Walla-Wallah verstand sein Recht dahin, den Bison in den Ebenen am Fuße der Blauen Berge zu jagen; aber als eine Sache, welche gepflügt und bepflanzt werden kann, in welche man Brunnen und auf welche man Häuser bauen kann, war der Boden ihnen nicht mehr als uns der Himmel und die See.

Das Recht, darauf zu gehen, beanspruchen sie; aber ihn zu besitzen und gegen das Eindringen aller anderen Leute zu bewahren, ist eine Forderung, welche der rote Mann nie gemacht hat und welche, sollte er sie je machen lernen, nie von zivilisierten Männern zugestanden werden kann. Kein jagender Stamm hat ein solches Recht; vielleicht kann kein jagender Stamm ein solches Recht haben; denn in der strengen politischen Philosophie hat jemand nur dann ein ausschließliches Recht an ein Stück Land, an die Gabe der Natur, wenn er mit seiner Arbeit für sich und das allgemeine Beste etwas hineinwendet.

Nun tut aber jemand, welcher Wild tötet, nichts für das Land, das er durchstreift; er lichtet keinen Wald, er drainiert keinen Sumpf, er macht keine Uferbauten an einem Flusse, er pflanzt keinen Baum, er kultiviert keinen Garten, er baut keine Stadt; was er bei seiner Geburt findet, hinterlässt er bei seinem Tode; und unter solchen Umständen würde ihm aus dem Boden nicht mehr Eigentum erwachsen, als aus der Luft. – Aber um mit solchen Leuten wie den Sioux und Delawaren umzugehen, ist es weise, unsere politische Logik vorzubringen. – Ein Gesetz, welches der Starke auszuführen hat und welches den Schwachen bedrückt, kann durch Milde gemäßigt werden, selbst wenn es im Allgemeinen nicht beseitigt werden kann. Ein wenig Liebe, sagen die Menschenfreunde, kann weit bringen. Das Land ist hier; wir kommen und nehmen Besitz davon; gewinnen für uns den Besitz ungezählten Reichtums, während wir den Jäger von Flüssen und Wäldern wegtreiben, welche, ehe wir kamen, seiner Familie Lebensunterhalt gewährten.

Unsere Bedürfnisse können kaum der Maßstab für unsere Rechte sein; und wenn der Walla-Wallah wenig Anrecht an den Boden hat, so hat der Fremde, welcher ihn vertreibt, gar keine, außer dem unbestimmten allgemeinen Rechte, welches vorgeblich jedes menschliche Wesen an die Erde hat, auf welcher er geboren ist.

Es scheint deshalb diesen Vernunftmenschen ein Kompromiss der einzige vernünftige Ausweg aus solchen sich widerstrebenden Ansprüchen zu sein; und ein Engländer, welcher – aus Familienrücksichten – eifersüchtig auf alles ist, was seine Brüder in den Vereinigten Staaten getan haben mögen, kann stolz darauf sein, dass, wie zwischen Yankees und Indianern, der Starke gut gegen den Schwachen gehandelt hat.

Washington hat das Gesetz erlassen, dass jeder Stamm, welcher von der See zurückgetrieben wird, von den Ansiedlern eine Pacht für seine Ländereien erhalten soll; Vorkehrungen dazu wurden zwischen einem Agenten der Regierung und einem anerkannten Häuptling gemacht und diese Zahlungen an die Apalachen- und Algonquin-Stämme und Stämmchen sind seit jenem Tage immer in unerschütterlicher Treue von der Regierung der Vereinigten Staaten gemacht worden.

Aber eine gesetzliche Erledigung dieser Handelsverbindlichkeiten war lange nicht genug zur Befriedigung der gewissenhaften Leute, welche fühlten, dass sie durch ihre Ankunft aus den Ebenen und in den Wäldern der Indianer eine Rasse Jäger von den Feldern trieben und für sie die Mittel zu ihrem Lebensunterhalte wegschlugen.

Konnte nichts weiter für die roten Menschen getan werden? Die Weißen sahen, dass Vergangenes vorbei war. Ein Stamm Jäger, welche das Fleisch der Antilope und des Büffels aßen, konnten nicht in einer Provinz von Farmen und Weiden leben. Der letzte Pfeil war verschossen, als die heimische Farm sich erhob; es war nur eine Frage der Jahre, bis der Bogen zerbrochen und der Schütze auf die Seite gebracht sein musste. Ein Jäger braucht zu seinem Unterhalte eine Strecke, groß genug, um Tausende von Leuten mit dem Pflug und dem Spaten zu ernähren.

Auf einem Planeten, welcher überfüllt ist wie der unsrige, ist nicht Platz genug zu finden, um Nahrung für den Jäger hervorzubringen; denn der Biber, welchen er fängt, das Elen, welches er niederjagt, der Bison, welchen er totschlägt, kann nur in einem Lande gedeihen, welches selten von Menschen gestört wird. Der Rauch eines Heimwesens treibt den Büffel und den Hirsch weg. Selbst ein Hirtenstamm kann nur in der Wildnis von Afrika und Asien Platz genug finden, wo die Kämpfe zwischen Zelt und Stadt mit verzehrender Glut brennen, obschon ein Volk, das von der Viehzucht lebt und seine Herden vor sich nach Weide suchend hertreibt, wenig Grund und Boden zu seinem Unterhalte braucht im Vergleich zu einem Volke, das von der Jagd lebt. Was nun? Muss der rote Mann auf der Erde untergehen? Muss er sterben, um den Weißen auf seinem Lande leben zu lassen? Tausende von Stimmen lehnten sich gegen solches Urteil auf; wenigstens bis der weiße Mann, welcher sein Gesetz auf die Szene gebracht hatte, sagen konnte, dass jede Bemühung, den Indianer zu retten, fehlgeschlagen, und dass jeder Versuch gescheitert war.

Dann kam die Frage (welche nur durch einen Versuch beseitigt werden konnte), ob der Seneca, der Delaware, der Oneida und der Chippewa in den Künsten des Lebens erzogen werden könnten; ob man sie zu bereden vermöchte, in hölzernen Häusern zu wohnen, Hosen und Schuhe zu tragen und ihre Kleinen zur Schule zu schicken?

Eine Anzahl frommer Leute, voll von Eifer für die rote Rasse, obschon ihnen die wahre Kenntnis der Wege fehlte, durch welche die Natur wirkt, machten sich mit vielem Kostenaufwande und vieler Mühe daran, das Experiment zu versuchen. Diese Reformatoren hatten einen starken Glauben in ihre Macht alles zu tun – das heißt mit Dampf – menschliche Gewohnheiten unter Glas zu ziehen und Zivilisation mit dem Messer einzupfropfen. Sie machten sich an die Arbeit mit ungebeugtem Geiste. Land ward den Rothäuten übergeben, Lehrer wurden für sie besorgt, Schulen, Kapellen, Sägemühlen, Häuser wurden für sie gebaut; alle die notwendigen Farmgerätschaften: Pflüge und Flegel, Getreidesamen und Fruchtbäume, Pferde und Ochsen, Geflügel und Schweine wurden von den Vorräten der Weißen mit größerer oder geringerer Bereitwilligkeit besorgt.

Eine wahre Geschichte dieser Versuche würde die eines großen Strebens und eines fast allgemeinen Misslingens sein; ein neuer Beweis, dass die Natur ihre Gesetze nicht brechen, gegen ihre Befehle nicht handeln und ihre Abstufungen nicht stören lässt.

Ein Stamm der Senecas ward am Alleghenyflusse in eine schöne Lokalität gebracht; ein Stamm Oneidas ließ sich auf einer Reserve, Oneida Bach genannt, im Mittelpunkt von New York nieder. Sorgfalt und Geld ward verschwenderisch auf diese Überreste der roten Nationen verwandt; Farmen wurden gelichtet, Häuser für sie gebaut; aber sie wollten mit ihren Händen nicht zu irgend einem Zwecke arbeiten; nicht mit der Vorsicht, mit der Ausdauer, welche nötig ist, um mit Erfolg Getreide zu bauen und Vieh zu ziehen.

Eine gute Ernte machte sie faul und sorglos; eine schlechte Ernte lichtete ihre Reihen durch Hunger und Krankheit. Ein oder zwei Familien, in denen eine Spur weißen Blutes ist, gaben ziemlich gute Ansiedler ab; die übrigen lebten nur auf dem Lande, so lange sie Holz und Wild verkaufen konnten. Als aber das Holz selten ward und das Wild verschwand, fingen sie an das Land zu verkaufen, zuerst an dazu ernannte Agenten, und weg nach dem wilden Lande um „die grüne Bai" zu ziehen. Die meisten des Stammes haben jetzt Oneida verlassen; mit Ausnahme vielleicht der Walkers werden wahrscheinlich alle mit der Zeit ihren alten Bach verlassen.

Bill Beechtree (Buchenbaum), einer der Überreste, schnitt mir einige Hickorystäbe und zeigte mir einige Pfeile und Bogen, welche er zum Verkaufe gemacht hatte. Er kann und will nichts anderes tun. Obschon er nie in seinem Leben den Bogen gegen einen Feind gespannt und eine sehr schöne Stimme für eine Psalmmelodie hat, hält er irgendeine andere Beschäftigung als Stäbe schneiden und Pfeile spitzen für den Sohn eines Tapferen unwürdig.

Die Delawaren, welche wir in der Nähe von Leavenworth sahen, die Pottawottamies, welche wir auf St. Mary's Mission fanden, sind in manchen Beziehungen besser daran, als die Oneidas, da sie sich in der Mitte von ihnen freundlich gesinnten Weißen niedergelassen haben, unter denen sie, freilich nur im abnehmenden Zustande, fortleben.

Diese beiden Stämme beschäftigen sich mit Farmarbeit und der Viehzucht. Die Delawaren rangieren unter den edelsten Nationen dieser roten Menschen; sie haben schönere Formen, sind reinlicher, haben schnellere Auffassungsgabe, als die Cheyennen und Pawnees. Ein Bruchteil dieses Volkes kann durch endliche Vermischung mit den Weißen der Umgebung, welche weniger Antipathie gegen sie haben als die Sioux und die Utes, gerettet werden. Die Pottawottamies sind so glücklich gewesen, auf ihre Niederlassung in Kansas die weise Aufmerksamkeit eines katholischen Bischofs zu ziehen.

In St. Mary's Mission haben ein halbes Dutzend Priester Schulen und Kapellen gegründet, dem Volke Religion gelehrt und sie zu den Gewohnheiten des häuslichen Lebens erzogen. Zweitausend Kinder erhalten Unterricht von diesen Priestern. Die Schuppen sind besser gebaut, das Vieh besser gepflegt und das Land besser bestellt in St. Mary's, als sie in den Reserven irgendeines andern Indianerstammes sind, die ich gesehen habe – außer einem einzigen.

Nach Wyandotte am Missourifluße sind einige Shawneefamilien gebracht worden und hier können die Freunde der Zivilisation die

Moral ihrer Geschichte finden, wenn sie es irgendwo im roten Lande vermögen. Armstrong, ihr Häuptling und der reichste Mann unter ihnen, hat englisches Blut in seinen Adern; in der Tat kann mancher dieser Shawnees sich rühmen einen hohen Anspruch auf Respekt unter seinem Stamme machen zu können. Sie bewirtschaften Farmen, sie treiben Viehzucht, sie verkaufen Lebensmittel; manche von ihnen heiraten weiße Mädchen, mehr noch geben ihre Töchter den Weißen; und einige von ihnen streben nach den Geheimnissen der Bankiers und Geldleiher. Ein besonderes Gesetz verleiht diesen Shawnees den Rang von Bürgern von Kansas, in welcher Eigenschaft sie als Geschworene dienen und Mitglieder zum Kongresse wählen.

Aber die Shawnees von Wyandotte, welche gemischten Blutes sind, können kaum als Gegensatz zu einer Unzahl von unzweifelhaft missglückten Versuchen angeführt werden.

## 10. Die Indianer-Frage

Nun ist die Schuld, dass alle diese Versuche fehlschlugen, eine rote Ansiedlung in den alten Ländereien zu gründen, welche einst die Irokesen und Algonquin besaßen, beständig den roten Menschen zur Last gelegt worden. Ist diese Beschuldigung eine gerechte? Ist es der Fehler des Delawaren, dass er nicht in einer Generation sich vom Stande des Jägers in den eines Ackerbauers verwandeln kann? Wenn jemandes Wohnung mit einem grünen Sprössling, statt mit einem starken Baume gebaut wurde, wessen Fehler würde es sein, wenn die Wohnung durch den Sturm niedergerissen wird?

Jeder, welcher die Annalen unserer Rasse gelesen hat – ein Blatt der Natur, das der Geschichte aller Dinge, welche Leben haben, gleich ist, – weiß, dass bei unserem Übergang vom wilden zum zivilisierten Zustande der Mensch drei große Stadien durchzugehen hatte, welche gleichsam mit seiner Kindheit, seiner Jugend und seinem Mannesalter korrespondierten.

In dem ersten Stadium dieser Karriere ist er ein Jäger, welcher hauptsächlich von der Jagd lebt; in dem zweiten ist er ein Hirt, welcher hauptsächlich von dem Weiden seiner Ziegen und Schafe, seiner Kamele und Kühe lebt; in dem dritten Stadium ist er ein Landmann, welcher sich hauptsächlich mit der Kultur von Korn und Mais, von Früchten und von Kräutern beschäftigt. Diese drei Zustände des menschlichen Lebens kann man als die treuesten Abbilder solcher Rassen als die Irokesen, Araber und Gothen in ihrem jetzigen Zustande betrachten; aber jeder Zustand ist in sich selbst und für sich selbst eine Sache der Entwickelung und nicht der Rasse.

Der Araber, welcher jetzt ein Schäfer ist, war einst ein Jäger; der Sachse, welcher jetzt den Boden bebaut, war erst ein Jäger, dann ein Hirte, ehe er ein Landmann wurde. Der Fortschritt des Menschen von Stufe zu Stufe ist ein durchaus regelmäßiger und gehorcht den Gesetzen physischen und moralischen Wechsels. Er ist langsam, er ist allgemein, er ist still, er ist ungesehen. Mit einem Worte, es ist Wachstum.

Niemand kann nach seiner Willkür von dem ersten Stadium menschlicher Existenz zum zweiten überschreiten; noch weniger kann jemand von der ersten zur dritten Stufe schreiten. Alles Wachstum ist ein Werk der Zeit, das von Kräften abhängig ist, welche oft außer der Kontrolle der Kunst liegen; ein Werk, dem vielleicht nachgeholfen werden, das aber nicht durch Menschen beeilt werden kann; wie beim Ziehen des Weines, beim Aufziehen eines Kindes ein weises Warten auf die Natur unser einziger Weg erscheint.

Diese drei Stadien unseres Fortschrittes nach aufwärts sind streng voneinander verschieden; der Zwischenraum, der einen Irokesen von einem Araber trennt, ist so weit als der, welcher einen Araber von einem Sachsen trennt.

Die Gewohnheiten eines Jägers sind die eines Raubtieres. Er setzt sich gegen alles, was Leben hat; jedes Tier auf der Erde, jeder Vogel in der Luft ist ein Feind, gegen den seine Keule erhoben und sein Bogen gespannt sein wird. Wenn er zur Stufe des Hirten übergeht, gewöhnt er sich an die Gesellschaft von Pferden, Hunden, Kamelen, Tieren zarterer Gattung; er findet, dass ihm die Sorge für Schafe und Ziegen, Rindvieh und Hühner anvertraut ist, Tiere, welche er bemitleiden und pflegen, mit deren Schwächen er Geduld haben muss, aus Furcht sie zu verlieren. Wenn er sich von ihrer Milch und ihren Eiern nähren, wenn er sich in ihre Wolle und ihre Felle kleiden will, muss er ihre Bedürfnisse kennen lernen und für sie mit elterlichem Auge sorgen. Es wird seine Arbeit werden, sie zu bedienen und für sie zu wachen; Futter und Wasser für sie zu suchen; an ihre Zeiten und Jahreszeiten zu denken; für sie einen Schutz gegen die Hitze des Mittags und die Fröste der Nacht zu besorgen. So sind die Beziehungen eines Mannes zu einer niedrigeren Welt einem Wechsel unterworfen.

Wo er im wilden Zustande sein Messer gegen jedes lebende Wesen schärfte, ist er jetzt ein Beobachter der Natur, ein sorgfältiger Vater für seine stets wachsende Familie von Tieren und Vögeln geworden.

Solche Sorgen, wie sie alle Hirtenstämme beschäftigen – den Araber in seinem Zelte, den Kaffer in seinem Kraal, den Kirgisen in seiner Hütte – sind dem Seneca, dem Shoshonen und dem Ute vollständig unbekannt; die weicheren Sitten, welche aus der väterlichen Beziehung der Menschen zu Haustieren bestehen, existieren in keinem Stamme von Jägern.

Um von der Stufe eines Seneca zu der eines Arabers zu gelangen, ist ein Marsch von vielen Jahren, vielleicht vielen Generationen nötig; und selbst wenn dieses Stadium der Existenz durch Viehzucht erreicht sein wird, mit allen seinem Wechsel von Gewohnheit und Gedanken, dann ist der Jäger noch immer erst auf dem halben Wege zu der Stellung, welche der getreidebauende Sachse einnimmt. Nachdem das zweite Stadium dieser Reise vom roten Mann zurückgelegt ist, dann werden die, welche Nahr Dehab in Syrien besucht und die Versuche beobachtet haben, welche die Türken gemacht, um die Ferdoon-Araber auf dem Boden anzusiedeln, geneigt sein, weitere Resultate ihres Strebens in einem sehr ruhigen und leidenschaftslosen Gemütszustande abwarten.

Der Cheyenne ist ein wilder Mann der Wälder und weder Hunger noch Kälte sind stark genug, um ihn zur Arbeit für sich selbst, seine Kinder und seine Squaws anzustacheln. Warum sollte er? Ein Mann kann vor Frost und Hunger sterben, ohne Schande auf seinen Stamm zu bringe; aber mit seinen Händen zu arbeiten, ist nach seinen einfachen Begriffen eine vollkommene Schande.

Ein Krieger darf seine Hand nicht mit Arbeit beschmutzen, er sieht, dass seine einzigen Pflichten in der Welt sind, zu jagen und zu fechten. Wenn Mais gepflanzt werden muss, wenn es Wurzeln zu graben gibt, wenn Feuer angezündet werden sollen und Wasser geholt werden muss, wo ist die Squaw?

In einer Cheyenne-Wohnung gibt es nie viel Arbeit; aber ob es wenig oder viel ist, der Mann nimmt keinen Teil davon auf sich. Den Feind zu töten und die Beute zu fangen, das ist gewissermaßen des Cheyennen ganze Mannespflicht.

Hunger treibt ihn nicht dazu, Industrie als eine Pflicht zu betrachten; selbst bei einem Andern ist die Vernachlässigung derselben nie tadelnswert. Bei einigen der Stämme im Westen, wo das Wild selten wird und der Biber die Falle vermeidet, werfen die Squaws und die Kleinen bisweilen eine Handvoll Körner in den Boden; aber die Jäger beachten ihre Arbeit nicht und wenn sie, bei ihrer Rückkunft an diesen

Platz, später im Jahre finden, dass die Squaws vergessen haben den Mais zu säen, da ist die Idee, dass jemand arbeitet und auf eine Ernte wartet, ihrem Indianergeschmacke so fremd, dass sie sich niedersetzen und über diese Nachlässigkeit als einen vorübergehenden Scherz lachen.

Wenn dem Stamme die Lebensmittel ausgehen, dann ist das Mittel des Jägers gegen seinen Nachbar zu marschieren und durch seinen Bogen und Tomahawk ein frisches Gleichgewicht zwischen den Mäulern, welche gefüttert werden müssen, und der Anzahl Büffel und Elen herzustellen, welche er finden mag, um sie zu befriedigen. Irgend ein Gedanke daran, dass er die beiden Enden seiner Berechnung dadurch zusammenbringen könnte, dass er Bienenstöcke aussetzt und seine Herden vermehrt, würde ihm mit seinem einfachen Verstande nie einfallen. – Seine Väter sind stets Jäger gewesen; das einzige Hilfsmittel des Stammes, wenn Lebensmittel selten werden, ist, durch jedes Hindernis zu einer frischen Zufuhr mit seiner Keule zu brechen.

Können wir uns deshalb wundern, dass die Senecas, wenn sie nach solchem Lande wie die Alleghany-Reserve gebracht wurden, in ein schönes und fruchtbares Land, reich an Edeltannen und anderen wertvollen Bäumen, wenig oder nichts gepflanzt oder gesät haben sollten; dass sie ihr Holz an die Weißen verkauft; dass sie ihre Sägemühlen und ihre Fähren an die Weißen verpachtet; dass sie ihre Schiffswerften und Landungsplätze den Weißen überlassen; kurz, dass sie bei einigen, für ihr Anrecht empfangenen, Dollars gehungert haben sollen, während der strebsamere und fleißigere Yankee, an denselben Ort gebracht, echte Reichtümer aus dem Lande in solides Gold geprägt haben würde? Wie sein arabischer Bruder in Nahr Dehab, konnte der Seneca am Alleghany seine Hände nicht durch Arbeit beflecken, welche allein den Squaws, nicht den Kriegern zukam.

Es ist deshalb nicht mehr als recht und billig zu bedenken, dass das Fehlschlagen so vieler Versuche, den Jäger mit einem Male in einen Landwirt zu verwandeln, den großen Gesetzen der Natur zuzuschreiben war und nicht der Verstocktheit des Menschen. Die Kluft konnte nicht überbrückt werden; aber die eifrigen und gutmeinenden Freunde der roten Rasse hatten nicht die Wissenschaft zum Führer und mussten für sich diese Wahrheit aus schwankenden Ideen in sichtbare Tatsachen selbst umarbeiten.

In ihrer Unkenntnis der allgemeinen Gesetze des Wachstums sahen sie ihre Sympathien und ihre Generosität selbst zerstörend wirken; denn die Indianer, welche ihre Ländereien den Weißen übergaben und dafür Pacht und Jahrgelder empfingen, hatten ihre alten Gewohnheiten zu leben aufgeben müssen, ohne im Stande zu sein, eine neue Beschäftigung anzufangen. Und was war für sie das Ende dieses Wechsels? Sie lungerten in der Nähe der Städte herum, aßen, tranken, lärmten und rauchten sich selbst in frühzeitiges Alter.

Von einhundert Millionen Dollars, welche dem roten Manne bezahlt worden sind, sagt man, dass fünfzig Millionen wenigstens in Grogläden und übelberüchtigten Häusern ausgegeben wurden. Das Elend ist, dass die Rothäute bei ihrem wilden Zustande im Lichte hoher Zivilisation leben müssen. Die Farnkräuter, welche in den Wäldern ihrer Heimat wachsen, würden gewiss absterben, wenn sie plötzlich in die offene Sonne verpflanzt würden. Derselbe übereilte Wunsch, die roten Wilden in nahe Verbindung mit weißer Zivilisation zu bringen, hängt der Absicht an, welche die Agenten der Regierung in diesen Ebenen verfolgen. Im amerikanischen Teile des roten Indiens ist die Vereitelung der Justiz eine Regel, im kanadischen Teile des roten Indiens ist eine Vereitelung der Justiz sehr selten und der Grund ist der, dass die Trapper und Händler jenseits der Grenze von Kanada Räuberei und Mord mit einer Schnelligkeit und Einfachheit behandeln, welche amerikanischen Richtern unbekannt ist.

Mein Freund Jem Baker, ein rüstiger alter Trapper, der mit seinen Squaws und Papoosen an Clear Creek bei Denver wohnt, sagte alles mit wenigen Worten. „Sehen Sie, Oberst", sagt Jem, dem jeder Gentleman ein Oberst ist, „der Unterschied ist der: wenn ein Sioux einen Weißen in der Nähe von Fort Ellice tötet, sagt ihr Engländer: ‚Bringt ihn herein, tot oder lebendig, hier sind zweihundert Dollars'; und wenn die Indianer ihn hereingebracht haben, sagt ihr wieder: ‚Haltet Gericht mit ihm über Leben und Tod; wenn er schuldig ist, hängt ihn an den nächsten Baum.' Alles geschieht an einem Tage und die Indianer haben sein Blut auf ihren Gewissen. Aber wenn ein Sioux einen Weißen in der Nähe von Fort Laramie tötet, sagen wir Amerikaner: ‚Bringt ihn sorgfältig herein, mit allen den Zeugen seines Verbrechens'; und wenn ihn die Indianer eingebracht haben, sagen wir wieder: ‚Es muss unparteiisches Gericht über ihn gehalten werden; er muss von einem Friedensrichter einem Richter übergeben werden; er muss einen guten Anwalt haben, der für ihn spricht, und ein Geschworenen-Gericht muss über ihn urteilen, welches von seinem Verbrechen nichts weiß.' So kommt er in den meisten Fällen davon, erhält vielleicht ein Geschenk von einer Dame und kommt zurück zu seiner Nation als großer Häuptling."

Ich habe von einzelnen Fällen gehört, in denen indianische Mörder fast mit blutigen Händen gefangen und dreitausend Meilen weg von den Szenen und Zeugen ihrer Verbrechen nach Washington gesandt, und dann aus Mangel solcher Zeugenaussage, wie sie das komplizierte Gesetz fordert, freigesprochen wurden; habe gehört, dass sie nach diesen Prärien mit Geschenken an ihren Armen und Hälsen von menschenfreundlichen Damen zurückgekommen sind und sofort die Führung ihrer Stämme übernommen haben. Ein einfacheres und schnelleres Gericht ist auf diesen Ebenen nötig – bei Strafe solcher außergewöhnlichen Fälle von Volksrache wie die Schlacht vom Sandbach. –

Um die Wahrheit zu sagen, die Städte im Osten haben stets die Indianer-Frage vermieden; sie haben sich gefürchtet, ihr offen ins Gesicht zu sehen und gehofft, dass sie verlöschen und sie nicht mehr ärgern werde.

„Wir schreiten vorwärts", sagte der Sekretär Seward tröstend zu mir; „vor neun Jahren hatte mein Großvater dieselbe Mühe mit den Indianern nur sechzig Meilen von New York, die ihr jetzt sechshundert Meilen hinter St. Louis zu erdulden habt." Ich bin oft erstaunt gewesen über das prächtige Vertrauen, was die Amerikaner haben, etwas Unangenehmes unbeachtet zu lassen; aber ich bin nicht sicher, ob diese Absicht, den roten Mann von diesem Kontinente zu verdrängen, die einzige Verfahrensmethode ist.

Wenn die Klugheit das Volk zwingt, eine neue Straße von St. Louis nach San Francisco zu machen, so macht es die Klugheit wünschenswert, dass diese Straße sicher gemacht wird. So viel wird wenigstens in Boston, sowohl wie in Denver zugegeben werden.

Aber wie kann man einen Pfad durch die Büffelweiden sicher machen?

Dadurch, dass die weißen Menschen jedes Jahr ausziehen und die „Römische Nase" und den „Gefleckten Hund" um einen Friedensvertrag betteln, ihn mit Kindergeschwätz, wollenen Decken, Feuerwaffen, Pulver und Whisky bezahlen? Das ist die jetzige Art vorzugehen und niemand, außer den Agenten, findet sie von großem Erfolge. Mir macht es den Eindruck, als ob diese Art zu verfahren nur das eine Resultat haben könne, dem roten Manne einen ganz falschen Begriff von der Schwäche des Weißen beizubringen.

Diese Cheyennen glauben wirklich, dass sie stärker, tapferer und zahlreicher sind, als die Amerikaner.

Wenn einer dieser Burschen, der möglicherweise in St. Louis war, seinem Stamme berichtet, dass die Weißen im Aufgange der Sonne zahllos sind, wie die Blumen der Prärie, da sagen sie, dass er von einem bösen Geiste erfasst und ein Sprecher von Lügen geworden sei. So verachten sie die Weißen.

Wenn diese neuen Straßen geöffnet bleiben und Blut geschont werden soll, muss diese Stellung des Weißen und roten Mannes umgekehrt und die Ordnung der Dinge in diesem Lande mit den Tatsachen in Übereinstimmung gebracht werden.

Die Indianer müssen dazu gebracht werden, um Friedensverträge nachzusuchen. Wenn ihr das Recht derselben an's Land zugebt, so kauft es von ihnen. Wenn sie euch um Frieden angehen, gebt ihnen denselben unter großmütigen Bedingungen; zwingt sie aber dann, ihn mit gewissenhafter Treue zu halten. Etwas Strenge mag anfangs nötig sein, denn der Cheyenne hat nie die Macht des weißen Mannes gefühlt; aber ein klares, mildes und festes Verfahren würde diesen Söhnen der Prärie bald verständlich werden. –

Wenn das Verfahren, den Ereignissen ihren Lauf zu lassen und dem Händler, Auswanderer und Reisenden ihren eigenen Weg durch diese Wüsten zu nehmen überlassen bleibt, werden die Amerikaner nie aufhören, an ihren indianischen Grenzen Not zu haben.

## 11. Die Stadt der Ebenen

Am Anfange dieser wellenförmigen Prärien steht Denver, die Stadt der Ebenen.

Vor wenigen Monaten (die Zeit läuft schnell in diesen Städten im Westen: zwei Jahre führen ins Mittelalter zurück und ein Ansiedler von fünf Jahren ist ein Patriarch) war Denver eine Stadt ohne Weiber.

„Ich sage Ihnen, mein Herr", sagte ein Herr, der mit mir in derselben hölzernen Baracke wohnte, welche dem Auswanderer und Goldgräber als Pflanzer's Haus bekannt ist, „vor fünf Jahren, als ich zuerst von den Tälern nach Denver kam, würde ich ein Zehn-Dollarstück darum gegeben haben, den Unterrock eines Dienstmädchens eine Meile weit zu sehen."

Dieser Bursche saß zu den Füßen einer Dame, einer Dame im mittleren Alter und von verblühenden Reizen, zu welcher ich eine Stunde später etwa sagte: „Um Verzeihung, Madame, ist der Herr, welcher das Zehn-Dollarstück gegeben haben würde, um den Saum des Unterrockes eines Mädchens zu sehen, Ihr Mann?"

„Warum fragen Sie, mein Herr?" Da ich keinen besonderen Grund für meine Frage hatte, so antwortete ich mit einer Verbeugung: „Ja, Madame, weil ich hoffen zu müssen meinte, dass einem so guten Liebhaber eine glänzende Belohnung werden müsste"

„Nein", sagte sie lächelnd, „ich bin nicht seine Frau, obschon ich es morgen werden könnte, wenn ich wollte. Er hat eben eine Dame begraben und will es mit einer zweiten versuchen"

Als ich bei Pflanzer's Hotel abstieg, hatte ich eine kleine Firma in der Nähe der Türe bemerkt, auf welcher die Worte standen:

**Madame Mortimer**
*Clairvoyant Arzt*

In den Schaufenstern der Hauptstraße hatte ich eine Anzeige gelesen, welche, ihrem zerrissenen Äußern nach, in irgendeinem andern Hause mit unreinlichen Gewohnheiten ihre Dienste verrichtet haben musste. Dieselbe zeigte an, dass die berühmte Madame Mortimer in Denver angekommen sei und täglich (Adresse ward nicht gegeben) in, was man vielleicht Krankheitsfälle des Herzens nennen möchte, konsultiert werden könnte. Ihr Zimmer im Hotel war auf dem Korridor das nächste an dem meinigen und da ein großes Feld über der Türe (dieselbe war vorsichtig verschlossen), welche von meinem Zimmer in das ihrige führte, offen war, so hätte ich während der vergangenen drei oder vier Nächte oder Tage zu jeder Zeit einfach dadurch ihre persönliche Bekanntschaft machen können, dass ich mich auf die Fußzehen stellte und durchsah.

Merkwürdigerweise habe ich nicht daran gedacht, mich gegen die Kunstgriffe meiner Nachbarin, selbst durch eine oberflächliche Inspektion ihres Lagers, zu wappnen; und als ich eben zu dem verblühenden Frauenzimmer im Besuchszimmer sprach, hatte ich keinen Begriff davon, dass dies die berühmte Madame Mortimer sei, welche jedermanns Glück voraussagen, jedem Manne das Portrait seiner zukünftigen Frau zeigen – jeder Frau das Bild ihres zukünftigen Mannes – für den geringen Preis von zwei Dollars pro Kopf vorführen konnte. –

Arme Zauberin! Es ist nicht viel poetischer Reiz an ihr; keine Tradition der Kunst, der Grazie und der Schmiegsamkeit des Geistes, welche die echte Hexe machen!

Diesen Nachmittag sah sie mich, als sie auf dem Vorsaale mit ihrem bewundernden Liebhaber auf ihren Fersen bei meiner Türe vorbeiging, auf dem Boden nach etwas suchen. Es war nur ein Streichhölzchen, welches ich verloren hatte, als ich es an der Wand anzünden wollte.

„Sie haben etwas verloren?"

„Madame, es ist nur ein Streichhölzchen[1]; können Sie mir ein neues machen?", sagte ich und sah von ihrem Gesichte nach dem des Goldgräbers.

„Wir machen keine in Denver", sagte sie im traurigsten Tone.

---

1  Match, Streichhölzchen; Partie, Heirat.

„Sicherlich", sagte ich mit einer Verbeugung, „kann man nicht umhin, welche zu machen, wo Sie sind."

Sie ward ganz betreten, obschon ihr Liebhaber zu kichern anfing. „Wie?", fragte sie noch immer geziert.

„Wie! durch die Gaben der Natur und die Gnade des Himmels, wo alle Heiraten geschlossen werden."

Endlich lächelte sie. „Ha! ich danke Ihnen, mein Herr; das habe ich gern und werde es mir merken", worauf sie und der Liebhaber nach dem Besuchszimmer schlüpften und ich meine Zigarre mit Streichschwamm anzündete.

Und doch ist diese arme Zauberin in der Stadt der Ebenen charakteristisch und ich hörte, dass, so lange der Reiz ihrer Ankunft noch neu bei diesen Goldgräbern war, die Neugierde nach ihr lebhaft und der Strom von Dollars nach ihrer Tasche beständig gewesen sei.

Aber ihr Reiz scheint fast vorüber; man sagt, dass der Wirt, welcher, wie es sich gehört, durch seine Frau geschützt ist und keine romantische Ader hat, sie um Rechnungen mahnt, und dass sie deshalb durch widerwärtige Umstände gezwungen wird, auf ihre eigene Rechnung mit den Neigungen Spiel zu treiben.

Ihr Leben in dieser Stadt von Wüstlingen und Spielern muss ein hartes gewesen sein; die nächste Stadt ist sechshundert Meilen entfernt; der Preis eines Sitzes in der Post ist ungefähr zweihundert Dollars. Arme Künstlerin im Schicksal, – die Sterne scheinen es jetzt sehr schlecht mit ihr zu meinen!

(Bemerkung.) Als ich von der Stadt am Salzsee nach Denver zurückkam, fand ich, dass ihre Firma vom Hause weggenommen war und ich fing an zu fürchten, dass sie von den bösen Engeln entweder nach Omaha oder Leavenworth getrieben worden sei; aber als ich die Treppe hinauf nach meinem Zimmer sprang, traf ich das arme Geschöpf auf dem Treppenabsatze und machte ihr meine höflichste Verbeugung.

Von einem Freunde im Hause hörte ich, dass sie sich von ihrer Profession ins häusliche Leben zurückgezogen habe, aber (es tut mir leid, es hinzufügen zu müssen) in dieser Stadt der Ebenen nur als „Brevet-Dame" lebe.

Die Männer von Denver, selbst die der höheren Klassen, sind doch, obschon sie viele entschädigende Eigenschaften haben, – Mut, Ausdauer, Edelmut, Unternehmungsgeist, Geduld –edelmütige Eigenschaften der Norse-Götter, – von sehr schwacher Moral und wo der Ton der Gesellschaft ein schwacher ist, wird man immer die Abneigung vor der Ehe, als Gefühlssache und als Einrichtung, sehr stark finden. Männer, welche allein gelebt haben, fern vom Einflusse von Mutter und Schwestern, haben gewöhnlich nur einen schwachen Glauben an die persönliche Tugend und Treue der Frauen und abgesehen von diesem geringen Glauben an die Frau, welcher die wahre Religion im Herzen jedes Mannes sein sollte, wird selten der Wunsch nach einer festen Verbindung und einer geregelten Heimat aufkommen. Männer mögen die Gesellschaft von Frauen lieben und sich doch nicht lebenslänglich mit derselben belästigen wollen.

Die schlechtesten Männer erwarten, wenn sie heiraten, die besten Frauen zu bekommen; aber die besten Frauen verlassen Neu-England und Pennsylvanien nicht für Colorado. Daher sagt man in Denver, – eine Redensart, die sich durch die Praxis bestätigt – dass in diesen Städten im Westen, obschon einige Goldgräber Frauen haben, doch nicht viele unter ihnen gefunden werden, welche man wirklich als heiratende Männer bezeichnen könnte.

Unter allen Bedingungen, nur nicht durch die Heirat, können diese munteren Burschen in weiblichen Schlingen gefangen werden. Sie huldigen sehr stark den Reizen der Negerinnen und Squaws. Einer der reichsten Leute dieser Stadt, dessen Namen ich nicht nennen mag, ist eben mit ein paar Cheyenne-Weibern nach den Bergen gegangen.

Die jungen Norse-Götter sind nervös ängstlich, in eine christliche Kirche zu gehen. Denver ist eine Stadt von viertausend Einwohnern, mit zehn oder zwölf ausgelegten Straßen, zwei Hotels, einer Bank, einem Theater, einem halben Dutzend Kapellen, fünfzig Spielhäusern und hundert Schnapsläden.

Wenn man durch diese heißen und schmutzigen Straßen wandert, scheint man durch eine Stadt von Dämonen zu gehen.

Jedes fünfte Haus scheint eine Schenkstube, ein Whiskyladen oder ein Lagerbiersalon zu sein; jedes zehnte Haus scheint entweder ein Bordell oder ein Spielhaus zu sein, sehr oft beides zusammen. In diesen schrecklichen Höhlen ist das Leben eines Menschen nicht mehr wert, als das eines Hundes.

Bis vor zwei Jahren, als es etwas besser zu werden begann, war es ganz gewöhnlich, dass brave Leute durch den Lärm von Schüssen aus ihrem Schlafe geweckt wurden, um, wenn das Tageslicht kam, zu finden, dass eine Leiche aus dem Fenster auf die Straße geworfen war. Nie ward danach gefragt, was die Ursache des Todes gewesen. Anständige Leute sagten nur: „Na, da ist ein Sünder weniger in Denver und möge morgen dem Mörder gleiches Schicksal begegnen!"

William Gilpin, dem Gründer von Colorado und erwählten Gouverneur, unterstützt vom Wachsamkeits-Comité, sowie der heilsamen Furcht, welche unruhige Geister vor dem schnellen Auge und der resoluten Hand des Sheriff Wilson hatten; mehr als alles der Gegenwart einiger amerikanischer und englischer Damen in den Straßen von Denver ist es zuzuschreiben, dass sich die Sitten dieses Pandämoniums der Goldgräber zu verändern angefangen haben. Englische Frauen, welche hier zwei oder drei Jahre gewesen sind, sagen mir, dass es ganz anders geworden sei. Natürlich ist Gilpin – in- der Theorie zum wenigsten – aller solcher Jurisdiktion wie der vom Wachsamkeits-Comité ausgeübten entgegen; aber augenblicklich ist das gesellschaftliche Leben der Stadt noch nicht geregelt, die Justiz ist blind und lahm, während die Gewalt flink und stark ist und das Wachsamkeits-Comité, ein geheimes, unverantwortliches Gericht, welches über allem Gesetze handelt, namentlich in Fällen von Leben und Tod, hat die Dinge durch den Revolver und den Strick im Gange zu erhalten.

Niemand kennt die Namen der Mitglieder dieses strengen Tribunals, man glaubt, dass jeder reiche und tätige Mann am Platze dazu gehört und man kann im vertrauensvollen Wispern die Namen der Leute hören, von denen man annimmt, dass sie die Leiter, Diener und Vollzieher seien. Die Gesellschaft ist geheim, sie hat viele Agenten und ich höre, dass nichts oder kaum etwas dem spähenden Auge dieses gefürchteten, unverantwortlichen Gerichtshofes entgeht. Wenn ein Mann aus der Stadt verschwindet, ist es nicht erlaubt, sich nach ihm zu erkundigen, man sieht die Leute mit den Achseln zucken; vielleicht hört man die geheimnisvollen Worte: „In die Höhe gegangen"

„In die Höhe gegangen", heißt in dem Provinzialismus von Denver: an einem Baume in die Höhe gegangen, – das heißt an einem Baumwollenbaume – womit ein besonderer Baumwollenbaum gemeint ist, welcher am Stadtbache wächst. Auf gut deutsch: der Mann soll gehängt worden sein.

Dieses geheimnisvolle Comité hält seine Sitzungen bei Nacht und die Zeit für die Urteilsvollstreckungen ist in den stillen Stunden zwischen zwölf und zwei, wenn alle ehrlichen Leute in ihren Betten schlafen sollten.

Manchmal findet der Krämer, wenn er des Morgens seinen Laden in der Hauptstraße öffnet, dass eine Leiche an einem Zweige hängt; aber gewöhnlich ist der Körper vor Tagesanbruch abgeschnitten, nach der Vorstadt gebracht, woselbst er in ein Loch, wie man es für einen toten Hund macht, geworfen wird. In den meisten Fällen wird der Begräbnisplatz vor den Leuten geheim gehalten, damit kein gesetzlicher Beweis des Todes gefunden werden kann.

Schwörend, trinkend, kämpfend, wie die alten Norse-Götter, sind einige Tausend Männer, zumeist ohne Weiber und Kinder, damit beschäftigt, in diesen oberen Teilen der Prärie ein Reich zu gründen. Der Ausdruck ist William Gilpins Lieblingsredensart; aber im Allgemeinen wissen die jungen Norse-Götter, welche trinken und schwören und auf diesen Straßen sich schlagen, komischerweise nichts von der rühmlichen Tat, welche auszuführen sie im Begriffe sind.

„Na, mein Herr", sagte zu mir eines Tages ein aufgedunsener Fremder, lauter Stiefel und Bart, mit fröhlichem Mund und kühnem Auge, „na, was denken Sie von unseren Jungen im Westen?"

Ich dachte an Gilpin und um sicher zu gehen und höflich zu sein, antwortete ich: „sie gründen ein Reich."

„Wie?", fragte er, denn er verstand mich nicht und glaubte, ich lachte ihn aus, – eine Freiheit, welche ein Junge im Westen gar nicht liebt – er brachte seine Hand instinktmäßig seinem Bowiemesser etwas näher.

„Ihr seid darüber, ein Reich zu gründen?" fragte ich diesmal, um mich dagegen zu verwahren, Ärgernis zu geben und einen Stich zu erhalten.

„Ich weiß davon nichts", sagte er, seinen grimmigen Ausdruck mildernd und seine Hand vom Gürtel wegnehmend; „aber ich mache Geld."

Gilpin, sollte ich meinen, würde gedacht und gesagt haben, dass es ein und dasselbe sei.

William Gilpin ist vielleicht der merkwürdigste Mann auf den Ebenen, gerade wie Brigham Young der bemerkensweteste im Salzseetal ist; und es würde kaum nur eine Redensart sein, wenn man behaupten sollte, dass sein Büro in Denver (ein kleines Zimmer in „Pflanzers Hotel", welches ihm als Schlafkammer, Bibliothek, Audienzhalle, Arbeitszimmer und mehr als zehntausend Colorado-Leuten gewöhnlich als Spucknapf dient) die hohe Schule der Politik für die Goldgegenden und die Bergwerksdistrikte ist.

Von Geburt ist Gilpin ein Pennsylvanier, von Natur und Gewohnheit ein Staatengründer.

Er stammt von einer der besten Quäker-Familien seines Stammes ab; sein Vorfahre war jener Gilpin, der mit Penn und Logan herüberkam. Die Geschichte hatte ihm ein Bedürfnis für die große und schöne Toleranz religiöser Gefühle gelehrt, welche Penn am Hofe von Karl dem Zweiten entfaltet hatte und welche die Freunde am Susquehannah ausgeübt haben. Er ist von Natur mit großen Geistesgaben ausgerüstet – Geduld, Einsicht, Beredsamkeit, Enthusiasmus, – und hat gespielt und spielt noch eine besondere und dramatische Rolle in diesem Lande im Westen.

Er beschreibt sich mir selbst als einen Quäker-Katholiken, seiner Sympathie nach, das heißt als einen Mann, welcher in seiner Person allein die Extreme der Religionen umfasst, – das Gefühl der Persönlichkeit mit dem Dogma der Autorität, – der besten Art von Freiheit mit den strengsten Gesetzen von Ordnung; eine ungewöhnliche Vermischung von Gefühlen und Sympathien, welche nicht in einem Tage entstanden ist, nicht von individueller Laune abstammt, sondern das Resultat einer langen Familientradition ist; und vielleicht nirgends in dieser Generation, außer in dem Grenzlande, welches Quäker-Pennsylvanien mit dem katholischen Delaware verbindet, zu finden sein dürfte. – Gilpins Charakter ist reich an Widersprüchen.

Er ist Quäker und auch Soldat – ein Zögling von West-Point, – und besonders ausgezeichnet in seinem Handwerk. Er spielte im mexikanischen Kriege eine hervorragende Rolle, war der jüngste Mann in der Armee, welcher den Rang als Obristlieutenant erreichte, und würde, wenn er nicht seinen Abschied genommen und nach dem Westen gegangen wäre, der Vorgesetzte von Grant und Sherman gewesen sein.

Es ist ein glücklicher Umstand für ihn, dass er nicht dazu aufgefordert wurde, während des Bürgerkrieges eine hervorragende Stellung gegen irgendeinen Teil seiner Landsleute einzunehmen. Gilpins Arbeit ist auf einem andern Felde, im großen Westen, dessen Vorkämpfer und Abgott er ist und welchen zu erforschen, anzukündigen, zu besiedeln und zum Gehorsam zu bringen er sich zur Aufgabe gemacht hat.

Unter der Leitung dieses Mannes hat sich die Stadt verändert und verändert sich schnell; und dennoch hat, wenn ich den Zeugen glauben darf, die Ankunft von einem Dutzend amerikanischer und englischer Damen, welche mit ihren Männern herauskamen, weit mehr für Denver getan, als der Genius und die Beredsamkeit William Gilpins.

Eine Dame ist eine Macht in diesem Lande. Von dem Tage, an welchem ein seidenes Kleid und ein Spitzenshawl in der Hauptstraße gesehen worden war, ward dieselbe ziemlich reinlich und ruhig; man hörte weniger fluchen, es wurden weniger Messer gezogen, weniger Pistolen abgefeuert.

Nichts davon hat aufgehört; Denver ist noch weit, sehr weit vom Frieden; aber die jungen Norse-Götter haben angefangen sich zu schämen, in Gegenwart einer Dame zu schwören und angesichts einer Dame ihre Messer zu ziehen.

Langsam aber sicher ist die Verbesserung zu Stande gebracht worden.

Zuerst hatten die Damen sehr schlechte Zeiten, wie sie sagten. Sie fürchteten sich, mit einander zu verkehren; jede Frau glaubte, dass die andere schlechter sei, als sie sein sollte. Das ist jetzt etwas besser und ich kann aus eigener Erfahrung bezeugen, dass Denver einen sehr angenehmen, obschon sehr kleinen Kreis des schönen Geschlechts hat.

Robert Wilson, Sheriff von Denver

## 12. Prärie-Justiz

Der erste Exekutivbeamte dieser Stadt ist Robert Wilson, Sheriff, Auktionator und Friedensrichter, obschon man ihn kaum nach dieser Beschreibung in Colorado erkennen würde. Wie Quintus Horatius Flaccus, ein Poet und guter Kerl, nur als Horaz bekannt ist, so ist Robert Wilson, Sheriff und Auktionator, als Bob bekannt, in anständiger Gesellschaft als Bob Wilson.

Der Sheriff, welcher, wie man sagt, gleich unserem Richter Popham unsterblichen Andenkens, in seiner wilden Jugend ein Spieler, wenn nichts Schlimmeres, gewesen sein soll, ist noch ein jung aussehender Mann von vierzig bis zweiundvierzig Jahren, ein robuster Mensch mit starker Brust, von niedriger Statur, mit einem Kopf wie der des olympischen Jupiter.

Die Geschichten, welche man sich in den Prärien von der Kühnheit dieses Mannes erzählt, machen das Blut gefrieren, die Gänsehaut überlaufen und den Puls galoppieren.

Heute kam er und saß mit mir Stunden lang und erzählte von der Stadt und dem Lande, von welchem sein ganzes Glück abhing. Eine seiner Geschichten war die von der Gefangennahme dreier Pferdediebe.

Nach dem Modegesetz hier in Denver ist Mord ein vergleichsweise geringes Vergehen. Bis vor zwei Jahren war Mord – zufälliger, nicht überlegter Mord – ein täglich vorkommendes Verbrechen.

Es war ganz gewöhnlich, an der Türe eines Spielhauses – und jedes zehnte Haus an der Hauptstraße war ein öffentliches Spielhaus mit den Stimulanten: Trinken, Singen und noch viel Schlechterem – jeden Morgen einen toten Menschen in den Straßen zu finden.

Eine Rauferei war über dem Roulettetisch ausgebrochen, Pistolen waren gezogen worden und der Mensch, welcher am langsamsten mit seiner Waffe gewesen, war unterlegen.

Niemand dachte daran, die Schlägerei zu untersuchen. Ein Schurke war erschossen worden und die Stadt betrachtete sich von so viel überflüssigem Zeuge befreit. Das menschliche Leben hat hier keinen Wert und wer liebt es, die Rache einer Horde rücksichtsloser Teufel dadurch auf sich zu beschwören, dass er zu genau nach der Ursache des Todes eines ihrer Genossen fragt?

Eine Dame, welche ich in Denver traf, die Frau eines Exbürgermeisters dieser Stadt, sagte mir, dass, als sie zuerst vor vier oder fünf Jahren nach dem Westen kam, außer den Verbrechern sechzig Personen auf dem kleinen Kirchhofe lagen, von denen nicht eine eines natürlichen Todes gestorben war. Genaue Nachfrage ergab, dass dies etwas übertrieben war; aber ihre Erzählung bewies, dass dieser Glaube noch in den besten Häusern existierte; und wirklich war es nur wenig über die Wahrheit hinaus.

Eines Nachts, als ich in meinem Zimmer schrieb, hörte ich einen Pistolenschuss neben meinem Fenster und als ich hinaussah, bemerkte ich einen Mann, der sich am Boden wand. Nach wenigen Minuten ward er von seinen Kameraden fortgetragen; niemand folgte dem, der ihn angefallen hatte und ich hörte am nächsten Tage, dass der Mörder nicht in Gewahrsam sei, und dass niemand gewiss wusste, wo er war.

Meinem Fenster gegenüber ist ein Brunnen, an welchem eines Abends spät zwei Soldaten Wasser tranken; ein englischer Herr stand auf dem Balkon von Pflanzer's Hotel und hörte einen Soldaten zum andern sagen: „Sieh, dort ist ein Schuster, schieß auf ihn", worauf sein Kamerad die Flinte erhob und feuerte. Der arme Crispin sprang in seinem Laden in die Höhe und schloss die Türe; er entging nur knapp dem Tode, da die Kugel durch die Bretterwand seines Hauses gegangen und in die gegenüber liegende Mauer gedrungen war. Diesen beiden Soldaten geschah nichts und jeder, dem ich mein Erstaunen über diese Nachlässigkeit seitens ihrer Offiziere ausdrückte, wunderte sich über mein Erstaunen.

Wenn ein Halunke nicht ein halbes Dutzend Leute getötet und damit gleichsam Mord im Gehirn hat, ist er fast sicher, in diesen Ebenen im Westen nicht belästigt zu werden.

Ein berüchtigter Mörder wohnte in der Nähe der Zentralstadt; es war bekannt, dass er sechs oder sieben Personen erschossen hatte;

aber niemand dachte daran ihn seiner Verbrechen wegen zur Verantwortung zu ziehen, bis er bei der Tat selbst mit blutigen Händen gefangen ward. Manche Leute glaubten, dass er aufrichtige Reue über seine Taten fühle und er selbst pflegte zu sagen, wenn er Cocktails (ein Getränk) mit seinen rohen Kameraden hinunterstürzte, dass er müde sei Blut zu vergießen.

Eines Tags, als er durch die Zentralstadt ritt, traf er einen Freund, den er zum Trinken einlud. Der Freund, welcher nicht länger in solcher schlechten Gesellschaft gesehen sein wollte, lehnte den Antrag ab, worauf der Schurke sein Pistol auf offener Straße zog, seinen Freund durch das Herz schoss und mit einer komischen Großtuerei von Widerwillen sagte: „Guter Gott, kann ich denn nie in die Stadt kommen, ohne jemanden zu töten?" Ergriffen von der unwilligen Menge, ward mit dem verhärteten Sünder kurzer Prozess gemacht, ihm kurze Frist gewährt und er hatte eine Flucht um Mitternacht auf den Baumwollenbaum im Stadtgraben.

Diebstahl indessen anbelangend, meistens Pferdediebstahl, nimmt es die öffentliche Meinung genauer, als mit Mord. Pferdediebstahl wird allemal mit dem Tode bestraft. Fünf gute Pferde wurden einst von einem Korral in Denver vermisst und als man Wilson wegen der mutmaßlichen Diebe befragte, fiel der Verdacht des Sheriffs auf drei Raufbolde aus den Minen, namens Brownlee, Smith und Carter, Leute, welche vor Kurzem von den Minendistrikten und den Bergstraßen nach der Stadt gekommen waren.

Da bei Nachfrage in den Höllen und Schnapsläden diese Würdigen nicht zu finden waren und Wilson sicher war, dass sie die Leute waren, welche er suchte, ließ er sein Pferd kommen, sah gut nach seinem Revolver und Bowiemesser, sprang in den Sattel und nahm die Richtung nach der Plattestraße. Es war im zeitigen Frühjahr, der Schnee war im Schmelzen und das Wasser hoch. Als er an einen Fluss kam zog er sich aus und ging durch den reißenden Strom, seine Kleider und Pistolen über den Kopf haltend und zum Teil mit seinem Pferde durch den Strom schwimmend. Er ritt den ganzen Tag und die ganze Nacht und holte zuletzt die Diebe auf einer einsamen Prärie, einhundertundfünfzig Meilen von Denver und fünf Meilen vom nächsten Rancho ein. Carter und Smith führten jeder ein Pferd, außer dem, welches sie ritten, Brownlee ritt allein hinterdrein. Es war früh am Tage, als er sie einholte, und da sie ihn nicht persönlich kannten, so ließ er sich mit ihnen in ein Gespräch ein, hauptsächlich mit Brownlee, und gab sich den Räubern für einen verarmten Goldgräber aus, der nach den Staaten zurückkehrte. Er ritt mit ihnen von acht bis zwölf Uhr, in der Erwartung entweder einer Postkutsche oder einer Anzahl Händler zu begegnen, welche ihm helfen könnten. Aber er wartete vergebens.

Gegen Mittag sah er, dass an diesem Tage keine Hilfe zu erwarten war und da er fühlte, dass er die gefährliche Arbeit allein machen musste, veränderte er plötzlich seine Miene und seine Stimme, hielt sein Pferd an und sagte:

„Meine Herren; wir sind weit genug gegangen; wir müssen umkehren."

„Wer in des T–s Namen bist Du ?", brüllte Brownlee, der seine Waffe zog.

„Bob Wilson", sagte der Sheriff ruhig, „um euch zurück nach Denver zu bringen. Ihr seid angeklagt, fünf Pferde gestohlen zu haben. Liefert eure Waffen ab, und euch soll gewissenhaft der Prozess gemacht werden."

„Du gehst zur H–e!", schrie Brownlee und erhob sein Pistol; aber ehe er den Drücker ziehen konnte, war eine Kugel in seinem Gehirn und er fiel auf die Erde mit einem Fluch auf die Lippen. Smith und Carter, welche laute Worte und den Knall einer Pistole hinter sich hörten, drehten sich plötzlich in ihren Sätteln um und machten sich fertig zu feuern; aber in der Verwirrung ließ Smith seine Waffe fallen und augenblicklich fiel Carter zur Erde, tot wie der Staub, auf dem er lag.

Smith, welcher von seinem Pferde gesprungen war, um seine Pistole zu holen, hielt jetzt seine Hände in die Höhe.

„Komm hierher", sagte Wilson zu dem überlebenden Diebe; „halte mein Pferd; wenn Du ein Glied rührst, feuere ich. Du siehst, dass es nicht wahrscheinlich ist, dass ich mein Ziel verfehle."

„Sie schießen sehr glatt, mein Herr", sagte der zitternde Halunke.

„Jetzt merke auf", sagte der Sheriff; „ich werde Dich und diese Pferde zurück nach Denver bringen; wenn Du sie gestohlen hast, ist es umso schlimmer für Dich, wenn nicht, kannst Du ruhig sein, überhaupt soll Dir unparteiisches Gericht werden."

Wilson hob dann die drei Pistolen auf, welche alle geladen und mit Zündhütchen versehen waren.

„Ich zögerte einen Augenblick", sagte er bei diesem Teile seiner Erzählung, „ob ich die Schüsse herausnehmen sollte, überlegte mir indessen, dass es besser sei, sie zu lassen, wie sie waren, da niemand sagen konnte, was sich ereignen würde."

Er band diese drei Pistolen in ein Taschentuch, lud wiederum sorgfältig seinen Revolver, hieß dann Smith sich auf eins der Pferde setzen, auf welches er den Burschen durch um die Beine geschlungene Stricke festband.

Wilson ließ die beiden Leichen am Boden und band die Pferde los, damit sie grasen konnten, worauf er seinen Gefangenen die Straße zurück bis zum Rancho führte. Ein französischer Ansiedler lebte mit seiner englischen Frau auf diesem Prärie-Rancho und als Wilson sagte, wer er und was sein Gefangener sei, wie er mehr als vermute, ging das brave Ehepaar in seine Pläne ein. Smith ward an einen Pfahl gebunden und nachdem der Frau anbefohlen war, ihn tot zu schießen, wenn er den Versuch machen sollte, sich zu befreien (ein Befehl, den sie nach Aussage ihres Mannes gewiss ausführen würde, wenn es nötig sein sollte), ritten die beiden Männer nach dem Platze zurück, begruben die Leichen, fingen die vier Pferde ein und brachten viele Gegenstände aus den Taschen der toten Leute mit zurück, welche möglicherweise dazu dienen konnten, sie bei der Gerichtsverhandlung zu rekognoszieren.

Als sie nach dem Rancho zurückkamen, fanden sie die Frau auf Wache und Smith in Verzweiflung. In ihrer Abwesenheit hatte Smith alle seine Künste versucht, um auf die Frau einzuwirken, er hatte an ihr Mitleid appelliert, an ihre Eitelkeit, an ihre Habsucht. Endlich war sie genötigt ihm zu sagen, dass sie nicht mehr hören wolle, und dass sie, falls er wieder spreche, ihn in den Mund schießen würde. Dann ward er blass und still. Am nächsten Tage brachte der Sheriff seinen Gefangenen nach Denver, woselbst Smith eine kurze Bedenkzeit hatte und eine gewaltsame Flucht auf den historischen Baum.

## 13. Sierra madre

Von der Stadt Denver nach Bridger's Pass, dem höchsten Punkt der *Sierra madre* (Mutter-Gebirgskamm oder -Sägelinie), über welche der Trapper und Händler einen Pfad gebahnt hat, ist der Aufgang leicht, was die Steigung betrifft, obschon es in Bezug auf Risse, Bäche, Sand und Steine sehr unbequem sein mag. Soweit findet der Reisende nur wenig Unterschied zwischen den Bergen und Prärien, welche auch wellenförmige Hochländer sind, die zwischen Leavenworth und Denver sich über viertausend Fuß (der Höhe des Snowdon) über die See erheben.

Doch ist Bridger's Pass die Wasserscheide eines großen Kontinents, da die östlichen Abhänge ihren Schnee und ihren Regen nach dem Atlantischen Ozean ergießen, die westlichen aber nach dem Stillen Ozean.

Neunzig Meilen läuft die Straße ruhig nordwärts von Denver, dem Fuße eines niedrigen Gebirgszuges entlang, welcher als die „Schwarzen Hügel" bekannt ist, um eine Öffnung durch diese drohende Mauer von Felsen und Schnee zu suchen. In Stonewall, in der Nähe des Virginiatales, findet sie einen Hohlweg oder Canyon, wie ihn die Leute nennen, der den Reisenden durch einen sehr schönen Distrikt von Holzland führt, welcher voll von Quellen und Flüsschen ist, in denen die Forellen so häufig sind, dass man sie mit einer Angel fangen kann.

Noch immer ist die Szenerie nicht wild und großartig, obschon sie durch merkwürdige Felsenformation und Farbenpracht sich auszeichnet.

Sobald man in dieses Gebirgsland kommt, sieht man, warum es die Spanier Colorado nannten. Die Hauptfarbe der Felsen, des Bodens, der Bäume (namentlich im Herbste) ist rot.

Zwischen dem Virginiatal und den Weidenquellen kann man das Land, welches südlich von unserem Pfade liegt, schön nennen.

Die Straße läuft hoch oben und beherrscht eine Reihe von vielen Tälern, die sich durch willkommenes Blätterwerk auszeichnen und deshalb mit Wasser gesegnet sind; abwechselnd unterbrochen von dazwischenliegenden Hügeln und langen dunklen Höhenzügen; die ganze Landschaft ist in der Ferne durch die großartige und unregelmäßige Gebirgskette zwischen Long's Pik und Pik's Pik gekrönt. Eine echte Schweizerlandschaft. Die Hügel sind mit Fichten bewachsen, die Gipfel mit Schnee bedeckt; ein Anblick, der ebenso auffallend in seinen charakteristischen Zügen ist, wie der der berühmten Alpen des Berner Oberlandes.

In Laramie verlieren wir dieses Gebirgsbild.

Niedrige Hügel von Erde und Sand, die mit wildem Salbei bedeckt und von Präriehunden, Coyoten und Eulen bewohnt sind, verdecken uns die Schneelinie. Hier und da unserem Pfade entlang, kommen wir über den Gipfel eines sogenannten Berges (aus Höflichkeit), wie der Elennberg, der Medicin-Bogen-Berg und über den Kamm der Nord-Platte, ehe wir nach dem Salbeibach und Fichtenhain hinabkommem, aber wir sehen keine Spitzen, erklimmen keine Alpen; schub, schub, trab, trab, schleif, schleif, rumpeln wir im leichten Wagen über Steine, über Gras, über Sand, über Bäche und Wasserrisse, Tag und Nacht, Nacht und Tag, mit einer elenden Gleichförmigkeit, welche jeden Mann aus bloßer Erschöpfung der animalischen Geister töten würde, wäre es nicht wegen der großen Reaktion, welche durch die stets erwartete Ankunft der Ute, Cheyennen und Sioux hervorgebracht wird.

Das Leben ist hart, zum Besten durchschnittlich unerträglich. Nur zweimal in der Nacht und bei Tage dürfen wir essen. Das Essen ist schlecht, das Wasser schlechter, die Bereitungsweise am schlechtesten. Vegetabilien gibt es nicht. Milch, Tee, Butter, Rindfleisch fehlen gewöhnlich. Selbst die talismanischen Briefe von New York sind in diesen hohen und öden Pässen durch die Salbeifelder für uns nutzlos.

Wenn es etwas zu essen gäbe, würde man es uns verkaufen, aber in der Regel gibt es einfach gar nichts.

Einen heißen Teig, den sie Kuchen nennen, kann man haben, obschon ihr ihn schwer zu essen und unmöglich zu verdauen finden werdet, die ihr nicht dazu geboren und die ihr durch die Chefs *de cuisine* in Pallmall verdorben seid. Kein Bier ist zu finden, keine Spirituosen, öfters kein Salz. Als Luxusgegenstand mag man getrocknetes Elen- und Büffelfleisch bekommen, das mit etwas Schießpulver gewürzt ist; und für diese schrecklichen Leckerbissen hat man für die Mahlzeit ein und einen halben Dollar, an manchen Plätzen zwei Dollars zu zahlen.

Aber wenn uns ein solches Leben hart erscheint, die wir es in einem Dutzend Tagen und Nächten durchmachen, was muss es dem Trapper, dem Fuhrmann, dem Auswanderer sein? Trotz der Gefahren und Entbehrungen ist diese Straße lebendig von Leuten, welche zwischen dem Flusse und dem Salzsee hin und her gehen. Hunderte von Menschen, Tausende von Ochsen, Maultieren und Pferden erklimmen diese einsamen Pfade und führen den Ertrag der Felder und Städte im Osten mit sich in leichten Bergwagen, welche besonders für den Zweck gebaut sind, – grüne Äpfel, getrockneten Mais, gesalzenes Fleisch, Mehl, Gries, eingemachte Früchte und eingemachtes Fleisch, ebenso wie Tee, Tabak, Kaffee, Reis, Zucker und eine Menge andere Waren, von Mützen und Schuhen an bis zu Sargtafeln und Leichentüchern, welche sie nach den Bergwerksdistrikten von Colorado, Utah, Idaho, Montana bringen, wo solche Dinge leicht verkäuflich sind.

Der Sicherheit wegen gehen solche Leute in Zügen und ein Zug von Leavenworth nach dem Salzsee ähnelt in vielen Stücken einer großen Handelskarawane auf einer Straße in Syrien.

Ein Händler am Fluss – z.B. in Omaha in Nebraska, – in Leavenworth in Kansas – hört oder vermutet vielleicht, dass irgend ein Artikel, wie Tee, Baumwolle, Früchte – es kann auch Sirup und gegerbtes Leder sein – in den Bergen knapp wird, und dass in wenigen Wochen großer Bedarf für denselben zu hohen Preisen sein wird. Er kauft aus einem guten Markte und nimmt das Risiko auf sich, sich geirrt zu haben.

Mit seinem *einen* Haupthandelsartikel verbindet er ein Dutzend kleinere Artikel; z.B. mit einer großen Quantität Tee einige Messer, ein wenig Rotwein, etwas Chinin und andere Drogen, einen Vorrat wollene Decken und Handschuhe, – vielleicht eintausend Paar Wasserstiefeln. Er kauft fünfzig oder sechzig leichte Wagen mit einem Dutzend Ochsen zu jedem Wagen, engagiert einen Wagenmeister oder Kapitän, mietet etwa hundert Leute und schickt die Karawane fort nach den Ebenen.

Kein vernünftiger Mensch würde die Ankunft dieses Zuges in Denver, am Salzsee, in Stadt Virginia als sicher hinstellen.

Die Reise wird als ein Abenteuer betrachtet. Die Leute, welche dieselbe mitmachen, müssen ausgezeichnete Schützen und durchaus gut bewaffnet sein; es wird aber von ihnen nicht erwartet, dass sie die Ladung gegen die Indianer verteidigen. Sollten die plündernden Rothäute sich in Masse zeigen, so ist es den Fuhrleuten erlaubt, die Stränge zu zerschneiden, die schnellsten Maultiere zu besteigen, nach dem nächsten Posten oder der nächsten Station zu fliehen und ihre Wagen, Vieh und Cargo zur beliebigen Plünderung der Indianer zurückzulassen. Kein Mensch hat gern seinen Schopf skalpiert und der Fuhrmann, welcher vielleicht in Omaha, in Leavenworth Frau und Kind besitzt, hat gern sein Haar unberührt. Mord kommt in den bestgeführten Zügen vor; aber der tapferste Junge aus dem Westen setzt sein Leben über einhundert Kisten Tee und eintausend Säcke Mehl.

Manche von diesen Zügen schleppen Passagiere mit sich auf der Straße, zu fünfzig Taler pro Kopf für die Reise (mit der Postkutsche kostet sie zweihundertundfünfzig). Der Passagier hat seine eigenen Lebensmittel zu besorgen, mit den Treibern zusammen zu sein und seine eigenen Mahlzeiten zu kochen.

Die Reife, wenn sie überhaupt vollendet wird, nimmt vom Flusse nach dem Salzsee neunzig Tage in Anspruch; eine Reise von mehr als zwölfhundert Meilen, mit der Stadt Denver als Ruhepunkt, sechshundert Meilen vom Ausgangsplatz und vom Ende. – Die Durchschnittsschnelligkeit ist vierzehn oder fünfzehn Meilen pro Tag, obschon manche Züge zwanzig Meilen auf den Ebenen zu Stande bringen.

In der Mitte des Tages ruhen sie vier oder fünf Stunden lang, um das Vieh grasen zu lassen und ihre Lebensmittel zu kochen; wenn es Abend wird, lagern sie in der Nähe von frischem Wasser, womöglich in der Nachbarschaft eines kleinen Gehölzes. Sie machen einen Korral aus den Wagen, das heißt, sie stellen sie in Form einer Ellipse auf, welche nur an einem Ende offen ist. Jeder Wagen wird an den nächsten angeschlossen und steht ein Drittel der Länge vor, wie die Schuppen auf einer Rüstung. Diese Ellipse ist die beste Verteidigungsweise gegen einen Angriff der Indianer und lange Erfahrung in der Kriegführung an der Grenze hat den alten Mexikanern bewiesen, dass dies ihr bester Schutz in diesen Gegenden gegen einen Angriff der Indianer ist.

Wenn die Wagen korreliert und die Ochsen auf die Weide gelassen sind, fangen die Leute an Holz zu schneiden und zu brechen, die Frauen und Kinder (wenn welche dabei sind) zünden die Feuer an, holen Wasser von der Quelle oder dem Bache, setzen den Kessel zum Kochen an und backen das Brot für den Abend.

Manche der jungen Leute, welche mit der Büchse vertraut sind, gehen auf die andere Seite des Tales, um eine Trappe, einen Präriehund oder ein Huhn zu finden; und an glücklichen Tagen kann es vorkommen, dass diese Jäger auf eine Antilope und ein Elen stoßen. Wenn sie Glück haben, schließt der Abend mit einer Festlichkeit. Andere jagen nach Klapperschlangen und töten sie; andere auf herumstreifende Coyoten oder Wölfe, von denen manche wütend durch Hunger die Nachbarschaft des Lagers aufsuchen. Ich sah, wie ein mächtiger grauer Wolf auf zwei Yards von einem von seinen Rädern gehobenen Wagen, in dem ein schlafendes Kind lag, geschossen wurde. Wenn die Abendmahlzeit beendet ist, werden die Ochsen, die ihr Maul voll Bündelgras gehabt haben, der Sicherheit halber in den Wagenkorral getrieben; sonst würde sie der anbrechende Morgen meilenweit weg in einem Lager der Indianer finden. Ein Gesang, eine Geschichte, vielleicht ein Tanz beschließt den mühseligen Tag. Bei warmem Wetter schlafen die Leute des Zuges in den Wagen, um den Klapperschlangen und den Wölfen zu entgehen. Wenn der Schnee tief im Tale liegt, wenn der Wind über das Eis pfeift, ist ein Wagen auf Rädern für ein Bett zu kalt und die Leute des Zuges ziehen eine wollene Decke auf dem Boden mit einer Whiskyflasche zum Kopfkissen vor. Lange vor Tagesanbruch sind sie auf und lebendig, jochen das Vieh ein, ketten die Wagen an und verschlingen ihre Morgenmahlzeit. Der Sonnenaufgang findet sie auf der Straße wandernd.

Manchmal, nicht oft, reist der Eigentümer mit dem Zuge; denn der „Boss" wird mit diesen unruhigen, trunkenen, streitenden Fuhrleuten besser fertig, als der wirkliche Eigentümer des Cargos. Wenn die Lebensmittel knapp werden, wenn der Whisky sich schlecht erweist und wenn die Wagen zerbrechen sollten, kann ein Boss in den Chor der Treiber einstimmen und auf seinen Herrn schimpfen. Ein tüchtiger Ausbruch von Räsonieren soll den Leuten sehr gut sein und da ihn der Eigentümer nicht hört, ist er nicht schlechter daran. Wenn der Eigentümer da ist, hat jedermann im Zuge eine Beschwerde anzubringen, so dass die Zeit aus dem Wege verloren wird und sich der Geist der Insubordination im Lager zeigt. Wenn etwas fehlgeht – und jeden Tag muss in solch einem Lande etwas fehlgehen – kann der Boss sagen, er kann nichts dafür, wenn der rechte Herr nicht da ist; – sie sind alle in einem Boote und müssen gute Miene zum bösen Spiele machen. So – räsonierend, trinkend, kämpfend – kommen sie durch die Gebirgspässe, um entweder in den heimlichen Höhlen der Salzseestadt oder in der Einsamkeit eines Bergranchos die ernsten Entbehrungen von neunzig Tagen mit einer Woche von Ausschweifungen zu vollenden.

Der Eigentümer reist mit der Post, schneller, aber nicht angenehmer als seine Diener und in Denver, am Salzsee, in der Stadt Virginia ist er bereit, seine Wagen in Empfang zu nehmen, wo er im Ganzen oder Einzelnen den ganzen Zug, Tee, Drogen, Schnittwaren, Wagen, Ochsen usw. verkaufen kann.

Von den Rancholeuten gibt es zwei Klassen:

1. die unternehmende Klasse, welche hinaus in die Berge gehen, gerade wie die Farmer im Osten in die Hinterwälder wandern – um das Land zu lichten, ein wenig Mais zu bauen, einige Schafe und Kühe zu füttern, die Schlacht des Lebens einesteils gegen die widerstrebende Natur, andernteils gegen feindliche Rothäute zu kämpfen, schlechte Lebensmittel und schlechtes Wasser zu genießen, in der Hoffnung, den ersten Fuß auf uneingenommenem Boden zu gewinnen und den Grund zum Glück für ihre Söhne und Enkel zu legen;

2. die sorglosere Klasse, welche eine Blockhütte an der Seite der Straße auf dem großen Verkehrswege des Fuhrmanns und Auswanderers bauen, in der Absicht, den Vorübergehenden und selbst dem trunkenen Cheyennen und Sioux, Whisky und Liqueure zu verkaufen, um in kurzer Zeit für sich selbst ein Vermögen zu erwerben. Beide Klassen führen ein sehr gefahr-

volles und mit vielen Entbehrungen verbundenes Leben. Der Ranchomann setzt selbst mehr als der Fuhrmann und Auswanderer sein Leben auf's Spiel; denn jeder Halunke auf der Straße, der sein Getränk mit einem Bowiemesser und einem Messer im Gürtel verlangt, ist hitzig und streitsüchtig wie der Junge im Westen und verlangt oft Whisky zu trinken, wenn er keinen Dollar im Beutel hat, um für das köstliche Getränk zu zahlen.

Aber die Hauptgefahr kommt über den Ranchomann in Gestalt von Indianern, zumeist wenn ein mächtiger Stamm, wie die Sioux, die Pawnees, sich auf den Kriegspfad begibt.

Die Rothaut liebt Whisky mehr, als sie selbst Weib und Kind liebt; in Friedenszeiten verkauft sie alles, um ihr Lieblingsgift zu erlangen: ihre Papoose, ihre Squaw, selbst ihren Kriegsgefangenen; aber wenn der Sioux die rote Farbe auf seine Wange gelegt und das Skalpiermesser an seine Seite gehängt hat, denkt er nicht mehr daran, seine Dosis Feuerwasser vom weißen Manne zu kaufen; er fegt heran nach dem Rancho und nimmt sie mit Gewalt und mit ihr nicht selten das Leben des Verkäufers.

Aber die Sucht zu verdienen, treibt den Ranchomann, seine niedergebrannte Hütte wieder auszubauen und seinen geplünderten Vorrat wieder zu ergänzen. Wenn er zwei oder drei Saisons des gewinnreichen Handels mit Whisky und Tabak überlebt, dann ist er reich.

Paddy Blake, ein Irländer, aus der Stadt Virginia, hält einen Rancho in der Nähe des Gipfels von Bridger's Pass, auf einem Felde, welches ein Muster von Verwüstung ist. Er lebt in Fort Laramie, seines Gewerbes ist er ein Krämer; aber er findet, dass es besser bezahle, den Treibern schlechte Spirituosen zu drei Dollars die Flasche und Stückentabak zum Kauen zu sechs Dollars das Pfund zu verkaufen, als mit anständigen Waren unter den Soldaten und Zivilisten des Forts Handel zu treiben.

Eine kleine Blockhütte enthält seinen Vorrat von Gift, welchen er an die Vorübergehenden, mit Einschluss der Utah und Cheyennen, vier Monate lang im Jahre verkauft, so lange die Straßen gut sind und der Schnee vom Boden weg ist; er nimmt Büffel- und Biberhäute dafür von den Roten, Dollars und gleiche Gegenstände (die gleichen Gegenstände sind nur zu oft gestohlen) von den Weißen.

Auf dieser Straße durch die Berge ist in jedem Zuge unter den abgehärteten Treibern, unter den rohen Emigranten, unter den vorübergehenden Fremden, unter den dort wohnhaften Viehtreibern bei Tag und bei Nacht die eine Topik der Konversation – die Indianer. Jeder rote Mann bewegt sich in dieser Gegend mit dem Skalpiermesser in der Hand. Spottiswood, einer der intelligenten Agenten der Überlandpost, sagte mir, dass er gesehen, wie die Sioux einen Weißen von dem Wagen genommen und auf einem Haufen Speck verbrannt hätten. Der Antilopenjäger vom Virginiatal ward nur vor wenigen Wochen getötet.

Zwischen dem Elennberg und den Schwefelquellen ward ein Zug von den Cheyennen angehalten und achtzehn Männer, Weiber und Kinder massakriert und verstümmelt. Zwei junge Mädchen wurden fortgeschleppt und nachdem sie von den Indianern gemissbraucht worden waren, nach Fort Laramie geschickt und gegen Säcke Mehl vom Lager des Quartiermeisters ausgetauscht.

Nahe am Gipfel des ersten Passes steht eine einsame Poststation, welche nach einer frommen und erlaubten Sage „Fichtenhain" genannt wird; zwei Viehtreiber haben diese Blockhütte inne, einer von ihnen, namens Jesse Ewing, ist der Held einer Geschichte, die großartiger ist, als manche, für welche das Victoriakreuz verliehen ward.

Im Frühling dieses Jahres kam eine Anzahl Sioux, welche auf dem Kriegspfade waren, nach Fichtenhain und fanden dort zufällig Jesse allein.

Wie gewöhnlich gingen sie ziemlich frei mit dem um, was ihnen nicht gehörte: aßen das Brot, das getrocknete Elen und den gesalzenen Speck und tranken den Kaffee auf und als sie ihre Mägen vollgepfropft hatten, befahlen sie Jesse, ein Feuer anzuzünden, da sie ihn lebendig braten wollten. Ihre Gefangenen zu verbrennen ist ein gewöhnlicher Zeitvertreib bei den Sioux, nicht ihre Pawnee-Feinde nur, sondern auch die Swaps (wie sie die Yankees nennen) oder Bleichgesichter. Bis jetzt war es Jesse gelungen, sein Messer und seinen Revolver in seinen Kleidern versteckt zu behalten und da man keine dieser Waffen sehen konnte, glaubten die Indianer, er sei ganz unbewaffnet und vollständig in ihrer Gewalt. Anfänglich weigerte er sich, ein Feuer anzuzünden, da er wusste, dass sie ihre Drohung ausführen würden; und als sie sagten, sie würden die Squaws auf ihn hetzen und ihm die Haut abziehen lassen, wenn er nicht schnell ihrem Häuptling gehorche, so sagte er, dass er kein großes Feuer machen könne, wenn sie ihm nicht erlaubten, aus dem Stalle Stroh und Reisig zu holen. Da dies den Sioux einleuchtend erschien, ward ihm befohlen, diese Dinge zu holen und zwei Indianer gingen hinaus mit ihm in die Nacht, um ihn dabei zu beaufsichtigen. Schnell wie ein Gedanke war sein Messer in der Seite des roten Mannes, der neben ihm stand, eine Sekunde später eine Kugel im Gehirn des andern, der außen stand.

Das Feuern brachte die ganze heulende Bande heraus; aber Jesse sprang schnell wie eine Antilope in den Bach und versteckte sich unter einige Bäume und Steine, an einem Orte, welchen er gut kannte und lag da unter Schutz, still wie ein Toter, während die Sioux, über ihren plötzlichen Verlust wütend, stundenlang um sein Versteck ihr wildes und schreckliches Yep, Yep erschallen ließen.

Die Nacht war unendlich kalt; er hatte keine Schuhe, keinen Rock, schlimmer als alles andere war es, dass der Schnee anfing zu fallen, so dass er sich nicht bewegen konnte, ohne die Spur seiner Füße auf dem Boden zu lassen.

Glücklicherweise für ihn behindert und erstarrt der Schnee die Füße eines Indianers ebenso schnell, als er die eines Yankees erkältet.

Er konnte hören, wie die Sioux über die Kälte sich beschwerten; nach wenigen Stunden fand er, dass seine Feinde ihr Antlitz ostwärts wendeten.

Langsam verzog sich der Lärm von Tritten und Stimmen; die Indianer nahmen ihren Weg nach dem Salbeibach und als die Luft ein wenig stiller ward, stahl sich Jesse aus seinem Versteck und rannte für sein Leben nach den Schwefelquellen, wohin er gegen Tagesanbruch kam und von seinen Kameraden an der Straße willkommene Erleichterung durch Speise und Feuer erhielt.

Dieser tapfere Bursche ist nach dem Fichtenhain zurückgekehrt, was ich mit Bedauern erwähne, da die Indianer wiederum die Straße bedrohen und wenn sie verstärkt herabkommen, wird Jesse ihren Racheplänen als eins der ersten Opfer fallen.

## 14. Bitter Creek

Die Bergspitzen, welche die Sierra Madre bilden und deren Krone und Mittelpunkt Fremont's Pik ist (dreihundert Fuß höher als der Monte Rosa), ergießen von ihren schneeigen Seiten drei Wasserläufe: an der östlichen Seite nach dem Mississippi und dem Atlantischen Ozean, auf der westlichen Seite nach dem Fluss Columbia und dem Stillen Ozean, auf der südlichen Seite nach dem Fluss Colorado und dem Golf von Kalifornien.

Südwestlich von diesem Pik erhebt sich die Wasatch-Kette, welche von diesen Flusssystemen den Einschnitt ausschließt, welcher als das Tal von Utah und der große Salzsee bekannt ist. Zwischen den zwei großen Gebirgsketten, der Sierra Madre und dem Wasatch liegt das Bitterbachland, eins der sterilsten Plätze auf der Oberfläche dieser Erde.

Diese wilde Sahara ist, von den Schwefelquellen bis zum grünen Flusse gemessen, einhundertfünfunddreißig Meilen breit.

Es ist eine Gegend von Sand und Steinen, ohne einen Baum, ohne einen Strauch, ohne eine Quelle frischen Wassers. Knochen von Elen und Antilopen, Pferden und Ochsen bedecken den Boden. Hier und da kommt man, öfter als an anderen Orten, an ein menschliches Grab, von denen jedes eine den Bergbewohnern bekannte Geschichte hat.

Dieser Stein ist zum Gedächtnis von fünf Viehtreibern, welche von den Sioux ermordet wurden. Jener Pfahl bezeichnet den Ruheplatz eines jungen Auswanderermädchens, welche auf ihrem Wege nach dem versprochenen Lande starb. Dieser Baum ist der Galgen eines Elenden, welcher während einer Schlägerei von seinen trunkenen Kameraden gehängt wurde. Der ganze Pfad ist durch Skelette und Tragödien bezeichnet und die Natur ist, soweit man sie sieht, in strengster Übereinstimmung mit der Arbeit des Menschen. Ein wenig wilder Salbei wächst hier und da zerstreut in einsamen Büschen inmitten eines schwachen und krüppelhaften Grases. Die Sonnenblume ist fast ganz verschwunden und wird, wo sie überhaupt wächst, nicht größer als ein gewöhnliches Gänseblümchen. Die Hügel sind niedrig und von schmutzig gelber Farbe.

Ein feines weißes Häutchen Soda überzieht die Landschaft, hier in breiten Feldern, dort in glänzenden Flecken, welche das Auge des Unkundigen für Reif oder Schnee hält. Wenn der Bach, welcher den Namen „bitter" dem Tale gibt, voll Wasser ist, wie z.B. im Sommer, wenn das Eis schmilzt, so ist der Geschmack des Wassers, obschon ekelerregend, doch zu ertragen; aber wenn der Bach fast trocken ist, im Spätsommer und im Herbste, ist es für Mensch und Tier abscheulich, wahres Gift, welches die Eingeweide entzündet und das Blut verdirbt.

Doch müssen es die Menschen trinken oder vor Durst sterben, das Vieh muss es saufen oder verdursten.

Der Boden ist sehr schwer, die Straße ist sehr schlecht. Ein Zug kann kaum unter einer Woche über den bittern Bach kommen und manche der Auswandererabteilungen haben seine harten Entbehrungen zehn oder zwölf Tage lang zu erdulden. Die Ochsen können nicht durch den schweren Sand ziehen, wenn ihre Kraft wegen Mangel an Futter und des giftigen Wassers wegen anfängt nachzulassen. Manche fallen am Wege nieder und können nicht dazu gebracht werden, wieder aufzustehen, andere taumeln um und weigern sich, an den Ketten zu ziehen. Umsonst schlingt sich die Peitsche um ihre Rücken; es gibt kein anderes Hilfsmittel für den Fuhrmann, als das Joch abzunehmen und die armen Geschöpfe zurückzulassen, worauf bald die Wölfe und Raben ihren Leiden ein Ende machen.

Der Pfad ist mit Skeletten von Ochsen und Maultieren bestreut.

Wieder und immer wieder stoßen wir im Bitterbachlande auf Karawanen, von deren Ochsen ein Drittteil im Spitale sind, das heißt sie sind von ihrer Arbeit entbunden, zur Seite getrieben, um zu grasen oder vielleicht unter der Obhut eines jungen Burschen zurückgeblieben, um sich möglicherweise zu erholen.

Wenn viele Tiere des Zuges krank sind, werden die Ansprüche an die gesunden Tiere natürlich bedeutend und die ganze Karawane, unfähig weiter zu gehen, kann eine Woche Ruhe auf diesem sehr ungesunden Boden aushalten müssen.

Da das Bitterbachland zwischen den zwei großen Höhenzügen der Felsengebirge liegt, ein Tal, ungefähr so hoch über der See, wie der Pilatus-Berg, so ist es natürlich sehr kalt. Die Hirten pflegen zu sagen, dass der Winter mit dem Juli endet und dem August anfängt. Manche Maultiere und Ochsen sterben vor Kälte, namentlich im Herbste, wenn die brennende Mittagssonne plötzlich in eisige Mitternachtwinde umschlägt. Der Frost kommt über die Tiere ganz unerwartet mit einem sanften, verführerischen Gefühle von Bequemlichkeit, so dass sie in vollkommener Gesundheit ihre Knie zu beugen und ihre Augen zu schließen scheinen; aber wenn der Morgen anbricht, sieht man, dass sie nie wieder von ihrem Lager aufstehen werden. Es ist ebenso mit den Menschen, welche sich oft in ihren Decken und Fellen auf den Boden legen: vielleicht ein wenig starr in den Füßen, nicht schmerzhaft, da ihre Zehen nur eben von Kälte berührt scheinen; aber die Erfahrenen unter ihnen wissen, dass sie nie wieder Leben und Gebrauch in diesen Füßen haben werden. Ich hörte von dem Kapitän eines Zuges, der, voll Sorgfalt für seine Leute und Gespanne, sie in der Nähe von Black Butter zu einer Zeit der Not mit den Sioux für die Nacht in den Korral getan hatte und da er gut gekleidet und beritten war, hatte er es unternommen, zur Unterstützung eines Andern Schildwache zu stehen. Die ganze Nacht saß er auf seinem Pony in der Kälte; es fröstelte ihn ein wenig und er nickte ein, aber beim Rauschen eines Blattes war er wach, bereit und aufmerksam. Als das Tageslicht kam und es sich im Lager zu regen begann, rief er einen der Treiber. Wie er den Fuß von seinem ledernen Ruhepunkte, der den Bergbewohnern statt des Steigbügels dient, erheben wollte, war sein Bein steif und wollte seinem Willen nicht gehorchen. Erstaunt versuchte er das andere Bein zu erheben, aber wieder verweigerten die Muskeln Folge zu leisten. Als er vom Sattel gehoben wurde, fand es sich, dass seine Beine bis zum Knie erfroren waren und er starb nach dreitägigen Schmerzen.

Nichts ist gewöhnlicher, als auf den Prärien und in den Bergen Leute zu sehen, welche durch den Frost Zehen oder Finger verloren haben. –

Kaum weniger verderblich als Frost und Schnee sind für den Bergbewohner die plötzlichen Stürme, welche durch diese hohen Ebenen heulen und wüten. Als ich von der Salzseestadt über den bittern Bach zurückkehrte, fegte ein Schneesturm mit Schlossen und Hagel gerade vor uns her, traf uns wie mit Geschossen ins Gesicht und durchweichte uns plötzlich bis auf die Haut. Anfangs hielten wir ihn tapfer aus, trieben unsere Pferde an und kamen ein wenig vorwärts, selbst gegen diesen wütenden Sturm. Aber die Pferde gaben bald nach. Durch lange Erfahrung belehrt, wusste der Fuhrmann, dass die Tiere ihren Willen haben müssen; er drehte plötzlich um, als ob er zurückgehen wollte, stellte den Wagen nach vorn und die Tiere unter dessen Leeseite, so dass nur ihre Hinterviertel dem tobenden Sturme ausgesetzt waren. In dieser Stellung blieben wir drei Stunden, bis das Toben und der Tumult vorüber war, dann stiegen wir vom Wagen herunter, schüttelten uns in der kalten Nachtluft trocken und machten uns mit Hilfe von einigen Tropfen Cognac und etwas Tabak (als Arznei genommen) wieder auf die Reise.

Ein Zug Auswanderer, welche neben uns hielten, um das Vorübergehen des Sturmes zu erwarten, war nicht so glücklich. Die Leute hatten ihre Karawane angehalten, sobald die Pferde und Maultiere sich weigerten, vorwärts zu gehen; aber statt die geängstigten Tiere fester an die Wagen zu schirren, hatten sie die Stränge gelockert und ließen sie den Elementen sich entgegenstellen, wie es ihnen gefiel. Einige von ihnen konnten diese Befreiung von Zügel und Zaum nicht vertragen.

Einen Augenblick lang standen sie still; dann schnüffelten sie in die Luft; zitterten vor Schrecken und dann drehten sie ihre Gesichter vom Winde ab, stampften den nassen Boden, beugten ihre Köpfe und jagten wütend davon; eine echte Stampede, in deren Verlauf manches der armen Geschöpfe sicher tot vor Schrecken und Erschöpfung hinstürzen wird. Wir konnten das Ende der Not unserer Nachbarn nicht sehen, denn die Nacht brach herein auf unser Lager und sobald der Wind nachließ, kehrten wir den Wagen um und trabten weiter; die Auswanderer werden bis Tagesanbruch haben warten müssen, um anzufangen nach ihren wandernden Maultieren und Pferden zu suchen; einige werden sie in den näher gelegenen Bächen gefunden haben, wo sie zufällig zuerst gegen den treibenden Sturm geschützt gewesen; andere werden sie manche lange Meile über Berg und Tal verfolgen müssen.

Wenn die Pferde einmal in Bewegung sind und Hagel und Wind ihnen schwer auf den Rücken schlagen, dann halten sie nie; sie klimmen über Berge, stürzen in Flüsse, brechen durch Unterholz, bis die Wut der Natur erschöpft ist. Dann stehen sie still und schütteln sich vor Frost, vielleicht stürzen sie nieder und sterben. Ochsen leiden wie Maultiere und Pferde von diesen Sturmschrecken und der erfahrene Treiber in den Ebenen wird sie zusammenjochen und an die Wagen binden, sobald er die Anzeichen eines kommenden Sturmes sieht. Wenn sie im Korral zusammen sind und die Stimme ihrer Treiber hören, sind sie weniger aufgeregt, als wenn sie lose und allein sind und in einer Stampede ausbrechen; selbst im Korral aber, mit dem Gesange der Treiber in den Ohren, schütteln sie sich und stöhnen, legen sich auf die Erde und sterben nicht selten aus Furcht.

Inmitten dieser Schrecken und während solcher Verwirrung in einer Karawane – wenn die Pferde sich verlaufen haben oder krank sind, wenn der Boss mit seinem Vieh beschäftigt ist, wenn die Treiber durch Hunger und Müdigkeit erschöpft sind – fallen gewöhnlich die Straßenagenten über den Korral her und finden daselbst leichte Beute.

Der Name Straßenagent wird in den Bergen einem Halunken beigelegt, welcher die ehrliche Arbeit auf dem Warenlager, an den Goldfeldern, im Rancho gegen die Gefahren und den Gewinn der Heerstraße aufgegeben hat. Viele zu Grunde gegangene Händler und Spieler und unglückliche Goldgräber wenden sich auf die Straße, plündern die Güter der Karawanen, berauben die Auswanderer ihrer Maultiere und versuchen es bisweilen, die Post anzugreifen. Sie sind gut bewaffnet, viele von ihnen sichere Schützen. Keine Furcht vor einem Manne, kein Respekt vor einer Frau halten diese Plünderer ab, die grässlichsten Verbrechen zu begehen. Ihre Hände sind gegen jeden erhoben, von dem sie glauben, dass er einen Dollar im Beutel hat. Jedes Gesetz, welches sie brechen können, haben sie bereits gebrochen; jede Schandtat, welche sie ausüben können, haben sie wahrscheinlich schon ausgeübt, so dass die Hefen ihres Lebens bereits der Gerechtigkeit verfallen sind und sie nichts tun können, was die Last der Verbrechen, die sie bereits auf sich haben, vermehren könnte.

Diese Plünderer, welche die Straßen in Banden von drei oder fünf, zehn oder zwanzig, manchmal dreißig und vierzig umschwärmen, sind schrecklicher für den Kaufmann und den Auswanderer als selbst der Sioux oder Ute. Der Sioux ist nur ein Wilder, den der Weiße möglicherweise durch seinen Stolz einschüchtern oder durch seine List hintergehen kann; aber sein Bruder an der Straße, selbst vielleicht ein Händler und ein Karawanenmann in seinen glücklicheren Tagen, kann jeden Kunstgriff und jede Maßnahme mit einem Blicke auf ihre Schwäche oder ihre Stärke durchschauen.

Viele Leute, von denen es bekannt ist, dass sie Straßenagenten gewesen sind, und von denen man argwöhnt, dass sie noch mit den Banden in Verbindung stehen, sind frei; dieser hat einen Schnapsladen, jener lebt in einem Rancho; ein anderer fährt die Post. In diesem freien Lande im Westen kann man nicht viel Fragen über den Charakter anstellen. Ein sicheres Handgelenk, ein schnelles Auge, schnelle Erfindungsgabe sind bei einem Diener von größerer Wichtigkeit, als die besten Zeugnisse aus seiner letzten Stellung. Das Leben ist zu rau, als dass die feineren Gesetze in Anwendung kommen könnten.

Ich sah einen Kerl in Denver, dessen Name in Colorado ebenso bekannt ist, wie der von Dick Turpin in Yorkshire. Man sagt, er habe ein halbes Dutzend Leute ermordet; es steht ihm frei zu kommen und zu gehen, er kann kaufen und verkaufen; niemand belästigt ihn; Furcht vor seinen Genossen und vor Leuten, welche von eben solchen Verbrechen wie die seinigen leben, ist eine Zeit lang genug, um das Wachsamkeits-Comité und ihren mutigen Sheriff in Furcht zu halten. Auf meiner Rückkehr durch das Bitterbachland hatte ich die Ehre, in dem Bergwagen mit einem alten Straßenagenten zusammen zu fahren, welcher über seine Taten lachte und scherzte und sich nicht ein Jota an Sheriff oder Richter kehrte.

Eine dieser Geschichten war folgende: Er und ein anderer Schurke, wie er selbst, waren ziemlich glücklich gewesen und da sie gegen tausend Dollar in „Greenbacks" in ihren Beuteln hatten, so gingen sie nach der Stadt Denver, in der Hoffnung, sich ihres Raubes zu erfreuen.

Da sahen sie in der Ferne fünf berittene Leute, von denen mein Gefährte sagte, dass er sie sofort als zu einer Bande gehörig erkannt, in der er früher gegen Anteil gedient habe. „Wir sind jetzt verloren", sagte er zu seinem verbrecherischen Genossen; „diese Leute werden uns unserer Greenbacks berauben, uns überdies möglicherweise erschießen, um nicht einen lebenden Zeugen ihrer Tat zu hinterlassen."

„Wir werden sehen", sagte sein listigerer Freund. „Ich kenne sie und bin mit ihnen zusammen gewesen; wir müssen sie als zu Grunde gekommene arme Wichte zu hintergehen suchen."

Sie beschmierten sich mit Schmutz, zogen ein langes Gesicht, und sahen hungrig und elend aus. Sie riefen den fünf Leuten zu Pferde entgegen: „Gebt uns fünf Dollars, Kapitän, wir sind heruntergekommen und versuchen nach Denver zu gelangen, woselbst wir Freunde finden werden; gebt uns fünf Dollars!" Dieser Hilferuf ging dem Räuber zu Herzen. Er warf meinem Gefährten die Greenbacks zu, hieß ihn schweigen und galoppierte vorwärts zu seinen Kameraden, welche argwöhnischer waren.

Vor nicht langer Zeit beraubten die Straßenagenten die Regierungspost mit selbst in den Bergen seltener Rohheit.

Die Geschichte des Verbrechens ist in jedermanns Munde wie die des Portliff Canyon-Mordes und wird hier erzählt, hauptsächlich nach den Bekenntnissen, welche der Mörder dem Sheriff Wilson gemacht hat.

Frank Williams, ein Mann von schlechtem Charakter, aber eine gute Peitschenhand, ein guter Schütze, ein erfahrener Bergbewohner, fand Beschäftigung auf der Überlandroute. Auf einem der Besuche, welche dieser Mann nach dem Salzsee machte, lernte er einen Händler Namens Parker von Atchison kennen, welcher in der Mormonenstadt Geschäfte gemacht hatte und mit seinem Gewinn nach der Stadt am Flusse zurückkehren wollte. Mc Causland von Virginien und zwei andere Kaufleute, welche eine große Summe Geldes in Goldstaub mit sich führten, wollten zur gegenseitigen Sicherheit mit Parker in der Post zurückfahren. Diese Namen und Tatsachen erzählte Parker dem Frank Williams, als sie zusammen tranken, und fragte zu gleicher Zeit um seinen Rat in dieser Angelegenheit als Fuhrmann und Freund. Auf Anraten von Frank Williams nahmen die vier Männer ihre Plätze in der Postkutsche; sie waren an dem Tage die einzigen Passagiere und hatten eine glückliche Reise, bis sie nach Portliff Canyon kamen, wo Parker Frank fand, der von der Salzseestadt zu seiner gewöhnlichen Fuhre zurückgekommen war. In diesem Canyon wurden sie ermordet. In einer engen Schlucht dieses Passes ließ Frank seine Peitsche auf den Boden fallen; er hielt die Kutsche an und rannte zurück, um sie zu holen; da kam eine Kugelsalve in die Post gerasselt und drei der Leute, welche darin waren, stürzten tot nieder. Acht Kerle in Masken überfielen die Post, zogen die Toten und Sterbenden heraus und nahmen die Kisten mit Goldstaub und die Greenbacks an sich. Parker war verwundet, obschon nicht tödlich, und als er Williams mit einer Pistole in der Hand zurückkommen sah, rief er seinen Freund an, sein Leben zu schonen: „Ich bin nur in die Hüfte geschossen; hilf mir, Frank, und es wird gehen!" Frank hielt sein Pistol an den Kopf seines Freundes und schoss ihn nieder; er fürchtete, einen Zeugen seines Verbrechens am Leben zu lassen. Dann fuhr er nach der Station, woselbst er berichtete, dass die Post beraubt worden sei und die Passagiere getötet. Zwei Leute gingen mit ihm aus, um die Toten zu finden und nach den Mördern ward von Denver bis nach dem Salzsee gesucht. Kein Verdacht fiel auf Frank, bis wenige Wochen später nach dem Raubanfalle und dem Morde von einem Diebe dem Sheriff Wilson die Nachricht gebracht wurde, dass Frank Williams seine Stellung an der Postlinie verlassen hätte und sein Geld ziemlich frei in den Grogläden der Auserwählten am Salzsee ausgäbe. Bob tat sofort Schritte, dass er in seinen Höhlen bewacht wurde; aber während er seine Spione in Bewegung setzte, erschien Williams plötzlich in den Straßen von Denver, dicht bei dem Baumwollenbaum, an welchem der Sheriff von seinem Auktionatorthron herabsah.

Ehe er einen Tag in Denver gewesen war, hatte er für sich und seine Kameraden sieben neue Anzüge gekauft, ein Bordell gemietet und fast jeden Schurken in der Stadt im Trinken freigehalten.

Eines Abends ward er von Wilson ergriffen, der ihn zu einer Mitternachtssitzung des Wachsamkeits-Comités führte. Was in dieser Sitzung vorging, ist unbekannt, aber es war jedem am nächsten Tage klar, dass Williams irgendeines schweren Verbrechens schuldig befunden worden war. Leute, welche zeitig des Morgens aufgestanden, hatten in der Hauptstraße seinen Körper von der Deichsel eines Buggy herabhängen sehen.

## 15. Das Herabsteigen von den Bergen

Nachdem man bei Fort Bridger vorbei ist, wird der Abfall schnell, abgebrochen und grün. Der Pfad ist noch rau, steinig, ungemacht, läuft hier über Kämme, durchschneidet dort tiefe Canyons und windet sich mühsam wieder durch Berge von Sand; aber im Ganzen fallen wir von dem hohen Plateau der Sierras, wo die Natur trocken und unfruchtbar ist und nicht geeignet erscheint für die Beschäftigung des Menschen, in tiefe Schluchten und enge Täler herab, in denen der wilde Salbei hohem üppigen Grase Platz macht.

In den Spalten und Hohlwegen fängt sich einiges Buschwerk zu zeigen an; die Zwergeiche und der Ahorn legen jetzt ihr herbstliches Gewand von Rot und Gold an. Verkrüppelte Fichten und Zedern fangen an ein Zug der Landschaft zu werden; das Geräusch von Wasser klingt von den Tälern herauf; lange gewundene Einfassungen von Balsam und Weide bezeichnen den Lauf der herabsteigenden Bäche.

Wir rollen im Zwielicht durch den „Schmutzigen Bach" und bei hereinbrechender Dunkelheit bei der „Zitteresche" vorbei und sehen staunend, als wir um die scharfe Biegung eines Hügels herumkommen, vor uns eine mächtige Flamme, als ob das vor uns liegende Tal und die Hügel an unserer Seite alle in Feuer wären.

Es ist ein Mormonenlager. Ungefähr einhundert Wagen sind korreliert, wie gewöhnlich als Verteidigung gegen die Ute und „Schlaugen-Indianer". Sie haben in einem dunklen Tale Halt gemacht, wo Felsen und Kämme sich hoch gegen den Himmel türmen und die Sterne verdecken. Vor jedem Wagen brennt ein großes Feuer; Männer und Frauen, Knaben und Mädchen sind um diese Feuer versammelt, manche essen ihr Abendbrot, manche singen lebhafte Gesänge, andere tanzen; Ochsen, Maultiere, Pferde stehen in glücklicher Mischung von Art und Farbe umher; Hunde schlafen um die Feuer herum oder bellen die Post an und durch diese ganze wilde unerwartete Szene ertönen die Cymbeln, die Hörner und Trompeten einer Musikbande.

Obschon wir noch hoch oben in den Bergen sind, fühlen wir uns gewissermaßen schon an den Grenzen der Salzsee-Ecke, der Heimat der Heiligen des jüngsten Tages, nach welchem der Weber von Manchester, der Bauer von Standudno, der Schuster von Whitechapel gerufen wird.

Eine Stunde später kommen wir nach der Station am Bärenfluss, welche von dem wirklichen Bischof Myers, einem englischen Mitgliede der Mormonen-Gemeinde, gehalten wird, einem Würdenträger, welcher bis jetzt sein Anrecht an das schwächere Geschlecht darauf beschränkt hat, zwei Frauen zu heiraten. Eine Frau lebt mit ihm am Bärenflusse; eine gemietete Gehilfin, eine junge Engländerin zum Besuche (und ich fürchte, in einiger Gefahr des Herzens) mit zwei oder drei Leuten, seinen Dienern, machen die Herde und den Haushalt dieses Bischofs aus. Die Frau ist eine Dame: einfach, elegant, bezaubernd, welche, während wir den Staub aus unseren Kehlen spülen und kaltes Wasser über unsere Köpfe und Gesichter stürzen, sich schnell und zierlich darüber macht, uns eine Mahlzeit zu kochen.

Müde und hungrig, wie wir sind, erscheinen uns diese Myers als das wahre Modell eines arbeitenden Bischofs für eine arbeitende Welt. In Oxford würde er wenig gelten, im Herrenhause gar nichts. Seine Worte sind nicht gewählt, seine Betonung ist nicht gut und musikalisch; er kennt kaum (ich will nicht dafür stehen) ein griechisches Wort dem Ansehen nach; aber er scheint wohl zu wissen, wie ein guter Mann den Hungrigen und Müden empfangen soll, der in einer frostigen Nacht an seine Türe verschlagen wird.

Nachdem er das Feuer im Ofen angeschürt, Holz angelegt, eine Hammelseite aufgehackt hat (es ist das erste frische Fleisch, das wir seit Tagen gesehen), springt er zur Türe hinaus, um Wasser aus dem Brunnen zu ziehen und legt Stroh in den Wagen, damit in der kommenden Kälte unsere Füße warm bleiben. Von ihm bekommen wir echten Tee, gutes Brot, selbst Butter; keinen Salbeitee, heißen Teig und eine Prise Salz.

Die Rippchen sind köstlich und die elegante Frau des Bischofs und die Dame, ihre Freundin, verwandeln durch die Grazie und Höflichkeit, mit denen sie den Tisch bedienen, ein gewöhnliches Bergmahl in ein Bankett.

Wir verlassen den Bärenfluss voll Achtung über eine Phase der wirklichen Episkopalität, welche Brigham Young gegründet hat.

In der Nacht kommen wir bei dem hängenden Felsen vorbei und wollen in das Echo-Canyon hinab: eine Schlucht von Felsen und Ecken, welche überraschend schön, phantastisch ist, wenn man sie beim Lichte der hellen Herbststerne betrachtet.

Der frühe Morgen bringt uns nach dem Weberfluss, wo wir „Heißback" und Leder frühstücken; zeitig am Tage kommen wir nach Coalville, dem ersten Mormonendorfe an unserem Wege, einer Ansiedlung aus hölzernen Schuppen erbaut, welche in der Mitte ihrer Gärten und Kornfelder liegen, kaum von der wilden Wüste der Natur erobert, in deren Mitte vor nicht zwanzig Jahren wenige Uten und Bannoks das Elen sagten und einander skalpierten.

Kohlen werden hier gefunden, ebenso ein wenig Wasser und Holz. Wir werfen einen schnellen Blick in die Häuser, von denen einige in Gruppen und Reihen stehen, da wir von unserem Fuhrmanne in Erfahrung gebracht haben, dass die hölzernen Hütten, welche zwei oder mehr Türen haben, die Häuser der Älteren sind, welche zwei oder mehr Frauen geheiratet haben.

Wir gedenken der heißen Strecken, durch welche wir gekommen sind, denken an unsere sechstägige Reise unter felsigen Pässen und Bergabhängen und schauen bewundernd auf den Mut, den Gewerbefleiß, den Fanatismus, welche durch irgend eine Lehre, irgend ein Versprechen bewogen werden konnten, dieses verlassene Tal in Angriff zu nehmen und daraus eine für einen Menschen passende Wohnung zu machen.

Aber da ist Coalville, eine Stadt in den Hügeln, wenigstens der Anfang einer Stadt; gelegen in einer Kluft, in der zu leben Ingenieure und Erforscher für Menschen oder Tiere vollständig unmöglich erklärt haben. Kornfelder ziehen sich nach dem kleinen Bach hinab; Ochsen grasen an den Seiten der Hügel; Hunde bewachen die Farmhäuser; Schweine wühlen im Boden, Hühner hüpfen unter den Garben umher und Pferde stehen in den Höfen. Rosige Kinder mit ihren blauen Augen und Flachslocken, welche ihr englisches Blut andeuten, spielen vor den Toren und tummeln sich im Stroh. Mädchen von neun oder zehn Jahren melken die Kühe; Knaben von demselben Alter treiben die Gespanne; Frauen waschen und kochen; Männer graben Kartoffeln aus, sammeln Früchte ein, sägen und spalten Bretter. Jedermann scheint beschäftigt, jeder Platz scheint zu gedeihen, obschon die Schlucht erst gestern noch eine Wüste von Staub und Steinen war. Aus dem grünen Strauchwerk lugt eine kleine hübsche Kapelle heraus.

Weiter die Täler hinab erweitert sich die Szene und Herden von Rindvieh sind hier und da auf den weiten Grasebenen verstreut.

Wir kommen bei Kimball's Hotel vorbei, – einer Station der Überlandpost – im Besitze eines der Söhne von Heber Kimball, einem reichen Manne, welcher hier in den einsamen Hügeln mit seinen Schafen, seinem Rindvieh und seinen drei Weibern lebt, sich zum mormonischen Glauben bekennt, obschon man sagt, dass er aus der Gesellschaft am Salzsee, wegen Trunkenheit und unruhigen Betragen in den öffentlichen Straßen, herausgetrommelt worden sei. Scharfe Justiz, sagt man, wird von den Heiligen gegen die Sünder ausgeübt, da keine Anrechte des Blutes, ob fern oder nah, einen Verbrecher vor den Richtersprüchen der Kirche zu schützen vermögen.

In Bergtal, dem Hause des Bischofs Hardy, eines Mannes, der acht Weiber hat, von denen drei mit ihm in dieser Wohnung in den Bergen wohnen, sehen wir einen kleinen Ute-Indianer, welcher von seinem Stamme wiedererlangt worden und zu einem treuen Mormonen und einem guten Jungen gemacht worden ist; ein gescheiter Bursche, welcher den Unterschied zwischen einem Mittagsmahle von Wolfsfleisch und einem von Hammelfleisch kennt, und welcher die Rothäute, seine Brüder mit der Kriegerfarbe, von ganzer Seele hasst.

Wir hören von einer der Frauen des Bischofs, dass er als ein Papoose seinem Vater für wenige Dollars abgekauft wurde; dass er ein scharfer Junge ist und gut arbeitet, wenn er dazu angehalten wird; dass er von Natur faul ist und viel in der Sonne liegen kann, dass er langsam mit den Büchern und dem Lernen ist, aber sich leicht an die Pferde gewöhnt und ein Gespann sehr gut führen kann.

In der Tat ist er fähig zum Diener eines Weißen erzogen und mit vieler Mühe und großen Kosten kann es ihm angelernt werden zum Gebrauche des Weißen Holz und Wasser zu holen.

Die Mormonen haben eine eigentümliche Ansicht über die roten Menschen, welche sie als einen Zweig des hebräischen Volkes betrachten, der von Palästina nach Nordamerika in den Tagen der Macht und Rechtschaffenheit wanderte, als sie noch die Priesterschaft in ihren Händen hatten. Dann aber verloren sie durch die Sünde des Ungehorsams, mit dieser heiligen Stellung, ihre weiße Farbe, ihre hervorragende Intelligenz, ihre edlen Gesichtszüge.

Den Mormonen nach blieben diesen Überresten von Israel noch einige Fetzen und Lumpen ihres früheren Glaubens, ihrer alten Einrichtungen; ihr Glaube an einen großen Geist, ihre Einteilung in Stämme, ihre Vielweiberei. Aber der Fluch Gottes ist auf ihnen und ihrem Samen.

Sie kommen von einer heiligen Rasse, aber von einer heiligen Rasse, welche unter dem strengen Zorn des Himmels steht.

„Mit der Zeit, in Gottes eigener Zeit", sagte Young zu mir bei einer späteren Unterredung, „werden sie in den Zustand der Gnade zurückberufen werden; sie werden dann aufhören Übles zu tun und Gutes tun lernen; sie werden sich in Städten niederlassen; sie werden weiß werden und sie werden wie ein Volk Priester handeln."

Der Wechsel muss allerdings ein großer sein, welcher einen Pawnee und einen Ute einem Aaron und Josua ähnlich macht.

Ehe der Krieg ausgebrochen und die Sklaverei als eine Einrichtung vom amerikanischen Boden verbannt war, hatten die Heiligen ein Landesgesetz erlassen, welches den Ankauf von Knaben und Mädchen erlaubte, in der Absicht, sie zur Kirche zu bekehren und ihnen nützliche Handwerke zu lehren. Der Ute und der Schlangen-Indianer sind nur zu gern bereit ihre Kinder zu verkaufen und man findet noch manche junge Rothäute, welche unter diesem Gesetze gekauft worden, in diesen Tälern.

Natürlich sind sie frei wie die Weißen, aber bei weitem fauler, verräterischer und schlechter.

Die Frau des Bischofs, welche durch manche Erfahrungen ihre Augen geöffnet bekommen, hat nur wenig Zutrauen zu der Maßregel Uten und Bannoks zu reklamieren.

Sie sieht, dass ein Fluch auf ihnen ruht, sie hofft, dass wenn die Zeit gekommen ist, dieser Fluch weggenommen werden und der rote

Mann der Sparsamkeit, Arbeit und des Heils fähig gemacht werden wird; aber sie gibt selbst zu, dass diese Wegnahme das Werk Gottes, nicht das der Menschen sein muss.

Ein langer steiler Canyon, neun oder zehn Meilen lang, – mit einem grünen Saume und einem hindurchfließenden kleinen Bache, – dessen grüner Saum dem Viehe Nahrung gibt, während der Bach Mühlen treibt – öffnet einen Weg vom Bergtal nach dem Salzseebassin, das wir plötzlich und überrascht vor uns sehen, als wir um eine hervorspringende Bergleiste kommen. Die Szene, welche jetzt vor uns liegt, ist, von welchem Anschauungspunkte wir sie auch nehmen mögen, eine von dem halben Dutzend reinen und vollkommenen Landschaften, welche die Erde aufzeigen kann.

Es ist deshalb kein Wunder, dass der arme Auswanderer aus einem Keller in Liverpool, aus einer Höhle in Blackwall diese Gegend wie ein irdisches Paradies ansieht, da sein Anschauungsvermögen durch religiöse Glut und harte Entbehrungen aufgeregt ist.

Die große Ebene zieht sich am Fuße dieser mit Schnee bedeckten Kämme der Wasatch-Gebirge weit in ungesehene Fernen nach Norden hin; die ganze Breite des Tales ist mit einem goldenen Nebel von überraschendem Glanze erfüllt, die Wirkung eines tropischen Sonnenscheins, welcher über Felder, die so dick mit Sonnenblumen bedeckt sind, wie ein englisches Feld mit Butterblumen, und über zahlreiche kleine Seen, Lachen und Ströme sich verbreitet; zur Linken starrt eine Bergkette, welche die Indianer Oquirrh nennen, in die Wolken und windet sich um den großen Salzsee.

Vor uns liegt die leuchtende Stadt, das neue Jerusalem, in ihren Laubengängen und Bäumen; hinter dieser Stadt fließt der Jordan, der die frischen Wasser Utahs durch die Ebenen nach dem Salzsee führt, der das große Tal mit seinen blauen Massen verdunkelt und kühlt. Aus dem See selbst, welcher einhundert Meilen breit und einhundertundfünfzig Meilen lang ist, erheben sich zwei purpurne und gebirgige Inseln: die Antilopen-Insel (jetzt Kirchen-Insel genannt) und die Stansbury-Insel, während auf beiden Seiten und über die blauen Gewässer des Sees selbst hinaus Ketten von unregelmäßigen und malerischen Höhen liegen, die unfruchtbaren Sierras von Utah und Nevada.

Die Luft ist balsamisch und rein, südländisch in ihrem Wohlgeruche, nordländisch in ihrer Frische. Kühle Winde kommen von den Wasatch-Gipfeln herab, auf denen während der ganzen Sommermonate Schneewehen und gefrorene Teiche belegen sind. So klar ist die Atmosphäre, dass der schwarze Felsen am Salzsee, welcher fünfundzwanzig Meilen entfernt ist, nur einige hunderte Yards vor uns zu liegen scheint, und Kämme, welche sechzig Meilen voneinander entfernt sind, wie die Spitzen eines einzigen Gebirgszuges erscheinen.

Weiter das Tal hinab taucht der goldene Nebel alles in sein prachtvolles Licht. Die Stadt erscheint wie ein weiter Park oder Garten, in welchem man unzählige Massen dunkelgrüner Bäume und hier und da einen weißen Kiosk, eine Kapelle und ein Gerichtshaus erblickt. Darüber auf einer höher gelegenen Bank ist das Lager, ein Haufen von weißen Zelten und Hütten, von dem eine Nationalregierung argwöhnisch das Tun und Treiben der Menschen in dieser Stadt der Heiligen beobachtet. Aber das Lager selbst bringt Leben in das Gemälde, einen Strich Farbe in die gelbe, weiße und grüne Landschaft.

## 16. Das neue Jerusalem

Ein Traum der Nacht, unterstützt durch einen Strom Wasser von der Seite des Hügels herab (nicht größer als der Jenil, welcher Granada das Leben gab und die wüste Vega in einen Garten verwandelte) bestimmten die Lage des neuen Jerusalems.

Brigham Young sagt mir, dass, als er über die Berge kam, er in einer Vision der Nacht einen Engel auf einem konischen Hügel stehen sah, welcher auf einen Fleck Landes deutete, auf welchem der neue Tempel gebaut werden müsse. Als er in dieses Bassin des Salzsees herabkam, suchte er zuerst nach dem Kegel, den er in seinem Traume gesehen hatte, und als er ihn gefunden, bemerkte er einen Strom frisches Gebirgswasser, das an dessen Fuße hinlief, diesen nannte er den Stadtbach.

Der Ältere George Smith und einige Pioniere leiteten diesen Bach durch ein Stück gut aussehenden Bodens, in das sie Kartoffeln pflanzten, und nachdem sie diese Knollen gesteckt, gingen sie einige Schritte nordwärts, zeichneten die Lage des Tempels aus und zogen eine große viereckige Linie um denselben herum. Dieser Quadratblock, welcher zehn Acker groß ist, ist das Herz der Stadt, der heilige Platz der Mormonen, der Harem dieses jungen Jerusalems des Westens.

Die neue Stadt ward zwischen den zwei großen Seen, dem Utah-See und dem Salzsee ausgelegt – wie die Stadt Interlaken zwischen dem Brienzer und Thuner See – obschon die Entfernungen hier viel größer sind, da die zwei Binnenseen von Utah wirkliche Seen sind im Vergleich zu den beiden kleineren reizenden Seechen in den Berner Alpen. Ein Fluss, welcher jetzt der Jordan genannt wird, fließt vom Utah in den Salzsee, aber er umgürtet die Stadt nur und ist bis jetzt, da er tief unten im Tale liegt, nutzlos zur Bewässerung. Young hat den Plan, einen Kanal vom Utah-See über die unteren Bänke der Wasatch-Kette nach der Stadt zu führen, ein Plan, der viel Geld kosten und mächtige Strecken unfruchtbaren Landes fruchtbar machen wird. Wenn man die Salzseestadt sich selbst friedlich ausdehnen lässt, wird der Kanal bald gegraben sein und die Bank, welche jetzt mit Steinen, Sand und wenig wildem Salbei bedeckt ist, wird in Weinberge und Gärten verwandelt werden.

Die Stadt, welche, wie man uns sagt, dreitausend Acker Land zwischen den Bergen und dem Flusse einnimmt, ist in Blöcken von je zehn Ackern ausgelegt. Jeder Block ist in Abteilungen von ein und einem Viertel Acker geteilt, indem diese Quantität Landes als genug für ein gewöhnliches Haus und einem Garten erachtet wird.

Noch ist der Tempel nicht gebaut; der Grund ist gut von massivem Granit gelegt und die Arbeit ist von einer Art, welche zu halten verspricht; aber die Tempelparzelle ist zur Zeit mit Gebäuden, dem alten Tabernakel, der großen Laubhütte, dem neuen Tabernakel, den Tempelgrundmauern bedeckt. Eine hohe Mauer umgibt diese Gebäude, eine armselige Mauer, ohne Kunst, ohne Festigkeit, mehr wie eine Lehmwand, als das große Werk, welches die Tempelfläche von Moriah umgibt. Wenn die Arbeiten vollendet sind, wird diese Umfriedigung vorgerichtet und bepflanzt werden, um schattige Spaziergänge und einen Blumengarten herzustellen.

Die Tempelparzelle gibt der ganzen Stadt ihre Gestalt. Von jeder ihrer Seiten geht eine hundert Fuß breite Straße aus, welche in die flache Ebene führt und in geraden Linien in offenen Raum leitet. Straßen von derselben Breite laufen mit diesen parallel nach Norden und Süden und nach Osten und Westen, jede ist mit Locust- und Ailantus-Bäumen bepflanzt und wird durch zwei Ströme Wasser abgekühlt, welche von der Seite des Hügels herabfließen. Diese Straßen führen nordwärts nach dem Damme und nur der geringen Anzahl Leute ist es zuzuschreiben, dass sie nicht weiter nach Süden und Westen bis zu den Seen gelangen, welche sie bereits auf dem Papiere und in der Einbildung der brünstigeren Heiligen erreicht haben.

Die Hauptstraße läuft der Fronte des Tempels entlang, sie ist eine Straße mit Expeditionen, Wohnungen und Werkstätten. Ursprünglich ward sie zu einer Straße ersten Ranges bestimmt und führte den Namen Ost-Tempelstraße; auf ihr standen, außer dem Tempel selbst, das Rathaus, das Zehntenhaus, die Wohnung von Young, Kimball und Wells, den drei ersten Beamten der mormonischen Kirche. Sie war einst reichlich bewässert und schön bepflanzt, aber der Handel ist in die Umfassungsmauern des neuen Tempels wie in die des alten gedrungen und die Macht von Brigham Young ist gebrochen und vor jener der Geldmäkler und der Verkäufer von Lebensmitteln und Kleidung zurückgewichen. Banken, Kaufläden, Expeditionen, Hotels – alle die Bequemlichkeiten der Jetztzeit – entstehen in der Hauptstraße; an vielen Stellen sind Bäume umgeschlagen worden, um Güter auf- und abzuladen; die netten kleinen Gärten, voll von Pfirsich- und Äpfelbäumen, welche die in ihrer Mitte belegenen Adobehütten wie mit einer Laube umgaben, haben Schaufenstern und Ständen von Hökern weichen müssen.

In ihrem Geschäftsteile ist die Hauptstraße weit, staubig, ungepflastert, nicht fertig gebaut, eine Straße, welche die drei Stadien zeigt, welche jede amerikanische Stadt durchzumachen hat: das Blockhaus, die Adobehütte (an Plätzen, an denen Lehm und Brennmaterial leicht erreichbar sind, ist diese Stufe gleich der der Ziegel) und das steinerne Haus. Viele der besten Häuser sind noch von Holz, mehr von Adobe, den an der Sonne getrockneten Ziegeln, welche einst in Babylon und Ägypten gebraucht wurden und noch überall in Mexico und Kalifornien benutzt werden; wenige sind aus rotem Stein und selbst aus Granit.

Der Tempel wird aus Granit von einem nahe belegenen Hügel gebaut. Das Rathaus ist aus rotem Stein, ebenso manche der großen Magazine, wie das von Grobe, Jenning, Gilbert, Clawson, Magazine, in denen man alles zum Verkauf findet, wie in einem türkischen Bazar, von Lichtern und Champagner an bis herab zu Goldstaub, gedrucktem Kattun, Tee, Federmesser, eingemachtem Fleisch und Mausefallen.

Die kleineren Läden, die Eiscremehäuser, die Sattler, die Barbiere, die Restaurateure, die Hotels und alle die besseren Wohnhäuser sind von an der Sonne getrockneten Ziegeln erbaut; ein gutes Material in diesem trockenen und sonnigen Klima; angenehm für das Auge, warm im Winter, kühl im Sommer, obschon solche Häuser durch einen Regenschauer zusammenschmelzen können.

Einige Blockhäuser, Überreste der ersten Einwanderung, sind noch zu sehen. Weiter unten nach Süden, wo die Straße sich ins Unendliche verläuft, kommen die Locust[2]- und Ailantusbäume wieder zum Vorschein.

In ihrem geschäftlichen, im Mittelpunkte belegenen Teile ist kein Unterschied zwischen der Hauptstraße in der Salzseestadt und den Hauptstraßen von z.B. Kansas, Leavenworth und Denver bemerkbar, außer dass Schnapsläden, Lagerbiersalons und Barren (Ladentafel) fehlen.

Die Hotels haben keine Barren, die Straßen keine Wetthäuser, keine Spielhäuser, keine Plätze zum Trinken. In meinem Hotel – „dem Salzsee" – das ein gewisser Oberst Little, einer der Älteren der Mormonen hält – kann ich kein Glas Bier, keine Flasche Wein kaufen.

Es ist kein Haus jetzt zum Verkauf von Getränken offen (obschon die Auserwählten schwören, dass sie eins in wenigen Wochen öffnen wollen) und auf der Tafel des Hotels wird des Morgens, des Mittags und des Abends Tee aufgetragen.

Da das allgemeine Verlangen Claret-cobbler, Whisky-bourbon, Tom und Jerry, Pfefferminzjulep, Augenöffner, Satz-auf oder jeden anderen Yankee Betrug in Gestalt von Getränken zu schlürfen hier nicht vorkommt, so ist die Stadt wirklich Leavenworth und den Städten am Flusse sehr unähnlich, wo jedes dritte Haus in einer Straße eine Trinkhöhle zu sein scheint. Wenn wir beim Geschäftsquartier vorbeikommen, kehren wir zu den ersten Ideen Youngs zurück, seine neue Heimat zu bepflanzen; die bekannten Akazienalleen wachsen an den Bächen, die Wohnungen stehen zwanzig oder dreißig Fuß von der Straßenfronte zurück, Pfirsich- und Äpfelbäume, Wein, aufgeputzt mit Rosen und Sonnenblumen, überwuchern die Dächer.

Rechts und links von der Hauptstraße, sie durchschneidend und parallel mit derselben, liegen eine Anzahl Straßen, jede wie die andere; ein harter staubiger Weg, mit kleinen Bächen, mit Reihen von Lomot, Baumwollenholz und Philarea, und das Bauland in Blöcken ausgelegt. Auf jedem Blocke steht ein Häuschen inmitten von Fruchtbäumen. Manche dieser Häuser sind von gutem Aussehen, geräumig und in gutem Style erbaut und würden auf der Insel Wight zu hohen Preisen vermietet werden. Manche sind nur Hütten von vier oder fünf

---

2   Robinia pseudacacia.

Stuben, in welchen polygamische Familien, sollten sie sich je zanken, es schwierig finden würden, einen Ring zu bilden und sich zu boxen.

In manchen dieser Obstgärten sieht man zwei, drei Häuser; prächtige kleine Schweizerhäuser, wie es deren viele im St. Johannes-Walde gibt, bis auf Giebel, Dach und Anstrich; dies sind die Wohnungen der verschiedenen Frauen.

„Wem gehören diese Häuser?", fragen wir einen jungen Burschen in der östlichen Tempelstraße, auf einige sehr nett aussehende Villen deutend. „Die gehören", sagt er, „zu Bruder Kimball's Familie."

Hier auf der Bank, im höchsten Teile der Stadt, ist der Garten des Älteren Hiram Clawson; ein lieblicher Garten, rot mit trefflichen Pfirsichen, Pflaumen und Äpfeln, mit denen wir, durch die Gefälligkeit seiner jüngsten Frau, während unseres Aufenthalts bei den Heiligen, gastfreundlich versorgt wurden; ein großes Haus steht davor, in welchem seine ersten und zweiten Frauen mit zwanzig Kindern in den Kinderstuben wohnen. Was ist aber jene niedliche weiße Laube in der Ecke, mit ihrem kleinen Torwege, erdrückt von Rosen und Schlinggewächsen? Das ist das Haus der jüngsten Frau Alice, einer Tochter von Brigham Young. Sie hat ihr eigenes Nest, entfernt von den anderen Weibern, ein Nest, in welchem sie mit ihren vier kleinen Knaben lebt, und man glaubt, dass sie ebenso sehr ihren eigenen Weg mit ihrem eigenen Herrn hat, als sich die Tochter eines Sultans im Harem eines Pascha erfreut. Der Ältere Nesbith, einer der Dichter der Mormonen, ein englischer Bekehrter zu dem Glauben Joseph's, lebt mit seinen zwei Frauen und deren Brut kleiner Kinder auf einer Anhöhe gegenüber dem Älteren Clawson, in einem sehr schönen Gebäude, ähnlich einem Häuschen an der „unteren Klippe". Vieles in der Stadt ist nur grünes Tal und Obstgarten und wartet auf die Leute, welche kommen und sie mit Lebensglück erfüllen sollen.

In der ersten Südstraße steht das Theater und die Stadthalle, beides schöne Gebäude und für das westliche Amerika von auffallend schöner Bauart.

Die Stadthalle wird als Hauptquartier der Polizei und als Gerichtshof benutzt. Die Polizei der Mormonen ist schnell und schweigsam und hat ihre Augen in jeder Ecke, legt ihre Hand auf jeden Schurken. Nichts, wenn auch noch so geringfügig, scheint ihrer Beobachtung zu entgehen.

Einer meiner Freunde, ein „Heide", welcher eines Nachts durch die dunklen Straßen nach dem Theater zu ging, sprach mit einer mormonischen Dame seiner Bekanntschaft, welche er überholte; am nächsten Tage besuchte ihn ein Herr in seinem Hotel und warnte ihn, nie mit einem mormonischen Frauenzimmer in den finsteren Straßen zu sprechen, wenn ihr Vater nicht dabei wäre.

In den Wintermonaten sind gewöhnlich sieben oder achthundert Goldgräber in der Salzseestadt, junge Norse-Götter nach Denver Art; jeder von ihnen mit einem Bowiemesser im Gürtel und einem Revolver in der Hand, welche laut nach Bier und Whisky, Spieltischen und lockeren Frauenzimmern schreien, Bequemlichkeiten, welche ihnen von diesen Heiligen streng untersagt werden.

Die Polizei hat alle diese heftigen Geister niederzuhalten; dass sie dieselben mit so wenig Blutvergießen in anständiger Ordnung halten, darüber wundert sich jeder Gouverneur und Richter im Westen.

William Gilpin, der erwählte Gouverneur von Colorado, und Robert Wilson, Sheriff von Denver und Friedensrichter, können dieser ernsten und heimlichen, aber sehr befähigten und wirksamen Diener der Polizei nur rühmend gedenken.

Mit diesem Gerichtshofe haben wir kaum Bekanntschaft gemacht.

Vor einigen Abenden trafen wir den Richter, welcher uns freundlich einlud, seinen Gerichtshof in Augenschein zu nehmen; während wir aber im Vorzimmer plauderten, ehe die Verhandlungen begannen, flüsterte ihm jemand ins Ohr, dass wir englische Advokaten seien, worauf er uns aus dem Wege ging und die Gerichtssitzung vertagte.

Dieser Richter verkauft, wenn er nicht auf der Bank sitzt, Drogen in einem Laden der Hauptstraße und da wir wissen, wo wir ihn in seinem Gewölbe finden, suchen wir ihn bisweilen einer Flasche Sodawasser oder einer Zigarre wegen, auf; aber wir sind noch nicht im Stande gewesen, eine Zeit zu bestimmen, zu welcher wir seine Art am Salzsee Gerechtigkeit zu üben, beobachten können.

Die Stadt hat zwei Schwefelquellen, über welche Brigham Young hölzerne Schuppen gebaut hat. Das Baden ist frei. Das Wasser ist erfrischend und anregend, die Wärme 92° F. (27° R.).

Kein Bettler ist in den Straßen zu sehen, kaum je ein betrunkener Mann; und wenn man ja einen solchen sieht, so ist es gewiss entweder ein Goldgräber oder ein Soldat, natürlich ein Andersgläubiger. Niemand scheint arm zu sein.

Die Leute sind ruhig und höflich, viel mehr, als dies sonst in den westlichen Teilen der Fall ist.

Durch die Bäume, das Wasser und das Vieh, haben die Straßen ein hirtenmäßiges Ansehen, wie man es sonst in keiner anderen Stadt auf den Bergen und in den Ebenen findet. Hier steht unter den grünen Locustbäumen ein Ochse, welcher für die Nacht nach Hause gekommen ist, dort wird am Torwege eine Kuh durch ein Kind gemolken.

Leichte Bergwagen stehen umher und die sonnenverbrannten Auswanderer, welche eben von den Prärien hereingekommen sind, sitzen, dankbar für den Schatten und das Wasser, unter den Akazien und plätschern mit ihren Füßen in den fließenden Bächen.

Mehr vielleicht, als alle anderen Straßen, bietet die Hauptstraße, als das Geschäftsquartier, für den Künstler Gemälde auf Gemälde; namentlich wenn ein Zug Auswanderer von den Ebenen hereinkommt.

Solch eine Szene ist jetzt vor mir, denn der Zug, den wir im Hohlwege oberhalb des Bärenflusses passiert haben, ist eben angekommen, mit sechzig Wagen, vierhundert Ochsen, sechshundert Männern, Weibern und Kindern, lauter Engländer und Walliser.

Die Wagen füllen die Straßen, manche der Zugtiere haben sich in der heißen Sonne gelagert; die Männer sind eifrig und aufgeregt, nachdem sie ihre lange Reise über die See, durch die Staaten, durch die Prärien, über die Berge vollendet haben; die Frauen und das kleine Volk sind mager und bleich, Schmutz, Müdigkeit, Entbehrungen geben ihnen ein wildes, nicht irdisches Ansehen und man würde kaum in dieser malerischen und zerlumpten Gruppe den nüchternen Monmouther Farmer, den reinlichen Woolwicher Handwerker, den schmücken Londoner Schmied erkennen. Vor den Warenlagern werden die Maultiergespanne abgeladen. Goldgräber von Montana und Idaho strolchen in mächtig großen Stiefeln und Gürteln umher.

Eine Bande Schlangen-Indianer mit langen Haaren, in ihrer geringen Bekleidung, feilschen mit stolzer Zurückhaltung um die schmutzigsten und billigsten Gegenstände. Jener Bursche mit breitem Sombrero, der den Staub mit seinem zähen kleinen Pferde aufwirbelt, ist ein Neu-Mexikaner; hier kommt ein gewichtiger kalifornischer Stutzer und dort gehen zwei Offiziere aus dem Lager der Heiden in ihrer blauen Uniform.

Die Luft ist wunderbar rein und hell. Regen fällt selten im Tale, obschon in den Bergen fast täglich Stürme vorkommen; eine Wolke steigt hinter den Hügeln im Westen auf, rollt den Kämmen derselben entlang und bedroht die Stadt mit einer Flut; aber wenn sie in Wind und Sturm ausbricht, scheint sie entlang der Berggipfel nach der Wasatch-Kette zu laufen und ostwärts in die Schneegebirge zu segeln.

*Brigham Young*

## 17. Das Mormonen-Theater

Das Schauspielhaus hat in dieser Stadt der Mormonen eine höhere Aufgabe und Stellung, als die Kirchen in London, Paris und New York erlauben würden.

Brigham Young ist in manchen Stücken ein Original, er ist der hohe Priester von dem, was er für eine neue Dispensation ausgibt, aber er hatte sein Theater in vollkommener Ordnung, ehe er die Grundmauern seines Tempels über den Boden brachte.

Dass das Drama einen religiösen Ursprung hatte, und dass die Bühne eine Sittenschule genannt wird, weiß jedermann.

Young ist geneigt, sich mit allen ersten Prinzipien den Rücken zu decken, im Familienleben mit denen Abrahams, im sozialen Leben mit denen der Thespis. Priester erfanden die ältere und die neuere Bühne und wenn die Erfahrung ebenso sehr in der Salzseestadt als in New York uns zeigt, dass das Volk gern lustig und vergnügt ist, lacht und erglüht – warum sollten seine Lehrer die tausend Gelegenheiten vernachlässigen, welche das Schauspiel bietet, um am rechten Platze zu lachen, für passende Dinge zu erglühen? Warum sollte Young nicht von der Bühne herab Moralität predigen? Warum soll er seine Schauspieler und Schauspielerinnen nicht dazu erziehen, Muster von guter Ausführung, richtiger Aussprache und Geschmack in Kleidung zu werden? Warum sollte er nicht einen Versuch machen, das religiöse Gefühl mit dem Vergnügen zu vereinbaren?

Brigham Young mag richtige oder irrtümliche Ideen über den Nutzen des Schauspielhauses in einer Stadt haben, welche noch keine hohen Schulen und Gymnasien hat; aber er ist entschlossen, den Versuch zu einem Resultate zu führen, deshalb hat er ein Mustertheater erbaut und macht jetzt einen Versuch, eine Mustergesellschaft zu erziehen.

Von außen ist das Theater ein rohes, dorisches Gebäude, in welchem es dem Architekten gelungen ist, durch sehr einfache Mittel eine gewisse Wirkung zu erzielen; inwendig ist es leicht und lustig, ohne Vorhänge und ohne Logen, außer zweien im Proszenium, mit leichten Säulen, um die Reihen zu teilen und keiner anderen Dekoration als einem Anstrich von reinem Weiß und Gold. Das Parterre, welches sich scharf aus dem Orchester erhebt, so dass jeder, der aus den Bänken desselben sitzt, vorteilhaft sehen und hören kann, ist der beste Teil des Hauses. Alle diese Bänke sind an Familien vermietet und hier kann man an jedem Abend, an welchem gespielt wird, die hervorragendsten Älteren und Bischöfe, umgeben von ihren Weibern und Kindern, sehen, wie sie lachen und Beifall klatschen, wie Knaben in der Pantomime.

Jener Schaukelstuhl in der Mitte des Parterres ist Young's eigener Sitz, sein Platz des Vergnügens inmitten seiner Heiligen. Wenn er es vorzieht, seine Privatloge einzunehmen, wiegt sich eine seiner Frauen, vielleicht Eliza, die Dichterin, Henriette, die Blasse, oder Amalie, die Prachtvolle, in seinem Stuhle und lacht über das Stück. Um diesen Stuhl, als den Ehrenplatz, reihen sich die Sitze derer, welche darauf Anspruch machen, ihrem Propheten am nächsten zu stehen: von Heber Kimball, dem ersten Rate, von Daniel Wells, dem zweiten Rate und Obergeneral, von George A. Smith, Apostel und Geschichtsschreiber der Kirche, von George Q. Cannon, Apostel, von Edward Hunter, dem präsidierenden Bischofe, von dem Älteren Stenhouse, dem Herausgeber des „täglichen Telegraphen" und von einer Anzahl weniger glänzender mormonischer Lichter.

Zur Seite des Proszeniums kleben zwei Privatlogen; die eine ist für den Propheten bestimmt, wenn es ihm gefällt allein zu sein oder wenn er sich mit einem seiner Freunde zu unterhalten wünscht; die andere ist für die Mädchen bestimmt, welche während des Abends zu spielen, aber nicht gerade unmittelbar mit dem Stücke zu tun haben.

Im Allgemeinen ist auf das Vergnügen eines jeden in diesem Theater Bedacht genommen und ich kann dafür stehen, dass seitens der Fräulein Adam, Fräulein Alexander und anderer jungen Künstlerinnen diese Zueignung einer Privatloge für ihren ausschließlichen Gebrauch, in welche sie zu allen Zeiten, in jeder Kleidung, ohne gesehen zu werden, laufen können, von ihnen als eine sehr große Bequemlichkeit betrachtet wird.

Man kann dem Präsidenten gratulieren, dass er durch das schnelle Auge und die sorgfältige Hand seines Regisseurs, Hiram Clawson, sein Schauspielhaus zu dem gemacht hat, was man gewöhnlich unter einem Schauspielhause versteht. Alles vor den Fußlichtern ist in Ordnung, Friede und Ordnung walten inmitten wie Vergnügen und Fröhlichkeit. Weder innerhalb noch außerhalb des Theaters findet man den Aufruhr unseres eigenen Lyceum oder Drurylane, keine lockeren Frauenzimmer, keine Taschendiebe, keine zerlumpten Kinder, keine betrunkenen und schwörenden Männer.

Da ein Mormone nie Spirituosen trinkt und selten Tabak raucht, so ist die einzige Zerstreuung, durch welche hunderte dieser rüstigen Geschöpfe ihren Appetit stillen, die, eine Pfirsiche zu verzehren.

Kurze Stücke sind auf dieser Bühne an der Tagesordnung, gerade wie man gewöhnlich kurze Predigten in jenem Tabernakel hält.

Der Vorhang, welcher um acht aufgeht, fällt gegen halb elf Uhr und da es Sitte bei den Mormonen ist, das Abendbrot zu essen, ehe sie ausgehen, so begeben sie sich zur Ruhe, sobald sie nach Hause kommen und lassen nie ihre Vergnügungen die Arbeiten des folgenden Tages beeinträchtigen. Die Frühstücksglocke läutet um sechs Uhr.

Aber die Hauptschönheiten dieses Mustertheaters sind hinter den Szenen, der weite Raum, das vollkommene Licht, die peinliche Reinlichkeit in allen Teilen. Ich bin ziemlich bekannt mit grünen Zimmern und Seitenflügeln in Europa, aber ich habe nie, selbst nicht in italienischen und österreichischen Theatern, so viele zarte Einrichtungen für das Alleinsein und die Bequemlichkeit der Damen und Herren gefunden, wie am Salzsee. Das grüne Zimmer ist ein wahrer Salon. Die Dekorationsmaler haben ihre eigenen Ateliers; die Garderoben- und Dekorationsdiener ihre großen Magazine. Jede Dame hat, so klein auch ihre Rolle im Stücke sein mag, ihr eigenes Ankleidezimmer.

Young begreift, dass die wahre Arbeit der Reform in einem Schauspielhause hinter den Kulissen beginnen muss, dass man den Schauspieler erheben muss, ehe man die Bühne reinigen kann. Deshalb hat er nicht nur Privat-Ankleidezimmer und eine besondere Loge für die Damen, welche spielen, gebaut, er bringt auch seine Töchter als Beispiel und Ermunterung für Andere auf die Bühne.

Drei dieser jungen Sultaninnen, Alice, Emilie und Zina, sind bei der Bühne. Mit Alice, der jüngsten Frau des älteren Clawson, hatte ich die Ehre, eine Bekanntschaft zu machen, welche man Freundschaft nennen könnte und von ihren Lippen habe ich viele der Ideen ihres Vaters über Bühnenreform gelernt.

„Ich spiele nicht gerade gern", sagte sie mir eines Tages, als wir bei Tische saßen, – vielleicht nicht mit diesen Worten, aber doch in diesem Sinne; „aber mein Vater wünscht, dass ich und meine Schwestern öfters spielen sollen, da er es nicht für recht hält, dem Kinde eines armen Mannes etwas zuzumuten, was seine eigenen Kinder nicht tun würden."

Ihre Abneigung zum Spiel entstand, wie sie mir später sagte, aus dem Gefühl, dass ihr die Natur nicht die Fähigkeit gegeben habe, gut zu spielen; sie sah gern ein gutes Stück und verfehlte selten gegenwärtig zu sein, wenn sie nicht zu spielen hatte.

Brigham Young hat die Bühne in der Salzseestadt zu schaffen und zu reformieren; und die Hauptschwierigkeit muss für einen Direktor, der siebenhundert Meilen vom nächsten Theater entfernt wohnt, die Beschaffung von Künstlern sein.

Das Talent zur Arbeit wächst nicht auf jedem Felde, wie eine Sonnenblume oder ein Pfirsichbaum; man muss danach in Ecken und Winkeln suchen; bald in einem Schuhmacherladen, bald im Kuhstalle, bald auf dem Comptoir; aber wo auch immer das Talent gefunden werden mag, Young kann nicht daran denken, von irgend einem jungen Mädchen etwas zu verlangen, was, wie man glaubt, seine eigene Tochter mit Verachtung von sich weisen würde.

In New York, in St. Louis, in Chicago würde niemand behaupten, dass die Bühne eine Schule der Moral, dass Theaterspielen eine Profession sei, welche ein nüchterner Mann seine Töchter gern ergreifen sehen würde. Young weiß recht wohl, dass er dadurch, dass er das Theater als eine Sittenschule betrachtet wissen will, gegen eine soziale Ansicht zu kämpfen hat.

Überall durchzieht ein Geruch von Laster, wie von einem giftigen Kraute, die Luft eines Theaters; obschon nirgends so widerwärtig, als in amerikanischen Städten. Gegen dieses Übel, von dem ein großer Teil die Folge schlechter Traditionen ist, opfert er gewissermaßen einen Teil seiner selbst – seine Kinder, die einzigen Personen in der Salzseestadt, welche wirklich diese Reinigungsarbeit vornehmen können. So können Alice und Zina als zwei jungfräuliche Priesterinnen betrachtet werden, welche auf die öffentliche Bühne gestellt sind, um dieselbe durch ihre Anwesenheit von einem alten und unnötigen Flecken zu reinigen.

Young und sein Agent Clawson verwenden viel Sorgfalt auf die Erziehung von Fräulein Adams, einer jungen Dame, welche alles, außer der Kunst liebenswürdig zu sein, zu lernen hat; ebenso auf die von Fräulein Alexander, einem Mädchen, welche, außer ihrer Schönheit und Naivität, noch natürliche Anlagen für ihre Arbeit hat.

Eine Anekdote, von der Fräulein Alexander die Heldin ist, ward mir erzählt, welche beweist, dass Young eine humoristische Ader hat.

Ein berühmter Schauspieler von San Francisco verliebte sich heftig in sie und ging in das Haus des Präsidenten, um ihn um die Erlaubnis zu bitten, ihr den Hof zu machen.

„Ha! mein lieber Freund", sagte der Prophet; „ich habe Sie den ‚Hamlet' und den ‚Julius Cäsar' sehr gut spielen sehen, aber Sie müssen sich nicht an Alexander wagen!"

Wir sahen Brigham Young zuerst in seiner Privatloge. Ein großer Kopf, ein breites, schönes Gesicht, mit blauen Augen, blondem Haar, guter Nase und lächelndem Munde; ein einfach gekleideter Mann, in schwarzem Rock und Beinkleidern, weißer Weste und Krawatte, goldenen Borhemd- und Manschettenknöpfen; englisch gebaut und englisch aussehend – aber ein Engländer der mittleren Klassen und aus einer Provinzialstadt; so war der Prophet der Mormonen, der Papst und König, als wir ihn zuerst im Theater unter seinem Volke sahen. Eine Dame, eine seiner Frauen, welche wir später als Amalie kennen lernten, saß mit ihm in der Loge; auch sie war einfach nach englischer Mode gekleidet und sah bisweilen mit einem Opernglase auf die Zuhörer hinter ihrem Vorhange vor, wie englische Damen zu Hause zu tun gewohnt sind. Sie war schön und erschien uns ziemlich nachdenklich und poetisch.

Das Parterre war fast mit Mädchen gefüllt; auf manchen Bänken saßen ein Dutzend junge Damen in einer Reihe, Kinder von Kimball, Cannon, Smith und Wells; an manchen Plätzen waren zwanzig oder dreißig Mädchen zusammengruppiert. Young erzählte mir selbst, dass er achtundvierzig lebende Kinder habe, von denen viele erwachsen und verheiratet sind; und da er die Mode, das Theater zu besuchen, bei seinem Volke angibt, so ist es nur in der Ordnung, dass er seine Kinder ermutigt, vor und hinter den Lampen zu erscheinen.

Alice ist die junge, an Clawson verheiratete Dame. Zina, welche wir die Rolle der Frau Musket in der Posse „Der Geist meines Mannes" spielen sahen, ist eine graziöse junge Dame, groß, von voller Figur, mit einem Mondgesicht (wie die Orientalen sagen), keine besondere Schauspielerin.

Auch Emilie sahen wir; man sagt, der Ältere Clawson mache ihr den Hof. Ich höre, dass die Flamme gegenseitig ist, und dass Emilie wahrscheinlicherweise zu ihrer Schwester Alice heimgebracht werden wird. Bei den Heiden geht das Gerücht, – welches gern mit den häuslichen Geheimnissen des Präsidenten spielt, – dass Alice nicht glücklich mit ihrem Herrn lebt; aber dies ist eins der Gerüchte der Heiden, welches ich als falsch beschwören möchte.

Eines Tages im Laufe der vergangenen Woche hatte ich das Vergnügen, Schwester Alice zu Tische zu führen, mit ihr einen Abend lang mich zu unterhalten und ihre vier Knaben zu sehen und mit denselben zu spielen. Eine vergnügtere muntere Frau habe ich selten gesehen und ich bemerkte als eine Eigentümlichkeit an ihr, welche weder im östlichen noch im westlichen Amerika häufig ist, dass sie ihren Mann stets bei seinem Taufnamen Hiram anredete. Amerikanische Damen sagen fast stets zu ihren Männern Herr Jones, Herr Smith, nicht Wilhelm oder Georg. Man sagt, dass die Gefahren einer doppelten Verbindung mit dem Papste der Mormonen groß seien; Neid unter den Älteren, Kollision mit den Heiden, Eifersucht im Lager Douglas, Feindseligkeit in Washington; aber der Ältere Clawson soll bereit sein, es mit Schwester Emilie zu versuchen, wie er es mit Alice getan hat, und will, wie die Mormonen sich ausdrücken, Washington-Theorien durch Deseret-Tatsachen beantworten.

Das erste Stück, welches wir sahen, war „Karl der Zwölfte". Als Adam Brock seine Tochter Eudiga vor den militärischen Leichtfüßen warnt, brach das ganze Parterre junger Damen in mädchenhaftes Gelächter aus, da man die Szene auf das Douglas-Lager bezog und die dort stationierten Offiziere der Vereinigten Staaten, von denen viele gegenwärtig waren, freuten sich von Herzen über diesen Witz.

Dieses Stück ist zufällig voll Anspielungen auf Soldaten und deren Liebschaften und jedes Wort dieser Anspielungen ward von den Heiligen auf sich und ihre Lokalpolitik bezogen. – Der Verkehr dieser Offiziere und Soldaten der Vereinigten Staaten mit den mormonischen Frauen ist eine sehr verwundbare Stelle bei den Heiligen, da manche ihrer Frauen verführt und entführt worden sein sollen. Young sprach mit mir voll Entrüstung über solche Vorgänge, obschon er die Übeltäter nicht als mit dem Lager in Verbindung stehend bezeichnete.

„Sie machen uns Not", sagte er, „sie mischen sich in unsere Angelegenheiten und selbst in unsere Familien; wir können das nicht vertragen, und wenn wir sie schuldig finden, müssen sie in den Staub beißen." Ich dachte an alles das, was ich je über Porter Rockwell und seine Bande gehört hatte; aber ich lächelte nur und wartete, bis der Präsident fortfahren würde. Er fügte schnell hinzu: „Ich habe nie Not dieser Art in meiner eigenen Familie."

Als Karl der Zwölfte auf die Liebschaften seiner Offiziere zu sprechen kam, war es spaßhaft zu sehen, wie sich der Prophet erschüttert von Lachen in seinem Stuhle zurücklehnte, während die bedächtigere Amalie die Zuhörer durch ihr Opernglas musterte.

## 18. Der Tempel

Was das Theater für das gesellschaftliche Leben dieses Volkes ist, ist der Tempel für sein religiöses Leben. Das eine symbolisiert das Vergnügen der gegenwärtigen Welt, das andere stellt die Glorien der Welt, welche da kommen soll, bildlich dar. Das Schauspielhaus ist erbaut und eröffnet worden, weil sein Dienst Dinge betrifft, welche nicht warten können; der Tempel schreitet langsam vorwärts, Block auf Block wird mit Sorgfalt und Muße zu einem Werke, welches für ewig dauern soll, auf einander gesetzt.

Diese Mormonen geben vor, so viel Religion in ihrem Blute und in ihrem ganzen Wesen zu besitzen, dass sie bei Gelegenheit religiöse Formen leicht entbehren können.

Vor einigen Tagen hörte ich zufällig die erste Anrede Brigham Young's an eine Gesellschaft Auswanderer, deren praktischer Charakter mich überrascht hätte, wäre ich nicht durch meine vorhergehende Unterredung mit ihm einigermaßen darauf vorbereitet gewesen.

„Meine Brüder und Schwestern in dem Herrn Jesus Christus", sagte er im Wesentlichen, „Ihr seid von der Welt durch Gott auserwählt und durch seine Gnade in dieses Tal der Berge gesandt worden, um sein Königreich aufbauen zu helfen. Ihr seid schwach und müde vom Marsche. Ruhet denn einen oder zwei Tage, wenn Ihr es nötig haben solltet, dann erhebt Euch und seht, wie Ihr leben werdet.

Plagt Euch nicht viel mit Euern religiösen Pflichten ab; Ihr seid zu diesem Werke erwählt worden und Gott wird für Euch dabei Sorge tragen. Seid guten Mutes. Sehet Euch um in diesem Tale, in welches Ihr gerufen seid. Eure erste Pflicht ist die, Kraut bauen zu lernen und mit diesem Kraute die Zwiebel, die Tomato und die süße Kartoffel; dann wie man ein Schwein füttert, Rindvieh aufzieht und Brot bäckt; mit einem Worte Eure Pflicht ist – zu leben.

Die nächste Pflicht – für die, welche Dänen, Franzosen, Schweizer sind und es jetzt nicht sprechen können – ist Englisch zu lernen; die Sprache Gottes, die Sprache des Buches der Mormonen, die Sprache dieser letzten Tage. Dies müsst Ihr zuerst tun, das Übrige wird zur rechten Zeit hinzugefügt werden. Gott segne Euch und der Friede unseres Herrn Jesus Christus sei mit Euch!"

Der Tempel wird nicht vergessen; in der Tat, kein Volk auf der Erde verwendet mehr Geld auf seine kirchlichen Gebäude und auf den Kirchendienst, als die Mormonen.

Ein Zehntel aller Produkte – oft viel mehr – wird freudig der Kirche gegeben; aber der erste Gedanke eines Bekehrten, der erste Rat eines Älteren ist immer der, dass der Heilige Arbeit, Arbeit der Hand und des Geistes, und zumeist Handarbeit, als das bestimmte Opfer betrachten soll, durch welches nach Gottes eigenem Gesetze ein Mensch von Sünden gereinigt werden und ewigen Frieden erlangen kann.

Alle die Leidenschaften, welche andere Sekten auf die Polemik werfen, verwenden die Mormonen auf die Arbeit. Sie scheuen die Diskussion mit der Zunge nicht, sondern sind tatsächlich schlauen Geistes und schnell in Zitaten; aber sie ziehen es vor, ihre Hauptkontroversen in der Welt mit dem Spaten zu führen.

Daher gedeihen sie, wo kein anderer Mensch leben könnte. Die Ingenieure, welche berichteten, dass einhundert Ansiedler nie ihren Unterhalt in diesen Tälern finden würden, waren nicht so sehr im Irrtum, als manche, welche, durch Young's Erfolge weise geworden, das Gegenteil anzunehmen geneigt sind. Selbst Bridges, der alte Wasatch-Trapper, war, als er eintausend Dollars für jede Kornähre geben wollte, nicht so ein Narr, als seine Worte ihn jetzt erscheinen lassen.

Die Kritiker sprachen nur von dem, was von einem gewöhnlichen Manne erwartet werden konnte, der durch gewöhnliche Motive angetrieben wird und nichts ist gewisser, als dass gewöhnliche Leute in diesen Gegenden umgekommen sein würden. Der Boden ist so trocken, so unfruchtbar, dass mit aller seiner Leidenschaft für die Arbeit ein Mormone nur vier Acker Land bebauen kann, während ein Heide am Missouri- und Kansasfluss leicht vierzig Acker bebauen kann.

Nehmt den Trieb der Mormonen weg und in zwei Jahren würde die Salzseestadt, wie Denver, für ihre Zufuhr an Lebensmitteln von Indiana und Ohio abhängig sein.

Wer sind aber diese Heiligen, welche damit beschäftigt sind, diesen Tempel zu bauen?

Vor sechsunddreißig Jahren waren sechs Mormonen in Amerika, keine in England, keine in dem übrigen Europa und heute (1866) haben sie zwanzigtausend Heilige in der Salzseestadt; je viertausend in Ogden, Nauvoo und Logan; im Ganzen auf ihren Stationen in diesen Tälern (an einhundertundsechs vollständig von ihnen organisierten und von Bischöfen und Älteren regierten Ansiedlungen) einhundertundfünfzigtausend Seelen; in anderen Teilen der Vereinigten Staaten vielleicht acht- oder zehntausend; in England und dessen Kolonien ungefähr fünfzehntausend; im übrigen Europa zehntausend; in Asien und den Südseeinseln ungefähr zwanzigtausend; in Allem vielleicht nicht weniger als zweimal hunderttausend Anhänger des von Joseph Smith gepredigten Evangeliums. Alle diese Bekehrten sind zu diesem Tempel in dreißig Jahren gesammelt worden.

Dieses mächtige Wachstum – welches sich inmitten von Verfolgung entwickelt hat – ist eine der stärksten Tatsachen in der Geschichte dieses merkwürdigen Volkes.

In der halben Spanne unseres Lebens sind sie aus nichts zu einer großen, lebensfähigen Kirche angewachsen. Der Islam, welcher die Einheit Gottes mit Feuer und Schwert predigt, schritt langsamer vorwärts, als diese amerikanischen Heiligen, denn in weniger als dreißig Jahren haben sie der christlichen Kirche eine Nation abgewonnen; sie haben ein Territorium eingenommen, welches größer ist als Spanien; sie haben eine Hauptstadt in der Wüste erbaut, welche bereits bevölkerter als Valladolid ist; sie haben eine Priesterschaft errichtet, welche in ihren Reihen mehr als hundert tätige Propheten, Präsidenten, Bischöfe, Räte und Ältere zählt; sie haben für sich selbst eine Gesetzgebung gegründet, eine Gottesgelahrtheit, eine soziale Wissenschaft, welche allen existierenden Universitäten und Glaubensbekenntnissen vollkommen feindlich sind.

Wenn man sie Mann für Mann zählt, so sind die Heiligen bereits stark; aber die Zensusangaben auf dem Papiere (welche so häufig bei

Kirchen und Armeen über das Maß gehalten sind) sind in ihrem Falle weit unter ihrer wirklichen Stärke, ob wir sie auch auf der Waage der zeitlichen oder geistigen Macht abwiegen.

Andere Leute kann man nach Köpfen zählen; diese Leute müssen nach Köpfen und Herzen gezählt werden; denn jeder Heilige ist Priester und Soldat zugleich, da die ganze Bevölkerung der Mormonen in Kontroversen des Geistes und des Fleisches gleichzeitig erzogen wird.

Jeder männliche Erwachsene hat einen Gedanken in seinem Gehirn, einen Revolver in seinem Gürtel, eine Büchse in seiner Hand.

In jedem Hause finden wir Waffen; im Zimmer des Propheten, in der Zeitungsexpedition, in den Schuppen der Einwanderer, im Badehause, im allgemeinen Wohnzimmer, im gewöhnlichen Schlafzimmer. Bei unserer ersten Ankunft in der Salzseestadt war das von Oberst Little, einem angesehenen Mormonen, gehaltene Hotel voll Gäste und von einem flinken Neger ward uns ein kleines Hundeloch, ohne Stuhl, ohne Tisch, ohne Garderobe und mit nur einem Feldbette darin, als Wohnung angewiesen. Empfehlungsbriefe, welche wir sofort abgaben, brachten uns Freunde zu Hilfe; aber der Platz war so überfüllt von Besuchern, dass kein Zimmer zu haben war und mein Freund war genötigt, Oberst Little's Gastfreundschaft in seinem Privathause zu akzeptieren.

Hier fand er, wie eine der Frauen des Obersten einer Anzahl hübscher Mädchen ein Buch zu Gunsten der Vielweiberei vorlas; und als man ihm sein Schlafzimmer für die Nacht anwies (ein Schlafzimmer, welches einem von Oberst Little's Söhnen gehörte), fand er zu seinem Schrecken unter seinem Kopfkissen eine geladene Pistole und zwei geladene und mit Zündhütchen versehene Colts-Revolver an der Wand hängen; in einer Ecke des Zimmers aber zwei Ballard-Büchsen.

Der junge Little, dessen Zimmer mein Freund für die Nacht einnahm, ist ein Bursche von siebenzehn Jahren.

Zuerst waren diese Heiligen eine friedliche Rasse, welche nur mit dem Schwerte des Glaubens kämpften; als aber der heidnische Räuber über sie kam und Blei und Stahl gegen das, was sie Wahrheit nannten, gebrauchte, und als es offenbar ward, dass das Gesetz, an welches sie sich in ihrer körperlichen und geistigen Not wandten, ihnen keine Hilfe gewähren konnte, da umgürteten sie ihre Lenden mit fleischlicheren Waffen.

Sie kauften Säbel und Flinten, bildeten Abteilungen, fingen an zu exerzieren und wurden in wenigen Monaten in Iowa und Illinois gefürchteter, als ihre geringe Zahl sie gemacht haben konnte.

Wenn sie nicht stark genug waren, am Mississippi der öffentlichen Meinung zum Trotze ein neues Reich zu gründen, so waren sie mächtig genug, die benachbarten Staaten zu beunruhigen und ein treffliches Corps nach dem Kriegsschauplatze zu schicken, als der mexikanische Krieg ausbrach.

Von diesem Tage an bis auf den heutigen haben die martialischen Übungen dieser Heiligen ohne Pause fortgewährt.

Das Exerzieren kann jetzt als ein Teil des Rituals der Mormonen betrachtet werden, da ein Heiliger ebenso verbunden ist bei der Parade zu erscheinen, wie im Tabernakel. Es ist kaum eine Redensart, zu behaupten, dass jeder männliche Erwachsene von Deseret – wie die Mormonen Utah nennen – sich gleich bereit hält, auf eine Mission zu gehen, wie ins Feld zu ziehen. Sie rühmen sich und ich glaube nicht ungerechtfertigter Weise, dass sie in fünfzehn Minuten dreitausend Büchsen, jede Büchse unterstützt von einem Revolver, um ihre Stadthalle versammeln können. Einst, als ein falscher Alarm gegeben wurde, war diese Anzahl Leute wirklich unter Waffen.

Diese Tempelbauer nennen sich selbst Heilige, akzeptieren die Bibel als wahr, taufen ihre Bekenner im Namen Christi; sie sind indessen kein christliches Volk und keine Kirche in der Welt würde mit ihnen in ihrem gegenwärtigen Zustande Gemeinschaft halten.

In Wahrheit nähern sie sich im Glauben, in Sitten und Regierungsweise viel mehr den Uten und Shoshonen, als irgendeiner anglo-sächsischen Kirche. Young findet eine Bedeutung in der Bibel, welche noch niemand darin gefunden hat.

Es ist so oft gesagt worden, dass die Heiligen angeblich eine neue Übersetzung der Bibel hätten, eine Offenbarung des heiligen Geistes; aber Brigham Young sagt mir, dass dies unwahr sei. – Er macht darauf Anspruch, die heilige Schrift in einem reineren Lichte zu verstehen, als wir Heiden tun, und über die versteckte Bedeutung gewisser Teile derselben göttliche Offenbarung erhalten zu haben; aber er nimmt unsere Bibel, wie sie in der autorisierten englischen Übersetzung steht.

„König Jacob's Bibel", sagte er mir einst mit Nachdruck, „ist meine Bibel; ich kenne keine andere."

Er scheint in der Tat diese Übersetzung als eine Art göttliche zu betrachten und die Sprache selbst, in welcher sie geschrieben ist, als gewissermaßen heilig. „Die englische Sprache", sagte er, „ist eine heilige Redeweise; die beste, die sanfteste, die stärkste Sprache in der Welt."

Ich glaube, er betrachtet sie als die Sprache Gottes und des Himmels.

„Sie ist heilig", sagte er, „denn sie ist die Sprache, in welcher der Engel das Buch Mormon geschrieben, die Sprache, in welcher Gott dem Menschen seine letzte Offenbarung gegeben hat."

Als einer meiner Freunde in einen Buchhändlerladen in der Salzseestadt ging und nach einem Glaubensbuch der Mormonen fragte, reichte ihm der Mann hinter der Ladentafel eine englische Bibel.

„Wir haben kein besseres Buch", sagte er, „Alles was wir glauben, werden Sie in diesen Seiten finden." Das sagen sie immer, aber es bleibt nichtsdestoweniger wahr, dass sie tausend Tatsachen und Lehren in ihrer Bibel finden, welche wir nie in unserer fanden, eine neue Geschichte der Schöpfung, des Falles, der Sühne, des zukünftigen Lebens. In der Tat haben sie für sich einen neuen Himmel und eine neue Erde gemacht.

Eine Moschee der Mohammedaner steht einer christlichen Kirche näher, als dieser Tempel der Mormonen. Der Islam zerbrach die Götzen, der Mormonismus richtet sie wieder auf. Smith und Young haben ihren fremdartigen Himmel mit selbstgemachten Göttern bevölkert und der Allmächtige ist in ihren Augen bloß ein Präsident des Himmels, ein Häuptling unter geistigen Personen seines Gleichen, welcher einen Thron einnimmt, wie der römische Jupiter. Kurz, dieser Tempel ist nichts weiter als der Altar eines neuen Volkes; eines Volkes, welches ein neues Gesetz, eine neue Moralität, eine neue Priesterschaft, eine neue Industrie, ein neues Glaubensbekenntnis und einen neuen Gott hat.

## 19. Die beiden Seher

Nichts ist leichter, als über diese Geweihten zu lachen – sie sind ein niedriges Volk, der Abschaum der Erde, die Hefen der großen Städte, der Straßenschmutz und der Schlamm der Flüsse und Gräben. Ihr Prophet war Joe Smith und seine Geschichte von den Goldtafeln, von Urim und Thummim, von der ägyptischen Mumie, von der Manuskript-Novelle Spalding's, von dem Schwerte Laban's und den Besuchen der Engel, von der Mormonenbank, dem Papiergelde und der Frau im Geiste – kann von einem Manne mit einer komischen Ader so erzählt werden, dass sie lautes Gelächter in einem Zimmer der Heiden hervorruft. Vielleicht die schwächste Seite der neuen Kirche ist die von dem wirklichen Leben des Propheten, während die stärkste die seines wirklichen Todes ist.

Hätte Smith lange genug gelebt, um seinen Lebenslauf bekannt werden zu lassen, so glaubt man, dass er unter einem Volke, welches einen so lebhaften Geist besitzt, für die Länge der Zeit keine Toren gefunden haben würde.

Seht, sagen diese Leute, in dieses fette, trotzige Gesicht, und sagt, ob jemand glauben kann, dass etwas Göttliches dahintersteckt? Smith hatte den wahren Instinkt eines Sektierers und da er wusste, dass der Samen der Kirche in das Blut ihrer Märtyrer gesät werde, stellte er sich jeden Tag in den Weg der Verfolger. Kein Mensch wird populär, bis er misshandelt worden ist, kein Mensch wird ein Heiliger, bis er verleumdet worden ist, kein Mensch wird unter die Propheten gerechnet, bis er zu Tode gesteinigt worden ist.

„Verfolgung", sagt Brigham, „ist unser Teil; wenn wir Recht haben, wird die Welt gegen uns sein; aber die Welt wird nicht über die Erwählten Gottes die Oberhand bekommen." Smith fühlte in seinem Herzen diese Wahrheit aller Wahrheiten; er suchte Unterdrückung als ein Zeichen seines Berufes und seine Feinde in den Staaten gewährten ihm diesen innigsten Wunsch seiner Seele. Neununddreißigmal ward er vor die Gerichtshöfe gefordert. Es ist ein großes Zeichen seiner List, dass es ihm gelang, so oft angeklagt, aber nicht ein einziges Mal verurteilt zu werden.

Jede Anklage, welche gegen ihn vorgebracht wurde, gab seiner Kirche neuen Muth. Dennoch war das Wachstum seiner Sekte langsam, langsam im Vergleiche zu der von George Fox, von John Wesley, selbst zu der von Anna Lee. Um Smith's eigene Person war stets Zänkerei und Zwiespalt; viele von den Heiligen erklärten, dass ihr Seher die allgemeine Kasse beraubte.

Rigdon, sein Genosse bei dem Betrug, Spalding's Roman für eine Übersetzung der goldenen Tafeln auszugeben, verließ ihn und stellte ihn bloß. Andere folgten seinem Beispiele und obschon viele neue Bekenner in der Entfernung unter Leuten gewonnen wurden, welche Joseph nicht persönlich kannten, so konnte die Sekte doch kaum noch zusammengehalten werden, wenn es nicht mehreren rohen Leuten im Westen eingefallen wäre, aus Smith einen Märtyrer zu machen. Eine Bande wüster Burschen nahm das Gesetz in ihre eigene Hand, sie erbrachen sein Gefängnis in Karthago und erschossen ihn wie einen Hund.

Ein Verbrechen, für das keine Entschuldigung gefunden werden konnte, brachte neues Leben unter seine Freunde und öffnete seinen Missionaren die Ohren Tausender.

Nachdem der Mord begangen worden, war die Gerechtigkeit zu langsam, seine Mörder zu ergreifen, zu schwach, um dieselben zu bestrafen, eine Tatsache, welche die Blutanklage von der Erde zum Himmel zu tragen schien.

Als es bekannt ward, dass Smith tot war, – dass er seiner Meinungen wegen getötet worden – wurden seine Fehler sofort bei Seite gelassen; das Andenken an seine List, seinen Geiz, seine Sinnlichkeit, seine Unwissenheit, seinen Ehrgeiz war in seinem geheimen Grabe begraben und der ungesuchte Ruhm eines Märtyrertodes ward ihm von seinem Volke und von vielen, welche bis dahin noch nicht zu seinem Volke gehörten, als eine größere Tugend angerechnet, als es das Verdienst eines heiligen und heldenmütigen Lebens getan haben würde.

Es ist eine Geschichte, so alt wie die Zeit. Smith – Nauvoo lebte, mit seinen Aposteln über Schulden und Gläubiger sich stritt, mit seiner Frau Emma wegen geistiger Frauen Händel hatte, steten Anklagen von Diebstahl und Trunkenheit ausgesetzt war – war sicher nicht der Mann, den das amerikanische Volk zu fürchten Ursache hatte; aber sein Mord im Gefängnis zu Karthago erhob diesen überwiesenen Schuldner und Säufer, diesen überführten Dieb und Ehebrecher zum Range eines Heiligen. Leute, welche kaum seine wirkliche Gegenwart geduldet haben würden, proklamierten ihn jetzt, nachdem er gegangen war, als einen echten Nachfolger von Moses und Christus.

Unter dem neuen Leiter, Brigham Young – einem Manne von niederer Geburt, scharfem Witze und unbeirrtem, gutem Verstande – ging die Sekte aus ihrem Zustande innerlichen Kampfes heraus, legte ein anständigeres Gewand an, schloss ihre durchbrochenen Reihen, arbeitete mit neuem Eifer und dehnte ihre Missionsarbeit aus. Da Young fand, dass durch neuere Verfolgungen ihre Stellung am Mississippi unhaltbar geworden, riet er seinen Anhängern, den Platz aufzugeben, die Welt zu verlassen, in welcher sie keinen Frieden fanden und ihr Tabernakel in einer von den wilden Gegenden des fernen Westens aufzuschlagen, welche noch nie von Menschen, außer einigen wenigen roten Indianerstämmen, den Uten, Pawnees und Shoshonen, betreten worden, in der die amerikanische Wüste benannten Gegend, welche von jedermann als niemandes Land betrachtet wurde. Es war ein kühner Plan. Jenseits der Prärien im Westen, jenseits der Felsengebirge lag eine traurige Wildnis von Salz und Steinen, ein Eigentum, welches noch kein Weißer gierig genug gewesen war zu beanspruchen. Irgendein Papst des Mittelalters hatte sie der spanischen Krone geschenkt, von dieser war es als ein nutzloses Stück Papier an die mexikanische Republik gefallen, aber weder Spanier noch Mexikaner waren nordwärts gegangen, um davon Besitz zu nehmen.

Inmitten dieser schrecklichen Wildnis lag ein toter See, der nicht weniger schrecklich war, als Bahr-Lut, der See Lot's. Man wusste, dass ein Vierteil seines Wassers solides Salz war. Die Bäche, welche in dieselbe sich ergießen, sollten faul, die darum belegenen Brunnen bitter und die Ufer auf viele Meilen in der Umgegend mit weißer Pottasche bedeckt sein. Diese Ufer waren mit nichts anderem auf der Erde zu vergleichen, als dem syrischen Ghor und sie waren deshalb noch weit weniger einladend als der syrische Ghor, weil das Wasser des Salzsees trübe, unrein war und die Ufer mit Gräben und Pfuhlen bedeckt waren, welche für die Nasen lebender Menschen unerträglich sind. Das Abstoßendste von allem sei aber bei dieser Salz- und Steinwüste und diesen stinkenden Bächen, dass sie von der Welt im Osten durch die Felsengebirge, im Westen durch die Sierra Nevada abgeschlossen wären, Alpenrücken, welche so hoch wie die Montblanc-Kette und mit ewigem Schnee und Eis bedeckt seien.

Die roten Menschen, welche dieses Land nach Wurzeln und Insekten durchstreiften, seien als die wildesten und niedrigsten Stämme ihrer wilden und niedrigen Rasse bekannt. Eine Bisonherde, eine Flucht Möwen, ein Schwarm Heuschrecken belebten zuweilen die Ebene. Im Frühjahr, wenn ein wenig Grün, spärlich etwas wilder Salbei und einige zwerghafte Sonnenblumen aufsprießen wollten, erschienen die Heuschrecken und beraubten die wenigen grünen Pflanzen jedes Blattes und jedes Zweiges. Kein Wald sei zu sehen; das Gras sei, wo es zu finden, anscheinend grob und dünn. Nur der wilde Salbei und die Zwergsonnenblume schienen Nahrung im Boden zu finden, Pflanzen, welche nutzlos für die Menschen seien und von denen man glaubte, dass sie den Tieren Gift wären.

Trapper, welche auf das Salztal von den Spitzen und Pässen der Wasatch-Gebirge herabgesehen hatten, malten es als eine Gegend ohne Leben, ohne eine grüne Flur, selbst ohne Flüsse und Quellen.

Die Brunnen seien salzig, wie auch die Felder salzig seien.

Da sie kein Holz und kaum frisches Wasser in dieser Gegend gefunden, erklärten sie diese große amerikanische Wüste für eine Einöde, welche weder für die Wohnung, noch für den Unterhalt zivilisierter Menschen geeignet sei. Aber Young dachte anders.

Er wusste, dass, wo der Heilige seinen Spaten in die Erde gesteckt hatte, – in Kirkland in Ohio, in Independence in Missouri, in Nauvoo in Illinois, – er stets mit einer reichlichen Ernte gesegnet worden war; – und der neue Seher der Mormonen hatte den Glauben, dass dieselben starken Sehnen, dieselben rauen Hände, derselbe feste Wille fähig sein würde, Ernten von Korn aus dem öden Salzseetale zu ziehen.

Da Young seines Gewerbes ein Zimmermann war, so konnte er Bäume fällen, Stämme behauen, Karren und Wagen herstellen, das Land abstecken und vorläufige Schuppen bauen. Die Heiligen, welche er dahin zu bringen haben würde, waren an Arbeit und Entbehrung gewöhnt, da sie hauptsächlich Handwerker aus Neu-England und Farmer aus dem Westen waren, die jeder Schwierigkeit ins Gesicht schauen, jede Arbeit ausführen konnten.

Eine gleiche Anzahl englischer oder französischer Bekehrter würde bei dem Versuche, über die Berge und die Ebenen zu ziehen, umgekommen sein; aber der eingeborene Amerikaner ist ein Mann, welcher alle Handwerke kann – ein Bankier, ein Fleischer, ein Zimmermann, ein Kommis, ein Fuhrmann, ein Staatsmann – alles in der Not, jedes der Reihe nach – ein Mann, der reich an Hilfsmitteln und Genie ist, so dass ein Bäcker eine Brücke bauen, ein Pfarrer ein wildes Pferd fangen, ein Advokat heiße Kuchen backen würde.

Young wusste, dass auf der Reise durch diese großen Ebenen und beim Übersteigen dieser großen, unter dem Namen Felsengebirge zusammengewürfelten Bergrücken die Entbehrungen seines Volkes groß sein würden; aber seinem praktischen Auge erschienen diese Leiden so, dass brave Leute durch Beispiel dahin gebracht werden könnten, dieselben zu ertragen und nicht zu sterben. Lebensmittel und Samen konnten auf den leichten Wagen mit fortgebracht werden, wenige Tropfen Malzwhisky würden das Alkali in den bitteren Bächen verbessern. Unter seinen Schülern war jedermann Meister irgendeiner Kunst; jede Frau konnte entweder melken oder backen oder nähen oder plätten; ja selbst die Kinder konnten auf diesen Wegen durch die Wüste nützlich sein, denn jedes Mädchen kann in Amerika eine Kuh melken, jeder Knabe in Amerika mit einem Gespanne fahren. Eine Abteilung Pioniere (von denen manche noch im Salzseetale leben) wurde vorausgeschickt, um das Land zu untersuchen und darüber zu berichten, dann ward zuletzt von Young angeordnet, nach Westen aufzubrechen und in jeder Familie in Nauvoo wurden Vorkehrungen zu einer Reise getroffen, welche in der Geschichte seit den Tagen, als Moses die Israeliten aus Ägypten führte, nicht ihres Gleichen gefunden hat.

Die Heiligen brachen ihre Wohnungen ab. Dann sammelten sie in aller Eile einige Nahrungsmittel, einige Wurzeln und Samen und ein Dutzend Fässchen Spirituosen. Sie schirrten dann ihre Maulesel, ihre Ochsen an ihre Wagen an. Diejenigen, welche zu arm waren, um

Wagen und Ochsen zu kaufen, machten sich selbst Handwagen und Schiebkarren.

Von ihren Feinden gedrängt, zogen sie von Nauvoo weg, selbst während der Winter noch hart auf ihnen lag, zogen über den Mississippi auf dem Eise und begaben sich auf eine Reise von fünfzehnhundert engl. Meilen durch ein Land ohne Straße, ohne eine Brücke, ohne ein Dorf, ohne ein Wirtshaus, ohne Brunnen, ohne Vieh, ohne Weide und ohne kultiviertes Land. Wie der Ältere John Taylor mir sagte, ließen sie alles hinter sich; ihre Kornfelder, ihre Gärten, ihre niedlichen Häuser, mit Büchern, Teppichen, Pianos, kurz allem, was sie enthielten.

Die Entfernung, welche diese Auswanderer zu überwinden hatten, war gleich der von London nach Lemberg, sechsmal die von Kairo nach Jerusalem.

Ihre Route ging durch eine Prärie, welche von Pawnees, Shoshonen, Wölfen und Bären wimmelte; sie war unterbrochen durch reißende Flüsse, gesperrt durch eine Anzahl Bergketten und der Hafen, welchen sie zu erreichen hatten, nach allen ihren Mühseligkeiten und Gefahren, war das Ufer eines toten Sees, der in einem unfruchtbaren Tale lag; ein Land, welches durch Salzlauge bewässert wurde und dessen Weideplätze mit Salz bestreut waren.

## 20. Die Flucht aus der Knechtschaft

Die Erzählung dieser Reise der Heiligen, wie wir sie von den Lippen von Young, Wells, Taylor und anderen alten Männern hören, welche sie mitgemacht haben, ist eine Geschichte, welche die Herzen aller Edelgesinnten ergreift und doch zu stärken geeignet ist.

Als diese Mormonen mit Gewalt von den Dächern, welche sie gebaut, den Feldern, welche sie bestellt hatten, vertrieben wurden, waren die Tage kurz und der Schnee lag hoch auf dem Boden. Alles, außer einigen Nahrungsmitteln für den Weg, etwas Getreide und Kartoffeln zur Aussaat für das folgende Jahr, musste den bewaffneten und tobenden Feinden überlassen werden: die Heimat, welche sie sich gegründet, der Tempel, den sie eben vollendet, die Gräber, welche sie jüngst gegraben. Ihre Kleinen froren an Händen und Füßen, Hunger und Durst plagte Jung und Alt. Lange Sandebenen, in denen die Wagenräder bis an die Achsen einsanken, schnitten sie vom Wasser ab. Es gab keine Brunnen. Die *Fata morgana* spottete ihrer oft mit Aussichten auf solches und selbst wenn sie an Bäche und Flüsse kamen, fanden sie dieselben öfters bitter von Geschmack und der Gesundheit gefährlich. Die Tage waren kurz und kalt und der Umstand, dass jeder Schutz gegen den Frost, außer einem Läppchen Segeltuch, fehlte, machte allen die Winternächte schrecklich.

Die Pferde erkrankten auf dem Wege. Krankheit brach unter den Kühen und Schafen aus, so dass die Milch selten und das Hammelfleisch in Furcht zubereitet und gekocht ward. Viele der armen, der alten und kränklichen Leute mussten unter Bewachung von jungen Männern, welche schwer zu entbehren waren, zurückgelassen werden.

Und dennoch war dieser Verlust eines Teiles ihrer Jugend und Stärke nicht ihre ganze Not zur Zeit des Anfanges ihrer Wanderung.

Gerade zu der Stunde, in welcher jeder Mannesarm diesen Exilierten kostbar war, brach der mexikanische Krieg aus und eine Regierung, welche nie stark genug gewesen war, sie zu schützen, bat sie jetzt um Hilfe von Waffen und Männern.

Young antwortete auf diesen Aufruf wie ein Patriot; fünfhundert Jünglinge, die Blume der wandernden Gesellschaft, zogen vor ihm aus und reihten sich, mit dem Segen ihres Häuptlings auf ihren Häuptern, in das Invasionscorps ein.

Geschwächt durch den Abzug dieser lebenden Macht, gingen die Mormonen über den Missourifluss, in einer Fähre, welche sie selbst gemacht, betraten eine große Wildnis, deren Umrisse sie auf einer Karte verzeichneten, bauten eine rohe Straße und errichteten leichte Brücken über die Flüsse, als sie vorwärts zogen; sammelten Gras und Kräuter für ihren eigenen Gebrauch; säten Getreide für die, welche später im Jahre nachkommen sollten; errichteten temporäre Hütten, in denen ihre Kleinen schlafen konnten und gruben Höhlen in die Erde zum Schutze gegen den Winterschnee. Die Lebensmittel waren knapp, das Wasser schlecht und das Wild, das sie auf den Ebenen finden konnten, wie das Elen, die Antilope, der Büffel, vergiftete ihr Blut.

Fast aller Malzwhisky, welchen sie von Nauvoo mitgebracht hatten, um das schlechte Wasser zu verbessern, ward an der Straße von den Agenten der Regierung unter dem Vorwande, dass er für die Rothäute bestimmt, und dass es ungesetzlich für die Weißen sei, denselben Spirituosen zu verkaufen, konfisziert und die Fässer zerschlagen.

Nur vier Fässchen wurden gerettet: gerettet durch Brigham Young selbst. Ein Ältester, welcher mit im Boote gewesen war und der mir die Anekdote erzählte, sagte, dass dies das einzige Mal gewesen sei, dass er den Propheten in Wut gesehen habe. Vier Fässchen waren am Bord der Fähre, als der Beamte dieselben in Beschlag nahm und die Dauben einzuschlagen anfing; in diesem Spiritus lag das Leben des Volkes und als Brigham den Mann den Schlägel erheben sah, zog er seine Pistole, hielt sie ihm an den Kopf und rief: „Halt ein! Wenn Du das Fässchen berührst, musst Du sterben, beim lebendigen Gott!" Der Mann sprang von der Fähre und belästigte sie nicht mehr.

Auf unserer eigenen Reise über die Ebenen litten wir, obschon es im August, das Wetter schön und die Reise schnell war, heftig aus Mangel an frischen Nahrungsmitteln und gutem Wasser. Mein Gefährte erkrankte an der Gallenruhr, keine Speise, kein Trank wollte bei ihm bleiben; nichts als der Cognac in unseren Flaschen. Das Wasser tötete ihn fast. Sein sonnenverbranntes Gesicht wurde kreideweiß; seine Glieder hingen schwach und erschlafft herab; sein starker Körper war so heruntergekommen, dass ein Mann auf einem der Ranchos, welcher ihn einen Augenblick neugierig angesehen hatte, zu mir kam und sagte: „Es wird Ihnen recht einsam vorkommen, wenn Sie ihn zurücklassen müssen." Mein eigener Anfall kam später und in anderer Gestalt. Die Haut schälte sich von meinen Händen ab, als ob sie entweder verbrüht oder mit einem Messer geschabt worden wären; Schwären brachen auf meinem Rücken aus; eine Blatter entstand auf meinem unteren Augenlide; meine Finger sahen aus, wie skorbutische Ausschläge.

Taylor sagte mir, dass diese zwei Krankheiten das Lager der Auswanderer verheerten. Viele erkrankten an der Ruhr, noch mehr litten am Skorbut.

Einige der Heiligen blieben, diesen schrecklichen Heimsuchungen gegenüber, zurück.

Mehr noch starben an der Straße und wurden traurig in ihre einsamen Gräber bestattet.

Jeder Tag brachte ein neues Begräbnis, jede Nacht neue Trauer ins Lager. – Der Verlust an Leben ist stets sehr groß bei diesen Auswandererzügen; selbst jetzt, nachdem die Straßen gemacht und die Stationen mit vegetabilischen Nahrungsmitteln versorgt sind. Von der Karawane, welche ich hereinkommen sah, waren sechs auf den Ebenen umgekommen.

Eine junge Dame sagte mir, dass in dem Zuge, mit welchem sie gekommen, achtzig gestorben waren; vierzig würde vielleicht der durchschnittliche Verlust in den Ebenen und auf den Bergen sein. Aber keine der darauf folgenden Karawanen hat so gelitten, wie die erste.

„Der Verlust an Leben war groß", sagte Brigham Young zu mir, als er mir die schreckliche Geschichte erzählte. Aber die große Mehrzahl der männlichen und weiblichen Heiligen zog ungebeugten Mutes auf dem gefrorenen Wege weiter. Wenn sie missgestimmt waren, spielte eine Musikbande eine muntere Melodie, in welche das Volk einstimmte, so dass es sein Trübsal vergaß. Bei Tage sangen sie Hymnen, des Nachts tanzten sie um die Wachtfeuer. Missmut, Strenge, Asketismus verbannten sie aus ihrem Lager und aus ihrem Herzen. Unter den wenigen Schätzen, welche sie mit aus Nauvoo gebracht hatten, war eine Druckerpresse und eine Zeitung, an der Straße gedruckt und herausgegeben, trug Worte guten Rates in jeden Teil des Lagers. Nachdem sie die Sandebenen und die Bäche passiert hatten, welche seit dieser Zeit der zivilisierten Welt auf den Karten als Nebraska und Dakota bekannt sind, kamen sie an den Fuß der ersten hohen und abgebrochenen Alpenkette, welche zusammen unter dem Namen „Felsengebirge" bekannt sind; über diese hohen Wälle führte kein Pfad und die Engpässe, welche durch dieselben führten, waren in Schneetriften begraben.

Wie die Heiligen diese steilen Seiten der Berge sich hinaufmühten, Ochsen und Wagen mit sich schleppend, nach Lebensmitteln furagierten, ihr Brot buken und ihr Fleisch kochten, ohne Hilfe und ohne Führer, die Erzählung dieser Abenteuer bringt Tränen in die Augen der alten Leute. Die Jungen und Mutigen schritten voraus, trieben die Bären und Wölfe fort, steinigten die Klapperschlangen, jagten das Elen und den wilden Hirsch und ebneten einen Pfad für die Weiber und alten Männer.

Endlich, als sie den Gipfel des Berges erreicht hatten, blickten sie auf eine Reihe dürre und blätterlose Ebenen herab, auf trockene Flussbetten, auf Hügel ohne Grün, auf alkalinische Niederungen, auf Pfuhle bittern Wassers, auf enge Canyons und steile abschüssige Schluchten. Tag für Tag, Woche für Woche quälten sie sich über diese rauen Sierras, durch diese abschreckenden Täler. Die Lebensmittel gingen aus, das Wild ward selten, die Uten und Schlangenindianer wurden unfreundlich und am Ende ihrer Reise, falls sie dasselbe je erreichten, lag die trockene Salzwüste, in welcher zu wohnen sie eingewilligt hatten!

Doch dieser traurige Eindruck, welchen das Land auf sie machte, entmutigte sie nicht; sie hatten kein grünendes Paradies erwartet; sie wussten, dass das Land nie in Besitz genommen worden war, da es die Indianerstämme nie des Nehmens wert gehalten hatten; sie erwarteten hier nichts weiter zu finden, als Frieden und Freiheit, einen Platz, an welchem sie einen Versuch mit der Natur wagen konnten und wohin zu kommen (da es ihr eigenes Land war) sie die Heiligen, ihre Brüder, auffordern konnten.

Mit schlagenden Herzen und unter dem Klange der Trompeten stiegen sie die Pässe hinab und betraten ihre einsam belegene Erbschaft, zogen auf diese Abdachung oberhalb des Jordans, nahe dem konischen Hügel, auf welchem Brigham in seinem Schlafe den Engel gesehen hatte, legten den Plan einer neuen Stadt aus, forschten den Canyons und Wasserläufen bis in die Hügel nach und fanden in wenigen Tagen zu ihrer plötzlichen Freude nicht nur Quellen süßen Wassers, sondern auch beholzte Gegenden und mit Gras bewachsene Hügel und Abdachungen.

Nicht eine Stunde war zu verlieren.

„Die erste Pflicht eines Heiligen, wenn er in dieses Tal kommt", sagte Brigham Young zu mir, „ist Gemüse bauen zu lernen; dann muss er es lernen, wie man Schweine und Hühner zieht, wie man sein Land bewässert und sein Haus baut. Das Übrige kommt mit der Zeit."

Vom Anfange an durch diesen praktischen Gedanken geleitet, machte sich jedermann an die Arbeit.

Deseret – das Land der Steine – ward das Land der Verheißung und die zukünftige Heimat der Heiligen benannt.

Es war ihnen wie ein unbekannter Boden ohne Eigentümer und sie hofften auf demselben einen unabhängigen Staat zu gründen.

## 21. Die Niederlassung in Utah

Bald fing der Anblick dieses wüsten Tales sich unter ihren kundigen Händen zu ändern an: Bäche von den Hügeln wurden in neue Pfade gelockt; Felder gelichtet und besät; Wohnungen stiegen aus dem Boden; Schafe und Rinder fingen an hier und da auf den Hügeln zu erscheinen; Salzgruben und Sägemühlen wurden errichtet; Fruchtbäume wurden gepflanzt und den Obstgärten gelehrt zu blühen und Früchte zu tragen. Straßen wurden ausgelegt und gebaut.

Als die mormonischen Hirten in die Hohlwege in den Bergen kamen, fanden sie die Fichte, den Baumwollenbaum, den Flieder, die Birke und den Buchsbaum; kostbares Baumaterial für ihre neue Heimat. Ein neues Jerusalem entstand; ein Tempel ward begonnen, eine Zeitung veröffentlicht. In günstigen Lokalitäten wurden Nussbäume und andere harte Hölzer gepflanzt. – Die Rothäute, welche seit Langem der Schrecken aller Späher und Trapper im fernen Westen gewesen waren, wurden durch Höflichkeit und Gaben gewonnen und schienen in wenigen Monaten aus Feinden der Weißen in deren Bundesgenossen verwandelt zu sein.

„Wir hielten es für billiger", sagte Oberst Little, „die Indianer zu füttern, als mit ihnen Krieg zu führen", und dieser Grundsatz, die Uten und Schlangenindianer zu füttern, ist auch von Young, mit zwei oder drei kurzen Ausnahmen von Missverständnis, seit dem Tage der ersten Niederlassung im Tale befolgt worden. Zwei oder drei schwere Jahre lang hatten die Heiligen am Salzsee gegen die Heuschrecken Krieg zu führen, diese Plagen des alten Canaan; aber mit Hilfe der Möwen vom See und ihrer eigenen Erfindungen, diese Insekten zu fangen und zu zermalmen, gelang es den Mormonen, ihre Korn- und Fruchternten zu erhalten.

Im Gegenteil, sie begannen sich zu erholen und selbst Geld zu verdienen. Jahr für Jahr nahmen sie an Zahl und Reichtum zu, bis ihre

Kaufleute in London und New York bekannt geworden sind und ihre Stadt ein Wunder der Erde geworden ist.

Was ist das Geheimnis dieses überraschenden Wachstums der neuen Gesellschaft in diesen Wüsteneien des Westens?

„Sehen Sie sich um", sagte Young zu mir, „wenn Sie wissen wollen, was für eine Sorte Leute wir sind. Vor neunzehn Jahren war dieses Tal eine Wüste, auf welcher nichts wuchs, als der wilde Salbei und die Zwergsonnenblume; wir, die wir hierher kamen, brachten nichts mit uns, als einige wenige Ochsen und Wagen und einen Sack Samen und Wurzeln; die Leute, welche nach uns kamen, zumeist Weber und Handwerker, brachten nichts, nicht einen Cent, selbst nicht Geschick und keine Kenntnis des Landes; und wenn Sie von diesem Balkon herabblicken, können Sie sehen, was wir daraus gemacht haben."

Wie haben die Heiligen diese Arbeit, eher und besser als alle anderen Ansiedler in den wüsten Landstrichen des westlichen Amerika, zu Stande gebracht?

Ist es eine Antwort, zu sagen, diese Heiligen sind Narren und Fanatiker?

Nichts ist leichter, als über Joe Smith und seine Kirche zu lachen; aber was dann? Die großen Tatsachen bleiben. Young und seine Leute sind in Utah, eine Gemeinde von zweihunderttausend Seelen, eine Armee mit zwanzigtausend Büchsen.

Ihr mögt über Joseph's Gabe der Zungen lächeln; über seine Entdeckung der Urim und Thummim (welche er für eine Brille hielt!); sein Schwert Labans; seine prosaischen Arbeiten über Abraham; seinen ägyptischen Papyrus; sein mormonisches Papiergeld; seine neununddreißig Untersuchungen. Ihr mögt durch schnelle und beißende Ironie beweisen, dass die schwächste Seite dieses neuen Glaubens das wirkliche Leben seines Gründers ist; aber wird euer Witz dieses Lager der Fanatiker zerstören? Wird euer Gelächter die Mauern dieses neuen Jerusalems zusammenbrechen? Wird eure Ironie die Uten und Shoshonen in Feinde dieser Heiligen verwandeln? Werden eure Argumente jene Züge von Missionaren aufhalten, welche beschäftigt sind, an hundert Plätzen und tausenden von willigen Ohren das Evangelium zu predigen, wie es in Joseph war? Die Zeit ist vorüber, wie die Amerikaner fühlen, diese Sekte über die Schulter anzusehen.

In England haben wir, obschon man sagt, dass unser Boden die Pflanzschule der Heiligen ist, noch nicht gelernt, anders vom Mormonismus zu denken, als wie über eine unserer vielen Launen; wie über einen Ausschlag, der von Zeit zu Zeit auf unserem sozialen Körper ausbricht, ein Zeichen vielleicht unseres zeitweiligen Mangels an Gesundheit; nicht einer unter uns hat gelernt, es als die Symptome einer Krankheit zu betrachten, welche am Sitze des Lebens liegt. Hat die Synode je einen Tag auf das Buch der Mormonen verwandt? Hat ein Bischof je die Heiligen in Commercial Road besucht? Zwei oder drei Geistliche mögen Flugschriften gegen sie abgefeuert haben; sind aber welche von diesen ehrwürdigen Vätern je in ihren Wohnungen in London gewesen? Wahrhaftig, selten ward dieser heilige Kampf selbst seitens Privatpersonen geführt. Aber unsere Brüder in Amerika können kaum die Heiligen auf diese leichte Art behandeln. Die neue Kirche ist unter ihnen sichtbar, zum Guten oder Schlechten ist sie ein Teil ihres Systems, nicht als eine Laune, welche wie ein Ausschlag auf der Haut vertrieben werden kann. Bis jetzt sind unsere eigenen Heiligen gelehrt worden, England als Ägypten und ihren eigenen Wohnort als ein Exil von einer bessern Heimat zu betrachten. Amerika ist ihnen Canaan, die Salzseestadt ein neues Jerusalem.

Ich sage nicht, dass dies gut für uns ist, obschon es den Anschein hat, als ob es gut wäre, da es uns von einer peinlichen Pflicht befreit und aus der Mitte unserer Städte eine Ursache der Schande entfernt. Die Armen, die Alten, die Schwachen unter den Heiligen mögen in unseren Straßen zurückgelassen werden, um im Hause der Knechtschaft, wie sie denken und sagen, zu sterben; aber die Reichen, die Jungen und Eifrigen sind durch ihren Glauben gebunden, vorwärts zu gehen und sich in den Besitz dieses Landes der Verheißung zu setzen.

Bei den jüngeren, namentlich bei den weiblichen Heiligen, wird ein Wechsel der Luft stets bei einem Wechsel des Glaubens angeraten. Tausende wandern aus, obschon es auch wahr ist, dass Tausende zurückbleiben. In London, in Liverpool, Glasgow und anderen Städten haben die Heiligen Schulen und Kapellen, Bücher und Journale, von denen Oxford wenig weiß und Mayfair noch weniger. Da sie keine politische Sekte sind, nie um ein Recht nachsuchen, nie vorgeben, dass ihnen Unrecht geschieht und zufrieden damit sind, ihre Arbeit in Frieden zu tun; so entgehen sie der Beachtung der Presse und nehmen die Gedanken der Gesellschaft eben so wenig in Anspruch, wie die Herrnhuter und Plymouth-Brüder. In einer Londoner Gesellschaft kann man in irgend einer Woche mehr über Prince und Home, den Aufenthalt der Liebe und über die geistigen Sphären spekulieren hören, als über Young und Deseret in sechs Monaten.

Die Heiligen gehören nicht zur Gesellschaft; aber in Boston, Washington und New York sind diese Mormonen von gefürchteter Vorbedeutung und drohen eine furchtbare Macht zu werden. Schon haben sie Juristen in die Session gebracht und Armeen in Bewegung gesetzt. Colfax, der Sprecher, hat mit Young verhandelt, und Komitees des Kongresses haben über die Zustände in Utah Sitzungen gehalten. Der Tag scheint näher zu rücken, wenn die Probleme, welche diese Mormonen der Welt vorlegen, von praktischen Männern in Betracht zu nehmen sind, nicht nur auf Universitäten und in Kapellen, nicht nur im Senate und in den Gerichtshöfen, sondern auch im Lager und auf dem Schlachtfelde.

Die Frage, wie diese Mormonen vom amerikanischen Volke zu behandeln sind, ist eins der größten Rätsel des Jahrhunderts, welches den Ozean überbrückt, einen Gürtel von Blitzen um die Erde gezogen und für seinen Dienst die feurigen Rosse der Sonne gezähmt hat.

Eine wahre Antwort mag weit zu suchen sein, denn wir haben noch nicht endgültig darüber entschieden, wie weit der Gedanke frei von der Kontrolle des Gesetzes ist und bis zu welcher Ausdehnung Glaubensfreiheit die Toleranz des Betragens, welches aus den Glaubensbekenntnissen hervorgeht, in sich begreift. Ein Schritt vorwärts; einer solchen Antwort entgegen muss ein Versuch sein, herauszufinden, was Mormonismus ist und wodurch er gewachsen ist. Er kann nicht als reine Torheit oder als unbedingtes Laster zur Seite geschoben werden. Fremdartig, wie uns die Anhänger der neuen Sekte erscheinen mögen, müssen sie in ihrer Haltung irgendein Körnchen Wahrheit haben. Sie leben und gedeihen und Leute, welche von ihrer eigenen Arbeit leben, durch ihren eigenen Unternehmungsgeist gedeihen, können nicht vollständig irrsinnig sein. Ihre Straßen sind rein, ihre Häuser blank, ihre Gärten fruchtbar. Feile Dirnen und Trunkenbolde sind bei ihnen unbekannt. Sie haben mehr Schulen offen, als irgendeine andere Sekte in den Vereinigten Staaten. Aber da sie sind, was sie sind, glauben, was sie glauben; so machen ihre Verdienste vielleicht mehr Anspruch an unsere Geduld, als ihre Verbrechen. Man glaubt, dass manche in den Vereinigten Staaten sie etwas besser würden ausstehen können, wenn sie sich nur viel schlechter benehmen wollten.

Was haben diese Heiligen erreicht?

Inmitten eines freien Volkes haben sie eine despotische Macht gegründet. In einem Lande, welches Staatsreligionen von sich weist, haben sie ihre Kirche über menschliche Gesetze gestellt. Unter eine Gesellschaft von Anglosachsen haben sie viele der Ideen, viele der Gewohnheiten von roten Indianerstämmen, von den Uten, Shoshonen und Schlangenindianern eingeführt. Im neunzehnten Jahrhundert nach Christi Geburt haben sie gesellschaftliche Zustände wieder ins Leben gerufen, welche in Syrien neunzehnhundert Jahre vor seiner Geburt gewöhnlich waren.

Winke über ihre Regierungsweise kann man näher der Heimat, als Hauran, in weniger ehrbaren Büchern als die Bibel finden. Der Wigwam der Shoshonen hätte die Heiligen mit einem näher liegenden Model zu einem vielfältigen Haushalt versorgen können, als das Zelt der Patriarchen; aber wenn dies wahr wäre, würden Kimball und Young es kaum gestehen. Nach ihrer Anschauungsweise ist Abraham ihr vollkommener Mann, welcher wegen Gott seine Heimat, seine Verwandtschaft, sein Land verließ. Sarah ist ihre vollkommene Frau, weil sie ihren Mann Herr nannte und ihre Magd Hagar ihm als Frau an seinen Busen gab. Alles, was Abraham tat, ist ihrem Aussprache nach recht für sie zu tun; alle Evangelien und Gebote der Kirche, alle Gesetze und Einrichtungen der Menschen sind nichtig und ohne Gültigkeit, wenn sie den Taten dieses Araber-Scheiks entgegen sind. Sie lassen die Gesetze der Wissenschaft und die Lehren der Geschichte unbeachtet und predigen die Pflicht, im Geiste und in der Tat zu der priesterlichen und väterlichen Regierungsform zurückzugehen, welche in Syrien vor viertausend Jahren bestand; sie werfen die Dinge als überflüssig von sich, welche alle anderen Weißen als die kostbarsten Errungenschaften der Zeit und des Nachdenkens zu betrachten gelernt haben – persönliche Freiheit, Familienleben, Wechsel der Obrigkeit, Redefreiheit, Gleichheit in den Gesetzen, Gleichheit vor dem Richter, Freiheit der Schrift und bei der Abstimmung. Sie werfen diese Errungenschaften der Zeit und der Gedanken zu Gunsten eines asiatischen Gehorsams gegen einen Mann ohne Geburt, ohne Erziehung weg, den sie zu Gottes eigenem Vertreter auf der Erde erwählt haben. Kein Papst in Rom, kein Zar in Moskau, kein Kalif in Bagdad hat je solche Macht ausgeübt, als die Mormonen auf Young übertragen haben.

„Ich gehöre zu den Leuten", sagte der Älteste Stenhouse zu mir – vielleicht der gebildetste Mann, den wir in der Salzseestadt sahen, – „welche denken, dass Bruder Brigham alles tun sollte; er hat diese Gemeinde geschaffen und er sollte in allem deshalb seinen eigenen Weg haben."

Viele Andere sagten dasselbe, mit fast denselben Worten. Kein Mensch wollte Young's Willen bestreiten. „Ein Mann kann lieber gleich zur Hölle gehen", sagte Stenhouse, „wenn er Brigham nicht ins Auge sehen kann."

In einer Kaste Hindus, in einer Familie Kirgisen, in einem Stamme Beduinen würde mir diese Unterwerfung aufgefallen sein; im freien Amerika, unter den Landsleuten von Sydney und Washington, von den Lippen eines Schriftstellers, welcher Scherze machen und das letzte Gedicht rezitieren konnte und von einem Manne, welcher Amerikaner genug ist, um zwei Revolver in seinen Taschen zu tragen, war es mehr als merkwürdig. Es war ein Vorzeichen.

## 22. Arbeit und Glaube

Joseph Smith, ein armer Bursche, geboren in Sharon, Windsor County, Vermont, der Sohn unbemittelter Eltern, war durch eine der „Erweckungen" verrückt gemacht worden, welche der Älteste Frederick, der Quäker-Prediger am Berge Libanon, als die von der Vorsehung bestimmte Zeit des religiösen Lebens betrachtet. Dieser ungeschulte Knabe hatte auf die Leidenschaften zu wirken angefangen, welche er um sich her in Tätigkeit sah; er hatte, wie viele andere, aber mit größerer Bestimmtheit als die anderen, angezeigt, dass er während seiner körperlichen Verzückungen Besuche von Engeln empfange, dass er mit Gott von Angesicht zu Angesicht gesprochen, dass er dazu erwählt sei, eine neue Kirche auf Erden zu gründen; eine Kirche von Amerika, dem neuen Canaan, welches von Anbeginn der Zeit dazu bestimmt gewesen sei, die Heimat eines neuen Glaubens, der Sitz eines neuen Reiches zu werden. Leute, welche gekommen, um ihn zu hören, waren bekehrt fortgegangen; er hatte ihnen gesagt, dass eine neue Priesterschaft gewählt worden sei, dass Gott noch einmal sein Reich errichtet habe; sie hatten ihn überzeugt verlassen und waren von ihm gegangen, die frohen Nachrichten in Tausende von christlichen Häusern zu bringen.

Keine Gewalt war gebraucht worden, keine hätte auf dieser ersten Stufe ihrer Bahn angewandt werden können; denn die Heiligen hatten keine anderen Waffen, als das Wort; sie arbeiteten in einem friedlichen Weinberge und machten ihre Eroberungen angesichts eines aufmerksamen Feindes.

Unparteiisches Anhören ihres Evangeliums, ein offenes Feld für ihre Prediger war alles, was sie verlangten und mehr, als sie empfangen hatten. Sie schickten keinen Kaled an die Nationen, mit seinem Anerbieten, sich entweder zu bekehren, Sklaven zu werden oder zu sterben; nicht weil eine solche Handlungsweise gegen ihren Glauben gewesen wäre, sondern einfach deshalb, weil sie in einem freien Staate und unter einem weltlichen Gesetze keine Mittel fanden, ihre Pläne auszuführen.

Seit dem ersten Tage ihres Entstehens hatten sie viel von den Arabern an sich. Sollte je eine Zeit kommen, wenn sie ihre Fesseln zerschneiden und sich mit dem Schwerte umgürten können, dann wird man sie so ungestüm wie Gideon, so grausam wie Omar finden; aber bis jetzt haben sie eher die Stellung einer duldenden, als einer kriegführenden Kirche einnehmen müssen. Alles, was sie bis jetzt getan haben, ist von ihnen durch das Wort des Mundes geschehen, durch das, was sie als Macht der Wahrheit beschreiben.

Wie haben diese Ansiedler in der Wildnis das getan, was wir sehen?

Einfach, so antwortet Young, durch die Macht der Arbeit und des Glaubens; dadurch, dass sie tun, was sie öffentlich lehren, dass sie glauben, was sie sagen.

Fast alle die Kräfte, welche am wirksamsten befunden werden, um bei uns Laien die Sinne der Menschen zu beeinflussen – Genie, Ruhm, Stellung, Geburt, Reichtum – haben diesen Heiligen gefehlt.

Kein Mann wie Luther, Calvin, Wesley ist unter ihnen erschienen.

An Intelligenz war Smith unter der Verachtung. Brigham ist ein Mann von scharfem, gutem Verstande. Pratt ist ein Träumer. Kimball ist ungebildet. Wells, Cannon, Taylor, Hooper – die hervorragendsten Leute unter ihnen – haben keine weltlichen Gaben, keine Schulbildung, Beredsamkeit, Poesie und Logik, um solchen plötzlichen und andauernden Erfolg zu rechtfertigen, wie einem jeden von ihnen zu Teil wurde.

Die Biene ist von den Heiligen als ein Emblem von Deseret gewählt worden, obschon die Natur dieses Insekt jenem trocknen und blumenlosen Lande fast ganz versagt hat.

Young's Haus heißt der Bienenkorb; in ihm findet eine Drohne nie einen Platz; denn die Frauen des Propheten müssen sich selbst durch Näharbeit, Lehren, Spinnen, Garnfärben und Einmachen von Früchten erhalten. Jede Frau am Salzsee hat ihren Teil Arbeit, jede nach ihren Gaben, jede hat den festen Glauben, dass Arbeit edel und heilig ist; ein Opfer, welches dem Menschen darzubringen zukommt und Gott annehmen muss.

Die Damen machen Handschuhe und Fächer, trocknen Pfirsiche und Feigen, schneiden Muster, präparieren Sämereien, weben Leinen und stricken Strümpfe. Lucy und Emiline, bisweilen die Lichter von Brigham's Harem genannt, sollen Wunderbares in der Kunst der Blumenstickerei leisten. Manches von Emiline's Näharbeit ist gewiss schön und Susannens eingemachte Pfirsiche sind unvergleichlich.

Auf die Männer fallen die schwereren Arbeiten: auf dem Felde, dem Graben und am Berge, wo sie den Boden ausbrechen, den Fluss andämmen, den Ahorn und die Zwergeiche fällen, die Herde weiden und das wilde Pferd fangen. Aber von den Geschlechtern übernimmt jedes seinen Anteil an der gemeinschaftlichen Arbeit: Häuser zu bauen, Gärten zu bepflanzen, Werkstätten zu errichten, Minen zu graben; jedes mit einem Aufwande von Energie und Leidenschaft, wie man sie nie auf den östlichen Abhängen dieser Wasatch-Kette findet.

Die Geistlichen sind nicht solche von Profession und nicht bezahlt.

Jeder Heilige ist ein Priester, kein Mann in der Gemeinde darf einen Cent für seine Dienste nehmen, wenn gleich seine Zeit, seine Fähigkeiten, selbst sein Leben bei dem verwandt worden sein sollten, was die Brüder als das Wort Gottes betrachten.

Die Pflicht gegen die Kirche kommt zuerst; die Pflicht gegen die Familie, gegen die Einzelnen kommt später; aber mit einem solchen Zwischenraum, um eine Kollision und Konfusion ganz außer Frage zu stellen.

Propheten, Präsidenten, Bischöfe, Älteste, alle verfolgen ihren Beruf in der Stadt und auf dem Lande; sie verkaufen Bänder, bauen Pfirsiche, bauen Mühlen, schneiden Bauholz, halten Ranchos, treiben Viehzucht und halten Gespanne. Eines Tages trafen wir einen ehrwürdigen Mann, mit einem kleinen Körbchen am Arme, das mit einer schneeweißen Serviette zugedeckt war; sein Ansehen fiel uns auf und wir hörten, dass es Joseph Young, der ältere Bruder Brigham's sei und Präsident des Rates der Siebenzig. Er brachte sein Körbchen Pfirsiche zu Markte.

Ein Apostel pflügt, ein Patriarch treibt ein Gespann.

In einer Stadt, in welcher Arbeit als heilig betrachtet wird, gewinnt der erste Würdenträger an Ehre beim Volke dadurch, dass er sich mit der Arbeit und einem Gewerbe beschäftigt. Diese Heiligen haben nicht einen faulen Herrn in ihrer Gemeinde. Brigham Young ist Eigentümer einer Mühle, Baumwollenpflanzer, Farmer; Heber Kimball ist Eigentümer einer Mühle, Viehhändler und Leinölfabrikant; George Smith ist ein Farmer und Müller; Orson Pratt ist Lehrer der Mathematik; Orson Hyde ist ein Farmer; John Taylor war früher Holzdrechsler und besitzt jetzt eine Mühle; Wilford Woodruff ist ein Farmer und Viehhändler; George Cannon ist Buchdrucker und Herausgeber einer Zeitung.

Diese Männer sind die hervorragendsten Lichter in der Gemeinde und sind alles Leute arbeitsamer und strebsamer Art. Young, Kimball, Taylor sind jetzt reiche Leute; die zwölf Apostel sollen meistens arm sein; aber ob sie reich sind oder arm, diese Mormonen-Ältesten ernähren sich von dem, was sie durch die Arbeit ihrer Hände und ihres Geistes verdienen können und sollen nichts für ihre erhabeneren Dienste in der Kirche nehmen.

Die unbezahlten Funktionen eines Bischofs sind sehr zahlreich, denn ein mormonischer Prälat hat nicht nur auf das geistige Wohl seiner Herde, sondern auch auf ihr moralisches Interesse und auf ihr Wohlbefinden zu sehen; er hat nachzusehen, ob ihre Farmen kultiviert und ihre Häuser reinlich sind, ob sie ihre Kinder in die Schule schicken und ihr Vieh füttern.

Am letzten Sonntag rief uns nach dem Gottesdienst im Tabernakel Brigham Young nach dem erhöhten Baldachin, unter welchem er und die Würdenträger saßen, um eine Privatzusammenkunft der Bischöfe anzusehen und zu hören, wozu diese ehrwürdigen Väter zusammengekommen waren. Die alten Männer schlossen einen Ring und Eduard Hunter, der Bischof, welcher den Vorsitz führte, fragte jeden und alle, was für Fortschritte die Arbeit in seinem Sprengel, das Bauen, Anstreichen, Drainieren und Gärtnern machte, auch was dieser Mann brauchte und jener Mann an Hilfe nötig hatte.

Ein Zug Auswanderer war eben hereingekommen und die Bischöfe hatten sechshundert Personen auf den Weg zu bringen, wie man Kraut erbaut und Häuser aufrichtet. Ein Bischof sagte, er könne fünf Maurer gebrauchen, ein anderer zwei Zimmerleute, ein Dritter einen Klempner, ein Vierter sieben oder acht Knechte auf seiner Farm und so weiter durch die ganze Bank.

In wenigen Minuten sah ich, dass zweihundert dieser armen Auswanderer so platziert waren, um ihr tägliches Brot zu verdienen.

„Das", sagte Young mit einem schlauen Lächeln, „ist eine der Arbeiten unserer Bischöfe."

Ich muss gestehen, dass ich nichts Schlimmes darin erblicken konnte.

## 23. Missionsarbeit

Der Geist der mormonischen Kirche kann am besten aus den Missionsarbeiten dieser Heiligen ersehen werden.

Sie rühmen sich, dass wenn sie ausgehen, um die Andersgläubigen zu bekehren, sie keine Börse, keine Scheine mit sich nehmen; dass sie ausziehen nackt und allein, um des Herrn Werk in der Weise des Herrn zu tun; sich auf keinen Arm von Fleisch stützend, auf keine Macht des Goldes vertrauend; sie denken nicht daran, was sie essen und wo sie sich niederlegen werden, sondern geben ihr Leben und ihr Glück ganz in die Hände Gottes.

Die Art, wie ein Ältester zu solcher Missionsarbeit berufen werden kann, hat in diesem Zeitalter der Dollars den Anstrich eines primitiven Romans.

Young (wollen wir sagen) spaziert die Hauptstraße hinab; er sieht einen jungen Menschen ein Gespann treiben, ein Pferd galoppieren, auf einem Wagen fahren; ein Gedanke kommt in seinen prophetischen Geist, er ruft den jungen Ältesten an seine Seite und sagt ihm, dass der Herr ihn erwählt habe auszuziehen und zu predigen, wobei er vielleicht die Zeit und den Ort erwähnt; die Zeit mag ein Jahr, drei Jahre oder zehn Jahre sein; der Ort kann Liverpool, Damaskus, Delhi oder Peking sein. Der junge Älteste bittet nur um wenige Stunden, um sein Haus in Ordnung zu bringen, von seinen Freunden Abschied zu nehmen, seine Frauen und Kinder zu küssen und macht sich dann, von der Straße gewählt, auf seine Gnadensendung.

Ich habe mit einem Dutzend solcher Missionare gesprochen; junge Leute, welche vom Rancho gerufen wurden, von der Sägemühle, vom Pfirsichgarten, um sofort ohne Geld oder Empfehlungsbriefe, nackt und allein an's Ende der Erde zu gehen.

Der Älteste Stenhouse ward zur Arbeit nach Frankreich und der Schweiz abgesandt; der Älteste Riter nach Österreich, der Älteste

Naisbit nach England, der Älteste Dewey nach Indien und Ceylon. Ihre Art und Weise war dieselbe.

Ohne Geld und ohne Lebensmittel begibt sich der Missionar auf die Reise; er vermietet sich als Fuhrmann, als Aufseher oder Zimmermann bei irgend einer Karawane, welche entweder nach dem Flusse oder nach der See zugeht, wie nun der Fall vorliegen mag. Wenn sein Wirkungskreis Europa ist, arbeitet sich der junge Älteste bis nach New York, woselbst er sich entweder als Kommis vermietet oder als Handwerker, je nach seinen Gaben, bis er das Geld zur Überfahrt erspart hat; wenn diese Art und Weise ihm nicht zusagt, so trifft er mit irgend einem Kapitän ein Übereinkommen, vor dem Maste zu dienen, worauf er bescheiden seinen Platz bei den armen Matrosen einnimmt, denen er, während das Schiff dahinzieht, die frohe Verkündigung eines Ruheplatzes der Mormonen im Tale der Berge zu predigen öfters Gelegenheit findet. Er ist kein Mann der Bücher.

„Wir haben keine Universitäten hier", sagte Young, „um unsere Leute zu Toren zu erziehen; wir nehmen aber einen Burschen von den Hügeln weg, der Holz gefällt, Bären getötet und wilde Füllen gezähmt hat, schicken ihn auf eine Mission fort und er kommt als Mann zu uns zurück."

In Europa angekommen, ohne einen Penny, ohne Heimat, findet der Missionar womöglich eine Wohnung im Hause irgendeines Heiligen am Orte. Wenn er keine solche Wohnung finden kann, so schläft er auf einer Bank, auf einer Steinstufe, unter einem Baume, unter dem Gerülle eines Docks.

„Ich landete in Southampton", sagte der Älteste Stenhouse, als er seine vielen geistigen Siege erzählte, „ohne einen Heller in meiner Tasche und ich verkaufte die Stiefeln von meinen Füßen, um ein Brett zu kaufen, von welchem herab ich predigen konnte."

Der Älteste Dewey erzählte mir, dass er vom Salzsee nach San Francisco, von San Francisco nach Ceylon, von Ceylon nach Puna gereist sei, sich abgemüht, gepredigt, gebettelt habe, nie in fleischlicher Furcht gewesen sei, sondern überall und stets dem Schutze Gottes anvertraut habe; er habe unter kalifornischen Goldgräbern, unter chinesischen Matrosen, unter cingalesischen Farmern, unter Fuhrleuten und Maultiertreibern von Bombay gearbeitet, selten habe es ihm an Obdach, nie an einer Mahlzeit gefehlt.

So ist der Geist eines jungen Mormonen-Ältesten. Bisweilen hilft ihm ein Heiliger fort, öfters ein Fremder und „Heide"; wenn es zum Schlimmsten kommt, nimmt er Arbeit als Schneider, als Zimmermann, als Hafenarbeiter. Er lebt von Brotrinden, schläft unter niedrigen Dächern, arbeitet und predigt von Stadt zu Stadt, begierig, seine tägliche Aufgabe zu erfüllen; geduldig, mäßig, im Stillen; er sucht nicht die Aufmerksamkeit auf sich zu lenken, erregt keine Debatten; lebt wie ein armer Mann; bietet sich überall als Freund der Armen an.

Wenn seine Aufgabe vollendet ist, dann nimmt er predigend seinen Weg zurück von dem Schauplatze seiner Arbeit, nach seiner schönen Heimat, nach seiner gedeihenden Farm, seiner tätigen Mühle, in das große Salzseetal.

In dieser Stadt der Mormonen, woselbst jedermann ein Ältester ist, da ist auch fast jeder ein Priester. Jeder Heilige kann deshalb zu diesen Missionsarbeiten berufen werden; und kein Sklave des Orients gehorcht seinem Herrn mit so schneller Bereitwilligkeit, wie der, welche der Heilige zeigt, wenn er von Young aufgefordert wird, nach einem fernen Lande aufzubrechen.

Die frohen Verheißungen, welche Leute wie Dewey und Stenhouse unter den Deckpassagieren, Hafenarbeitern, Tagelöhnern, den Knechten auf den Farmen und ähnlichen Klassen verbreiten, sind solche, welche die Verlassenen und Unzufriedenen gern hören. Sie treten gegen die Welt und gegen die Wege der Welt auf. Sie erklären, dass ein großer Umsturz nötig sei; sie versprechen dem armen Manne vergnügtere Zeiten und eine schönere Heimat. Sie bieten dem Hungernden Brot, dem Obdachlosen ein Obdach, dem Nackenden Kleider, dem Handwerksmann bieten sie Mühlen, dem Bauern Farmen an.

Der Himmel, von dem sie erzählen, wird von ihnen nicht ganz jenseits des Grabes versetzt; die Erde selbst ist, ihrer Meinung nach, ein Teil des Himmels; und da die Erde und alles, was auf derselben, des Herrn ist, so verkündigen sie, dass diese Reichtümer der Erde die wahre Erbschaft seiner Heiligen sind. Die Reichen, sagen sie, haben den Glauben Christi verdorben und die Kirchen der Reichen treiben das Werk des Teufels.

Sie stellen Joseph dar als einen Priester für die Armen. Sie erklären, dass Unwissenheit eine seligmachende Tugend sei, und dass die armen Leute die Lieblinge Gottes seien.

Andere Sekten außer den Heiligen haben auch einige dieser Glaubenssätze; aber man sieht, dass der mormonische Prediger so handelt, als ob er dieselben für wahr halte.

Zeigt dem jungen Missionar einen Bettler, einen Verstoßenen, einen Dieb, einen der in Verzweiflung und dem Untergange nahe ist und er wird so handeln, als ob er sich von Gott dazu berufen glaubte, diesen elenden Schelm zu retten.

Mit Leuten, welche in schönen Kleidern erscheinen, in großen Häusern wohnen, von Silbergeschirr speisen, hat er keine Gemeinschaft. Seine Arbeit ist in Five Points, nicht in Madison Square, in Seven Dials, nicht in Park Lane. Die Reichen, die Gelehrten, die Verfeinerten haben ihren eigenen Glauben, ihre eigenen Gebräuche, welche weit über seine Macht, sie zu verbessern oder zu verderben, liegen.

Sie haben ihn nicht nötig und er sucht sie nicht auf in ihrem Stolze. Was könnte er ihnen sagen? Würden sie auf seine Verheißung besserer Tage hören? Was würden sie sich aus seinem Paradiese von Farmen und Weideplätzen machen? Der Heilige geht bei diesen weltlichen Menschen vorüber, wie bei Menschen, zu denen er nicht gesandt worden ist und steigt niedriger auf der Leiter des Lebens; er sucht die Opfer der Welt für sich aus, um welche sich, außer ihm, niemand zu bekümmern scheint.

Bei dem Mangel und dem Sehnen der Armen findet er Gehör für seine Sendung.

Aber er preist nicht die Armen ihrer Armut wegen; er lässt sie nicht vermuten, dass ein Zustand der Armut ein Zustand der Gnade sei; sein Glaubenssatz ist, dass Reichtümer gut seien; und er gibt das Versprechen, welches er durch Tausende von Beispielen unterstützen kann, dass die Heiligen durch die Arbeit ihrer Hände und die Gnade Gottes reich werden.

Für Leute, welche nach Ländereien und Häusern hungern, ist der Wohlstand, von dem er in Wahrheit sagen kann, dass er in Deseret besteht und zu welchem zu gelangen und an welchem Teil zu nehmen er sie dringend einlädt, ein großer und mächtiger Anziehungspunkt.

Die Sorge für die Armen ist namentlich in der mormonischen Gesetzgebung als eine heilige Pflicht niedergeschrieben. Die Hauptsorge eines Bischofs ist, dass kein Mann in seinem Distrikte, in seinem Lande Mangel an Nahrung und Kleidung hat; wenn er findet, dass eine arme Familie in Not ist, geht er zu ihrem reicheren Nachbar und verlangt von ihm im Namen des Herrn einen Sack Weizen, eine Kanne Tee, einen Hut Zucker, eine wollene Decke, ein Bett; er weiß, dass seinem Verlangen prompt entsprochen wird.

Die ganze Erde ist des Herrn und muss ihm dargebracht werden. Der Älteste Jennings, der reichste Kaufmann in der Salzseestadt, sagte mir, dass viele solcher Requisitionen bei ihm selbst gemacht würden; in schlechten Zeiten können sie zwei- oder dreimal des Tages zu ihm kommen.

In Fällen der Not geht der Bischof nach dem Zehnten-Amt und erhält die Hilfe, welche die Glieder seiner Gemeinde nötig haben; denn die Bedürfnisse der Armen müssen eher berücksichtigt werden, als die Bedürfnisse der Kirche; aber nur selten braucht man sich von der persönlichen Wohltätigkeit an den allgemeinen Fund zu wenden. Denn wenn ein Heiliger Vorrat von irgendeiner Sache hat, so teilt er ihn mit seinen Genossen; hat er Brot, so muss er den Hungrigen speisen; hat er Kleidung, so muss er den Nackten kleiden.

Keine Entschuldigung hilft ihm über die Vernachlässigung dieser Pflicht. Das Gebot, das, was wir haben, zu verkaufen und den Armen zu geben, ist bei den meisten von uns nur ein leeres Gesetz; aber der Mormone kennt wie der Araber und der Jude, deren Geist er geerbt hat, keine solchen frommen Fabeln. „Weide meine Herde!" ist ihm ein Befehl, welcher keine Weigerung, keine Verzögerung zulässt.

Ein besonderer Fond ist zur Unterstützung der bedürftigen Heiligen aufgebracht und Young selbst, der Diener aller, erfüllt in Person die mühsamen Pflichten dieser Pflegschaft. Ich ging mit Bischof Hunter, einem guten, muntern, alten Herrn, voll Arbeit und Humor, nach dem Auswanderer-Korral, um die Reihen neuer englischer Auswanderer zu besichtigen; sechshundert Leute aus den Hügeln von Wales und den Midland-Grafschaften; 110 Männer, Frauen, Kinder; alle arm und unansehnlich, müde, schmutzig, sonnenverbrannt, skorbutisch von Entbehrungen; und ich war überrascht von dem zarten Ton seiner

Stimme, der Weisheit seiner Ratschläge, der väterlichen Fürsorge, mit welcher er mit diesen armen Leuten verkehrte.

Manche der Frauen waren krank und klagten; sie wollten Butter haben, sie verlangten Tee; sie wollten manches, was im Korral nicht zu haben war. Hunter schickte nach einem Arzte in die Stadt und gab Anweisung auf Tee und Butter an das Zehnten-Amt.

Nie werde ich den rührenden Ausdruck der Dankbarkeit vergessen, welcher aus den Augen mancher dieser Leidenden strahlte. Die armen Geschöpfe fühlten, dass sie in der Person dieses alten Bischofs einen weisen und aufmerksamen Freund gefunden hatten.

Aber die Heiligen sind in der Regel nicht in dem Sinne arm, in dem die Irländer arm sind; nicht arm als eine Rasse, als eine Körperschaft, als eine Gemeinde; sie sind für eine neue Gemeinschaft, welche mit nichts angefangen und welche ihr Glück durch Arbeit zu machen hat, sogar reich.

Utah hat zahlreiche Farmen und Gärten; die Seiten der Hügel sind mit Schaf- und Rinderherden bedeckt, und die Hauptstadt Neu-Jerusalem ist schön ausgelegt und im edlen Style gebaut.

Jedermann arbeitet mit seiner Hand und mit seinem Geiste; die Leute sind mäßig; ihre Felder kosten ihnen nichts und der Reichtum, den sie sich durch ihre Industrie erworben, ist groß.

Ihre Schaf- und Rinderherden zu vermehren, Korn und Weizen aufzuspeichern, heißt für sie den Geboten Gottes gehorchen.

## 24. Das mormonische Licht

Um diese Heiligen vollständig zu begreifen, muss man über die Schönheit ihrer Stadt, den Reichtum ihrer Farmen, die Tätigkeit ihrer Werkstätten, die Ausdehnung ihrer Dörfer hinweg und in die geistigen Quellen ihrer Stärke sehen.

Joseph lehrte seinen Schülern einen Glauben, der durchaus nicht neu war: dass in jeder Religion ein guter und vielleicht auch ein schlechter Keim ist; und er hatte sich vorgenommen, mit göttlicher Hilfe (und unterstützt von Rigdon, Young und Pratt) den guten Kern aus jedem alten Glauben herauszuziehen und ihn der Gemeinde zuzuteilen, welche er für sein Volk gründete. Er nahm viel von Mohammed, mehr noch von Paulus, am meisten von Abraham; aber bei seiner freien Behandlung religiöser Meinungen scheute er sich auch nicht von den Hindus, den Tataren, von den Mohawks zu borgen.

Die Doktrinen seiner Kirche sind:

1. Gott ist eine Person mit der Gestalt und dem Fleische des Menschen.

2. Der Mensch ist ein Teil der Substanz Gottes und wird selbst ein Gott werden.

3. Der Mensch ist nicht von Gott geschaffen, sondern bestand von aller Ewigkeit und wird bis in alle Ewigkeit bestehen.

4. Der Mensch ist nicht in Sünde geboren und ist nur für seine eigenen Sünden verantwortlich.

5. Die Erde ist eine Kolonie verkörperter Geister, eine von vielen ähnlichen Niederlassungen im Weltall.

6. Gott ist der Präsident der Unsterblichen und hat unter sich vier Arten Geschöpfe:
   a. *Götter*, d.h. unsterbliche Wesen, welche eine vollkommene Organisation der Seele und des Körpers haben; das ist der endliche Zustand der Menschen, welche auf der Erde im vollkommenen Gehorsam gegen die Gesetze gelebt haben.
   b. *Engel* – unsterbliche Wesen, welche auf der Erde in vollkommenem Gehorsam gegen die Gesetze gelebt haben.
   c. *Menschen* – unsterbliche Wesen, in denen eine lebende Seele mit einem menschlichen Körper vereint ist.
   d. *Geister* – unsterbliche Wesen, welche noch darauf warten, ihr Tabernakel des Fleisches zu empfangen.

7. Da der Mann zu den Göttern gehört, wird er durch die Ehe für einen himmlischen Thron wählbar; sein Haushalt von Weibern und Kindern ist sein Reich nicht nur auf Erden, sondern auch im Himmel.

8. Das Reich Gottes ist auf Erden wieder gegründet worden; die Zeit ist für die Heiligen gekommen, von ihrem Eigentume Besitz zu nehmen; aber durch tugendhaften Wandel, nicht durch Zwang; durch Industrie, nicht durch Gewalt.

Es scheint, als ob Joseph fast alle diese Doktrinen von Rigdon oder Pratt hätte. Pratt, der erste Gelehrte der mormonischen Kirche – ein viel zu großer Gelehrter, als dass ihn Young verstehen und dulden könne – hat in verschiedenen Werken und Vorlesungen eine Kosmogonie des Himmels und der Erde dargelegt, welche uns Young streng warnt als Wahrheit aufzunehmen. Einmal, wenn nicht öfter als einmal, sind Pratts Schriften durch den ersten Präsidenten und den Rat der Zwölf förmlich verdammt worden, obschon er noch seine Stellung als Apostel innehat.

„Wenn ich nicht gewesen wäre", sagte Young lächelnd, „würde er längst von der Kirche ausgestoßen worden sein." Als wir die geistige und materielle Lehre, welche von Pratt eingeschärft wird, dem Präsidenten zur Meinungsäußerung vorlegten, sagte er ungeduldig: „Wir wissen davon nichts; es kann alles wahr, es kann alles falsch sein; wir haben über diese Dinge noch keine Erleuchtung."

Was in den obigen nummerierten Paragraphen niedergelegt ist, ist die offizielle Doktrin, wie sie in den Schulen aus dem Katechismus gelehrt wird, welchen der Älteste Jacques geschrieben hat und welcher förmlich von Young angenommen worden ist.

Es möchte scheinen, als ob diese Sätze von den Heiligen aus den ältesten und neuesten Götterlehren unter der Sonne geschöpft wären.

Der mormonische Gott scheint von Natur und Gestalt wie Homer's Zeus zu sein. Ihre Engel sind den *Beni-elohim* des Apostel Paulus nicht ganz unähnlich; nicht Engel und Geister im alten englischen Sinne, sondern vielmehr körperlose und ungesehene Wesen, wie von feiner Luft und unsichtbarer Flamme. Ihre Menschen, als ungeschaffene, unzerstörbare Wesen, sind eine Schöpfung des Pythagoras; und als Wesen, welche ohne Sünde geboren und nur für ihre eigenen Taten verantwortlich sind, gleichen sie den Phantasien Swedenborg's.

Einige Verwirrung ist in Utah und anderswo über die mormonische Doktrin der Engel entstanden; eine Verwirrung, welche durch die Träumereien und Spekulationen von Orson Pratt hervorgerufen wurde. Young war so freundlich, uns den wahren und offiziellen Glauben seiner Kirche über diesen merkwürdigen Gegenstand zu lehren.

Engel, sagte er, sind unvollkommene Wesen, welche nicht fähig sind, in den höheren Grad der Götter zu kommen, für die sie jetzt und immerdar die Boten, Aufwärter und Diener sind und sein werden. Sie sind unsterbliche Wesen, welche das Stadium der Geister im Weltall und der Menschen auf Erden hinter sich haben, die aber das Gesetz des Lebens nicht erfüllt, ihre Kräfte nicht in vollkommenem Gehorsam gegen den Willen Gottes verwandt haben.

Daher sind sie in ihrem Wachstume nach dem höheren Zustande aufgehalten worden.

Als ich fragte, wodurch sie bei Beobachtung des Gesetzes gefehlt hätten, antwortete Young: „Dadurch, dass sie kein patriarchalisches Leben geführt, nicht – wie Abraham und Jacob, David und Salomon – viele Frauen geheiratet haben, wie alle jene Männer, welche in der Bibel die Freunde Gottes genannt werden." In der Tat sind, nach Young, Engel die Seelen der Junggesellen und Monogamisten, Wesen, welche unfähig für Nachkommenschaft, welche nicht gesegnet mit weiblichen Genossen sind und deshalb nicht fähig erscheinen, in den himmlischen Sphären zu herrschen und zu regieren.

In der nächsten Welt können mein Freund und ich – da er noch nicht verheiratet ist und ich nur eine Frau besitze – nur auf den Rang himmlischer Junggesellen Anspruch machen, während Young und Kimball, umgeben von ihren Königinnen, auf ihren himmlischen Thronen sitzen werden.

Diese Glaubensregeln, wie sie in der Salzseestadt gehalten, wie sie in unserer Mitte gelehrt werden – in den Bergen von Wales, in den Midland-Grafschaften, unter den Hafenarbeitern am Mersey, in den Höllen von Whitechapel – üben, obschon sie sich in der Hauptsache mystisch lesen lassen, einen mächtigen Zauber auf die Einbildung und eine große Macht auf das wirkliche Leben ihres Volkes aus. Nichts ist bei den Mormonen nutzlos; Nanak selbst war in seinen Reformen nicht praktischer, als Young; der Glaube ist das Prinzip ihrer Handlungen; was sie glauben, das tun sie; und die, welche die Stellung begreifen wollen, die diese Heiligen auf Erden, von zwanzigtausend Büchsen verteidigt, inne haben, müssen das zu verstehen suchen, was sie vom Himmel denken.

Wie die Moslems sind die Mormonen ein betendes Volk. Da die Religion ihr Leben ist, wird von ihnen jede Handlung des Tages, ob gesellschaftlich oder kommerziell, als auf das Bezug habend betrachtet, was man für den Willen Gottes hält. Deshalb geben sie wenig auf Schlauheit, Vorsicht und Vermittlung; sie scheinen ohne Furcht zu leben; sie sorgen nicht für morgen, sondern setzen ihr Vertrauen auf den Himmel allein und hoffen von ihm Hilfe und Erfolg. Nehmt, wenn ihr mit ihnen sprecht, Bezug auf die Chicago-Platform[3], deren eine Theorie die ist, die Vielweiberei mit Gewalt zu unterdrücken und sie lächeln nur über eure weltliche Weisheit und sagen, dass sie ein göttliches Leben führen, und dass Gott wissen wird, wie er seine Erwählten beschützt. Gebt ihnen einen Wink, dass Young sterblich ist und eines Tags einen Nachfolger nötig haben wird und wiederum lächeln sie über euren Mangel an Verständnis, sagen, dass sie damit

---

3   Parteiprogramm

nichts zu tun haben, dass Gott weise und stark und fähig ist, Diener zu erziehen, welche seine Kirche leiten.

Ihr einziges Vertrauen scheint Gott zu sein.

Es ist nur in der Ordnung, hinzuzufügen, – als einen Punkt, den ich in Erfahrung gebracht habe – dass sie sich sehr in Acht nehmen, „ihr Pulver trocken zu erhalten".

Ihr Vertrauen auf die göttliche Macht, zu helfen und sie zu erretten, ist nicht sowohl das Ergebnis ihrer Schwäche und Unterwürfigkeit, als das ihrer Stärke und ihres Stolzes. Young stellt den Menschen auf eine viel höhere Stufe, als je ein christlicher Priester getan hat, höher vielleicht als irgend ein Mollah der Moslemin, obschon der Koran die Engel im Paradiese wohnen lässt, als Diener der Gläubigen, welche zur Ruhe versammelt sind.

Bab in Persien, Nanak im Punjab gehen noch weiter als Mohammed; sie lehren ihre Schüler, dass der Mensch ein Teil der Persönlichkeit Gottes ist; aber Young beschreibt den Menschen als einen unerschaffenen, unzerstörbaren Teil des Höchsten, ein Wesen mit der Fähigkeit, eine Reihe unsterblicher und unkörperlicher Wesen zu dem erhabenen Rang der Götter zu erziehen.

Wie sehr ein hoher Glaube an die Rechte und Kraft des Menschen, als einen Sohn Gottes und besondern Liebling des Himmels, die Seele in der Gefahr stärken und den Arm in der Schlacht nerven kann, ist in jedem Kampfe der Juden zu sehen gewesen und steht in jeder Geschichte der Sikhs geschrieben.

Die weltlichen Bestimmungen der Mormonen-Gesellschaft können in drei große Gruppen zusammengefasst werden:

1. die, welche die Beziehungen des Menschen als Mitglied und als Fremdling bestimmen;

2. die, welche die Art und Weise und das Prinzip ihrer Regierung bestimmen;

3. die, welche den Zustand ihres Familienlebens bestimmen

## 25. Weltliche Bestimmungen

Die erste Gruppe der weltlichen Bestimmungen umfasst zwei Hauptideen.

1. Die neue in Utah errichtete Kirche ist frei, obschon sie die Kirche von Amerika genannt wird und (mit einer vorübergehenden Ausnahme) der ganzen Welt offen – Leuten jeder Rasse, jeden Klimas, jeden Glaubens und jeder Farbe. Sie nimmt in ihren Busen den Juden von New York, den Buddhisten von San Francisco, den Parsen von Kalkutta, den Wesleyaner von Liverpool, den Moslem von Kairo, den Cheyennen vom Smokyhill-Fluss auf.

Die einzige vorübergehende Ausnahme ist der Neger. „Der Neger", sagte Brigham zu mir heute früh, „ist ein Abkömmling Kains, des ersten Mörders, und seine dunkle Farbe ist ein Fluch, den Gott seiner Haut auferlegt hat." Nur ein Neger ist je in die Brüderschaft der Heiligen aufgenommen worden und das geschah durch Joseph in Nauvoo.

Bis Gott den Fluch weggenommen hat, will Young keinen dieser Abkömmlinge Kains in seiner Kirche haben.

2. Die neue Kirche nimmt nicht nur alle die auf, welche kommen, sondern duldet auch alle „Heiden", stellt keine Fragen, verlangt keine Proben, fordert kein Opfer. So kann ein Mann irgend eines Glaubensbekenntnisses den Heiligen eingereiht werden, ohne seine Identität zu verlieren; ohne seine Götzen zu zerbrechen, ohne seinen Glauben zu entwurzeln, ohne seine Gewohnheiten abzulegen, mit einem Worte, ohne den geistigen Wechsel, welchen die Christen unter dem „zu einem neuen Leben geboren werden" verstehen. Der zum Mormonismus

Bekehrte nimmt eine neue Wahrheit zu den Wahrheiten an, welche er vorher für solche gehalten. Joseph wird ihm als Vermittler, nicht als Trenner dargestellt. Die Heiligen behaupten, dass in jeder Religion etwas Gutes ist, und dass keine Sekte auf Erden sich eines Monopols in der Liebe Gottes erfreut.

Betrachten wir diese beiden Hauptideen, nicht von ihrer dogmatischen, sondern von ihrer politischen Seite.

### Die Kirche ist frei und offen

Ihre ersten Versuche macht eine neue Sekte gewöhnlich bei einer bestimmten Rasse, ihr Ritual ist gewöhnlich einer bestimmten Zone angepasst. Wir sehen, dass in der Geschichte viele solcher Versuche an Ort und Stelle Erfolg hatten und überall anderswo fehlschlugen; dass die Gelehrten geneigt sind, die Möglichkeit eines allgemeinen Glaubens zu leugnen und Religion als eine Sache des Klimas und der Rasse zu betrachten.

Das Gesetz Mosis bekehrte nur wenige außer den hebräischen Stämmen. Confucius findet außerhalb China keine Anhänger. Der große Geist regiert nur in den amerikanischen Wäldern. Die Gebern haben nie ihren Gottesdienst aus Persien und Indien herausgebracht. Dagon war ein Lokalgott, das Symbol eines Volkes, welches die See liebte. Thor ist ein Bewohner des eisigen Nordens. Brahma ist nur den Hindus bekannt, welche niemanden bekehren und so streng ist das Gesetz, für sich allein, getrennt zu leben bei den gewöhnlichen Hindus festgestellt, dass ein Mann aus einer Kaste nie in eine andere übergehen kann; ein geborener Brahmane muss ein Brahmane bleiben, ein geborener Sudra muss sein ganzes Leben lang ein Sudra bleiben. Der Buddhismus hat in manchen Beziehungen den Charakter einer allgemeinen Kirche, da er viele Stämme und Nationen an sich herangezogen hat und die erste Religion der Welt geworden ist, wenn die bloße Anzahl von Tempeln und Gemeinden diesen Rang verleihen kann; aber unter den vierhundert Millionen Menschen, welche Buddha anbeten, ist nicht ein Beispiel, dass ein Volk je zu dem Glauben bekehrt worden wäre, in welchem die Annahme dieses Bekenntnisses nicht durch eine natürliche Anlage zu dem orientalischen Glauben an die Seelenwanderung vorbereitet worden wäre, so dass der Buddhismus selbst, wie weit er auch durch die Welt verbreitet, nur die Religion einer bestimmten Rasse ist. Der Islam ist der Glaube Arabiens und der Araber. Als er ostwärts nach dem Ganges, westwärts nach dem Guadalquivir gebracht ward, wurde er auf den Spitzen einer Myriade Lanzen getragen und nicht von dem indischen und spanischen Volke wegen seiner Verdienste als rettender Glaube ausgenommen und da er weder ein natürliches Wachstum, noch eine freie Adoption in diesen Ländern war, so überlebte er sich bald in Spanien, während er in Persien und Indien hauptsächlich unter Leuten der semitischen Rasse Wurzel gefasst hat. Nanak in Panjab, Bab in Persien mögen Sekten auf einem weiteren Plane als die meisten anderen religiösen Leiter gegründet haben, denn die Sikhs und Babis sind beides missionäre Kirchen, welche ihre Anhänger aus den Moslem-, Buddhisten- und Hindu-Gemeinden nehmen; aber die Idee, eine freie und offene Gemeinde zu haben, welche den braunen und den weißen Mann, den schwarzen Mann und den roten Mann zu Brüdern und Genossen machen sollte, ist kaum je über diese feurigen Verteidiger des Glaubens gekommen.

So haben fast alle unsere Glaubensbekenntnisse entweder eine offene oder eine versteckte Beziehung zu einem bestimmten Zustande. Eine alte Legende teilt mit, dass der arabische Prophet seinen Anhängern gesagt hat, sie würden in Waffen die Oberhand haben und überall dahin den wahren Glauben verpflanzen, wo die Palmen Früchte trügen, eine Legende, welche fast tatsächlich für ein Jahrtausend zur Wirklichkeit geworden ist; aber Mohammed dachte nie daran, sein halbtürkisches System sozialen Lebens den weißen Barbaren des Nordens anzubieten, den hungrigen Jägern jenseits des Euxinus, den frierenden Holzschlägern der Schweizer Alpen. Sein Gesetz, Wein und Schweinefleisch zu verachten, ist weise genug am Nil und Jordan, würde aber an der Donau und der Elbe zu viel verlangt gewesen sein. Seine Gesetze waren für die palmentragenden Zonen geschrieben und innerhalb dieser Zonen ist der Islam stets gediehen. Man findet außerhalb Persien keine Niederlassung eines Babi, keinen Sikh außerhalb Ober-Indiens; in jedem Falle findet ein

Mann seine religiösen Gebräuche dem Lande, in welchem er wohnt, angemessen.

Das Christentum selbst hat, obschon edler an Gesinnung, zäher in seiner Bauart, als irgendeins dieser geographischen Glaubensbekenntnisse, doch sehr den Anschein, als ob es hauptsächlich die Religion der gotischen Rasse sei. Obschon unsere Religion in Palästina entstand und einige Jahre lang in Ägypten und Syrien blühte, packte sie nie den semitischen Geist, fasste sie nie auf semitischem Boden Wurzel. Kein Araberstamm ist schließlich für das Kreuz gewonnen worden, gerade wie kein gotischer Stamm schließlich für den Halbmond gewonnen wurde.

Die halborientalischen Gemeinden, welche in Asien und Afrika verbleiben, – die abessinische, die koptische, die armenische – haben keine Verbindung mit der großen arabischen Familie. In der Tat hat nie ein Zweig der christlichen Gemeinschaft bestimmt darauf Anspruch gemacht, sich allen Nationen als eine freie und offene Kirche anzubieten; wir sind vielmehr stolz daraus, lokal und exklusiv zu sein – Griechen, Lateiner, Anglikaner, Lutheraner – Zweige einer lebendigen, allgemeinen Kirche.

Die größte christliche Gemeinschaft auf der Erde bestimmt ihre Katholizität als römisch und apostolisch, statt dahin zu zielen, die Welt zu umfassen und keinen Gründer außer Jesum Christum anzuerkennen.

Wie viel Macht durch das Vorhandensein dieses Parteigeistes in unseren Kirchen verloren geht, fühlt ein Staatsmann sofort, wenn ein Gegenstand, welcher der ganzen christlichen Gemeinschaft eigen ist, auftaucht; wie z.B. die Frage wegen des heiligen Grabes, vor nur zwölf Jahren, den Russen und den Franken zum Bruderkampfe getrieben hat.

*Die neue Kirche duldet die Verschiedenheiten des Glaubens und der Gewohnheiten des Lebens*

Laien wie More und Locke haben sehr beredt darüber geschrieben, alle Arten von Meinung zu dulden; aber kein großer Teil der christlichen Kirche ist je wirklich auf solche liberalen Ansichten eingegangen.

Aus keinem bessern Grunde, als aus Meinungsverschiedenheit über Punkte, welche nur der höchste Verstand bewältigen kann, sind die Griechen, Römer, Lutheraner, Holländer, Genfer im tödlichen Kampfe; spotten über die Gebräuche der anderen; schieben sich einander Motive unter; verurteilen die Handlungen der anderen; sagen und tun ihren Brüdern Übles, mit einer Bitterkeit des Hasses, welche mit der Beschränktheit ihrer unterscheidenden Grenzen zunimmt.

Zum Beispiel verdammen sich die Prälaten von Rom und England einander von einem Fasten zum andern mit einer Wildheit, welche sie gegen einen Imam in Ägypten, einen Gosain in Bengalen, einen Propheten am Salzsee nicht entfalten würden. Wir machen Parole- und Warnworte, um Leute zu verhindern, uns nahe zu kommen, welche sonst gern an unserem Evangelium der Liebe und des Friedens Teil nehmen möchten. Mit so wenig Mitleiden, als die Gileadischen Schwertträger gegen die fliehenden Leute am Jordan fühlten, töten wir alle Brüder, welche unser Schibboleth entweder nicht aussprechen können oder wollen.

Als unser Gründer sie verließ, war unsere Kirche liebreich und barmherzig; wie sie die Menschen gemacht haben, ist sie hart und grausam, wie eine Hindukaste. Ein Brahmane überhebt sich nicht mit wilderem Stolze über einen Sudra, als ein griechischer Christ über einen Kopten. Selbst an der Wiege und am Grabe Christi kämpfen wir für unsere Partikularinteressen, bis die Beduinen selbst, welche die streitenden Schüler zu trennen haben, vor Scham erröten.

Ist es besser in London, Rom und Moskau, als in Bethlehem und Zion? Schmähen sich die hundert Hindusekten einander mehr als unsere eigenen Gemeinden? Wer will es sagen?

Ein Verehrer des Wischnu kann in demselben Kloster mit einem Verehrer des Siwa leben und die zwei Hindu-Eremiten werden in ihrer engen Zelle in Frieden wohnen. Wie würde es mit einem Calvinisten und einem Katholiken unter einem Dache sein? Chaitanya lehrt die schöne Wahrheit, dass der Glaube die Kaste aufhebt und ersetzt, so dass ein Brahmane, Kschatrya, Vaisya und Sudra, was immer auch ihr Rang und Stand auf Erden gewesen sein mag, vor Gott gleich und Brüder sind. Manche Christen predigen dasselbe; aber wo ist die Nationalkirche, welche diese wohlwollende Wahrheit aufgenommen hat?

Ein Grieche will ja nicht zugeben, dass ein Lateiner von der Hölle errettet werden kann und jeder armenische Mönch glaubt, dass sein koptischer Gegner im ewigen Feuer verbrannt werde. Unsere Kirchen selbst, die auf unseren Kirchspielangern, sind durch innere Kämpfe abgenutzt und zerrissen.

Von allen Kasten der Erde soll in Gedanken und Worten die anglo-sächsische die liberalste und toleranteste sein; und doch haben wir unsere flackernden Smithfield-Feuer gehabt, und unsere Märtyrer-Liste dehnt sich in ein mächtiges Heer aus. Innerhalb des bestehenden Bezirkes sehen wir eine Partei der Hochkirche gegen eine Partei der niederen Kirche kämpfen, gerade wie die Hanafeer gegen die Malikeer in der orthodoxen arabischen Moschee streiten.

Manche Schriftsteller sehen etwas geistig Gutes in dieser weiten Trennung der Sekten voneinander; aber die politischen Resultate derselben können nicht verborgen werden; und diese Resultate sind in England Zank, in Europa Blutvergießen, in Palästina die Besitznahme unserer heiligen Plätze durch die Türken. Eine tolerante Kirche würde die Gesellschaft vor einer enormen Verschwendung von Macht retten.

## 26. Hohe Politik

Die zweite Gruppe der weltlichen Bestimmungen – die Bestimmungen, welche die Art und Weise und das Prinzip der mormonischen Regierung feststellen – erheben sich in die hohe Region der Politik. Drei Punkte können als besonders wichtig zum Verständnis dieses eigentümlichen Volkes erwähnt werden.

1. Die neue Kirche nimmt an, dass Gott in persönlicher Verbindung mit seinen Heiligen ist; dass er sie jetzt leitet, wie er sie in früheren Zeiten leitete, und wie er in Zukunft tun wird durch einen erfahrenen Seher; nicht in großen Dingen allein, ihren Kämpfen, zur Zeit der Hungersnot und auf ihren Wanderungen, sondern auch in ihrer Not zu Haus und auf dem Felde, wie z.B. beim Bepflanzen eines Feldes, dem Bau eines Warenlagers und der Siegelung einer Frau.

2. Die neue Kirche behauptet, dass wahre Gottesverehrung wahre Freude ist; ein Segen von oben, der von einem Vater seinen Kindern reichlich gegeben wird; nicht ein von einem Fürsten verlangter Tribut, nicht eine Buße, welche ein Priester verlangt, sondern ein leichtes, unschuldiges Spiel, eine Freude des Geistes und des Fleisches, ein Gefühl, dass man seine Pflicht getan hat, dass ein Dienst angenommen und das Leben erfrischt worden ist.

3. In der neuen Kirche ist die Arbeit ehrbar, die Urbarmachung von unfruchtbaren Plätzen edel, die Produktion von Korn und Öl, Früchten und Blumen, Gummi und Gewürzen, Kräutern und Bäumen eine heilbringende Handlung, da die ganze Erde

von den Heiligen als eine Wüste betrachtet wird, welche durch Arbeit für den zukünftigen Himmel erlöst werden muss.

Dies verdient genaue Aufmerksamkeit seitens derer, welche das politische Wachstum der Mormonen-Kirche verstehen wollen.

## *Die neue Kirche wird von Gott regiert*

Die Idee, dass Gott stets bei seinem Volke ist, dass er demselben jeden Tag seine Wünsche durch einen erwählten und unfehlbaren Kanal zu erkennen gibt, ist, obschon sie Leuten von Ehrerbietung sehr profan erscheinen mag, eine, welche dem Herrscher und Denker, welcher darauf bedacht ist, die Leute durch ihre Hoffnungen und Furcht zu regieren, als die erscheinen muss, welche ihm große Hilfsmittel darbietet.

Man weiß, dass einer gewissen Klasse Menschen das bloße Gefühl der Entfernung alles Licht matt erscheinen lässt, alle Furcht tötet; so dass bei solchen Leuten die Autorität des Rechtes und der Wahrheit leicht abgeschwächt wird, in genauem Verhältnis zu der Entfernung ihrer Zeugen.

Für diese Art Leute muss alles nah und neu sein. Ihnen sind alte Edikte von zweifelhafter Macht; alte Traditionen außer der Zeit. In der Tat haben für jeden, außer den Hochgebildeten, denen Euklid dasselbe wie de Morgan ist, die Gesetze eine Neigung veraltet zu werden.

Eine Kirche, welche ein bestimmtes Jahr als ihren Ausgangspunkt nimmt, muss stets darauf rechnen, mit der Schwäche des menschlichen Herzens in Konflikt zu geraten. Zu sagen, dass etwas weit entfernt ist oder sich vor langer Zeit zutrug, ist einer Art moralischen Verzweiflung Ausdruck geben.

Die Menschen wünschen den Quellen näher zu stehen; wenn sie der Gnade teilhaftig werden könnten, möchten sie Gott von Angesicht zu Angesicht sehen. Moses kann nicht für sie sprechen; der Sinai ist bloß ein Name. Sie fühlten nie die Wellen des Galiläischen Sees unter sich ruhig werden. Sie standen nicht im Vorhofe des jüdischen Tempels, als der Vorhang desselben zerriss.

Leuten dieser Art, welche stürmisch nach einem Zeichen verlangten, antwortete Jerusalem mit einer Reihe Propheten, welche den jüdischen Himmel auf die Erde herabbrachten und ihn dem Volke mit ihrem täglichen Brote vorsetzten; Rom antwortet jetzt, wie sie vor Alters geantwortet hat, mit ihrem Mysterium der wirklichen Gegenwart Gottes in Brot und Wein.

Rom und Jerusalem fanden durch solche Mittel eine Verteidigung gegen die schwachen Seelen; aber Städte mit ausgebreiteter Kultur – Boston, Amsterdam, Genf – haben keine Mittel gegen solches Verlangen des Geistes, außer den kritischen Ansichten ihrer gelehrten Männer.

Aber diese kritische Gelehrsamkeit entspricht nicht immer dem Zwecke.

Ein Glaube, der seine Stütze in der Logik und der Geschichte zu finden hat, wird einigen devoten und nicht denkenden Seelen wie ein weltliches Gesetz erscheinen, das sich auf den Menschen stützt, wo es sich nur an Gott lehnen sollte. Religiöser Zweifel verlangt mehr und ist unlogischer, als philosophischer Zweifel. Vielleicht ist die Gefahr, welche von seiner Gegenwart in einer Gesellschaft entsteht, in den freiesten und am besten erzogenen Staaten am größten; da religiöser Zweifel eine der Folgen der Zivilisation ist, schneller in seinem physischen, als in seinem moralischen Wachstume.

Da der Geist durch ein Übermaß von Licht umnebelt werden kann, so kann er auch durch Übermaß von Gesundheit krank werden.

Die Freiheit stellt Fragen auf, zu denen die Antworten noch nicht gefunden sind; und was dem Philosophen Schwierigkeiten macht, gibt dem Betrüger Gelegenheit. Wenn Leute Wunder verlangen und mit bloßen Daten abgespeist werden, kann es dann befremden, wenn sie sich wegwenden? Seelen, welche im Finstern tappen, kehren sich nicht an eine Streitfrage, nicht an Geschichte, nicht an Logik; sie wollen ein lebendiges Evangelium haben, eine sofortige Offenbarung, einen persönlichen Gott.

Hier tritt der Heilige ein und befriedigt alle Bedürfnisse. Wenn Young mit einer besondern Betonung sagt: „Das weiß ich", so halten seine Anhänger seine Stimme für Gottes Stimme. Ihre Augen öffnen sich, ihre Gesichter werden heller bei jedem Worte; neue Hoffnung, frischer Muth kommt in ihre Herzen. Sie nehmen den Rat, die Aufmunterung als göttlich an; das Leben beginnt, so zu sagen, neu für sie.

Es würde einfach Blindheit von unseren Geistlichen sein, wenn sie nicht sehen wollten, dass in unserem eigenen Zeitalter und bei den freiesten Nationen viele schwache Seelen aus Mangel an wirklicher tieferer Einsicht, wie sie erwarteten, von einem Glauben abfallen, den sie nicht mehr so, wie sie wohl möchten, als eine Tatsache erfassen können; auf der einen Seite sich zum Nationalismus, auf der andern Seite zum Romanismus wendend, hier Spiritualisten werden, dort nach den Mormonen fragen. Zu den Schwachen, welche nach einem Führer rufen, sagen die Vernunftmenschen: „Kommt zu uns und werdet von eurem Glauben geheilt"; die Heiligen sagen: „Kommt zu Gott und werdet von der Hölle errettet."

## *Gott dienen heißt das Leben genießen*

Von der sozialen Seite kann man die mormonische Kirche als heiter, ihr Ritual als ein festliches ansehen. Alles, was ältere Glaubensbekenntnisse an Düsterkeit, Strenge, Verwirrung, Verzweiflung gepflegt haben, ist vom neuen Jerusalem verbannt. Niemand fürchtet verdammt zu werden, niemand bekümmert sich um Schicksal, freien Willen, Wahl und Abwendung der Gnade. Ein Mormone lebt in einer Atmosphäre des Vertrauens, denn in seinen Augen liegt der Himmel um ihn her in seinem leuchtenden See, in seinen lächelnden Feldern, in seinen schneeigen Alpen. Ihm war die Ankunft der Heiligen das zweite Kommen und die Gründung ihrer Kirche der Anfang einer neuen Regierung Gottes. Er fühlt keine Furcht, er bemüht sich nicht wegen der Zukunft. Was ist, wird sein; morgen, wie heute, im nächsten Jahre, wie im vergangenen; der Himmel ist eine Fortsetzung der Erde, wo jedem Menschen Gnade und Macht ausgeteilt wird je nach seinem Gehorsam im gegenwärtigen Leben. Die Erde, sagt er, ist ein Paradies zur Freude gemacht. Wenn es möglich wäre, dass Young und Pratt je die Weisen Hindostans gelesen hätten, so sollte man glauben, dass sie diesen Teil ihres Systems von den Schülern Vallabracha's, dem Propheten des Vergnügens, dem Ausleger des Entzückens geborgt hätten.

Von welcher Quelle auch immer diese Idee eines festlichen Gottesdienstes gekommen sein mag, Euphrosyne herrscht in Utah. Man könnte Young als Minister des Frohsinns bezeichnen; er hat ein großes Theater gebaut, in welchem seine Töchter Komödien und Zwischenspiele aufführen; er hat einen Gesellschaftssaal gebaut, in welchem die Jüngeren beider Geschlechter tanzen und singen, und hat das Beispiel zu Bällen und Musikpartien im Freien und in Privathäusern gegeben. Konzerte und Opern sind an der Tagesordnung. Wasserpartien, Picknicks, alle Erfindungen, sich auf unschuldige Weise zu amüsieren, haben seinen herzlichen Beifall.

Auf das Reifen der Trauben, auf die Kultur von Pfirsichen, auf die Zubereitung der Lebensmittel wird große Sorgfalt verwandt, so dass ein Epikuräer in Neu-Jerusalem Leckerbissen findet, nach denen er vergeblich in Washington und New York seufzen dürfte.

Als wir in den Häusern der Apostel speisten, fiel uns stets der Überfluss an Süßigkeiten und Früchten und die ausgesuchte Qualität, sowie die leckere Bereitung derselben auf. Ein Fremder, welcher das Theater gefüllt und den Tempel unvollendet sieht, könnte der Ansicht werden, dass Young weniger von einem Heiligen sei, als seine Leute vorgeben.

Es würde ein Irrtum sein, wie wir ihn in Bombay machen, wenn wir vermuten, dass die Maharajahs keine Religion haben, weil sie sich zu wenigen ihrer kirchlichen Feste in Purpur kleiden und dasselbe mit einem Mahle anfangen.

## *Die neue Kirche betrachtet die Arbeit als edel*

Dass Arbeit edel ist, ist eine sehr alte Redensart, welche den Juden bekannt war, von den Essäern dafür gehalten und von St. Paulus gebilligt wurde.

Es war eine Legende unter den Mönchen des Mittelalters und liegt allen englischen, französischen und amerikanischen Systemen, die Gesellschaft zu reformieren und zu regenerieren, zu Grunde. Aber das Prinzip, dass Handarbeit an und für sich, um ihrer selbst willen, ein Segen des Himmels, ein Trost für das Herz, ein Privilegium, eine Gabe des Geistes, ein Gottesdienst, ein Art des Gehorsams sei, das hat nie irgend eine Kirche als ihre fundamentale soziale Wahrheit aufgestellt. Handarbeit mag nützlich genannt worden sein; sie ist nirgends vom Gesetze als edel behandelt worden. In unserer alten Welt werden diejenigen Fürsten und Herren genannt, welche schreiben und denken, nicht die, welche pflügen und Gräben ziehen, den Samen auswerfen und die Garben einsammeln. Unter edler Arbeit verstehen wir die Arbeit der Richter, der Staatsmänner, der Redner, der Priester; niemand in Europa würde daran denken, zu sagen, dass einen Baum zu pflanzen, einen Graben zu ziehen, ein Haus zu bauen, ein Feld zu mähen eine edle Arbeit sei. Der Hindu setzt seine Arbeiter in die zwei niedersten Kasten; wenn sie Ackerbauer sind in die dritte Klasse, wenn Handwerker, in die vierte Klasse; ihr Stand ist in jedem Falle viel weniger erhaben, als der eines Kriegers, eines Priesters. Die Seele und der Körper eines Sudra ist weniger wert, als ein Haar vom Kopfe eines Brahma; denn unter den Hindus wird die Arbeit als ein Fluch betrachtet, nie als ein Segen, und der freie Arbeiter von Bengalen steht nur eine Stufe höher, als ein Paria und ein Sklave.

Hier und da hatten die Hebräer die Schimmer eines besseren Gesetzes – „Siehst du einen Mann geschickt in seiner Arbeit, soll er vor Königen stehen"; die Theorie von Gott und Natur; und von dieser hebräischen Quelle, nicht aus den Träumen eines Owen, Fourier und St. Simon haben die Heiligen ihre Idee geschöpft und sie nicht nur in ihre Sprache, sondern in ausgedehnte Weideplätze und lachende Farmen übersetzt. Für sie ist es ein gottgefälliges Werk, irgend ein Stück Arbeit zu tun; ein hart arbeitender und produzierender Mensch zu sein, heißt im Zustande der Gnade sein. Was brauchen wir bei dem politischen Werte einer solchen Bestimmung zu verweilen.

## 27. Die Ehe in Utah

Aber die eigentümlichste, die mächtigste dieser drei Gruppen von weltlichen Bestimmungen ist, selbst wenn wir sie nur vom politischen Gesichtspunkte aus betrachten, die, welche den Zustand des Familienlebens festsetzt, namentlich in dem, was von der Ehe gesagt wird. Die Ehe ist die Grundlage der Gesellschaft und die Art und Weise, sie zu behandeln, bezeichnet den Geist eines jeden Religionssystems.

Nun stellt die neue amerikanische Kirche die Ehe allen Pflichten des Menschen auf der Erde voran. Weder ein Mann, noch eine Frau, sagt Young, kann allein den Willen Gottes vollständig erfüllen; das heißt, alle menschlichen Wesen haben auf der Erde eine Pflicht zu erfüllen – die Pflicht, fleischliche Tabernakel für die unsterblichen Geister zu versorgen, welche jetzt auf ihre Geburt warten; welche nur durch die Vereinigung der Geschlechter, durch die Ehe verbunden, erreicht werden kann. Diese Pflicht vermeiden, heißt nach Young die heiligste aller menschlichen Pflichten umgehen. Ein unverheirateter Mann ist bei den Mormonen ein unvollkommenes Geschöpf; wie ein Vogel ohne Flügel, ein Körper ohne Seele. Die Natur ist zwiefach; um seine Organisation zu vollenden, muss ein Mann eine Frau heiraten. Die Liebe, sagt Young, ist die – Sehnsucht nach einem höheren Zustande des Daseins; und die Neigungen sind, wenn richtig verstanden, die Fruchtbringer unseres geistigen Lebens.

Wenn wir dies Dogma der Pflicht des Ehestandes als eine Quelle politischer Macht betrachten, müssen wir zugeben, dass es von großem Gewichte ist. In vielen religiösen Körperschaften ist die Ehe bloß geduldet, als das geringste von zwei großen Übeln. Die Essener, von denen wir so viel herleiten, erlaubten sie nur dem Schwachen und der Schwäche wegen; sie glaubten, es sei besser für einen guten Mann, sich der Ehe zu enthalten; und in den höheren Sphären der Gesellschaft war die Beziehung von Mann und Weib unbekannt. Viele Orden unter den Hindus haben das Zölibat. Die Römer hatten ihre Vestalischen Jungfrauen, die Ägypter ihre Anachoreten, die Syrier ihre Asketiker. Im heidnischen Olympus war Enthaltsamkeit eine Tugend, die von den Göttern gerühmt, wenn auch nicht ausgeübt wurde.

Hestia und Artemis wurden mehr als alle Bewohner des Himmels geehrt, weil sie über die Liebe erhaben waren; ja die Idee, dass die Ehe eine Art Verderbnis sei, war so bei den Heiden eingewurzelt, dass sie überall durch die gewöhnliche Sprache durchleuchtete. Ungeliebt zu sein, hieß unbefleckt sein; allein zu sein, hieß rein sein. In allen Dichtungen der Heiden ist der Name Jungfrau höher geachtet, als der Name Mutter, edler als der Name Frau. Unter christlichen Gemeinschaften ist die Ehe ein Thema endlosen Streites; die eine Kirche nennt sie ein Sakrament, die andere einen Kontrakt; alle Kirchen betrachten sie als in der Wahl eines jeden liegend; wenige betrachten sie als verdienstlich, viele klagen sie als ein Kompromiss mit dem Teufel an. Die griechische Kirche begünstigt das Zölibat bei einer Klasse; die lateinische verbietet die Ehe ihren Priestern.

Man kann sagen, dass die abendländische Kirche neutral dasteht; aber keine Kirche in der Welt ist noch darauf gekommen, zu sagen, dass die Ehe eine Pflicht wäre, welche nötig sei, um als wahrer Christ zu leben.

Im Gegenteil hat jede religiöse Körperschaft, welche dieses Thema überhaupt behandelt hat, – der Grieche, der Armenier, der Kopte, der Lateiner, der Abyssinier – durch Tatsachen nicht nur, sondern auch durch Worte bewiesen, dass irgendeine Verbindung der Geschlechter durch die Bande der Ehe dem höchsten Begriff eines christlichen Lebens feindlich sei.

Daher die Klöster; daher das Zölibat der Priester – Einrichtungen, welche den Geist der Gesellschaft anstecken, das Wachstum mancher häuslichen Tugenden verhindern, viele der Quellen des häuslichen Lebens vergiften.

Ein Priester ohne Frau ist ein bleibender Protest gegen eheliche Liebe; denn wenn es wahr ist, dass die menschlichen Begierden Fallen sind, die den Menschen von Gott wegleiten, dann ist es gewiss die

Pflicht eines guten Menschen, sie zu unterdrücken. Eine Falle ist eine Falle, eine Sünde ist eine Sünde, die von dem Laien sowohl wie dem Priester zu vermeiden ist.

Young hat seine Kirche nach einer andern Richtung hin gewendet. Bei ihm ist die Ehe eine Pflicht und ein Privilegium; und die Ältesten, welche als Beispiele zu allem Guten betrachtet werden, müssen heiraten.

Ein Priester und ein Ältester muss ein Ehemann sein; selbst unter der niedrigeren Gemeinde wird es als eine Schande, als das Zeichen eines unbekehrten Herzens betrachtet, wenn ein junger Mann ein einzelnes Leben führt.

Aber die Heiligen haben die Doktrin einen Schritt weiter gebracht; denn statt ihren Päpsten und Priestern den Trost der Liebe einer Frau zu verweigern, erlauben sie ihnen eine Pluralität von Frauen; und unter der höheren Priesterschaft – beim Propheten, den Aposteln und den Bischöfen – ist diese Begünstigung fast allgemein. Kein Pluralist sein, heißt kein guter Mormone sein. Mein Freund Kapitän Hooper war nie im Stande, obschon er als reich, eifrig und für einen angenehmen Gesellschafter gilt, – ein trefflicher Vertreter Utahs beim Kongress – eine hohe Stellung in der Kirche einzunehmen, weil er sich sträubte, eine zweite Frau zu nehmen. „Wir betrachten Hooper", sagte gestern der Apostel Taylor zu mir bei Tische, „nur als einen halben Mormonen"; worüber jeder schlau lächelte.

Als die Heiterkeit, in welche die jungen Damen mit einstimmten, vorüber war, sagte ich zu Hooper: „Da gibt es eine Gelegenheit für Sie für die nächste Saison. Suchen Sie sich die sechs schönsten Mädchen in der Salzseestadt aus, heiraten Sie dieselben auf einmal, bringen Sie dieselben nach Washington, und öffnen Sie ihre Saison im Dezember mit einem Balle."

„Na", sagte Hooper, „ich glaube, das würde eine Zeit lang Aufsehen erregen; aber ich werde nun ein alter Kerl."

Young, welcher Hooper sehr liebt, stolz auf seine Talente und seiner Verdienste bewusst ist, soll ihm sehr zureden, wenigstens noch eine Frau zu heiraten, um schließlich sich gut oder übel für die polygamische Kirche zu entscheiden. Wenn Hooper nachgibt, so wird es aus Pflichtgefühl und Treue zu seinem Vorgesetzten sein.

Jeder Priester der höheren Grade hat im Salzseetal einen mehrfachen Haushalt und wechselt die Zahl der Genossinnen mit dem Reichtum und dem Charakter des Ältesten. Kein Apostel hat weniger als drei Frauen. Über die Ehen Brigham Young's, Heber Kimball's und Daniel Webster's, der drei Mitglieder der sogenannten ersten Präsidentschaft, werden keine offiziellen Listen geführt. Es ist hier Mode, dass jede fromme alte Dame in der Gemeinde, welche ihren Mann durch den Tod verloren hat, den Bischof ihres Bezirks bittet, Schritte zu tun, dass sie einem dieser drei Präsidenten angesiegelt werde.

Young ist natürlich ein Liebling solcher Witwen und man sagt, dass er nie eine Reise aus dem Bienenkorbe mache, ohne aufgefordert zu werden, einem dieser armen Geschöpfe ihren Willen zu tun. Daher haben sehr viele Weiber den nominellen Rang seiner Frau, welche er fast nie gesehen und zu denen er nie in Beziehungen als Mann gestanden hat, wie wir in Europa den Ausdruck verstehen würden.

Die wirklichen Frauen Brigham Young's, die Frauen, welche in seinen Häusern leben, – im Bienenkorbe, im Löwenhause, in der weißen Villa, – welche die Mütter seiner Kinder sind, sind zwölf, oder ungefähr zwölf an der Zahl.

Die Königin von allen ist die erste Frau, Maria Anna Angell, eine alte Dame, deren fünf Kinder – drei Söhne und zwei Töchter – jetzt erwachsen sind. Sie wohnt in der weißen Villa, dem ersten Hause, welches je im Salzseetale gebaut wurde. Joseph und Brigham, ihre ältesten Söhne, die Häupter ihres Geschlechts, sind schon bekannt wegen ihrer Missionsarbeiten.

Schwester Alice, ihre älteste Tochter, ist meine Freundin — auf der Bühne. Die berühmteste vielleicht von diesen Damen ist Eliza Snow, die Dichterin, eine Dame, welche ihres edlen Charakters wegen überall geachtet, ihrer schönen Talente wegen überall gelobt wird. – Sie ist ungefähr fünfzig Jahre alt, hat schneeweißes Haar, dunkle Augen, eine edle Haltung, – einfach in ihrem Anzug, ruhig, wie eine Dame, ziemlich kalt – Eliza ist das gerade Gegenteil von dem, was man sich unter einem Lichte des Harems vorstellt.

Ich glaube fast, dass sie nicht Young's Frau in unserem Sinne des Gesetzes ist; sie wird stets Fräulein Eliza genannt; in der Tat, der mormonische Ritus, eine Frau einem Manne anzusiegeln, begreift andere

Beziehungen in sich, als der Ritus der Ehe bei uns „Heiden" und nur durch eine Verdrehung der Ausdrücke werden die weiblichen Heiligen, welche einem Manne angesiegelt sind, seine Frauen genannt.

Schwester Eliza wohnt im „Löwenhause" in einem schönen Zimmer in der zweiten Etage, welches die Oquirrh-Berge, das Tal, den Fluss Jordan und den Salzsee übersieht, eine Aussicht für eine Dichterin, bei der Gestalt und Farbe, Himmel und Land und Wasser in endloser Pracht sich verschmelzen und in einander aufgehen.

Young's weniger ausgezeichnete Genossinnen sind: Schwester Lucie, von welcher er acht Kinder hat; Schwester Clara, von welcher er drei Kinder hat; Schwester Zina, eine Dichterin und Lehrerin (früher die Frau von Dr. Jacobs), von welcher er drei Kinder hat; Schwester Amalie, eine alte Dienerin Joseph's, von der er vier Kinder hat; Schwester Eliza (2), ein englisches Mädchen (die einzige Engländerin im Hause des Propheten), von welcher er vier oder fünf Kinder haben soll; Schwester Margarethe, von welcher er drei oder vier Kinder hat; Schwester Emiline, oft die Favoritin genannt, von welcher er acht Kinder hat. Young sagt mir selbst, dass er nie eine Favoritin in seinem Hause gehabt habe oder haben werde, da Begierden und Vorzüge des Fleisches keinen Teil an den Familieneinrichtungen der Heiligen haben sollen.

Die Apostel sind weniger gesegnet als die Präsidenten, aber die zwölf sind alle Pluralisten. Die folgenden Zahlen wurden mir durch George A. Smith, einen Vetter des Propheten Joseph und Geschichtsschreiber der Kirche, angegeben:

> *Orson Hyde, erster Apostel, hat vier Frauen;*
> *Orson Pratt, zweiter Apostel, hat vier Frauen;*
> *John Taylor, dritter Apostel, hat sieben Frauen;*
> *Wilford Woodruff, vierter Apostel, hat drei Frauen;*
> *George A. Smith, fünfter Apostel, hat fünf Frauen;*
> *Amasa Lyman, sechster Apostel, hat vier Frauen;*
> *Ezra Benson, siebenter Apostel, hat vier Frauen;*
> *Charles Rich, achter Apostel, hat sieben Frauen;*
> *Lorenzo Snow, neunter Apostel, hat vier Frauen;*

*Erastus Snow, zehnter Apostel, hat drei Frauen;*
*Franklin Richards, elfter Apostel, hat vier Frauen;*
*George Q. Cannon, zwölfter Apostel, hat drei Frauen.*

Mit Ausnahme von John Taylor werden die Apostel alle für arme Leute gehalten; und am Salzsee ist es eine Schande für einen Mann, eine neue Frau zu nehmen, wenn er seine Familie nicht bequem in Wohnung, Nahrung und Kleidern erhalten kann.

Manche von den reichen Kaufleuten sind von Young aufgemuntert worden, Frauen über Frauen zu nehmen. Ein alter und unternehmungslustiger Ältester sagte zu mir gestern Abend als Antwort auf einen Scherz: „Ich werde gewiss bald wieder heiraten, denn ich beabsichtige in dieser Kirche in die Höhe zu kommen; und Sie haben genug gesehen, um zu wissen, dass niemand bei uns Aussicht hat, der nicht einen großen Haushalt führt. Um von Einfluss hier zu werden, muss es bekannt sein, dass man der Mann von drei Frauen ist.

*Eliza Snow, Die Dichterin*

## 28. Polygamische Gesellschaft

Über die politische Stärke, welche diese Gewohnheit der Pluralität den Heiligen der Salzseestadt verleiht, mögen noch einige Worte gesagt sein.

Zwei Fragen liegen vor: Erstens, hat das Versprechen der Pluralität von Frauen sich als ein gutes Lockmittel bewährt und Leute einer gewissen Klasse veranlasst sich der mormonischen Kirche anzuschließen?

Und zweitens, hat die Ausübung der Pluralität sich als ein Mittel gezeigt, durch welches, wenn Bekehrte gewonnen sind, sie sich weit über das gewöhnliche Maß vermehren können?

Auf die erste Frage kann in Wahrheit nur eine Antwort gegeben werden.

Nennt irgend einen Grund, den ihr wollt; nennt es mit den Heiligen Lust des Geistes; nennt es mit den Heiden Lust des Fleisches; es wird die Tatsache verbleiben, dass die Erlaubnis, vielen Weibern den Hof zu machen, sie als Frauen anzusiegeln, sie in getrennten Harems zu halten, in der Vergangenheit und gegenwärtig ein mächtiges und verführerisches Lockmittel gewesen ist.

Young und Pratt erklären, dass die fleischlichen Begierden bei ihrer eigenen Wahl der Bräute keinen unmittelbaren Anteil hätten; dass dies Geschäft der Wahl das Werk des Himmels sei; dass die Siegelung ein religiöser Gebrauch sei, und dass eine Frau für die Ewigkeit, die Königin und Teilhaberin eines himmlischen Thrones, einem Manne nur durch Gott gegeben werden könne.

Young sagte mir lachend, dass sie ihre Frauen als Beweis von dem, was sie sagten, hinstellen wollten, da viele dieser Damen alt, nicht hübsch, unwissend und ohne gesellige Bildung wären, obschon andere, wie ich mich überzeugt habe, jung, frisch, zierlich und liebenswürdig sind. Wer kann aber zweifeln, dass Young, im Gefühle seiner großen

Macht, sich des politischen Nutzens bewusst ist, welchen dieser Überfluss von schönen Frauen über den fleischlichen Menschen hat. Wenn jährlich eine neue Frau zu nehmen, ein Akt des Gehorsams ist, so ist Gehorsam für die Heiligen gewiss ein Vergnügen. Wer soll aber sagen, dass sie nicht aufrichtig sind. Young erzählte mir, dass er in den ersten Tagen dieser neuen Einrichtung sehr gegen mehrfache Hausstände gewesen sei und ich bin sicher, dass er die Wahrheit spricht.

Unter den Präsidenten und Aposteln der Mormonen haben wir nicht ein Gesicht gesehen, auf welchem Heuchler und Lügner gestanden hätte. Obschon wir täglich Fanatiker antreffen, haben wir keinen einzigen Mann gesehen, den man einen Schurken nennen könnte. Ihr Glaube ist nicht unser Glaube, ihre Art denselben auszuüben, ist nicht die unsrige.

Unter den Hindus treiben viele Sekten Gebräuche, welche die Engländer ausschweifend nennen; manche sind in der Tat so scheußlich, dass jemand, der sie zum ersten Male sieht, nach der Polizei zu rufen im Stande ist. Würde das Ras Mandali in London ausgeübt werden können? Würde man den Kanchuliyas erlauben, in New York ihren Gottesdienst zu feiern? Und doch gibt es Männer und Frauen unter dem Zepter der Königin Victoria, welche aus vollständiger Überzeugung, wenn auch nicht in vollkommener Unschuld, die buhlerischen Spiele Krishna's nachahmen und die Genossinnen ihres wahnsinnigen Gottesdienstes durch die Lotterie erwählen.

Young mag das glauben, was er sagt und tut (denn ich halte ihn, innerhalb der Sphäre seines Wissens und seiner Gewohnheiten für einen ehrlichen Mann); aber manche seiner Anhänger werden beschuldigt, absichtlich eine Pluralität der Frauen zu predigen, als eine der Belohnungen für Bekehrungen zu seiner Kirche; und ich weiß, dass sie gern das Versprechen zitieren, was Nathan dem David machte, dass er die Frauen seines Feindes Saul heiraten und sich derselben erfreuen soll. Dass dieses Evangelium der Vergünstigung von den Heiligen als sehr verlockend in den Ländern der Heiden befunden wird, würde gewiss kein Missionar leugnen. Es kann sein, dass entweder das Fleisch schwach oder der Geist stark ist; aber man sieht, wie der Bauer von Wales, der Londoner Schneider, der Lancashire-Weber entzückten Auges und mit heißem Pulse sich die Bilder ausmalen, welche von den Missionaren vom Paradiese am Salzsee entworfen werden, in welchem ein Mann unbehindert alles tun kann, was sein Arm umfasst, so viele Häuser haben darf, als er bauen kann, so viele Frauen, als er ernähren und regieren kann.

Einem nicht wiedergeborenen Manne wird gesagt, dass er nicht nur gesetzlich einen Harem halten darf, sondern auch leicht einen solchen erlangen kann; da aus besonderer Fürsorge das weibliche Herz der Wahrheit, wie sie in Young liegt, besonders leicht zugänglich ist, – dass es viele schöne Mädchen am Salzsee gibt, und dass es dem Heiligen aufgegeben und er eingeladen wird, genau nach dem Gesetze zu leben.

Man sagt, dass wenig Älteste nach Utah zurückkommen, ohne von ihrer Reise eine neue Favoritin mitzubringen, welche sie den Heiden für ihre Herde abgenommen haben. Eine von Young's Frauen war eine verheiratete Dame in New York, welche sich in den Propheten verliebte und mit ihm dem Hause ihres Mannes entfloh.

Es ist einer der Späße von Utah, dass Kimball nie einen Missionar auf eine Reise gehen lässt, ohne ihm den Auftrag zu geben, junge Lämmer mitzubringen.

Man bemerkt, dass in der Regel die hohen Würdenträger der Kirche vom Himmel mit den schönsten Frauen gesegnet sind: eine der Belohnungen eines tugendhaften Lebens, welche Helvetius wünschenswert nennt, aber welche zu adoptieren noch keine Gemeinschaft witzig und mutig genug gewesen ist.

Auf die zweite Frage können zwei Antworten gegeben werden. In geregelter Gesellschaft, wie in der Türkei, in Syrien, in Ägypten, würde das Bestehen der Polygamie keinen großen Einfluss auf die Vermehrungskraft haben.

Einst dachten die Leute freilich anders. Schriftsteller, wie Montesquieu, welche sahen, dass Polygamie in manchen Teilen des Orients vorherrschend war, bildeten sich ein, dass es in diesen Gegenden weit mehr Frauen geben müsse, als Männer, und dass es seit alten Zeiten ein Naturgesetz für einen Mann sei, sich viele Frauen anzueignen, um dadurch eine Grille der Natur zu verbessern.

Reisende wie Niebuhr, welche die Araber-Scheiks mit ihren Harems gesehen hatten, deuteten an, dass die Polygamie dadurch entsteht, dass die arabischen Frauen alt und unfruchtbar würden, während ihre Männer noch gesund und kräftig wären. Diese Täuschungen sind längst den Weg aller Irrtümer gegangen.

Wir können glücklicherweise beweisen, dass selbst in Ägypten und Arabien Männer und Frauen in ungefähr gleicher Zahl geboren werden; es gibt einige Männer mehr, als Frauen. Wir sehen, dass die Natur die menschliche Familie in Paare gegeben und durch ihr eigenes großes Mandat alle die monströsen unregelmäßigen Auswüchse, außer den von ihr selbst zwischen Mann und Frau festgesetzten ehelichen Verhältnissen, verworfen hat; mögen nun diese Auswüchse in Gestalt von Polygamie oder Polyandrie sein, entweder viele Frauen auf einen Mann oder viele Männer auf eine Frau.

Das wahre Naturgesetz deshalb ist, dass ein Mann und eine Frau ihre Heimat zusammen bilden sollen und im Mutterlande, wo die Geschlechter gleich sind, wo die Sitten geregelt und die Religion eine gemeinschaftliche ist, wird eine Abweichung von diesem Gesetze die Vermehrungskraft des Landes im Ganzen eher abschwächen. Soweit scheint die Antwort nach einer Richtung hin zu liegen. Die Frage aber betrifft nicht das Wachstum einer ganzen Nation; sondern das einer besondern Familie, einer besondern Gemeinde, einer bloßen Sekte innerhalb der Grenzen dieser Nation. Selbst in Arabien ist es klar, dass wenn irgend ein Scheik Mittel erfinden könnte, um von anderen Stämmen so viel Frauen zu bekommen, bis er genug hat, um jeden männlichen Erwachsenen in seinem Lager drei Frauen geben zu können, der Stamm dieses Scheik schneller an Zahl wachsen würde, als ihre Nachbarn, von denen jeder nur eine Frau hat. Etwas Ähnliches ist in Amerika mit den Heiligen der Fall. Ihre eigene Gesellschaft würde ihnen nicht die Menge Frauen geben können, welche sie nach dem Gesetze für alle Zeiten haben sollen.

Aber zugegeben, dass sie, durch gute oder schlechte Mittel, die Frauen für ihre Kirche bekommen könnten, so ist es töricht zu leugnen, dass der Besitz eines solchen Schatzes ihnen außerordentliche Vermehrungskraft gibt. Ein Mann kann der Vater von hundert Kindern sein; eine Frau kann kaum die Mutter von zwanzig werden.

Wir wissen, dass Jair und Hittel Polygamisten gewesen sein müssen, sobald wir hören, dass der Erstere dreißig und der andere vierzig Söhne gehabt hat.

Es ist nicht leicht, die Kinder in den verschiedenen Haushaltungen am Salzsee zu zählen. Die Zensuspapiere können nicht angeführt werden, weil sie, wie mir der Apostel Taylor sagt, nur nach Vermutung eines heidnischen Beamten gemacht sind, welcher nicht herumgehen und zählen wollte.

In dieser Stadt scheint eine Moslem-Eifersucht solche Tatsachen, welche in London und New York öffentliches Eigentum sein würden, zu überwachen. Young sagt uns, dass er achtundvierzig Kinder jetzt am Leben hat. Kimball hat vielleicht eine gleiche Anzahl. Jedes Haus scheint voll; wo wir eine Frau sehen, da säugt dieselbe ein Kind; und in jedem Hause, in das wir kommen, zeigt man uns zwei oder drei Kinder auf den Armen. Dies Tal ist in der Tat ein Land der Säuglinge. Es ist ganz gewöhnlich für einen Mann, zwanzig Knaben und Mädchen in seinem Hause zu haben.

Ein Kaufmann, bei dem wir gestern zu Tische waren, konnte uns die genaue Zahl seiner Kinder nicht angeben, bis er in einem Buche nachgeschlagen hatte, welches auf seinem Tische lag. Eine seiner Frauen, eine hübsche Engländerin, mit dem gewöhnlichen Säugling an ihrer Brust, lächelte süßen Tadel über seine Unwissenheit; aber es war so und nur durch Zählen und Befragen konnte er uns die genaue Zahl seiner Abkömmlinge angeben. Dieser Patriarch ist dreiunddreißig Jahre alt.

Es war vermittelst der Polygamie, dass Israel in wenig Generationen so zunahm, dass man hinsichtlich seiner Zahl in Verwirrung geriet und Gleiches scheint bei den amerikanischen Heiligen der Fall werden zu wollen. Young hat mehr Kinder als Jair; Pratt mehr als Hittel; Kimball mehr als Ibzan. Diese Zunahme an Wachstum mag nicht hundert Jahre lang eine gleiche sein; mit der Zeit muss sie von selbst wegen Mangel an Zufuhr nachlassen; aber gegenwärtig besteht sie und ist nicht die geringste der ominösen Tatsachen, die ein Staatsmann von Neu Amerika ins Auge zu fassen hat.

## 29. Die Lehre von den Pluralitäten

Als die Heiligen dabei waren, wie sie sagen, für ihren eigenen Gebrauch alles das in Besitz zu nehmen, was bei anderen Glaubensbekenntnissen gut und fruchtbar war, scheint es, als ob sie zu den Beziehungen von Mann und Frau, wie dieselben durch alle Gesetze zivilisierter Staaten, ob Christen, Moslemin, Juden oder Hindus, festgesetzt sind, einige hochromantische Einzelheiten hinzugefügt hätten.

Die Heiligen haben nicht nur die Polygamie in ihre Kirche aufgenommen, sie haben sie auch in ihrer ältesten und wildesten Form entlehnt.

An und für sich brauchte uns, abgesehen von den umgebenden Schulen des Gedankens, die bloße Tatsache, dass eine neue Kirche sich selbst unter ihren Mitgliedern eine Pluralität von Frauen erlaubt hat, nicht gerade sehr zu wundern, da vielen von uns ein solches System durch Legenden und aus der Geschichte bekannt ist, obschon wir es durch Anschauung nicht kennen. Abraham und David übten es. Weder Moses noch Paulus haben es verboten und Mohammed hat es, während er es von den gröberen orientalischen Zügen reinigte, durch seine Worte gutgeheißen und tatsächlich geheiligt.

Die Polygamie dringt in die Poesie Cordovas, in die Romantik Bagdads. Der unternehmende Jain, der gelehrte Brahmane, der feurige Rajpoot, alle bekennen sich dazu. Selbst in der christlichen Kirche sind die Meinungen darüber verschieden, ob sie an und für sich verwerflich sei oder nur ein Verdruss im Gemeinwesen. Viele der anfänglichen Bekenner in Syrien und in Ägypten waren Polygamisten, und die Fragen, welche in neuerer Zeit Colenso und den Kaffernhäuptling beunruhigen, haben ihren Ursprung in jenen primitiven Zeiten, als es den Männern von den Vätern der Kirche gestattet war, mehrere Weiber zu nehmen. Das Auftauchen der Polygamie würde aber auch in diesen Salzseeebenen nichts Neues und Überraschendes sein, da alles, was wir von den Uten und Shoshonen wissen, uns glauben lassen muss, dass die Pluralität stets in diesen Tälern heimisches Gesetz gewesen.

Die Seiten dieser Sierras sind wild und unfruchtbar; ein armes Land und ein hartes Leben erzeugen Polygamie und alle Stämme der roten Menschen, welche eine armselige Subsistenz in diesen Ebenen und Tälern suchen, haben den nomadischen Gebrauch, Squaws zu stehlen und zu verkaufen. Ein großer Häuptling ist stolz daraus, viele Frauen zu haben und die weißen Leute, welche unter diesen Uten, Cheyennen, Arrapachen und Kiowas wohnen, sind, mögen sie nun als Trapper, Führer, Dolmetscher oder Jäger angefangen haben, in dieselbe indianische Lebensweise verfallen. Das Dutzend Blassgesichter, von denen man weiß, dass sie jetzt unter Indianerstämmen wohnen – Büffel jagen und Skalpe nehmen – sind alle Polygamisten, öfter mit größeren Harems, als die größten eingeborenen Häuptlinge.

Aber die Heiligen haben nicht bloß Polygamie in Utah wieder aufgebracht, sie haben auch diese häusliche Lebensweise in ihrer unbegrenzten und blutschänderischen Gestalt eingeführt. Als sie nach Grundlagen für ihre neue Gesellschaft suchten, sind sie zu den Zeiten zurückgegangen, als Abraham aus Haran gerufen wurde, sie haben die Werke aller darauf folgenden Reformatoren umgestoßen, und nicht nur alles das, was Mohammed, sondern auch das, was Moses zur besseren Regulierung unseres häuslichen Lebens getan hat, unbeachtet gelassen.

Moses verbot einem Manne, eine Frau von seinem eigenen Fleisch und Blut zu nehmen, Mohammed beschränkte seine Bekenner auf einen Harem von drei oder vier Frauen, eine Mäßigung, über welche Young und Kimball, die sich von Moses auf Abraham berufen, nur lächeln.

Wer, fragen sie, hat seine Halbschwester Sara geheiratet? – Der Mann Gottes.

Hieraus haben die Heiligen von Utah ihre Berechtigung abgeleitet, ihre eigenen Halbschwestern zu heiraten, ohne im Stande zu sein, zu ihrer Entschuldigung weder den arabischen Gebrauch, noch die arabische Notwendigkeit anzuführen. Sie finden weder in der Natur, noch in der Offenbarung einen Grund, warum sich nicht Verwandte einander heiraten sollten, einen Gegenstand, über den ich einst mit Young und den Zwölfen eine eigentümliche Unterredung hatte.

Young leugnet, dass eine Entartung aus einer Heirat zwischen Blutsverwandten entsteht. Die Heiligen gehen weit über Abraham hinaus und ich bin geneigt, zu glauben, dass sie ihren Typus häuslichen Lebens eher im Wigwam eines Indianers, als im Zelte eines Patriarchen gefunden haben. Wie der Ute, kann ein Mormone so viel Frauen haben, als er ernähren kann, wie der, Maudan kann er drei oder vier Schwestern, eine Tante und ihre Nichte, eine Mutter und ihr Kind heiraten.

Es würde vielleicht nicht zu viel behauptet sein, zu sagen, dass es in der mormonischen Gesetzgebung kein solches Verbrechen wie Blutschande gib,t und dass ein Mann faktisch jede Frau lieben und heiraten kann, welche ihm gefallen mag.

Wir hatten einst ein sehr merkwürdiges Gespräch mit Young über die mormonische Lehre der Blutschande.

Ich fragte ihn, ob es bei den Heiligen gewöhnlich sei, Mutter und Tochter zu heiraten und wenn dies der Fall wäre, nach welcher Autorität sie handelten, da diese Art Verbindung weder durch das Gebot Mosis noch durch die „Offenbarung" von Smith sanktioniert sei. Als er zögerte, zuzugestehen, dass so etwas überhaupt vorkomme, nannte ich einen Fall in einem der städtischen Bezirke, von dem ich unter der Hand gehört hatte.

Der Apostel Cannon sagte, dass in solchen Fällen die erste Heirat nur eine Form sei, dass angenommen würde, die ältere Frauensperson sei die Mutter ihres Mannes und seine jüngere die Braut; worauf ich mein Beispiel aufführte: Ein Ältester der Kirche hatte eine Engländerin geheiratet, eine Witwe mit einer Tochter, welche damals zwölf Jahre alt war; die Frau hatte ihrem Manne vier Kinder geboren; und der Mann hatte ihre Tochter geheiratet, als sie das Alter erreicht hatte.

Young sagte, dass das am Salzsee nicht gewöhnlich vorkomme.

„Aber es kommt vor?"

„Ja", sagte Young, „bisweilen."

„Durch welchen Grund rechtfertigt die Kirche diese Vorkommnisse?"

Nach einer kurzen Pause sagte er mit einem schwachen, einschmeichelnden Lächeln:

„Das ist ein Teil der Frage über die Blutschande. Wir haben über dieselbe noch nicht das rechte Licht. Ich kann Ihnen nicht sagen, was die Kirche für Wahrheit hält; ich kann Ihnen meine eigene Meinung sagen; – Sie müssen sie aber nicht veröffentlichen, nicht weiter erzählen – da ich sonst missverstanden und getadelt werden würde." Er gab uns dann eine Mittheilung über die Natur der Blutschande, was er von diesem Verbrechen denkt und wie er es beurteilt; aber was er da sagte, darf ich nicht drucken lassen.

Was die Tatsachen anbelangt, welche zu meiner Kenntnis kamen, so kann ich frei über dieselben reden.

Blutschande wird in dem Sinne, wie wir das Wort gebrauchen – Heirat innerhalb der verbotenen Grenzen – nicht als Verbrechen in der mormonischen Kirche betrachtet. Man weiß, dass in diesen heiligen Harems die weiblichen Bewohner in näherer Blutsverwandtschaft stehen, als es das amerikanische Gesetz zulässt. Es kommt täglich in der Salzseestadt vor, dass ein Mann zwei Schwestern heiratet, die Witwe seines Bruders und selbst eine Mutter und Tochter.

Ein Heiliger Namens Wall hat seine Halbschwester geheiratet und gab als Entschuldigung das Beispiel von Sara und Abraham an, welches Young nach kurzer Überlegung als Präzedenzfall für seine Herde gelten ließ. In einem Haushalte in Utah kann man das Beispiel sehen, wie drei Frauen, welche in Beziehung als Kind, Mutter und Großmutter zu einander stehen, in dem Harem eines Mannes als seine Frauen leben!

Ich fragte den Präsidenten, ob er bei seinen neuen Anschauungen über die gegenseitige Zeugung irgendetwas gegen eine Heirat zwischen Bruder und Schwester einzuwenden hätte. Für sich selbst sprechend, nicht für die Kirche, sagte er, sähe er durchaus keine. Was folgt, gebe ich mit den wirklichen Worten der Sprecher wieder:

D. „Kommt diese Heirat je vor?"

Young. „Nie."

D. „Ist es von der Kirche verboten?"

Young. „Nein, es ist durch Vorurteil verboten."

Kimball. „Die öffentliche Meinung will es nicht zugeben."

Young. „Ich würde es selbst nicht tun, noch jemandem anders es tun lassen, wenn ich es verhindern könnte."

D. „Also Sie verbieten es nicht, und tun es nicht."
Young. „Meine Vorurteile verhindern mich daran."
Das Überbleibsel eines Gefühls von der heidnischen Welt, und das allein scheint die Heiligen zu verhindern, sich den höheren Arten von Blutschande zu ergeben. Wie lange werden diese Gefühle bleiben?

„Sie werden hier", sagte der Älteste Stenhouse zu mir, bei Gelegenheit eines Gespräches über einen andern Gegenstand, „Polygamisten der dritten Generation finden; wenn diese Knaben und Mädchen erwachsen sind und heiraten, wird man in diesen Tälern das Gefühl eines wahren patriarchalischen Lebens haben. Die alte Welt ist noch um uns und wir denken immer daran, was die Leute in den schottischen Hügeln und den Midland-Grafschaften sagen werden."

Ein Wiederaufleben der Polygamie, welches in Persien oder Afghanistan eigentümlich gewesen sein würde, entstand langsam und durch eine Art geheimen Wachstums. Sie begann mit Rigdon und seiner Theorie der spirituellen Frau, welche er von den Vermont-Methodisten geborgt haben soll. Zuerst war diese Theorie nur eine mystische Spekulation und hatte weniger Beziehung auf die Welt und ihre Pflichten, als auf den Himmel und seine Throne.

Wir wissen, dass sie von Rigdon gepredigt, von Joseph angekündigt war; dass sie nach und nach bei den Ältesten in Gunst kam, dass sie Veranlassung zu viel Zank in der Kirche gab und endlich durch ein praktischeres und nützlicheres Glaubensbekenntnis übertroffen wurde.

Der Geist, welcher von diesem Fanatiker in der entstehenden Kirche hervorgebracht worden war, konnte nicht unterdrückt werden; die, Siegelung der Frauen schritt vorwärts; zuerst im Haushalte des neuen Propheten, dann in den Harems von Kimball, Pratt und Hyde, deren nur halb heimliche Heiraten dem mystischen Zwange durch die Theorie der spirituellen Männer und der spirituellen Weiber ein Ende machten. Sie waren Polygamisten, ohne es zu verbergen.

Nach Jahren brachte Young eine Schrift zum Vorschein, von der er sagte, dass es eine echte Kopie einer Offenbarung sei, welche Joseph in Nauvoo empfangen hatte, worin ihm befohlen ward, nach der Weise Abraham's, Jacob's und David's zu seinem Busen so viel Frauen zu nehmen, als Gott ihm geben würde. Diese Schrift war nicht von

Joseph's Hand, noch von der von Emma, seiner Frau. Young behauptet, dass sie von einem Schüler in des Propheten Worten niedergeschrieben worden sei und fügte mit natürlichem Gefühle hinzu, dass, als Emma dieselbe zuerst hörte, sie die Schrift ergriff und ins Feuer warf.

Young sagt mir, dass er zuerst selbst gegen die Lehre gewesen, und dass er gegen dieselbe gepredigt, da er vorausgesehen, welches Unheil sie über die Kirche bringen würde. Er sagt, dass er manche bittere Träne über das heilige Schriftstück vergossen habe, und dass er nur dadurch, dass er durch Joseph überzeugt worden, der Befehl, mehr Frauen zu heiraten, sei eine wahre Offenbarung, seine Vorurteile und Leidenschaften dem Willen Gottes untergeordnet habe.

Er spricht sich sehr bestimmt hierüber aus.

„Ohne diese Offenbarung über Polygamie", erzählte er uns, „würden wir unser religiöses Leben gelebt haben, aber nicht so vollkommen, wie wir jetzt tun. Gott gebot uns durch Joseph mehr Frauen zu nehmen, das glauben wir ganz bestimmt." Als er gesprochen, berief er sich auf die Apostel, welche um uns herum saßen und jeder von ihnen verbeugte sich und stimmte diesen Worten bei.

Die Heiligen geben zu, dass Jahre lang nichts aus dieser Offenbarung geworden; dass sie vor der Welt geheim gehalten wurde, da man sich erst über zweierlei klar werden musste, ehe so ein Dogma öffentlich in der Kirche proklamiert werden konnte: erstens, wie es bei der Mehrzahl der Heiligen zu Hause und anderwärts aufgenommen werde, und zweitens, wie es die amerikanischen Gerichtshöfe ansehen würden. Um in Erfahrung zu bringen, ob es bei den Heiligen bewillkommnet werden möchte, wurden Reden gehalten und Gedichte angefertigt.

Weibliche Missionare forderten das Volk auf, Buße zu tun und zu den Prinzipien eines patriarchalischen Lebens zurückzukehren. Jede Sara ward aufgefordert, ihre Hagar herbeizubringen.

Ein religiöses Erglühen durchdrang die Gemeinschaft der Mormonen und die Gesamtheit der Heiligen entschied sich dafür, den Befehl Gottes an Joseph zu Gunsten der Vielweiberei zu veröffentlichen.

Zweitausend Älteste kamen in Neu-Jerusalem zusammen und nachdem sie eine Predigt von Orson Pratt und eine Rede von Brigham Young gehört, erklärten sie sich für die Offenbarung und nahmen dieselbe an (am 29. August 1852); ein bemerkenswerter Tag für die Geschichte ihrer Kirche, eine der traurigsten Epochen in der der angelsächsischen Rasse.

Fast alle diese Ältesten waren Leute von englischem Blute; nur wenige waren Deutsche, Franken und Dänen; neunzehn wenigstens unter zwanzig waren entweder geborene Engländer oder Amerikaner. An diesem Tage gingen die roten und die weißen Menschen einen ungeschriebenen Vertrag mit einander ein, denn der Shoshone hatte endlich im Blassgesicht einen Bruder gefunden, und der Pawnee sah die Sitten seines Wigwams in den Rancho des Sachsen gebracht. Aber Young erklärte dieses neue Dogma mehr als ein spezielles und persönliches, als ein allgemeines und unbedingtes Eigentum der Heiligen. Die Erlaubnis, viele Frauen zu nehmen, ward ihnen als eine Gnade, nicht als ein Recht gegeben. – Die Pluralität ward wenigen erlaubt, nicht der Mehrzahl anbefohlen. In den Augen Young's ward sie nicht als ein irdisches Privilegium, sondern als eine Gabe vom Himmel betrachtet; ein besonderer Segen vom Vater für einige seiner am meisten begünstigten Söhne.

Der Prophet scheint von Anfang an bemerkt zu haben, dass seine Ermächtigung, den Ältesten und Aposteln Frauen zu geben, in dieser leidenschaftlichen und kräftigen Gemeinschaft, welche voll jungen Lebens und junger Ideen war, von höherem Werte für ihn sein würde, als selbst die Ermächtigung, die Erde zu segnen und die Thore des Himmels zu erschließen. Solche Befugnis machte ihn zum Herrn eines jeden Hauses in Utah. Kein Papst, kein Khalif, kein Gosain hat je die Macht gehabt, jedes von Lust nach Schönheit erfüllte Herz zu befriedigen; aber als sie in Young's Hände im Laufe der Ideen und Ereignisse kam, hielt er sie fest als eine von seiner Person und seinem Rang unzertrennliche Berechtigung. Ein Heiliger kann eine Frau heiraten, ohne um Erlaubnis bei seinem Propheten nachzusuchen; dies Privilegium kann man als eins der Rechte eines Mannes betrachten; aber über diese Grenze kann er nie gehen, ohne die Erlaubnis seines geistlichen Oberhauptes. In jedem Falle ist, wenn man eine zweite Frau nehmen will, ein besonderer Erlaubnisschein vom Himmel nötig, den nur allein Young das Recht hat zu fordern. Wenn Young ja sagt, kann die

Heirat stattfinden; sagt er nein, dann gibt es keine Berufung gegen seinen Ausspruch. In der mormonischen Kirche ist die Polygamie nicht ein Recht des Menschen, sondern eine Gabe Gottes.

## 30. Das große Schisma

Das Dogma der Pluralität der Frauen ist nicht ohne heftige Debatten und ein gewaltsames Schisma in die Kirche gekommen.

George A. Smith, ein Cousin von Joseph und der Geschichtsschreiber der mormonischen Kirche, berichtet mir nach den in seiner Expedition befindlichen Schriftstücken, dass ungefähr fünfhundert Bischöfe und Älteste in den Salzseetälern in Polygamie leben; diese fünfhundert Älteste haben, wie er glaubt, durchschnittlich jeder vier Frauen und ungefähr fünfzehn Kinder, so dass diese eigentümliche Einrichtung in vierzehn Jahren das Leben und die Wohlfahrt von ungefähr zehntausend Personen beeinflusst. Diese Zahl ist, obschon sie groß genug erscheint, nur der zwanzigste Teil von der folgenden, von Young beansprucht. Angenommen denn, dass alle diese fünfhundert Pluralisten derselben Meinung sind – erstens darüber, dass der göttliche Wille wirklich dem Joseph kundgegeben; zweitens, dass diese Kundgebung treulich berichtet worden, und drittens, dass dieser Bericht loyal gehalten wird, – so muss noch immer Raum für große Meinungsverschiedenheit sein. Die Mehrzahl der männlichen Heiligen muss sich mit einer Frau begnügen; Young gibt das selbst zu. Nur der Reiche, der Beständige, der Gefällige kann sich selbst jetzt in dem Luxus eines Harems ergehen, wenn die Sache noch frisch und die Zahl der weiblichen Bekehrten groß genug ist, um den Bedarf zu decken. Da die Natur selbst gegen dieses Dogma kämpft, kann der schwache Heilige nicht hoffen, sich in Zukunft eines der Vorteile zu erfreuen, welche ihm jetzt versagt sind. Viele selbst unter den Wohlhabenderen, wie Kapitän Hooper, zögern, sich für immer in eine zweifelhafte Häuslichkeit und gewisse Kollision mit den Vereinigten Staaten zu begeben. Manche protestieren mit Worten, andere treten von der Kirche aus, ohne indessen die Autorität von Joseph Smith zu verleugnen.

Die Existenz einer zweiten mormonischen Kirche – einer großen schismatischen Körperschaft – wird von Young nicht geleugnet, der sie natürlich als ein Werk des Teufels betrachtet.

Eine große Anzahl Heilige haben der Polygamie wegen die Kirche verlassen; man sagt mir, dass allein in Kalifornien zwanzigtausend so getan haben. Viele von diesen non-pluralistischen Heiligen existieren in Missouri und Illinois. Selbst unter denen, welche mit Liebe an ihrer Kirche in der Salzseestadt hängen, ist es offenbar, dass neunzehn unter zwanzigen kein Interesse und nicht viel Vertrauen in Polygamie haben. Der Glaube, dass ihr Gründer Joseph nie in diesem tadelnswerten Zustande gelebt hat, ist weit verbreitet.

Propheten, Bischöfe, Älteste, alle die großen Leiter des Glaubens behaupten, dass Monate vor seinem Tode in Karthago der Gründer des Mormonismus sich, obschon im Stillen, einen Haushalt von vielen Frauen erlaubt habe. Natürlich nennen sie das keine Erlaubnis, dass er viele dieser Frauen sich angesiegelt hat; sie sagen, er nahm nur solche Frauen an sich, welche ihm von Gott gegeben worden waren.

Sie rechnen ihn aber unter die Pluralisten.

Wenn nun diese Behauptung bewiesen werden könnte, würde alle Not zu Ende sein, da alles, was Joseph tat, von seiner Gemeinde als eine Tugend, als eine Notwendigkeit betrachtet wird.

Auf der andern Seite ist eine pluralistische Geistlichkeit gezwungen, die Wahrheit dieser Hypothese aufrecht zu erhalten; denn wenn Joseph kein Polygamist gewesen wäre, könnte er kaum nach ihrer Ansicht ein guter Mormone und ein Heiliger Gottes gewesen sein, da es der gegenwärtige Glaube ihrer Körperschaft ist, dass ein Mann mit nur einer Frau, ein Junggesellen-Engel, nur ein Bote und Diener der patriarchalischen Götter werden wird. So haben die Ältesten, ohne irgend viel Beweise dafür anzuführen, steif und fest behauptet, dass Joseph eine Anzahl Frauen sich genommen habe, und deuten auf zwei oder drei derselben, welche noch in Brigham Young's Familie am Salzsee leben.

Doch ist noch nie der Beweis geliefert worden, dass Joseph entweder als Polygamist gelebt, oder eine Offenbarung diktiert habe, welche zu Gunsten der Pluralität von Frauen gewesen. Dass er öffentlich mit nicht mehr als einer Frau gelebt, wird von allen zugegeben, oder fast von allen; und mit Rücksicht aus seine früheren und unbezweifelten Schriften kann nichts klarer sein, als dass seine Gefühle den Lehren und Taten entgegen gewesen, welche seit seinem Tode die hohen Gesetze seiner Kirche geworden sind. Im Buche Mormon lässt er Gott selbst sagen, dass Er die Keuschheit der Frauen liebt, und dass die Harems von David und Salomon Gräuel in Seinen Augen seien.

Der Älteste Godbe, dem ich diese Stelle andeutete, sagte mir, dass die Bischöfe diese Ansicht über Polygamie damit erklärten, dass sie von Gott zu einer Zeit ausgesprochen, als er Seinem Volke der Sünden wegen gezürnt habe, und nicht als Ausdruck seines permanenten Willens über ein heiliges Leben genommen werden könne.

Die Frage des Tatbestandes ist offen, wie die Frage der Folgerung. Es ist wohlbekannt, da Joseph sich gegen Rigdon's Theorie vom spirituellen Weibe stemmte, und es ist gleichfalls wohlbekannt, dass er weder die Offenbarungen veröffentlichte, welche seinen Namen tragen, noch dass er je davon sprach, dass ein solches Dokument in seinen Händen sei.

Emma, Joseph's Frau und Sekretär, die Genossin aller seiner Arbeiten, all' seines Ruhms, leugnet kühl, fest und fortwährend, dass ihr Mann je eine andere Frau, als sie gehabt habe. Sie erklärt die Geschichte für falsch, die Offenbarung für einen Betrug. Sie erklärt die Polygamie für die Erfindung Young's und Pratts – für ein Werk des Teufels – welches von denselben zum Ruin von Gottes neuer Kirche hereingebracht worden. Wegen dieser Doktrin hat sie sich von den Heiligen in Utah getrennt, und hat ihre Wohnung in Nauvoo unter denen aufgeschlagen, die sie ein Überbleibsel der wahren Kirche nennt.

Die vier Söhne Joseph's – Joseph, William, Alexander, David – alle leugnen und erklären sich gegen das, was sie Young's Betrug der Pluralität nennen. Diese Söhne Joseph's sind jetzt erwachsene Leute, und ihre persönlichen Interessen sind so genau identifiziert mit dem Erfolge der Kirche ihres Vaters, deren Mitgliedern ihre Genossenschaft kostbar sein würde, dass nur eine persönliche Überzeugung von der Wahrheit dessen, was sie sagen, als wirklich das betrachtet werden kann, was sie gegen Brigham Young eingenommen hat. Wie es ist, haben diese Söhne des ursprünglichen Sehers ein großes Schisma in der Kirche gebildet. Unter dem Namen der Josephiten versammeln sich jetzt eine Anzahl Mormonen um diese Söhne des Propheten, stark genug, um dem Löwen in seiner Höhle zu trotzen. Alexander Smith war am Salzsee, als ich dort war, und es ward ihm gestattet, in der Unabhängigkeitshalle gegen Polygamie zu predigen.

Young scheint wegen dieser jungen Leute sehr missgestimmt zu sein, da er sie gern in seine Familie aufnehmen und als seine Söhne adoptieren möchte, wenn sie ihn nur lassen wollten.

David betrachtet er mit besonderer Gunst und Herablassung. „Ehe dies Kind geboren war", sagte er eines Tages zu mir, als das Gespräch auf diese jungen Leute kam, „sagte mir Joseph, – dass es ein Sohn sein würde, dass sein Name David sein müsse, dass er heranwachsen werde und der Führer und Beherrscher seiner Kirche sei."

Ich fragte Young, ob diese Prophezeiung eintreffen würde.

„Ja", sagte er, „in des Herrn eigener Zeit wird David zu seinem Werke berufen werden."

Ich fragte ihn, ob man nicht annehmen könne, dass gerade jetzt David aus der Kirche ausgetreten sei.

„Er wird berufen und versöhnt werden", sagte Young, „sobald er den Wunsch fühlt, auf den rechten Weg geleitet zu werden."

Dieses Schisma wegen der Polygamie, herbeigeführt von der Witwe des Propheten und ihren Söhnen, ist eine ernste Sache für die Kirche, selbst nach dem Urteile der Bischöfe und Ältesten, welche in geringeren Angelegenheiten sich nicht um den morgenden Tag zu bekümmern scheinen. Young ist sich dessen wohl bewusst; denn wenn er die Chicago-Platform (Parteiprogramm) betrachtet, kann er sehen, wie leicht sich die heidnische Welt mit den Söhnen des Propheten in Nauvoo aussöhnen würde, während sie gegen ihn und die Unterstützer der Polygamie in Utah Krieg führen. Der hauptsächlichste – fast der einzige – Beweis, den wir am Salzsee zu Gunsten der Behauptung gefunden haben, dass Joseph mehrere Weiber im Fleische gehabt, ist eine von Young aufgestellte Meinung.

Ich deutete ihm den Verlust der moralischen Macht an, dem sein Volk stets ausgesetzt sei, so lange das Zeugnis über diesen Hauptpunkt noch unvollständig sei. Wenn Joseph vielen Frauen angesiegelt gewesen, so müssten Berichte, Zeugnisse dieser Tatsache da sein; wo sind diese Berichte, diese Zeugen?

„Ich", seichte Young heftig, „ich bin Zeuge. Ich siegelte Joseph selbst Dutzende von Frauen an."

Ich fragte ihn, ob Emma das wüsste.

Er sagte, dass er es vermute, aber nicht behaupten könne. In Beantwortung einer andern Frage gab er zu, dass Joseph keine Nachkommenschaft von einer der Frauen gehabt, welche ihm dutzendweise angesiegelt gewesen.

Von zwei anderen Quellen haben wir Beweisstücke empfangen, welche Young's Behauptung bestätigen. Zwei Zeugen, welche weit voneinander wohnen und einander nicht kennen, haben uns gesagt, dass sie verschiedene Frauen genau gekannt hätten, welche behaupten, dass sie in Nauvoo Joseph angesiegelt gewesen. Young versichert mir, dass verschiedene alte Damen, welche jetzt unter seinem Dache leben, Witwen von Joseph sind, und dass alle Apostel sie kennen und als solche verehren. Drei dieser Damen habe ich im Tabernakel gesehen. Ich habe gehört, dass manche dieser Frauen dem zweiten dieser Propheten Kinder geboren, obschon sie keine dem ersten geboren haben.

Meine eigene Überzeugung (nach Prüfung aller von Freund und Feind gesammelten Zeugnisse) ist, dass diese alten Damen, obschon sie Joseph für die Ewigkeit angesiegelt gewesen, nicht seine Weiber in dem Sinne waren, in welchem Emma, wie die übrigen Frauen, das Wort Weib verstehen. Ich glaube, sie waren seine geistigen Königinnen und Gefährtinnen, nach Art der Wesleyanischen Perfektionisten gewählt, nicht bestimmt für die Vergnügungen des Fleisches, sondern für die Verherrlichung einer andern Welt. Technisch mag Young in dieser Streitfrage Recht haben, aber die Söhne des Propheten sind, nach meiner Meinung, gesetzlich und moralisch in ihrem Rechte. Es ist meine feste Überzeugung, dass, wenn die Praxis der Pluralität ein permanenter Sieg dieser amerikanischen Kirche werden sollte, die Heiligen es nicht Joseph Smith, sondern Brigham Young zu verdanken haben würden.

## 31. Das Siegeln

Viel Verwirrung entsteht bei uns vom Gebrauche dieses Wortes Siegeln oder Ansiegeln, in dem englischen Sinne von Ehe. Siegelung mag Ehe, es kann aber auch etwas anderes bedeuten. Eine Frau kann einem Manne angesiegelt werden, ohne sein Weib zu sein, wie wir in dem Falle von Joseph's vermutlichen Witwen gesehen haben, ebenso wie bei Eliza Snow, der Dichterin, welche, trotzdem dass sie Young angesiegelt ist, Fräulein Snow genannt und von ihren Leuten als Jungfrau angesehen wird. Siegelung kann ein gutes Teil mehr, und es kann ein gutes Teil weniger als Heirat bedeuten. Ein Aufgehen, welches bei der Ehe nötig ist, ist bei der Siegelung nicht nötig. Die Ehe ist weltlich, die Siegelung ist beides, weltlich und himmlisch. Eine Eigentümlichkeit, welche die Heiligen in die näheren Beziehungen zwischen Mann und Weib eingeführt haben, ist die Fortdauer. Ihr Ritus, Mann und Frau einander anzusiegeln, kann entweder für die Zeit, oder die Ewigkeit sein; das heißt, der Mann kann eine Frau zu seinem Weibe nehmen, entweder nur für diese Welt, wie wir alle in der christlichen Kirche tun, oder für diese Welt während seines Lebens und die nächste Welt nach seinem Tode.

Der Ute hat eine Ahnung von dem Gedankengange dieser Heiligen, da er träumt, dass er in die Jagdgründe jenseits des Sonnenunterganges von seinem treuen Hunde und seiner Lieblingssquaw begleitet werden wird. Der mosaische Araber bevölkerte, als der Gedanke ihm im Geiste tagte, seinen Himmel mit den Männern und Frauen, welche er auf der Erde gekannt hatte, und unter den Rechten, welche er mit sich in das bessere Land nahm, war das, die Gesellschaft seines sterblichen Weibes verlangen zu können. Der Moslem-Araber glaubt noch (obschon er aus späterer Poesie gelernt hat, sein Paradies mit angelischen Houris zu bevölkern), dass ein braver Krieger, welcher um solchen Segen betet, im Himmel mit der demütigen Genossin seiner Sorgen auf Erden Gemeinschaft pflegen kann. Nur in unserem höheren, heiligeren Himmel sind diese menschlichen Freuden und Sorgen unbekannt, da ist keine Heirat, die Seelen der Gerechten werden wie die Engel Gottes. Auf die wirklichen Beziehungen zwischen Mann und Frau haben die Ute- und Araber-Theorien von Wiedervereinigung nach dem Tode und den alten Banden der Ehe keine andere Wirkung, als eine gute und liebende Frau anzuregen, mit warmem Eifer die Zuneigung ihres Herrn zu befriedigen, damit sie sich dadurch einen Platz an seiner Seite in einem himmlischen Wigwam, in einem paradiesischen Zelte sichert.

Aber da bei den Heiligen am Salzsee der Begriff einer Heirat nur ein zeitweiliger Kontrakt ist, der nicht nur von verschiedener Dauer, sondern auch von verschiedener Natur (durch das Ansiegeln für die Ewigkeit) ist, so hat das zu sehr eigentümlichen und praktischen Resultaten geführt. Ein mormonischer Ältester predigt, dass eine Frau, welche einem Manne auf Zeit angesiegelt worden ist, einem andern für die Ewigkeit angesiegelt werden kann. Diese Siegelung muss auf der Erde geschehen, und es kann bei Lebzeiten ihres früheren Herrn getan werden. In einem gewissen Grade ist es eine Vergünstigung für die Frau, eine zweite Wahl zu treffen, denn unter diesen Heiligen erfreut sich eine Frau derselben Macht, sich ihren himmlischen Bräutigam zu wählen, wie ein Mann sich der erfreut, seine sterbliche Braut sich auszusuchen.

Natürlich taucht immer die Frage über die Rechte auf, welche diese Siegelung der Seele einer Frau für die Ewigkeit auf ihre Person gewährt. Kann der himmlische Ritus ohne Kenntnis und Zustimmung des derzeitigen Mannes vollzogen werden? Kann er in Kraft treten ohne Beeinträchtigung seiner ehelichen Rechte? Ist es gewiss, dass irgend ein Mann es zugeben würde, dass seine Frau einem Manne angesiegelt wird, wenn er es in Erfahrung brächte, da eine Vereinigung für die Ewigkeit von feierlicherer Natur und bindenderer Kraft sein muss, als der weniger bedeutende Kontrakt auf Zeit? Ist es nicht wahrscheinlich, dass die vertraulichen Beziehungen zwischen Mann und Frau, die mit einander durch ein höheres Band verkettet sind, enger und geheimnisvoller sein werden, als die irdischen vertraulichen Beziehungen?

Viele Heilige leugnen, dass es in Utah gebräuchlich sei, dass eine Frau einem Manne für die Erde und einem andern für den Himmel angesiegelt werden könne. Es mag nicht oft vorkommen, aber es findet in mehr als einer Familie statt; es gibt Ursache zu manchem Kampfe, und der niedrigere Heilige hat weniger Schutz gegen den Missbrauch eines solchen Befehls, als er gern haben möchte. Young ist hier der Herr Aller. Wenn der Prophet zu einem Ältesten sagt: „Nimm sie!", so wird die Frau wohl oder übel genommen. Oft, sagt man mir, werden diese zweiten und höheren Hochzeitsfeierlichkeiten im Stillen vorgenommen, in den Winkeln des „Begabungshauses", unter Beihilfe von zwei oder drei vertrauten Oberhäuptern. Über sie wird nichts bekannt; es ist zweifelhaft, ob Listen darüber geführt werden. Welcher Mann mit einer hübschen Frau kann denn sicher sein, ob ihre Tugend nicht von den Ältesten in Versuchung gebracht wird, diese fremdartige, unbestimmte Beziehung für eine andere Welt mit einem Manne höheren Ranges in der Kirche einzugehen?

Der Stand eines Priesters, eines Propheten, eines Sehers hat in jedem Lande einen besondern Reiz für die Frauen; was die Kuraten in London, die Abbés in Paris, die Mollahs in Kairo, die Gosains in Benares sind, das sind diese Ältesten und Apostel in Utah, mit der weiteren Vergünstigung ihrer persönlichen Macht, den weiblichen Gläubigen zu den höchsten himmlischen Thronen zu verhelfen. Außer dem Guru in Bombay hat kein Priester auf der Erde eine so große Macht, auf jede Schwäche des weiblichen Herzens einzuwirken, als ein mormonischer Bischof am Salzsee. Wer kann dem niedrigeren Heiligen die Versicherung geben, dass Priester, welche so viel Macht im Himmel und auf Erden haben, nie bei diesen heimlichen Siegelungen für die Ewigkeit sein Recht und seine Ehre als verheirateter Mann verletzen werden?

Eine andere nicht weniger eigentümliche Vertraulichkeit, welche die Mormonen in die zarten Beziehungen von Mann und Weib gebracht haben, ist die, eine lebende Person einer toten anzusiegeln.

Die Ehe für die Zeit ist eine Sache der Erde und muss zwischen einem lebenden Manne und einer lebenden Frau vollzogen werden; aber die Ehe für die Ewigkeit ist Sache des Himmels und kann, sagen diese Heiligen, bei entweder Lebenden oder Toten vollzogen werden, vorausgesetzt, dass es eine wirkliche Verbindung der Personen ist, welche von dem Propheten sanktioniert und in aller Form gefeiert worden ist.

Auf alle Fälle muss es eine echte Verbindung sein; eine wahre Heirat, im kanonischen Sinne, und nach dem geschriebenen Gesetze; nicht ein platonischer Ritus, eine Anhänglichkeit der Seelen, welche nur zwei Personen durch ein mystisches Band verbinden würde. Hier kommt der Haken. Wie kann eine Frau in dieser fleischlichen Verbindung mit einem Manne im Grabe vereinigt werden?

Durch Stellvertretung, sagen die Heiligen.

Stellvertretung! Kann es so etwas in der Ehe geben, dass ein Mann oder eine Frau an Stelle eines andern steht? Young hat sich so ausgesprochen. Die Hebräer hatten eine Idee von einem solchen Dogma, als sie den jüngeren Bruder die Pflicht seines Bruders vollbringen hießen; und sind nicht alle Heiligen *eine* Familie vor Gottes Angesicht?

Unter den Hebräern war diese Bestimmung, die Witwe eines Bruders zur Frau zu nehmen, eine Ausnahme von den allgemeinen Gesetzen, und in der arabischen Gesetzgebung von Mohammed ward sie bei Seite gelegt als ein Überbleibsel der Polyandrie, als etwas Verabscheuenswertes und Unreines. Kein Volk, welches in bestimmten Niederlassungen lebt, ist je auf dieses Gesetz eines Hirtenstammes zurückgekommen. Aber Young, der sich vor der Wissenschaft nicht fürchtet, behandelt mit frecher Originalität diese und jede andere Frage über die Rechte der Frauen. Eine Frau kann sich ihren eigenen Bräutigam für den Himmel wählen; aber wie der Mann, welcher eine zweite Frau heiraten will, kann die Frau, welche einen toten Mann zu heiraten wünscht, dies auf keine andere Weise tun, als durch Young's Vermittlung und mit seiner Bewilligung. Angenommen, dass ein Mädchen mit einer verirrten Einbildungskraft sich die Idee in den Kopf gesetzt hätte, eine der himmlischen Königinnen eines verstorbenen Heiligen werden zu wollen, so ist nichts leichter, falls ihre eingebildete Grille mit der Neigung des Propheten übereinstimmen sollte. Young ist ihr einziger Richter, sein Ja oder Nein ihr einziger Maßstab von Recht oder Unrecht. Durch eine religiöse Handlung kann er sie einem toten Manne ansiegeln, den sie sich zu ihrem Herrn und König im Himmel erwählt hat; durch dieselbe Handlung kann er ihr einen Substituten auf Erden aus seinen Ältesten und Aposteln geben; sollte ihre Schönheit sein Auge versuchen, so kann er selbst als Stellvertreter für den verstorbenen Heiligen eintreten.

Im Tabernakel wurden mir zwei Damen gezeigt, welche durch Young's Stellvertretung als die Frauen Joseph's angesiegelt sind; der Prophet selbst sagt mir, dass es noch viel mehr gibt; und von diesen zweien kann ich bezeugen, dass ihre Beziehungen zu ihm dieselben sind, wie die jeder andern sterblichen Frau. Sie sind die Mütter von Kindern, welche seinen Namen tragen. Zwei der jungen Damen, welche wir auf der Bühne sahen, Schwester Zina und Schwester Emilie, sind die Töchter von Frauen, welche Joseph's Witwen zu sein vorgeben.

Über die Geschichte aller dieser Damen schwebt ein Dunstkreis von Zweifel und ein Geheimnis, das wir kaum durchdringen können. Zwei von ihnen leben unter Brigham's Dach; eine dritte lebte in einer Villa vor seinem Thore, eine vierte soll mit ihrer Tochter im Baumwollenholz-Canyon wohnen.

Meine Überzeugung ist, dass während einige der alten Damen dem Propheten nur als spirituelle Frauen angesiegelt worden sein mögen, diese jüngeren Weiber ihn zu ihrem Herrn und König Jahre nach seinem Tode erwählt haben.

Joseph ist der Lieblingsbräutigam des Himmels. Vielleicht liegt es in der Natur, dass, wenn man Frauen ihren Gatten wählen lässt, sie sich die aussuchen, welche auf Thronen sitzen; gewiss ist es, da sich viele mormonische Damen nach dem Schoße Joseph's sehnen, nicht poetisch, wie ihre christlichen Schwestern davon sprechen, dass sie im Schoße Abraham's liegen, sondern aus voller Seele, wie die Hindu-Bekennerin des Krishna nach ihrem geliebten Gott lechzt. Man sagt, dass Young alle solche Bekehrte für sich behält, da die Würde des toten Propheten so erhaben ist, dass nur sein Nachfolger im Tempel für würdig erachtet wird, sein Stellvertreter im Harem zu sein.

Schönheiten, welche Joseph nie von Angesicht sah, welche Kinder und Heiden waren, als die Tumulte in Karthago stattfanden, sind ihm jetzt für die Ewigkeit angesiegelt und gebären Kinder in seinem Namen.

Außer dem Sehnen der Hindu-Frauen nach ihrem geliebten Götzen ist vielleicht kein Wahnsinn auf der Erde so eigentümlich, als diese erotische Passion der weiblichen Heiligen für die Toten. Eine

Dame in New York ward von unbezwingbarer Lust ergriffen, die Frau des ermordeten Propheten zu werden. Sie machte sich auf den Weg nach dem Salzsee, warf sich Brigham zu Füßen, und bat ihn mit wahrer Inbrunst, ihm in Joseph's Namen angesiegelt zu werden.

Young konnte sie nicht gebrauchen; sein Harem war voll, seine Zeit war besetzt; er vertröstete sie mit Worten, er schickte sie fort; aber die Glut ihrer Leidenschaft war zu heiß, um getäuscht zu werden, zu stark, um sie aufzuhalten. Sie nahm ihn im Sturme, und endlich gab er nach; nachdem er sie Joseph für die Ewigkeit angesiegelt hatte, übernahm er den Posten als dessen Stellvertreter und brachte sie in sein Haus.

Auf der andern Seite affektieren die Mormonen so viel Macht über die Geister, um im Stande zu sein, die Toten den Lebenden ansiegeln zu können. Der Älteste Stenhouse erzählte mir, dass er eine tote Frau habe, welche ihm, auf ihr dringendes Verlangen, nach ihrem Tode angesiegelt worden war. Er hatte die junge Dame sehr gut gekannt; er beschreibt sie als schön und liebenswürdig; sie hatte ihn zu fesseln gewusst, und mit der Zeit würde er ihr den Antrag gemacht haben, seine Frau zu werden, wenn sie am Leben geblieben wäre.

Als er auf einer Sendung von der Salzseestadt abwesend war, ward sie krank und starb; auf ihrem Sterbebette drückte sie den lebhaften Wunsch aus, ihm für die Ewigkeit angesiegelt zu werden, damit sie die Glorie seines himmlischen Thrones teilen könne.

Young hatte auf ihr Gesuch nichts einzuwenden, und als Stenhouse von Europa nach dem Salzsee zurückkehrte, ward der Ritus in Gegenwart von Brigham und anderen vollzogen, seine erste Frau stand als Stellvertreterin für das tote Mädchen am Altar sowohl, wie später ein. Er rechnet die verlorene Schöne als eine seiner Frauen und glaubt, dass sie mit ihm im Himmel regieren wird.

## 32. Die Frauen am Salzsee

Und was ist, wenn man die Frauen selbst betrachtet, das sichtbare Resultat dieses eigentümlichen Experiments im gesellschaftlichen und Familienleben?

Während unseres fünfzehntägigen Aufenthaltes unter den Heiligen hatten wir öfter Gelegenheit, uns ein ebenso gutes Urteil über diese Frage zu bilden, als je heidnische Reisende vermochten. Wir haben den Präsidenten und viele seiner Apostel täglich gesehen; wir wurden in viele mormonische Häuser aufgenommen und fast allen den ersten Heiligen vorgestellt; wir haben an ihren Tischen gespeist, mit ihren Frauen geschwatzt, mit ihren Kindern gescherzt und gespielt.

Die Gefühle, welche wir über den Einfluss des mormonischen Lebens auf den Charakter und die Stellung der Frauen erlangt haben, haben wir durch Sorgfalt, Studium und Erfahrung uns angeeignet, und wir hoffen, dass unsere Freunde am Salzsee uns aufrichtig und offen Vertrauen schenken werden, wenn gleich ihre Ansichten von den unsrigen sehr abweichen.

Wenn man nur auf die Ältesten hört, so sollte man glauben, dass die Pluralität der Frauen in der weiblichen Brust den wildesten Fanatismus erweckt. Sie sagen euch, dass ein mormonischer Prediger, der bei den Beispielen von Sarah und Rachel verweilt, seine willfährigsten Zuhörer auf den Bänken der Frauen findet. Sie sagen, dass in Nauvoo ein Damenclub gebildet worden sei, um Polygamie zu nähren, um sie zur Mode zu machen, dass Mütter sie ihren Töchtern vorpredigen, dass Poetinnen sie preisen. Sie verlangen, dass man glauben soll, dass die erste Frau, weil sie das Haupt des Harems ist, es übernimmt, die schönsten Mädchen auszusuchen und ihnen den Hof zu machen, und nur zu stolz und zu glücklich ist, wenn sie der Armee ihres Mannes eine neue Hagar, eine neue Bilhah zuführen kann.

Diese Lesart wird allerdings von solchen Schriftstellerinnen wie Belinda Pratt unterstützt.

Meiner Meinung nach ist der Mormonismus keine Religion für Frauen. Ich will nicht sagen, dass er sie entwürdigt, denn der Ausdruck Entwürdigung kann gemissbraucht werden; aber er setzt sie, nach unseren heidnischen Ansichten, auf der gesellschaftlichen Leiter herab. In der Tat ist die Frau hier in gar keiner Gesellschaft.

Die langen, leeren Wände, die umlaubten Villen, die leeren Fenster, Türen und Verandas, alles lässt dem englischen Beschauer mehr eine Art Eifersucht, Abtrennung und Unterwürfigkeit eines Moslem-Harems vermuten, als die Fröhlichkeit und Freiheit einer christlichen Heimat. Männer sehen sich sehr selten zu Hause, noch seltener in Gesellschaft ihrer Frauen. Absonderung scheint da Mode zu sein, wo Polygamie Gesetz ist. Nun muss aber an und für sich die Gewohnheit, Frauen von der Gesellschaft auszuschließen, abgesehen von allen Lehren und Moralität, darauf hinwirken, ihre Anschauung zu trüben und ihr Gehör abzustumpfen; denn, wenn die Unterhaltung die Männer anfeuert, so macht dieselbe die Frauen noch lebhafter, und wir können es rundheraus nach unserer Erfahrung in vielen Haushaltungen am Salzsee sagen, dass die mormonischen Frauen die Fähigkeit verloren haben, selbst an einem so leichten Gespräche, wie es den Mittagstisch und das Empfangszimmer belebt, Teil zu nehmen.

Wir haben nur eine Ausnahme von der Regel getroffen, und das war eine Dame, welche auf der Bühne gewesen ist. In vielen Häusern liefen die Frauen unserer Wirte mit ihren Säuglingen in den Armen in den Zimmern umher, holten Champagner, entkorkten die Flaschen, brachten Kuchen und Früchte, zündeten die Fidibusse an, eisten das Wasser, während die Männer in ihren Stühlen lungerten, ihre Füße zum Fenster hinaussteckten und Humpen Wein hinabstürzten.

(NB. Enthaltsamkeit von Wein und Tabak wird von Young empfohlen und in den Mormonenschulen gelehrt; aber wir fanden in vielen Häusern Zigarren und Wein in allen, außer in den Hotels.)

Die Damen sind in der Regel einfach gekleidet, um nicht ärmlich zu sagen; sie tragen keine hellen Farben, keine munteren Falbeln und Verzierungen. Sie sind ruhig und unterwürfig, – uns erschien es unnatürlich ruhig – als ob aller Geist, alle Munterkeit, alles Leben aus ihnen herausgepredigt worden wäre. Sie lachen selten, außer mit einem bleichen, müden Blick, und obschon sie alle englischer Abkunft sind, hörten wir sie nie so vergnügt lachen, wie unsere englischen Mädchen.

Sie wissen sehr wenig und finden an sehr wenig Dingen Interesse. Ich vermute, dass sie alle großes Geschick im Kinderwarten haben, und weiß, dass viele sehr geschickt im Trocknen und Einmachen von Früchten sind.

Aber sie sind gewöhnlich scheu und zurückhaltend, als ob sie fürchteten, dass eure kühne Meinungsäußerung über einen Sonnenuntergang, einen Wasserlauf oder eine Bergkette von ihren Herren als ein gefährlicher Eingriff in die Heiligtümer des häuslichen Lebens betrachtet werden würde. Während man im Hause ist, werden sie in das Wohnzimmer gebracht, wie bei uns die Kinder, sie kommen einen Augenblick herein, verbeugen sich, schütteln die Hände, dann schleichen sie sich wieder hinaus, als ob sie selbst fühlten, dass sie in Gesellschaft nicht an ihrem Platze sind.

Ich habe diese Art Scheu nur im syrischen Zelte unter Frauen gesehen. Nichts von der Leichtigkeit und Grazie der englischen Damen findet man am Salzsee, selbst nicht in den Häusern der Reichen. Hier herrscht keine Frau. Hier gibt keine Frau durch ihr Benehmen zu verstehen, dass sie Herrin ihres eigenen Hauses ist. Sie sitzt nicht immer mit am Tisch, und wenn sie einen Platz neben ihrem Herrn einnimmt, so ist es nicht am oberen Ende, sondern auf einem der unteren Plätze. In der Tat scheint es, als ob ihr Platz weniger im Besuch- und Speisezimmer, als in der Kinderstube, der Küche, dem Waschhaus und im Fruchtgewölbe sei.

Die spielende Anmut, die Freiheit einer jungen englischen Dame fehlt der mormonischen Schwester ganz. Nur wenn der Gegenstand der Pluralität der Frauen zwischen Wirt und Gast besprochen wurde, habe ich je das Gesicht einer mormonischen Dame aufleuchten sehen, und da war es mit einem Blicke, der eine ganz verschiedene Meinung von der andeutete, welche Belinda Pratt aufgestellt hat.

Ich bin überzeugt, dass die Gewohnheit, mehrere Frauen zu heiraten, bei den weiblichen Heiligen nicht populär ist. Außer dem, was ich von mormonischen Frauen gesehen und gehört habe, die selbst in polygamischen Familien leben, habe ich allein und frei mit acht oder neun verschiedenen Mädchen gesprochen, von denen alle zwei oder drei Jahre am Salzsee gelebt haben. Sie sind unbezweifelt Mormoninnen, welche manches Opfer für ihre Religion gebracht haben, sind aber, nachdem sie das Familienleben der anderen Heiligen gesehen haben, strenge Gegner der Polygamie. Zwei oder drei dieser Mädchen sind hübsch und konnten in einem Monate verheiratet gewesen sein. Es ist ihnen viel der Hof gemacht worden, und eine derselben hat nicht weniger als sieben Anträge erhalten.

Manche ihrer Liebhaber sind alt und reich, andere jung und arm und haben ihr Glück noch zu machen. Die alten Kerle haben ihre Häuser bereits voll Weiber, und sie will nicht als fünfte oder fünfzehnte Gattin in die Reihe eintreten; die jungen Leute, welche wahre Heilige sind, wollen nicht versprechen, sich auf ihre ersten Gelübde zu beschränken, und so weigert sie sich, irgend einen von ihnen zu heiraten.

Alle diese Mädchen ziehen es vor, ledig zu bleiben, – ein Leben voll Arbeit und Abhängigkeit zu führen – als Mägde, Zofen, Putzmacherinnen, Tagelöhnerinnen – statt ein Leben von vergleichsweiser Bequemlichkeit und Ruhe im Harem eines mormonischen Bischofs zu haben.

Man glaubt allgemein, und zwar besonders nach dem berühmten Briefe der Belinda Pratt über die Pluralität, dass die mormonische Sara willig ist, irgendeine Anzahl Hagars für ihren Herrn auszusuchen und demselben zu geben. Mehr als ein Heiliger hat mir gesagt, dass dies in der Regel wahr sei, obschon er zugibt, dass es Ausnahmen gibt und manche mormonische Sara ihrem hohen Berufe nicht ganz nachkommt. Meine Erfahrung bewegt sich nur unter den Ausnahmen. Manche Frauen mögen so gut sein, dies Amt zu übernehmen. Ich habe nie eine gefunden, welche dies zugegeben hätte, selbst in Gegenwart ihres Mannes nicht und wenn die Gelegenheit ein wenig weibliches Aufschneiden vielleicht geboten hätte. Jede Dame, an welche ich diese Frage richtete, verneinte es errötend, obschon auf eine so gebrochene Art, wie sie jede mormonische Frau charakterisiert.

„Einer neuen Frau für ihn den Hof machen!", sagte eine Dame, „keine Frau würde das tun, und keine Frau würde sich von einer Frau den Hof machen lassen."

Die Art und Weise, entweder eine zweite oder die sechszehnte Frau zu nehmen, bleibt dieselbe. „Ich will Ihnen sagen", sagte ein mormonischer Ältester zu mir, „wie wir dies in unserer Brüderschaft tun. Zum Beispiel, ich habe zwei lebende Frauen und eine tote Frau. Ich denke daran, eine andere zu nehmen, da ich die Ausgabe sehr gut erschwingen kann und niemand in der Kirche sehr geachtet ist, welcher weniger als drei Frauen hat. Na, ich bestimme mich für eine junge Dame und überlege bei mir, ob es der Wille Gottes ist, dass ich sie aufsuche. Wenn ich in meinem eigenen Herzen fühle, dass es recht ist , es zu versuchen, so spreche ich mit meinem Bischof, welcher mir abredet oder es billigt, wie ihm gut dünkt; hierauf gehe ich zum Präsidenten, welcher in Betracht nehmen wird, ob ich ein braver Mann und würdiger Gatte bin, im Stande, meinen kleinen Haushalt zu regieren, Frieden unter meinen Frauen zu halten, meine Kinder in der Furcht Gottes zu erziehen; und wenn ich in seinen Augen des Segens würdig bin, erhalte ich die Erlaubnis, mit der Jagd fortzufahren. Dann lege ich alles, meinen Wunsch, meine Erlaubnis und meine Wahl meiner ersten Frau vor, da sie das Haupt meines Hauses ist, und frage sie um Rat über die Gewohnheiten der jungen Dame, ihren Charakter und ihre Eigenschaften. Vielleicht spreche ich auch mit meiner zweiten Frau, vielleicht auch nicht, da es sie nicht so viel angeht, wie meine erste Frau; außerdem ist meine erste Frau älter und mehr meine Freundin, als die zweite. Ein Widerstand seitens der ersten Frau würde großes Gewicht bei mir haben; ich würde mich nicht viel darum kümmern, was die zweite sagt oder denkt. Wenn alles gut geht, würde ich dann mit dem Vater der jungen Dame sprechen, und wenn er in meine Werbung willigt, würde ich mich dann an die junge Dame selbst wenden."

„Aber ehe Sie sich alle die Mühe geben, sie zu bekommen", fragte ich, „würden Sie es nicht versucht haben, bei der Dame selbst sichern Grund zu finden? Würden Sie ihr nicht den Hof gemacht und ihre Neigung gewonnen haben, ehe Sie alle diese Personen in Ihr Vertrauen ziehen?"

„Nein", sagte der Älteste, „ich würde das für Unrecht halten. In unserer Gesellschaft sind wir streng. Ich würde das junge Mädchen im Theater, im Tabernakel, im Gesellschaftshause gesehen, ich würde mit ihr gesprochen, mit ihr getanzt haben, mit ihr herumspaziert sein, und so ihre Verdienste und ihre Neigungen in Erfahrung gebracht haben; aber ich würde mich nicht um ihre Liebe beworben haben in Ihrem Sinne des Wortes, nicht in Einverständnis mit ihr getreten oder ein geheimes und persönliches Verhältnis mit ihren Neigungen eingegangen sein. Diese Dinge gehören nicht auf die Erde, sondern in den Himmel, und bei uns müssen sie der Ordnung im Reiche Gottes und der Kirche folgen."

Die zwei Frauen dieses Ältesten wohnen in zwei verschiedenen Häusern und sehen sich selten. Als wir am Salzsee waren, wurde ein Kind der zweiten Frau krank; es gab große Not im Hause, und wir hörten die erste Frau, in deren Villa wir zu Tische waren, sagen, dass sie die zweite Frau besuchen wolle. Der Älteste wollte davon nichts hören; und er hatte gewiss Recht, da man vermutete, dass die Krankheit Diphtheria war und sie eine Brut kleiner Kinder um ihre Knie spielen hatte. Dennoch sagte uns ihr Vorschlag, dass sie für gewöhnlich nicht in täglichem Verkehr mit ihrer Schwester-Frau stand.

Es ist eine offene Frage in Utah, ob es besser ist, dass ein mehrfacher Haushalt unter einem Dache versammelt werde, oder nicht. Young gibt das Beispiel der Einheit, soweit es wenigstens seine wirklichen Frauen und Kinder betrifft. Einige alte Damen, welche ihm für den Himmel entweder in Joseph's Namen oder seinem eigenen angesiegelt sind, wohnen in besonderen Villen; aber das Dutzend Frauen, welche sein Lager teilen und die Mütter seiner Kinder sind, wohnen in einem Komplex nahe bei einander, speisen an einem Tische und vereinigen sich zum Familiengebet. Taylor, der Apostel, hält seine Familien in besonderen Villen und Obstgärten, nur zwei von seinen Frauen leben in seinem Haupthause, die anderen haben ihre eigenen Besitzungen. Jedermann steht es frei, seinen Haushalt einzurichten wie er will, so lange er Zwiespalt vermeidet und den öffentlichen Frieden befördert.

„Wie werden Sie Ihre Besuche einrichten, wenn Sie Ihre neue Frau genommen und sich dieselbe angesiegelt haben?", fragte ich meinen freundlichen und gesprächigen Ältesten. „Werden Sie die orientalische Gewohnheit annehmen, gleiche Gerechtigkeit und Aufmerksamkeit den Damen zu Teil werden lassen, wie es von Moses und Mohammed bestimmt ist?"

„Beim Himmel, Herr", antwortete er rot vor Zorn, „Niemand soll mir sagen, was zu tun ist, außer..." hier nannte er die Anfangsbuchstaben seines Namens.

„Sie wollen tun, was Ihnen beliebt?"

„Ja wohl."

Und so, glaube ich, denkt man gewöhnlich in dieser Stadt und in dieser Gemeinde.

Der Mann ist König, und die Frau hat keine Rechte. Sie hat faktisch keine andere anerkannte Stellung in der Schöpfung, als die einer Dienerin und Gesellschafterin ihres Herrn. Der Mann ist der Herr, die Frau die Sklavin. Ich kann mich nicht darüber wundern, dass Mädchen, welche sich ihrer englischen Heimat erinnern, vor einer Heirat in dieser eigentümlichen Gemeinschaft zurückbeben, trotzdem dass sie die Doktrin Young's, nach welcher Pluralität das Gesetz des Himmels und der Erde ist, angenommen haben.

„Ich glaube, es ist recht", sagte mir einst eine kleine rosige Engländerin, welche drei Jahre in Utah gewesen ist, „und ich glaube es ist für die, welche es lieben, gut; aber es ist nicht gut für mich, und ich will es nicht haben."

„Aber wenn Young es Ihnen anbefehlen sollte?"

„Er wird nicht", sagte das Mädchen, ihre goldenen Locken schüttelnd, „und wenn er es tun würde, dann will ich nicht. Ein Mädchen kann heiraten oder nicht, wie es ihr gefällig ist; und was mich anbetrifft, so werde ich nie in ein Haus gehen, wo eine andere Frau ist."

„Haben die Frauen eine Abneigung dagegen?"

„Einige nicht, die meisten sind dem abgeneigt. Sie halten es für ihre Religion; ich kann nicht sagen, dass irgendeine Frau es liebt. Manche Frauen leben sehr angenehm mit einander, nicht viele; die meisten haben ihre Zänkereien und Stänkereien, obschon ihre Männer es nicht erfahren. Keine Frau sieht gern eine neue Frau ins Haus kommen."

Ein Heiliger würde sagen, dass ein solches Fräulein, wie meine rosige Freundin, erst eine halbe Mormonin ist; er würde ein derartiges Zeugnis als vorübergehendes Geschwätz bezeichnen, und euch vorhalten, dass man nicht gerechtfertigt sei, über eine Einrichtung wie die Polygamie zu urteilen, bis man im Stande wäre, ihre Wirkung in der vierten und fünften Generation zu studieren.

Inzwischen kann das Urteil, welches wir uns von dem, was wir gesehen und gehört, gebildet haben, mit wenigen Worten ausgedrückt werden.

Es wird dadurch eine neue Stellung für die Frauen gefunden, welche nicht die Stellung ist, welche sie in England und den Vereinigten Staaten bekleiden. Es versetzt sie vom Wohnzimmer in die Küche, und wenn es sie in der Kinderstube findet, schließt es sie daselbst ein. Wir möchten diesen Wechsel eine Erniedrigung nennen; die Mormonen nennen ihn Reformation.

Wir sagen nicht , dass irgendwelche dieser mormonischen Damen schlechter an Moral geworden seien oder ihr Geist dadurch verloren hätte; möglicherweise nicht; aber in allem, was Grazie, Rang und Repräsentation in der Gesellschaft betrifft, sind sie zweifelsohne nach unserem Maßstabe auf eine niedrigere Stufe herabgesunken.

Die männlichen Heiligen erklären, dass in dieser Stadt die Frauen häuslicher, weiblicher, mütterlicher geworden wären, als sie unter den Heiden sind, und dass das, was sie an Aussehen, an Brillanz, an Bildung verloren haben, sie an Tugend und Nützlichkeit gewonnen hätten. Mir erschienen die besten Frauen wenig mehr als häusliche Sklavinnen zu sein, welche sich nie zu dem Range wirklicher Freundinnen und Genossinnen ihrer Herren erheben können. Taylor's Töchter warteten uns bei Tische auf; zwei hübsche, elegante, englisch aussehende Mädchen. Wir würden es vorgezogen haben, hinter ihren Stühlen zu stehen und die leckersten Bissen von Huca und Kuchen ihnen vorzulegen; aber der Mormone hält wie der Moslem eine schwere Hand über seine Weiber.

Das weibliche Geschlecht muss am Salzsee in seiner Sphäre verbleiben. Ein Mädchen muss ihren Vater mit „mein Herr" anreden, und sie würde es kaum versuchen, sich in seiner Gegenwart zu setzen, ehe sie feinen Befehl dazu erlangt.

„Die Weiber", sagte Young zu mir, „werden leichter selig werden, als die Männer; sie haben nicht Verstand genug, um sehr zu sündigen. Die Männer haben mehr Verstand und mehr Macht, und können deshalb schneller und sicherer in die Hölle kommen."

Der mormonische Glaube scheint zu sein, dass die Frau nicht der Verdammnis wert ist.

Im mormonischen Himmel können die Männer zur Strafe ihrer Sünden auf der Stufe der Engel verbleiben müssen; aber die Frauen müssen alle, was sie auch immer verbrochen haben mögen, die Frauen der Götter werden.

## 33. Die republikanische Platform

„Wir gedenken der Geschichte mit den Mormonen ein Ende zu machen", sagt ein neu-englischer Politiker, „wir haben ein größeres Geschäft als das im Süden vollendet, und wir werden jetzt die Dinge in der Salzseestadt herrichten."

„Denken Sie dies mit Gewalt zu tun?", fragt ein englischer Reisender.

„Na, das ist eine unserer Planken (Paragraphen). Die republikanische Platform (Parteiprogramm) verpflichtet uns diese Heiligen zu vernichten."

Diese Unterredung, welche an der gastfreundlichen Tafel eines berühmten Publizisten in Philadelphia geführt wurde, zieht von allen Seiten die Kritik einer ausgewählten Gesellschaft von Advokaten und Politikern heran; meist Mitglieder des Kongresses, alle von ihnen Soldaten der republikanischen Phalanx.

„Glauben Sie", sagt der englische Gast, „Sie als Schriftsteller und Denker, – glaubt Ihre Partei, die Repräsentanten amerikanischer Begriffe und Macht, dass es in einem Lande, in dem die Sprache frei und die Duldsamkeit groß ist, recht sein würde, Gewalt gegen Gedanken anzuwenden – Kavallerie und Infanterie in einen dogmatischen Streit hinein zu bringen – sich darüber zu machen, Moralität mit Bajonetten und Bowiemessern zu befördern?"

„Es ist eine unserer Planken", sagt ein junges Kongressmitglied, „diese Mormonen zu unterdrücken, welche, außerdem dass sie Ungläubige sind, auch Konservative und Kupferköpfe sind."

„Young ist sicherlich ein Demokrat", fügt ein begabter Zeitungsredakteur von Massachusetts, der selbst im Lande der Mormonen gereist war, hinzu, „wir haben kein Recht, wegen seiner Politik sein Land abzubrennen; eben so wenig seiner Religion wegen; wir haben nicht die Macht, uns um irgendjemandes Glauben zu bekümmern; aber wir haben ein Gesetz gegen die Pluralität der Weiber gemacht, und wir haben die Macht, darauf zu halten, dass unsere Gesetze überall in dieser Republik geachtet werden."

„Mit Gewalt?"

„Mit Gewalt, wenn wir durch unloyale Bürger dazu getrieben werden, Gewalt zu gebrauchen."

„Sie meinen also, dass Sie auf alle Fälle Gewalt anwenden wollen, – passiv, wenn sie sich unterwerfen, aktiv, wenn sie sich widersetzen?"

„Das ist unsere Ansicht", erwidert unser aufrichtiger Wirth. „Die Regierung muss sie unterdrücken; das ist unsere große Arbeit, und nächstes Jahr müssen wir sie durchführen."

„Sie halten es also für recht, ein Übel wie Polygamie mit Kanonen und Kartätschen zu bekämpfen?"

„Wir haben vier Millionen Neger mit Kanonen und Kartätschen befreit", antwortet ein nüchterner Richter von Pennsylvanien.

„Um Verzeihung, ist das eine volle Darlegung des Falles? Dass Sie eine Sezessionsbewegung mit militärischer Macht unterdrückt haben, ist wahr; aber ist es nicht ebenfalls wahr, dass vor fünf oder sechs Jahren jedermann es anerkannte, dass Sklaverei eine legale und moralische Frage sei, welche, so lange Frieden und Ordnung in den Sklavenstaaten herrschte, nicht anders als auf legalem und moralischem Wege behandelt werden könne?"

„Ja, das ist an dem. Wir hatten kein Recht über die Neger, bis ihre Herren zu revoltieren anfingen. Ich gebe zu, dass die Kriegserklärung allein uns unsern Standpunkt gab."

„Sie geben also wirklich zu, dass Sie kein Recht über die Schwarzen hatten, bis Sie durch die Rebellion eine vollständige Autorität über die Weißen, welche sie in Knechtschaft hielten, erlangt hatten?"

„Gewiss."

„Wenn nun die Pflanzer sich ruhig verhalten hätten; das Gesetz respektiert, wie es damals bestand; nie versucht, sich mit Gewalt auszubreiten, wie sie in Kansas zu tun versuchten; dann würden Sie durch Ihr Rechtsgefühl gezwungen worden sein, sie der Zeit und Vernunft, der Erschöpfung ihrer Ländereien, der Entvölkerung ihrer Staaten, dem Wachstum gesunder ökonomischer Kenntnis – kurz der moralischen Kraft zu überlassen, welche alles soziale Wachstum anregt und erhält?"

„Vielleicht ja", antwortet der tüchtige Redakteur. „Die Heiligen haben uns diese Alternative noch nicht gestellt. Sie sind ein sehr ehrliches, nüchternes, fleißiges Volk, welches sich hauptsächlich nur um sich selbst bekümmert, wie Leute, welche in jenen unfruchtbaren Ebenen zu leben versuchen, tun müssen. Sie sind auch auf ihre Art nützlich; sie verbinden unsere Atlantischen Staaten mit denen am Stillen Ozean, und sie füttern die Bergwerksbevölkerung von Idaho, Montana und Nevada."

„Wir haben keinen Grund, über sie zu klagen, keinen, den ein Politiker gegen sie vorbringen würde, außer ihren vielfachen Haushaltungen; aber Neu-England ist gerade sehr empfindlich über sie; denn jedermann hat es sich in diesem Lande angewöhnt, sie den Laich unseres Neu-England-Konventikels zu nennen; nur deshalb, weil Joseph Smith, Brigham Young, Heber Kimball, alle die ersten Lichter ihrer Kirche, zufällig Neu-England-Leute sind."

„Wenn Neu-England", fügt ein Repräsentant von Ohio lachend hinzu, „über irgendeinen Punkt wütend wird, dann werden Sie finden, dass er in unserer Republik es zu Stande bringt, seinen Willen zu bekommen."

„Wenn ihr Wille ein gerechter und offenkundiger ist, – sanktioniert durch moralische Prinzipien und menschliche Erfahrungen – dann ist es nur in der Ordnung, dass sie ihn haben. Aber werden Harvard und Yall einen Angriff durch militärische Macht auf religiöse Körperschaften deshalb unterstützen, weil sie sich Abraham und David zum Modell genommen haben?"

„Sie haben auf diesen Ebenen und Bergen hundert Stämme von roten Menschen, welche Polygamie treiben; würden Sie es für in der Ordnung halten, dass Ihre Missionsgesellschaft ihnen den Lehrer und die Bibel entzieht, und General Grant an deren Stelle den Soldaten und das Schwert hinausschickt? Sie haben in diesen westlichen Territorien hunderttausend gelbe Menschen, welche ebenfalls Polygamie treiben; werden Sie es für gerecht halten, ihre Schiffe zu versenken, ihre Ranchos in Brand zu stecken und sie von ihrem Grund und Boden mit Schwert und Feuer zu vertreiben?"

„Diese Beispiele sind verschieden von denen der Heiligen", entgegnet der tüchtige Redakteur, „diese Rothäute und diese Gelbhäute sind

Wilde; die eine Rasse mag aussterben, die andere nach Asien zurückkehren; aber Young und Kimball sind unsere eigenen Leute, sie kennen das Gesetz und das Evangelium; und was sie auch immer mit dem Evangelium tun mögen, sie müssen dem Gesetze gehorchen."

„Natürlich, jeder muss dem Gesetze gehorchen; aber wie? Ich höre, dass diese Heiligen nichts gegen Ihr Gesetz haben, wenn es vom Richter und den Geschworenen verwaltet, sondern nur gegen das Gesetz, welches von Obersten und deren Subalternen in Ausführung gebracht wird."

„Mit anderen Worten", sagt der pennsylvanische Richter, „sie haben nichts gegen unser Gesetz, wenn sie es nach ihrem Willen ausführen können."

„Wir müssen sie unterdrücken!", ruft das junge Kongressmitglied.

„Haben Sie es nicht schon zweimal versucht, sie zu unterdrücken? Sie fanden sie zwölftausend Mann stark in Independence, in Missouri; da Sie ihre Grundsätze nicht liebten (obschon sie damals noch nicht die Polygamie unter sich hatten), so zermalmten und zerstreuten Sie dieselben zu dreißigtausend in Nauvoo; hier selbst ergriffen Sie nochmals die Waffen gegen religiöse Leidenschaft, erschlagen ihren Propheten, plünderten ihre Stadt, trieben sie in die Wüste, überhaupt zerstreuten und vernichteten sie zu einhundertundsiebenundzwanzigtausend in Deseret! Sie wissen, dass irgend so ein Gesetz des Wachstums durch Verfolgung in jedem Lande und in jeder Kirche entdeckt worden ist. Es ist dies sprichwörtlich. In der Salzseestadt hörte ich, wie Brigham Young seinen abreisenden Missionaren sagte, sie sollten keine Andeutung machen über die Schönheit ihrer Heimat in den Bergen, aber bei dem Gedanken an Verfolgung verweilen und die Armen zur verfolgten Kirche berufen. Die Menschen fliegen in eine verfolgte Kirche wie die Motten in ein Licht. Wenn Sie das ganze Land im Westen mormonisch machen wollen, so müssen Sie eine Armee von hunderttausend Mann nach den Felsengebirgen senden."

„Aber wir können diese Pluralisten doch kaum ungestört lassen?"

„Warum nicht? – wenigstens was Bajonette und Bowiemesser betrifft. Haben Sie keinen Glauben an die Macht der Wahrheit? Haben Sie kein Vertrauen, dass Sie Recht haben? Nein, sind Sie sogar wirklich sicher, dass Sie nichts von ihnen zu lernen haben? Haben nicht die

Leute, welche gediehen sind, wo niemand anders leben kann, Beweise genug geliefert, dass, obschon ihre Doktrinen merkwürdig und ihre Moral falsch sein mag, die Prinzipien, nach welchen sie den Boden bebauen und ihre Ernten aufbringen, merkwürdig gesund sind?"

„Ich gebe zu", sagt der tüchtige Redakteur, „dass sie gute Farmer sind."

„Gut ist nur ein armer Ausdruck, um das Wunder zu bezeichnen, was sie vollbracht haben. In Illinois verwandelten sie einen Sumpf in einen Garten. In Utah haben sie eine Wüste grün mit Weideplätzen und gelb mit Mais und Korn gemacht. Auf was ist Brigham Young am stolzesten? Auf seinen Harem, seinen Tempel, sein Theater, seine Stellung, seinen Reichthum? Er mag auf diese Dinge in gewisser Beziehung stolz sein; wobei er aber am liebsten verweilt und mit dem edelsten Enthusiasmus, das ist die Tatsache aus seinem Leben, dass er eine Ernte von dreiundneunzig und einen halben Bushel Weizen von einem Acker erzielt hat. Die Heiligen sind mit einer Geschwindigkeit, welche selbst in den Vereinigten Staaten wunderbar erscheint, reich geworden. Sie haben das Leben auf der niedrigsten Stufe erwählt, sich nur aus den armen Klassen rekrutiert, sind ihrer Güter beraubt und von ihren Farmen getrieben worden, waren gezwungen, Millionen von Dollars auf einen gefährlichen Auszug zu verwenden, ließen sich schließlich auf Grund und Boden nieder, von dem die Rothaut und der Bison fast in Verzweiflung gewichen waren, und dennoch haben sie es zu Stande gebracht, zu existieren, ihre Arbeiten auszudehnen, ihre Vorräte zu vermehren. Die Hügel und Täler um den Salzsee lachen überall mit Weizen und Korn. Eine Stadt ist gebaut worden; große Straßen sind angelegt; Mühlen sind errichtet; Kanäle sind gegraben; Wälder sind gefällt. Ein Depot ist in der Wildnis gebildet worden, von dem die Bergleute in Montana und Nevada mit Nahrungsmitteln versorgt werden können. Eine Kommunikationskette von St. Louis nach San Francisco ward gelegt. Ist die republikanische Majorität darauf vorbereitet, den Fortschritt von zwanzig Jahren ungeschehen zu machen, um eine schädliche Lehre zu zügeln? Sind Sie sicher, dass der Versuch gelingen würde, wenn er gewagt werden sollte? Welche Tatsachen in der Vergangenheit dieser Heiligen erlauben Ihnen, zu glauben, dass Verfolgung, wenn auch noch so scharf, ihre Zahl, ihre Kühnheit, ihren Eifer zu unterdrücken vermöchte?"

„Sie sehen also keinen Weg, dieselben zu vernichten?"

„Sie zu vernichten! Nein, keinen. Ich sehe keinen andern Weg, irgendeine moralische und religiöse Frage zu behandeln, als durch moralische Mittel, angewandt im religiösen Geiste. Warum vertrauen Sie nicht auf Wahrheit, auf Logik, auf Geschichte? Warum eröffnen Sie keine guten Verkehrswege nach dem Salzsee? Warum befördern Sie nicht die Eisenbahnverbindung und bringen die praktische Intelligenz und den Edelmut Neu-Englands in Anwendung auf den Haushalt mit vielen Frauen? Warum treten Sie ihren Predigten nicht durch Predigten entgegen, stellen ihre Wissenschaft mit Wissenschaft auf die Probe, begegnen Büchern mit Büchern und haben dort keine Missionare, welche dem Ältesten Stenhouse und dem Ältesten Dewey gleichen? Sie müssen erwarten, dass, so lange Sie gegen die Heiligen handeln, die Heiligen wiederum gegen Sie handeln werden. Es würde für Sie eine Kraftprobe sein, aber die Waffen sind gesetzlich und der Schluss gesegnet. Können Sie nicht darauf vertrauen, dass die rechte Seite und die gerechte Sache siegreich aus diesem Kampfe hervorgehen werden?"

„Na", sagt der Richter, „obschon wir vielleicht in Bezug auf die Anwendung physischen Zwanges geteilt sind, stimmen wir doch alle zu Gunsten moralischen Zwanges. Massachusetts ist unsere Vorsehung; denn, wie dem auch sei, wir müssen ein Gesetz in der Republik haben. Vereinigung ist unser Motto, Gleichheit unser Glaubensbekenntnis. Boston und die Salzseestadt müssen dahin gebracht werden, sich die Hände zu schütteln, wie Boston und Charlestown bereits getan haben. Wenn Sie Brigham überreden können, sich mit Bowles niederzulegen, ich möchte es sehen... Und nun geben Sie einmal den Wein hierher."

## 34. Onkel Sam's Besitzung

Wenn man die Abdachungen jener Flüsse von New York nach Toledo erklimmt; wenn man das Mississippital von Toledo nach St. Louis hinabgeht; wenn man die Prärien von St. Louis nach dem Virginiatal ersteigt; wenn man über die Sierras vom Virginiatal nach dem großen Salzsee geht; wenn man sich durch die Wasatchkette, das Land am Bittern Bach und durch die Ebenen von der Salzseestadt nach Omaha windet; wenn man den Missouri von seinem mittleren Laufe bis zu seiner Mündung hinab folgt; wenn man die Bergpässe von Pennsylvanien betritt; wenn man die Wälder durchschneidet, den Strömen folgt und in den Städten von Virginien umherschlendert, und wenn man die Straßen von Washington durchmisst, sich unter das Volk in den Gärten des Weißen Hauses und unter dem Dome des Kapitols mischt, da wird man sich nach und nach über manche große Dinge klar.

Man kommt in tägliche Berührung mit den neuesten Lebensweisen, mit einer Welt auf der frühesten Stufe ihres Wachstums, mit einer Gesellschaft, welche jung an Intelligenz, Unternehmungsgeist und Tugend ist; aber vielleicht keine andere Tatsache wird so mächtig unsere Einbildung erregen, als die Größe von, was man hier in der Volkssprache *„Onkel Sam's Besitzung"* nennt.

„Mein Herr", sagte ein Minnesota-Farmer zu mir, „der Fluch dieses Landes ist, dass wir zu viel Land haben"; eine Redensart, welche ich wieder und immer wieder gehört habe, unter den Eisenhändlern von Pittsburg, unter den Tabakspflanzern in Richmond, unter den Baumwollenspinnern in Worcester. In der Tat ist diese Klage gegen das Land häufig unter Leuten, welche Plantagen, Bergwerke, Mühlen und Farmen besitzen, und große Arbeitszufuhr zu geringeren Löhnen, als der Markt bewilligt, haben möchten.

Es hat Zeiten gegeben, zu denen ein ähnlicher Schrei in England erhoben wurde, unter den Norfolk-Farmern, unter den Manchester-Spinnern, unter Newcastler Kohlenleuten. Diejenigen, welche Arbeit zu den niedrigsten Preisen haben möchten, müssen stets zu Gunsten einer Einschränkung der produktiven Ackeranzahl sein. Aber ob es einem Minnesota-Farmer, einem Bergmanne von Pennsylvanien, oder einem Baumwollenspinner von Massachusetts gefällt oder nicht, niemand kann die Tatsache verleugnen, dass der erste Eindruck, der sich dem Auge und dem Geiste eines Reisenden in diesem großen Lande einprägt, der seiner enormen Ausdehnung ist.

Während des Bürgerkrieges, als die Trent-Angelegenheit zwischen den zwei Hauptzweigen unserer Rasse warm wurde, – ein Bruderkampf, in welchem auf beiden Seiten etwas Gutes und wenig Schlechtes war, – legte ein Verleger in New York eine Karte der Vereinigten Staaten und Territorien aus, welche sich vom Atlantischen nach dem Stillen Ozean erstrecken, wie die Reihe von großen Seen nach den Meerbusen von Mexico und Kalifornien; am Rande dieser Karte war ein Umriss von England gezeichnet, zur Angabe des Maßstabes.

Vielleicht dachte der Zeichner nicht daran, uns unsern Stolz vorzuwerfen, doch nahmen wir uns auf dem Papiere sehr klein aus, und wenn wir ein Volk gewesen wären, was sich auf den Besitz von „viel Schmutz"[4] in dem Mutterlande, England genannt, etwas einbildete, würden wir uns über diese Karte sehr beleidigt gefühlt haben.

Ausdehnung ist nicht eine der Eigenschaften unserer Insel.

In drei oder vier Stunden eilen wir von See zu See, von Liverpool nach Hull, vom Severn nach der Themse; in der Zeit vom Frühstück bis zum Mittagsbrot schwingen wir uns von London nach York, von Manchester nach Norwich, von Oxford nach Penzance. Man sagt gewöhnlich scherzweise in New York, dass ein Yankee in London nicht wagen darf, nach Dunkelwerden sein Hotel zu verlassen, er möchte sonst vom Vorgebirge herabrutschen und in der See ertrinken.

Die Republik besitzt innerhalb ihrer zwei ozeanischen Grenzen mehr als drei Millionen Quadratmeilen Landes, den vierten Teil einer Million Quadratmeilen Wasser, salziges und süßes; eine Alpenkette, eine Pyrenäenkette, eine Apenninenkette; Wälder, denen zur Seite gestellt der Schwarzwald und die Ardennen deutsches Spielzeug sein

---

[4] Landläufiger Ausdruck für „viel Land".

würden; Flüsse, welche größer sind als die Donau und der Rhein, ebenso wie diese Flüsse größer sind, als die Mersey und die Clyde.

Unter dem kristallenen Dache von Hydepark war, als die Nationen im Jahre 1851 zusammenkamen und jedes nach einem gemeinschaftlichen Prüfungsort das brachte, was sie für das Beste und Seltenste hielt, Amerika während vieler Wochen im Mai und Juni durch einen großen Artikel repräsentiert, einen großen, unbesetzten Raum.

Ein Adler breitete seine Flügel über ein leeres Reich aus, während die benachbarten Staaten Belgien, Holland, Preußen und Frankreich wie Bienenschwärme in ihren sommerlichen Körben gedrängt voll waren.

Manche Leute lachten spöttisch über den papiernen Vogel, der stillschweigend über einem großen leeren Raum brütete; aber ich kam nie aus den gedrängten Höfen Europas in die große Abteilung von Raum und Licht, ohne zu fühlen, dass unsere westlichen Vettern, vielleicht zufällig nur, einen sehr schönen Ausdruck ihres jungfräulichen Wohlstandes getroffen hatten. Im Hydepark wie zu Hause bewiesen sie, dass sie kaum zur Genüge und im Überfluss besitzen.

Ja, die Republik ist ein großes Land. In England haben wir keine Linien von genügender Länge, keine Flächen von genügender Größe, um eine richtige Idee von ihrer Ausdehnung zu geben.

Unsere längste Linie ist die, welche vom „Landesende" nach Berwick läuft, eine Linie, welche einige Meilen kürzer ist, als die Entfernung von Washington nach Lexington. Unser breitestes Tal ist das der Themse, welches ganz unsichtbar und versteckt in einer Ecke der Sierra Madre liegen würde. Der Staat Oregon ist größer als England; Kalifornien ist ungefähr so groß, wie Spanien; Texas würde größer als Frankreich sein, wenn Frankreich die deutsche Rheingrenze gewonnen hätte. Wenn die Vereinigten Staaten in gleiche Teile geteilt würden, so würden sich daraus zweiundfünfzig Königreiche von der Größe von England, vierzehn Kaiserreiche von der Größe Frankreichs machen lassen. Selbst die großartigere Gestalt Europas – der Sitz unserer Großmächte und so vieler kleinerer, – ein Kontinent, den wir die Welt zu nennen pflegten und wo so oft für die Aufrechterhaltung des politischen Gleichgewichtes gekämpft wurde, reicht nicht aus, wenn wir solche Größen messen wollen, wie in den Vereinigten Staaten.

Zum Exempel: von Eastport nach Brownsville ist es weiter, als von London nach Tuat in der großen Sahara; von Washington nach Astoria ist es weiter, als von Brüssel nach Kars; von New York nach San Francisco ist es weiter, als von Paris nach Bagdad. Solche Maße scheinen uns von der Sphäre der Tatsachen weg in die Reiche der Zauberei und der Romantik zu tragen.

Sodann nehme man die Länge der Flüsse als ein Größenmaß. Ein Dampfboot kann neunzig Meilen die Themse, zweihundert Meilen die Seine, fünfhundertundfünfzig Meilen den Rhein hinauffahren. In Amerika würde die Themse ein Bach, die Seine ein Flüsschen, der Rhein ein Nebenfluss sein, welche bald in einer größeren Wassermasse verloren sind. Viele von diesen großen Flüssen, wie der Kansas und der Platte, sind, da sie durch endlose Ebenen fließen, nirgends tief genug für Dampfschisse, obschon sie bisweilen Meilen breit sind; aber die schiffbare Länge mancher derselben ist ermüdend und erstaunlich. Der Mississippi ist fünfmal länger als der Rhein, der Missouri ist dreimal länger als die Donau, der Columbia viermal länger als die Schelde.

Von der See nach Fort Snelling durchpflügen Dampfer den Mississippi auf eine Entfernung von zweitausendeinhundertundeinunddreißig Meilen, und doch ist er nur der zweite Fluss in den Vereinigten Staaten.

Wenn wir auf die Karte von Amerika blicken, so sehen wir im Norden eine Gruppe Seen. Nun ist wahrscheinlich unser englischer Begriff eines Sees vom Coniston, Killarney, Lomond, Leman und Garda abgenommen. Aber diese Wasserflächen geben uns keinen deutlichen Begriff von dem, was der Huron und Obere See, kaum von dem, was der Erie- und Ontario-See ist. Coniston, Killarney, Lomond, Leman und Garda zusammengenommen würden nicht ein Zehnteil von der Oberfläche bedecken, welche der kleinste der fünf amerikanischen Seen einnimmt. All' das Wasser, welches in den schweizerischen, italienischen, irischen, schottischen und deutschen Seen ist, könnte in den Michigan gegossen werden, ohne eine merkliche Vergrößerung seiner Wassermasse zu bewirken. Yorkshire könnte im Erie spurlos versinken; der Ontario ertränkt so viel Land, wie zwei Herzogtümer von gleicher Größe als Schleswig und Holstein ausmachen. Das eigentliche Dänemark könnte von den Wellen des Huron weggespült werden. Viele von den kleineren Seen von Amerika würden überall anderswo unter die Binnenmeere gerechnet werden; zum Beispiel hat der Salzsee in Utah eine Oberfläche von zweitausend Quadratmeilen, während der Genfer See nur dreihundertunddreißig hat, der Comer See nur neunzig, der von Killarney nur acht.

Ein Königreich wie Sachsen, ein Fürstentum wie Parma, ein Herzogtum wie Coburg würden, wenn sie auf einen Haufen in den Oberen See geworfen würden, möglicherweise seine Schönheit durch eine Insel erhöhen, bei seiner großen Ausdehnung aber nicht mehr bemerkbar sein, wie eine der kleinen hübschen Inselchen, welche Loch Lomond zieren.

Bergmassen werden gewöhnlich nicht als die stärksten Punkte in der amerikanischen Szenerie betrachtet; und doch findet man Massen in diesem Lande, welche aller Vergleichung mit solchen winzigen Ketten, wie die Pyrenäen, die Apenninen und die savoyschen Alpen, Hohn sprechen. Die Alleghanies, welche an Höhe zwischen Helvellyn und Pilatus rangieren, ziehen sich durch einen Distrikt, welcher von gleicher Länge ist wie das Land, welches zwischen Ostende und Jaroslaw liegt. Die Wasatch-Kette ist, obschon der Name in Europa kaum bekannt ist, größer und großartiger als die Julischen Alpen. Die Sierra Madre, gewöhnlich das Felsengebirge genannt, rangiert an Höhe ein wenig unter dem Snowdon, bloß etwas höher als der Montblanc, erstreckt sich von Mexico durch die Republik nach Britisch Amerika, auf eine Entfernung, welche der gleich ist, welche London von Delhi trennt.

Über die Größe dieser anglo-sächsischen Besitzung kann also kein Zweifel gehegt werden. Amerika ist ein großes Land, und wie wir aus anderen Dingen wissen, wird Größe endlich ein Maßstab politischer Macht.

Alle Flüsse, alle Seen außer Betracht lassend, verbleiben in den Vereinigten Staaten ungefähr eintausendneunhundertundsechsundzwanzig Millionen Acker, fast alles davon produktives Land, Wald, Prärie, Niederung, Alluvialboden, alles in der gemäßigten Zone gelegen, von gesundem Klima, reich an Holz, an Kohlen, an Öl, an Eisen; ein liegendes Besitztum, welches für jedes Oberhaupt von fünf Millionen Familien eine Parzelle von dreihundertundachtundfünfzig Ackern abgeben könnte.

*Die vier Rassen*

## 35. Die vier Rassen

Auf dieser schönen Besitzung von Land und Wasser wohnen eigentümlich verschiedene Rassen. Keine Gemeinschaft in Europa kann auf so weite Kontraste im Typus, in der Farbe Anspruch machen, als hier bemerkbar sind; denn während in Frankreich, in Deutschland, in England nur Weiße sind, da wir unser Blut und unsere Abstammung von einem gemeinschaftlichen arischen Stamme ableiten und in unseren Gewohnheiten, Sprachen und Religionen ein gewisses Bruderband uns verbindet, haben unsere Freunde in den Vereinigten Staaten, außer solchen geringen Verschiedenheiten, wie den Sachsen und den Celten, den Schwaben und den Gaul, auch den Sioux, den Neger und den Tataren; Nationen und Stämme, nicht gering an Zahl, keine Gäste für den Augenblick nur, heute hier und morgen dort, sondern gedrängte Haufen von Männern und Weibern, die alle Rechte solcher Personen besitzen, welche auf dem Grund und Boden geboren oder sich auf demselben für die Lebenszeit angesiedelt haben. Weiße, rote, schwarze, gelbe Menschen, sie sind alle Bürger dieses Landes, bezahlen ihre Steuern, nähren sich von dessen Produkten, gehorchen seinen Gesetzen.

In England rühmen wir uns gern, dass wir in *ein* festes Amalgam Leute von den feindlichsten Eigenschaften des Blutes gegossen haben und in vollkommene Vereinigung den bedächtigen Sachsen, den flüchtigen Celten, den prachtliebenden Normannen und den mäßigen Picten gebracht; aber unsere schwachen Unterscheidungen zwischen Rasse und Rasse verschwinden ganz, wenn man sie neben die wilden Gegensätze stellt, welche hier auf amerikanischem Boden erscheinen. In der alten Welt haben wir Klassenunterschiede, wo sich in diesem neuen Lande Nationen einander gegenüberstehen. Bei uns handelt es sich um leichte Unterschiede in der Begabung, während dort radikale Verschiedenheit des Typus vorhanden ist. Einem Neger in Georgien, einem Pawnee in Dakota, einem Chinesen in Montana ist ein Weißer eben ein Weißer, nicht mehr, nicht weniger; der Gaul, der Däne, der Spanier, der Sachse sind nach seiner einfachen Anschauung Brüder einer Familie, Mitglieder einer Kirche. Unsere feineren Unterscheidungen zwischen Rasse und Rasse sind in den Augen dieses Fremdlings ganz unsichtbar.

Im Westen kann man in dem Hause irgendeines Goldgräbers mit einem Dutzend Gästen sich zu Tische setzen, welche in kontrastierenden Typen und Farben selbst in einem Bazar in Kairo, unter einem Tore Aleppos, in einer Moschee in Stambul nicht ihres Gleichen finden dürften. Auf jeder Seite von uns kann sitzen: ein polnischer Jude, ein italienischer Graf, ein Choctaw-Häuptling, ein mexikanischer Ranchero, ein Soldat der Konföderation (dort ein „weißgewaschener Reb" [Rebelle] genannt), ein mormonischer Bischof, ein Matrose von den Sandwichinseln, ein Parse-Kaufmann, ein Hausierer von Boston, ein „Boss" von Missouri. Ein Neger kann unser Mahl zubereiten, ein Chinese die Flasche entkorken, während die Töchter unseres Wirtes – prächtige, zarte, gut gekleidete Mädchen – die Gerichte vorlegen und den Wein einschenken; die ganze Gesellschaft wird nach diesen Gegenden im Westen durch die Sucht nach Gold zusammengebracht und verschmilzt in einander, mehr wie Gäste, die in einem Hotel in New York speisen, als wie Fremde, welche entweder in einem ägyptischen Bazar handeln, in einem syrischen Khan wohnen, oder in einer türkischen Moschee beten wollen. Man kann auch unter einem Dache mit eben so viel Religionen als Farben wohnen. Euer Wirt kann ein Universalist sein, einer von jener sanftmütigen amerikanischen Sekte, welche glauben, dass niemand auf Erden je verdammt werden wird, obschon der freigebige und unlogische Mensch kaum seine Lippen öffnen kann, ohne einen seiner Gäste zu verwünschen. Der Mormone setzt sein Vertrauen in Joseph, als einen natürlichen Seher und Offenbarer; der Chinese betet Buddha an, von dem er nichts weiter als den Namen weiß; der Jude verehrt Jehova, von dem er, so zu sagen, nicht viel mehr kennt. Der Choctaw-Häuptling ruft den Großen Vater an, den die Weißen für ihn den Großen Geist nennen. Sam – alle Neger heißen hier Sam – ist ein Methodist, wohl gemerkt, ein Episkopal-Methodist, da Sam und seine dunklen Brüder alles Niedrige hassen. Der italienische Graf ist ein Ungläubiger; der Mexikaner ein Katholik. Der

Mann von Missouri ist ein „Herauskommer", ein Mitglied einer der neuen Kirchen in Amerika, welche vorgeben, Gott der Erde näher gebracht zu haben. Der weißgewaschene „Reb", der alle Religionen verwirft, wendet seine ganze Aufmerksamkeit den „Cocktails"[5] zu. Dass der Parse seine Privatanschauung über die Sonne hat, kann man getrost annehmen; der Landsmann der Königin Emma ist ein Hindu, während der Hausierer von Boston, jetzt ein Calvinist, der die Gesellschaft zu zukünftigem Elende bei Feuer und Schwefel verdammt, früher ein Kommunist aus der Schule von Noyes war. Weiße, rote, schwarze, gelbe Menschen – alle die Haupttypen und -Farben der menschlichen Rasse – haben sich zur Gesellschaft zusammengefunden hier auf diesem Grund und Boden im Westen, in diesem Kontinent der Mitte, der zwischen China und dem Archipel einerseits, und Afrika und Europa andererseits liegt, wo sie sich zusammendrängen und sich das Land unter einer gemeinschaftlichen Flagge streitig machen.

Der weiße Mann, der sich aus Frost und Hitze nichts macht, so lange er gute Nahrung für seinen Mund, passende Kleidung für seine Glieder bekommen kann, scheint Herr in jeder Zone zu sein; er ist im Stande, alle Klimate zu ertragen, jede Arbeit zu unternehmen, alle Entbehrungen zu überwinden; er wirft Netze in der Bai von Fundy aus, wäscht Gold in den Tälern des Sacramento, zieht Datteln und Limonen in Florida, fängt Biber in Oregon, hält Kuhherden in Texas, spinnt Zwirn in Massachusetts, lichtet Wälder in Kansas, schmilzt Eisen in Pennsylvanien, schwatzt „Buucombe"[6] in Kolumbien, schreibt Leitartikel in New York. Er ist der Mann mit plastischem Genie und von ausdauerndem Charakter, gleich zu Hause unter Palmen und unter Tannen, in jeder Breite der Führer, der Arbeitgeber und der König Aller.

Der schwarze Mann, ein echtes Kind der Tropen, dem Wärme wie der Atem des Lebens ist, flieht vor den rauen, nordischen Feldern, in denen der Weiße seine Muskeln kräftigt und sein Blut erfrischt, und zieht die Sümpfe und Savannen des Südens vor, wo er unter Palmen, Baumwollenstauden und Zuckerrohr die reichen Farben findet, wel-

---

5   Getränk aus Korn- oder Wachholderbranntwein, Zucker und ein wenig Wasser.

6   Rede im Kongress, Zeitungsartikel usw. zu dem bloßen Zwecke, zur Kenntnis der Wähler in der Heimat zu gelangen.

che sein Auge liebt, die sonnige Hitze, in welcher sein Blut schwillt. Die Freiheit würde ihn nicht verlocken, nordwärts in Eis und Nebel zu gehen. Selbst jetzt, wenn ihn Massachusetts und Connecticut durch Anerbieten von gutem Lohn, leichter Arbeit, mitfühlenden Leuten zu verführen suchen, will er nicht zu ihnen gehen. Er hält nur eben in New York aus; der Abgehärteteste seiner Rasse wird kaum in Saratoga und Niagara über die Sommermonate hinaus verbleiben. Seit der Süden für Sam freigemacht worden ist, um darin zu wohnen, hat er dem kalten, ihm freundlich gesinnten Norden den Rücken gedreht und sich eine angenehmere Heimat ausgesucht.

Im Reisfelde sitzend, am Rohrdickicht, unter den Maulbeerbäumen seines geliebten Alabama, mit seinem Baumwollentuche um den Kopf und seinem Banjo auf dem Knie, ist er fröhlich wie ein Vogel, wenn er seine endlosen und närrischen Ringelreime singt und die Sonne ihm ins Gesicht brennt. Der Neger ist nur eine örtliche Tatsache im Lande; er hat seine eigentliche Heimat in einer Ecke – der sonnigsten Ecke der Vereinigten Staaten.

Der rote Mann, einst ein Jäger in den Alleghanies, ebenso wie auf den Prärien und in den Felsengebirgen, ist vom Blassgesichte, er und seine Squaw, sein Elen, sein Büffel und seine Antilope in das Land im fernen Westen getrieben worden: in die wüsten und traurigen Ländereien, welche westwärts vom Mississippi und Missouri liegen.

Ausnahmen gibt es kaum von der Regel. Eine Anzahl pittoresker Hausierer mag man in Niagara finden; Rotjacken, Cherokesen-Häuptlinge und Mohikaner, welche Bogen und Stöcke verkaufen und gewöhnlich sich den jungen Herren und Damen aufdrängen, welche sich um die Fälle herumtreiben und nach Gelegenheit suchen, zu kokettieren.

Eine Kolonie kaum besserer Art kann man am Oneidabach, Madison County finden, von denen die Minderzahl Mais sät, Früchte erbaut und Psalmen singt, die Mehrzahl aber aus der Scholle verhungert, die Eiche und den Ahorn umhaut, die besten Äcker in fremde Hände bringt, sich nach ihren Brüdern sehnt, welche dem Weißen seine Gaben ins Gesicht geworfen haben und mit ihren Waffen und ihrer Kriegsfarbe weggezogen sind. Die Rotjacken an den Fällen, Bill Buchenbaum (Beechtree) am Oneidabach – von denen der erstere

Perlenarbeit an die Mädchen verkauft, der zweite Hickorystöcke für die Knaben flicht – sind die letzten Repräsentanten mächtiger Nationen, Jäger und Krieger, welche einst die weiten Ländereien zwischen dem Susquehannah und Eriesee besaßen. Die Rotjacke will kein Ansiedler werden, Bill Buchenbaum ist unfähig zur Arbeit. Die Rothaut will nicht graben, schämt sich aber nicht zu betteln. Deshalb ist er von seinem Platze fortgestoßen worden, durch den Spaten vertrieben und durch den Rauch der Kaminfeuer in Entfernung gehalten. Ein Wilder der Ebene und des Waldes macht sich seine Heimat beim Wolfe, der Klapperschlange, dem Büffel und dem Elen. Wenn das wilde Tier flieht, folgt ihm der wilde Mann. Die Abhänge der Alleghanies, auf denen er noch vor siebenzig Jahren das Elen jagte und die weiße Frau skalpierte, werden sein Kriegsgeschrei nicht mehr hören, seinen Kriegstanz nicht mehr sehen, dort wird man sein Skalpiermesser nicht mehr fühlen. Im Lande des Westens spielt er noch eine Figur in der Landschaft.

Vom Missouri nach Colorado ist er Herr aller offenen Ebenen, da die Forts, welche die Weißen gebaut haben, um ihre Straßen nach San Francisco zu schützen, wie die türkischen Blockhäuser auf den syrischen Wegen, hauptsächlich nur als Zeichen der großen Macht, welche hinter ihnen steht, dienen. Dem roten Manne kommt es schwer an, den Tomahawk niederzulegen und die Hacke aufzunehmen; nur wenige Tausende von ihnen haben es getan; einige Hunderte nur haben von den Weißen gelernt einen Genever und Bittern zu trinken, in Holzhäusern zu wohnen, den Boden aufzubrechen und die Jagd, den Kriegstanz und den großen Geist zu vergessen.

Der gelbe Mann, gewöhnlich ein Chinese, oft ein Malaie, bisweilen ein Dayak, ist in die Staaten am Stillen Ozean von Asien und dem östlichen Archipelagus durch das große Angebot von Arbeit gezogen worden, da ihm jede Arbeit als Wohltat erscheint. Er kann vom Goldgraben bis zur Zubereitung einer Omelette und dem Plätten eines Hemdes alles tun, womit er Dollars verdient.

Von diesen gelben Leuten sind jetzt sechzigtausend in Kalifornien, Utah und Montana; sie kommen und gehen, es kommen von ihnen viel mehr, als gehen. Bis jetzt sind diese harmlosen Haufen schwach und nützlich; Hop Chang hat ein Waschhaus; Chi Hi vermietet sich als Koch; Cum Thing ist ein Hausmädchen. Sie sind niemandem im Wege und arbeiten für eine Brotkruste, tragen den Mörteltrog, wenn Mike nach den Goldfeldern gelaufen ist, und scheuern den Fußboden, wenn Biddy irgendeinen Schelm zum Glücklichsten seines Geschlechts gemacht hat. Zäh und geduldig sind diese gelben Menschen, obschon weit davon entfernt, kräftig zu sein, nach jeder Arbeit begierig; sie ziehen aber die Arbeiten der Frauen denen der Männer vor; sind glücklich über eine Anstellung, bei welcher sie Kleider waschen, kleine Kinder warten und die Gäste bedienen können. Sie sind sehr gute Kellner und Stubenmädchen. Loo Sing, ein munteres altes Mädchen mit dem Haarzopf, wäscht deine Hemden, stärkt und plättet dieselben sehr zierlich, du kannst ihn aber nicht davon abbringen, auf die Manschetten und Vorhemdchen zu spucken.

Ihm ist das Anspucken der Wäsche dasselbe, als sie mit Wassertropfen anzufeuchten, und seine Lebensgewohnheiten verhindern ihn, selbst, wenn du ihn beim Haarzopfe nehmen und seine kleine winzige Nase auf dem heißen Plätteisen reiben wolltest, einzusehen, dass das dir nicht gleich sein kann.

Heute sind die gelben Menschen sechzigtausend schwach, in wenigen Jahren können sie sechsmalhunderttausend stark sein. Sie werden das Stimmrecht verlangen. Sie werden den Parteien die Waage halten. In manchen Distrikten werden sie in der Majorität sein, die Richter erwählen, die Geschworenengerichte bilden, die Gesetze auslegen. Diese gelben Menschen sind Buddhisten, die sich zur Polygamie bekennen, Kindermord ausüben. Das nächste Jahr kommt nicht sicherer im Laufe der Zeit, als dass eine große Anzahl Asiaten an den Abdachungen des Stillen Ozeans wohnen wird. Eine buddhistische Kirche wird, gleich den buddhistischen Kirchen in China und auf Ceylon, in Kalifornien, Oregon und Nevada erstehen.

Mehr denn alles das, ein Arbeiterkrieg wird entstehen zwischen den Rassen, welche von Rindfleisch leben, und denen, welche bei Reis gedeihen; einer von den Kriegen, bei denen der Sieg nicht notwendigerweise auf der Seite der Starken sein muss.

Der weiße Mann, der schwarze Mann, der rote Mann, der gelbe Mann, jeder folgt seinen eigenen Gewohnheiten, die unter einander nicht verwandt sind, bewahrt sich Eigentümlichkeiten, die unter einander verschieden sind, hat seine Gewissensbedenken zu achten, welche sich feindlich unter einander gegenüberstehen. Diese vier großen Typen können am besten durch vier meiner Freunde vor das Auge gebracht werden: H.W. Longfellow, Dichter, Boston; Eli Brown, Kellner, Richmond; der „gefleckte Hund", Wilder, Felsengebirge, und Loo Sing, Waschjunge in Nevada. Unter was für Verhältnissen werden sich dieselben in einen gemeinschaftlichen Stamm verschmelzen?

## 36. Die Geschlechter

Nächst der ungeheuren Ausdehnung und den verschiedenen Rassen wird dem Fremden in den Vereinigten Staaten vielleicht zumeist das Missverhältnis auffallen, welches fast überall zwischen beiden Geschlechtern besteht.

An einem solchen Mahle, wie wir es oben schilderten, würde keine Frau Teil nehmen; nicht weil keine Damen im Hause sind, sondern weil die Damen etwas anderes zu tun haben, als mit den Gästen zu speisen. Euer Wirt mag ein verheirateter Mann gewesen sein, der mit Recht auf seine allerliebste Frau, auf seine Schaar reizender Töchter stolz ist; aber seine Frau und seine Tochter müssen, statt ihre Plätze an der Tafel einzunehmen, hinter den Stühlen stehen, die Gerichte herumreichen, den Tee eingießen, und Loo Sing die Flaschen entkorken helfen.

In jenen Städten im Westen gibt es wenige Frauenzimmer; viele Tage können vergehen, ehe man ein hübsches Gesicht sieht. Im Wirtshaus am Wege steckt entweder, wenn man nach dem Stubenmädchen ruft, Sam seinen wolligen Kopf hinein, oder Chi Hi springt mit seiner geschorenen Glatze in die Tür. Man kann kaum weibliche Dienerschaft in diesen Wüsteneien mieten; Molly läuft mit dem Goldgräber davon, Biddy verheiratet sich an einen Kaufmann, und wenn Gäste vom Wege hereinreiten, haben die am Platze lebenden Glieder des schönen Geschlechts, die Freude der Heimat irgend eines Mannes, oder der Augen eines Vaters, keine andere Wahl, als diese Gäste wieder auf ihren Weg zu schicken, hungrig, ohne Rast, oder für dieselben eine Mahlzeit zuzubereiten und diese auf den Tisch zu setzen. Am Salzsee wurden wir in den Häusern der mormonischen Apostel und der reichen Kaufleute stets von jungen Damen bedient, oft von äußerst zarten und liebenswürdigen Mädchen.

Im Anfang ist diese neue Einrichtung sehr schwer zu ertragen; nicht von den Damen sowohl, wie von ihren Gästen. Eine junge Dame hinter eurem Sitze stehen zu sehen, welche eben Keats zitiert, oder Gounod gespielt haben mag, wie dieselbe Catawba[7] entkorkt, die Teller wegnimmt, euch die Sauce reicht, ist angreifend für die Nerven, namentlich wenn ihr jung und leidlich höflich seid. Mit der Zeit wird man daran gewöhnt, wie an den Ausblick eines Skalpiermessers, oder an den Klang eines Kriegsgeschreis, aber was kann eine Dame an den Goldminen, auf den Prärien, auf einsamen Farmen tun, wenn zufällig ein Gast kommt. Außer Sam und Loo Sing hat sie keine Hilfe. In diesem Distrikte, in dem viele Männer und wenig Frauen leben, ist jedes Mädchen eine Dame, fast jede Frauensperson eine verheiratete Frau.

Die Männer können zu einem annehmbaren Tagelohn gemietet werden, alle Art Arbeit der Männer zu tun: zu kochen, das Pferd zu putzen, den Garten herzurichten, Holz zu spalten; aber Frauen, welche weibliche Arbeit verrichten, die Betten machen, bei Tische bedienen, die kleinen Kinder warten, nein, nicht für das Einkommen eines Bischofs kann man sie haben. Biddy kann etwas Besseres tun. Junge, hübsche Mädchen können jeden Augenblick das große Los in der Ehestandslotterie ziehen; selbst die, welche alt und hässlich sind, können Männer haben, wenn sie wollen.

Überall westwärts vom Mississippi ist große Nachfrage nach Frauen, und welches Mädchen von Verstand würde sich vermieten, wenn die Kirchentür offen ist und die Hochzeitsglocken läuten? Welches Mädchen würde die Stellung als Gehilfin einer Frau annehmen, wenn sie nur ein Wort zu sagen braucht, um die helfende Genossin eines Mannes zu werden?

Eure Wirtin auf den Ebenen kann von guter Geburt, wohl erzogen, gut gekleidet sein; sie und ihre Schaar Mädchen würden möglicherweise in der „fünften Allee" bezaubernd, in *May fair* anziehend genannt werden. Sie können möglicherweise gut französisch sprechen, und wenn einige von euch selbstsüchtigen Burschen sich unter ihrem Fenster versammeln, um zu tauchen und zu schwatzen, werden sie eure Ohren mit den brillantesten Passagen aus Faust ergötzen.

Nun ist es zwar ein Genuss, auf den ihr nicht gerechnet haben mögt, im Schatten der Felsengebirge Sibyl's Serenade zu hören; Tatsache

---

7   Eine Art Wein, welcher in den Vereinigten Staaten gezogen wird.

aber ist es, dass eine Stunde früher der Contralto als eure Köchin in Tätigkeit war. Einmal in meinem Leben ist mir etwas Ähnliches vorgekommen: in Marokko, woselbst eine dunkeläugige Judith, die Tochter eines Juden, in dessen Hause ich zur Nacht wohnte, erst mein Abendessen, aus Hühnern und Tomaten bestehend, bereitete und mich dann durch die Töne ihrer Gitarre in Schlaf lullte, als sie an der Türschwelle saß. Dieses komische Missverhältnis der Geschlechter findet man nicht nur draußen in Colorado und den westlichen Prärien, sondern auch hier im Schatten des Kapitols, in jedem Staate der Union, fast in jeder Stadt eines jeden Staates. Nach allen Verwüstungen des Krieges – dem diese Ungleichheit der Anzahl von Männern und Weibern als wirksame, wenn auch unbeachtete Ursache mit zu Grunde lag – stößt man überall auf augenfällige Beweise dieser Ungleichheit; in den Ballsälen von Washington, in den Straßen von New York, in den Kapellen von Boston, an den Mittagstafeln von Richmond, ebenso wie in den Holzhütten von Omaha, auf den Pflanzungen von Atlanta, in den Hütten der Goldgräber in der Nähe von Denver, im Theater der Salzseestadt. Überall schreit man nach Mädchen, Mädchen, – mehr Mädchen! In hundert Stimmen hört man das Echo eines allgemeinen Bedürfnisses; die jungen Damen können keine Dienerinnen, die Tänzer keine Tänzerinnen, die jungen Männer keine Frauen finden. Ich wohnte einem Balle am Missourifluss bei, bei welchem die Männer sitzen bleiben mussten, obschon die Damen so freundlich waren, jede Tour zu tanzen.

Im Vergleiche zur Gesellschaft in Paris und London scheint die von Amerika ganz verkehrt. Geht in die Madeleine – sie ist voll von Damen; geht nach dem St. James-Palast – er ist voll von Damen. Jedes Haus in England hat Überfluss an Töchtern, über welche die Mutter ihre kleinen Träume hat, welche nicht ganz ohne eine Beimischung von Furcht sind. Wenn Blanche dreißig und noch nicht versorgt ist, muss sogar ihr Vater anfangen zu bezweifeln, ob sie je einmal ins Leben treten wird. Ein altes Sprichwort sagt, dass ein Mädchen von zwanzig Jahren zu sich selbst sagt: Wer wird mir recht sein? mit dreißig Jahren: Wem werde ich recht sein? Hier in Amerika ist nicht die Frau, sondern der Mann die unbegehrte Ware auf dem Markte der Ehe. Kein Yankee-Mädchen ist genötigt, wie ein schottisches oder irisches Mädchen um's tägliche Brot im Hause einer andern Frau zu dienen. Ihr Gesicht ist ihr Vermögen und ihre Liebe kostbarer als ihre Arbeit; ihre schönen Augen gelten mehr als selbst ihre geschickten Hände. Der Krieg mag zu ihrem Nachteile die Reihen ihrer Liebhaber gelichtet haben; aber der Verlust von männlichen Leben durch Kugeln und Kartätschen, durch Krankheit, durch Mangel und Entbehrung wird ihr von Europa mehr als ersetzt; und die Verhältnisse zwischen den beiden Geschlechtern, welche man bemerkt hatte, ehe der Krieg ausbrach, sollen nach dessen Schluss größer sein. Die Listen sind gefüllt mit Junggesellen, welche Weiber suchen; der Preis von jungen Männern ist im Fallen, und nur die schönen, wohlhabenden Burschen gehen möglicherweise ab.

Diese Schilderung ist nicht einer Phantasie, welche sich nach Extremen umsieht und das Groteske liebt, entsprungen. Als im Jahre 1860 der Zensus zusammengestellt wurde, fand es sich, dass es siebenhundertunddreißigtausend mehr weiße Männer als weiße Frauen gab. So etwas findet in Europa nicht seines Gleichen, außer im Kirchenstaate, wo die Gesellschaft außergewöhnlich zusammengesetzt ist und durch außergewöhnliche Gesetze regiert wird. In jedem andern christlichen Lande – in Frankreich, England, Deutschland, Spanien – gibt es bei Weitem mehr Frauen als Männer. In Frankreich sind zweimalhunderttausend Frauen mehr als Männer; in England dreimalhundertundfünfundsechzigtausend. Die außergewöhnliche Regel, welche man hier in Amerika findet, beschränkt sich nicht auf einen Distrikt, auf irgendeine Seeküste, irgendeine Zone. Von sechsundvierzig organisierten Staaten und Territorien zeigen nur acht das gewöhnliche Verhältnis der europäischen Länder. Acht alte Niederlassungen sind mit Weibern versorgt, und zwar Maryland, Massachusetts, Neu-Hampshire, Neu-Jersey, New York, Nord-Carolina, Rhode Island, Columbia, während die anderen achtunddreißig Niederlassungen, Erwerbungen und Eroberungen, vom Atlantischen Ozean bis zum Stillen Meere, des Elementes entbehren, welches einen dauernden, ordentlichen und tugendhaften Staat ausmacht – einer Frau für jeden jungen Mann, der das geeignete Alter zum Heiraten hat. In manchen Gegenden im Westen ist das Verhältnis so, dass es den Moralisten mit Schrecken erfüllt; in Kalifornien kommen drei, in Washington vier, in Nevada acht, in Colorado zwanzig Männer auf jede Frau.

Dieses Missverhältnis zwischen den beiden Geschlechtern entsteht nicht allein, wie man wohl glauben möchte, durch die große Einwanderung lediger Männer. In einem gewissen Grade ist es der Fall, da mit den Schiffen bei Weitem mehr Männer in Boston und New York ankommen als Frauen; wenn aber alle die neuen Ankömmlinge zurückgeschickt würden, wenn man es keinem neuen Manne erlauben wollte, in New York zu landen, der nicht eine Begleiterin, eine Schwester, eine Frau mitbrächte, so würde immer noch ein großer Prozentanteil der Leute unverheiratet sterben. Es werden mehr Männer als Frauen geboren. Wenn man die deutschen und irischen Quoten bei Seite lässt, so würden immer noch vier Männer von hundert in dieser großen Republik sein, für welche die Natur keine Genossinnen besorgt hat. Die Einwanderung unterstützt nur das natürliche Verhältnis; Europa schickt die Junggesellen massenweise herüber, damit auch diese um die wenigen Frauen kämpfen, welche ohnedem schon für die eingeborenen Männer nicht ausreichen würden. Unter allen Weißen ist das Missverhältnis fünf zu hundert, so dass je ein Mann von zwanzig in den Vereinigten Staaten geborenen Männern nicht erwarten darf, eine eigene Frau zu bekommen.

Kaum weniger befremdend als dieses große Missverhältnis der Geschlechter unter der weißen Bevölkerung ist die Tatsache, dass es nicht durch ein Übergewicht in den unteren Typen erklärt und verbessert wird. Es gibt mehr gelbe Männer als gelbe Frauen, mehr rote Tapfere als rote Squaws. Nur die Neger sind von fast gleicher Zahl; hier ist ein kleiner Überschuss auf Seite der Frauen. Sehr wenig Tataren und Chinesen haben ihre Frauen und Töchter mit sich in dies Land gebracht. Als sie zuerst herüberkamen, glaubten sie in einem Jahre reich zu werden und zurückzukehren, um in ihrem Heimatlande Tee zu schlürfen und Orangen zu bauen. Viele von denen, welche jetzt in Kalifornien und Montana ansässig sind, schicken nach ihren Genossinnen, von denen es ungewiss ist, ob sie kommen oder nicht, da sie vielleicht zum größeren Teil wiederum in Abwesenheit ihrer Eheherren geheiratet haben mögen. Das gegenwärtige Verhältnis ist achtzehn gelbe Männer zu einer gelben Frau.

Bis jetzt sind die Rothäute nur gruppen- und stellenweise gezählt worden, in den bewohnteren Distrikten von Michigan, Minnesota, Kalifornien und Neu-Mexico; aber in allen diesen Distrikten findet man, dass es im Verhältnis von fünf zu vier mehr Männer gibt als Frauen, obschon die Einflüsse hier ungewöhnlich günstig für das Leben der Frauen sind.

Bedenkt, was diese große Mehrzahl der Männer im Verhältnis zu den Frauen auf die gesellschaftlichen Zustände mit sich bringt; – bedenkt, in welchem Zustande ein Land sein muss, welches auf seinen Feldern, in seinen Städten siebenhundertunddreißigtausend unverheiratete Männer zählt!

Überlegt, dass diese Massen von wohlhabenden Leuten nicht Junggesellen aus freier Wahl sind, keine eigennützigen „Hunde", keine Frauenhasser, keine Leute, welche sich selbst und der Welt, in welcher sie leben, zur Last sind.

Es sind dies durchschnittlich junge, tätige, strebsame Leute, Leute, die sich lieber verheiraten, als sündigen möchten, welche ihre Weiber lieben und stolz auf ihre Kinder sein würden, wenn sie nur die Gesellschaft mit gesetzmäßigen Genossinnen versorgen wollte! Was sind sie jetzt? Eine Armee Mönche, ohne die Entschuldigung eines religiösen Gelübdes. Diese siebenhundertunddreißigtausend Junggesellen haben nie versprochen, keusch zu sein; es steht zu fürchten, dass viele von ihnen das zehnte Gebot für wenig mehr als ein Gesetz auf dem Papiere erachten. Ihr sagt ihnen in Wirklichkeit: „Ihr dürft nicht diese Blumen pflücken und werdet gebeten, gefälligst nicht auf diesen Rabatten herumzutreten." Gesetzt aber, sie wollen nicht so gefällig sein? Wie soll man den unverheirateten Jüngling denn verhindern, seines Nachbars Frau zu begehren? Ihr wisst, was Neapel, was München ist? Ihr habt die Zustände in Liverpool, Cadiz, Antwerpen, Livorno gesehen; in jeder Stadt, in jedem Hafen, in dem eine flottierende Bevölkerung von ledigen Leuten ist; aber welche von diesen Städten kann sich nur annähernd mit New York messen im offenen und triumphierenden zur Schaut ragen des Lasters?

Leute, welche New York weit weniger gut als ich kennen, versichern mir, dass an Tiefe und Dunkelheit des Lasters weder Paris mit seinen geheimen Höhlen, noch London mit seinen offenen Straßen diesem das Licht zu halten vermag. In Paris mag das Laster verfeinerter, in London gröber erscheinen, aber was Ausdehnung von Entsittlichung, dominierende Unverschämtheit des Lasters, wüste Unempfindlichkeit gegen Tadel anbetrifft, soll diese Stadt am Atlantischen Ozean auf Erden nicht ihres Gleichen finden!

Kommen alle diese Übelstände mit dem vor Anker liegenden Schiffe und strömen sie von den Kaien in die Stadt? Niemand wird das behaupten. Die Kaie von New York sind wie die Kaie jeder andern Hafenstadt. Sie sind der Aufenthaltsort von Vetteln und Dieben; sie sind mit Schnapsläden und Bordellen bedeckt; aber die Leute, welche an diesen Kaien landen, sind nicht gemeinerer Denkungsart als die, welche in Southampton, in Hamburg, in Genua landen. Was macht denn diese Stadt des Reiches zur Kloake, der gegenüber die europäischen Häfen fast rein erscheinen? Meine Antwort ist: hauptsächlich die Ungleichheit der Zahl zwischen beiden Geschlechtern.

New York ist eine große Hauptstadt, reich und lustig, heiter und üppig; eine Stadt der Freiheit, eine Stadt des Vergnügens, nach welcher Leute aus allen Teilen der Vereinigten Staaten kommen: Dieser des Handels wegen, jener, um sich Rats zu erholen, ein Dritter zu seinem Vergnügen, ein Vierter als Abenteurer. Es ist ein Platz für Faulenzer, wie für tätige Leute. Massen strömen in seine Hotels, seine Theater, seine Spielhöllen, und es bedarf keines Engels vom Himmel, um uns zu sagen, welche Sorte von Gesellschaft einem unverheirateten Manne Vergnügen schaffen wird, der Dollars in seinem Beutel hat.

Auf der andern Seite vergiftet diese Nachfrage nach Genossinnen, welche nie beschafft werden können, nicht nur an einer Stelle, sondern an jeder Stelle gleichzeitig den weiblichen Sinn mit einer Unzahl von Krankheiten; er treibt eure Schwester in tausend ruhelose Streite über ihre Rechte und ihre Macht, in Verhandlungen über die Ära der Frauen in der Geschichte, über die Stellung der Frau in der Schöpfung, über die Mission der Frau in der Familie, in öffentliche Hysterie, zu Tischklopfen, in Gesellschaften gegen die Ehe, in Theorien über freie Liebe, zu natürlicher Heirat, zu künstlicher Mutterschaft, zu Beschlüssen gegen die Fortpflanzung, zu sektiererischer Vielweiberei, zum Freihandel der Liebe, zur Weibergemeinschaft.

Man mag dagegen einwenden, dass diese wilde Störung des weiblichen Sinnes zum Teil der Freiheit und glücklichen Stellung des Weibes in Amerika zuzuschreiben ist, im Vergleiche zu jener, deren sie sich in Europa erfreuen; aber diese Freiheit, diese glückliche Stellung ist wenigstens einigermaßen die Folge der Ungleichheit an Zahl, welche es macht, dass die Hand eines jeden Mädchens in den Vereinigten Staaten ein positiver Schatz ist.

## 37. Die Damen

„Die amerikanische Dame hat keine amerikanische Heimat gemacht", sagt der kluge, alte Mayo; eine Wahrheit, auf welche ich schwerlich gekommen wäre, hätte ich sie nicht bei einem amerikanischen Schriftsteller gefunden. Es ist wahr, dass die Damen in den Hotels sehr heimisch sind; ich darf mich aber nur an gewisse Straßen in Boston, Philadelphia, Richmond und New York erinnern, – ja, selbst in Denver, der Salzseestadt und St. Louis – um zu fühlen, dass Amerika Häuslichkeiten hat, welche so glücklich sind, wie man sie nur in Middlesex und Kent finden kann.

„Nun, was denken Sie von unseren Damen?", fragte mich ein alter grober Yankee, als wir gestern Abend hier im Hotel in Saratoga unter der Veranda saßen.

„Liebenswürdig", sagte ich natürlich, „blass, zart, bezaubernd."

„Hoo!", rief er und erhob seine Hände, „sie sind gerade nicht den T–l wert. Sie können nicht gehen, nicht reiten, keine Kinder warten."

„Ah!" sagte ich beschwichtigend. „Sie haben keine Frau."

„Eine Frau!", rief er laut, „ich würde sie töten."

„Mit Liebe?"

„Pfui!", antwortete er, „mit einem Schüreisen. Sehen Sie diese Puppen an, wie sie am Brunnen herumtändeln. Was tun sie jetzt, was haben sie den ganzen Tag über getan? Gegessen und sich angekleidet. Sie haben dreimal ihre Kleider gewechselt und haben sich dreimal ihr Haar waschen, kämmen und locken lassen. Das ist ihre Lebensweise. Haben sie einen Spaziergang gemacht, sind sie ausgeritten? Haben sie ein Buch gelesen, eine Naht genäht? Sie haben nichts dergleichen getan. Wie vertreiben sich Ihre Damen die Zeit? Sie ziehen gute Stiefeln an, schürzen ihre Kleider auf und fort geht es durch die Gassen des Dorfes. Ich war einstmals in Hampshire; mein Wirt war ein Herzog, seine Gemahlin machte vor Frühstück ihren Spaziergang, mit

Galoschen an den Füßen und Rosen auf den Wangen; sie ritt zur Jagd, sie galoppierte durch's Holz, ein Graben erschreckte sie nicht, eine Hecke machte sie nicht umkehren. Was unsere armen, blassen Weiber anbetrifft –"

„Lassen Sie das gut sein!", sagte ich, „sie sind doch sehr liebenswürdig."

„Pfui!", sagte der angezogene Mensch, „sie haben keine Knochen, keine Muskeln, keinen Saft; sie haben nur Nerven; aber was können Sie erwarten? Statt des Brotes essen sie Kreide, statt des Weines trinken sie Eiswasser; sie tragen enge Corsets, dünne Schuhe und Krinolinen. Solche Dinger sind nicht fähig, zu leben, und Gott sei Dank, in hundert Jahren wird keins ihrer Abkömmlinge mehr am Leben sein."

Wenn ich diese netten Neu-England-Mädchen betrachte, wie sie an meinem Fenster vorüberziehen, so kann ich mich nicht des Gedankens erwehren, dass bei dieser schmachtenden Blässe, so gewinnend und poetisch sie auch dem Kenner weiblicher Schönheit erscheinen muss, ein Mangel an Lebenskraft zu Grunde liegen muss.

Mein ungezogener Freund hatte eine Ahnung von der Wahrheit. Wenn diese unsere zarten Cousinen nur etwas kräftiger wären! Ich könnte ihnen rosige Wangen vergeben; jetzt kann man kaum mit ihnen sprechen, ohne fürchten zu müssen, dass sie vor unseren Augen verschwinden.

Die Frauen haben ihrer Zeit eine Unzahl von Definitionen ertragen müssen. – In Prosa und in Versen sind sie Engel, Harpyen, Heilige, Werwölfe, Schutzengel, Parzen genannt worden; man hat sie mit Rosen und Palmen, Nachtschatten und dem Giftbaume verglichen, als Tauben und Gazellen, Elstern und Füchse gemalt. Die Poesie hat sie zu Rehen, Nachtigallen und Schwänen gemacht, und die Satire sie als Heher, Schlangen und Katzen dargestellt. Um einen dazwischen liegenden Ausdruck zu gebrauchen, hat sie ein Witzbold eine gute, aber verdorbene Idee genannt. Witz, Poesie, Satire erschöpfen sich nur in ihren Ausdrücken; denn wie kann eine Redensart eine endlose Verschiedenheit beschreiben?

Eine Dame, als Einzeltypus, würde vielleicht leichter zu definieren sein, als eine Frau; man würde sie sicherlich leichter durch ein Beispiel ausdrücken können.

Wenn man von mir verlangen sollte, eine vollkommene Frau zu nennen, so würde ich lange zögern, und Stärke und Schwäche, Verdienst und Gebrechlichkeit so gegen einander abwägen, um sie in subtilste Verbindung mit einander zu bringen. Würde man mich aber nach einer vollkommenen Dame fragen, so würde ich Fräulein Stars in Washington, Frau Bars in Boston und viele andere nennen. Nicht als ob vollkommene Damen weit weniger häufig wären, als vollkommene Frauen; sie sind weit weniger häufig; aber man erfasst den Typus leichter und weiß, aus welchem Boden man erwarten kann, dass sie wachsen. Eine typische Frau ist ein Triumph der Natur, eine typische Dame ist ein Produkt der Kunst.

Unter den höheren Klassen Amerikas haben die Überlieferungen englischer Schönheiten noch nicht abgenommen. Das ovale Gesicht, die zarten Lippen, der durchsichtige Nasenflügel, das perlengleiche Fleisch, die kleine Hand, welche in May Fair die Dame von hoher Abkunft bezeichnen, kann man in allen guten Häusern von Virginien und Massachusetts sehen.

Die stolzeste Schöne von London, die schönste Dame von Lancashire würde in Boston und Richmond ihre Rivalinnen an Grazie und Schönheit finden, welche sie unmöglich verachten könnte. Die Geburt ist zweifelsohne eine Ursache, obschon Erziehung und glückliche Umstände der Geburt zu Hilfe gekommen sind. In vielen von unseren älteren Kolonien entnahmen die Leute ihr Blut vom Herzen Englands selbst, zu seiner heldenmütigsten Zeit und während seiner heldenmütigsten Stimmung, als Männer, welche von edlen Müttern geboren worden waren, sich ins das große Abenteuer, neue Staaten zu gründen, stürzten.

Die Züge, welche unter Raleigh's Patent, unter Brewster's Führung herüberkamen, bestanden aus Soldaten, Predigern, Höflingen und Herren; manche kamen hierher, um ihr Glück zu gründen, andere um ein Asyl zu finden; und obschon weniger edle Auswanderer massenweise ihnen folgten – Farmer, Handwerker, Diener, Strauchdiebe, selbst Verbrecher, – war doch der Sauerteig nicht ganz verloren. Die Familiennamen blieben. Selbst jetzt hält diese ältere Art von Ansiedlern ihre Kraft in einem gewissen Grade unberührt; das macht die Frauen liebenswürdig, die Männer tapfer und ausdauernd, nach Art ihrer alten Typen. Diese höhere Sorte weiblicher Schönheit, welche hauptsächlich in den älteren Städten und in Familien bessern Schlages sich vorfindet, ist durchaus englischen Styls und erinnert den Fremden an eine Gemäldegalerie in einem Landhause, hier an Holbein und Lely, dort an Gainsborough und Reynolds. Leslie hat, glaube ich, einige seiner lieblichsten englischen Gesichter von den Vereinigten Staaten gebracht.

In vielen der jüngeren Städte der Union gibt es ebenfalls viel Schönheit, welche durch viel Witz und Bildung unterstützt wird; aber die Schönheit in diesen jüngeren Städten (zum wenigsten die Beispiele, welche ich von derselben jetzt hier in Saratoga sehe und vor einiger Zeit an den Libanon-Quellen gesehen habe) ist weniger wie die Kunst Gainsborough's und Reynolds', als die von Guido und Greuse. Es ist viel flämisches Blut in derselben. Die Haut ist zarter, das Auge blauer, der Ausdruck kühner, als sie beim englischen Typus sind. Die New Yorker Schöne hat mehr „Schmiss" und Farbe; die Bostoner Schöne mehr Feuer und Zartheit. Manche Männer würden die offenere und kühnere Lieblichkeit von New York, mit seiner Rubens-ähnlichen Rosenfarbe und Fülle des Fleisches vorziehen, aber ein englisches Auge wird mehr Reiz in dem sanften und scheuen Ausdruck des älteren Typus finden.

In New York ist das Leben glänzender, der Anzug kostbarer, die Staffierung verschwenderischer als in Neu-England; aber die Wirkung dieser Pracht äußert sich als Erziehungsagens mehr für das Auge als die Seele.

Darf ich das, was ich meine, durch ein Beispiel erläutern?

In der „fünften Allee" in New York mag man ein Haus finden, welches mehr zu bauen gekostet hat als Bridgewater-Haus in London, und in demselben mögen die Weine und Speisen, welche einem Gaste vorgesetzt werden, so gut sein, wie sie nur je auf eine englische Tafel gebracht wurden; aber ein Amerikaner würde der Erste sein, welcher fühlt, was für ein weiter Zwischenraum die beiden Häuser trennt. Das eine Haus gehört dem Reichtum, das andere der Poesie.

Das eine ist stolz auf seine Marmorsäulen und vergoldeten Wände, das andere darauf, dass es Gemälde von Raphael und Quartanten von Shakespeare besitzt. In der „fünften Allee" steht ein Palast, in Cleveland Row ein Reliquienkästchen.

Einen ähnlichen Unterschied finde ich (oder vermute ich) zwischen den Schönen von Boston und Richmond, und denen von Washington und New York. Ich spreche nicht von Schottenköniginnen und Petroleumkaiserinnen; diese Damen bilden eine Klasse für sich, welche, wenn sie zufällig in der „fünften Allee" wohnen, keine andere Beziehung zu derselben haben, als die Hikorybäume und Linden.

Ich rede von den wirklichen Damen in New York, von Frauen, welche man im Hydepark unter die Damen rechnen würde, wenn ich sage, dass sie in der Regel eine Art und Weise und ein Benehmen, einen „Schmiss", ein offenes Wesen, eine Zuversicht besitzen, welche man weder bei ihren Schwestern in Neu-England, noch bei denen in Alt-England findet.

„Ich war sehr schlecht auf ihn; aber ich kam mit der Zeit darüber hinweg und ließ ihn los", sagte eine junge hübsche Frauensperson in New York zu einer meiner Freundinnen, über ihre Liebesabenteuer unter dem Siegel einer Freundschaft sprechend, welche zwei lange Tage gewährt hatte. Unter ihn verstand sie einen Liebhaber, den sie sich, in der Weisheit von sechszehn Sommern, aus der Menge erwählt hatte, einen, den sie, wenn die kurze Zeit länger gewährt hätte, zu ihren Mann durch die gesetzmäßigen Gebräuche gemacht haben würde.

Das Mädchen war nicht eine der unverschämten Kreaturen, wie man sie bisweilen in einem Eisenbahnzuge, auf einem Dampfboote sehen kann, welche mit großen Worten spielt und verwegene Manieren an sich hat, sondern ein liebliches, elegantes Mädchen, eine Dame vom Scheitel bis zur Zehe, mit edler Haltung, leiser Stimme und gebildetem Geiste! ein Stück weiblicher Grazie, wie sie ein Mann gern an seiner Schwester sehen würde, und die er in seiner Frau gern vereinigt sehen möchte. Ihre Naivität bestand zunächst in dem, was sie sagte, sodann in der Wahl ihrer Worte; um mich eines andern Ausdrucks zu bedienen, sie lag in der Verschiedenheit zwischen den gewöhnlichen Gedanken eines englischen, und denen eines amerikanischen Mädchens in Bezug auf die Beziehungen zwischen Männern und Frauen.

„Ich war sehr schlecht auf ihn, aber ich ließ ihn los", meint, mit deutlichen sächsischen Worten, einen Gedanken, der kaum einem englischen Mädchen in den Sinn gekommen wäre, und den sie, selbst wenn dies geschehen, nie auf so trockene und leidenschaftslose Weise über ihre Lippen gebracht hätte.

In dieser Redensart lagen, wie ein Passwort in einer allgemeinen Phrase, die Hauptgeheimnisse des amerikanischen Lebens – die Seltenheit der Frauen auf dem ehelichen Markte und die Macht zu wählen und zu verwerfen, welche diese Seltenheit einem jungen, hübschen Mädchen verleiht.

## 38. Squatter-Frauen

Die Früchte davon, dass es auf dem amerikanischen Markte mehr Männer als Frauen gibt, beschränken sich nicht auf das junge Fräulein, welches in Saratoga, in Neuhafen und an den Fällen kokettiert und die Lippen aufwirft; sie kommen in gleichem Maße zu dem Bauermädchen von Omaha, St. Joseph und Leavenworth. Im Lande im Westen gibt es mehr Männer als im Osten, mit gleichen Vorteilen seitens unseres schönen Geschlechtes. Unter den vielen Unterschieden, welche das Leben in der alten Welt von dem Leben in der neuen Welt darbietet, erscheint dem Auge keiner lebhafter, als der tägliche Kontrast an Haltung, Kleidung, Redeweise und in den Beschäftigungen der Frauen der unteren Klassen. Wenn die „fünfte Allee" ein Paradies für die Frauen ist, so ist es, jedes in seiner Art, auch die Mühle, der Rancho, die Ölquelle, das Reisfeld und der Pachthof.

Ich bin alt genug, um lächelnd meiner knabenhaften Entrüstung zu denken, als ich zuerst Frauen auf offenem Felde arbeiten sah, nicht mit den Männern, ihren Vätern und Geliebten, wie man sie in meinem eigenen Yorkshire auf einen Tag tun sehen kann, sondern allein an den Seiten der Hügelpartien und truppweise, hagere und magere, schlecht gekleidete, schlecht genährte, blass aus Überanstrengung und von der Sonne verbrannte Wesen. Dieselbe Prüfung ward mir im schönen Burgund an den Abdachungen des herrlichen Tonnerre, wohin ich lustiger junger Mensch, voll von Träumen und Schäfergedichten, gegangen war. Gute alte Josephine, arme kleine Fan, wie mir das Herz euretwegen weh tat, als ihr zeitig des Morgens mit euren breiten alten Hüten, euren dünnen Kattunröckchen und dicken hölzernen Holzschuhen forttrabtet, mit Rechen und Hacken in der Hand, den Krug frischen Wassers auf euren Köpfen, den Korb mit braunem Brote und Zwiebeln am Arme, und den faulen alten Jean, welcher eine von euch seine Frau, die andere Tochter nannte, schlafend in seinem Bette verließet! Wie meine Finger juckten und in die Luft griffen, wenn der Kerl später am Tage auf die Straße kam, sich in guter Laune schüttelte und, über die Tagesneuigkeiten schwatzend, an der Türe des Estaminees Domino spielte und seine Pfeife auf den Stufen von St. Peter vergnügt rauchte.

Seit dieser meiner Knabenzeit habe ich Sklavinnen in vielen Teilen der Erde bei der Feldarbeit gesehen: die Celtin in Connaught, die Iberierin in Valencia, die Pawnee in Colorado, die Fellaheen in Ägypten, die Walachin in den Karpaten, die Wallonin in Flandern, die Negerin in Kentucky; ich habe aber nie auf diese quälende und verunstaltende Arbeit kaltblütig sehen können. Nach so vieler Verschwendung war es mir komisch, als ich Loo Sing Betten machen und Hop Chang Kleider waschen sah.

In meinem eigenen Vaterlande ist das Landmädchen nicht immer so, wie sie Dichter und Künstler malen. Trotz unserer Maienspiele, unserer Erntefeste und vieler anderer Vergnügungen der Landbevölkerung, den Überbleibseln alter und vergnügterer Zeiten, ist das englische Landmädchen etwas tölpisch, nicht wenig stumpf. In der Regel ist sie nicht sehr reinlich in ihrer Person, nicht sehr nett in ihrer Kleidung, nicht sehr schnell mit ihren Fingern, nicht sehr behänd auf ihren Füßen. Das amerikanische Mädchen derselben Lebensstufe ist ihr in jeder Hinsicht, außer in einer, überlegen.

Es mag vom Leben in einem milderen Klima kommen, von einer verschiedenen Nahrungsweise, davon, dass sie reineres Blut geerbt hat; aber aus welcher Ursache es auch immer kommen mag, das lässt sich nicht abstreiten, dass man in Lancashire und Devonshire, überhaupt in jeder englischen Grafschaft, unter den Frauen der Landbevölkerung eine gewisse persönliche Schönheit findet, welche in der Regel nicht ihres Gleichen hat.

Viele amerikanische Mädchen sind hübsch, noch mehr klug; aber unter der niedrigeren Sorte Frauen ist keine so große Auswahl ländlicher Schönheit zu finden, wie sie dem Künstler in England zu Teil wird; die hellen Augen, die gelockten Haare, die rosige Gesichtsfarbe: alles lacht euch in unseren Devonshire-Dorfgässchen und in den Straßen von Lancashire in angenehme Stimmung. Aber damit ist die Rechnung abgeschlossen. Mit ihren natürlichen Gaben muss unser englisches Landmädchen ihrer scharfsinnigen und aufgeweckten amerikanischen Schwester gegenüber, das Buch schließen.

Vor einigen Wochen ritt ich mit einem Freunde aus, um Cyrus Smith zu besuchen, einen Farmer, welcher in der Nachbarschaft von Omaha lebt. Omaha ist eine neue Stadt, am Missouri erbaut, ein Ort, der in einem Dutzend Jahren entstanden ist und wie eine Stadt in einem Märchen wächst. Gestern hatte der Ort hundert Ansiedler, heute hat er tausend, morgen kann er zehntausend haben. Vor zwanzig Jahren wohnten die Omaha-Indianer unter seinen Weiden, und der König dieses Stammes ward am danebenliegenden Flussufer zu Pferde sitzend begraben. Jetzt ist es eine Stadt mit einer Eisenbahnlinie, einem Kapitol, einem Gerichtshause, mit Straßen, Banken, Omnibussen und Hotels. Was Chicago ist, droht Omaha zu werden.

Cyrus Smith ist ein kleiner Ansiedler, welcher in der Nähe eines kleinen Baches in einem Blockhause auf einem Fleckchen Waldlandes wohnt, welches er der Natur durch seiner Hände Arbeit und im Schweiße seines Angesichts abgerungen hat. Der Schuppen ist nicht groß, das Stück Land nicht ausgedehnt. Innerhalb eines kleinen Kreises muss alles, was man zum Erbauen der Produkte und zur Viehzucht, sowie für eine Familie kleiner Kinder braucht, getan werden; die Kühe müssen in Ställen untergebracht, den Schweinen Streu gestreut, die Hühner gefüttert werden. In Smith's Rancho ist kein überflüssiger Reichtum; die Lebensweise ist hart, er lebt nur von der Hand zum Munde; aber trotzdem ist kein Zeichen schwarzer Armut vorhanden, keine derartige Niedrigkeit, wie man sie in einer irischen Hütte, einer walachischen Höhle, einem Häuschen in der Bretagne findet. Geh' diesen Gartenpfad hinauf, durch diesen netten kleinen Obstgarten, durch diese kleinen Gemüse- und Blumenbeete. Dieser Weg könnte zum Landhause eines reichen Herrn führen, denn er ist breit und rein gefegt, und weder Düngerhaufen noch Kloake beleidigt das Auge, wie in Europa. Alles scheint an seinem rechten Platze zu sein. Die Hütte ist, obschon roh, doch fest und bequem; eine Rose, eine Japonica, eine Clematis winden sich um die Eingangstüre. Inwendig ist das Haus so sorgfältig gereinigt, dass man sein Frühstück so bequem von den nackten Dielen essen könnte, wie von den schimmernden Fliesen eines holländischen Fußbodens.

Es sind zahlreiche Küchenbretter darin, und die Töpfe und Pfannen auf denselben blank gescheuert. Eine Art vornehmes Leben umgibt uns, als ob eine wohl situierte Familie, plötzlich auf ihre eigenen Hilfsmittel angewiesen, in der Prärie ihr Lager aufgeschlagen und eine Zeit lang auf ihrem Marsche Halt gemacht hätte. In dem kleinen Wohnzimmer ist eine Vase mit Blumen, ein Bild, eine Büste von Washington. Man sieht auf einen Blick, dass eine muntere und nützliche Frau im Hause ist.

Annie Smith ist der Typus einer Klasse Frauen, die man in Amerika findet und in manchen Teilen Englands – aber nirgendwo anders. Ihrer Stellung nach ist sie wenig mehr als eine Bäuerin, ihrem Benehmen nach steht sie einer Dame wenig nach. Sie hat tausend Arbeiten zu vollbringen: ihr Feuer anzuzünden, die Kinder zu waschen und anzuziehen, den Fußboden zu scheuern, die Schweine und Hühner zu füttern, die Kühe zu melken, Gemüse und Früchte hereinzuholen, das Mittagessen vorzurichten und zu kochen, ihre Eimer und Pfannen zu scheuern und zu putzen, die Butter zu bereiten und den Käse zu pressen, die Kleider zu machen und auszubessern; aber sie vollbringt lachend und singend diese Arbeiten in heiterer Laune, mit so gutem Geschmack und so bereitwillig, dass die Arbeit ihr ein Vergnügen erscheint und ihre Sorge ein Zeitvertreib. Sie ist anständig gekleidet, über ihre Stellung im Leben erhaben, wie ein Engländer glauben möchte, wenn sie ihre Kleider nicht mit vollkommener Grazie trüge. Ihre Hände sind weich, als ob sie den ganzen Tag über mit Glacé bedeckt wären. Ihr Benehmen ist frei, ihr Angesicht munter. Ihr Dialekt belustigt, da es der ihrer Klasse ist, einen Fremden durch unbewusste Verwegenheit. Aber ihre Stimme ist mild und leise, wie es den Besten ihres Geschlechts geziemt. Eigentümliche Ausdrücke wird man von ihr hören, nie aber Gemeinheiten. Schmutz ist ihr Feind, und ihr Wohlanständigkeitsgefühl hält das ganze Haus rein. Sie steht mit der Sonne auf, öfters vor der Sonne; ihre Betten sind fleckenlos, ihre Vorhänge und Gardinen wie gefallener Schnee. Eine sizilianische Lagerstätte mit Laken, welche ein ganzes Jahr lang nicht gewaschen werden, ist mehr als ihre Einbildung erfassen kann. Kein Zusammenleben mit den Kühen, kein Schlafen in den Ställen, wie es in Frankreich, Italien und Spanien so gebräuchlich ist, wird je von Annie Smith ihrem Sohne oder ihrer Magd erlaubt. Eine tent'sche Scheune zur Zeit der Hopfenernte, eine Caithneß-Bothy zur Zeit der Heuernte würde in ihren Augen die Abscheulichkeit aller Abscheulichkeiten sein. Ihre Hühner, ihre Rinder, ihre Schweine haben ihre Steigen, ihre Ställe, ihre Koben für sich. Ein Munster Bauer hält sein Schwein unter dem Bette, ein Maultiertreiber von Navarra jocht sein Gespann im Hause an, ein Hirte non Epirus füttert seine Ziegen am Feuerherde, und ein ägyptischer Fellah nimmt seinen Esel mit sich in die Stube. Aber diese schmutzigen und unanständigen Gewohnheiten in unserer faulen alten Welt sind den amerikanischen Frauen, in der Stellung wie Annie Smith, nicht nur unbekannt, sondern auch unerklärlich.

Etwas Anderes an ihr fällt dem Auge auf: die Qualität ihres täglichen Anzuges. In England haben sich unsere Landbewohnerinnen, weil sie gewöhnlich des Sonntags zur Kirche gehen, angewöhnt, an einem Tage in der Woche bessere Kleider anzuziehen, als an den anderen sechs Tagen. Sie haben wirklich ihre Sonntagskleider, in Vergleich zu denen ihr gewöhnlicher Anzug nichts als Lappen und Lumpen sind. In dieser Hinsicht gleichen ihnen ihre Schwestern in Italien und Frankreich: die Contadina hat ihr Festleibchen, die Paysanne ihre Haube für die Heiligentage. Die Frau eines Suffolk-Pächters, welche man heute aus der Kirche kommen sieht, ihr Gesicht blank durch Seife, ihre Haube bunt mit Bändern, hat nichts dagegen, wenn man sie morgen schmierig von Schmutz und im geflickten Rocke sieht. Nicht so in Amerika, wo Annie es für ein Zeichen von schlechtem Geschmack halten würde, geputzt an dem einen Tage und schäbig an sechs Tagen zu erscheinen.

Wahre Sparsamkeit, sagt sie, macht ihr Kleid selbst rein und nett, wenn auch die Stoffe zu ihrem Anzuge gering sind. Ein gutes Kleid ist billiger als zwei Kleider, wenn gleich auch eins derselben von grobem Gewebe und schlecht gemacht ist. Ein guter Anzug ist eine Gewohnheit der Seele, nicht eine Frage für den Beutel. Jede Frau mit einer Nadel in ihrer Hand kann sich schicklich anziehen.

Um Smith's Ansiedlung bei Omaha ist eine Kolonie von Junggesellen, da vier Männer von fünf in dieser Gegend ohne Frauen sind. Annie fühlt einen Einfluss von diesem Umstande; ihr Haus ist ein angenehmer Zusammenkunftsort für die jungen Leute, und da die Junggesellen geneigt sind, in ihren Ranchos unreinlich zu werden, so findet sie ein angenehmes Vergnügen darin, ohne Worte die Segnungen anzudeuten, welche einem Manne erwachsen, welcher glücklich genug ist, sich eine Frau zu verschaffen.

Wie traurig ist es, daran zu denken, dass nicht jeder Mann, der es verdient, den Preis gewinnen kann!

## 39. Weibliche Politik

Wenn alles das, was ich von den weiblichen Politikern in diesen Neu-England-Staaten höre, wahr ist, – namentlich von denen des schönen Budington – so ist die große Reform, welche in den Vereinigten Staaten fortschreitet, ein moralischer und sozialer Wechsel; ein Wechsel in den Beziehungen des Mannes zur Frau, welcher nicht unwahrscheinlicher Weise die Geschichte seines Fortschrittes auf jedes häusliche Verhältnis ausüben wird.

Im Vergleich mit dieser Umwälzung sind alle anderen Fragen über Recht oder Unrecht – die Unterlagen zur Repräsentation, Stimmrechte der Neger, Rekonstruktion, Staatsrechte, Ruf und dergleichen – nur Tagessragen, Kleinigkeiten für die Sakristei, Zufälle der Zeit und des Ortes, in zwei Worten Kirchspiel-Politik.

Die häusliche Reform muss, wenn sie überhaupt kommt, von weitem Umfange und ernstem Grundsatze sein.

Die Frage, welche jetzt in den Vereinigten Staaten durch diese weiblichen Advokaten gleicher Rechte versucht werden soll, ist in Wahrheit nichts mehr und nichts weniger, als: soll unser Familienleben in der Zukunft durch christliches oder heidnisches Gesetz geleitet werden?

Wir hatten ein altes Sprichwort, dass „eine gescheite Frau jeden Mann dazu bewegen kann, ihr die Ehe anzutragen"; und diese Redensart in London ist, wie ich mir habe sagen lassen, in New York sehr zur Tatsache geworden.

Angesichts unserer großen Überzahl von Jungfrauen ist, wie man in jeder Garderobe, auf jedem Tanzboden und bei jeder Whistpartie sehen kann, diese Redensart ein Scherz. Wer kennt nicht hundert gescheite Frauen unter den Klügsten ihres Geschlechts, welche den Strom hinunterschwimmen, ohne zur Kirche an dessen Ufern geladen zu werden? Wenn dieses Sprichwort wahr wäre, dass die klugen Frauen heiraten könnten, wen sie Lust hätten, würden wir es immer lächelnd anhören? Wer würde es wagen, diesen klugen Frauen zu begegnen? „Kommen Sie und bringen Sie die Dame, welche Sie besitzt, mit", waren die kokettierenden Worte Lady Morgan's zu einem Freunde, den sie überredete, eins ihrer Morgenkonzerte zu besuchen. Und doch schrieb die geistreiche irische Dame, dass zu allen Zeiten, in allen Klimaten, die Frauen sich wie Heilige benommen hätten, und wie Sklavinnen behandelt worden wären. Es ist keine Redensart der Weiber, dass eine Frau jeden heiraten kann, den sie gern hat.

„Die Frau und ihr Herr" gab dem Schrei des weiblichen Herzens Stimme, welcher in London zur Gründung eines Damen-Collegiums in einer Nebenstraße geführt hat, eines Damen-Clubs über einem Pastetenbäckerladen; der New York dazu verholfen, dass Kongresse von Jungfrauen und Matronen gehalten werden, in denen über Liebe, Ehe, Scheidung, mit den verwandten Themen der natürlichen Wahl, künstlicher Mutterschaft und des vermittelnden Privilegiums des Geschlechtes verhandelt werden.

Man muss gestehen, dass bis jetzt unsere weiblichen Politiker nur schwache Versuche gemacht haben, um sich von den Fesseln des Gesetzes zu befreien.

Bei uns muss die Reform auf Zeit und Gelegenheit warten. In der englischen Gesellschaft „trägt der Mann noch immer die Glocke", und die Mutigste ihres Geschlechtes darf nicht hoffen, die Leser auf ihrer Seite zu haben, wenn sie ihre Hand an unsere Gebräuche und Gesetze legt. Sie weiß, dass sie gegen sie sein würden. Nicht so ist es bei ihrer amerikanischen Schwester; es komme, was da wolle, die Vermont-Heroine, die Neu-Hampshire-Verbesserin fürchtet nicht, von einem Spötter beschämt zu werden.

Marie Cragie kann ihre Ehegelübde abschwören, Anna Dickenson die Platform besteigen, Marie Walker Pantaletten anziehen, was bekümmern sie sich um die Spöttereien und Scherze der Männer? Da nach jungen Mädchen jetzt so starke Nachfrage ist, sind die Weiber frei von aller Furcht des Misslingens und der Vernachlässigung, selbst wenn sie es wagen sollten, der großen Frage ihres Schicksals ins Gesicht zu sehen.

Da Vorsicht für's Geschäft bei dem, was diese Damen sagen oder tun, keinen Anteil hat, so steht es ihnen frei, darüber nachzudenken, was recht im Handeln, gesund in den Gesetzen ist; öffentlich zusammen zu kommen, zu lehren und zu predigen, die Welt herauszufordern und ihr eigenes Parlament zu halten. Warum sollten sie es nicht? Wenn die Männer öffentliche Zusammenkünfte halten, um ihre Angelegenheiten zu beraten, warum nicht auch die Frauen? Ist Kirchspiel-Politik einem Volke wichtiger als Haus-Politik?

Kein Mann, welcher Augen und Herz hat, wird sagen, dass in Bezug auf unsere häuslichen Angelegenheiten schon alles auf einem vollkommenen Fuße steht, dass Gerechtigkeit überall neben der Liebe regiert, – dass hinter der verschlossenen Türe, hinter dem verhängten Fenster alle die Beziehungen zwischen Mann und Frau, Eltern und Kindern durch christlichen Geist gemildert und veredelt werden. Wenn dies nicht nur mit dem Schein der Wahrheit gesagt werden kann, dann ist es uns bis jetzt noch nicht gelungen, an unserem Herde die Religion der Liebe zu pflanzen. Und wenn daher unser Versuch nach einem christlichen Leben nicht gelungen ist, warum können wir nicht an einem öffentlichen Orte nach den Gründen des Misslingens fragen in Gegenwart derer, die es angeht? Ob es nun aber die Männer für Recht oder Unrecht halten, solche Fragen zu stellen, die amerikanischen jungen Damen haben angefangen, über dieselben zu denken, zu schreiben und zu stimmen. Man sagt, dass das häusliche Leben die Sphäre der Frau sei; häusliche Reform ist folglich die Arbeit der Frau.

Viele dieser Vermont-Politiker sind weit darüber hinausgegangen, über häusliche Liebe zu schreiben und ihre Stimme abzugeben. Der Oneida-Bach und die Salzseestadt – von Vermont-Leuten gegründete Gemeinden – sind praktische Antworten auf die eine große Frage der Jetztzeit: Was muss man tun, um die Missbräuche unseres sozialen und häuslichen Lebens abzustellen?

Alle die Damen, welche zu Gunsten ihres Geschlechtes in die Schranken getreten sind – welche angefangen haben, über die Stellung einer Frau im Haushalte, über Gleichstellung der Männer und Frauen, über Freihandel der Liebe, über die Sklaverei der Ehe, über das Recht der Scheidung, über Auferstehung des Geschlechtes zu predigen und zu schreiben, – sind, ob sie ihre Stimmen mit Margaret Fuller auf der Bachfarm, mit Marie Cragie am Oneida-Bach, mit Antoine Doolittle am Berge Libanon, mit Belinda Pratt in der Salzseestadt oder mit Eliza

Farnham in New York erheben – auf das allererste der ersten Prinzipien zurückgegangen: auf die Abwesenheit alles leitenden Lichtes, jedes bestimmten Gesetzes, selbst jeder sichern Tradition über das Thema des häuslichen Lebens, welche sie zwingen, zum Aufsuchen der Beweise Bücher zu befragen, auf Tatsachen zu warten, Gesetze zu kritisieren. Diese Damen sind mit Neigung an ihre Aufgabe gegangen. Für ihre spähenden Augen ist keine Sphäre zu hoch, kein Abgrund zu tief gewesen. Sie haben sich zum Olymp empor geschwungen und sind in den Hades hinabgetaucht, um Beispiele über die tatsächliche Wirksamkeit des Gesetzes der Liebe zu finden.

Sie haben sich an Syrien und Ägypten, Athen und Rom gewandt; sie haben sich auf Natur und Kunst, Poesie und Wissenschaft berufen; sie haben die Geschichte mit Eva bestritten, die Weisheit des Lykurgus abgeleugnet und sind in die Abgeschlossenheit von Sara's Zelt gedrungen. Aus jedem Lande haben sie einen Beweis, eine Warnung, einen Tadel gesucht. Sie sind herab zur Dreschtenne mit Ruth gegangen, haben die Geschichte der Aspasia gelesen, haben bei dem Schicksale der Lucrezia verweilt und den Geist von Jane Gray angerufen. In jedem Lande haben sie ein Modell und eine Moral gefunden; und obschon das Modell mit der Höhe, Farbe und Erziehung der Frau verschieden sein mag, soll die Moral doch überall dieselbe sein. Bis die neue Ära – welche ihre neueste Prophetin, Eliza Farnham, so gut war, als die Ära der Frauen zu bezeichnen – dem Geschlechte in Amerika aufging, haben sie gefunden, dass die Frau vom Manne bisweilen als Spielzeug, öfters als Opfer, gewöhnlich als Habe, immer wie eine Sklavin behandelt wird.

Wo, fragen sie, kann das Auge einer Frau etwas zu bewundern finden, wenn sie die Geschichte unserer Rasse durchschaute. Lasst sie in einen Harem der Araber, eine Zenana der Hindus, einen Kraal der Kassern, ein Hotel in New York, einen Wigwam der Pawnees, ein Haus in Mayfair gehen, und was wird sie in diesen Käfigen für die Frauen finden? Gleichheit der Geschlechter, Freiheit der Neigungen? Nirgends im Osten und Westen, im Norden und Süden wird sie wenig mehr finden, als eine Regierung des Stärkeren. Was die höheren Prinzipien der Klasse anbetrifft, so wird sie, ebenso wohl in dem Hause des Christen, wie in der Höhle des Heiden, dieselbe Verwirrung der

Ideen, dieselbe Verschiedenheit der Gesetze sehen, – und die größte Verwirrung, die wildeste Abschweifung, behaupten manche, ist in den Vereinigten Staaten zu finden.

In keinem Lande unter der Sonne, sagen diese weiblichen Reformatoren des häuslichen Lebens, wird die Frau dem Manne gleich gehalten.

Ein Araber darf vier Frauen heiraten; ein Jude bedankt sich täglich dafür, dass er als Mann geboren; ein Perser bezweifelt, trotz des Korans, ob seine Beischläferin eine Seele hat. *Baron* und *feme*, der Mann und sein Weib, sind die alten rohen englischen Namen von Mann und Frau. In Amerika, inmitten von Freiheit und Licht, ist die Stellung der Frau kaum eine bessere – wenn sie die Verbesserungen nach christlichen Längenmaßen misst. In Onondaga in New York sind die ersten Leute bei der Legislatur mit der Petition eingekommen, alle Gesetze gegen Verführung aufzuheben. Selbst in Boston, in Philadelphia, in New York, in den feinsten und reichsten Gesellschaften Amerikas, ist ihre Stellung kaum besser, als unter den Mormonen und Puritanern, selbst wenn sie sich dem Manne ihrer Wahl gegeben hat, sagen diese weiblichen Politiker. Seht, was sie aufzugeben hat! Sie muss ihren Namen aufgeben, sie muss aufhören, Bürgerin zu sein, sie muss Haus und Land auf ihn übertragen, sie muss sich selbst in ihren neuen Herrn versenken. Was gibt die Negerin mehr aus, wenn sie als Sklavin verkauft wird? In der Sprache der Juristen wird die verheiratete Dame eine Bekehrte, ein Geschöpf, welches wie ein Kind behandelt werden muss, welches kaum Recht oder Unrecht tun kann, ein Wechsel, welcher, obschon er sie einerseits beschützt, sie andererseits aller ihrer natürlichen Rechte beraubt. Kein Gerichtshof, kein Gesetz, keine Gesellschaft gibt der Frau Recht. Was ist ein Trauring anders als ein Kennzeichen? Was ist ein Harem anders als ein Gefängnis? Was ist ein Haus anders als ein Käfig? Warum soll der Mann den Gerichtshof, das Lager, den Wald haben, während die Frau nur die Liebe hat? Warum können nicht Mädchen darauf Anspruch machen, im Senat zu glänzen, in der Kirche zu fungieren? Warum kann Elisabeth Stanton nicht New York im Kongresse vertreten? Warum sollte Olympia Brown nicht die Obhut der Seelen in Weymouth haben? Die Frauen sind für immer dazu verdammt, Narren zu säugen und Dünnebier (Bagatelle) aufzuzeichnen. Solche Damen, wie Lucy Stone und Mary

Walker stellen diese Fragen an die Welt, und eine Armee von Weibern und Jungfrauen wartet auf Antwort.

Selbst die Namen, welche die beiden Geschlechter in der Ehe zu einander gebrauchen, bedeuten angeblich die Beziehungen zwischen Herrn und Dienerin.

Ehegatte heißt Meister; Ehefrau Dienerin. In vielen Teilen Amerikas und in England nördlich vom Trent spricht die Frau der niederen Klassen nie anders von ihrem Ehemanne als von ihrem „Meister"; und ein Mann aus derselben Gegend von derselben Klasse nennt seine Frau nur sein „Frauenzimmer", und wenn er euch wissen lassen will, dass er sie liebt, „sein liebes Frauenzimmer."

Sollen diese Bezeichnungen, so fragen die beleidigte Eliza Farnham, die überzeugende Caroline Dall, die dauernden Grundlagen des verheirateten Standes in einem freien, friedlichen und religiösen Staate sein?

Kein anderes Thema hat oder wird je in der menschlichen Brust eine so lebhafte Neugier erregen, als die Beziehungen zwischen dem Manne und der Frau, und der Frau und dem Manne; zwei edle und plastische Geschöpfe, welche an Gestalt, an Geist, an Beruf einander ungleich sind und doch von der Natur durch die stärksten Bande verbunden wurden, bestimmt, je nachdem es einschlagen mag, sich einander entweder überaus unglücklich oder überaus selig zu machen. Die Gesellschaft ist die Frucht dieser Beziehungen. Das Gesetz ist nur ein Name für den Stand, in welchem sie leben. Die Poesie ist ihre hörbare Stimme. Alle epischen Gedichte, Tragödien und Geschichten beruhen auf denselben, als auf den Quellen unserer edelsten und schönsten Leidenschaften. Aus diesen Beziehungen entspringt unsere höchste Liebe und unser tiefster Hass. Kleinere Dramen spielen sich in ihnen aus. Einfachere Probleme werden durch sie gelöst. Zum Beispiel: man findet, dass die Gesetze, welche die Beziehungen zwischen Mann und Mann regeln – ob als Fürst und Untertan, Priester und Laie, Vater und Sohn, Gläubiger und Schuldner, Herr und Sklave – seit Jahrhunderten einem gewissen Gesetze des Wachstums gefolgt, welche sie gemildert haben, bis der alte, raue Geist des heidnischen Gesetzes fast ganz aus unserem täglichen Leben herausgedrängt worden ist. Ist dasselbe der Fall mit den Gesetzen, welche die zarteren

Beziehungen zwischen Mann und Frau beherrschen? In nicht sehr hohem Grade.

Ist es nicht eine traurige, überraschende Tatsache, dass im neunzehnten Jahrhundert des evangelischen Lichtes die Gesetze, unter welchen die Frauen gezwungen sind, in der Ehe zu leben, in Amerika schlechter sein sollen, als sie in Asien sind? In der Türkei macht die Ehe eine Sklavin frei; in den Vereinigten Staaten verwandelt sie (wenn wir diesen Kämpferinnen für gleiche Rechte glauben) eine freie Frau in eine Sklavin. Im Osten stirbt die Polygamie aus; der einzige Platz, an dem sie wieder ins Leben gerufen wird, ist der Westen.

Ist es wahr, dass unsere häuslichen Neigungen außer der Sphäre des Gesetzes liegen? Leute, wie John H. Noyes, Frauen wie Henriette Holton, sprechen so kühn; und in Wallingford und am Oneida-Bach haben die Geschlechter alle menschlichen Gesetze bei Seite gesetzt und sind darüber einig geworden, mit einander durch das Licht der Gnade zu leben. Aber diese Meinung ist, mit dem Hirngespinst, welches davon abhängt, die Meinung einer kleinen, obschon einer tätigen und verführerischen Schule. Die Welt denkt anders; denn die Welt glaubt an ein Gesetz Gottes, obschon sie aufgehört haben mag, in das Gesetz der Menschen Vertrauen zu setzen.

## 40. Männer und Frauen

Über die Hauptsachen, welche dieses Missvergnügen der Weiber mit den bestehenden Gesetzen entstehen lassen, ist unter Leuten von Bildung kaum eine Debatte. Alle, welche Augen zu sehen haben, geben dies zu.

Wenn man das Studierzimmer der namenlosen Wissenschaft betritt, die so oft unserem Gedanken vorschwebt, und welche man die vergleichende Anatomie des häuslichen Lebens nennen könnte, so stößt man sicherlich auf der Schwelle der Nachforschung auf die staunenerregende Tatsache, dass die Rechte der verheirateten Frauen kaum irgend eine Verbindung mit dem Urbild des christlichen Fortschrittes zu haben scheinen. Alle anderen Rechte schreiten anscheinend mit der Zeit vorwärts.

Der Untertan erlangt Zugeständnisse von seinem Fürsten; der Laie erhebt sich auf gleiche Höhe mit dem Priester; das Kind erlangt Schutz gegen seinen Vater; der Schuldner versichert sich einiger Gerechtigkeit von seinem Gläubiger; der Sklave wird von seinem Eigner befreit; aber es kommt kaum ein Wechsel in das Verhältnis, kaum eine Verbesserung in die Stellung einer verheirateten Frau. Als ein bloßes Besitztum kann ein junges Mädchen sicher sein; als Verheiratete Frau, als Herrin eines Hauses, nimmt das Gesetz kaum Notiz von ihrer Existenz; selbst nach allen den Veränderungen, welche ein Dutzend Jahre Reform bewirkt haben, kann man annehmen, dass das Gesetz blind gegen ihre Leiden, taub und stumm gegen ihre Bitten ist.

Wenn man die Beziehungen zwischen Mann und Mann, und zwischen Mann und Frau in Asien und in Amerika vergleicht, da stößt man überall auf unerwartete Kontraste. Ob man den Mann als Bürger, als Laien, als Sohn, als Schuldner, als Diener betrachtet, stets wird man finden, dass er vor dem Gesetze in Amerika stets besser dasteht, wie in Asien. Würde ein Fellah in Damaskus in Gegenwart eines reichen Mannes zu sagen wagen: „Ich bin eben so gut, als Du?" Würde der Ryot von Lucknow seinem Herrn antworten: „Geh' weg, meine Stimme ist so gut, als die Deine, und ich will Dir nicht dienen?" Würde nicht ein derartiger Übeltäter vor das Tor geschickt und mit zwanzig Streichen bestraft werden? Aber gibt es einen solchen Unterschied zwischen Damaskus und Boston, zwischen Lucknow und Philadelphia in Beziehung auf die Stellung des Mannes zur Frau? Durchaus nicht. Der Unterschied liegt anderswo; denn in der Türkei, in Persien, in Ägypten, im mohammedanischen Indien stehen die Privilegien der verheirateten Frauen auf sicherem Fuße beziehentlich der Gerechtigkeit, als sie es in Massachusetts, Pennsylvanien und New York sind. Wenn Du diese Tatsache bezweifelst, so nimm von Deinem Bücherbrette den Hidayah herunter, das Gesetzbuch, nach welchem ein englischer Sachwalter in unseren indischen Gerichtshöfen zu verfahren hat, und Deine Zweifel werden in merkwürdiger Weise verschwinden. Wenn Du den Hidayah öffnest, so wirst Du finden, dass das Leben im Harem, welches viele, die es nicht gesehen haben, gern als ein Drama mit Gift, Hängen, Sklaven und Eunuchen betrachten, soweit es die Frauen betrifft, durch eine Masse weiser und teilnehmender Gesetze regiert wird, welche nicht vom stärkeren Geschlechte straflos gebrochen werden dürfen. Viele Leute hier in Boston glauben, dass ein Harem ein Gefängnis, eine orientalische Frau eine Sklavin sei, obschon eine sehr geringe Kenntnis des mohammedanischen Gesetzes ihnen beweisen würde, dass eine englische Frau viel schlechter daran ist, als irgendeine ihrer dunklen Schwestern in Ägypten und in Bengalen.

In einem kurzen Kapitel von zwölf Seiten hat Blackstone in seinen Kommentaren alles das ausgesetzt, was er in unseren Büchern über die legalen Beziehungen zwischen einem englischen Ehemanne und der Frau, die er zu seinem Weibe macht, finden konnte.

Im Hidayah (den arabischen Kommentaren) sind die Kapitel, welche die gesetzlichen Beziehungen zwischen einem Moslem-Manne und einer Moslem-Frau definieren, groß genug, um einen Band zu füllen. Ein Neu-England-Vertreter der gleichen Rechte für Mann und Weib würde unser englisches Gesetz – und nach diesem das amerikanische Gesetz – als das Werkzeug bezeichnen, welches durch einen Zivilkontrakt und einen feierlichen Ritus eine freie Frau zu einer Sklavin macht, in vielen Beziehungen zu etwas viel Schlechterem als einer Sklavin, da bloß durch die Vollziehung der Ehe alle Rechte, zu denen sie geboren sein mag, für null und nichtig erklärt, ihr Familiennamen weggenommen werden, über ihre Besitztümer und Ländereien verfügt und ihre Person in Gewalt eines Mannes gegeben wird, welcher ihr Vermögen vergeuden und ihr Herz brechen kann. Wie weit würde so eine Beschreibung seitens einer Neu-England-Verteidigerin unbillig sein? Wer weiß nicht, dass solche Fälle in jeder Stadt vorkommen können?

Wir haben nicht nötig nach Beispielen hierfür bei den Ehescheidungsgerichten zu suchen; wir begegnen ihnen auf jeder Straße, sie schreien laut zu uns aus jedem Hause! Unser Gesetz – gibt die Frau so vollkommen in die Gewalt des Mannes, dass eine Gattin, welche jung, vertrauensvoll, schön, reich zum Altare kommt, durch brutale Behandlung, gegen welche ihr das Gesetz keine Hilfe zu geben vermag, gezwungen werden kann, es nach einem Dutzend Jahren als schändlich betrogene Frau, mit einem ruinierten Vermögen und verwüsteten Körper zu verlassen. Ein Weg, und nur einer, kann sie dagegen wahren, es auf diese Übelstände ankommen zu lassen: durch eine Verschreibung, welche zu ihren Gunsten mit dem Gesetze gemacht wird, ehe sie auf den verhängnisvollen Ritus eingeht.

Nichts so Grobes und Grausames könnte einem jungen und liebenden Mädchen weder in der Türkei, in Persien oder im mohammedanischen Indien vorkommen.

In einem Moslem-Lande verbleibt der Frau alles Recht, dessen sie sich bei ihrer Geburt erfreut haben mag, als ihr heiliges Eigentum bis zu ihrem Tode. Kein Mann kann ihr das wegnehmen. Nachdem sie aus ihres Vaters Haus in die Heimat ihres Mannes übergegangen ist, verbleibt sie noch eine Bürgerin, eine Eigentümerin, ein menschliches Wesen. Sie kann ihre Schuldner verklagen und ihr Eigentum vor dem öffentlichen Gerichte wiedererlangen.

Eine Moslem-Heirat ist eine Zivilakte und bedarf keines Mollahs, fragt nach keiner heiligen Redensart. Da sie vor einem Richter abgeschlossen wird, kann sie auch von einem Richter aufgehoben werden.

Aber der Kontrakt im Osten ist deshalb logischer, als der im Westen, weil er dem Manne kein weiteres Anrecht über die Person der Frau verleiht, als das, welches das Gesetz bestimmt, und durchaus keins über ihre Länder und Besitztümer. Eine persische, eine türkische Braut, welche an einen Mann von ihrem eigenen Range und ihrem eigenen Glauben sich verheiratet, behält im neuen Haushalte, in den sie tritt, um die Seele desselben zu werden, ihre besondere Existenz als Kind ihres Vaters. Eine Braut in Neu-England verliert sich, wenn sie einen Mann von ihrem eigenen Range und ihrem eigenen Glauben heiratet, in demselben.

Eine türkische Frau ist eine unabhängige und verantwortliche Person, welche weiß, was Recht und Unrecht ist, und dieselbe Fähigkeit behält, das Eigentum, was sie in ihren jungfräulichen Tagen besaß, zu empfangen und zu vermachen. Was ihr gehört, gehört nicht ihrem Herrn. Sie kann einen Schuldner verklagen, ohne die Hilfe ihres nächsten Freundes. Sie kann eine Pension empfangen, einen Kontrakt unterzeichnen, eine Pflegschaft übernehmen. Im Vergleiche zu ihrer asiatischen Schwester, als welch ein hilfloses Wesen erscheint die amerikanische Dame!

Die erste Lehre also, welche sich aus diesem Studium der vergleichenden Anatomie des häuslichen Lebens ziehen lässt, ist die, dass die Bestimmungen des Gesetzes nicht über eine Art ehelicher und gleichmäßiger Anwendung hinaus liegen, selbst nicht inmitten der Geheimnisse, welche die Liebe zwischen Mann und Weib erhalten, noch über die Reinheit, welche sie bewahrt. Solche Gesetzesbestimmungen findet man in Asien.

Sie bestehen in Kairo, in Bagdad, in Delhi, in hundert orientalischen Städten. Unsere eigenen Gerichtsbarkeiten haben dieselben in Indien in Betracht zu ziehen, woselbst die verwickeltsten Fragen über das Hausrecht, Fragen, welche die Mitgift, die Ehescheidung, den Vorzug, die Erhaltung, die eheliche Treue betreffen, vor die Gerichtshöfe gebracht werden und nach Prinzipien, welche in Westminster Hall ganz unbekannt sind, überlegt und entschieden werden sollen. Wenn solche Fälle zwischen Mann und Weib vorkommen, haben wir unsere Statuten im Allgemeinen, unser Zivil- und Kriminalgesetz bei Seite zu setzen, unser Kauderwelsch von *baron* und *feme*, Ausflüchten und Unterlagen zu vergessen. Die Sunas von Mohammed versorgen uns mit den Prinzipien, die Kommentare von Abu Yusuf mit den Details eines ausführbaren Codex der Moslemin.

Wer wird also, unserer großen indischen Erfahrung gegenüber, kühn genug sein, die Behauptung auszusprechen, dass man das Gesetz nicht in die innersten Schlupfwinkel eines Haushaltes eindringen lassen könnte? In Delhi, in Lucknow, in Madras, nicht zu sprechen von Kairo, von Damaskus und von Jerusalem, dringt das Gesetz bis in die Kinderstube und das Brautgemach. Natürlicherweise mag es geheime Tyranneien in Asien ebenso gut geben, wie in Amerika, Gewalt des Stärkeren gegen den Schwächeren mag so wild sein, wie die Leidenschaften, so fein wie das Genie einer orientalischen Rasse; aber die Ausschweifungen eines Moslem-Ehemannes finden weder stillschweigend, noch nach den Bestimmungen seines wirklichen Gesetzes Genehmigung. Wenn ein Mann einen Missbrauch seines Harems sich zu Schulden kommen lässt, dann weiß er, wenn derselbe auch noch so geringfügig ist, dass es für das Opfer seiner Laune eine schnelle und sichere Appellation an einen unparteiischen Richter gibt.

Aber wie, können wir fragen, kommt eine verheiratete Frau dazu, in einer asiatischen Stadt eine größere Sicherheit gegen Unterdrückung zu haben, wie in den amerikanischen Städten?

Es kann doch sicherlich nicht deshalb sein, weil jene asiatischen Städte mohammedanischen Glaubens sind, während diese amerikanischen Städte sich zur christlichen Religion bekennen? Nichts in unserem Evangelium macht eine christliche Frau zu einer Sklavin und in seiner zärtlichen Sorgfalt gegen das Weib steht das Evangelium weit über dem Koran, weit über jedem andern Buche. Warum denn ist das Gesetz der Christenheit so hart gegen die verheirateten Frauen, während das des Islam anscheinend so mild ist?

Diese Frage geht tief auf den Ursprung der Sache ein, und eine ausführliche Antwort hierauf würde das Motto zu der Umwälzung liefern, welche nach der Erklärung der weiblichen Politiker über das soziale Leben in Amerika kommen muss.

## 41. Das Hausrecht

Wenn eine Neu-Engländerin nach besseren Dingen sucht, als sie gerade jetzt im Lose der Frau findet und mit blutendem Herzen von den gegenwärtigen Irrtümern weg sich an die Versprechungen auf eine goldene Zeit der Gerechtigkeit wendet, in, sie weiß nicht welchen neuen Städten Bethlehem, Wallingford, Libanon, Salzsee, den Gegenden ihrer neuen Versuche zu leben, so wird niemand sagen, dass sie ohne Ursache bekümmert ist. Mag sie Abhilfe am rechten oder unrechten Orte suchen, der Übelstand ist trübe und groß; er durchdringt die ganze Gemeinschaft und schreitet in seinen Graden der Schande von den kleinen Plagen des Boudoirs herab zu den rohen Brutalitäten der Straße. Selbst hier in Boston ist bei aller Gelehrsamkeit, aller Verfeinerung, aller Pietät das den Frauen zugefügte Unrecht so groß, dass Caroline Dall einer weiblichen Zuhörerschaft versicherte, sie könne dieselben weder offen darlegen noch sie bei ihrem wahren Namen nennen. Zu allen diesen Leiden des schwächeren Geschlechts schweigt indessen das amerikanische Gesetz, ist die amerikanische Obrigkeit machtlos. Wie, so fragen die Reformer, sind diese Übelstände über uns gekommen?

Die frühere Frage, wie es gekommen ist, dass eine türkische, eine persische, eine ägyptische Dame in der Ehe sich eines gesicherteren Zustandes erfreut, als ihre blassere Schwester in Boston, Richmond, Neu-Orleans, würde uns einen Rückblick auf vergessene Wahrheiten gewähren, da sie die zweite Frage anregen dürfte: Wie sind wir Christen zu unseren Ehegesetzen und wie sind die mohammedanischen Nationen zu den ihrigen gekommen? Die Antwort hierauf liegt nahe; denn die Tatsachen sind deutlich in unserer Geschichte, genau in unseren Statuten niedergeschrieben. Wir erhalten unsere Ehegesetze aus den Pandekten; die Mohammedaner leiten die ihrigen aus dem Koran ab. In dieser Verschiedenheit des Ursprungs liegt das Geheimnis ihrer

Verschiedenheit an Ton und Geist. Unsere Gesetze haben einen zivilen und kommerziellen Ursprung, während jene einen moralischen und religiösen Ursprung haben.

Hier trifft in Wirklichkeit der Fragesteller den Nagel auf den Kopf. Unser Leben ist eine geteilte Pflicht: ein moralisches Leben, auf das Evangelium basiert, ein Familienleben, welches auf das Zivilgesetz basiert ist. Während unsere Moral im Christentum seine Wurzeln hat, haben unsere Statuten die ihrigen im Heidentum. Und daher kommt es, dass, in der Hauptsache wenigstens, aller Kummer der Frau in der Ehe und in allen Beziehungen zwischen den beiden Geschlechtern, wie viele andere Übelstände in unserem gesellschaftlichen Leben von der Tatsache abzuleiten sind, dass wir unsere Moral von der einen Quelle, den Evangelien, unsere Gesetze von einer andern Quelle, den Pandekten, ableiten.

Es ist ein übel angebrachter Scherz, mit dem wir gern unsere Unwahrheiten beschönigen, zu sagen, dass unsere englischen und amerikanischen Gesetze auf die Vorschriften unseres Glaubens gegründet sind. Machen wir die Probe auf dieses Dogma. Ein ehrsamer und frommer Mann, frisch vom Studium der heiligen Schrift, soll mit der Bibel in der Hand in den obersten Gerichtshof der Vereinigten Staaten gehen und dort den Versuch machen, den präsidierenden Richter zu überzeugen, dass die Bergpredigt gut amerikanisches Gesetz und für jeden Nachfolger Christi bindend sei. Habt ihr irgendeinen Zweifel darüber, was aus diesem ehrsamen und frommen Manne werden würde? Ihr wisst, dass der Richter ihn bemitleiden, der Advokat ihn foppen, die Zuhörer ihn auslachen und der Beamte ihn festnehmen würde. Verlegt die Szene vom Kapitol in Washington nach dem Torwege von Damaskus. In dieser orientalischen Stadt würde dieser Mann mit dem Koran in der Hand vor dem Kadi erscheinen können, seine Zitate aus dem heiligen Buche würden angehört und wenn seine Ansichten hierüber für gut befunden werden, so können sie den Ausspruch, welcher zu erteilen ist, bestimmen. Und die Ursache ist deutlich. Ein Orientale hat nicht zwei Gesetze; eins für die Straße, ein anderes für das Tor; das erste für seinen Harem, das zweite für seine Moschee. Sein moralisches und sein bürgerliches Leben haben einen Ursprung und ein Ende; er findet keinen Unterschied zwischen den Lehren seines Kadis und seines Priesters. In Boston, in New York haben wir ein moralisches Gesetz, welches nur an zwei oder drei wichtigen Punkten unser häusliches Gesetz berührt. Was wissen unsere Richter von Christus, Moses und Abraham? Wie die Advokaten – nichts. Diese Namen gehören nicht zu denen, welche in unseren Arten und Kommentaren genannt werden können. Die Richter, welche unser Gesetz verwalten, haben von Justinian, von den Zivilisten gehört; aber von den unabänderlichen Vorschriften unseres Glaubens, den göttlichen Grundlagen unseres moralischen Lebens öffentliche und richterliche Notiz zu nehmen, das können sie nicht. Sie müssen bei dem Texte, einer Mischung von sächsischem Gewöhnlichen und römischem Zivilrechte, verbleiben.

Das erste Resultat davon, dass unsere Gesetze heidnisch sind, während unsere Moral christlich ist, ist die dem Orientalen so fremde und verwirrende Tatsache, dass bei uns die Ausübung der Tugend als eine Privatsache, als eine Sache, welche nur zwischen dem Menschen und seinem Schöpfer, nicht wie bei den Moslems zwischen einem Menschen und seinem Nebenmenschen, betrachtet wird. So zwingt das Gesetz niemanden in Boston oder New York, keusch, mitleidig, pflichtgetreu zu sein. Einer jener Witzbolde, welche die Wahrheit in Scherzen und Parabeln ausdrücken, sagt, dass es bei uns ein reicher, gewissenloser Sünder möglich machen kann, jedes der zehn Gebote zu brechen, ohne entweder seinen Platz an den Tafeln der rechtschaffenen Leute oder in den Boudoirs der Damen zu verlieren. Wenn er gut zu täuschen versteht, angenehme Manieren hat und vorzügliche Gastfreundschaft übt, dann kann er bei allen Vergehen die Runde machen, falschen Göttern folgen und seines Nachbars Frau begehren. Seine einzige Kunst ist, zu vermeiden, dass ihn die Polizei sieht. Ist diese Parabel unwahr? Welcher Mann, der in der „fünften Allee" fährt, in jenem Parke spaziert, verschließt seine Augen so gegen die Welt, um sich einzubilden, dass alle unsere Sitten gleich sind? Man braucht kein Zyniker zu sein, um zu sehen, dass die Modewelt Tag für Tag, Jahr für Jahr sich mit Schelmen zu Tische setzt, welche in irgend einer Gegend des Islam vor den Kadi gezogen und auf die Fußsohlen geschlagen werden würden. Mit nur vielleicht zwei Ausnahmen kann ein Sünder die zehn Gebote offen in den öffentlichen Straßen brechen, und niemand darf eine Hand an ihn legen. So lange er nur nicht seinen Feind tötet oder seinen Freund beraubt, ist er sicher. Welcher Magistrat wird daran denken, einen bei ihm angeklagten Mann zu fragen, ob er sich zu einem falschen Gott bekenne, Götzenbilder von seinem Hause fern halte, sich des Schwörens enthalte, den Sabbat heilige, seinen Vater und seine Mutter ehre, die Reinheit der Frau seines Nachbars achte und die Sünde der Habsucht seiner Seele fern sei? Nicht einer. Und warum? Weil der Magistrat, in seiner Eigenschaft als solcher, nicht der Administrator unserer moralischen, sondern unserer bürgerlichen Gesetze ist.

In Wahrheit haben wir Engländer und Amerikaner das Christentum noch nicht als eine Lebensvorschrift aufgefasst. Wir finden unsere Religion in der Kirche, und wenn wir unsere Psalmen gesungen und unsere Gebete gesprochen haben, gehen wir in die Straßen zurück, um uns die Woche über durch ein heidnisches Gesetz regieren zu lassen. Unsere Gerichtshöfe haben keine Autorität, von unseren moralischen Vergehen Notiz zu nehmen, so lange dieselben keinem Mitmenschen entweder in seinem Frieden oder an seiner Börse schaden.

Der bloße Mangel an Ehre, an Tugend, an Ehrerbietung gilt unserer Obrigkeit für nichts.

Ein Elender mag seine Eltern verfluchen, den Sabbat entheiligen, Klötze und Steine anbeten, ohne sich der Strafe eines Schlages auszusetzen. Derselbe Elende kann seiner Frau das Herz brechen, das Vermögen seines Kindes verschwenden, kann seines Freundes Glück stören und wird doch stets jeder Strafe für seine Verbrechen entgehen. Viele der schwärzesten Sünden vor Gott – vor dem Gott, dessen Willen wir gehorchen – werden von dem Gesetze, unter dem wir leben, von nicht größerer Wichtigkeit erachtet, als die Grillen eines Kindes. Hurerei wird nicht bestraft. Verführung wird nicht als ein dem Mädchen zugefügtes Unrecht betrachtet, welche das Opfer ist, sondern nur als dem Eigner ihrer Dienste angetan. Ehebruch steht mit den geringeren Vergehen wie Diebstahl in einer Linie; und der Mann, dessen Name für immer durch einen Verführer geschändet ist, darf den Zerstörer seines Friedens nicht seiner beschimpften Ehre wegen anklagen, sondern wegen des Verlustes der Dienste seiner Tochter und der Gesellschaft seiner Frau.

In einigen der Vereinigten Staaten hat man Weniges dazu getan, diese Grenzlinien zwischen der christlichen Moral und dem bürgerlichen Gesetze abzurunden. In New York kann ein Mensch deshalb ins Gefängnis gebracht werden, weil er Mädchen verführt hat; aber die Legislaturen haben bis jetzt kaum selbst den Saum dieses mächtigen Übels berührt.

Jene Onandago-Reformatoren des Gesetzes, welche darum petitionierten, an Stelle der Verbrecherzelle den Brautkranz zu setzen – auf den mosaischen Glauben zurückgehend, dass Verführung als eine Art Heirat zu betrachten sei, – haben kein Mittel anraten können gegen das noch größere Verbrechen der Verführung und des Missbrauches einer verheirateten Frau. Und sie können auch keins unter einem Gesetze finden, welches die Verbrechen der Verführung und des Ehebruchs als ein dem Vermögen eines Mannes, nicht seinem moralischen Leben angetanes Unrecht behandelt.

In allen amerikanischen Fortschrittsschulen ist dieser Gegenstand behandelt worden, der Übelstand wird zugegeben, eine Abhilfe dafür wird gesucht. Am Oneida-Bach haben sie dem Ehebruch dadurch ein Ende gemacht, dass sie die Ehe abgeschafft haben.

Am Berge Libanon haben sie dasselbe durch das Verbot zu lieben versucht. Am Salzsee endlich haben sie das Übel dadurch gehoben, dass sie Ehebruch mit dem Tode bestrafen. Aber diese faktionären Versuche lassen das Gesetz unberührt, und die Gerichtshöfe und Legislaturen der Union werden fortwährend mit Petitionen dafür belästigt, irgendein besseres Gesetz für das bestehende zu substituieren. Werden sie je ein solches Gesetz finden, so lange sie dem Justinianischen Gesetze vor dem Worte Gottes den Vorzug geben?

In einem Lande der Moslems ist das Wort des Propheten Gesetz, jede Zeile ein Befehl, jede Sudra eine Einrichtung. Da es im Plane des Propheten lag, durch seine Lehren unter seinem Volke nicht nur den öffentlichen Frieden, sondern auch ein frommes Leben zu fördern, so waren seine Vorschriften der Regulierung einer jeden Handlung eines Gläubigen im Harem, in der Moschee, im Bazar angepasst. Auf der andern Seite hat das Wort unseres Heilandes bei uns im Westen nur die Macht einer moralischen Vorschrift erlangt, welche jeder nach seinem eigenen Vergnügen annehmen oder verwerfen kann.

Ferner sind unsere heidnischen Gesetze anscheinend nur zur Benutzung in den öffentlichen Straßen gemacht. Wir haben ein Sprichwort, dass „unser Haus unsere Festung" sei; es ist so bisweilen, in einem weiten und verderbten Sinne. In dasselbe kommt kein Verhaftsbefehl; das Gesetz bleibt an der Schwelle; und die Krone selbst, die Majestät des öffentlichen Rechtes, kann nur nach hergebrachten Förmlichkeiten und nach irgendeinem schweren Verbrechen diese Portale erbrechen. In einem Moslem-Harem findet man keine solche feudale Heimlichkeit. Jedes Zimmer in einem Hause ist für den Koran offen, und eines Mannes Frau, Kind, Sklave kann gegen ihn den Koran Zitieren. Jeder Moslem kennt das Gesetz auswendig, da der Koran ein Text ist, welcher nie veralten kann. Alle Moslem-Juristen müssen sich nach diesem Texte richten, den sie nur innerhalb gewisser Grenzen auslegen dürfen, und jeder Kadi kann zum Original in Zweifelsfällen zurückgehen. Die Basis der öffentlichen Gerechtigkeit ist zu jeder Zeit, in jedem Lande ein und dieselbe. In Staaten wie England und Amerika haben wir kein allgemeines, göttliches, zweifelloses Gesetzbuch, durch welches alle Fragen beantwortet, alle Probleme gelöst werden können.

Wenn in unseren Gerichtshöfen ein Fall auftaucht, für welchen keine Verordnung zu passen scheint, wohin blicken unsere Richter um Rat? Wenden sie sich an die Evangelien? Lesen sie St. Paulus? Sie denken nie daran. Die Evangelien bilden keinen Teil unserer legalen Schatzkammer. Obschon wir die zehn Gebote in unseren Kinderschulen lehren und über sie in unseren Kirchen predigen, so machen wir doch keinen Gebrauch von ihnen in unseren Gerichtshöfen.

Scheinbar stolz auf unsern heidnischen Codex, welcher unser Benehmen so sehr in Kontrast zu unserem Glauben setzt, rühmen wir uns dieser Befreiung vom Zwange und nur bei großen Gelegenheiten geben wir dessen Gegenwart inmitten unseres reineren Gesetzes zu. Nun ist es aber eine offenbare Tatsache unserer neuen gesellschaftlichen Zustände in London und New York, dass die Stellung einer Frau in der Familie entweder hoch oder niedrig ist, je nach der Loyalität, mit welcher wir dem Gesetze des Evangeliums der Liebe folgen, welche unsere Gerichtshöfe, wenn sie wollen, ignorieren können.

Ein Türke hat vom Kadi nicht die Erlaubnis, seine Bergpredigt als eine Vorschrift für die Sonntage, für die guten Frauen, für Leute in der Kindheit und im hohen Alter bei Seite zu setzen. Selbst in der Zurückgezogenheit seines Harems wird ein Asiate von bestimmten moralischen und religiösen Gesetzen geleitet, während ein Amerikaner in seinem Hause nur durch legale und kommerzielle Vorschriften gelenkt wird, von denen jedes moralische und religiöse Gefühl vollständig geschieden sein kann.

Daher kommt es, dass eine orientalische Frau, obschon sie in einem Zustande der Polygamie leben mag, in vielen Hauptpunkten in ihrem Kreise größerer Freiheit genießt, als die meisten hochgebildeten Damen in New York.

Ist dies das Ende unseres langen Strebens nach einem christlichen Leben? Kein Mann oder keine Frau von Religion denkt so; und in diesem Augenblicke arbeiten tausend geschäftige Köpfe und zarte Herzen an dem Problem unseres Überganges von diesem Stadium des Wachstums nach einer Religion von höherer Wahrheit. Manche von denen, welche nach besseren Dingen trachten, mögen im Finstern tappen, nach Licht suchen, wo kein Licht ist; aber in so weit, als sie ehrlich und mit ernstem Eifer auf einen besseren Weg zu gelangen suchen, verdienen sie unsere Aufmerksamkeit und unsere Achtung.

Unter denen, welche nach diesem Lichte suchen, stehen die Brüder vom Berge Libanon im Staate New York obenan.

## 42. Der Berg Libanon

An einer sonnigen Hügelseite drei Meilen südlich von den Neu-Libanonquellen (einem Badeorte in dem oberen Teile des lieblichen Flusses Hudson, woselbst Müßige von New York und Massachusetts die heißen Sommerwochen zubringen, in Holzschuppen faulenzen, unter Kastanien kokettieren, auf schlechten Straßen fahren, und Wasser von einer Quelle nippen, von dem mir soeben ein Neger sagt, dass es ein Pferd trinken kann, ohne sich zu schaden!) steht eine Gruppe zierlicher und doch pittoresker Gebäude: die Hauptheimat einer religiösen Körperschaft, klein an Zahl, bemerkenswert in ihrer Kleidung und ihren Ideen und bis jetzt nur in den Vereinigten Staaten zu finden.

Das Dorf heißt Berg Libanon, die Hauptheimat und der Mittelpunkt eines von Anna Lee gegründeten, im Zölibate lebenden Völkchens, den Spöttern als eine spaßhafte Einrichtung unter dem Namen des Zittererdorfes bekannt, da Zitterer ein Ausdruck des Spottes und des Tadels wie die meisten unserer religiösen Namen ist, ein Name, den die Mitglieder geduldig annehmen und auf den sie im Stillen stolz sind. Unter den Auserwählten sind sie als die „vereinigte Gesellschaft der Gläubigen an die zweite Erscheinung Christi" bekannt.

Als ich etwas Rosenwasser brauchte, fragte ich einen Freund, wo es am besten zu bekommen sei. „Sie müssen sich", sagte er, „an einen der Läden wenden, in denen sie von den Zitterern bereitete Parfüms verkaufen." Auf meine Frage nach dem besten Orte, um amerikanische Sträucher und Blumen zu sammeln, sagte mein Begleiter: „Sie müssen hinüber nach dem Berge Libanon fahren, da weder in New York noch Massachusetts jemand die Zitterer in der Zucht von Pflanzen und Samen erreichen kann."

Meine Neugierde ward gereizt. Warum sollten die Dörfler vom Berge Libanon ihre anderen Landsleute in diesen Künsten übertreffen?

Ich wusste natürlich, dass die Essener Floristen und Samenhändler gewesen waren, ebenso, dass sie Bienen gezogen und Kräuter und Korn gebaut hatten; aber diese hebräischen Anachoreten lebten zu einer Zeit, als der Ackerbau als eine Arbeit der Sklaven verachtet war, ungeeignet, um die Gedanken und Hände freier Männer zu beschäftigen, und sie ergaben sich der Feldarbeit nicht des Gewinnes wegen, den sie aus derselben ziehen würden, sondern als einer Beschäftigung des Geistes und einer Prüfung des Fleisches.

In der Nachbarschaft vom Berge Libanon – eine Reihe bewaldeter Hügel, welche durch schöne Täler und Lichtungen durchfurcht sind, und aus denen kleine Wasserbäche ostwärts und südwärts von den Quellen laufen – gibt niemand vor, Farmarbeit als ein niedriges Gewerbe, als die Arbeit von Frauen und Sklaven zu verachten; im Gegenteil, alle die besten Talente dieser Gegend sind im Lande angelegt, und eine gewisse Berühmtheit erwartet den Mann, der von seinen Äckern die schönste und reichlichste Ernte erzielt.

„Warum", fragte ich meinen Freund, „sollten die Zitterer vom Berge Libanon die Einzigen im Staate sein, welche Sämereien zu ziehen verstehen, wo alle sich in der Kunst auszuzeichnen streben, dem Boden Reichtum abzugewinnen?"

„Vermute", sagte er nach kurzem Nachdenken, „weil sie es aus voller Überzeugung tun."

Diese Redensart, dass die Zitterer sich der Kultur des Landes aus voller Überzeugung widmen, kann als Schlüssel zur Erschließung fast aller Geheimnisse des Berges Libanon betrachtet werden. Wenn man an der Seite jenes grünen Hügels heraufklettert, der vor dem niedlichen Dörfchen Neu-Libanon aufsteigt, da kann man an den reinlichen Straßen, an den prächtigen Wiesen, an den netten Hecken, besonders aber an den frischen, sanftmütigen Gesichtern der Männer und Mädchen, und an dem fremdartigen, traurigen Lichte ihrer liebenden Augen sehen, wie viel in wenigen Jahren geschehen ist, um diese Ecke des Staates New York von einem rauen Walde, dem Zufluchtsorte der Irokesen und Lenni Lenape in eine dem irdischen Eden ähnliche Gegend umzuwandeln. Die rohe, alte Natur zeigt sich daneben.

Jene Bergspitzen und Hügelreihen sind mit ihren ursprünglichen Wäldern bedeckt, obschon die Eichen und Kastanien jetzt in ihrem zweiten Wachstum sind. Felsen stehen an und Steine liegen um euch her. Viel von dem Lande ist nie verbessert worden. Die Pfade sind alle offen und jeder Mann mit einer Flinte kann das Wild so frei wie in den Prärien von Nebraska niederschießen. Aber die Hand des Menschen ist mit festem, wenn gleich zärtlichem Griffe an den Boden gelegt worden; sie hat ihr Werk der Verschönerung getan, und für die Liebe und Sorgfalt hat sie Schönheit hervorgerufen. Wo kann man einen solchen Obstgarten finden, wie jene Pflanzung zu unserer Linken? Wo, außer in England, sieht man einen solchen Rasen? Die Bäume sind grüner, die Rosen sind röter, die Hütten zierlicher, als auf jeder andern Abdachung. Neu-Libanon hat fast das Ansehen eines englischen, durch tausendjährige Kultur reichen Tales. Man sieht, dass die Leute, welche die Felder bebauen, die Gärten pflegen, die Garben binden, die Weinstöcke ziehen, welche die Apfelbäume pflanzen, sich mit voller Liebe an ihre tägliche Arbeit gezogen fühlen; und man hört ohne Erstaunen, dass diese Arbeiter, welche in ihren eigentümlichen Kostümen pflügen und pflanzen, ihre Feldarbeit als einen Teil ihres Rituals ansehen und auf die Erde wie auf eine befleckte und herabgewürdigte Sphäre sehen, welche sie berufen sind von der Verderbnis zu erretten und Gott zurückzuerstatten.

Der Plan, das Leben, der Gedanke vom Berge Libanon steht in seinen mit Gras bewachsenen Straßen geschrieben. Jenes große steinerne Gebäude zu eurer Linken – ein Steingebäude in einer Gegend von Schuppen und Buden – ist das Kornmagazin, eine sehr schöne Scheune, die größte (höre ich) in Amerika; ein Kuhstall, ein Heuboden, ein Vorratshaus von besonderer Größe und mit trefflicher Einrichtung; und seine Gegenwart hier, auf diesem erhöhten Platze, so zu sagen im Tore der Gemeinde, ist eine typische Tatsache.

Die Kornkammer ist für einen Zitterer das, was der Tempel für einen Juden ist.

Jenseits der Scheune, in dem grünen Gässchen, steht das Nordhaus, die Wohnung des Ältesten Friedrich und der Ältestin Antoinette (in der Welt würden sie Friedrich W. Evans und Marie Antoinette Doolittle heißen), der beiden Häupter dieser großen Familie in der Zitterergemeinde. Unterhalb ihres Hauses, unter Büschen und Gärten, liegt das Besucherhaus, in welchem ich so glücklich war mit Friedrich und Antoinette einige Sommertage zuzubringen. Um diese Häuser erheben sich die Schuppen und Vorratshäuser der Familie. Zunächst kommen eine Anzahl Gärten, in denen der Baltimore-Weinstock freudig an Pfählen und Spalieren hinanläuft; sodann die Kirche, ein wenig von der Straße ab erbaut, ein regelmäßiges, weißes Holzgerüst, einfach wie ein Brett, mit einem Dache wie ein Dampfkessel, ein großes, lustiges Gebäude, in welchem der öffentliche Gottesdienst der Gemeinde des Sonntags gesungen und getanzt wird, zur großen Verwunderung und zum großen Vergnügen, oft unanständigem Gelächter einer Anzahl Faulenzer aus dem Badeorte. Daneben steht das Kirchenhaus, von dem der Älteste Daniel und die Ältestin Polly (in der Welt Daniel Croßmann und Polly Reed) die gemeinschaftlichen Oberhäupter sind, mit der Schule und dem Laden, in welchem den heidnischen Schönen niedlicher Plunder verkauft wird. Hinter diesen Gebäuden, etwas höher am Hügel, steht das Südhaus, Osthaus und noch einige andere Häuser. In allen diesen Wohnungen leben Familien von Zitterern. Der Älteste Friedrich ist der öffentliche Prediger; aber jede Familie hat ihr eigenes männliches, und ihr eigenes weibliches Oberhaupt. Die eine Familie wohnt sieben Meilen von hier in Canaan, der ich einen besondern Besuch abstattete, während gerade hinter dem Kamme jenes Hügels, im Staate Massachusetts, eine andere Gemeinde – die Hancock-Niederlassung – sich befindet.

Keine holländische Stadt hat ein netteres Aussehen, keine herrnhutische Ortschaft eine wohltuendere Stille. Die Straßen sind still; denn hier gibt es keine Schnapsläden, kein Bierhaus, kein Gefängnis, kein Pfandhaus; von den Dutzend Gebäuden, die um dich her sich erheben – Werkstätten, Scheunen, Tabernakel, Ställen, Kirchen, Schulen, Schlafstellen – ist nicht eins schmutzig oder lärmend, und jedes Haus, zu was für einem Gebrauche es auch dienen mag, hat gleichsam das Aussehen einer Kapelle. Der Anstrich ist ganz hübsch, die Dielen frisch gescheuert, die Fenster alle reinlich. Ein weißer Glanz liegt auf allen Gegenständen, eine ruhige Stille herrscht überall.

Selbst bei dem, was man mit dem Auge sieht und mit dem Ohre hört, fällt uns der Berg Libanon als ein Ort auf, an dem stets Sonntag ist. Die Mauern haben das Aussehen, als ob sie erst gestern gebaut wären; ein Wohlgeruch wie von vielen Salben zieht durch die Gässchen hinab und die Vorhänge und Gardinen sind von tadellosem Weiße. Alles im Dörfchen sieht aus und riecht wie Hausgeräte, welches lange Zeit in Lavendel und Rosenwasser gelegen hat.

Die Leute selbst sind wie ihr Dörfchen.

Diese Träumer haben eine sanfte Sprache, eine ehrbare Haltung, ein angenehmes Gesicht; es sind Leute, welche nicht nur mit sich selbst in Frieden zu sein scheinen, sondern auch mit der Natur und dem Himmel.

Obschon die Männer eine eigentümliche Kleidung tragen – eine Art arabischen Burnus, leinenen Halskragen ohne Krawatte, eine bis zum Hals zugeknöpfte und bis unterhalb der Schenkel fallende Weste, weite, ziemlich kurze Hosen und einen breitrandigen Hut, welcher fast stets aus Stroh gefertigt ist, – sind sie ehrbaren Aussehens, von guten Sitten und erscheinen den Fremden eben so wenig komisch, wie ein englischer Richter auf der Gerichtsbank, oder ein arabischer Scheik bei seinem Gebete. Die Frauen sind mit einer kleinen Mousselinhaube, einem weißen, um die Brust und Schultern geschlungenen Tuche, einem sackähnlichen Rocke, der in gerader Linie von der Taille bis zum Knöchel fällt, weißen Socken und Schuhen bekleidet; aber bei ihrem, weder an Farbe reichen noch gut gemachten, Anzuge, haben die Schwestern ein süßes und ruhiges Aussehen, welches auf den Geist wie die aus unseren Dorfglocken tönende Musik wirkt.

Nachdem ich einige Tage bei ihnen zugebracht, sie bei ihren Mahlzeiten und Gebeten beobachtet, ihre Privatvergnügungen und häuslichen Arbeiten belauscht, nachdem ich die gewöhnliche Bekanntschaft von vielleicht zwanzig Männern und einem Dutzend Frauen gemacht habe, fange ich an zu glauben, dass, wenn ich zufällig krank an Körper oder Seele werden sollte, es außer meiner eigenen Frau und meiner Verwandtschaft wenig weibliche Gesichter geben dürfte, welche ich lieber an meinem Bette sehen möchte.

Das Leben scheint sich am Berge Libanon in einer Art von leichtem Rhythmus fortzubewegen.

Ordnung, Enthaltsamkeit, Mäßigkeit, Gottesdienst, das sind die Dinge, welche uns bei einem Zitterer zunächst auffallen; der Friede und die Unschuld von Eden im Vergleiche zu dem Verfall und dem Lärm in New York.

Jedermann erscheint tätig und ruhig.

Keine Unruhe, keine Anstrengung, keine Drohung ist bemerkbar, denn nichts wird oder kann in einer Zittereransiedlung mit Gewalt getan werden. Hier ist jeder ein freier Mann, Diejenigen, welche in die Verbindung traten, kamen ungesucht, diejenigen, welche fortzugehen wünschen, können ungehindert sich zurückziehen. Hier gibt es keine Soldaten, keine Polizei, keinen Richter, und unter den Mitgliedern einer Gesellschaft, in welcher jedermann sein alles auf's Spiel setzt, ist eine Anklage bei Gericht etwas Unbekanntes.

Nicht wie der syrische Libanon hat diese Gemeinde innerhalb ihrer Grenzen Drusen, Maroniten, Ansayri oder Türken; Friede herrscht in ihren Ratsversammlungen, in ihren Tabernakeln, auf ihren Feldern. Betrachtet euch diese heiteren Buben, mit ihren Strohhüten und mit herabhängendem Gürtel, seht, wie sie auf dem Rasen springen und spielen, lachen und sich einander herumbalgen, sie erfüllen diese grüne Straße nach dem Hügel nur mit solchen Tönen, welche man von glücklichen Kindern beim Spiele hört.

Ihre Herzen sind bestimmt leicht. Betrachtet euch diese kleinen blauäugigen Mädchen (diese beiden Lockenköpfe sind Kinder einer schlechten Mutter, welche im vergangenen Jahre mit einem Nachbar davonlief, als deren Vater mit Grant ins Feld gezogen war), sie sind sehr scheu und freundlich, in ihrem neuen Anzuge reinlich und anständig; wenn ihr je kleine Mädchen für Engel hieltet, so sind es gewiss diese.

Doch ist es nicht eigentümlich, dass an diesem prächtigen Orte, inmitten von Frieden und Reichtum, junge Männer und junge Frauen leben, welche nie an Liebe denken? Und ist es nicht traurig, daran zu denken, dass diese munteren Knaben und Mädchen, deren Stimme man im heitern Gelächter hört, wenn man die Dorfgasse herabkommt, nie, so lange sie wenigstens in dieser Gemeinde verbleiben, eigene Kleine haben werden, welche auf dieser Dorfwiese spielen werden?

Der Zitterer ist ein Mönch, die Zittererin eine Nonne. Sie haben dieser Welt nichts zu sagen und doch wird man finden, dass ihre Kirche, welche so oft als ein moralischer Wahnsinn, ein religiöses Lustspiel, ein Ritual mit lautem Geklingel, wenigstens eine Kirche des St. Veit und nicht des St. Paulus geschildert worden ist, einige besondere Anziehungspunkte hat.

Die magnetische Macht, welche sie auf die Ideen der Amerikaner ausübt, würde uns allein, selbst wenn wir keine willigen Zuhörer finden sollten, zwingen, das Lustspiel bis zu Ende anzuhören und den Plan zu verstehen suchen.

## 43. Das Haus eines Zitterers

Im Laufe der Tage, welche ich im Nordhause als Gast von Friedrich und Antoinette zubrachte, ward mir jede Gelegenheit geboten, für mich selbst die Tugenden und Fehler dieser Zittererbrüder zu sehen und über dieselben urteilen zu lernen. Ich habe an ihren Mahlzeiten Teil genommen, in ihren Zimmern gewohnt, bin in ihren Wagen spazieren gefahren, habe mit ihrem Ältesten gesprochen und habe ihre Obstgärten durchstreift; ich bin mit ihnen des Morgens auf dem Felde, des Mittags bei Tische, des Abends in ihren Versammlungslokalen gewesen; ich habe sie bei der Arbeit, beim Spiel, beim Gebete beobachtet; kurz, ich habe mit ihnen gelebt und den Geist zu erfassen versucht, welcher sie erfasst hat.

Mein Zimmer ist peinlich blank und rein. Keine Haarlem-Vrouw scheuerte je ihre Dielen so vollkommen schön, wie die meinigen sind; eben so wenig könnte das Holz, aus dem sie gemacht sind, durch etwas anderes, als das Herz einer ungeschnittenen Tanne im Walde übertroffen werden. Ein Bett steht in der Ecke mit Laken und Kissen von fleckenlosem Weiße. Ein Tisch, auf welchem eine englische Bibel, einige wenige Traktätchen der Zitterer, eine Papierschere liegen und ein Tintenfass steht; vier in rechten Winkeln gestellte Rohrstühle, ein Stück Teppich vor dem Bette, ein Spucknapf in einer Ecke vollenden die Ausrüstung. Ein Verschlag an der einen Seite des Zimmers enthält ein zweites Bett, einen Waschtisch, einen Krug Wasser, Handtücher; und das Ganze ist, selbst für ein Holzhaus, leicht und luftig.

Die Zitterer, welche keine Doktoren unter sich haben und über unsere heidnischen Gebrechen: Kopfschmerzen, Fieber, Erkältungen und was sonst noch, lachen, beobachten die Ventilation sorgfältig und wissenschaftlich.

Jedes Haus am Berge Libanon – Farm, Scheune, Mühle und Wohnhaus – ist mit Schläuchen, Schwingen, Klappen, Zuglöchern und

Abzügen versehen. Die Treppe ist wie ein Trichter gebaut, die Wetterfahne dient als Exhaustor. Öfen nach einem gewissen Muster erwärmen die Zimmer im Winter und haben eine besondere Vorrichtung, welche fein genug ist, um die Temperatur Wochen lang auf einem und demselben Wärmegrade zu erhalten. Frische Luft ist die Arznei der Zitterer. „Wir hatten nur einen Fall von Fieber in sechsunddreißig Jahren", sagte Antoinette, „und wir schämen uns selbst darüber sehr; es war vollständig unsere Schuld."

Im Nordhause, der Wohnung der Familie des Ältesten Friedrich, ist jedes Zimmer eben so weiß und blank, in derselben Ordnung und es befinden sich dieselben Gegenstände darin. Antoinette führte mich gestern durch dasselbe vom Fruchtkeller bis zum Dach und zeigte mir die Küchen, die Damenzimmer, die Waschhäuser, die Versammlungszimmer und die Öfen. Mein Freund William Haywood (Zivil-Ingenieur der Stadt London) und seine Frau waren mit mir. Der Ingenieur war nicht weniger von Erstaunen über die eigentümliche Schönheit und den vollkommenen Erfolg erfüllt, den die Zitterer in der Kunst der Ventilation erreicht hatten, als seine Frau über die Frische, Reinlichkeit und den Glanz der Korridore und Zimmer entzückt war. Männer und Frauen wohnen in Zimmern getrennt, obschon sie an einem gemeinschaftlichen Tische speisen und unter einem gemeinsamen Dache wohnen.

„Was fangen Sie mit einem Manne an, welcher der Gemeinde mit seiner Frau und seinen Kindern beitritt, – kommt das bisweilen vor?" Antoinette sagte lächelnd: „Oh ja! Das kommt ziemlich häufig vor; diese reihen sich dann als Bruder und Schwester ein, und werden sehr gute Zitterer."

„Aber", sagte die Dame, „sie sehen sich einander?"

„Das ist der Fall", antwortete Antoinette. „Sie wohnen mit derselben Familie und werden Geschwister. Sie hören nicht auf, Mann und Frau zu sein; wenn sie sich einander aufgeben, hören sie nur auf, Ehemann und Ehefrau zu sein."

Manche von den Damen, welche unter Friedrichs Dach im Nordhause wohnen, haben Gatten (so würde die Welt sie nennen), welche dicht neben ihren Zimmern wohnen; sie würden es aber für eine Schwäche, vielleicht gar für eine Sünde halten, wenn sie ein besonderes Glück in der Gesellschaft des andern finden möchten. Sie leben nur für Gott. Die Liebe, welche in ihren Herzen wohnt, – soweit diese im Stande ist, weltliche Frucht zu tragen – muss sich auf jeden der Heiligen in gleicher Weise erstrecken, ohne den Eigenschaften oder dem Geschlechte den Vorzug zu geben.

Ist es immer so? Heute Morgen beim Frühmahl sagte mir Antoinette, welche in mein Zimmer gekommen war, woselbst Friedrich und einige der Ältesten bereits zu einer freundlichen Unterredung beisammen waren, in Beantwortung einiger meiner erstaunten weltlichen Fragen, in Gegenwart von vier oder fünf Männern, dass sie für Friedrich, ihren Mitregenten im Hause, eine besondere und eigene Liebe fühle, nicht wie gegen einen Mann und nach Art der Heiden, wie sie über das Treiben der Welt in solchen Dingen gehört hätte, sondern wie gegen ein begnadigtes Kind und als Agent des himmlischen Vaters. Sie erzählte mir ferner, dass sie mit Einigen, welche ihr aus dem Gesichte gekommen wären, – Wesen, welche ihr gestorben nennen würdet – süße und zärtliche Liebespassagen gehabt habe, und dass diese Art von geistiger Liebe ungefähr dieselbe sei, welcher sie sich mit Friedrich erfreue.

Die Pflichten, welche diesen beiden Personen in der Familie, als dem männlichen und weiblichen Oberhaupte, obliegen, verschaffen ihnen das Privilegium solcher engen Verwandtschaft, – um sich diese Ehe der Seelen vorzustellen, wenn ich diesen Ausdruck gebrauchen darf, um eine Sympathie auszudrücken, welche nicht von dieser Welt ist, dafür gibt es keine weltlichen Worte.

Die Damen schlafen gewöhnlich paarweise, zwei in einem Zimmer; die Männer haben besondere Räumlichkeiten.

Die Betten sind so eingerichtet, dass sich das eine unter das andere schieben lässt, so dass, wenn das Zimmer für den Tag vorgerichtet ist, Raum und Luft genug ist. Nichts in diesen Zimmern deutet an, dass die Leute, welche in denselben wohnen, ein Einsiedlerleben zu führen bemüht sind. Alle Damen haben Spiegel in denselben, obschon ihnen öfters liebreich gesagt wird, dass sie ihre Herzen gegen den Missbrauch, zu den diese Eitelkeit führen könnte, wahren möchten. „Die Frauen", sagt Friedrich in seiner hausbackenen scherzhaften Redeweise, „müssen etwas Beständigkeit lernen." Die Kleidung dieser Damen ist, obschon die Vorschriften hinsichtlich des Schnittes streng sind, nicht auf ein bestimmtes Material oder eine bestimmte Farbe beschränkt. An manchen der Haken hängen Kleider von blauer Baumwolle, feiner Leinwand, weißem Musselin, und selbst in der Kirche erscheinen sehr viele in Lila-Röcken, einer Farbe, die ihnen sehr gut steht.

„Wir geben dem Geschmacke eines jeden Individuums alle Freiheit", sagt Friedrich; „wir finden durch Versuche das Beste aus und wenn wir in Kleidung oder irgendetwas anderem Gutes gefunden haben, dann halten wir daran fest."

Diese Zitterer speisen stillschweigend. Brüder und Schwestern sitzen in einem gemeinschaftlichen Zimmer, an Tafeln, welche in Reihen wenige Fuß von einander aufgestellt sind. Sie essen um sechs Uhr des Morgens, des Mittags, und um sechs Uhr des Abends, und folgen in dieser Hinsicht einer Regel, welche in Amerika, namentlich in den westlichen Teilen dieses Kontinents, vom Mississippi-Fluss nach dem Stillen Ozean fast allgemein ist. Sie werden durch das Läuten einer Glocke zusammengerufen, defilieren in einer einzigen Reihe in das Esszimmer, und die Frauen schwenken nach dem einen Ende des Saales ab, die Männer nach dem andern; hierauf fallen sie zu einem kurzen, aber stillen Gebete auf ihre Knie, setzen sich nieder und essen, wobei sie sich gegenseitig die Speisen reichen. Kein Wort wird gesprochen, außer wenn ein Bruder vom andern, eine Schwester von der andern etwas zu haben wünscht. Ein Wispern genügt. Niemand schwatzt mit seinem Nachbar, denn jeder ist mit sich selbst beschäftigt. Selbst wenn der eine dem andern zu einer Speise verhilft, wird nicht gedankt, da man dergleichen Höflichkeitsformeln in einer Familie von Heiligen nicht für nötig hält. Der Älteste Friedrich sitzt an dem einen Ende der Tafel, nicht an der Spitze derselben; die Älteste Antoinette am andern Ende.

Die Speisen sind einfach, obschon in ihrer Art sehr gut und sehr wohlschmeckend zubereitet; sie bestehen ganz oder fast ganz aus Produkten der Erde: Tomaten, gerösteten Äpfeln, Pfirsichen, Kartoffeln, Kürbissen, Maismehl, gekochtem Mais und dergleichen. Die Trauben sind ausgezeichnet und erinnern an die von Bethlehem, und die Eier – harte Eier, gekochte Eier, Rühreier – sind vortrefflich. Das Getränk ist

Wasser, Milch und Tee. Dann gibt es Pasteten, Torten, Zuckerwerk, getrocknete Früchte und Sirupe. Was mich anbetrifft, so gewährte man mir, da ich ein Heide und Sünder war, Koteletten, Hühner, und selbst gepressten Wein. „Gute Nahrung und frische Luft", sagt Friedrich, „sind unsere einzigen Arzneien." Das rosige Fleisch seiner Leute, eine Farbe, die man nur selten in den Vereinigten Staaten sieht, scheint diese seine Behauptung zu rechtfertigen, dass an einem solchen Platze keine andere Arznei nötig ist.

Diese Leute sagen, sie brauchten keine Medizin der Cherokesen, keine bitteren Branntweine von den Pflanzungen, keine Bourbon Cocktails, keine von den tausend tonischen Arzneien, durch welche die an Verdauungsbeschwerden leidenden Kinder von New York ihren schwachen Appetit aufreizen und ihr unreines Blut reinigen. Friedrich hat eine wütende Abneigung gegen die Ärzte. „Ist es nicht wunderbar", sagte er, „dass ihr weisen Leute der Welt eine Sorte Leute unterhaltet, welche auf der Lauer liegen, bis ihr wegen irgend eines Diätfehlers krank werdet und die dann kommen und euch mit Drogen vergiften?" Wie kann ich ihm anders antworten, als durch ein schwaches Lächeln?

Da während der Mahlzeiten nicht gesprochen wird, so genügen ihnen für dieselben zwanzig Minuten vollständig. Eine Minute später sind die Schüsseln von den Tafeln weggenommen; die Teller, Messer und Gabeln, die Servietten, die Gläser werden gereinigt und geputzt, jeder Gegenstand wird an seinen bestimmten Platz gestellt und die angenehme, süße Ruhe ist wieder hergestellt.

Ein Mann hat wenig Veranlassung, beim Madeira sitzen zu bleiben, und da es nie gestattet wird, dass durch eine Zigarre die Umgebungen vom Nordhaus entheiligt werden, so stehe ich nach einer Tasse schwarzen Kaffees auf, schließe mich einigen Brüdern an und streife auf den Feldern herum.

Bei einem Besuch der Schulen, der Scheunen, der Werkstätten in Begleitung Friedrichs habe ich in Erfahrung gebracht, dass die Besitzung der Zitterer an und um den Berg Libanon fast zehntausend Acker des besten Acker- und Waldlandes im Staate New York beträgt. Eine Zeit lang hat, wie die Parzellen auf den Markt kamen, die Familie Land gekauft; aber sie haben jetzt so viel, als sie bebauen können, mehr, als sie mit ihren eigenen Kräften unter Kultur zu bringen vermögen; und seit einigen Jahren sind sie genötigt gewesen, von den Leuten der Welt in den benachbarten Dörfern Arbeiter zu ermieten, da ihre Familienbesitzungen sich ausgedehnt haben.

Da sie nie ungeduldig, zänkisch oder ungerecht sind (ich habe das anderswo von Leuten gehört, welche ihre Prinzipien hassen und ihren Gottesdienst tadeln), so kommen heidnische Arbeiter gern zu ihnen und bleiben so lange, als man ihnen zu bleiben erlaubt.

Jene Schmiede in der Werkstätte an der Straße sind Leute aus der Welt; dieser Knabe auf dem Wagen ist eines Häuslers Sohn; jene Leute, welche Heu auf der Wiese machen, sind Heiden, welche auf den Ländereien der Zitterer arbeiten. Diese Tagelöhner sind nach dem Berge Libanon gekommen, um zu leben und zu lernen. Sie haben da eine sehr gute Schule und werden dafür bezahlt, dass sie die Schule besuchen.

Keine andere Farmwirtschaft in Amerika erreicht dieselbe Vollkommenheit, wie hier; und ein junger Bursche kann kaum eine Saison auf diesen Feldern und Farmen zubringen, ohne sich gute Gewohnheiten und nützliche Winke anzueignen.

Aber die Oberen vom Berge Libanon können sehen, dass dieses System gemischter Arbeit, dies ineinander Werfen des Heiligen und Sünders in eine gemeinsame Gesellschaft, des Gewinnes wegen, dem Geiste ihres Ordens zuwiderläuft.

Solch ein System würde, wenn es überhandnähme, ihrer ursprünglichen Auffassung von himmlischer Industrie zuwiderlaufen; es würde tatsächlich, dem Naturgesetze zufolge, in ein feudales und kommerzielles Geschäft ausarten, nach welchem die Heiligen die Bankiers und Eigentümer, die Sünder die Arbeiter und Sklaven sein würden.

Das ist nicht der Zweck, den zu erreichen sie sich so viel versagt haben. Selbst der Wunsch, unter den Heiden Gutes zu tun, darf sie nicht zu etwas Schlechtem verleiten; und sie ziehen jetzt in Erwägung, ob es nicht weiser für sie wäre, all' ihr überflüssiges Land zu veräußern.

Ich brauche wohl kaum zu sagen, dass irgend eine Besitzung, welche einige Jahre lang unter den Pflügen und Spaten der Zitterer gewesen ist, im Markte zu Preisen verkauft werden würde, welche unter anderen Verhältnissen als eingebildete bezeichnet werden müssten.

Als ich die bergige Straße von dem prächtigen Tale des Neu-Libanon hinaufstieg, bemerkte ich schöne Reihen Apfelbäume in den Hecken wachsen, wie das in manchen englischen Grafschaften gebräuchlich ist. Der Älteste Friedrich, selbst Engländer von Geburt, hört mich gern vom Vaterlande sprechen. „Ja", sagt er, „dieser grüne Heckengang und diese Fruchtbäume versetzen mich in meine alte Heimat zurück." Amerikaner der bessern Klasse nennen, wenn sie ernst und zartfühlend sind, England stets ihre Heimat.

Die Bäume in dieser Hecke sind sorgfältig und kunstvoll gepflanzt; aber ich bemerke nicht ohne Neugierde, dass inmitten von so großer Ordnung ein Apfelbaum ein wenig außerhalb der Reihe gepflanzt ist.

„Wie verhindern Sie die Vorübergehenden – der Heckengang ist ein öffentlicher Verkehrsweg – nach den Früchten zu langen und Ihre Bäume zu beschädigen?" Der Älteste lächelt (wenn der Lichtstrahl in seinen sanften, blauen Augen ein Lächeln genannt werden kann). „Betrachten Sie sich jenen Baum", sagt er, „der ein wenig vor den anderen steht; er ist unsere Schildwache; er trägt einen großen süßen Apfel, der vierzehn Tage vor den anderen reif wird und den jedermann leicht erreichen kann. Diejenigen, welche gern einen Apfel haben wollen, pflücken einen von seinen Zweigen und lassen die anderen Bäume unberührt."

Ist es stets wahr, dass die Kinder dieser Welt weiser in ihrer Art sind, als die Kinder des Lichts?

Jeder Mann unter den Brüdern hat ein Gewerbe; manche von ihnen haben zwei, selbst drei oder vier Gewerbe. Keiner unter ihnen darf ein Müßiggänger sein, selbst nicht unter dem Vorwande des Studierens, des Nachdenkens oder der Betrachtungen. Jeder muss seinen Anteil an den Geschäften der Familie nehmen, das Feld bearbeiten, bauen, gärtnern, in der Schmiede arbeiten, anstreichen; ein jeder muss seine Beschäftigung haben, wie hoch auch immer sein Rang und seine Stellung in der Kirche sein mag. Friedrich ist ein Gärtner und ein Architekt. Wir haben uns diesen Nachmittag den Obstgarten von Apfelbäumen besehen, den er gepflanzt, und die große Scheune, die er gebaut hat, und ich habe guten Grund anzunehmen, dass dieser Obstgarten, diese Scheune die besten Arbeiten ihrer Art in den Vereinigten Staaten sind. Die Zitterer lieben Abwechslung bei der Arbeit, denn

Abwechslung der Arbeit ist eine Quelle des Vergnügens, und Vergnügen teilt der allgütige Vater an seine Heiligen aus.

Die Damen am Berge Libanon – alle diese Schwestern sind Damen in Kleidung, Manieren, Sprechweise – haben keine Arbeit außerhalb des Hauses zu verrichten; einige von ihnen sind in der Küche beschäftigt, einige warten den anderen auf (eine Pflicht, welche sie der Reihe nach, jeweilig einen Monat lang, übernehmen), einige weben Zeug, einige sieden Früchte ein, andere destillieren Essenzen, andere fabrizieren Fächer und wieder andere Spielzeug.

Ahornsirup ist ein Artikel, nach welchem große Nachfrage bei ihnen ist; sie bereiten Rosenwasser, Kirschenwasser, Pfirsichwasser; sie nähen, singen, lehren die Kinder, und tun dies in anerkannt guter Weise.

Man sagt, dass ihre Schule für eine gute allgemeine Erziehung eine der besten im Staate New York sei.

*Quäkerin*

## 44. Die Zitterer-Gemeinde

Ein sehr geringes Studium der von den Anhängern von Anna Lee vollbrachten Arbeit wird dazu dienen, zu beweisen, dass das Zitterertum als wirkliche Tatsache im häuslichen Leben Amerikas (was man auch immer über seinen Ursprung denken mag) weit davon entfernt ist, eine bloße Torheit zu sein, welche man sich an einem Sonntagmorgen mit einer Anzahl Damen ansehen kann, eine Zerstreuung zwischen einem frühen Mittagsmahle und der Nachmittagsspazierfahrt, über die man sich wundert, die man belächelt und dann als etwas vergisst, das von keiner wichtigen Folge für die Welt ist.

Der Berg Libanon ist der Mittelpunkt eines Systems, welches eine bestimmte geistige Richtung, eine tiefeingreifende Organisation hat, der Mittelpunkt eines vollkommen für sich bestehenden Lebens, durch welches es anscheinend auf keineswegs leichte und unbemerkbare Weise die geistige Laufbahn der Vereinigten Staaten formen und leiten hilft.

In manchen ihrer Ideen scheinen die Zitterer die Nachfolger der Essäer zu sein, und in den höheren Regionen der Bewegung scheinen sie dieselbe Macht auszuüben, wie jene hebräische Gesellschaft von Bienenzüchtern und Samenhändlern.

Ihre Kirche basiert auf folgenden großen Ideen: – Das Himmelreich ist gekommen; Christus ist wirklich auf der Erde erschienen; die persönliche Oberherrschaft Gottes ist wieder hergestellt. Diesen Ideen, und von denselben abhängig, folgen viele andere: – Das alte Gesetz ist abgeschafft; der Befehl sich zu vermehren hat aufgehört; Adam's Sünde ist gesühnt; der Verkehr zwischen Himmel und Erde ist wieder hergestellt; der Fluch ist von der Arbeit weggenommen worden; die Erde und alles, was auf derselben ist, wird erlöst werden; Engel und Geister sind, wie vor Alters, die Diener und Vertrauten der Menschen geworden.

Nur die Auserwählten, sagen sie, wissen, dass diese mächtigen Veränderungen auf der Erde stattgefunden haben; denn die Mehrzahl ist blind und taub, wie sie vor Zeiten waren, und kennen den Herrn nicht, wenn Er sie zur Gemeinde beruft.

Wenige sind durch die Gnade Gottes erwählt, und in den Herzen der von Ihm selbst Erwählten regiert und wirkt Er. Wenn sie von Ihm gerufen werden, sterben die Menschen für die Welt und vergessen auf ihrer neuen und himmlischen Stufe des Daseins die Eifersüchteleien, Vergnügungen und Leidenschaften der Welt. –

Diese Leute haben den festen Glauben, dass die Berufung, welcher sie gehorchen, nicht zu einem bloßen Wechsel des Lebens führt, sondern zu einem neuen Leben der Seele, bei welchem die Welt keinen Anteil hat. Geburt und Ehe sind zu Ende; der Tod selbst erscheint ihnen nur wie ein Wechsel der Kleidung, ein Ablegen der sichtbaren Bekleidung des Fleisches gegen eine unsichtbare Glorie des Geistes.

Diese Grundideen beeinflussen die innere und äußere Politik der Zitterer.

In ihrer Körperschaft kann niemand geboren werden, eben so wenig wie ein Mitglied ihrer Kirche heiraten kann. In Ewigkeit, aber getrennt müssen, ihrer Ansicht nach, die Geschlechter leben; die Liebe muss im Geiste sowohl wie in der Tat zölibat sein und ihre weltlichen und unregenerierten Beziehungen zum Fleische ablegen. Die meisten von denen, welche sich der Gemeinde am Berge Libanon anschließen, sind junge Männer und Mädchen, die in Italien und Spanien in Mönchs- und Nonnenklöster gehen würden; aber wenn verheiratete Leute eintreten, dann müssen sie sich damit einverstanden erklären, in Zukunft getrennt, in Keuschheit und Gehorsam, rein von allen Begierden und Wünschen ihres früheren Lebens zu leben. Ferner: Niemand kann durch Vorspiegelungen der Welt zu einer Vereinigung mit ihnen herangezogen werden, da es den Erwählten streng verboten ist, Vorspiegelungen oder Argumente bei den Heiden in Anwendung zu bringen.

Gott, sagen sie, wird in seiner eigenen Zeit, auf seinem eigenen Wege die Leute, welche er zu den Seinigen gemacht hat, zu sich heranziehen. Da die Zitterergemeinde von ihnen als das Himmelreich betrachtet wird, so dürfen sie sich bei der Aufgabe, dasselbe mit Heiligen zu bevölkern, nicht beteiligen, denn die Kinder der Gnade können zu seiner Ruhe von niemandem anders als von Gott berufen werden. Der Himmel muss von den Menschen gesucht werden; er wird nie wieder ausziehen um zu suchen, da sein Tag der Missionsarbeit vorüber ist.

Wenn die Gemeinde der Heiligen einem Mitgliede vieles gibt, so verlangt sie auch viel von ihm als Preis seiner Teilnahme. Wenn ein Mann vom Geiste zum Verlangen nach Frieden emporgetragen wird, da muss er an den Toren des Berges Libanon alles das darbringen, was ein Mann der Welt schätzen würde: seinen Reichtum, seine Bequemlichkeit, seinen Ruhm, seine Neigungen; denn was ist die Erde dem Himmel und was ist ein Mensch im Angesichte Gottes? Ehe ein Suchender in diese Gesellschaft aufgenommen werden kann, muss er seine Besitztümer in einen allgemeinen Fond werfen; er muss sich bereit erklären, mit seinen Händen für das allgemeine Beste zu arbeiten; er muss alle Rangstufen und Titel der Welt vergessen; er muss sein Haus und seine Verwandtschaft, seine Bücher und seine Freunde verlassen; er muss sich von seiner Frau und seinem Kinde losreißen. Unter diesen schweren Bedingungen, und unter keinen anderen, kann ein Heide zur Ruhe der Zitterer eingehen.

Und doch treten Tausende von Personen dieser Vereinigung bei. Berg Libanon ist nur eine der achtzehn Zitterergemeinden, welche durch die Vereinigten Staaten zerstreut sind. Außer Neu-Libanon gibt es zwei andere Niederlassungen im Staate New York; nämlich Wasser-Vliet in County Albany (die ursprüngliche Zitterergemeinde) und Groveland in Livingstone County. In Massachusetts gibt es vier Dörfer: Hancock (der Geburtsort von Lucy Wright) und Tyringham in Berkshire County, Harvard und Shirley in Middlesex County; zwei in Neu-Hampshire: Enfield in Grafton County, Canterbury in Merrimac County; zwei in Maine: Alfred in York County, Neu-Gloucester in Cumberland County; ein Dorf in Connecticut: Enfield in Hartford County (der Geburtsort von Meacham, dem Moses der Zitterer); vier Dörfer in Ohio: Weiß-Wasser in Hamilton County, Wasser-Vliet in Montgomery County, Union-Dorf in Warren County und Nord-Union in Cuyahoga County; zwei in Kentucky: Pleasant Hill in Mercer County und Süd-Union in Logan County. Trotz ihres harten Lebens –

was uns schwer zu ertragen scheint – wachsen die Zitterer an Zahl; der Zensus von 1860 berichtet, dass sie über sechstausend stark seien.

Natürlich erscheinen (wenn sie gegen die dreißig Millionen Christen, welche in den Vereinigten Staaten leben, bemessen werden) einige sechs- oder siebentausend im Zölibat lebende Zitterer nur von geringer Wichtigkeit, und das würde wahr sein, wenn die Stärke der geistigen und moralischen Kräfte wie die einer Herde Rindvieh oder eines Ziegelofens in Zahlen wiedergegeben werden könnte. Aber wenn Zahlen viel sind, so sind sie weit davon, alles zu sein. Ein Mann mit Ideen kann ein Parlament, eine Armee – nein, eine ganze Nation, ohne solche, wert sein. Die Zitterer mögen keine hochgebildeten Leute und Männer von Genie sein. Dem Aussehen nach sind sie oft sehr einfach; aber sie sind Leute mit Ideen, Leute, welche jeden Opfers fähig sind. Nicht wie die große Mehrzahl der Menschheit, welche lebt, um Geld zu machen, sind die Zitterer über das Niveau aller gewöhnlichen Laster und Versuchungen erhaben und bieten, von der Höhe ihrer uneigennützigen Tugend, dem abgematteten und ermüdenden Pilger eine Friedensgabe und einen Ruheplatz.

Niemand kann in das Herz der Gesellschaft in Amerika schauen, ohne zu sehen, dass diese Zitterergemeinden eine Macht auf die Leute ausüben, welche über ihre große Zahl hinausreicht. – Wenn eine Kopfsteuer ausgeschrieben würde, dürften sie weniger in den Staatsschatz zahlen, als die Seceder, die Zweiten Adventisten, die Schwenkfeldianer und die Juden; aber ihr Einfluss auf den Gedankengang eines Amerikaners ist über allen Vergleich mit solchen kleineren Sekten.

Die Zitterer haben ein Genie, einen Glauben, eine Organisation, welche nicht nur fremdartig, sondern auch verführerisch, welche im Feuer der Verfolgung erprobt und welche den bestehenden gesellschaftlichen Zuständen feindlich sind.

Ein Zittererdorf ist nicht nur eine neue Gemeinde, sondern eine neue Nation. Diese Leute, welche eben mit mir in den Feldern und auf den Gassen des Dorfes gewesen sind, wissen nichts von New York, nichts von den Vereinigten Staaten. Sie sind keine Amerikaner und nehmen keinen Teil an der Politik und den Streitereien, welche so oft um sie wüten. Sie stimmen nicht mit für den Präsidenten, halten keine Versammlungen ab, verlangen nichts vom Weißen Hause. Das Recht zu denken, ihre Stimme abzugeben, zu sprechen und reisen ist für sie nur ein müßiger Traum; sie leben mit Engeln und sind (wie sie mir sagen) bekannter mit den Toten, wie mit den Lebenden. Schwester Marie, welche vor nicht einer Stunde in meinem Zimmer, dicht neben mir, über die Bibel gebeugt saß, sagte mir, dass die Stube voll Geister sei, von Geschöpfen, welche ebenso fühlbar und hörbar für sie seien, wie meine eigene Gestalt und meine eigene Stimme. Der träumerische Blick, das wandernde Auge, der verzückte Ausdruck würden mich wegen des Zustandes ihrer Gesundheit beunruhigt haben, wenn ich nicht wüsste, welch ein ruhiges, tadelloses Leben sie führt und wie geschickt ihre Finger Pflaumentorten zu bereiten verstehen. Friedrich hat dieselben Ansichten, dieselben Illusionen, wenn man das Wort vorziehen sollte. Was braucht ein solches Volk die Stimmenabgabe und Redensarten? Gott ist ihr einziges Recht; Gehorsam seinem Willen ihre einzige Freiheit. Dass eine solche Gemeinde in den Vereinigten Staaten bestehen kann, ist ein Wunder; dass sie sich der Leidenschaften der Menschen bemächtigt hat, dass sie populär geworden ist und gedeiht, dass sie ohne Anstrengung wächst, ohne Kämpfe siegt, von den benachbarten Städten und Staaten viele reine und uneigennützige Personen zu sich heranzieht, ist nicht viel weniger, als ein Urteilsspruch gegen unsere Kirchen. Und so nennen es die Zitterer in Wahrheit.

Wenn ein Bekehrter in die Gemeinschaft der Gläubigen tritt, muss er sich also von der Welt zurückziehen, alle Schulden bezahlen, alle Verbindlichkeiten und Pfänder lösen, auf alle Kontrakte verzichten, alle Testamente und Vermächtnisse aufheben, alle seine Freunde und Verwandten verlassen, als ob er von ihnen durch das Grab getrennt wäre.

Es wird in Wirklichkeit angenommen, dass der Ruf, den er von Gott erhalten, ein Beweis ist, dass sein vergangenes Leben als sündhaftes Geschöpf zu Ende gekommen; – in endlichen Worten, dass das Fleisch entsetzt und die Welt abgelegt worden ist.

Wenn er in die Gemeinde aufgenommen wird, betrachtet er nicht länger die Erde als eine Beute, die zu gewinnen, sondern als ein Pfand, welches auszulösen ist.

Durch Menschen fiel die Erde, durch Menschen kann sie wieder aufgerichtet werden. Jeder, der vom Vater erwählt ist, hat das Recht, bei dieser Wiederaufrichtung mit tätig zu sein, nicht nur durch die Arbeit seiner Hände, durch die Erfindungsgabe seines Geistes; sondern auch um durch die Sympathie seiner Seele, die Welt mit Grün zu bedecken, die Luft mit Wohlgerüchen zu erfüllen, die Vorratskammern mit Früchten zu bereichern.

Der Geist, in welchem er seine Hand ausstreckt, ist ihm ein neuer. Bis jetzt war ihm die Erde dienstbar, jetzt ist sie sein Genosse und ihm durch himmlische Bande verbunden. – Er schaut in das Antlitz der Natur mit den Augen eines Liebhabers, und die Hauptleidenschaften seines Herzens wenden sich von seinem Gelde und seiner Frau weg und sind jetzt auf den Garten und das Feld gerichtet. Aber er weiß, dass Arbeit allein nicht genug ist; er weiß, dass der Arbeiter seiner Aufgabe würdig sein muss, dass dieser Fanatismus durch engelgleiche Weisheit geleitet sein muss. Nach den Theorien der Zitterer ist die Welt durch menschliche Leidenschaften verflucht und verdunkelt und muss durch menschliche Liebe wieder für die Schönheit gewonnen werden.

Der Mensch lässt die Landschaft lächeln und zürnen; die Pflanze, die du ziehst, wird dir ähnlich werden, und wenn du einen lieblichen Garten haben willst, so musst du ein liebliches Leben führen. So wenigstens denken die Zitterer.

Mein Bruder Heide, wenn wir diese Ansicht als einen irrsinnigen Traum verspotten wollten, so würde die Tatsache dennoch verbleiben (und wir würden uns darüber Rechenschaft geben müssen wie wir wollen), dass die Zitterer aus der Erde mehr durch Liebe erlangen, als wir durch unsere List vermögen. Diese Tatsache ist nicht etwas, was bestritten oder weggeleugnet werden kann, der Beweis ist in hundert Warenspeichern am Broadway und Läden in London zu finden. Wenn wir leugnen, dass die Erde Liebe durch Liebe beantwortet, dann müssen wir die Schönheit und Fruchtbarkeit des Berges Libanon auf eine andere Weise erklären.

Heute Morgen verbrachte ich eine Stunde mit Friedrich in dem neuen Obstgarten und hörte seine Erzählung, wie er ihn gepflanzt, wie ein Märchen irgendeines arabischen Dichters an. „Ein Baum hat seine Bedürfnisse und seine Wünsche", sagte der Älteste, „und ein Mann sollte denselben studieren, wie ein Lehrer ein Kind bewacht, um zu sehen, was es leisten kann. Wenn man die Pflanze liebt und auf das achtet, was sie liebt, wird man gut dafür bezahlt werden. Ich weiß nicht, ob ein Baum je einen Menschen kennen lernen wird; ich halte es für möglich; aber ich glaube bestimmt, dass er es fühlt, wenn man sich um ihn kümmert und ihn pflegt, gerade wie ein Kind oder eine Frau es tut.

„Als wir also diesen Obstgarten anpflanzten, verschafften wir uns die besten Senker, die wir austreiben konnten; dann bauten wir für jede Pflanze ein Haus, um darin zu wohnen, das heißt, wir gruben für jede ein tiefes Loch; wir trockneten es gut aus; wir legten Ziegel und Schutt hinein, und füllten es dann mit einem Bette von passendem Dung und Dammerde aus; wir setzten die Pflanze sorgfältig in ihr Nest, drückten die Erde um dieselbe an und beschützten den jungen Baum durch diese Metall-Fenz."

„Sie geben sich unendliche Mühe", sagte ich.

„Ach, Bruder Hepworth", erwiderte er, „Du siehst, wir lieben unsern Garten."

So ist der Unterschied zwischen der Landwirtschaft eines Zitterers, der den Boden bearbeitet, um ihn durch seine Arbeit zu verschönern, und der eines heidnischen Farmers, der nur an seine Ertragsfähigkeit denkt, natürlich ein großer. Während der Heide nur an seinen Profit denkt, bedient ihn der Zitterer aufmerksam. Der Eine wünscht großen Verdienst daraus zu ziehen, der Andere bestrebt sich, gute Arbeit zu liefern. Ist es merkwürdig, dass ein im Zölibate lebender Mann, der mit ganzer Seele am Boden hängt, der ihm alle seine Neigungen widmet, die er unter anderen Verhältnissen auf seine Frau oder sein Kind verschwendet haben würde, einen bloßen Handelsrivalen in der Produktion von Früchten und Blumen übertrifft?

## 45. Mutter Anna

Als ich mit dem Ältesten Friedrich zusammensaß, der sich viel Mühe gegeben hat, mir seine verwickelte und schwierige Sittenlehre begreiflich zu machen, habe ich gehört, wie diese Samenhändler und Blumengärtner vom Berge Libanon das, was sie an Kunstfertigkeit, an Milde, an Mäßigkeit sind – in allen den Tugenden, welche sie entwickeln, – geworden sind durch loyale Befolgung der ihnen von Anna Lee gelehrten Lektionen, einer weiblichen Heiligen, welche bei ihren Anhängern nur unter dem hehren und heiligen Namen Mutter bekannt ist. Man mag sie auch Mutter Anna nennen hören.

Als ein für sich bestehendes und heiliges Volk haben die Zitterer den besondern Ruhm vor den anderen amerikanischen Sekten, dass, während jene gänzlich der neuen Welt in Gedanken, in Gefühlen betreffs des Parteiprogramms angehören und über diese großen Mächte hinaus nicht lebensfähig sind, diese den Originalkeim ihrer Existenz aus dem alten väterlichen Boden ziehen.

Wenn sie zu einem amerikanischen Paradiese berufen wurden, so war der Himmelsbote, welcher sie zur Ruhe berief, eine englische Seherin.

Vor ungefähr hundert Jahren verkündete eine arme Frau, welche in Bolton-on-the-Moors, einer elenden, schmutzigen Stadt im steinigsten Teile von Süd-Lancashire, lebte, dass sie vom Himmel berufen sei, die Straßen ihrer Geburtsstadt zu durchwandern und die Wahrheit zu verkünden. Ihr Name war Johanna; ihr Mann, James Wardlaw, ein Schneider, der eine gewisse Rednergabe besaß, ward ihr erster Bekehrter und Erklärer. Diese armen Leute hatten früher zur Gesellschaft der Freunde gehört, in welcher sie zuerst gegen Eide, gegen Krieg, gegen Formalitäten in der Gottesverehrung Zeugnis abgelegt haben. Sie lebten in einer armen und steinigten Gegend inmitten einer groben und brutalen Bevölkerung, und Johanna hatte seit ihrer Jugend nur eine sorglose Gemeinde, papistischen Adel und trunkenen und fanatischen Pöbel gesehen. Sie ging auf den Marktplatz und erklärte diesen Leuten, dass das Ende aller Dinge gekommen sei, dass Christus anfangen werde zu regieren, dass seine zweite Erscheinung in Gestalt einer Frau stattfinden werde, wie in den Psalmen längst vorhergesagt worden sei. Johanna hatte nie gesagt, dass sie selbst der weibliche Christus sei, aber sie hatte gehandelt, als ob sie glaubte, dass alle Macht der Erde und des Himmels in ihre Hände gegeben sei; sie nahm Bekehrte in Seinem Namen auf, sie nahm Beichte ab und vergab Sünden, sie hielt Verkehr mit unsichtbaren Geistern. Ihre eigenen Leute nahmen an, dass sie vom heiligen Geiste erfüllt sei und was sie auch immer in Machtvollkommenheit ihrer dienenden Geister vorgab, ward von ihren Bekennern als die Stimme Gottes betrachtet. Aber ihre Regierung war nur von kurzer Dauer.

Unter den ersten Bekehrten dieses weiblichen Propheten war ein Mädchen, namens Anna Lee, die Tochter eines armen Schneiders, ein talentvolles Mädchen, obschon sie nie lesen und schreiben gelernt hatte.

Geboren in Toad-(Kröten)Lane (jetzt Todd Street), Manchester, ein Gässchen, aus Alehäusern und Schmiedewerkstätten bestehend, war Anna zuerst in einer Baumwollenspinnerei, dann in einer öffentlichen Küche erzogen worden; sie war von Natur ein wildes Geschöpf, zu hysterischen Anfällen und Krämpfen geneigt, heftig in ihrem Benehmen, ehrgeizig und von der Lust nach Einfluss verzehrt. Wie viele Mädchen ihres Standes, hatte sie sich verheiratet, als sie noch ein Kind war, verheiratet an einen jungen Burschen aus der Nachbarschaft, einen Schmied, mit Namen Stanley, einem Manne, der ärmer war als sie selbst. Diesem Manne hatte sie vier Kinder geboren, die in zartem Alter starben, und diese Verluste haben möglicherweise die junge Mutter mit einem krankhaften Widerwillen gegen die Aufgaben und Pflichten einer Frau in unserem gemeinsamen ehelichen Leben erfüllt. Anna schloss sich der Sekte von Johanna Wardlaw an und zog ebenfalls auf den Straßen umher und zeugte die Wahrheit; sie hielt den Schmieden von Toad Lane, den Webern von New Croß Vorlesungen über die Dinge, die da kommen, bis der prosaische alte Ortskonstabler sie wegen Aufregung zu Missvergnügen ergriff und der Magistrat sie als Störerin des öffentlichen Friedens ins Gefängnis gesteckt hatte. Als sie im Kerker lag – dem alten Ballen-Gefängnis am Irwell – habe, so erzählt sie, ein Licht sie umleuchtet, Christus selbst sei ihr in der Zelle erschienen und sei mit ihr eins in Gestalt und Geist geworden.

Johanna Wardlaw hatte noch nie behauptet, mit einer so hohen Macht gerungen zu haben, und als Anna Lee aus dem Gefängnis kam, hatte sie die kleine Gemeinde von sechs oder sieben Personen, denen sie ihre Geschichte erzählte, statt ihrer Gründerin, der Schneidersfrau, zum Range der Mutter erhoben.

Eine weibliche Gemeinde war jetzt offen in Manchester und Bolton proklamiert worden und Mutter Anna die Königin, welche von David als die Braut des Lammes beschrieben wird, welche Johannes in der Apokalypse sah. Christus, so hieß es, sei jetzt wieder gekommen, nicht mit seinem Pompe und seiner Macht, wie ihn die Welt erwartete, sondern in Gestalt eines Fabrikmädchens, welches weder lesen noch schreiben konnte.

Da die rohen Burschen und Dirnen ihrer Geburtsstadt nur über diese vorgebliche weibliche Gemeinde lachten, so erhielt Anna eine zweite Offenbarung vom Himmel, welche ihr befahl, den Staub der Toad-Lane (Krötengasse) von ihren Füßen zu schütteln, die Schafe ihrer kleinen Herde zu versammeln und in dem gelobten Lande für dieselbe und für sich selbst eine Heimat zu suchen. Die Geister, welche sie bedienten, ihre Engel und Gesandten, hatten ihre Aufmerksamkeit auf Amerika, die Hoffnung der freien Leute und den Sitz von Gottes zukünftiger Kirche gelenkt. Fünf Männer (Wilhelm Lee, Jacob Whittaker, Johann Hocknell, Richard Hocknell, Jacob Shepherd) und zwei Frauen (Marie Partington und Nancy Lee) waren daran gemahnt worden, ihr Los mit dem ihrigen zu vereinen, und obschon der Kapitän des Schiffes, mit dem sie von Liverpool segelten, während der Passage gedroht hatte, sie alle wegen ihres unanständigen Benehmens, wie er es nannte, über Bord zu werfen, so landete doch Anna mit ihrem Manne Stanley und ihren sieben Schülern glücklich in der Bai von New York.

Der Einzige dieser kleinen Gemeinde, welcher nie rechten Glauben zu Mutter Anna gehabt hatte, war ihr Mann; aber trotz seines Mangels an Gnade hatte sie, sobald sie das verheißene Land erreicht hatten, angefangen ihr Evangelium der Enthaltsamkeit in Tätigkeit zu bringen; sie bestand darauf, dass es nötig sei, ein heiliges Leben zu führen und trennte sich (die Braut des Lammes) von der Seite ihres Mannes.

Ihr fester Glaube war, dass sie und ihre Leute einen ewigen Krieg gegen das Fleisch führen müssten. Durch die Lust fiel der Mensch vom Himmel; durch Enthaltsamkeit von fleischlichen Gedanken dürfe er hoffen, seine himmlische Stellung wieder zu erlangen. In keinerlei Gestalt könne irdische Liebe im Reiche des Erlösers geduldet werden. Die Menschen, welche zur Gnade berufen seien, müssten so wie die Engel leben; unter ihnen bestehe keine Ehe. Jedes Mitglied ihrer Gemeinde ward deshalb gezwungen, seinem Verlangen nach Liebe zu entsagen; die Weiber willigten ein, in einem Hause getrennt von ihren Männern zu leben, die Männer in einem andern getrennt von ihren Weibern. Sie hatten sich selbst die Frage zu stellen: wenn alle Menschen, die auf der Welt geboren werden, in Sünde geboren sind, und Erben des Todes in der zukünftigen Welt werden, wie kann der Heilige, welcher über seine gefallene Natur erhoben wird, es wagen, dieses Reich der Sünde und des Todes zu vermehren?

Es würde für Stanley schwer gewesen sein, diese Frage von Mutter Anna's Gesichtspunkte aus anders zu beantworten, als sie dieselbe beantwortete; aber ihr Mann fühlte, dass er, obschon er seine Gründe dafür nicht angeben konnte, als verheirateter Mann sehr schlecht behandelt werde. Er war kein Mystiker; und als seine Frau ihren selbstverleugnenden Befehl gegen ihn in Wirksamkeit brachte, hatte er sich (ich bedaure, es schreiben zu müssen) an eine andere Frau in New York gemacht. Mutter Anna hatte ihn verlassen und sich von New York abgewendet; sie war den Hudsonfluss hinauf bis Albany, zu jener Zeit eine kleine Grenzstadt an der großen Wildnis im Westen, gegangen. Selbst hier fanden ihre Leute, dass die Welt zu viel für sie sei. Sie drangen weiter in die Hinterwälder vor, bis in eine Lokalität, welche den Rothäuten unter dem Namen Niskenna bekannt war, bauten hier Blockhäuser und nahmen ihren Aufenthalt in der grünen Wildnis, gründeten die jetzt so berühmte Stadt Wasser-Vliet, die ursprüngliche Niederlassung der Zitterer in New York.

Drei Jahre und sechs Monate lang hatten diese Fremdlinge in ihren einsamen Hütten zugebracht, den Wald gelichtet, den Boden bebaut,

Bienen und Hühner gezüchtet und auf ein Zeichen des Himmels gewartet. Sie hatten keine Anstrengungen gemacht die Heiden zu bekehren. Sie hatten die Gesellschaft der Menschen eher gemieden, als dieselbe ausgesucht.

Sie hatten keine Predigten gehalten, keine Bücher gedruckt, keine Briefe geschrieben, kein Evangelium verkündet. Es konnte kaum eine vollkommenere Öde geben, als sie am Hudsonfluss in Niskenna gefunden hatten. Aber dieses Nest von sieben Gläubigen an Mutter Anna's göttlichen Beruf ward durch Engel der Nacht getröstet, und wartete und wachte auf die Ankunft der Heiligen. Endlich ward ihr Glaube an ihre Verheißungen durch Wunder belohnt.

Eine religiöse Erweckung, welche in New York ausgebrochen war, hatte sich auf die Dörfer Hancock und Neu-Libanon erstreckt, wo sie in ihren elektrischen Wirbeln manchen gewichtigen Sünder erfasst hatte, unter anderen wohlhabenden Leuten Joseph Meacham und Lucy Wright. Joseph und Lucy waren mit einigen ihrer Nachbarn, welche von der Ankunft Anna Lee's gehört hatten, als eine Deputation vom Lager der Revivalisten (im Frühjahr 1780) über die Berge nach Niskenna gegangen, und nachdem sie ihre Lebensweise gesehen, ihre Friedensworte gehört hatten und ihnen die Erscheinung im Gefängnisse zu Manchester mitgeteilt worden war, bekannten sie sich zu ihrem Glauben, erkannten ihr Recht an und wurden ihre ersten Schüler auf amerikanischem Boden. Meacham ward von Anna als ihr ältester Sohn adoptiert, und die Mutter hatte dann erklärt, dass mit der Zeit ihm von Gott die Macht verliehen werden könne, das Himmelreich in vollkommene Ordnung zu bringen. Das Resultat dieses Besuches von Lucy und Joseph bei Mutter Anna war die Gründung der Zitterergemeinden in Hancock und am Berge Libanon.

Anna kam jetzt in Unannehmlichkeiten, von alters her die Erbschaft der Seher und Propheten.

Der Unabhängigkeitskrieg war zu jener Zeit im vollen Gange, und die Leute, welche eifrig in der Sache waren, die Farmer und Holzhauer von New York, hatten die Idee gewonnen, dass diese Zitterer, welche ihre Stimmen gegen den Krieg, als das Werk des Teufels, erhoben, in das Land als Feinde, vielleicht als Spione gekommen seien; angesehene Leute drangen in Anna und ihre Schüler, dass sie diese Beschuldigung dadurch widerlegen sollten, dass sie den Kolonialeid leisteten. Aber wie konnten sie den Kolonialeid leisten, wenn ihre Prinzipien ihnen überhaupt das Schwören verboten? Erst ward Meacham und die Männer, dann Anna und die Frauen in das Gefängnis geworfen, woselbst sie von vielen Leuten besucht und der Gegenstand des Gespräches durch ganz New York wurden. Die angesehenen Leute von Albany fanden, dass sie, statt die Männer zu beruhigen und Anna zu unterdrücken, die Mittel an die Hand gegeben hatten, den Ruhm dieser eigentümlichen Prophetin durch ihre Kolonie und in das englische und amerikanische Lager zu verbreiten. Was konnten sie mit einer Gefangenen tun, welche ihnen sagte, dass sie der weibliche Christus sei? Sie hielten sie für verrückt und sie glaubten, dass, weil sie eine geborene Engländerin sei, es gut sein würde, sie mit einem Passe ins britische Lager zu senden. In dieser Absicht ward sie den Fluss hinabgeschickt, aber der Plan konnte des Krieges wegen nicht ausgeführt werden; und in der Zwischenzeit ward sie der Sicherheit wegen in das Poughkeepsie-Gefängnis gesteckt, wo sie unter ihren dienstbaren Geistern ihren eigenen kleinen Hof hielt, und als sie aus dieser Stadt ging, in derselben Erinnerungen und Einflüsse zurückließ, welche in den spiritualistischen Theorien einer späteren Zeit Gestalt angenommen haben.

Vom Gouverneur Clinton (Dezember 1780) in Freiheit gesetzt, kam Anna aus dem Gefängnisse als eine berühmte Frau heraus, und nachdem sie drei Monate in Wasser-Vliet, inmitten ihrer männlichen und weiblichen Ältesten zugebracht hatte, begab sie sich auf die Reise, besuchte Harvard in Massachusetts und viele andere Plätze in den Kolonien von Neu-England, vermehrte die Zahl ihrer Schüler und sorgte für Material zu ihren zukünftigen Mustergemeinden. Ihr Werk war ein langes und mühsames, jedoch nicht ohne vielfachen Nutzen für sie gewesen.

Nachdem sie achtundzwanzig Monate auf diese Weise auf Reisen zugebracht hatte, kehrte sie im September 1783 nach Wasser-Vliet, in der Nähe des Flusses Hudson, mit gebrochener Kraft zurück, obschon sie geistig gehoben zu sein schien. Noch einen Winter und einen Sommer länger hielt sie bei ihrem Werke aus, aber im Herbste 1784 versammelte sie ihre Schüler um sich, gab ihnen ein Versprechen und ihren Segen, und nachdem sie die sichtbaren Schlüssel ihres Reiches an Joseph und Lucy, ihre Nachfolger in der Oberherrschaft über die Männer und Weiber desselben, ausgeliefert hatte, verschwand sie vor ihren Augen.

Nach den Doktrinen, welche jetzt die Gemeinde der Zitterer aufrecht erhält, ist Mutter Anna nicht gestorben, wie sterbliche Männer und Frauen sterben; sie ward für die Welt verändert, in eine andere Form und Gestalt gebracht, dem Fleische durch Übermaß an Licht unsichtbar gemacht. Nach dem, was ich gesehen und gehört habe, scheint es, als ob einige von Anna's Leuten über ihr Verschwinden erstaunt gewesen seien, – es war das ein Ereignis, auf das sie nicht gerechnet hatten; eben so wenig konnten sie es mit ihrer Geschichte von dem andern Wunder im Gefängnisse zu Manchester in Verbindung bringen, als ihr Herr zu Fleisch in der Gestalt einer Frau geworden war. Ihr Glaube scheint arg auf die Probe gesetzt worden zu sein; aber Joseph Meacham und Lucy Wright – das von Gott ernannte Königspaar des neuen Reiches – zeigten sich den Anforderungen des Augenblicks gewachsen. Mit der Leiche Anna's vor sich, behaupteten sie hartnäckig, dass sie nicht tot sei. Die von David im Voraus verkündete Königin konnte nie sterben; die Braut, welche Johannes in seiner Vision gesehen hatte, konnte nie ins Grab sinken. Die Königin war mit Kleidern des Lichts angetan worden; die Braut war in das geheime Zimmer eingegangen. Anna hatte sich auf kurze Zeit von der Welt zurückgezogen, welche an ihr keinen Anteil hatte, aber sie würde für immer unter ihren wahren Kindern der Auferstehung leben und regieren. Der Staub, den sie vor sich sahen, war nichts anderes als ein abgetragenes Kleid, welches die Mutter abgelegt hatte.

Joseph und Lucy hatten diesen Staub aufheben und in ein Feld legen lassen; nicht an irgend einen heiligen Platz, in geweihte Erde, wo er in Frieden bis zur endlichen Auferstehung ruhen könnte, sondern in ein gewöhnliches Feld, wo er bald verloren und vergessen sein würde, wo ihn mit der Zeit der Pflug durchschneidet und ihn mit der Erde, von welcher er genommen, sich vereinigen lässt. Ein Zitterer erwartet keine fernere Auferstehung von den Toten. Nach seiner Überzeugung sind die Toten bereits erstanden und stehen selbst jetzt noch auf. Zur Gnade berufen zu werden ist dasselbe, als vom Tode zu einem neuen

Leben auferstehen. Friedrich und Antoinette glauben, dass sie durch den Schatten hindurchgegangen sind, dass sie nicht mehr sterben werden; dass, wenn ihre Zeit kommt, sie nur von der Welt abberufen werden, wie Mutter Anna. Sie leben jetzt, ihrer festen Überzeugung nach, in dem Zustande der Auferstehung

## 46. Der Zustand der Auferstehung

Als Joseph Meacham und Lucy Wright den Staub Mutter Anna's fortgeschafft und ihrem Volke gesagt hatten, dass sie nur ihre Kleidung gewechselt und jetzt mit ihren himmlischen Roben als Braut des Lammes bekleidet sei, scheinen alle Schwierigkeiten überwunden gewesen und der Glaube der Zweifler gestärkt worden zu sein.

Die Lehre war verführerisch und bezaubernd.

Anna lebte noch in ihrer Mitte; in ihren Träumen, in ihren Verzückungen konnten sie sie sehen, ihre Stimme hören. Die Veränderung, welche über sie gekommen war, würde auch sie eines Tages betreffen.

Wie erhebend war es den Heiligen, zu bedenken, dass der Tod nur eine Veränderung in der Gewohnheit des Lebens sei; dass die sich auflösende Seele nur für das Fleisch stirbt; dass die Glorie, zu welcher die Erwählten gelangen, sie vor der Welt verbirgt, aber sie solchen Augen sichtbar, solchen Ohren hörbar verbleiben lässt, welche durch das Geschenk der Gnade gereinigt und erhoben worden sind!

An diesem Dogma der Existenz einer Welt von Geistern – welche für uns unsichtbar, für sie sichtbar sind – halten die Schüler Mutter Anna's streng fest.

In dieser Beziehung stimmen sie mit den Spiritualisten überein; und in der Tat schmeicheln sie sich, die Ankunft dieser Störung im geistigen Leben der Amerikaner vorausgesagt zu haben.

Friedrich erzählt mir (von seinen Engeln), dass die Herrschaft dieser spiritualistischen Wut nur in ihrer Entstehung sei; sie wird Europa und die Welt durchfegen, wie sie jetzt Amerika durchfegt hat; sie ist eine wirkliche, auf Tatsachen gegründete Erscheinung und repräsentiert eine bestehende, obschon unsichtbare Macht. Manche ihrer Bekenner sind, wie er selbst zugibt, Betrüger und Schurken; aber es liegt das in der Natur der Geisterbewegungen, da es gute sowohl wie böse Engel gibt. Der Mensch ist nicht der einzige Betrüger. Wenn die Menschen falsch sind, gibt es nicht einen, welcher der Vater der Lügen ist? Wenn die höhere und die niedere Welt der Erde noch näher gekommen sein werden – in den reiferen Tagen der Auferstehung – dann steht zu erwarten, dass die guten und die bösen Geister größere Macht auf Erden haben werden.

Antoinette, welche soeben in meinem Zimmer gesessen hat, behauptet, dass sie mit Geistern freier und vertrauensvoller rede, als mit mir; und doch kann ich nicht sehen, dass in irgend einer andern Beziehung Antoinette irrsinnig sei, im Gegenteil weiß sie recht gut und vernünftig zu sprechen.

Dieses Zimmer, in welchem ich schreibe – das Gastzimmer im Nordhause – welches mir leer und ruhig erscheint, ist für sie voll Seraphim und Cherubim, welche den lieben langen Tag singen und Reden halten. Mutter Anna ist hier gegenwärtig; Lucy und Joseph sind gegenwärtig; alle die Brüder, welche dem menschlichen Auge entrückt worden, sind gegenwärtig – für sie.

Du brauchst nur Antoinette auf einen Augenblick zu beobachten, wenn sie sich nicht mit dir selbst beschäftigt; an ihrem stillen Gesichte, ihrem verzückten Auge, ihrem wandernden Benehmen siehst du, dass sie vor anderen Personen steht, welche sie mehr achtet, welche hehrer für sie sind, als alles andere auf Erden. Ja, die, welche wir Heiden tot nennen, sind bei ihr, und durch diesen ätherischen Glaubensprozess haben die Brüder vom Berge Libanon den Tod besiegt und dem Grabe ein Ende gemacht.

Heute früh, als Antoinette zuerst in mein Zimmer kam, dachte ich, sie sei sehr ernst und lieblich; in ihrer Hand hielt sie ein Stück Papier, als ob sie es hereingebracht hätte, um es mir zu zeigen; und als ich sie fragte, was es sei, legte sie es auf meinen Tisch und sagte, dass es ein Gesang sei, den sie in der Nacht von angelischen Chören habe singen hören. – Ich durchlas es, und aus ihrer Sprechweise konnte ich sehen, dass sie es mir als Angedenken zum Abschiede zu geben gedachte. „Unterschreibe es, Schwester Antoinette", sagte ich, „und gib es mir." Sie schrieb ihren Namen auf den Rand dieses Gedichtes. Bei Durchlesung desselben wird der Leser sehen, dass entweder der Kopist einige der seraphischen Worte missverstanden hat, oder dass die Engel es mit der Syntax und dem Reime nicht so genau nehmen.

*Lasst uns die himmlische Leiter erklimmen,*
*In Reinheit sie ersteigen;*
*Lasst nicht Taten der Liebe und Milde*
*Unsern Seelen fehlen.*

*Auf den unsterblichen Hügeln der Wahrheit*
*Blühen ewige Blumen;*
*Ich verlange jene balsamische Luft zu atmen,*
*Dort meine Stimme mit denen der Engel zu verbinden,*
*O wie lieblich singen sie!*

Ich habe Antoinette nicht sagen hören, dass die Seraphim diesen Choral ausdrücklich für mich gemacht haben.

Sie ist zu einfach, um Scherze zu machen, und ich konnte es nicht über mich gewinnen, sie durch irgendeine weltliche Bemerkung zu verletzen.

Es ist vielleicht am Platze, hinzuzufügen, dass alle Gesänge und Märsche, welche die Zitterer bei ihrem Gottesdienste benutzen, durch Träume und Offenbarungen gelehrt sind.

Unseren weltlichen Lehren nach ist keiner ihrer heiligen Gesänge viel wert, obschon einige von ihnen ein Geschick und ein Feuer besitzen, mit denen sich gute Verse hätten machen lassen, wenn sie nur mit etwas kunstfertigerer Hand in Angriff genommen worden wären.

Ich habe selten in der Musik eine bessere Wirkung ihrer Art gehört, als in der hölzernen Kirche am Berge Libanon, wenn vier- bis fünfhundert Zitterer, Männer und Frauen, zu folgendem Gesange marschieren:

*Wir ziehen nach den elysischen Feldern*
*Ins herrliche Land der Geister!*
*Wir lassen alle Erdenfreuden*
*Alles Vergnügen zurück.*

*Denn unsere Seelen streben aufwärts,*
*Nach dem himmlischen Lande,*

*Wo durch die Macht der Wahrheit und Liebe*
*Die Heiligen als Sieger erscheinen.*

*Das Murmeln der Wellen*
*Von der aufgeregten See der Zeit*
*Kann nie erreichen die friedlichen Ufer*
*Dieses reinen, glücklichen Landes.*

*Wo Engel die Banner der Liebe sanft wehen*
*Und die Heiligen über Tod und Grab triumphiren!*

Wenn wir nach den Gesetzen urtheilen wollen, welche hier unten bei uns bestehen, so verstehen die Engel viel bessere Melodien als Reime zu machen. Die Märsche der Zitterer sind oft sehr schön.

Auf Joseph Meacham, Mutter Anna's ersten adoptirten Sohn auf amerikanischem Grund und Boden, und auf Lucy, ihre Tochter und Nachfolgerin in der weiblichen Sphäre, ward die Leitung dieser Gemeinde auf himmlischen Befehl übertragen, und ihre Herrschaft, gegen welche keine Berufung ist, ward ihnen durch die Verheißung ihrer verstorbenen Gründerin erleichtert. „Die Zeit wird kommen", hatte Mutter Anna gesagt, „wenn die Gemeinde geordnet sein wird; aber nicht eher, als bis ich verstorben bin. Joseph Meacham ist mein erstgeborener Sohn in Amerika, er wird die Angelegenheiten der Gemeinde in Ordnung bringen; aber ich werde nicht leben, um es zu sehen."

Und mit diesem Versprechen auf den Lippen war sie dem Auge verschwunden.

Bis dahin waren die, welche an Mutter Anna, welche die zweite Fleischwerdung Christi war, glaubten, durch die Welt zerstreut und lebten zum Teil körperlich in derselben, obschon sie derselben geistig nicht angehörten. Joseph und Lucy hatten diese Gläubigen in Niederlassungen getrennt zusammengezogen: nach Wasser-Vliet und Berg Libanon in New York, nach Harvard und Shirley in Massachusetts, nach Enfield in Connecticut, nach Canterbury in Neu-Hampshire, nach Union Village und White Water in Ohio, nach Pleasant Hill und Süd-Union in Kentucky.

Unter ihrer Regierung ward ein Vertrag niedergeschrieben und von den Brüdern angenommen. Die himmlische Regierung ward bestätigt; Älteste und Diakonen, weibliche sowohl wie männliche, wurden ernannt; es ward bestimmt, dass das Zölibat für die Heiligen bindend sei, und Gütergemeinschaft ward bei ihnen eingeführt.

Als auch Joseph im Jahre 1796 dem menschlichen Auge entrückt wurde, hatte er auf Lucy eine unbeschränkte Macht vererbt, welche dann die Leiterin wurde, Mutter Anna repräsentierte und fünfundzwanzig Jahre lang diese Zitterergemeinden mit der Machtvollkommenheit eines weiblichen Papstes regierte. Als auch ihre Zeit gekommen war, ernannte sie ihre Nachfolgerin; denn wer hat, außer der Erwählten, ein Recht zu wählen. Aber sie hatte eine Älteste, nicht eine Mutter ernannt, und seit ihrer Zeit hat man den Titel Mutter aufgegeben, da keine Heilige aufgetaucht ist, welche würdig gewesen wäre, einen so hehren Namen zu tragen.

Die gegenwärtige Leiterin der Gemeinde ist Betsy Bates; sie wird einfach Älteste Bates genannt; sie repräsentiert die Mutter nur körperlich, denn man glaubt, dass Anna noch geistig bei ihren Kindern weilt.

Der erste Älteste und Nachfolger Joseph's ist Daniel Boler, den man den Bischof der Zitterer nennen kann; aber die ausübende Gewalt der Gemeinde führt (wie ich glaube) der Älteste Friedrich, der offizielle Prediger und Ausleger der Lehre der Zitterer. Wenn die Zitterergemeinden in unserer Zeit irgendeinem Wechsel durch das Eindringen anderer Lichter unterworfen sein sollten, dann glaube ich, dass dieser Wechsel durch ihn herbeizuführen sein wird.

Friedrich ist ein Mann von Ideen, und Leute von Ideen sind gefährliche Personen in einer Gemeinde, welche vorgibt, ihre endliche Gestalt erlangt zu haben. Boler repräsentiert das göttliche Prinzip, Friedrich die Kunst und die Regierung der Welt.

Die Familie im Nordhause enthält zwei Arten Mitglieder: 1) Examinanden; 2) Verbündete. Zur ersten gehören Männer und Frauen, welche auf einige Zeit beigetreten sind, um zu sehen, ob sie es lieben, oder ob man sie liebt. Auf dieser ersten Stufe der himmlischen Probe behalten die Leute ihre Privatbesitztümer und stehen noch in geringer Beziehung zu der heidnischen Welt.

Von Leuten der zweiten Stufe kann man in der Tat sagen, dass sie das Gelübde der Keuschheit abgelegt und zum Guten oder Bösen ihr Los mit dem der Brüder vereinigt haben.

Mit den Novizen, sagt mir Friedrich, haben die Oberen wenig Mühe, da jedermann austreten kann, wenn es ihm gefällt, und alles das mit sich nehmen darf, was er eingebracht hat.

Einen armen Teufel, der nichts mitgebracht hat, schickt man gewöhnlich mit hundert Talern in seinem Beutel wieder weg, wenn er auszutreten wünscht. Die reichen Leute machen weniger Mühe als die armen, da sie gewöhnlich Leute von höherer Bildung und ernsteren Sinnes sind. Eine meiner Freundinnen in der Gemeinde, Schwester Johanna, trat als Kind mit ihrem Vater Abel Knight, einem der angesehensten Bürger von Philadelphia, der Gemeinde bei. Sie ist jung, schön, gut erzogen, reich; aber sie hat die Welt und ihre Vergnügungen aufgegeben, und wenn ich je eine glücklich aussehende Dame sah, so war es Schwester Johanna.

Was ihre Ansichten über die Pflicht im Zölibate zu leben anbetrifft, so herrscht (wie mir der Älteste Friedrich sagt) darüber in der Welt viel Irrtum. Sie behaupten nicht, dass im Zölibate zu leben an jedem Platze, in jeder Gesellschaft, zu allen Zeiten recht sei; sie wissen, dass, wenn das Gesetz absoluter Selbstverleugnung allgemein angenommen würde, die Welt in hundert Jahren entvölkert sein würde; aber sie sagen, dass die Ehe ein Zustand der Verführung für viele ist, gerade wie vielen das Weintrinken ein Zustand der Verführung ist, und sie glauben, dass für eine männliche und weibliche Priesterschaft, für welche sie sich der Welt gegenüber halten, diese Verführung in Wegfall kommen muss.

Der Anspruch, eine Art Priesterschaft der Heiligen zu sein, die bestimmt ist, Gott zu dienen und die Welt von der Sünde zu erlösen, geht durch alle ihre Einrichtungen. Zu diesem Ende sind sie durch den Tod und die Auferstehung in einen Zustand der Gnade eingegangen. Zu diesem Ende haben sie das Gesetz absoluter Unterwürfigkeit ihres Willens gegen den Willen Gottes angenommen.

„Wir nehmen zwei Zustände in der Welt an", sagte der Älteste Friedrich, „der eine ist der der Erzeugung, der andere der der Auferstehung." Die Zitterer geben vor, im Zustande der Auferstehung zu sein: für sie ist deshalb die Liebe, welche die Menschen zur Ehe führt, nicht erlaubt. Wir Heiden stehen im Zustande der Erzeugung, deshalb ist die Liebe, welche in Ehe endet, noch eine Zeit lang zulässig. „Die Erzeugung", sagt Friedrich, „ist ein großer Feind der Wiedergeburt, und wir geben als Opfer für die Welt das auf, was unsere Mannheit genannt wird."

„Sie wollen also damit sagen, dass sie sich tatsächlich als Sühne darbieten?" Er pausierte einen Augenblick; seine blauen Augen schlossen sich; und als er sie langsam wieder öffnete, als ob er aus einer Verzückung erwacht sei, lächelte er.

„Der Zustand der Auferstehung", fügte er hinzu, „ist ein geistiges Zölibat; in ihm gibt es keine Ehe; nur Liebe und Frieden."

In ihrer Sozialökonomie wie in ihren moralischen Gesinnungen folgen diese Zitterer den Essenern. Sie trinken keinen Wein, sie essen kein Schweinefleisch. Sie leben auf dem Lande und fliehen die Gesellschaft in Städten. Sie kultivieren die Tugenden, Enthaltsamkeit, Klugheit, Demut. Sie legen keine Eide ab, gehorchen den Gesetzen, vermeiden Zwiespalt, verdammen den Krieg. Sie behaupten, mit den Toten in Verbindung zu stehen. Sie glauben an Engel und Geister, nicht als ein theologisches Dogma, sondern als an eine wirkliche, menschliche Tatsache.

Ein Umstand, welcher der Gemeinde der Zitterer eine weit größere Wichtigkeit in der Union beilegt, als ihren Rivalen (Tunkern, Herrnhutern, Mennoniten, Schwenkfeldern), ist die Tatsache, dass sie sich dem Werke der Erziehung widmen. Jede Niederlassung der Zitterer ist eine Schule; ein Mittelpunkt, von welchem Ideen rechts und links zirkulieren, in jede Ecke des Landes. Leute, welche über die Ansprüche Mutter Anna's, falls sie allein stünden, lachen würden, fühlen sich im Geiste mächtig erregt, ja werden vielleicht sogar gewonnen durch Dogmen wie die folgenden:

*Die Kirche der Zukunft ist eine amerikanische Kirche; das alte Gesetz ist abgeschafft, die neue Dispensation hat angefangen.*

*Der Verkehr zwischen Himmel und Erde ist wieder hergestellt. Gott ist König und Regierer.*

*Die Sünde Adam's ist gesühnt und der Mensch frei von allen Sünden außer seinen eigenen.*

*Jedes menschliche Wesen wird erlöst werden.*
*Die Erde ist der Himmel, jetzt befleckt und beschmutzt, aber bereit, durch Liebe und Arbeit wieder so gereinigt zu werden, wie sie früher war.*

Diese Behauptungen, welche den Genius des Zitterertums so weit dartun, als es auf soziale und politische Macht Ansprüche macht, im Gegensatze zu den Prinzipien und Gewohnheiten einer republikanischen Regierung, dürften viele ansprechen, welche dem Zölibate, einem weiblichen Priester und der Gütergemeinschaft entgegen sind. Mit geringerer oder größerer Klarheit im Geständnis, findet man diese Prinzipien im Glaubensbekenntnis jeder neuen amerikanischen Gemeinde.

## 47. Geistige Zyklen

Und wie, so fragen wir, sobald wir die Hexereien des Berges Libanon hinter uns gelassen und angefangen haben, die Angelegenheit mit vollkommen weltlichen Augen zu betrachten, rekrutieren sich diese achtzehn Niederlassungen der Zitterer? In Rom, in Sevilla können die Klöster durch Laien versorgt werden, über welche die Gesetze der Vermehrung ihren natürlichen Einfluss behalten; aber in Enfield, am Berge Libanon, in Groveland, gibt es keine Laien außerhalb der Kirche, durch die durch den Tod verursachte Verluste ersetzt werden könnten. Da die ganze Gemeinde im Zölibat lebt, so sind die Verluste durch den Tod feststehend und endgültig; so und so viel in jedem Jahre, die ganze Generation in dreißig Jahren. Ansprüche, erneute Ansprüche müssen gemacht werden, wenn sie nicht aussterben wollen; aber wie kann man Menschen von der geschäftigen Welt, aus einer glücklichen Gesellschaft zu einem Leben der Arbeit, der Keuschheit, der Einsamkeit und des Gehorsams berufen?

In Italien und Spanien ist es keine leichte Arbeit, junge Leute zu bereden, ihre Neigungen selbst für einen mäßigen Dienst aufzugeben.

Die Natur ist stark, und ein Leben ohne Liebe erscheint vielen von uns schlimmer, als das Grab. Ein großer Zweig der christlichen Kirche, der lateinische, hat das Zölibat im Prinzip angenommen, macht es zum Gesetze für seine Geistlichkeit aller Rangstufen, begünstigt die Ausübung desselben bei den Laien; aber ihr Erfolg auf diesem besondern Felde ihrer Politik ist kaum ihren Anstrengungen angemessen und in keinem Lande Europas, selbst nicht in Sizilien und Andalusien, hat sie willige Rekruten gefunden, außer wenn sie dieselben im frühen Alter von der Welt genommen und über sie ihre mächtigsten Zauber ausgeübt hat. Die griechische, die armenische, die lutherische, die anglikanische Kirche haben alle aufgehört, gegen die Natur zu kämpfen, obschon sie vielleicht alle geneigt sind, einem jungfräulichen Leben einiges Verdienst zuzugestehen, und für einen Teil ihrer Priester das Zölibat für wünschenswert erachten. In allen diesen Kirchen gibt es eine Art Gleichgewicht zwischen dem, was gegeben, und dem, was vorenthalten wird. Die Stellung eines Priesters ist in den Augen der Menschen eine sehr geachtete. Der Dienst, zu dem sie berufen sind, ist edel und volkstümlich; ein Dienst, der Rang und Macht verleiht, das Recht, neben dem Höchsten zu stehen, von Arbeit befreit zu sein, vor Gewalt geschützt zu werden, in großen Häusern und bei den Festen guter Leute willkommen zu sein. Der Zitterer hat keine dieser Würdenträger, er hat als Belohnung für sein Gelübde der Keuschheit keine dieser Vergnügungen zu erwarten; an deren Stelle hat er harte Arbeit, grobe Kost und eine hässliche Kleidung vor sich.

Wir können uns vorstellen, dass unter einem Missionar wie Khaled Bekehrte zur Sekte der Zitterer gemacht werden können; ein Mann, der euch die Wahl zwischen Zitterertum oder Tod ließ, kann möglicherweise Proselyten für die Herde machen; aber diese Gläubigen haben keine Khaleds unter sich; sie gebrauchen kein Schwert, sie fesseln nicht durch ihre Zunge oder mit ihrer Feder. Wo nun finden sie Rekruten? Ist der kluge Neu-Engländer begierig, seinen Willen, seine Freiheit, seine Intelligenz gegen einen feststehenden Glauben, ein tägliches Einexerzieren und die Arbeit eines Landmannes aufzugeben? Ist der reiche New Yorker darauf entbrannt, sich seines kostbaren Palastes, seiner glänzenden Equipage zu entäußern, um elende Kleidung, eine Rute Land und eine enge Zelle zu erhalten? Ist der pfiffige Kentuckymann bereit, seinen Rang, seine Stellung, seinen Ehrgeiz zu verschwören gegen ein Leben von täglicher Arbeit, Enthaltsamkeit und Sorge?

„Nein", sagte der Älteste Friedrich, bei Gelegenheit einer unserer Abschiedsunterredungen, „in gewöhnlichen Zeiten nicht; in Gottes eigener Zeit muss und will er; denn dann ist er vom Himmel berührt und verzückt, und handelt im Geiste einer höheren Weisheit, als die der Welt ist. Hauptsächlich bei unseren geistigen Zyklen werden die Erwählten berufen."

Wenn die Jahreszeiten in ihrem ruhigen Kreislaufe kommen und gehen, wenn die Luft still und die Gemüter der Menschen ruhig sind, da werden der reiche New Yorker, der pfiffige Kentuckymann eben so wenig daran denken, der Vereinigung beizutreten, als in einem Pawnee Wigwam oder einer Negerhütte zu wohnen. Aber an den Tagen der geistigen Wut, wenn die Flaschen auf dem Lande geöffnet werden, wenn Sünder taumelnd auf und ab laufen, wenn die Schulen stumm und die Kirchen der Welt taub sind, dann tritt der Himmel selbst in die Reihe, arbeitet mit seinen unsichtbaren Kräften und zieht von selbst die Reichen, die Kühnen und Weltlichen so leicht wie kleine Kinder zu sich. In den Händen Gottes sind wir nur wie Töpferton.

Der starke Wille beugt sich, das stolze Herz bricht vor seinem Zorne.

Inmitten aller dieser moralischen und geistigen Bewegungen sind alle die neuen Sekten, alle die neuen Gemeinden Amerikas entweder entstanden oder haben an Kraft zugenommen; nicht nur die armen Tunker, die im Zölibat lebenden Zitterer, sondern auch die mächtigen Methodisten, die glücklichen Baptisten, die strengen Presbyterianer, die eifrigen Universalisten.

Die Episkopal- und die römische Kirche mögen darüber erhaben sein; da das gebildete und erfahrene Einsehen dieser älteren Zweige der christlichen Gemeinschaft der Lehren Christi und seiner erwählten Apostel für endgültig, die Zeiten der Wunder vorüber und die Evangelien für vollendet hält. Die Glieder dieser großen konservativen Kirchen mögen keinen Tag besonderer Gnade verlangen; sie mögen an der Entstehung, an den Anstrengungen und den Früchten dieser periodischen Erwachungen des Geistes zweifeln. Sie mögen es vorziehen, auf den alten Pfaden zu wandeln, Neuigkeiten und Exzentrizitäten zu vermeiden, ihre Herden von Aufregungen und Illusionen fern zu halten. Aber die jüngeren Rivalen um die Herrschaft, die, wie sie sagen, im apostolischen Missionsgeiste handeln, sind bereit gewesen, alle Gelegenheiten zu ergreifen, um Seelen zur Gemeinde heranzuziehen. Alle die neuen Sekten und Gesellschaften Amerikas haben, und nicht ohne Erfolg, auf diesem großen Felde der Bekehrung gearbeitet; die Zitterer weniger eifrig und zuversichtlich, als die Übrigen. Andere Sekten betrachten eine Erweckung als eine Bewegung des Geistes, welche sie zur Arbeit für die Wohlfahrt der Seelen einladet; die Zitterer betrachten sie als einen geistigen

Zyklus, – das Ende einer neuen Epoche, – die Geburt einer neuen Gemeinschaft. –

„Nur im Eifer der Erweckung", sagt der Älteste Friedrich, „können die Erwählten zu Gott, das heißt, um mit den Heiden zu sprechen, in eine Niederlassung der Zitterer gezogen werden."

Der Berg Libanon entstand durch eine Erweckung, Enfield entstand durch eine Erweckung; in der Tat, die Zitterer behaupten, dass jede große Erweckung, da sie die Vollendung eines geistigen Zyklus ist, in Gründung einer neuen Zitterergemeinde enden muss.

So hat es den Anschein, als ob dieses wilde und zauberische Phänomen im Reiche der Religion, welches viele unserer heidnischen Geistlichkeit für einen Zufall, eine Illusion halten, die keinem Lebensgesetze entspricht, den Zitterern die Wirkung einer besondern Vorsehung wäre. Engel sind bei diesem Werke beschäftigt. Im Haushalt der Zitterer hat deshalb eine Erweckung einen Platz, eine Funktion, eine Macht. Sie ist ihre Zeit der Weinlese; die Schösslinge, welche sie gepflanzt, bringen ihnen Trauben, die Pressen, die sie noch nicht gefüllt haben, versorgen sie mit Öl. Sie rechnen auf diese periodischen Erweckungen, wie der Landmann auf den Frühling und den Herbst rechnet; sie warten auf den Zuwachs, welchen die geistigen Zyklen ihnen bringen, gerade wie die Farmer die Zeit der Heu- und Getreide-Ernte erwarten.

Als die letzte Erweckung in Ulster ausbrach, war ich zufällig in Derry, und da ich den Lauf dieses spiritualistischen Orkans bis Belfast beobachtete, bin ich im Stande, zu sagen, dass, Szenerie und Sitten abgerechnet, die Erweckung in Ulster ziemlich dasselbe ist, als ein geistiger Zyklus in Ohio und Indiana.

In diesem Lande bricht die religiöse Leidenschaft aus wie ein Fieber, an den heißesten Stellen und in den wildesten Teilen, gewöhnlich an den Grenzen zivilisierter Staaten; immer in einer Sekte mit extremen Meinungen, gewöhnlich unter den „Rantern" (Prahlern), den „Tunkern", den „Sieben-Tag-Baptisten", den „Herauskommern" und den Methodisten.

Der Methodismus, die am meisten verbreitete Religion in Amerika, war selbst, wenn wir die Sekte nach Köpfen zählen dürfen, das Resultat einer Art von Erweckung. John Wesley hatte Amerika erfolglos besucht; Whitfield war nach ihm gekommen und hatte Erfolge erzielt, da die Zeit für sein Werk günstiger war. Die ursprünglichen Prediger haben gesiegt, wie die Revivalisten-(Erweckungs-)Prediger noch den Kampf fortführen; sie wohnten schlecht und lebten ärmlich, marschierten auf schmutzigen Bergwegen, schliefen auf Blättern und Tierfellen, campierten unter Wölfen und Bibern, litten von den Rothäuten, von den gemeinen Weißen, von den besudelten Negern, brachen sich Bahn in die Gefängnisse, Schnapsläden und Spielhöllen, suchten die Armut, das Elend und das Verbrechen auf. Der Revivalist ist ein Fanatiker, wenn man das Wort gebrauchen darf; aus ihm spricht sein heißes Blut, nicht sein kühler Kopf; sein Reden ist ein Krampf, seine Beredsamkeit ein Schrei; aber während Philosophen über seine Rasereien lachen und Magistrate über dieselben erzürnt sind, bekennen sich der gebräunte Goldgräber, der kräftige Hinterwäldler, der dicke Farmer und Kärrner zur Macht seines Vortrages. Er tut die rohe Arbeit des Geistes, welche kein anderer Mensch tun könnte. Trench würde in der Prärie zahm werden, auf Stanley würde man nicht hören; Wilberforce würde ohnmächtig werden und Noel würde nach einem Jahre am Waldessaume sterben.

Und doch ist ein *Camp-meeting* (Lagerversammlung), wie ich es zweimal in den Wildnissen von Ohio und Indiana gesehen habe, ein Gegenstand vom höchsten Interesse, in seinem Scherz und Ernst nicht ohne Andeutungen, welche die Quellen unserer Tränen erschließen und uns zum Lächeln zwingen. Es mag vier oder fünf Uhr des Nachmittags an einem windstillen Oktobertag sein; wenn Myriaden gelber Blumen und roter Moose den Rasenplatz schmücken, wenn die Blätter der Eiche und der Platane braun werden, wenn der Ahorn wie Carmoisin erglänzt, und die Hickory (*Carya alba*) von Golde tropft. Unter den Wurzeln und Stämmen altehrwürdiger Bäume, inmitten summender Insekten und schwirrender Vögel, erstehen eine Anzahl Buden und Zelte, die einen merkwürdigen, und doch heimischen Anblick gewähren; denn obschon dieses Lager religiöser Zeloten den Wohnungen eines arabischen Stammes, einer indianischen Nation, eines wirklichen Hirtenvolkes auf der Erde durchaus nicht ähnlich sieht, so bietet es doch Szenen dar, welche dem Auge und Ohre das Gelächter und die Laute eines englischen Jahrmarktes und einer irischen Kirchweih ins Gedächtnis bringen. Epsom am Derbytage ist einem Erweckungslager in den Hinterwäldern nicht so unähnlich, als man glaubt. Karren und Wagen stehen ohne Pferde da, die Tiere sind an den Boden gepfählt oder laufen umher nach Gras. In einem Dutzend großer Buden trinken, essen, rauchen, beten die Leute. Manche Burschen spielen, andere lungern auf dem Rasen, andere zünden Feuer an, wieder andere bereiten die Mahlzeit. Diese Knaben fällen Fichten, jene Mädchen holen Wasser vom Flusse. Inmitten des Lagers steht ein blasser Revivalisten-Marktschreier und brüllt und schreit einen wilden, heißblütigen Haufen Zuhörer an, von denen die meisten Farmer mit ihren Frauen von den nahen und fernen Niederlassungen sind; dazwischen sieht man einige Neger in ihrem schmutzigen Putz von Shawl und Unterrock; einige Rothäute in ihrer Farbe und mit ihren Federn – Alle gleich erhitzt wie der Redner selbst, wütende Genossen seines Eifers und Nährer seines Feuers. Seine Perioden werden durch Zuruf und Schluchzen unterbrochen, seine Bewegungen durch Geschrei und Stöhnen beantwortet. Ohne Unterbrechung, ohne Pause in seinem Vortrage fegt er weiter, poltert einen Orkan von Worten und Schreien heraus, während die Männer um ihn her, blass und rußig, sich krümmend und halb ohnmächtig sitzen, mit zusammengepressten Lippen, verschlungenen Händen, in panischem Schrecken und in Verzweiflung über ihre Sünden; und die Frauen rennen wild im Lager umher, schlagen mit den Armen um sich, bekennen stöhnend ihre Sünden, neigen sich mit den Gesichtern auf die Erde, werden ohnmächtig und bekommen hysterische Zufälle, ihre Augen treten heraus und der Schaum steht ihnen vor dem Munde; der bedächtige Indianer sieht mit Verachtung auf dieses Elend der Squaw des weißen Mannes, und die Neger brechen in Schluchzen, Stöhnen und konvulsivische Zuckungen aus und rufen: „Gloria! Gloria! Alleluja!"

Manche Besucher werden krank und sterben im Lager. In den Schmerzen dieses Kampfes gegen die Macht der Sünde und die Furcht vor dem Tode scheinen (wie mir Leute erzählen, welche oft diese geistigen Stürme beobachtet haben) alle Leidenschaften losgelassen zu sein und ohne Hindernis und ohne Führer irre zu gehen. „Ich höre gern, dass eine Erweckung stattgefunden hat", sagte einst ein Advokat in Indianapolis zu mir, „sie bringen mir eine große Anzahl Prozesse." Im Lager der Erwecker zanken und prügeln sich die Männer und verlieben sich in die Weiber ihrer Nachbarn.

Ein methodistischer Prediger, welcher eine Erfahrung von fünfundzwanzig Jahren, zuerst in Neu-England, dann an den Grenzen, zuletzt auf den Schlachtfeldern in Virginien für sich hat, sagte zu mir: „Die religiöse Leidenschaft schließt alle anderen Leidenschaften in sich ein; man kann die eine nicht anregen, ohne die übrigen zu erwecken. In unserer Gemeinde erkennen wir das Übel, und wir haben uns dagegen zu wahren, so gut wir können. Die jungen Leute, welche Erweckungen anregen, sind immer Gegenstand des Verdachtes für ihre Ältesten; viele, ich möchte sagen wenigstens einer von Zwanzigen, verderben; mehr, bei Weitem mehr als diese Anzahl schaden der Gemeinde durch ihr gedankenloses Benehmen im Erweckungs-Lager."

In einer Woche, vielleicht in einem Monat, fängt der religiöse Feuereifer an zu flackern und zu erlöschen. Zank bricht aus und Bowiemesser werden gezogen. Die Zyniker lachen, die Gleichgültigen fahren fort. Jetzt werden die Pferde angeschirrt; auf die Wagen werden das Gepäck und die Frauen geladen; der Restaurateur bricht sein Zelt ab, und der Auswurf sucht sich ein anderes Feld. Einer der Schreier nach dem andern zieht ab, bis der Marktschreier selbst, ärgerlich über seine Zuhörer, aufhört, sich hören zu lassen. Dann wird das letzte Pferd gesattelt, der letzte Karren ist auf der Straße, und von diesem merkwürdigen Lager scheint nichts übrig geblieben zu sein, als wenige verbrannte Baumstämme, ein entweihter Wald und zwei oder drei frischgegrabene Gräber.

Und ist dies alles? Der Zitterer sagt: Nein. In den Rasereien dieser Lagerversammlungen entdeckt er eine moralische Ordnung, eine geistige Schönheit, welche weltlichen Augen ganz unsichtbar sind.

Für ihn ist eine Erweckung Gottes eigene Methode, seine Kinder zu sich zu berufen. Ohne eine Erweckung kann es keine Auferstehung in großem Maße geben, und er sagt, dass keine Erweckung je für das menschliche Geschlecht ganz nutzlos gewesen sei. Irgendeine Seele wird allemal dadurch zum himmlischen Frieden eingebracht.

Friedrich erzählte mir, dass jede große geistige Erweckung, welche Amerika bewegt hat, seit die Sekte errichtet worden, dazu beigetragen hat, eine neue Gemeinde nach den Prinzipien Mutter Anna's zu gründen. Die achtzehn Gemeinden repräsentieren achtzehn Erweckungen.

Nach dem Ältesten Friedrich, welcher mit scharfem und mitleidsvollem Auge die Verirrungen der neuen spiritualistischen Bewegungen in Amerika verfolgt, steht jetzt eine neunzehnte Erweckung bevor, von deren Einwirkung er sich eine bedeutende Ausdehnung seiner Sekte verspricht.

## 48. Spiritualismus

Während des letzten Monats August hielten eine Anzahl Spiritualisten in dem malerischen Hafen und der eigentümlichen Stadt Providence in Rhode Island eine Konferenz ab.

Die Schüler kamen truppweise von Osten und Westen; manche waren Abgesandte von Clubs und Städten und repräsentierten Tausende, welche zu Hause blieben; noch mehr waren Schüler, welche entweder jede Vorschrift verachteten oder keines andern Meinung außer ihrer eigenen gelten ließen. Achtzehn Staaten und Territorien waren auf der Plattform durch akkreditierte Mitglieder vertreten; anscheinend mehr als die Hälfte derselben Damen. Eine erste Zusammenkunft der Spiritualisten, bedeutend genug, um eine nationale genannt zu werden, ward vor zwei Jahren in Chicago abgehalten; eine zweite fand vor einem Jahre in Philadelphia statt; aber bei diesen zwei Versammlungen, welche von den Eifrigen nur als ein Versuch bezeichnet wurden, kamen die Abgesandten weniger aus freier Wahl als durch Zufall zusammen. Wie es den Leuten eben konvenierte, nicht aber irgendeiner moralischen Bedeutung wegen, war der Zusammenkunftsort gewählt worden, aber nachdem man in Chicago für ein Parteiprogramm gestimmt hatte und in Philadelphia ein großer Aufruf an das Volk gemacht worden war, kamen moralische Bedenken ins Spiel. Der Schauplatz der dritten nationalen Zusammenkunft der Spiritualisten ward nach jener Stadt verlegt, da Providence den besondern Ruf hat, das Lager der Ketzer und Reformatoren zu sein – die Zufluchtsstätte von Roger Williams, die Heimat religiöser Toleranz, die Stadt von „Wie geht es?".

Ruhigen Beobachtern der Szene fiel die wilde und intellektuelle Erscheinung dieses Gewühls von Zeugen auf. Ihre Augen, hörte ich, waren übernatürlich klar; ihre Gesichter übernatürlich blass. Viele von ihnen betrieben das Auflegen der Hände. Fast alle Männer trugen langes Haar; fast alle Weiber hatten das ihrige kurz abgeschnitten.

Pratts Halle in Broad Street ward zum Sitzungssaal bestimmt, ein großer Raum, obschon für die Unzahl Engel und Sterblichen, welche hereinströmten, nicht zu groß. Ja, Engel und Sterbliche. Die Ältestin Antoinette behauptet mit nicht weniger Bestimmtheit, dass sie die Toten sieht und hört, als alle diese rauen Männer. In Broad Street standen Engel unter der Türe, Gespenster schwebten im Zimmer umher. Ihre Gegenwart ward zugegeben, ihre Sympathie vorausgesetzt, ihr Rat gesucht. Ein Dutzendmal richteten die Sprecher ihre Worte nicht nur an die Abgesandten, welche im Fleische gegenwärtig waren, sondern auch an die himmlischen Boten, welche im Geiste zu ihnen gekommen waren.

L. K. Joslin, ein Tonangeber in örtlichen Kreisen, bewillkommnete die Gesandten im Namen dieser Zufluchtsstätte in ihrem Charakter als Ketzer und Ungläubige.

„Heute", sagte er zu seinen sterblichen Zuhörern, „sind die Spiritualisten der Vereinigten Staaten die großen Ketzer; und *als solche* begrüßen euch die Spiritualisten von Providence und heißen euch herzlich willkommen, in dem Glauben, dass ihr den alten Ketzereien untreu seid, welche unserer ganzen Menschheit mehr Fluch als Segen gebracht haben." Diese Worte schienen offiziell gewesen zu sein; ebenso die folgenden, die er an den himmlischen Teil der Zuhörer richtete. „Aber nicht auf euch allein", sagte er mit feierlicher Betonung, „blicken wir, um uns Rat, Eingebung und die göttlicheren Harmonien zu holen. Die Versammlung ist größer, als sie erscheint. Es sind noch andere an den Türen. Diese Wesen aus anderen Zeiten, welche die Morgensterne der Welt, furchtlos und wahr, gewesen sind, welche im Erdenleben für ihre Hingebung zur Wahrheit den Märtyrertod erlitten, – die geliebten Weisen und Guten einer längst vergangenen Zeit und die Geliebten der jüngsten Vergangenheit – sie werden ihr Interesse an der größten Versammlung von Individuen auf diesem Kontinente beweisen, welche ihre verwirklichte Gegenwart und Macht realisieren. Und denen sowohl, wie euch, bringen wir unsern Gruß." Lauter, nicht gedämpfter und ehrerbietiger Applaus beantwortete dieses Willkommen der himmlischen Gesandten.

John Pierpont aus Washington, ein bejahrter Prediger, (ehemals Student von Yale College – der Schule der amerikanischen Propheten) sprach, nachdem er den Vorsitz, den er in Philadelphia geführt, niedergelegt hatte, über den Ausdruck „ungläubig", wie er auf ihn und seine Brüder im Geiste angewandt werde. „Ich bin ungläubig", rief er aus, „in Bezug auf viele Formen der populären Religion, weil ich an viele Punkte nicht glaube, welche von einer Majorität Christen, nein, selbst von der protestantischen Kirche aufrechterhalten werden." Er erzählte ferner, dass er, statt an Bekenntnisse und Satzungen zu glauben, sein Vertrauen in Fortschritt, Freiheit und Geister setze.

Zehn Tage, nachdem Pierpont diese Rede gehalten hatte, starb der alte Mann, und in weniger als zehn Tagen nach seinem Begräbnisse erklärte Frau Conant, ein Boston-Medium, welche Geisterbotschaften für die Hälfte des amerikanischen Publikums schreibt, dass seine Seele wieder in ihr Besuchszimmer gekommen sei, dass dieselbe für sie sichtbar, für einige fühlbar, für viele hörbar sei. Charles Crowell und J. M. Peobles berichten, dass in ihrer Gegenwart Frau Conant in eine Ohnmacht ähnliche Verzückung gefallen und die Seele von John Pierpont (nach der von Anna Lee angegebenen Mode) in sie hineingefahren sei und dann mit ihnen aus ihrem Munde von der höheren Welt gesprochen habe, zu der er vor Kurzem erhoben. „Es war klar", sagen sie, „dass irgendein Geist Besitz von ihr nahm, denn er stellte bildlich seine letzte Stunde auf Erden dar. Die Abreise muss sehr schnell erfolgt sein, da kein Todeskampf dargestellt wurde; nur einige kurze Atemzüge, ein ernster und starrer Blick, und alles war vorüber. Ein Versuch ward gemacht zu sprechen, und bald darauf folgende unsterbliche Sentenz ausgesprochen:

„Gesegnet, dreimal gesegnet sind die, welche mit der Kenntnis der Wahrheit sterben."

Nach einer kurzen Pause fuhr der Geist weiter fort: „*Meine Brüder und Schwestern*, das Rätsel ist jetzt für mich gelöst. Und weil ich lebe, werdet ihr auch leben, denn derselbe *göttliche Vater* und dieselbe *göttliche Mutter*, welche die Unsterblichkeit bei der einen Seele verleihen, geben allen diese Gabe."

Es scheint, als ob Pierpont nicht viel Fortschritte in himmlischer Kenntnis bei dem Wechsel vom Fleische zum Geiste gemacht habe; denn während er auf Erden war, beschränkte er seine Argumente über Geisterklopfen und Geisterschreiben meist auf folgende Formeln:

„Ich habe gesehen, und deshalb weiß ich; ich habe gefühlt, und deshalb glaube ich."

Es scheint fast, als ob Pierpont's Geiste die Möglichkeit vorgeschwebt hätte, dass diese Mitteilungen seinen sterblichen Freunden ungenügend erscheinen müssten, da eine brennende Neugierde viele derselben treibt, über die Geheimnisse einer höheren Welt Fragen zu stellen; und er sprach zu Crowell und Peobles durch Frau Conant in entschuldigendem Tone: „Ich bedauere", soll er dem Berichte nach gefragt haben, „dass ich nicht im Stande bin, euch die unvergleichliche Schönheit der Vision auszumalen, welche ich sah, ehe ich ins Land der Geister einging. Die Glorien dieser neuen Welt sind über alle Beschreibung erhaben. Ich würde keine Worte finden, wenn ich den Versuch machen wollte, sie zu beschreiben."

Sterbliche haben schon ähnliche Sprache gehört, ehe John Pierpont starb.

Als Pierpont nicht länger Vorsitzender war, wurde Newman Weeks aus Vermont zum Präsidenten für das Jahr ernannt. Unter den Vizepräsidenten waren verschiedene Damen: Frau Sarah Horton aus Vermont, Frau Deborah Butler aus Neu-Jersey, die Doktorin Juliette Stillmann aus Wisconsin.

Warren Chace aus Illinois, einer der männlichen Vizepräsidenten, erklärt, dass mehr als drei Millionen Amerikaner, Männer und Frauen, bereits dieser Bewegung beigetreten seien. Drei Millionen ist eine große Anzahl; keine Sekte in diesen Staaten, selbst die Methodisten nicht, können halb so viele wirkliche Mitglieder aufzählen. Die Spiritualisten haben in ihren Reihen einige hervorragende Persönlichkeiten: kluge Advokaten, tapfere Soldaten, anerkannt tüchtige Schriftsteller; daneben aber auch nicht wenig Personen, welche kaum dem Verdachte entgehen können, gewöhnliche Schurken und Betrüger zu sein. Eins nun ist es an ihnen, was den, welcher sich mit Neu-Amerika beschäftigt, namentlich beruhigt. Eine Gemeinde von drei Millionen Männern und Frauen muss in jedem Lande furchtbar sein; in einer Republik, welche durch die Stimme des Volkes regiert wird, müssen sie eine ungeheure Macht zum Guten oder Bösen ausüben; daher ist man auch nicht erstaunt, wenn man hört, dass ihre Anführer sich der Macht rühmen, die öffentliche Meinung von Amerika kontrollieren zu können, nicht nur in Betreff auf Krieg und Frieden, auf Dogma und Praxis, sondern selbst bezüglich der feineren Fragen über soziales und moralisches Leben. Ein unparteiisches und offenes Feld darf man einer so großen Anzahl von Leuten nicht verweigern, wenn sie den Fehdehandschuh für das, was sie für wahr halten, hinwerfen, wie eigentümlich uns auch ihr Glaube erscheinen mag.

Diese Millionen (mehr oder weniger) Spiritualisten verkünden als ihre persönliche Überzeugung, dass die alten religiösen Evangelien erschöpft, dass die Kirchen, welche auf dieselben gegründet, tot sind, dass die Menschen neuer Offenbarungen bedürfen. Sie behaupten, dass die Erscheinungen, welche jetzt in hundert amerikanischen Städten eingeführt werden, – Zeichen wunderbarer Art: das Klopfen durch unbekannte Medien, das Zeichnen von unsichtbaren Händen, Erscheinungen, welche gewöhnlich in verdunkelten Zimmern und unter den Tischen von Damen zu Darstellung gebracht werden – einen annehmbaren Grundplan für einen neuen, wahren und endlichen Glauben an unsichtbare Dinge darbieten. Sie haben bereits ihre Lyzeen, ihre Katechismen, ihre Zeitungen, ihre Propheten und Prophetinnen, Medien und Hellseher, ihren Sonntags-Gottesdienst, ihre Feste, ihre Picknickpartien, ihre Lagerversammlungen, ihre lokalen Gesellschaften, ihre Staatseinrichtungen, ihre allgemeinen Konferenzen, kurz die ganze Maschinerie unserer tätigsten und blühendsten Gesellschaften. Warren Chace mag ihre Stärke zu hoch angeben; solche, welche ihnen ferner stehen, können sie nicht zählen, da sie im Zensus nicht als eine besondere Körperschaft aufgeführt werden; aber die Zahl ihrer Lyzeen, die Frequenz ihrer Picknicks, die Zirkulation ihrer Journale sind erreichbare Tatsachen, um irgendeinen annähernden Beweis zu liefern. Man wird nicht irren, wenn man annimmt, dass ein Zehnteil der Bevölkerung in den Neu-England-Staaten, ein Fünfzehnteil der Bevölkerung von New York, Ohio und Pennsylvanien mehr oder weniger für die Eindrücke der von ihnen sogenannten Geisterwelt empfänglich sind.

Manche dieser Zeloten machen einen ganz alten Ursprung ihres Glaubens geltend, während andere behaupten, dass sie eine neue Sekte sind, welche des Segens nicht abgenutzter Offenbarung teilhaftig geworden, dass sie auf amerikanischem Grund und Boden entstanden und ein ausschließliches Eigentum der amerikanischen Kirche seien. Sie deuten nur selten auf die Zitterer hin, von denen sie fast alle ihre Gesetze und nicht wenige Gebräuche entlehnt zu haben scheinen. Sie ziehen es vor, ihren Ursprung auf die Visionen von Andrew Jackson Davis und die mit Erfolg gekrönten Unverschämtheiten von Kate und Caroline Fox zurückzuführen Eine Majorität vielleicht der nationalen Deputierten würde irgend einen Versuch, die spirituelle Bewegung auf eine ältere Quelle als die Offenbarungen ihres eigenen Poughkeepsie-Sehers zurückzuführen, als eine ihrem Vaterlande angetane Beleidigung mit Entrüstung zurückgewiesen haben.

Poughkeepsie (spr. Po'keepsie), das Mekka, Benares, Jerusalem dieser neuen Sekte, ist eine junge, obschon geschäftige und zunehmende Stadt, und am Fuße eines malerischen Abhanges am Hudsonflusse, halbwegs zwischen Albany und New York belegen. Vom Flusse aus gesehen ist der Ort schmuck und ähnelt den Städten der Schweiz, mit seinem alten Kai, seinem lärmenden Hotel, seiner zweistöckigen Börse. Eine Biegung des Flusses, der dort fünf- oder sechshundert Yards breit ist, umgibt denselben mit Land, so dass er anscheinend zwei kleine, hübsche Seen bildet; im Hintergrunde des höher oben belegenen steigen die Catskillberge auf, und hinter dem weiter unten belegenen die Hudson-Hochlande. Das zunächst belegene Ufer ist nackt und zauberisch; oben Felsen und unten Buschwerk; aber das westliche Ufer, ein wellenförmiger Hügelkamm, ist mit Sykomoren, Buchen und Eichen reichlich bewachsen. Schulen, Kirchen, Gymnasien sind zahlreich in der Stadt; und unter den Personen, welche nie durch unsichtbare Finger berührt worden, werden als die Produkte des Ortes Flinten, Teppiche, Bier und Baumwolle erwähnt. Unter den Erwählten ist das Haupterzeugnis von Po'keepsie ein Seher.

Als Mutter Anna in das Gefängnis dieser am Flusse belegenen Stadt einquartiert worden war, versammelte sie einen kleinen Hofstaat neugieriger Leute um sich her, denen sie ihre merkwürdigen Erfahrungen aus der unsichtbaren Welt mittheilte. Andrew Davis, der arme Schuster, ist ein spiritueller Abkömmling von Anna Lee, dem armen Fabrikmädchen. Davis sieht Zeichen und hat Träume; aber seine Offenbarungen sind kaum über die von Mutter Anna erteilten Winke hinausgegangen. In seinen Verzückungen sieht er, dass die Menschen, welche sterben, nur ihre Kleider wechseln, dass die Geister der Toten überall um uns her sind.

Er behauptet, dass Arzneien nutzlos und schädlich sind, und dass alle Krankheiten durch Auflegen der Hände geheilt werden können. Er beschreibt eine neue Erziehungsmethode, bei welcher eine Art Tanz mit Händen und Füßen, wie bei den Zitterern, vielfach angebracht ist. Er verwirft die christliche Kirche als eine Einrichtung des Fleisches, deren Zeit vorüber ist und er schlägt an ihrer Stelle ein neues und andauerndes Bündnis des Geistes vor.

Dies sind mit kurzen Worten die Grundlagen von dem, was Newman Weeks, Sarah Horton, Deborah Butler und die vereinigten Brüder in Pratts Halle für das neue Bündnis erklärt haben, welches den Menschen von der niedrigsten Erde in den höchsten Himmel erheben soll.

Wie der Älteste Friedrich halten sie die duale Natur der Gottheit aufrecht und nehmen eine weibliche und eine männliche Essenz an – eine Mutterschaft sowohl als eine Vaterschaft im Schöpfer, – und wie Schwester Marie und die Ältestin Antoinette, leiten sie von dieser Dualität Gottes die gleiche Berechtigung und das Privilegium des Geschlechtes auf Erden ab. Es scheint wirklich, als ob vom Anfang bis zum Ende die Damen die Hauptrollen in der Vorsehung gespielt hätten, bei der Erklärung sowohl wie bei dem Streite. Es gab viel von diesen beiden Dingen. Fräulein Susie Johnson sagte, sie sei des Redens müde und wünsche Taten zu sehen.

„Ich bin bereit", sagte die junge Reformatorin, „im Verein mit jedem Manne oder jeder Frau oder jeder Gemeinde zu wirken, welche mir den ersten praktischen Schritt andeuten wollen, durch den wir den Grund zu einer höheren Moralität, einer strengeren Redlichkeit, einer besseren Regierungsweise, und endlich einer höheren Bestimmung für das ganze menschliche Geschlecht legen. Ich will etwas tun, und ich will andere sehen, die bereit sind, Hand an's Werk zu legen. Ich weiß, dass es leichter ist, für das Wohl der Menschheit zu beten, als für dasselbe zu arbeiten; und oft wird auch mehr Anerkennung für das Gebet, wie für die Arbeit zu Teil; danach trachte ich indessen nicht. Die Interessen der Kinder kommender Generationen liegen mir überaus am Herzen."

Frau Susie Hutchinson war noch kühner, ihre Brüder im Geiste zu tadeln. Diese Dame, welche als Vertreterin der unabhängigen Spiritualistengemeinde in Charleston beim Kongresse erschienen war, sagte, sie hätte acht Jahre lang für den Spiritualismus gearbeitet, sich aber stets ihrer Genossen geschämt.

Der offizielle Bericht legt ihr die Worte in den Mund: „sie habe bis jetzt noch nie einen edlen, mit einer ganzen Seele versehenen Spiritualisten angetroffen, aber sie hoffe, dass hier eine Sorte Leute anwesend seien, welche sich würdig zeigen würden, Männer und Frauen genannt zu werden. Sie hätte gehofft, dass man Beschlüsse fassen werde, welche sich als wirksame, nicht als tote Buchstaben erweisen möchten, die auf die begrabene Vergangenheit zurückführen, und dass Männer und Frauen sich am Werke der Humanität beteiligen würden. Wenn es eine einzige Seele im Weltall geben sollte, welche von der Gemeinde auszuschließen wäre, dann wolle sie mit derselben ausgeschlossen sein. Wenn eine einzige Person zur Hölle fahren müsse, dann wolle sie mit derselben gehen; und wenn in den unteren Regionen eine Arbeit zu vollbringen sei, dann wolle sie dem ewigen Vater bei dieser Arbeit helfen."

Nicht wenige der Abgesandten behaupteten Wunderkräfte zu besitzen: die Gabe der Zungen und der Geisterseherei, die Kunst zu heilen. Fast alle Eingeweihte verstehen es durch Auflegen der Hände (Spötter sagen durch sehr großes Auflegen[8] Krankheiten zu heilen.

In einer Nummer des „Banner des Lichts" kann man an zwanzig männliche und weibliche – meistens weibliche – Medien zählen, welche öffentlich ankündigen, dass sie alle Arten Krankheiten – natürlich gegen Entrichtung von einer Anzahl Dollars – mit Hilfe von Geistern heilen könnten, indem durch eine Bewegung der Hände, in Nachahmung des apostolischen Rituals, eine gewisse Kraft vom Arzte auf seinen Patienten übertragen werde. Diese Ankündigungen der heilenden Medien sind oft merkwürdig und lassen tief blicken.

Von den weniger berühmten Leuten dieser Sorte kündigt zum Beispiel Frau Eliza Williams, eine Schwester von Andrew Jackson Davis, an, dass sie „alle Krankheiten untersuchen und für die Patienten durch ihre Heilkräfte, welche vollkommen bewährt sind, verschreiben will."

---

8   Imposition – Auflegen, Betrug.

Frau S. J. Young kündigt ihr Geschäft als ärztliche Hellseherin an; Frau Spafford als ein Verzückungs-Versuchs-Medium; Frau H. S. Seymour als ein Geschäfts- und Versuchsmedium.

Viele dieser Ankündigungen bleiben dem fleischlichen Verstande ein tiefes Geheimnis. Frau Spencer übernimmt es, Erkältungen und Fieber durch „ihre positiven und negativen Pulver zu heilen", und fügt hinzu, dass „zur Verhütung und Kur der Cholera diese große Geisterarznei stets vorrätig gehalten werden solle." *Dr.* Main, welcher beim „Gesundheitsinstitut" gewesen ist, verlangt von den Personen, welche seinen ärztlichen Rat zu haben wünschen, dass sie „einen Dollar, eine Briefmarke und eine Haarlocke beilegen." Frau R. Collins „fährt fort in der Fichtenstraße Kranke zu heilen." Madame Gale, Hellseherin und Versuchs-Medium, „sieht Geister und beschreibt abwesende Freunde." Frau H. B. Gillette, elektrisches, magnetisches, heilendes und entwickelndes Medium, „heilt den Körper und den Geist." Aber Frau Gillette scheint von *Dr.* George Emerson übertroffen zu sein, welcher eine „neue Entwickelung der Geistergewalt" ankündigt. Dieses Medium ist: „entwickelte Krankheiten dadurch zu heilen, dass es die Krankheiten in sich selbst aufnimmt", und er kündigt an, dass er bereit ist, dieses Wunder der Geisterkunst brieflich, auf jede Entfernung für zehn Dollars zu vollbringen.

In gewisser Beziehung indessen geben sich die Frauen ein größeres Ansehen von Macht, als irgendetwas, was das gröbere Geschlecht je geleistet hat. Frau S. W. Gilbert nennt sich eine Dermapathistin, und erbietet sich nicht nur Krankheiten zu heilen, sondern auch diese Heilkunst zu lehren, in so und so viel Stunden, für so und so viel die Stunde! –

Ein ernster, feindseliger Ton gegen die religiösen Sekten und ein strenger Maßstab an alle christliche Nationen durchweht die Reden der Männer und Frauen im Verlaufe dieses Kongresses, ein Ton, welcher kaum durch ein Wort in den offiziellen Berichten gemildert ist.

Fräulein Susie Johnson sagte, dass sie für ihren Teil keine Kirchen mehr bauen wolle, „denn diese hätten die Menschheit bereits zu lange unterdrückt und umnachtet."

Herr Andrew Foß „dankte Gott, dass dies nicht die Zeit der Gottesverehrung, sondern der Erforschung sei." *Dr.* H. T. Child sagte, dass

„der Spiritualismus den Abgrund zwischen Abraham's Schoß und der Hölle des reichen Mannes überbrückt habe. Lasst uns Danksagung über Danksagung für jeden Schlag tun, welcher an diesen Überbau des menschlichen Gesetzes getan wird – eines Gesetzes, welches durch die Hand des Menschen die Menschen für ihre Missetaten bestraft."

Herr Perry sagte: „Als ein Spiritualist habe ich noch zu lernen, dass wir irgendetwas für heilig halten, und ich bin gegen jeden Beschluss, in welchem das Wort ‚heilig' vorkommt."

Herr Finney sagte: „Die alte Religion erstirbt. Wir sind hier, um diese neue Religion zu repräsentieren, die von der Union und den Typen der Humanität in einer kosmopolitischen Geographie (?) geboren, und zu welcher die Form in den Schmiedewerkstätten der göttlichen Vorsehung gegossen ward."

Dies ist in der Tat ein Resümee dessen, was in Gegenwart der versammelten sterblichen und himmlischen Deputierten beim dritten nationalen Kongresse gesprochen ward.

Drei Resolutionen wurden angenommen, welche die Spiritualisten von höchster Bedeutung erachten. Die erste ging dahin, man wolle gegen den Unterricht in den Sonntagsschulen sein und dafür den ihrer eigenen Fortschritts-Lyzeen substituieren; die zweite, die Niederschrift einer Reihe von Artikeln über den Spiritualismus zu besorgen; die dritte, den Gebrauch von Tabak und starken Getränken zu unterdrücken. Ein Vorschlag, eine National-Geister-Universität zu gründen, ward zur Beratung auf die Tagesordnung für das nächste Jahr gesetzt. Eine Resolution von keinem unmittelbaren Einfluss bewies, auf wie breiter Grundlage diese Spiritualisten auf dem Felde der Politik handeln könnten, was sie an Zahl und Einigkeit über den Zweck Macht gewinnen sollten. Sie bezog sich auf die Arbeiterfrage und lautete, wie folgt: „Es ward beschlossen, dass in der Hand der ehrlichen Arbeit allein das höchste Zepter der Civilisation ruht; dass ihre Rechte ihrem Charakter und ihrer Wichtigkeit angemessen sind, und dass sie daher so vollständig und vollkommen entschädigt werden müsse, um den sich abplagenden Millionen reiche Mittel, Zeit und Gelegenheit zur Ausbildung, Kultur, Verfeinerung und zum Vergnügen an die Hand zu geben; und dass gleiche Arbeit, ob von Männern oder Frauen vollbracht, auch gleiche Entschädigung zu beanspruchen habe."

Diese Reformatoren haben keinen Respekt vor den Ansichten der alten Welt über die politische Wissenschaft. Wenn wir es versuchen, über ein System zu urteilen, welches unseren Gefühlen so widerstrebend, unseren Einrichtungen so feindlich ist, wie diese Schule des Spiritualismus, so dürfen wir – wenn wir unparteiisch in unserem Urteile sein wollen – nicht vergessen, dass sich, so merkwürdig es auf den ersten Anblick auch sein mag, Hunderte von gelehrten Männern und frommen Frauen dazu bekannt haben.

Diese Tatsache wird den meisten das Merkwürdigste an dieser Bewegung sein; aber niemand kann behaupten, dass eine Theorie einfacher Unsinn ist und unter der Notiznahme der Forscher steht, zu welcher sich Leute wie Richter Edmonds, *Dr.* Hare, der Älteste Friedrich und Professor Bush bekennen.

## 49. Seherinnen

In der gelehrten, glänzenden und malerischen Stadt Boston, der Heimat von Agassiz, Longfellow, Holmes und Lowell, ist ein Zweig der weiblichen Priesterschaft Amerikas aufgetaucht, welcher das Recht beansprucht, die Wissenschaft zu regeln, die Beweisführung abzuschaffen und eine neue Art und Weise einzuführen. Die Frauen sind Seherinnen.

Diese Priesterinnen, welche man nach ihrer Gründerin und Hierophantin, Elisabeth Denton, Elisabethinerinnen nennen könnte, sind, genau genommen, keine Gemeinde, kaum eine Sekte, und bestimmt keine gelehrte Körperschaft. Man könnte sie vielleicht eine Schule nennen, da sie vorgeblich alles zu lernen und alles zu lehren haben.

Wie die meisten anderen Zweige der großen Familie der Spiritualisten, leben sie in der Welt, deren Vergnügungen sie aufsuchen, und deren Bevorzugungen sie mit unermüdlichem Eifer ernstlich begehren.

Im Parke zu Boston kann man sie durch äußere Merkmale von den Leuten der gewöhnlichen Welt nicht unterscheiden (wenn man überhaupt sagen kann, dass es im Parke zu Boston gewöhnliche Leute gibt).

Sie kennzeichnet eine innere, intellektuelle Begabung; die besondere Kraft dieser Seherinnen besteht in der Fähigkeit, bis in das innerste Herz eines Mühlsteins sehen zu können.

Gehorsam dem allen diesen neuen Gesellschaften eigenen Gesetze, ist die Schule Elisabeth's eine Schule für Frauen, und hat Damen zu Propheten und Lehrern. Männer können Mitglieder der Schule werden, können an ihren Reichtümern Teil haben und ihre Evangelien verbreiten; aber kein männliches Wesen hat je die Behauptung aufzustellen gewagt, dass es im Besitz solcher wunderbarer Gaben sei.

Nach unserer modernen Philosophie hängt höhere Begabung von höherer Organisation ab. Der Mann von gröberer Bauart, härterer

Muskel, stumpferem Geiste kann die himmelanschwebenden Phantasien und Ekstasen des edleren Geschlechtes nicht erreichen. Um eine New Yorker Redensart zu gebrauchen, der Mann hat ausgespielt und die Frau kommt jetzt an die Reihe.

Den Anfang machte Anna Cridge. Anna Cridge ist eine Schwester von William Denton in Boston, einer Person, die hier – für einen Mann – eine wichtige Rolle spielt – ein Gelehrter, ein Geologe, ein Sammler, einer, der Logik spalten und Autoritäten zitieren kann bei der Verteidigung seiner Schule. Das neue Evangelium der Seherinnen überkam Anna Cridge und ihren Bruder William auf folgende merkwürdige Weise: Buchanan, ein Doktor in Cincinnati, hatte in seiner Praxis bemerkt, dass einige Leute ohne Pillen und Dosen einfach dadurch purgiert werden können, dass sie das Abführmittel in der Hand halten. Es war eine Sache der Einbildung, wie man sie vielleicht nicht von jedermann erwarten konnte, die aber doch gewiss bei einigen anzutreffen war, namentlich bei weiblichen Personen mit leicht empfänglichem Geiste und von zartem Körperbau. Warum konnte dies nicht bei Anna Cridge der Fall sein? Der leicht empfängliche Geist, der zarte Körperbau waren ihr von Natur, nicht aus eigener Wahl, eigen. Ein Versuch ward gemacht.

Nun sollte man meinen, dass eine Phantasie, die eine Pille ersetzen kann, befähigt sein müsse, noch ganz andere Dienste zu leisten, als den Körper von den Flüssen zu befreien; und mit der dem weiblichen Geschlechte angeborenen Schlauheit versuchte Anna ihre Kraft an einigen ungeöffneten Briefen ihrer Freundinnen. – Bald nahm diese Gabe bei ihr zu. Wenn sie ein gesiegeltes Papier an ihre Schläfe hielt, sah sie auf demselben Zeichen, nicht mit ihren Augen, sondern mit ihrem Gehirn, sie sah den Mann schreiben – die Gestalt des Mannes, welcher das Papier beschrieben hatte – und zwar so, dass sie seine Größe, seine Gestalt und die Farbe seiner Augen angeben konnte. Jetzt fuhr auch ihrem Bruder eine Idee durch den Kopf. Das Bild jenes Mannes muss ein Sonnenbild sein, welches auf das Papier, wie durch eine Linse geworfen worden war. Er selbst konnte es nicht sehen, nur seine Schwester Anna besaß die Gabe; aber dieser Mangel an Visionskraft war die Folge seiner gröberen geistigen Begabung. Es fehlte Denton an Einbildungskraft. Dennoch ward es ihm klar gemacht, dass die

Natur alle Tage ihre eigenen Bilder vervielfältige, dass jede Oberfläche solche Bilder aufzunehmen und zu behalten im Stande sei, und dass es nur eines Sehers bedürfe, um dieselben entziffern zu können, und um der Natur die innersten Geheimnisse abzulauschen. Es war eine gloriose Idee; Denton glaubte, der Anfang einer neuen Ära sei gekommen; denn wenn Anna dadurch, dass sie das Papier auf ihre Stirn legte, die Gestalt des Schreibers desselben und eine Skizze des Zimmers, in welchem es geschrieben, gefaltet und gesiegelt worden war, erblicken konnte, warum sollte und musste sie nicht im Stande sein, die Bilder zu lesen, welche auf allen anderen Oberflächen abgemalt sein müssen, auf Kieseln, auf Knochen, auf Muscheln und Metallen? Warum nicht? Wenn die Bilder, welche durch das Licht auf allen Gegenständen abgespiegelt werden, nicht, wie wir bisher annahmen, vergänglich sind, sondern auf denselben verbleiben und in sie einsinken, so bedarf es nur eines Versuches – einer Mittelsperson, welche sensitiv genug ist, um die verschiedenen Zeilen zu bemerken und wieder festzuhalten. Solch eine Mittelsperson hatte Denton in seiner Schwester Anna gefunden.

Nachdem er diese Seherin der Natur gefunden, musste die ganze Vergangenheit der Welt ihm eröffnet sein, wie es ein großes Bruchstück der Zeit für den ewigen Juden ist, mit der ferneren Vergünstigung, dass er noch weiter in der Zeit zurückgehen und Dinge sehen würde, welche noch nie ein menschliches Auge gesehen hatte. Zum Beispiel, wenn seine Theorie richtig sein sollte, dann würde es nur nötig sein, ein Stückchen Felsen vom Mauerhorn abzubrechen und es gegen die Stirn der Seherin zu halten, um, wie aus den Blättern eines Buches, die Geschichte der Gletscher von der Zeit ab zu lernen, als die Schweiz und Schwaben Eisfelder waren, durch die Schmelzperioden bis zu dem Tage, an welchem Wald, See, Stadt und Weinberg die Szene belachten; man hatte nur nötig, einen Kiesel von den Kalksteinbrüchen des Weißen Berges abzukratzen, und man musste darauf den Urwald, das Lager der Indianer abgebildet finden und die angemalten Rothäute mit ihren Federn sehen, wie sie ihre Speere schwingen und sie im Kriegstanze werfen; man brauchte nur ein Stück Lava von einem Gewölbe in Pompeji aufzuheben, um darauf einen Plan dieser italienischen Stadt, mit ihren Häusern, Gärten, Bädern und Arenen, mit ihren Spielen, Festen und der religiösen und gewöhnlichen Art zu leben, zu finden; eine Schuppe vom Turme von Sevilla zu lösen, und könnte das alte maurische Leben jener stolzen Stadt sofort wiedergeben, mit ihren Fahnen und Prozessionen, ihrer dunklen Bevölkerung, ihren glänzenden Halbmonden und heroischem Kriegspomp; einen Knochen aus dem Haufen des an den Kaien liegenden Schiffsballastes aufzuheben, und vielleicht auf diesem fossilen Gegenstande den Zustand Englands lesen, tausend Jahre bevor Cäsar von der Somme segelte, dabei die Portraits der Wilden, welche an unseren Ufern und auf unseren Dünen fischten und fochten und Ziegen und Schafe weideten. Wenn nur die Theorie wahr sein möchte, dann wäre über die Welt ein neues Licht angebrochen, die Geschichte hätte einen großen Zuwachs erfahren, die Wissenschaft eine neue Basis, die Kunst eine neue Darstellungsweise bekommen.

Aber Anna, die erste Seherin, fand jetzt eine Rivalin in der Kunst, auf Steinen zu lesen, in Elisabeth Denton, der Frau ihres Bruders. Es mag sein, dass Elisabeth eifersüchtig deshalb war, dass Anna Tag für Tag in ihres Mannes Studierstube ging, wenn es nur war, um unter Büchern, Häuten, Knochen und Metallen zu sein, um mit ihm in die Geheimnisse des Lebens einzudringen, während sie selbst in die Kinderstube und Küche geschickt wurde.

In ihren Augen ist es nicht unwahrscheinlich, dass, zu solchen Dienstleistungen der Wissenschaft, eine Frau so gut als die andere erschien, in ihrem eigenen Falle sie sich sogar bei Weitem besser dazu eignete.

Gewiss ist es, dass sie eines Tages ihrem Manne sagte, sie sei auch eine Seherin, fähig und willens, für ihn die Seele der Dinge zu ergründen. Denton machte an ihr einen Versuch mit einem Kiesel, von dem sie sofort in einer Weise las, welche die bescheidenen Ansprüche von Schwester Anna verdunkelte. In der veröffentlichten Liste der Versuche, welche mit ihr angestellt wurden, wird uns erzählt, dass Anna Cridge ein Stück Kalkstein aus Kansas, welches voll kleiner fossiler Muscheln gewesen, an ihre Stirn gehalten habe, und dass sie von demselben gelesen:

„Hier ist ein tiefes Loch. Welche Muscheln! Kleine Muscheln, so viele! Ich sehe Wasser, es sieht aus wie ein dahinströmender Fluss."

Das nächste Experiment ward mit Elisabeth angestellt; ein Stück Quarz von Panama ward vor ihre Augen gehalten: „Ich sehe etwas, was einem ungeheuren Insekte ähnlich sieht; sein Körper ist von schaligen Flügeln bedeckt, und der Kopf mit fast einen Fuß langen Fühlhörnern versehen. Es steht mit dem Kopfe gegen einen Felsen... Ich sehe, wie eine ungeheure Schlange unter wildem, drahtigem Grase zusammengeknäuelt liegt. Die Vegetation ist eine tropische."

„Das war gut gemacht!", rief Denton aus. Stolz auf die so plötzlich von seiner Frau entwickelten Gaben, verkündete er, dass eine neue Wissenschaft erfunden, eine neue Verdolmetschung der Zukunft enthüllt worden war. Er schlug eine neue Seite im großen Buche der Natur auf und schrieb auf dieselbe das Wort Psychometrie, womit er die Wissenschaft von der Seele der Dinge meinte. Natürlich war er, da er ein Mann war, nicht im Stande, anderen diese Seele zu zeigen; er behauptet nicht, dass er sie selbst sehen kann. Er ist durch seine Schwester und seine Frau privilegiert. Da er aber ein Mann von Bildung und Ideen ist, so hat er das neue Mysterium des Weltalls auf folgende überraschende Weise ausgedrückt:

„In der Welt um uns her gehen glänzende Kräfte von allen Gegenständen auf alle Gegenstände in der Nähe und daguerreotypien zu jedem Augenblick des Tages ihre Erscheinungen auf einander; die Bilder, welche so entstanden sind, bleiben nicht nur auf der Oberfläche haften, sondern sinken in das Innere derselben ein, woselbst sie mit erstaunenswerter Beharrlichkeit festgehalten werden und nur auf die passende Anwendung warten, um sich dem forschenden Auge zu enthüllen. Man kann also weder bei Tag noch bei Nacht in ein Zimmer gehen, ohne beim Weggange sein Portrait zurückzulassen. Man kann keine Hand aufheben, nicht die Augen schließen, der Wind kann kein Haar auf dem Kopfe bewegen, ohne dass jede dieser Bewegungen unfehlbar für kommende Zeiten aufnotiert wird. Die Glasscheibe im Fenster, der Ziegel in der Wand und der Pflasterstein auf der Straße nehmen die Bilder des Vorübergehenden auf und behalten sie sorgfältig. Kein Blatt bewegt sich, kein Insekt kriecht, keine Welle erhebt sich, ohne dass jede Bewegung von tausend fleißigen und gewissenhaften Schreibern in ein unfehlbares und unzerstörbares Buch eingetragen wird."

Es ist schade, dass es den Männern nicht gestattet ist, diese Gemälde zu sehen, diese Geschichten unseres Erdballs zu lesen. Aber das Sehvermögen des Mannes ist stumpf, sein Geist prosaisch. Nur der weibliche Sinn kann in diese unergründlichen Tiefen schauen.

Es ist das ziemlich hart für uns; aber wessen Fehler ist es, wenn die gröbere Natur des Mannes sich nicht bis zu diesen Höhen der Weiber emporschwingen kann?

Da eine Fähigkeit durch das, womit sie sich nährt, an Umfang gewinnt, so hat diese mysteriöse Gabe von Elisabeth Denton die von Anna Cridge in nicht zu messender Ferne zurückgelassen. Sie hat sich nicht nur die Gabe angeeignet, in Kiesel und fossile Gegenstände zu schauen, sondern kann auch bis auf den Boden der See, bis in den Mittelpunkt der Erde sehen.

Sie kann die Leute der Vergangenheit reden hören, sie kann die Speisen kosten, welche die Saurier und Crustaceen in der vorsündflutlichen Welt verschlungen haben.

Von diesen Seherinnen haben wir gelernt, dass die Menschen einst wie die Affen waren, dass selbst damals die Frauen den Männern voranstanden, da sie weniger behaart waren und aufrechter standen, als ihre männlichen Genossen.

Dahin muss es stets kommen, wenn die Geschichte des menschlichen Lebens von einem vollkommen dazu geeigneten weiblichen Heiligen und einer Seherin erzählt wird.

## 50. Gleiche Rechte

"Sind Sie ein Mitglied der Gesellschaft zur Beförderung von gleichen Rechten zwischen den beiden Geschlechtern?", fragte ich eine junge verheiratete Dame meiner Bekanntschaft in New York.

"Gewiss nicht", sagte sie mit lebhaftem Achselzucken.

"Warum nicht?", wagte ich, meine Frage fortsetzend, einzuwenden.

"Oh!", antwortete sie mit einem schlauen Lächeln, "sehen Sie, ich habe es gern, wenn man sich meiner annimmt."

Wenn es nicht um diese glückliche Schwäche seitens vieler Damen wäre, so würde, wie man mir sagt, bald die ganze weibliche Bevölkerung dieser Staaten, namentlich der in Neu-England, dieser Gesellschaft zur Beförderung von gleichen Rechten angehören.

Die Reform, welche Damen wie Betsey Cowles, Lucy Stone und Lucretia Mott zu Stande bringen würden, um die Rechte der Geschlechter ins Gleichgewicht zu bringen, würde dem Weibe alles das geben, was die Gesellschaft dem Manne zugesteht, von den Beinkleidern und dem Haustürschlüssel an bis zum Sitze im gesetzgebenden Rate und bis auf die Kanzeln in den Kirchen.

Durch Festhalten an diesen weiblichen Rechten haben Henriette Noyes und Marie Walker Pantaletten angelegt; Elisabeth Stanton hat sich zum Kandidaten für die Repräsentation New Yorks vorgeschlagen, und Olympia Brown ist in aller Form Rechtens zum Priester des Evangeliums ordiniert worden.

Als unter der Präsidentin Betsey der erste Kongress der Weiber in Ohio tagte, nahmen die Damen nach langem Lesen und nach hitziger Debatte zweiundzwanzig Resolutionen an, und versahen dieselben mit einer Vorrede, einer Nachahmung der Unabhängigkeitserklärung:

"Sintemalen alle Menschen gleich geboren und mit gewissen von Gott gegebenen Rechten begabt sind, und jede gerechte Regierung von der Zustimmung der Regierten abhängig ist, und sintemal die Lehre, dass der Mensch sein eigenes materielles Glück suchen soll, von den ersten Autoritäten als eine große Vorschrift der Natur erkannt wird, und sintemal diese Lehre nicht lokal, sondern universal ist, da sie von Gott selbst vorgeschrieben ward: deshalb..."

Hieran folgen die Resolutionen, welche die Gestalt einer öffentlichen Erklärung annehmen, dahin gehend, dass die Damen von Ohio in Zukunft die Gesetze für null und nichtig erachten sollen, welche, ihrer Meinung nach, das Geschlecht ungerechterweise unterdrücken.

Es ward beschlossen:

1. „dass alle Gesetze, welche diesen Grundprinzipien entgegenlaufen, oder im Widerspruche mit dieser großen Vorschrift der Natur sind, keine dauernde Verbindlichkeit haben."

2. „dass alle Gesetze, welche die Frauen von der Abstimmung ausschließen, null und nichtig sind."

3. „dass alle sozialen, literarischen, pekuniären und religiösen Unterschiede zwischen Mann und Frau der Natur entgegenlaufen."

4. „dass es ungerecht und unnatürlich ist, einen verschiedenen moralischen Maßstab für Männer und für Frauen zu haben."

Lydia Pierson verdammte das, was sie für die wahre Ursache des untergeordneten Zustandes der Frauen hielt: die Gewohnheit unter den Mädchen, jung zu heiraten.

Lydia sagte ihren Zuhörern, dass wenn sie Menschen sein wollten, sie in der Schule bis zu ihrem einundzwanzigsten Jahre verbleiben müssten.

Massachusetts – der wahre Führer in jeder Glaubensbewegung – nahm die Frage auf, und der erste National-Weiberrechte-Kongress ward in Worcester gehalten, mit Paulina Davis von Rhode Island, Präsidentin, und Hannah Darlington von Pennsylvanien, Sekretärin.

Paulina erklärte den Zweck dieses Weiberparlaments als eine zeitgemäße Bewegung, die Emanzipation einer Klasse, die Erlösung der halben Welt, die Reorganisation aller sozialen, politischen und industriellen Interessen und Einrichtungen. Sie sagte, dies ist die Zeit des Friedens, und die Frau ist das Losungswort.

Der Kongress stimmte für die folgenden Resolutionen: „Dass jedes menschliche Wesen, welches das gesetzmäßige Alter erreicht hat, welches dem Gesetze gehorchen muss und Taxen zu zahlen hat, um die Regierung zu unterstützen, eine Stimme haben müsse;

„dass politische Rechte nichts mit dem Geschlechte zu tun haben, und dass das Wort ‚Mann' aus allen unseren Staatskonstitutionen auszustreichen sei;

„dass die Eigentumsgesetze, soweit sie verheiratete Leute angehen, revidiert werden müssen, um diese Gesetze alle gleich zu machen, und zwar dergestalt, dass die Frau bei Lebzeiten eine gleiche Kontrolle über das durch ihre gemeinschaftlichen Opfer und ihre gemeinschaftliche Arbeit erlangte Vermögen habe, die Erbin ihres Mannes in der Ausdehnung werde, wie er ihr Erbe ist, und berechtigt sein müsse, bis zu ihrem Tode testamentarisch über denselben Anteil des gemeinsamen Vermögens verfügen zu können, wie er es ist."

Andere Resolutionen erklärten das Anrecht der Frauen auf eine bei Weitem bessere Erziehung, als sie jetzt genießen; auf eine unparteiische Kompagnieschaft mit Männern bei Handelsunternehmungen und Wagnissen, und auf einen Anteil an der Justizverwaltung.

Ein männlicher Zuhörer sagte, er liebe den Geist dieses Weiberparlaments, da er ausgefunden, dass sie unter Rechten der Frauen das Recht verstünden, dass jede Dame für etwas im Leben gut sein müsse.

Ein Gegenstand der Beratung bei diesem Kongresse war die Kleidung. Es würde kaum über Tatsachen hinausgehen, wenn man sagen wollte, dass gewissermaßen die Rinde und Schale jeder Frage, welche jetzt zwischen den beiden Geschlechtern zur Debatte kommt, in das Bereich der Putzmacherin und des Schneiders gehört.

Was ist die richtige Art Kleidung, welche eine freie Frau um ihre Glieder falten soll? Ist die Robe die endliche Gestalt der Kleidung? Ist der Unterrock ein Zeichen der Schande? Schuldet ein Mann seinem Hute, seinem Rocke, seinen Beinkleidern, seinen Stiefeln nichts? Kurz, kann man sagen, dass eine Frau dem Manne gleich sei, bis sie das Recht erlangt hat seine Kleidung zu tragen? Fragen wie diese haben ihre ernsthafte, wie ihre komische Seite. Die Wissenschaft der Frauen ist in diesen Ländern so weit vorgeschritten, dass mancher Gegenstand, welcher in London zu Scherzen und Gedichten Veranlassung geben würde, hier so behandelt wird, wie eine geschäftliche Frage in einem Laden auf dem Broadway.

Nun bezeichnet die Kleidung, wenn man sie, abgesehen von den Moden in Hydepark und der „fünften Allee", betrachtet, etwas mehr, als den persönlichen Geschmack ihres Trägers. Die Kleidung macht den Mann und mehr noch. Die Kleidung sagt uns nicht nur, was der Mann tut, sondern auch, was er ist. Beobachte den lebendigen Strom, welcher durch den Broadway fließt und brandet, bei dem Parke, der Batterie und den Kaien vorüberzieht, und du wirst sehen, dass der Prediger ein Kostüm hat, der Briefträger ein anderes, der Matrose ein drittes; dass der bequeme Mann in einer Kleidung einhergeht, welche ein Mann mit schnellen und entschiedenen Bewegungen nicht tragen könnte. Ein wehendes Gewand hindert den Eigentümer; ein Mann oder eine Frau in langen Kleidern kann nicht so laufen, wies ein Bursche in Beinkleidern.

Helene Marie Weber war eine der Ersten, welche Rock und Hosen anzog, und ihre Annahme männlicher Kleidung gab zu lauten Äußerungen Anlass. Helene war, außer Schriftstellerin über Reform, weibliche Erziehung und Kleidung, eine praktische Farmerin, welche Land pflügte, Korn säte, Schweine aufzog und mit ihren Produkten, angezogen wie ein Mann, in Stiefeln, Hosen und Knöpfen zu Markte fuhr. Außer dieser Grille, wird sie als eine durchaus fromme Person, mit dem Benehmen einer Dame beschrieben, mit bescheidener Miene und ohne anmaßende Stimme. In einem Briefe, den sie an den Damenkongress schrieb, erwähnt sie, dass sie in den englischen und amerikanischen Zeitungen deshalb getadelt worden sei, weil sie Hosen trüge; sie erklärt: dass sie kein Verlangen danach habe eine Iphis zu sein; dass sie niemals etwas anderes als eine Frau sein wolle, und nie für einen Mann, außer vielleicht von irgend einem eiligen Fremden, gehalten worden sei.

Ihre gewöhnliche Kleidung, sagt sie, sei ein Rock und Beinkleider von schwarzem Tuche; ihr feiner Anzug bestehe aus einem dunkelblauen Rocke mit Goldknöpfen, rötlichgelber Casimirweste, reichbesetzt mit Goldknöpfen, und Tuchhosen. Sie fügt mit rührender weiblicher Naivität hinzu, dass alle ihre Kleider in Paris gefertigt sind.

Manche der Punkte, denen die Damen ihre Aufmerksamkeit gewidmet haben, waren von ernstlicher Bedeutung; andere waren nur der heiteren Szenen wegen bemerkenswert, zu denen sie Veranlassung gaben. Ich habe von einer Deputation in einer dieser Städte in Neu-England gehört, welche dem Prediger ins Haus rückte, um gegen den Anfang der täglichen Predigt: „Innigstgeliebte Brüder!" zu protestieren, da dies so viel heiße, als die Frauen seien entweder nicht gegenwärtig, oder zählten in der Gemeinde für nichts. Sie wünschten die Ansichten ihres Pastors über ein Projekt zu haben, das allgemeine Gebetbuch zu verbessern. „Schon gut, ich habe über die Angelegenheit nachgedacht, meine Damen", sagte der Prediger; „aber ich denke, der Text mag stehen bleiben; denn, sehen Sie, die Brüder umfassen[9] stets die Schwestern."

Die ernsthaftere Frage, welche in diesem Bündnis zur Erlangung gleicher Rechte zur Sprache kam, ist die Stellung der Frau in der Ehe. „Die ganze Theorie des allgemeinen Gesetzes in Bezug auf die verheirateten Frauen ist ungerecht und entehrend", sagen sie.

„Was", so fragen sie, „sind die natürlichen Beziehungen des einen Geschlechtes zu dem andern? Ist die Ehe die höchste und reinste Form dieser Beziehungen? Was sind die moralischen Wirkungen der Ehe auf Mann und Frau? Ist die Ehe ein heiliger Zustand?"

Jede Appellation an den Codex um Rat bei solchen Fragen würde vergebens sein, da das Gesetz, unter dem wir leben, keine Antwort in Angelegenheiten moralischer und religiöser Wahrheit zu geben hat.

Die Einrichtungen, welche heidnischen Ursprungs und heidnischen Geistes sind, halten die Frau für wenig mehr, als ein bewegliches Gut, und die Beziehungen zwischen Mann und Frau sind nur ein klein wenig besser, als die zwischen einem Herrn und seinem Sklaven. Sie sehen nichts moralisch Schönes in der Ehe; sehen nichts darin als eine Kompagnieschaft in einem Familiengeschäft, welche mit dem bei einer Handelsfirma Ähnlichkeit hat. Kein Römer träumte je davon, dass die Liebe zärtlichen Ursprungs, dass die Ehe eine Vereinigung zweier Seelen sei, und dieses gotische Gefühl, welches so häufig in unserer Poesie, in unseren Traditionen, in unseren Häusern anzutreffen ist, findet

---

9   embrace = umarmen, umfassen, enthalten.

im Zivilgesetze keinen Boden. Daher ist es gekommen, dass jede Sekte sozialer Reformatoren in Amerika – der mährische Bruder, Tunker, Zitterer, Puritaner (Perfektionist), Mormone, Spiritualist – sein Streben nach einem bessern Leben damit angefangen hat, das Zivilgesetz bei Seite zu setzen und dasselbe zu verdammen.

Dass die Ehe das höchste, poetischste, religiöseste Stadium der sozialen Beziehungen ist, wird selbst in Amerika von Wenigen geleugnet. Einige stellen dies in Abrede. Die mährischen Brüder und Tunker behandeln diese Einrichtung mit einer gewissen Scheu; sie leugnen nicht, dass für fleischliche Personen es ein guter und vorteilhafter Zustand ist; glauben aber angeblich, dass er nicht heilig ist, nicht zur höchsten Tugend leitet. Die Zitterer verwerfen, wie wir gesehen haben, die Ehe ganz und gar, als eine der Einrichtungen der Zeit, welche ihre Bestimmungen auf dieser Erde erfüllt haben und jetzt verschwunden sind, so weit wenigstens, als dies die erwählten Kinder der Gnade betrifft.

## 51. Die harmlosen Leute

Die *Tunker*, welche alle, wie sie sagen, nach Amerika aus einem kleinem deutschen Dorfe an der Eder gekommen sind, verdanken den Namen, unter welchem sie nicht nur hier in Lancaster, Pennsylvanien, woselbst sie in der Nachbarschaft große Niederlassungen haben, sondern auch in Boston und New York bekannt sind, einem Wortspiele. Sie bekennen sich zur baptistischen Lehre, und da das Wort „Tunken" eine Krume in Brühe, einen Bissen in Wein eintauchen heißt, werden sie von denen, welche sich witzig ausdrücken wollen, „Tunker" (Wiedertäufer) genannt.

Man nennt sie auch, nach einer der plötzlichen Bewegungen, welche sie bei der Taufe machen, Tümmler (*tumblers*).

Wir Engländer nennen sie irrigerweise Dunker. Unter einander heißen sie Brüder, da ihre Verbindung die der brüderlichen Liebe ist. Der Name, unter dem sie in der Nachbarschaft ihrer Dörfer in Pennsylvanien, Ohio und Indiana bekannt sind, ist der: die harmlosen Leute.

Unter allem und jedem Namen sind sie eine nüchterne, fromme und gottesfürchtige Rasse und verbessern durch ihre einfache Tugend die mächtigen Gärungen, welche auf amerikanischem Grund und Boden vor sich gehen.

Diese Tunker leben in kleinen Dörfern und Farmgruppen, zu ihrer gemeinsamen Bequemlichkeit und zu ihrem gemeinsamen Vorteile, aber nicht in getrennten Gemeinden, wie die Zitterer und Puritaner. Sie verbleiben in der Welt, dem Gesetze untergeordnet.

In mancher Beziehung könnte man annehmen, dass sie in einem Zustande der Umwandlung, selbst des Verfalls, begriffen sind; denn in jüngster Zeit haben sie angefangen, für verborgtes Geld Zinsen zu nehmen, was ihnen einst streng verboten war; dann begannen sie Kapellen und Kirchen zu bauen, statt ihre religiösen Gebräuche, wie die alten Juden, auf Häuser und Schuppen zu beschränken. Ich bedauere, sagen zu müssen, dass in einigen dieser Kapellen sich selbst eine Andeutung von Verzierung befindet; trotz dieser kleinen Hindernisse indessen halten die Tunker treu an ihrem alten Glauben fest, von dem folgende Einzelheiten genügen werden.

Sie glauben vorgeblich, dass alle Menschen selig werden; ein Dogma, welches fast jeder neuen Sekte in den Vereinigten Staaten eigen ist, obschon manche aus ihrer Mitte der Ansicht sind, dass allgemeine Seligmachung kein bindender Artikel ihres Glaubens sei. Sie kleiden sich einfach und gebrauchen nur die einfachsten Formen der Anrede. Sie schwören nicht. Sie machen keine Komplimente. Sie kämpfen nicht. Sie tragen lange Bärte und führen keine Prozesse. Bei ihrem Gottesdienste haben sie keinen salarierten Priester. Männer und Frauen werden als gleichberechtigt erachtet, und die beiden Geschlechter sind gleich wählbar für das Diakonat. Jedem Manne in einer Gemeinde ist es erlaubt, aufzustehen und den Text zu erklären (wie in einer jüdischen Synagoge); der Mann, welcher sich am fähigsten zeigt, zu lehren und zu predigen, wird auf den Platz des Priesters gesetzt; für seine Dienste erhält er, statt der Bezahlung mit Dollars, nur die Achtung der Gemeinde. Wie Petrus und Paulus auf ihren Reisen, können die Apostel der Tunker bei ihren Brüdern wohnen, und selbst Nahrung und andere Gaben erhalten; sie dürfen jedoch keine Zahlung annehmen und tun dies auch nicht, selbst wenn sie zufällig arm und nicht im Stande sind, auf eine Woche oder einen Monat ohne Verlust ihre kleinen Parzellen Land zu verlassen. Diese unbezahlten Prediger müssen die Kranken besuchen, die Sterbenden trösten, die Toten begraben. Sie müssen auch junge Leute mit einander verheiraten; doch gibt es dieser fleischlich Gesinnten nur wenige; eine Pflicht, welche oft der mühsamste Teil ihres Geschäftes ist.

Denn die Tunker haben, wie die Essäer, denen sie in manchen Hauptpunkten ähneln, besondere Ansichten über die Heiligkeit eines Einzellebens; sie halten das Zölibat in höchsten Ehren und behaupten, dass sehr wenig Personen für den ehelichen Stand begabt oder geeignet sind.

Sie verweigern es nicht, einen Bruder und eine Schwester zu verbinden, welche dieses Bündnis mit einander eingehen wollen; aber sie nehmen keinen Anstand, sie in langer und ernster Rede auf die erhabeneren Tugenden des Einzellebens aufmerksam zu machen.

Der Prediger sagt nicht, die Ehe sei ein Verbrechen; aber er gibt sein größtes Missfallen über dieselbe zu erkennen und behandelt sie wie einen der Übelstände, vor denen er gern seine Herde bewahren möchte.

Wenn ein Bruder und eine Schwester zu ihm kommen, um *ein* Fleisch zu werden, so schaut er auf sie herab, wie auf Sünder, deren geheime Gedanken man erforschen und erfragen, und die man womöglich in Gnaden vor einer schrecklichen Schlinge bewahren muss. Er erschreckt sie durch seine Fragen, stößt ihnen durch seine Prophezeiungen Furcht ein. Durch seine Worte und Blicke gibt er ihnen zu verstehen, dass sie, wenn sie heiraten wollen, schnurstracks zum Teufel gehen.

Es ist nicht leicht zu sagen, welchen Grund diese harmlosen Leute haben mögen, die Ihrigen von der Liebe und Ehe abzuhalten; denn die Tunker scheuen sich vor aller Veröffentlichung und Erklärung; es ist indessen anzunehmen, dass ihre Gründe teils physiologischer, teils religiöser Natur sind.

Ein kluger Mann, der seinen Willen in jeder Stadt der Welt durchsetzen könnte, würde allen Ehen zwischen missgestalteten und idiotischen Personen ein Ende machen; mit demselben Rechte könnte ein Tunker einem jungen Paare, das sich liebt, von der Ehe abraten, welche nichts tun können, um die Rasse zu verbessern. Aber irgend ein mystischer Traum darüber, dass Keuschheit etwas Gott wohlgefälliges sei und ihm deshalb zum Opfer gebracht werden müsse, sowie dass sie in den Augen der Menschen verdienstlich sei, haben mehr damit zu tun, meiner Ansicht nach, als irgend ein Bedenken, welches sie über Verbesserungen in der Aufzucht der Tunker haben mögen.

Natürlich sind die Tunker nicht die erste sich zum Christentum bekennende Gemeinde, welche es für ihre Pflicht erachtet, die Leute aufzumuntern, ein Einzelleben zu führen, obschon man annehmen kann, dass die Tatsache solcher Aufmunterung in einem Lande von Bedeutung zu erachten ist, in welchem jedes Kind einem Vermögen gleichkommt. Dies kann es nie in Europa und in Asien gewesen sein, woselbst die Abtrennung einer großen Anzahl Mönche und Anachoreten von den produzierenden Klassen aus ökonomischen, wenn auch nicht aus moralischen Gründen zu rechtfertigen war.

In den Kirchen von Jerusalem, Antiochien und Rom ward die Frage, ob das Zölibat ein heiliger Zustand sei oder nicht, lange und vielfach in Erwägung gezogen, denn man konnte auf beiden Seiten des Streites Apostel zitieren, und die Lehrer konnten, ein jeder nach seinem von ihm vertretenen Argumente, auf der einen Seite das Beispiel von Petrus, auf der andern Seite die Lehre von Paulus anführen. Das Gefühl zu Gunsten des Lebens im Zölibat kam nicht von Paulus, viel weniger von Christus; es tauchte unter den Farmen und Dörfern der Essäer in Judäa zuerst auf, verbreitete sich von da in die Stadt und die Schulen, ward unter den Pharisäern populär, da es ein Protest gegen das Fleisch und den Teufel war, und scheint nur in diesem Sinne von dem Asketiker Saulus angenommen worden zu sein. Nach seiner Bekehrung zu einem neuen Glauben war es nicht wahrscheinlich, dass ein Mann wie Paulus, der im reiferen Alter in der Welt umherzog, um das Werk seines Meisters zu lehren, seine Gewohnheiten ändern werde.

Der Geist der Essäer war mächtig in Paulus, aber wenn er Keuschheit des Körpers als etwas Gott wohlgefälliges bezeichnete, sollte man nicht zu schnell annehmen, dass er auch nur annähernd seine Stimme gegen Gottes eigene Vorschrift, zu heiraten, erhoben habe. Die, welche das soziale Leben von Korinth unter Junius Gallio studiert haben – Korinth, eine Senkgrube des Lasters, welche selbst für solche Leute abschreckend war, welche die Wege des entarteten Griechenlandes sehr genau kannten – können erraten, was des Apostels Beweggrund gewesen sein mag, als er seinen Schülern den Rat gab, eine enthaltsamere Lebensweise zu beobachten, als sie um sich her an der Tagesordnung fanden; aber jeder vernünftige Mann kann aus der heiligen Schrift urteilen, wie weit ein besonderer moralischer Zustand, namentlich selbst unter den Griechen, Paulus dazu gebracht haben muss, bei der Gemeinde in Korinth auf wahre und durchgreifende Aufmerksamkeit über Dinge zu dringen, welche er unter anderen Umständen der neuen Kirche nicht empfohlen haben würde.

Wenn er zu ihnen sagt, er wünsche zu Gott, dass sie wären, wie er ist, so spricht er (wenn ich ihn recht verstehe) eher wie ein keuscher, als ein einzeln dastehender Mann. Wie konnte ein Apostel von so praktischem und überblickendem Genie wie Paulus je die Idee fassen, die Ehe von der neuen Gemeinde zu verbannen?

Drei Ursachen sprechen dagegen, von denen eine jede von Bedeutung genug gewesen wäre, ihn davon abzuschrecken: erstens, weil Elohim, der Gott seiner Väter, die Ehe für Adam und all' seinen Samen eingerichtet hatte; zweitens, weil Paulus wusste und sagte, dass wenn Leute nicht heiraten, sie viel Schlimmeres tun; und drittens, weil die Bestimmung der Enthaltsamkeit, wenn er sie hätte erzwingen können, in einer Generation alle seine Bekenner und mit ihnen vielleicht die ganze Kirche Christi vernichtet hätte. Haben wir irgend ein Recht, zu glauben, dass Paulus des Rates wegen, den er den Korinthern gab, die Ansichten von Anna Lee oder selbst von Alexander Mark teilte? Griechenland war nicht Amerika; der syrischen Aphrodite wird nicht in New York gehuldigt.

St. Paulus hatte das Verdienstliche der Keuschheit einem Volke beizubringen, denen das Wort und dessen ganze Bedeutung unbekannt waren.

Seine Bekenner waren Verehrer der Astarte gewesen, und indem er ihr schändliches Benehmen tadelte, geschah dies mit der Freiheit eines Mannes, dessen Leben rein und fleckenlos war. Und dennoch erwog er seine Worte, und nahm sich im Ungestüme seines Zornes Zeit zu sagen, ob er nur in seinem eigenen Namen spreche oder ob er Rat im Namen des Herrn erteile. Die Griechen verstanden ihn; da er in ihrem Idiome schrieb, von ihren Sitten sprach, welche beide Dinge er sehr gut kannte, – er war in einer griechischen Stadt geboren und Schüler in einer griechischen Stadt gewesen – so muss ihnen das, was er meinte, klarer gewesen sein als den Fremden. Deshalb kann die griechische Kirche als sichererer Anhalt über den Sinn eines schweren und bestrittenen Gegenstandes betrachtet werden, als irgendeine andere, namentlich als die der amerikanischen Tunker. Über die griechische Kirche herrscht kein Zweifel. Durch viele Gesetze und durch beständige Gewohnheit dokumentiert diese Kirche, dass Paulus zu Gunsten der Ehe dachte, nicht beim Kommunikanten allein, sondern auch beim Priester.

Zum Unglück für die christliche Einheit hatte die westliche Kirche eine andere Ansicht über den Text. Die paulinischen und platonischen

Väter schrieben in mystischen Phrasen über die größere Heiligkeit eines unverheirateten Lebens; und lange ehe irgend ein Kirchengesetz erschienen, welches dem Priester und Bischof verbot, sich zu verehelichen, war es unter der höheren Geistlichkeit Mode geworden, sich dessen zu enthalten und, wie sie sich ausdrückten, nur für die Kirche zu leben. Merkwürdigerweise fasste diese Mode in Rom Wurzel, inmitten eines Volkes, welches es sich zum höchsten Ruhme anrechnete, dass es St. Petrus zum Gründer und Bischof gehabt habe, den Fürsten der Apostel, einen verheirateten Mann.

Die Annahme dieses Prinzips des Zölibats seitens Rom war der Keim zu den beiden großen Schismen in der christlichen Gemeinde; zuerst die Trennung zwischen Westen und Osten; dann, im Westen selbst, zwischen Norden und Süden.

Streitigkeiten über das Dogma kann man unberücksichtigt lassen, nicht aber Streitigkeiten über die soziale Ordnung.

Man kann einen Priester dahin bringen, Vernunft über solche Dinge wie Auserwählung und Weissagung anzunehmen, den man nicht dahin bringen kann, zuzugeben, dass die Ehe ein sündhafter Zustand ist. Im sechsten und siebenten Jahrhundert ward des Zölibats wegen mit Erbitterung gekämpft, die Kirche des Apostels Petrus war dafür, die von Paulus aber dagegen; und an diesem Felsen der Widersprüche der ersten christlichen Gemeinde scheiterten und zerschellten sie.

Das Konzil von Tours suspendierte auf ein Jahr alle Diakonen und Priester, welche man mit ihren Frauen zusammenlebend antraf, von denen es viele in Italien, Frankreich und Spanien gab. Das Konzil von Konstantinopel erklärte, dass Diakonen und Priester mit ihren Weibern leben müssten wie die Laien, nach dem Befehle und dem Beispiele der Apostel, ein Gesetz, dem sie noch gehorchen. Nicht nur trennte sich die griechische Kirche, dieses Hauptpunktes wegen, von der römischen, auch die Geistlichkeit im Westen und Norden – in England, Deutschland und Frankreich – lehnte sich dagegen auf; und die hauptsächlichsten Anstrengungen der römischen Kirche wurden fünfhundert Jahre lang auf diese wichtige Frage verwandt.

Jahrhunderte vergingen, ehe Rom die Opposition gegen diesen Punkt in England, Deutschland und Frankreich unterdrückt hatte, in welchen Ländern es noch zu der Zeit des schwarzen Prinzen verheiratete Priester gab; endlich trug es den Sieg davon, aber vom nächsten Tage an begann der Sieg der Reformation.

Niemand kann die Balladen und Chroniken von Pier's „Pflügers Klage" (*Ploughman's Complaint*) bis Peacock's „Unterdrücker" (*repressor*) lesen, ohne zu fühlen, wie weit es außerhalb der Macht der unverheirateten Geistlichkeit lag, mit einer Gemeinde der gotischen Rasse in Frieden zu leben.

Der Ruf nach einer verheirateten Priesterschaft erscholl aus jeder Ecke im Westen und Norden, und als die kirchlichen Reformatoren gegen sie ins Feld zogen, war das erste Pfand ihrer Aufrichtigkeit, welches gegeben und genommen ward: Frauen zu heiraten.

Alle die großen Männer, welche an der Spitze der Reformation in den verschiedenen Ländern standen, – Luther, Calvin, Cranmer – hatten dieses Unterpfand zu geben; so wurden die neugegründeten christlichen Gemeinden im Norden und Süden, deren Erbe Amerika ist, auf den breitesten Prinzipien menschlicher Natur gegründet, nicht auf der engherzigen Kritik eines Textes.

Aber Rom hängt noch, trotz der großen Spaltungen in der Kirche, mit Vorliebe an ihrer alten Ordnung. Es betrachtet das Weib als eine Falle. In die Grotte des heiligen Petrus (eines verheirateten Heiligen) darf, außer an einem einzigen Tage im Jahr, keine Frau treten. Eine Dame darf dem Papste nur in Trauerkleidern ihre Aufwartung machen.

In der römischen Kirche wird keine Musik für weibliche Stimmen zugelassen. So ist die italienische Kirche logisch in der Praxis, obschon sie ein falsches Prinzip haben mag. Wenn es für sündhaft angesehen wird, dass die Priester heiraten, wie kann man es verhindern, dass die Frauen verachtet werden?

Diese Frage kann man den amerikanischen Schulen des Zölibats, den Tunkern in Ohio, den Zitterern in New York vorlegen.

## 52. Die Revolution der Frauen

*Elisabeth Denton* ist, obschon sie Gründerin einer Schule von Seherinnen war, doch nicht die größte und kühnste dieser Reformatorinnen. Eine Schule von Schriftstellerinnen, eine Schule, welche bereits eine Kirche mit ihren Gesetzen und Bestimmungen, ihren Sehern und Sekten ist, erhebt sich weit über Lokalstreitigkeiten, bis hinauf in die Sphäre noch edlerer Wahrheiten.

Die Rechte der Frauen! ruft die Partei aus. Was ist Recht im Vergleich zu Macht? Was ist Sitte im Vergleich zu Natur? Was ist soziales Gesetz im Vergleich zu himmlischer Tatsache? Das Recht der Frau, zu lieben, sagen diese Reformatorinnen, ist eine Einzelheit, ihr Anspruch an die Arbeit ein Irrtum. Weder das eine noch das andere soll der Aufmerksamkeit der Welt aufgedrungen werden. Das eine sollte angenommen, das andere fallen gelassen werden. Das Recht der Frau an die Liebe ist in einem noch weiteren Anspruch mit inbegriffen, und nach der neuen Theorie ihres Lebens ist die einzige Beziehung, in der sie zur Arbeit steht, die, dass sie davon befreit ist.

Diese Reformatorinnen machen keinen Scheinangriff, sie teilen ihre Hiebe gerade aus. Ihrer Ansicht nach denken nur schwache und feige Reformatoren daran, über gleiche Macht und gleiche Gesetze zu schwatzen. Die Frauen, sagen sie, sind den Männern nicht gleich, sie stehen auf einer höheren Stufe. Sie verlangen von ihnen weder ritterliches Benehmen, noch Höflichkeit; sie verlangen die oberste Gewalt.

Wenn sie diesen Fehdehandschuh hinwerfen, wissen sie sehr wohl, wie sehr sie ihre männlichen Zuhörer in Erstaunen setzen und beleidigen; aber sie reden zu den Frauen und erwarten nicht, dass die Männer diese Wahrheit aufnehmen werden. Sie haben ein Evangelium zu verkünden, sich einer Pflicht zu entledigen, einen Krieg zu führen, und zwar einen sozialen Krieg; nicht mehr, und nicht weniger.

Sie behaupten, dass bis jetzt die Frauen in Knechtschaft gehalten worden sind; aber ihr Tag ist gekommen, ihre Ketten fallen ab, ein Befreier ist erschienen; weg, rufen sie, mit Komplimenten, mit Heucheleien, mit Zugeständnissen auf beiden Seiten; die Bewegung, welche jetzt im Werke ist, ist die Revolution der Frauen gegen die Männer.

Das erste Prinzip dieser neuen Partei ist, dass von den beiden Geschlechtern die Frau das vollkommenere Wesen ist, später entstanden, von schönerem Bau, großartigerer Gestalt und leichterem Typus. Die Unterschiede zwischen den beiden sind weit und groß, das eine ist mit den Cherubim und Seraphim verwandt, das andere mit dem Hengste und dem Hunde. Was der Mann zum Gorilla ist, ist die Frau zum Manne.

Die Überlegenheit der Frauen beschränkt sich nicht auf einige Grade mehr oder weniger; sie ist radikal, organisch, sie liegt in der Qualität ihres Gehirns, in der Zartheit ihrer Gewebe; eine Überlegenheit des Wesens, selbst mehr als des Grades. Wenn, wie es den Anschein hat, die Natur in aufsteigender Reihe tätig ist, dann steht die Frau eine Stufe höher als der Mann auf der Leiter der Natur zur angelischen Wesenheit. Und das gilt nicht nur von menschlichen Wesen, sondern von allen Wesen, vom weiblichen Mollusken bis zur Dame in Neu-England. Der Mann ist nur das Urbild der Tiere, während die Frau vermöge ihrer seelischen Gaben zu der himmlischen Rangordnung gehört. Er ist der Herr der Erde, und sie ist eine Botin des Himmels.

Nach dieser Ansicht der Frauen sind auch die Bestimmungen der Geschlechter so verschieden, wie sie an Begabungen verschieden sind. Der Mann ist da, um den Boden zu bearbeiten, während seine an derselben Brust ausgewachsene Schwester zur Prophetin und Seherin bestimmt ist. Der eine ist grob und roh geformt, um mit der Außenwelt kämpfen zu können; der andere zart und fein, um mit den himmlischen Sphären in Verbindung treten zu können.

Jedes Geschlecht also hat ein Feld für sich, in welchem seine Pflicht liegt. Der Mann muss arbeiten, die Frau lieben. Er arbeitet mit dem Fleische, sie mit dem Geiste. Ein Ehemann ist ein Pflanzer und Erzeuger, seine Frau ist eine Geberin und Verteilerin; nicht zum Scherz oder aus Eigensinn, sondern durch eine ewige gesetzliche Bestimmung.

Der Mann muss arbeiten und sparen, damit die Frau ausgeben und sich erfreuen kann; wobei ihre höhere Intelligenz diese materiellen Gaben zum Nutzen und zur Verschönerung verwendet, wie die Männer aus dem bewässerten Felde Wein und Öl, Farbe und Wohlgeruch ziehen.

Das eine Geschlecht ist Urbarmacher, das andere ein Vermittler. Er hat mit den niederen, sie mit den höheren Verhältnissen der Natur zu tun.

Die Prophetin dieser neuen Sekte ist Eliza Farnham aus den Staaten Island; der Tempel ist noch nicht erbaut, aber man sagt, dass der Glaube an dieselbe und Bekennerinnen zu derselben in jeder volkreichen Stadt der Vereinigten Staaten zu finden sind.

Fünfundzwanzig Jahre sind es her, dass die wahre Stellung der Frau Eliza klar ward. Sie war damals ein armes Mädchen, ungebildet, unverheiratet, wie die meisten dieser Lehrerinnen, und war noch nie gereist; und da sie wenig gelesen hatte, sprach sie nur eine Sprache; aber sie war klug und verschwiegen und hatte Gedanken in ihrem Kopfe und Worte auf ihren Lippen.

Die wahre Stellung der Frau ward ihr im Jahre 1842 klar, in demselben Jahre, in welchem Joseph Smith einen Befehl von Gott erhalten haben soll, die Pluralität der Frauen wieder einzuführen; sie ward ihr klar nicht durch Eingebung, sondern durch Anschauung; mit deutlicheren Worten: sie leitete das Dogma der Superiorität ab, wie Smith sein Dogma der Pluralität abgeleitet hatte, nicht aus irgend welchen Tatsachen in der Natur, sondern aus den tiefen und reichen Schätzen ihres Geistes. Wie Smith behielt sie entweder das Geheimnis für sich oder teilte es nur ihren besten Freundinnen mit. Aber sie gibt zu, dass die Frauen sehr schnell einander etwas lehren können, und ihre Ideen wurden durch unsichtbare Vermittlung verbreitet. Als die Wahrheit über sie kam, war sie noch eine Jungfrau, um die Kraft derselben auf die Probe zu stellen, heiratete sie, und ward der Reihe nach eine Frau, eine Mutter, eine Witwe, verdiente Geld und verlor es, arbeitete mit ihren Händen um's Brot, begrub ihre Kinder, wie sie ihren Mann begraben hatte, wanderte von Stadt zu Stadt, und von Staat zu Staat, lebte von der Mildtätigkeit anderer Leute, überschritt das Alter einer Frau, sah graue Haare auf ihrem Kopfe entstehen, und Krähenfüße an ihren Augen sich falten, und dann, als die Schatten des Abends traurig auf ihr Leben fielen, als sie die Freuden und Sorgen einer Frau in allen ihren Erscheinungen erfahren hatte, war sie bereit, den Krieg anzufangen, nicht heimlich und im Namen anderer, sondern mit offenen Prinzipien und mit allen Kräften im Felde.

Die Revolution der Frauen ward eröffnet, wie sie eröffnet werden musste, mit einem Angriff auf den gesunden Menschenverstand; eine Eigenschaft, welche die Welt in all' ihrer Torheit und Ungerechtigkeit über das Begriffsvermögen und die Beurteilungskraft einer Frau hält.

Die Vernunft ist die Festung des Mannes; eine Festung, welche er für sich selbst gebaut hat, und in welcher er allein wohnt.

Ja, Vernunft ist die Basis, auf welche er alle die Gesetze, Systeme, Poesien, Künste, Mythologien gepflanzt hat, welche er mit so tödlicher Kunst gegen die Genossin seines Lebens richtet. Aber als Eliza diesen reinen Verstand näher betrachtete, was fand sie da?

Eine hohe Macht, eine göttliche Gabe, einen Prüfstein der Natur, ein Instrument der Wahrheit? Nichts der Art.

Sie sah im Verstande nichts weiter, als einen groben Stümper, der die Natur auf eine langsame, materielle Art behandelte, einige Daten und Tatsachen aufsammelte, Ursachen und Folgen aufsuchte und durch Harmonien nach dem Gesetze schnappte. Was ist die Gabe des Mannes im Vergleiche zur Grazie der Frau? Ein Vorgang gegen eine Macht. Eine Frau hat keine besondere Art und Weise nötig. Sie kennt die Tatsache, wenn sie dieselbe sieht, fühlt die Wahrheit, wenn sie unsichtbar ist. Was der Mann mit seiner Logik, Beobachtung und Verfahrungsweise in einer Generation zusammenbringt, das sieht sie sofort. Für ihn ist die Vernunft ein mühsamer und unsicherer Führer; für sie ist die Eingebung ein schneller, unfehlbarer Zauberstab. Hat nicht der Mann, so fragte Eliza, seine Vernunft seit Jahrhunderten gebraucht, ohne auf die Hauptwahrheit des Lebens, die natürliche Überlegenheit des weiblichen Geschlechts zu kommen? Der Verstand mag seinen Nutzen und seine Pflichten geringer Art haben, da er einen Mann lehren kann, wie man Bäume fällt, Boote baut, Wild in Schlingen fängt, wie man Korn erntet und Kartoffeln aussteckt, wie man sein Feld umzäunt und sein Besitztum beschützt, und zu diesem Gebrauche mag er noch auf kurze Zeit behalten werden; aber nur an der rechten Stelle, als Diener für den bei Weitem höheren Willen der Frau.

Es ward angekündigt, dass die Herrschaft der Wissenschaft vorüber sei, die des Spiritualismus angefangen habe.

Die Wissenschaft ist durch den Mann entstanden, der Spiritualismus durch die Frau. Erstere ist grob und sinnlich, ein Ding der Vergangenheit; der andere rein und heilig, das Produkt der Zukunft. Die Wissenschaft bezweifelt, der Spiritualismus glaubt; die eine ist von der Erde, der andere vom Himmel. Jetzt, nachdem das Evangelium der Frau verkündet ist, hat die Wissenschaft aufgehört bei Entdeckung der Wahrheit eine Hauptrolle zu spielen; die objektive Welt fängt an in die subjektive überzugehen, und das erhabenere Geschlecht wird vermöge einer inneren Erleuchtung die Mysterien des Himmels und der Hölle für uns lesen. –

Eliza lehrte keine besondere Gottesgelahrtheit. Sie verwarf Petrus und Paulus, Luther und Cranmer, glaubte aber an Swedenborg. Petrus und Paulus hatten die Frauen unter die Männer gestellt.

Eliza behauptete kühn, dass, obschon ihre Wahrheit einer Frau neu und fremdartig sei, sie dennoch für den weiblichen Verstand überzeugend wirke.

Wie ihre Lehre dem Verstande der Männer, der auf einer weit niedrigeren Stufe stehe, erscheine, bekümmere sie nicht. Ein Virginier denkt nie daran, mit seinen Sklaven zu disputieren. Die Wahrheit, welche sie zu predigen habe, brauche nicht die Sanktion des Mannes, um sie passierbar zu machen, und sie beschränke ihren Vortrag auf das edlere Geschlecht.

Ihr Beweis zu Gunsten der Wahrheit der Frau liegt in folgendem Vernunftschlusse:

Das Leben ist im Verhältnis zu seiner organischen und leistungsfähigen Zusammensetzung zu bemessen. Der Organismus der Frau ist besser zusammengesetzt und die Summe ihrer Leistungen größer, als die irgendeines andern die Erde bewohnenden Wesens; deshalb ist ihre Stellung auf der Leiter des Lebens die erhabenste – die souveräne.

Das war Eliza's Geheimnis. Das aus den meisten Eigenschaften zusammengesetzte Leben ist das höchste; bei dem Leben der Frau ist dies der Fall – *ergo* ist das Leben der Frau das höchste. Wenn die Voraussetzungen gesund sind, muss der Schluss auch gut sein. Eliza war so von ihrem Vernunftschlusse überzeugt, dass sie ihre Sache darauf basierte. Was sie für die Frau verlangt, ist nur das, was ihr die Natur gibt, die souveräne Stellung.

Es ist dasselbe, sagt Eliza, durch alle Rangstufen bei den Tieren. Die weiblichen haben mehr Organe als die männlichen, und Organe sind die Repräsentanten von Macht. Alles, was weiblichen Geschlechtes ist, hat dieselben Organe nicht nur, wie das, was männlich ist, sondern auch noch zwei großartige Einrichtungen, welche das männliche Geschlecht nicht hat, Einrichtungen, welche sich auf die Ernährung des Lebens beziehen. Sie gibt zu, dass das Männchen oft physisch größer ist, als das Weibchen, insoweit Größe nach Umfang des Körpers, der Länge des Armes und der Breite der Brust gemessen werden kann; aber anstatt dass man daraus einen Schluss zu Gunsten des Männchens zu ziehen im Stande sein sollte, beweist dies nur, dass er Größeres in den gröberen Teilen – in Knochen und Sehnen ist, – nicht in Nerven und an Gehirn. Wo die höheren Funktionen ins Spiel kommen, da ist die Frau dem Manne voraus. Ihre Büste hat einen edleren Umriss, ihr Busen eine schönere Wölbung. Die obere Hälfte ihres Schädels ist ausgedehnter. Alle Gewebe ihres Körpers sind weicher und zarter. Ihre Stimme ist lieblicher, ihr Gehör feiner. Ihre Adern sind von tieferem Blau, ihre Haut von reinerem Weiß, ihre Lippen von tieferem Rot.

Auf allen Seiten also, sagt Eliza, trägt das weibliche Wesen den Preis davon. Sie weiß, dass einer alten Redensart zufolge, die sich auf das gründet, was man im Walde, auf der Straße, auf einem Bauerhofe sehen kann, allgemein behauptet wird, das männliche Tier sei größer und schöner. Es ist wahr, dass fast alle männlichen Tiere von größerer Gestalt sind, dass fast alle Männchen bei den Vögeln schöneres Gefieder als ihre Genossinnen haben; dass bei manchen Arten die Männchen einen besondern Schmuck besitzen, wie z.B. der Löwe die Mähne, und der Pfauhahn den Schweif; aber diese Erscheinungen, behauptet sie, betrügen das Auge, während die wahre Schönheit nur in weiblicher Gestalt zu finden ist. Die Löwin ist edler als der Löwe, die Pfauhenne stattlicher als der Pfauhahn. Die Schönheit eines jungen Hahns auf dem Dunghaufen liegt in seinen Federn und seiner Stimme. Rupfe ihm die Federn aus, und du wirst finden, dass er weniger schön und weniger zart ist, als seine Genossinnen. Aber Eliza will ihre Beweisführung für die Überlegenheit des weiblichen Geschlechts nicht auf die Vögel stützen; denn das Geschlecht bei den Vögeln ist ihr noch ein Geheimnis; und aus vielen Gründen (namentlich weil Mädchen Nachtigallen, Tauben und Zaunkönige genannt werden) neigt sie sich zu dem Glauben hin, dass das Femininum unserer höheren Gattung dem Maskulinum bei den Vögeln entspricht.

Alles deshalb, was bei den beiden Geschöpfen das edelste und schönste ist, äußerlich sowohl wie innerlich, – alles, was schön anzuschauen, weich anzufühlen, lieblich anzuhören ist, alles, was das Herz lieben, den Geist leiten kann, – ist beim weiblichen Wesen in reicherem Maße entwickelt. Seinerseits hat der Mann wenig mehr als brutale Stärke zu seiner Empfehlung anzuführen. Kurz, das Gemälde, welches Eliza vom Manne und der Frau entwirft, entspricht ungemein dem von Caliban und Miranda auf dem einsamen Felsen.

Zur Unterstützung dieser Ansichten über die Natur beruft sie sich auf die Geschichte, Poesie, Wissenschaft und Kunst; nennt Cornelia und die Mutter der beiden Gracchen (welche sie für zwei ganz verschiedene römische Frauen ausgibt); zieht über Shakespeare her wegen seiner niedrigen Ansichten und sklavischen Darstellungen von Frauen; hohnlächelt über Bacon wegen seines Mangels an wahrer Methode und Einsicht; zerschmettert Michel Angelo, weil bei ihm keine weibliche Grazie zu finden sei.

Neu sind die Anklagen und die Illustrationen, mit denen sie dieselben unterstützt. Eliza behauptet, dass Cornelia und die Mutter der beiden Gracchen nicht besser gewesen wären „als die Mütter späterer Jahre durchschnittlich"; dass Shakespeare zu Gunsten der Frauen nichts sagt, eben so wenig wie zu seinen eigenen. Porcia sei allerdings wahrhaftig, verständig, mutig, witzig, ohne Eitelkeit; aber Eliza kennt hundert amerikanische Frauen, welche besser als sie sind.

Imogene ist keusch und liebenswürdig; aber der Mann ist zu bemitleiden, der nicht „zwanzig oder mehr hübschere Mädchen kennt". Rosalinde, Perdita, Ophelia, Beatrice sind Törinnen, wenn auch schön, in denen Eliza „wenig Gutes außer Leere vom Bösen" sehen kann. O fromme Cordelia, liebende Constanze, edle Isabelle, wie seid ihr Morgensterne gefallen!

Auch Darwin geht, obschon sie zugibt, dass er eine ausgezeichnete Spekulationsgabe besitzt, über seine Sphäre hinaus, wenn er mit diesem Gebäude zu tun hat, und verfehlt die Gelegenheit, auf die wahre Bildung der Frauen zu verfallen.

Sie hält es für wunderbar, dass ein so guter Naturforscher, wie Darwin, rudimentäre Organe bei den männlichen Tieren als Überbleibsel verlorener Kräfte behandelt hat, während es ihm doch klar ist, dass sie die Keime neuer Kräfte sind.

Aber so ist es; Darwin betrachtet die rudimentären *mammae* als die Ruinen alter Organe, welche einst zum Gebrauche bestimmt waren; mit anderen Worten, er glaubt, dass Funktionen der Männer zu einer längst vergangenen Zeit den Funktionen der Frauen ein wenig näher standen, als dies jetzt der Fall ist.

Eliza dagegen glaubt, dass diese *mammae* die Keime neuer Organe sind, welche mit der Zeit wachsen; mit anderen Worten: dass die Organe der Männer sich mit der Zeit so entwickeln werden, um ähnliche Funktionen wie die Frauen verrichten zu können. Die Wissenschaft ist falsch, ebenso wie die Geschichte, Poesie und Kunst. Was aber ist Wissenschaft? Gerade das, was der Mann weiß: – der Mann, welcher nichts weiß – und der nur eine Stufe höher auf der Leiter steht, als der Schimpanse! Eine wahre Wissenschaft würde euch beweisen, dass ein Weib als ein Wesen ohne überflüssige Organe, ohne rudimentäre Kräfte über alle erschaffenen Wesen erhaben steht.

Milton's Eva – obschon die schönste, weiseste, beste – steht für Eliza noch nicht hoch genug auf der Stufenleiter. Eva ward von den Zweien im Paradies nicht zuerst erschaffen; obschon sie die Erste ihrer schärferen Einsicht, ihres erhabeneren Geistes und ihres größeren Verlangens wegen hätte sein müssen.

Ja, die Seherin eifert sich sogar gegen die Bibel, wegen der grausamen und ungerechten Weise, in welcher sie den Sündenfall behandelt hat; indem sie behauptet, dass hier die Erzählung so verfasst sei, wie sie ein Mann sicher darstellen würde, zu seinem eigenen Vorteile und zum Schaden des Weibes. Sie schreibt dieselbe von neuem und stellt die Sache in ein anderes Licht. –

Nach dieser neuen Auffassung des Falles ist Eva nicht schwach, sondern stark. Sie findet Adam in Fesseln und befreit ihn. Durch ein schlechtes Gesetz ist er gezwungen, in einem Zustande der Finsternis und Sklaverei zu leben, wie ein tierisches Leben, ohne das Gute vom Bösen unterscheiden zu können. Sie bricht seine Fesseln und zeigt ihm den Weg zum Himmel. Die Folgen ihrer Handlung sind edel; und durch ihren Mut ist der Mann nicht gefallen, sondern er hat sich emporgerafft.

„Sie hat der Menschheit einen großen Dienst erwiesen", als sie die verbotene Frucht pflückte.

In den Einzelheiten dieses Sündenfalles findet Eliza viel Trost, wenn sie denselben vermittelst des ihr allein inwohnenden Lichtes lesen kann. Die Weisheit (in Gestalt einer Schlange) redete die Frau an, nicht den Mann, welcher sich wenig um den Baum der Erkenntnis gekümmert haben würde. Die Versuchung, welche ihr geboten ward, war eine geistige. Sie nahm die verbotene Frucht und hoffte dadurch weiser und gottähnlicher zu werden, als bisher. Der Mann folgt hier. Ja: die Überlegenheit der Frau fing im Paradiese an!

## 53. Oneida-Bach

Den Systemen von Mutter Anna, Elisabeth Denton, Eliza Farnham genau entgegen, steht eine Körperschaft Reformatoren, welche sich, ihrem dogmatischen Verhältnisse nach, Puritaner, ihren sozialen Verhältnissen nach, Bibel-Kommunisten nennen. Diese Leute geben vor, sie hätten den einzig wahren Weg entdeckt, und haben praktisch das ausgeführt, worüber ihre Rivalen in der Reform nur geschwatzt haben; sie basieren ihre Theorie über das Familienleben auf das Neue Testament, namentlich auf die Lehren von St. Paulus.

Was diese Bibelleute (wie sie sich selbst nennen) in der Sphäre des Lebens und der Gedanken getan haben, ist sicherlich nicht zaghaften Geistes unternommen worden. Sie haben, wie sie sagen, die Regierung Gottes auf Erden wieder hergestellt; haben die beiden Geschlechter auf gleichen Fuß gesetzt; haben die Ehe Betrug, und Eigentum Diebstahl genannt; haben förmlich ihre Abhängigkeit von den Vereinigten Staaten für aufgehoben erklärt.

Der Gründer dieser reformatorischen Schule – einer Schule, welche sich rühmt, ihre Propheten, Seminare, periodische Zeitschriften und Gemeinden zu haben, ja ihr Schisma, ihre Erweckung, ihre Verfolgungen, ihre Märtyrer und Märtyrerinnen – ist John Humphrey Noyes: ein großer, blasser Mann, mit rotem Haar und Barte, grauen, träumerischen Augen, gutem Munde, weißen Schläfen und einer edlen Stirn. Er ähnelt Carlyle einigermaßen, und es ist bei seinen Leuten Mode geworden zu sagen, er gleiche fast unserem Weisen von Chelsea; eine Einbildung, welche anscheinend dem Heiligen selbst sehr angenehm ist. Er war nach und nach ein Graduierter des Dartmouth College in Neu-Hampshire, Expedient bei einem Advokaten in Putney, Vermont, Student der Theologie in Andover, Massachusetts, ein Prediger am Yale College, Neu-Haven, ein Abtrünniger von den Independenten, ein Geächteter, ein Ketzer, ein Aufwiegler, ein Träumer, ein Experimentierer; jetzt endlich wird er von vielen Leuten für den Gründer einer Sekte gehalten, für einen Offenbarer, für einen Propheten, der sich des himmlischen Lichtes erfreut und persönlich mit Gott sehr befreundet ist.

Ich habe einige Tage am Oneida-Bach zugebracht, dem Hauptsitze der vier von Noyes gegründeten Gemeinden Oneida, Wallingford, Neu-Haven und New York, – als Vater Noyes' Gast zugebracht. Ich habe in seiner Familie gelebt; habe viel mit ihm gesprochen; hatte Einsicht von seinen Büchern und Papieren, selbst von denen privater Natur genommen; hatte viele Unterredungen mit den Brüdern und Schwestern, welche er um sich zu einer Gemeinde, wie auch auswärts versammelt hat; hatte seine Erlaubnis, so viel von den Familienpapieren zu kopieren, als ich Lust hatte. Der Bericht, welcher über diese außerordentliche Art Menschen folgt, ist frisch nach ihren eigenen Aussagen und nach meinen Beobachtungen an dem Orte, den er beschreibt, zu Papier gebracht.

„Sie werden finden", sagte Horace Greely, als wir in New York uns trennten, „dass die Oneida-Gemeinde eine Handelsspekulation ist; das Übrige werden Sie selbst sehen und sich Ihr Urteil darüber bilden."

Von Oneida, einer jungen, geschäftigen Stadt an der New York Zentralbahn, führt uns eine breite, staubige Straße, auf deren beiden Seiten, hinter einer Reihe Holzhäusern mit ihren kleinen Gärten, der Wald noch grün und frisch ist, nach Oneida-Bach. Es ist das ein Teil der indianischen Reserve, welche von einer mitleidigen Legislatur den Oneidas, einer der sechs in der frühen Geschichte New Yorks wegen ihrer Ehrlichkeit, Zuverlässigkeit und steten Freundschaft für die Weißen berühmten Nationen gegeben wurde.

Vor zwanzig Jahren lief der Bach durch jungfräulichen Boden. Hier und da lugte ein Blockhaus unter den Bäumen hervor, in denen einige Überbleibsel eines großen und unglücklichen Jägerstammes sich hinhielten. Das Wasser enthielt Fische, der Wald Wildbret. Die einzigen Lichtungen, welche vorhanden waren, hatte das Feuer gemacht, entweder waren die Hölzer zufällig verbrannt, oder sie wurden für den Winterbedarf gefällt.

Hier und da konnte man an einem sonnigen Abhange ein kleines Maisfeld sehen; aber der Oneida-Indianer ist nur ein armseliger Farmer; und der Distrikt, in welchem er mit seiner Squaw und seinem Papoose wohnte, ein Wirrsal von Dornen, Sumpf und Steinen, war für den Gebrauch der Menschen unaufgebrochen.

Er verkaufte sein Land an ein Blassgesicht, das reicher wie er selbst war, für eine Summe Geldes, welche nicht dem Werte der darauf wachsenden Ahorn- und Hickoryhölzer entsprach, – von diesem zweiten Eigentümer kauften die Puritaner den Bach mit seinen umliegenden Forsten und offenen Ländereien; in zwanzig Jahren ist die Oberfläche ganz verändert worden. Straßen durchschneiden den Forst; Brücken sind gebaut; der Bach ist in ein Bett geleitet und angedämmt; Mühlen, welche Hölzer schneiden und Räder treiben, sind errichtet; der Busch ist gelichtet; eine große Halle, Niederlagen und Werkstätten sind erbaut; Wiesen sind angelegt, Buschwerk angepflanzt und Fußwege bekiest; Obst- und Weingärten sind eingerichtet und umzäunt; Fabriken in Gang gesetzt zum Eisengießen, Korbflechten, Früchteeinmachen, Seidenspinnen; und der ganze Anblick dieses wilden Waldlandes ward verschönt wie eine reiche Domäne in Kent. Wenige Plätze in Amerika können sich an Lieblichkeit mit den Rasenplätzen und Gärten vergleichen, welche um die Heimat der Oneida-Familie belegen sind, und wie sie das Auge des Fremdlings fesseln, welcher zu denselben von den rauen Feldern selbst von der angesiedelten Gegend um New York kommt.

Das Haus, welches auf einem Hügel steht, von dem man eine schöne Aussicht genießt, ist von innen und außen bemerkenswert; denn unter den Gesetzen, welche die Bibel-Kommunisten verworfen haben, sind die sieben Ordnungen der Architektur. Der Erbauer dieser Gebäude ist Erastus Hamilton aus New York, einst ein Farmer, Zimmermann und was nicht alles, wie ein New Yorker zu sein pflegt; ein Mann mit Verstand und Takt, ohne große Gelehrsamkeit, durchaus kein Redner, aber ein Mensch mit natürlichen Gaben, welche ihn dazu befähigen, unter Leuten niederen Schlages zu herrschen und Erfindungen zu machen. Er ist der Vater dieser Oneida-Familie, gerade wie Noyes der Vater aller Puritaner-Familien ist; und da er, so zu sagen der Herr des Hauses ist, so ist er auch der Erbauer des Hauses, obschon er behauptet, dass alles, was in demselben enthalten, von der Lage eines Kamins bis zum Inhalte der Bibliothek, das Ergebnis einer besondern

Offenbarung vom Himmel ist. Ich kann, ohne beleidigen zu wollen, hinzufügen, dass Vater Hamilton neuen Erleuchtungen, selbst wenn sie von einem heidnischen Gehirn ausgingen, zugängig war, zumeist allen denen meines Reisegefährten William Haywood, Architekt und Ingenieur.

In der Mitte des Gebäudes ist die große Halle, zu welcher man durch einen breiten Gang und eine Treppe gelangt: Kapelle, Theater, Konzertsaal, Casino, Werkstatt, alles in allem; sie ist mit Bänken, Armstühlen, Werktischen, einem Lesepulte, einer Bühne, einer Galerie, einem Pianoforte versehen. In dieser Halle spielen und nähen die Schwestern, predigen die Ältesten, liest der Bibliothekar (Bruder Pitt) die Zeitungen vor, liebeln die jungen Männer und Mädchen – soweit die Ausübung dieser heidnischen Kunst an diesem merkwürdigen Orte erlaubt ist. In der Nähe der großen Halle ist das Wohnzimmer, eigentlich das Damenzimmer, und um dieses Zimmer liegen die Schlafzimmer der Familie und ihrer Gäste. Unter dieser Etage, zu beiden Seiten des breiten Korridors sind die Büros, das Empfangszimmer, eine Bibliothek, ein Geschäftslokal. Küche, Refektorium, Fruchtkeller, Waschhaus befinden sich in besonderen Gebäuden. Die Niederlage ist vor dem Hause belegen, von demselben durch einen Rasenplatz getrennt, und weiter hin liegen die Mühlen, die Farmen, die Ställe, die Schuppen für die Kühe, die Pressen und die Werkstätten im Allgemeinen. Die Besitzung ist etwa sechshundert Acker groß; die unter einem Dache versammelte Familie ungefähr dreihundert an der Zahl.

Alles am Oneida-Bach zeigt von Geschmack, Ruhe und Wohlhabenheit, und die Rechnungsbücher beweisen, dass die Familie im Verlaufe der letzten sieben oder acht Jahre sehr viel Geld verdient hat, welches sie nützlich entweder durch Erbauung von Mühlen oder durch Drainierung und Verbesserung des Landes angelegt haben.

Die Männer streben nach keiner besondern Kleidung, obschon der lose Rock, der breitkrempige Hut (*wide-awake*) und die in jedem Teile des ländlichen Amerika gewöhnlichen Kniehosen ihre gewöhnliche Kleidung ausmachen. Sie haben keine besonderen Anzüge für die Sonn- und Feiertage, da sie die Sonn- und Feiertage ebenso gut wie jede andere menschliche Einrichtung abgeschafft haben. Aber sie sind neuen Erleuchtungen hinsichtlich der Kleidung nicht unzugänglich und sagen, dass betreffs der Hüte und Stiefeln noch nicht die letzte Erfindung gemacht worden ist. Bei einer ihrer abendlichen Zusammenkünfte hörte ich Bruder Pitt, einen sehr belesenen Mann, Zeugnis zu Gunsten der Kniehosen abgeben. Die Damen tragen eine Kleidung, welche eigentümlich ist und ihnen in meinen Augen sehr gut steht. Sie kann aus jedem Stoffe und von jeder Farbe gemacht werden, obschon Braun und Blau die gewöhnliche Farbe zum Tragen auf der Straße und Weiß des Abends in der Versammlungshalle ist. Mousselin, Baumwolle und eine grobe Seide sind die Materialien dazu. Die Damen tragen das Haar kurz geschnitten und in der Mitte gescheitelt. Corsets und Krinolinen werden nicht getragen. Eine bis auf die Knie herabfallende Tunika, weite Beinkleider aus demselben Stoffe, eine bis an den Hals zugeknöpfte Weste, kurze herabhängende Ärmel und ein Strohhut, diese einfachen Gegenstände geben zusammen eine Kleidung ab, in welcher eine schlichte Frau nicht besonders ausfällt und in welcher ein hübsches Mädchen allerliebst aussieht. Man sagt mir, dass es nicht in Vater Noyes' Plan liege, dass die jungen Damen seiner Familie bezaubernd aussehen, denn dies ist nicht die Lebensaufgabe einer bescheidenen und moralischen Frau; was mich selbst indessen anbelangt, so musste ich, da ich nur ein Heide und Sünder war, unwillkürlich sehen, dass viele seiner Schülerinnen von außerordentlicher Schönheit waren. Zwei der Singmädchen, Alice Ackley und Harriet Worden, besitzen eine Grazie und eine Geschmeidigkeit der Gestalt, dazu ein so allerliebstes Gesicht und eine so niedliche Hand, dass sie im Stande sind, das Herz eines Malers zu erwärmen.

So viel kann man von der Oneida-Gemeinde in wenig Stunden sehen, wenn man nur mit Bruder Bolles die Lokalitäten besichtigt, einem Herrn, der fünfundzwanzig Jahre lang ein Methodisten-Prediger in Massachusetts gewesen, und der jetzt ein Bruder Puritaner in Oneida ist und die besondere Aufgabe hat, gewöhnliche Fremde zu empfangen. Man sieht ein schönes Haus, einen herrlichen Rasenplatz, grünes Strauchwerk, Obstgärten, die mit Apfelbäumen, Birnbäumen, Pflaumenbäumen und Kirschbäumen gefüllt sind, fruchtbare Weinberge, ausgezeichnete Farmen, tätige Werkstätten, weidendes Vieh, klappernde Mühlen und knirschende Sägen, – Frieden, Ordnung, Schönheit und materiellen Wohlstand, und das ist es, was Picknick-Besucher, welche zu Tausenden kommen, um zu schauen und sich zu wundern, gute Musik zu hören, Kompott und Kuchen zu essen, stets sehen. Dies ist etwas, ein Zeichen von Leben, aber nicht das Leben selbst.

Das Geheimnis dieses merkwürdigen Erfolges, die Grundlagen, auf denen die Gemeinde ruht, die leitenden sozialen Prinzipien sind von größerem Interesse, als die Tatsache selbst, und diese Geheimnisse der Gesellschaft werden keiner Picknickpartie vom Bruder Bolles erklärt.

Es ist wohl bekannt, dass alle kommunistischen Versuche, welche in England, Deutschland und Amerika, von Rapp's Harmonie und Owen's Neuer Harmonie bis auf Cabet's Ikarien gemacht worden sind, fehlgeschlagen sind. Männer von Verstand, Frauen von Herz haben sich von dem, was sie für die Übelstände der Konkurrenz halten, abgewandt auf das, von dem sie hoffen, dass es einst die redenden Prinzipien der Gesellschaft werden soll; aber alle diese Reformatoren, mit Ausnahme der unbeweibten Nachfolger von Anna Lee, sind nie im Stande gewesen, eine Gemeinde zusammenzubringen, in welcher Gütergemeinschaft herrschte. Jeder misslungene Versuch hat seine Geschichte, seine eigene Erklärung, zeigt, wie er der Vollendung nahe war; aber es kann nicht abgeleugnet werden, dass er fehlschlug.

Die Sozialisten mussten Neu-Lannark verlassen, die Rappisten Harmonie verkaufen; die Ikarier sind von Nauvoo vertrieben worden. Freiheit, Gleichheit, Brüderlichkeit sind bis jetzt noch nicht im Stande gewesen, ihre wöchentlichen Rechnungen zu bezahlen; und eine Gemeinde, welche nicht die Ausgaben verdient, muss mit der Zeit zu Grunde gehen, wenn gleich sie das Ebenbild des Paradieses auf Erden wieder darstellen sollte. Der Mensch kann nicht den ganzen Tag über unter einem Palmbaume sitzen, einen Korb Datteln verzehren und mit Gott und der Welt zufrieden sein. Mangel treibt ihn vorwärts, und er hat nur die Wahl zwischen zwei Übeln – zu arbeiten oder zu sterben.

Jeder Versuch und jedes Misslingen der Gemeinde bringt das Prinzip in Gefahr. Sieh' wohin du kommst, lacht der bei seinen breiten Ländereien, seinen Palästen, seinen Gärten und Weinbergen glückliche Sadduzäer, wenn du die Ordnung der Zeit, der Natur und der Vorsehung störst! Du kommst zu Ruin, Bettelei und Tod. Konkurrenz, die Seele des Handels und Verkehrs, für immer und ewig! Gesegnet sei der Himmel, welcher an der Seite der großen Kapitalisten kämpft! Wenn die Theorie gegenseitiger Hilfe wie die der Selbsthilfe das wahre Prinzip sozialen Lebens sind, wie so viele Männer sagen, so viele Frauen fühlen, warum haben fast alle Versuche, nach demselben und unter demselben zu leben, fehlgeschlagen?

„Ich sage Ihnen", sagte Vater Noyes zu mir heute früh, „sie sind alle missglückt, weil sie nicht auf Bibelwahrheit gegründet gewesen sind. Religion ist die Grundlage des Lebens, und eine sichere soziale Theorie muss stets eine religiöse Wahrheit ausdrücken. Folgendes sind die vier Stadien zur wahren Organisation einer Familie: 1) Frieden mit Gott; 2) Errettung von Sünde; 3) Brüderschaft zwischen Männern und Frauen; 4) Gemeinschaft der Arbeit und ihrer Früchte.

„Owen, Ripley, Fourier fingen, beim dritten oder vierten Stadium an; sie haben Gott dabei aus dem Spiele gelassen und kamen zu nichts."

Noyes macht kein Geheimnis aus seiner Ansicht, dass er durch göttliche Vergünstigung ein neues und vollkommenes System der Gesellschaft zusammengebracht, dass er bereits durch Versuche die Hauptprinzipien der neuen häuslichen Ordnung festgestellt hat, und dass die Gemeinden in Oneida, Wallingford und Brooklyn nur noch wenige Einzelheiten auszuarbeiten haben, um sie zur allgemeinen Annahme in den Vereinigten Staaten zu bringen. Wenn es den Leser interessirt, zu hören, wie dieser Mann – der so viel in Amerika getan hat, und von dem so wenig in England bekannt ist – darauf gekommen ist, so über religiöse Gegenstände und die Beziehungen des häuslichen Lebens zu denken, wie er es tut, dann will ich so offen, wie es nur ein Laie im Stande ist, ihm die Resultate meiner Nachforschungen am Oneida-Bach vorlegen.

Bibel-Kommunisten – Prophet und Familie

## 54. Heiligkeit

Als Noyes noch in Putney und Vermont als Expedient bei einem Advokaten arbeitete, ward er durch die wilde Erweckung von 31 berührt, durch welche so viele Banken in Neu-England Schiffbruch litten. Man sagt, dass Noyes plötzlich ernst und tiefsinnig geworden sei; alle seine Lichter schienen verlöscht zu sein und ließen ihn in finsterer Nacht, unter heulenden Stürmen, gegen welche seine geringe intellektuelle Macht nicht anstreben konnte. – Seinen Blick nach innen lenkend, ward er, wie er mir sagte, sich der Sünde und des Todes bewusst. Wie konnte er sich von diesen Übeln befreien? Da er die Welt und den Teufel stark in sich fühlte, verließ er die Jurisprudenz und wandte sich der älteren Wissenschaft, der Theologie, zu. Während er seinen neuen Studien in Andover oblag, fiel er in viele Versuchungen, er aß und trank stark und ward durch manche Verführungen des Fleisches irre geleitet. Die jungen Theologen, seine Mitstudenten, waren eine schlechte Sorte, sie lachten über Erweckungsenergie und verhöhnten die fromme Welt. Noyes dachte daran, Andover zu verlassen und den Herrn anderswo zu suchen. Er schlug seine Bibel auf und sein Auge fiel auf den entscheidenden Text: „Er ist nicht hier." Mit dieser Warnung vom Himmel vor Augen, ging er von Andover fort nach Yale College in Neu-Haven, woselbst er ein großer Forscher nach Wahrheit ward, nicht nur der Wahrheit, wie sie zwischen Gott und den Menschen besteht, sondern der Wahrheit zwischen den Menschen unter einander.

Inmitten so wilder Träume, wie sie, meiner Meinung nach, nur dem Hirn eines Arabers beikommen, fasste Noyes die Angelegenheit stets von einer praktischen, amerikanischen Seite auf. Er fühlte, dass der göttliche Plan vollkommen sein müsse; dass, wenn er diesen Plan lesen könne, er darin ebenso wohl eine Ordnung für die Erde wie eine Ordnung für den Himmel finden müsse. Was ist diese Ordnung für die Erde? Nicht das heidnische Gesetz, unter welchem wir leben.

Er wandte sich um Erleuchtung nach dem Worte der Schrift. In der Bibel suchte er die Lebensregeln, welche ihm die Schulen nicht lehren konnten. Er dachte über die Worte des Evangeliums nach, und bei genauem Selbststudium der Schriften von Paulus fand er in diesen ursprünglichen Dokumenten der Kirche einen Trost, den zu besitzen die Prediger von Neu-Haven seiner Seele nicht hatten beweisen können. Paulus sprach zu seinem Herzen; aber, wie er vorgibt, in einem Sinne, welcher dem ganz fremd war, in dem der Apostel in Antiochien und Rom verstanden worden.

Vieles Lesen der Briefe von Paulus brachte ihm die Überzeugung, dass der christliche Glaube, wie er in den Kirchen von Europa und Amerika, selbst in denen, welche sich reformierte nennen, erscheint, ein gewaltiger historischer Irrtum ist. Es gibt keine sichtbare Kirche Christi auf Erden. Die Kirche von Paulus und Petrus war die wahre; eine Gemeinde von Brüdern, Gleichgestellten, Heiligen; aber sie verschwand bald, da unser Herr wieder erschienen war im Geiste, um für immer unter Seinem Volke zu leben, wie Er versprochen. Noyes sagt, dass bei dieser zweiten Ankunft unser Herr das alte Gesetz abschaffte, das Reich Adam's abschloss, Seine Kinder von ihren Sünden reinigte und Sein Reich in den Herzen aller derer errichtete, welche Seine Herrschaft annehmen wollten. Noyes behauptet, diese zweite Ankunft habe im Jahre 70, unmittelbar nach dem Falle von Jerusalem stattgefunden. Seit dieser Zeit, sagt er, hat es eine wahre und viele falsche Kirchen gegeben, welche Seinen Namen trugen; eine Kirche Seiner Heiligen, Leuten, welche ohne Sünde an Körper und Seele gewesen; Ihn als Fürst anerkannten; auf sich einen Teil der Heiligkeit nahmen; Gesetz und Gebrauch verwarfen und ihre Leidenschaften Seinem Willen unterordneten; und Kirchen der Welt, welche in der Kunst und dem Stolze der Menschen erbaut waren, mit Thronen und Gesellschaften, Prälaten und Kardinälen und Päpsten; Kirchen der Daumenschraube, des Scheiterhaufens und der Folter, welche ihre Formen und Eide hatten, ihren Hass und ihre Spaltungen, ihre Anathemas, Zölibate und Exkommunikationen. Der Teufel, sagt Noyes, begann seine Regierung an demselben Tage, wie Christus, und die offiziellen Kirchen von Griechenland und Rom, nebst ihren halb reformierten Brüdern in England und Amerika, sind die Hauptprovinzen vom Reiche des Teufels. Die Königreiche der Erde sind Satans; doch verlor sich die vollkommene, von Paulus gegründete Gesellschaft, zu welcher Christus als lebender Geist herabkam, nie ganz aus den Herzen der Menschen, sondern behielt durch die Gnade Gottes einen bleibenden Zeugen für sich selbst, bis die Zeit kommen werde, den apostolischen Glauben zu erwecken, nicht in einem verdorbenen Europa, nicht im erschöpften Asien, sondern in den frischen und grünenden Gemeinden der Vereinigten Staaten. Einige erhabene und vestalische Naturen erhielten die Flamme am Leben. Der Tag brach für diese wahre Kirche an. Der von der geschäftigen Menge verbannte Glaube kam zu denen, welche in Yale die Wahrheit suchten; und die Familie Christi ist jetzt, nachdem sie in Antiochien verdorben, in Rom verfolgt, in London karikiert worden ist, in Wallingford, Brooklyn und am Oneida-Bach neu begründet worden!

In dieser neuen amerikanischen Sekte – eine Kirche sowohl wie eine Schule – sind das Gesetz des Glaubens und das Gesetz des Lebens gleich einfach. Der Puritaner hat das Recht, zu tun, was er Lust hat. Natürlich wird er dir sagen (wie mein Wirt in Oneida zu mir gesagt hat), dass er der Natur der Sache nach nur das tun kann, was gut ist. Der heilige Geist erhält und bewacht ihn. Manche mögen irre gehen, wenn der alte Adam in ihnen wild wird; aber einige wenige Ausnahmen töten nicht eine allgemeine Wahrheit. Wir glauben, dass ein König nichts Böses tun kann, obschon unseren königlichen und kaiserlichen Höfen sehr viel Skandal, untermischt mit Dolchen und Schauspielerinnen, anhängen mag. Ein Puritaner kennt kein Gesetz, weder das, welches vom Sinai herab verkündet und von Garizim wiederholt ward, noch das, welches in Washington und New York gehandhabt wird. Er lebt nicht unter dem Gesetze, sondern unter Gott, das heißt unter dem, was ihm sein eigenes Herz für gut eingibt. Der Herr hat ihn befreit. Für ihn ist das Wort nichts; durch das zweite Kommen ist die Kraft desselben vollständig gebrochen. Keins der zehn Gebote, kein Gesetz auf den Tafeln ist für ihn bindend – er ist ein Kind der Gnade, befreit von der Macht des Gesetzes und von den Flecken der Sünde. Gesetze sind für die Sünder da – er ist ein Heiliger; andere Leute fallen in Versuchung – er ward vom heiligen Geiste gesiegelt und reklamiert. Diese Denkungsart, welche in den Augen eines Heiden wie Rebellion aussieht, wird bei den Bibel-Kommunisten Gehorsam genannt. In dieser Welt kann man nur wählen, wem man dienen will. Man kann nicht zwei Herren haben – Gott und den Mammon. Die Erde ist nicht vollkommen; Christus ist vollkommen. Wenn man sich zu Christus bekennt, gibt man die Welt auf, körperlich, durch und durch und für immer. Keine halbe Maßregel kann hier erretten; und da man in ganz Amerika (vor dem Kriege) Leute begünstigte, welche gegen die bestehende Einrichtung auftraten, so erregte es kein besonderes Erstaunen, als man hörte, dass Noyes und seine Anhänger förmlich ihre Untertanenpflicht den Vereinigten Staaten aufgesagt hatten.

Andere hatten vor ihm dasselbe getan: die Zitterer, Tunker, Mormonen, Sozialisten, Ikarier und viele andere. Viele Amerikaner der höheren Klasse waren wirklich dahin gekommen, den Staat als eine Art politischen Club zu betrachten, von dem sie sich zurückziehen könnten, wenn es ihnen gefiel; aber der Puritaner ging in seiner Verzichtleistung viel weiter, als der Sozialist, der Zitterer und der Mormone, denn er verwarf das Gesetz Gottes ebenso gut, wie die Gesetze der Menschen; das Zivilgesetz, die allgemeinen und die kirchlichen Gesetze, die Verordnungen, die Zehn Gebote, das Vaterunser, die Bergpredigt; er verwarf alle freiwilligen und unfreiwilligen Gesetze, vom Mäßigkeitsschwur bis zum Ehegelübde. Ihm blieb nichts von dem früheren Menschen, dem früheren Bürger übrig. Er verleugnete die Kirche und seine Verbindlichkeiten, trotzte der Obrigkeit und der Polizei. In seinem Gehorsam gegen Gott verwarf er alle von den Menschen erfundenen Schutzmittel. Noyes war früher ein Mäßigkeitsvereinler (*teetotaller*); als er die Heiligkeit annahm, fing er an geistige Getränke zu trinken. Er war früher so mäßig wie ein Brahma; jetzt vergönnte er sich stark gewürzte Speisen. Früher war er keusch gewesen und hatte zu regelmäßigen Stunden geschlafen; jetzt fing er an, die ganze Nacht außer dem Hause zuzubringen, am Hafen herumzuwandern, auf den Schwellen der Häuser zu schlafen, übelberüchtigte Häuser zu besuchen und mit Vetteln und Dieben zu verkehren. Wenn er sich gegen Leute verteidigte, welche diese Lebensweise nicht mit seiner vorgeblichen Heiligkeit vereinbaren könnten, behauptete Noyes, er habe sich der Verführung überlassen, die Macht, der er vertraue, sei indessen stark gering in ihm gewesen, um ihn zu retten. Er hatte getrunken und sich vollgestopft, hatte wollüstig gelebt, um den Fesseln bestehender Einrichtungen zu entgehen. Er legte sich selbst die Frage vor: „Kann ich Gott meine Moralität anvertrauen? Kann ich meine Leidenschaften, Begierden, Neigungen, alles, was in mir bisher von weltlichen Gesetzen und meinem eigenen Willen abhängig gewesen ist, der alleinigen Gnade Gottes anvertrauen?" Er beantwortete sich diese Frage damit, dass er seinen Glauben, seine Ausführung, sein Heil durch den heiligen Geist geregelt sein lassen wolle; und mit diesem Vertrauen, sagte er, sei er unberührt durch das Haus der Sünde gewandelt, wie die Hebräer unverletzt im Feuer gestanden hätten.

Aber wie, so wird man fragen, kann jemand in diesen Zustand der Gnade kommen? Nichts ist (wenn ich recht verstehe) leichter. Man hat nur den Wunsch auszusprechen und es geschieht. Guter Werke bedarf es nicht, Gebete sind nicht nötig; nichts hilft, als der Glaube. Man tritt an der Seite irgendeines Bruders im Herrn auf, und bekennt sich selbst zu Christus. Man sagt, dass man von der Macht der Sünde befreit ist, und der Flecken ist plötzlich von der Seele weggewaschen. Es scheint, als ob zufolge dieses amerikanischen Glaubens Tatsachen auf Worte warten, und alles, was gesagt wird, geschieht auch anscheinend. „Er stand auf und verkündete seine Heiligkeit", – das ist die Formel, um anzuzeigen, dass ein Lamm zur Herde von Vater Noyes gebracht worden ist.

Als Noyes vor einigen Jahren anfing seine Lehre zu verkünden, war die Sucht nach Trennung in allen Teilen Neu-Englands mächtig und lebendig, und viele Leute glaubten, dass die einzige Hoffnung, diesem Bestreben der Amerikaner nach sozialer Verwirrung Einhalt zu tun, in solchen Genossenschaftsprinzipien liegen könne, wie man sie am Berge Libanon, in Neu-Harmonie und der Bachfarm versuchsweise eingeführt hatte.

Es ist kein Wunder, dass Noyes in einem solchen Zustande der Verwirrung nicht gesehen hat, dass diese Theorie eigenmächtigen Handelns nicht von Erfolg sein könne. Jemand kann für sich selbst Gesetz sein; aber wie kann man für jemand andern Gesetz sein, welcher für sich selbst Gesetz sein muss? Noyes mag wie Hamilton vom eigenen Gewissen erleuchtet und geführt worden sein; jeder mag seinem eigenen Zwecke genügen; aber wie kann das Licht von Noyes für Hamilton Gesetz werden, und dass von Hamilton für Noyes, wenn sie nicht eine Vereinbarung mit einander treffen? Wenn sie keine solche Vereinbarung mit einander treffen konnten, dann müssen sie getrennt wohnen; wenn sie die beiden Lichter mit einander vereinbaren konnten, dann kamen sie unter das Gesetz. Vor dieser Alternative können sie sich nicht retten: auf der einen Seite Chaos, auf der andern das Gesetz.

Noyes befand sich in einer üblen Lage, sobald er anfing, mit seinen Schülern und Schülerinnen nach ihren Begriffen himmlischer Ordnung nicht unter dem Gesetze, sondern unter der Gnade zusammenzuleben, und ehe die Gemeinde faktisch bestand, musste ein zweites Prinzip eingeführt werden. Dieses zweite Prinzip hieß Sympathie; und die Stellung, welche dieselbe in der Familie einnimmt, ähnelt sehr der, welche die Welt als die öffentliche Meinung bezeichnet.

Die Sympathie verbessert den Willen des Einzelnen und versöhnt die Natur mit dem Gehorsam, die Freiheit mit dem Lichte.

Daher kommt es, dass ein Bruder tun kann, was er will; aber er muss dazu erzogen werden, alles in Sympathie mit dem allgemeinen Wunsche zu tun.

Wenn die öffentliche Meinung gegen ihn ist, handelt er unrecht, das heißt, er geht vom Pfade der Gnade ab und die einzige Möglichkeit, glücklich zu werden, liegt darin, dass er das tut, was der allgemeinen Stimmung am angenehmsten ist. Man nimmt an, dass die Familie immer weiser sei, als der Einzelne.

Ein Mann, der für sich selbst etwas wünscht, z. B. einen neuen Hut, einen Feiertag, das Lächeln einer jungen Dame, – muss sich mit dem Ältesten in Verbindung setzen und sehen, wie die Brüderschaft über seinen Wunsch denkt. Wenn die Sympathie nicht für ihn ist, gibt er sein Gesuch auf. Wenn die Sache von Wichtigkeit ist, sucht er den Rat eines Comités von Ältesten, welche sie auf die Abendsitzungen der Familie verweisen können.

Es dauerte lange, ehe dieses zweite große Prinzip eingeführt ward, und ehe dies der Fall war, hatte die Gemeinde der vollkommenen Heiligen wenig von dem, was die Welt Erfolg nennen würde.

## 55. Eine Bibel-Familie

Als Noyes noch Heiligkeit predigte und in den Kirchen herumzog, bekehrte er Abigail Merwin (eine Frau brauchte er notwendig, und Abigail war eine Schülerin, auf die er stolz sein konnte) und James Boyle; und diese seine beiden ersten Anhänger fielen zuerst von seinem Glauben ab. Abigail scheint einen Heiratsantrag erwartet zu haben; Boyle hoffte zum Papste erwählt zu werden; aber keiner dieser beiden Ansprüche passte Noyes, welcher der Ehe abgeneigt war und selbst Papst zu sein wünschte. Das waren nur die beiden ersten Abtrünnigen; mit der Zeit aber und als die wahren Begriffe von Heiligkeit von seinen Leuten verstanden wurden, fielen die „Einheiten" in Masse ab. Jeder Mann war ein Gesetz für sich selbst; der Geist wirkte in einzelnen Gemütern; und es war unmöglich, aus vielen unabhängigen Mitgliedern eine Kirche zu gründen. Keiner wollte nachgeben, keiner gehorchen, keiner sich einigen. Nach vier Jahre langer Arbeit stand Noyes allein; alle seine geliebten Schüler waren ihren eigenen Weg gegangen; einige zur Welt, andere zur Ketzerei, andere endlich zu den alten Sekten, aus denen er sie zu sich herangezogen hatte. Die Presse hatte angefangen, auf sie zu feuern. Noyes ward für irrsinnig erklärt; eine Anschuldigung, welcher ihn sein Benehmen und sein Predigen oft aussetzte. Es gab noch Puritaner, aber Noyes war nicht ihr Papst.

Nachdem er durch mühsame Versuche darüber belehrt worden war, dass man aus Sand keine Taue spinnen kann, wandte er sich für die Zukunft dem Prinzipe der Genossenschaft zu – bei ihm musste es die Bibel-Genossenschaft sein. – Von seinen alten Freunden in Neu-Haven verlassen, kehrte er nach dem Hause seines Vaters in Putney, Vermont, zurück, wo er zuerst zum spirituellen Leben erweckt worden war, und hier fing er die Arbeit, die Welt zu bekehren, von neuem dadurch an, dass er eine Bibel-Klasse gründete und einigen einfachen Bauersleuten den Weg der Gnade lehrte. Manche hörten auf seine Worte;

denn nie vielleicht seit den Tagen von Herodes dem Großen, gewiss nicht seit den dem englischen Bürgerkriege vorausgehenden Jahren, hatte sich ein Volk je in einem so moralischen Chaos befunden, wie es jetzt in den Vereinigten Staaten vorherrschend war. Abigail Merwin hatte erklärt, als sie die Sekte verließ, dass ihre evangelische Freiheit in Unanständigkeit ausarte. Dasselbe ward in den Straßen von Jerusalem und London gesagt; aber während die Heiden in New York über diese Geschichten lachten, nahmen die Gläubigen an Eifer zu. Was waren die Welt und die Wege der Welt für sie? Die Putney-Klasse ward stark an Absicht, wenn auch nicht stark an Zahl; denn Noyes, welcher einsehen gelernt hatte, dass die Qualität der Bekenner von größerer Wichtigkeit für ihn war, als die Quantität, wandte sich mit allem Eifer, welcher bei ihm groß und ihm eigen war, an die Dutzend Zuhörer, welche seine Stimme in seiner Vaterstadt zusammenberufen hatte; bis er die Bibel-Klasse in eine Bibel-Familie umändern konnte; mit anderen Worten, bis er sie körperlich und geistig für den großen Versuch vorbereitet hatte, frei von den Fesseln, welche man überall unter dem Gesetze lebend zu erdulden hat, in einem Haufe zu wohnen. –

Um eine Familie Bekehrter unter einem Dache unterzubringen, dazu bedurfte der Lehrer eines großen Hauses. Ein großes Haus kostet selbst in Vermont, wo die Wohnungen aus Holz gebaut sind, Geld, und Vater Noyes war arm. Er war hin und her gewandert und hatte keinen Ruhepunkt, und der Schäfer war mit seinen Schafen ohne Schutz gegen den Sturm. Unter seinen Schülern in Vermont war eine junge Dame, Harriet Holton, ein Mädchen aus guter Familie, welche augenblickliche Mittel besaß und deren mehr zu erwarten hatte. Eine solche junge Dame würde für ihn in jeder Beziehung ein Segen gewesen sein, wenn er sie hätte zur Frau bekommen können; diesem Schritte aber standen seine Grundsätze im Wege. Da die Ehe ganz gegen seine Lehre eines evangelischen Lebens war, wie konnte er ihre Person und ihr Geld in seine Gewalt bekommen? Natürlich konnte er ihr nicht Herz und Hand auf dem gewöhnlichen Wege anbieten, da sie ihn oft die Ehe als Zeichen eines entarteten Zustandes hatte verdammen hören. Wenn er ihr wirklich einen Antrag gemacht hätte, – und er bedurfte ihres Vermögens im hohen Grade – würde er gezwungen gewesen sein, ihr zu sagen, dass er nicht erwarte, sie werde ihm allein treu sein, und dass er sich sicherlich nicht verbindlich machen würde, ihr treu zu sein. Aber Harriet's Stellung war eine ungewöhnliche. Sie hatte keinen Vater, keine Mutter, keinen Bruder, keine Schwester. Ihr einziger Anverwandter war ein alter und närrischer Großvater. Sie war in einen jungen Mann verliebt gewesen, welcher sie hatte heiraten wollen, aber der alte Mann hatte sich hineingewischt und ihn daran verhindert. Das Mädchen war darüber krank geworden und in einem Anfall von Reue hatte ihr Großvater einen Eid geschworen, dass sie in Zukunft tun könne, was sie wolle, und er wolle sich ihren Wünschen fügen. Auf diese Weise war gewissermaßen für Noyes der Weg geöffnet, um mit seinem Antrage einzutreten. – Er trug ihr seine Hand mit folgenden Worten an (von denen er mir selbst eine Abschrift gegeben hat):

Ein Liebesbrief

*Vater Noyes an Harriet A. Holton*

*Putney, den 11. Juni 1838.*

*Geliebte Schwester.* – Nachdem ich mehr als ein Jahr reiflich überlegt und geduldig auf ein Anzeichen von Gottes Willen gewartet habe – ist es mir jetzt durch eine Combination glücklicher Umstände gestattet, – und bin ich sogar glücklicherweise gezwungen – Ihnen eine Genossenschaft anzubieten, welche ich nicht Ehe nennen will, bis ich sie definiert habe. –

Als Gläubige sind wir bereits, wie mit allen Heiligen, eins mit einander. Diese primäre und allgemeine Einigung ist radikaler und natürlich wichtiger, als jede andere partiale und äußerliche Genossenschaft; und hierauf bezüglich heißt es: „es gibt weder einen Mann noch eine Frau," weder heiraten noch geheiratet werden im Himmel. – Wenn wir dies in Betracht nehmen, können mir keine Verbindungen mit einander eingehen, welche den Umfang unserer Neigungen beschränken können, wie sie in ehelichen Verbindungen in der Weise der Welt beschränkt werden. Ich wünsche und erwarte, dass meine Jochgenossin alle die lieben wird, welche Gott lieben, ob Männer oder Frauen, und zwar mit einer Leidenschaft, wie sie irdischen Liebhabern unbekannt ist, und so frei und offen, als ob sie mit mir in keiner besondern Verbindung sei. Der Zweck meiner Verbindung mit ihr wird tatsächlich nicht sein, ihr Herz zu monopolisieren und dem meinigen zum Sklaven zu machen, sondern beide zu erweitern und zur freien Genossenschaft mit Gottes allgemeiner Familie zu bringen. –

Wenn die äußerliche Vereinigung eines Mannes mit einer Frau in Übereinstimmung mit diesen Prinzipien wirklich Ehe genannt wird, dann weiß ich, dass es eine Ehe im Himmel gibt, und ich trage kein Bedenken, Ihnen mein Herz und meine Hand anzubieten, mit dem Wunsche, in aller Form mit Ihnen verheiratet zu werden, sobald es Gott gestatten mag.

Zuerst glaubte ich Ihnen *viele* wichtige Gründe für diesen Antrag vorlegen zu müssen; nach reiflicherer Überlegung ziehe ich es indessen vor, die Stelle eines Zeugen statt eines Advokaten einzunehmen, und will nur kurz einige auf diesen Gegenstand bezügliche Betrachtungen andeuten und die Befürwortung des Gegenstandes Gott, – die gewöhnlichen Überredungskünste und die Romantik Ihrer eigenen Einbildung – und weitere Auseinandersetzungen einer persönlichen Unterredung überlassen.

1. Um als Zeuge und nicht als Schmeichler offen und wahr zu sein, liebe und ehre ich Sie Ihrer vielen wünschenswerten spirituellen, intellektuellen, moralischen und persönlichen Eigenschaften wegen, und namentlich wegen Ihres Glaubens, Ihrer Freundlichkeit, Ihrer Einfachheit und Bescheidenheit.

2. Glaube ich, dass die von mir vorgeschlagene Genossenschaft zu unserer gegenseitigen Glückseligkeit und Verbesserung viel beitragen wird.

3. Es wird uns auch, wenigstens mich, von vielen Vorwürfen und schlimmen Vermutungen befreien, welche unter gegenwärtigen Umständen durch das Zölibat entstehen.

4. Es wird unsern Wirkungskreis erweitern und unsere Mittel, dem Volke Gottes nützlich zu werden, vergrößern.

5. Ich bin gerade jetzt geneigt, durch mein Beispiel zu beweisen, dass ich ein Nachfolger des heiligen Paulus bin, wenn er sagt: „Die Ehe ist für Alle ehrbar."

6. Ich bin auch geneigt, tatsächlich gegen die „Knechtschaft der Freiheit" zu zeugen, welche die Einrichtungen der Menschen für nichts achtet und denselben, des Herrn wegen, sich zu unterwerfen weigert.

Ich weiß, dass die unsterbliche Vereinigung der Herzen – die ewigen Flitterwochen, welche allein Ehe genannt zu werden verdienen, nie durch eine Zeremonie gemacht, und ich weiß eben so gut, dass eine solche Ehe nie durch eine Zeremonie *verdorben* werden kann. Sie wissen, dass ich keinen andern Beruf habe, als den eines Dieners Gottes – ein Beruf, der mich bis jetzt vielen Heimsuchungen ausgesetzt und mir nur wenig von den Glücksgütern der Erde gegeben hat. Wenn Sie mich nach meinem äußern Erscheinen oder die Zukunft nach der Vergangenheit beurteilen, werden Sie natürlich in der Unregelmäßigkeit und anscheinenden Unbeständigkeit meines Charakters und Vermögens viele Hindernisse für eine Heirat finden. Ich will in Bezug hierauf nur sagen, dass ich mir bewusst bin, durch die Gnade Gottes einen festen Geist, Ausdauer und Treue an jedem guten Werke zu besitzen, welche den vagabondierenden, unzulänglichen Dienst, zu dem ich bis jetzt berufen gewesen, mir fast unerträglich gemacht haben, und ich werde den Befehl des Himmels zu meiner Erlösung willkommen heißen, wie ein Exilierter nach einer Pilgerfahrt von sieben Jahren den Anblick seiner Heimat bewillkommnen würde. Ich sehe nicht ein, warum ich nicht einen „bestimmten Wohnort" haben und eine Bahn betreten soll, welche mit den Pflichten des häuslichen Lebens vereinbarlich ist. Vielleicht wird Ihre Antwort hierauf die Stimme sein, welche mir sagt:

> *„Wächter! lass Dein Wandern sein,*
> *Geh zur stillen Heimath ein."*

*Der Ihrige im Herrn,*
*J. H. Noyes.*

Harriet, sich selbst überlassen, antwortete, wie der Prediger wünschte; nach einigen Tagen wurden sie verbunden, und Noyes verwandte ihre siebentausend Dollars zum Baue eines Hauses und einer Druckerei; er kaufte Pressen und Typen, und fing an eine Zeitung herauszugeben. So lange als der alte Mann lebte, versorgte er sie mit Geld zum Lebensunterhalte; als er starb, erbte Vater Noyes neuntausend Dollars auf einmal. Er macht kein Geheimnis aus der Tatsache, dass er Harriet ihres Geldes wegen geheiratet habe; um seine eigenen Worte zu gebrauchen: sie ward ihm zur Belohnung dafür gegeben, dass er die Wahrheit gepredigt.

Die erste zur himmlischen Ordnung in Putney berufene Familie beschränkte sich auf die Frau des Predigers, seine Mutter, seine Schwester und seinen Bruder; diese sind alle seiner Theorie des häuslichen Lebens treu geblieben.

Seine Mutter starb nur wenige Tage vor meiner Ankunft am Oneida-Bach, eine alte Dame, die zu ihrer Ruhe (wie man mir sagte) in der Überzeugung einging, dass das von ihrem Sohne einzig eingeführte System die wahre und vollkommene Gesellschaft christlicher Männer und Frauen auf Erden sei.

Diese Personen fingen mit einigen wenigen Predigern, Farmern, Doktoren und ihren Weibern und Töchtern, alles Leute mit Mitteln, Charakter und Stellung, in einem Hause zu leben an, errichteten, wie sie es merkwürdigerweise nannten, in Putney eine Zweigniederlassung des himmlischen Geschäftes; sie entsagten förmlich der Regierung der Republik und trennten sich für immer von den Vereinigten Staaten. Und jetzt begann für sie ein neues Leben, ein kühneres, originelleres als das, welches Röpley, Dana und Hawthorn auf der Bachfarm zu führen versuchten. Sie unterließen alles Gebet und jeden Gottesdienst, schafften den Sonntag ab, brachen Familienbande und machten, ohne jemand zu trennen, den eigennützigen Beziehungen zwischen Mann und Weib ein Ende. Alles Eigentum ward in eine gemeinsame Masse geworfen; alle Schulden, alle Pflichten fielen auf die Gesellschaft, welche in einem gemeinsamen Zimmer aß, unter einem Dache schlief und von einem gemeinschaftlichen Vorrate lebte. Anfangs waren sie streng und ernst gegen einander; denn da alle schriftlichen Gesetze, als der alten Welt angehörige Dinge, verworfen worden waren, so hatten sie keine anderen Mittel, schwache und böse Brüder zu leiten, außer freier Kritik über ihr Benehmen, eine Regierungsweise, welche erst eine errettende Macht werden sollte.

Sie führten ein ziemlich hartes Leben. Jeden Morgen brachten sie drei Stunden in der Halle zu; eine Stunde ward auf das Studium solcher Geschichtswerke verwandt, welche zum bessern Verständnis der Bibel dienten; eine Stunde entweder in Stillschweigen oder mit dem Lesen der Bibel; eine dritte Stunde in Diskussion über das, was sie gelesen oder worüber sie nachgedacht hatten. Der Mittag wurde mit Arbeiten auf der Farm hingebracht; der Abend ward dem Studium, der Lektüre, der Musik und geselliger Zusammenkunft gewidmet. Eine Person gab den Übrigen griechische oder hebräische Stunden, eine zweite las laut aus irgendeinem englischen oder deutschen Schriftsteller über Hermeneutik vor und ein Dritter stand auf und kritisierte seine heiligen Mitbrüder.

Inmitten dieser unaufhörlichen Arbeiten erschien der alte Adam wieder unter ihnen und störte ihren Frieden. Ein Mann aß zu viel, ein zweiter trank zu viel, ein dritter war ausschweifend in der Liebe. Zank und Hader entstand unter den Brüdern und führte nach und nach zu Klatschereien unter den Nachbarn, zu Fragen über sie in der Lokalpresse, zu Anfällen in den Schnapsläden und zuletzt zu Prozessen in den heidnischen Gerichtshöfen. Was sie in ihrem kleinen Eden am meisten zu fürchten hatten, war die evangelische Freiheit der Güter und Weiber.

Noyes gibt zu, dass der Teufel seinen Weg in das zweite Eden ebenso gut wie in das erste gefunden, und dass in Putney sowohl wie im Paradiese der Böse seinen bösen Willen durch die Frau zur Geltung gebracht habe.

Als die moralische Unordnung in seinem kleinen Paradiese nicht länger verborgen bleiben konnte, ward er missmutig und übelgelaunt. Wie konnte er dieses Kreuz ertragen? Ein plötzlicher Wechsel von gesetzlichen Verboten zu evangelischen Freiheiten muss natürlicherweise eine Prüfung für die Gelüste der Menschen sein. Aber wie konnte er Unterschiede beim Werke Gottes machen? Gott hatte dem Menschen seine Leidenschaften, Neigungen und Kräfte gegeben. Das Verlangen hat im himmlischen Systeme seinen Nutzen und seine

Berechtigung; und wenn die Seele frei ist, begreift aller Gebrauch die Gefahr des Missbrauches in sich. Müssen denn die Heiligen unter Fesseln kommen? Er konnte es nicht einsehen. Er wusste wohl, dass viele von seinen Leuten dem Stande der Heiligkeit zur Schande gereichten, und sagte sich dennoch mit den Worten des heiligen Paulus: „Muss ich zurückgehen, weil Sünden kommen?" Ein Rückschritt war für ihn gleichbedeutend mit dem Zerreißen seiner Bibel und ein Aufgeben seiner Arbeit. Eine solche Rückkehr war mehr, als er wünschte und konnte, und deshalb arbeitete er mit seinen Leuten weiter, zähmte die Ungehorsamen, leitete die Sorglosen und verstieß die Unbußfertigen.

Er legte sich selbst die Frage folgendermaßen aus: Wenn ein Mann von einer Stadt in die andere ziehen würde, könnte er dies nicht ohne Schmutz und Unrat tun; wie durfte er also erwarten, seinen Arbeitsplatz von der Erde zum Himmel legen zu können, ohne unterwegs Schaden zu leiden? Verwüstung gehört zum Wechsel. Seine Leute waren für einen so ernsthaften Versuch nicht vorbereitet und die Zänkereien, welche bei ihnen zum Skandale für Windham County stattgefunden, und welche viele der Heiligen abspenstig gemacht hatten, wurden denen zur Last gelegt, welche noch nicht an die Kunst, im Zustande der Gnade zu leben, gewöhnt waren.

Einige tröstende Strahlen fielen auf Noyes in dieser Stunde des Misslingens und der Not. Eine andere Gesellschaft Puritaner, deren Papst Mahan und deren Premierminister Taylor war, hatte ihr Eden in Oberlin, in Lorain County, Ohio aufgetan. Mahan gab vor, Visionen zu sehen und von Gott direkte Mitteilungen zu empfangen.

Taylor, ein tüchtiger Redakteur und beredter Prediger, machte auch Anspruch auf himmlische Gaben. Nun existierte zwischen Noyes und Mahan, Putney und Oberlin ein Bruderzwist, dem ähnlich, welcher den beiden Söhnen Eva's zum Nachteile gereichte. Allen puritanischen Propheten nach sind Heiligkeit und Freiheit die ersten Elemente in der Atmosphäre des Himmels – das heißt einer vollkommenen Gesellschaft; aber durch die tägliche Gewohnheit, dass jeder seiner eigenen Erleuchtung folgte, waren die Propheten dahin gekommen, die beiden Elemente als von ungleichem Werte zu betrachten, so dass Zwist zwischen ihnen entstand, Fragen debattiert und Schulen gebildet wurden. Eine Partei, welche die Freiheit der Heiligkeit vorzog, wurden „Freiheitsleute" genannt; eine andere, welche die Heiligkeit der Freiheit vorzog, hießen „Heiligkeitsleute". Putney bestand auf Heiligkeit, Oberlin auf Freiheit; obschon beide vorgaben, der Welt zu entsagen und nur die Vormundschaft Gottes anzuerkennen. Noyes griff Oberlin im „Zeugen" an, Taylor antwortete im „Evangelisten", und der Wortkrieg dauerte Jahre lang fort, bis Putney in Zänkereien geriet und Taylor seine Freiheit so benutzt hatte, dass sich der heidnische Gerichtshof in die Angelegenheit mischte.

## 56. Neue Grundlagen

Als Putney für Noyes und seine Bibel-Familie ein zu heißer Aufenthaltsort geworden war, nicht, wie er mir sagte, wegen der Verfolgungen seitens der Gemeinden des religiösen Vermont, sondern einzig und allein wegen der Opposition trunkener und nichtsnutziger Händelsucher, vermietete der Prediger sein Haus und seine Farm an einen Heiden, und zog von seiner Vaterstadt weg nach dem Oneida-Bach, ein Platz, welcher seiner Schönheit, Entfernung und Fruchtbarkeit wegen seinem Plane günstig erschien, um dadurch Geduld und Fleiß eine neue Grundlage für sein gesellschaftliches und Familienleben zu errichten.

Mary Cragin, welche Georg, ihren Mann, mit sich brachte, und einige andere bereits im Feuer erprobte Leute, gingen von Herzen auf diesen Plan ein und wurden für dieses neue Unternehmen alles das, was Margarethe Fuller in der weniger mutigen Niederlassung an der Bachfarm gern geworden wäre und nicht erreichen konnte. Ungefähr fünfzig Männer und eben so viel Frauen und eine fast gleiche Anzahl Kinder schossen ihre Mittel zusammen, bauten ein Holzhaus und Nebengebäude, kauften ein Stück Land, welches sie zu lichten und zu versorgen anfingen, gaben nochmals die Welt, ihre Gebräuche und ihre Rechte auf, und erklärten, dass ihre Familie von den Vereinigten Staaten und der Gesellschaft der Menschen so getrennt sei, wie Adam und sein Samen von dem Volke der Hauran sich getrennt habe.

Die neue Bibel-Familie nannte sich eine Zweigniederlassung des sichtbaren Himmelreichs. Da viele von den Heiligen in Putney gewesen waren, hatten sie einige Erfahrungen über die Wege der Gnade, und Noyes schuf für sie in ihrer neuen Heimat ein Gesetz, welches ein Heide für überflüssig am Oneida-Bache halten würde, – die Pflicht, das Leben zu genießen. In Putney, sagte er, wären sie zu streng gewesen, hätten zu viel studiert, wären zu rücksichtslos gegen die Fehler der anderen gewesen. In ihrer neuen Heimat verlange Gott solche Strenge nicht. Wenn Gott willens gewesen sei (so fragte er sie), dass Adam fasten und beten solle, würde er ihn in einen Garten versetzt und ihn auf allen Seiten durch köstliche Früchte in Versuchung geführt haben? Nein; der Schöpfer hat dem Menschen das Verlangen gegeben und ihn dann in ein Kleefeld gesteckt. Und was sind die Heiligen am Oneida-Bache? Leute in derselben Lage, wie Adam vor dem Falle, Leute ohne Sünde; Leute, für die alles gesetzlich ist, weil alles rein ist. Warum sollten sie denn unter der täglichen Leitung des heiligen Geistes nicht nach Herzenslust essen, trinken und lieben?

Sie machten keine Gesetze, erwählten keine Anführer. Jeder Mann, jede Frau sollte für sich selbst Gesetz sein; und was die Herrscher anbetrifft, so erklärten sie, dass die Natur und die Erziehung die Leute zu Herren ihrer Mitmenschen mache, sie an Plätze setze, welche auszufüllen sie geboren und erzogen seien; eine andere Redensart war, dass Gott in Person regieren solle, und dass Vater Noyes sein sichtbarer König und Papst sei. Alles Eigentum ward Christo vermacht, und der Nießbrauch desselben ward nur denen gewährt, welche sich Ihm ergeben hatten. Die Weiber und Kinder der Familie sollten so gemeinschaftlich sein, wie die Brote und Fische; die wahre Seele der neuen Gesellschaft ist ein in englischer Sprache schwer wiederzugebendes Geheimnis.

Zwölf Jahre lang voll schwerer und fieberischer Sorge hielt die Gesellschaft Stand. Krieg von außen, Entbehrung von innen setzte die Brüder Versuchungen aus, welche nur eine Körperschaft bestehend aus Neu-England-Farmern, Handwerkern und Geschäftsleuten ertragen konnte.

Mary Cragin ertrank im Hudsonfluss, und es währte lange Zeit, ehe eine Frau gefunden ward, welche ihren Platz auszufüllen im Stande war.

Noyes versuchte Abigail Merwin, seine erste Schülerin, zu gewinnen, welche er noch im Geiste zu lieben vorgab. Abigail indessen schenkte ihm kein Gehör. Sie lebt noch, und ich darf hinzufügen, dass Noyes noch daran denkt, sie zu seiner Herde heranzuziehen.

Schwester Skinner ward die Leiterin, die Mutter der Familie; aber sie lebt jetzt in Wallingford; und Schwester Dunn ist die nominelle Mutter am Oneida-Bach. Ihr Halt an diese Stellung erscheint mir nur schwach; und ich glaube, dass jetzt entweder Schwester Joslyn, eine Dichterin, oder Schwester Helene Noyes als die präsidierende Göttin von Oneida-Bach betrachtet werden darf. Aber da die Macht nur durch Sympathie aufrechterhalten werden kann, so mag der Zauber dieser zwei Damen von den zwei Sängerinnen, Schwester Harriet und Schwester Alice, geteilt werden.

Ich spreche wie einer, der unter dem Zaubereinflusse gelebt hat. Trotz ihrer rauen Lebensweise sind merkwürdige Leute ihnen beigetreten: ein Prediger aus Massachusetts, ein Trapper aus Kanada, ein Korrektor für die Londoner Presse. Von allen diesen Bekehrten zum Himmelreiche ward der Mann, von dem zuletzt zu erwarten stand, dass er sich je der Kolonie nützlich erweisen würde, der Trapper aus Kanada, der wirkliche Gründer ihres Glücks. Bis jetzt hatten sich die Heiligen, wie jene Zitterer, von denen Noyes (wie mir der Älteste Friedrich erzählte) die Anfangsgründe der Sozialökonomie gelernt hatte, mit Leib und Seele der Landwirtschaft ergeben; aber die Kunst Äpfel zu ziehen, Birnen einzumachen und Sirup zu kochen, ist in Amerika zu allgemein verbreitet, als dass jemand daran denken könnte, dabei sein Glück zu machen. Die Familie tat ihr Bestes; ihr Bestes war sehr gut.

Im vergangenen Jahre verkauften sie, wie ich aus ihren Büchern ersah, für fünfundzwanzigtausend Dollars eingemachte Früchte. Aber die Rasenplätze und Obstgärten, das stattliche Haus und die geschäftigen Mühlen in Oneida sind nicht aus Apfel- und Birnbäumen gemacht. Sie sind hauptsächlich aus den geschickten Händen von Sewell Newhouse, dem kanadischen Trapper, hervorgegangen.

Einer der Haupthandelsartikel in Amerika ist der mit Fallen. Fallen werden mancherlei gebraucht; denn das Land schwärmt von Viehzeug, vom großen Bären in den Felsengebirgen bis herab zur gewöhnlichen Feldmaus; aber der Yankee-Handwerksmann, der so geschickt in der Anfertigung von Korkziehern, Nährahmen und Nussknackern ist, hat die Verfertigung von Fallen Solingen und Elberfeld überlassen, so dass das westliche und nördliche Amerika bis jetzt mit Fallen von weit hinter dem Rheine her versorgt worden ist. Als nun Bruder Newhouse zur Maschinenarbeit am Oneida-Bach sich niederließ, sah er, als alter Trapper, dass der deutsche Artikel, obschon in seiner Art gut und billig, viel verbessert werden könne. Er nahm die Angelegenheit in die Hand und machte die Fallen bald leichter an Gewicht, von einfacherer Gestalt und versah sie mit einer tödlicheren Feder. Die Oneidafalle ward das Gespräch in Madison County und im Staate New York. Bestellungen auf dieselben kamen massenhaft an; Handwerker wurden angestellt, Schmieden gebaut, und in wenigen Monaten war der deutsche Artikel eine unverkäufliche Ware in den Läden von New York. In einem einzigen Jahre erzielte die Familie seinen Profit von achtzigtausend Dollars durch ihre Fallen; und obschon das Einkommen abgenommen hat, seit andere angefangen haben, dieses Produkt der Heiligen nachzuahmen, so ist doch die Einnahme, welche vom Verkaufe von Oneidafallen erzielt wird, immer noch gegen dreitausend Pfund englischen Geldes im Jahre.

Auf den ersten Augenblick erscheint es etwas komisch, dass das Himmelreich für sein tägliches Brot vom Verkaufe von Fallen abhängig sein soll. Als ich mit Vater Hamilton durch die Schmieden wanderte, konnte ich nicht umhin, die Bemerkung zu machen, dass mir solche Arbeit für eine Kolonie Heiliger sehr, eigentümlich erscheine. Er antwortete mit einem sehr ernsthaften Gesichte, dass auf der Erde ein Fluch ruhe, dass das Viehzeug eine Folge dieses Fluches sei, dass die Heiligen demselben den Krieg erklären und sie vertilgen müssen – daher sei es vollständig in der Ordnung, dass sie Fallen machten! Im Staate New York, woselbst jeder ein Sachwalter und Kasuist ist, kann man niemanden finden, dem es an Beweisgründen mangelt, wenn es gilt, „Getreide auf seine Mühle zu bringen".

Wie dem auch sein mag, sie machten Fallen und dann machten die Fallen sie.

Die häuslichen Angelegenheiten der Familie schienen mit dem äußeren und kommerziellen Fortschritt Schritt gehalten zu haben. Die Theorie der unruhigen Geister durch Sympathie zu regieren, ward von einer Idee zu einer Wissenschaft erhoben; und das Hauptgeschäft der abendlichen Zusammenkünfte ist durch freie Kritik die Entwicklung dieser Sympathie als eine regierende Macht zu bezeichnen.

Ich war bei einer dieser Zusammenkünfte gegenwärtig, als Sydney Joslyn, ein Sohn der Dichterin am Oneida-Bache, einer eingehenden öffentlichen Untersuchung unterworfen ward. Bruder Pitt fing an;

er beschrieb den jungen Mann geistig und moralisch, er machte mit anscheinender Freundlichkeit, doch erstaunenswerter Offenheit auf alle die schlimmen Dinge aufmerksam, die er je an Sydney beobachtet hatte – auf seine Faulheit, seine Sinnlichkeit, seine Liebe zu Kleidern und äußerem Gepränge, seine ungeziemende Sprechweise, seinen Mangel an Ehrerbietung. Auf Pitt folgten Vater Noyes, Vater Hamilton und Bruder Boller mit fast gleich strengen Bemerkungen; dann kam Schwester Joslyn, die Mutter des Schuldigen, welche die Rute durchaus nicht schonte; und nach ihr stand Mutter Dunn und eine Masse Zeugen auf.

Viele von diesen Leuten sprachen von seinen guten Handlungen, und zwei oder drei deuteten an, dass Sydney bei allen seinen Fehlern ein Mann von Genie, ein wahrer Heiliger, eine Zierde Oneidas sei; aber die Zeugenaussage neigte sich im Ganzen entschieden zu Lasten des Gefangenen auf der Anklagebank. Niemand darf persönlich und auf der Stelle antworten. Ein guter Freund kann ein gutes Wort einlegen, um hartes oder ungerechtes Urteil zu mildern; aber die unter Zensur befindliche Person muss von der Feuerprobe weg auf ihr Zimmer gehen und auf dem so reichlich von ihren Genossen gefüllten Sündenregister schlafen. Wenn sie irgendetwas über die Annahme oder Zurückweisung der gegen sie mündlich angebrachten Beschuldigungen zu sagen hat, so muss diese Antwort schriftlich geschehen und an die ganze Gemeinde im Versammlungslokal gerichtet sein, nicht an irgend einen besondern Verleumder namentlich.

Am Abende, welcher auf den folgte, an welchem diese Zeugenaussage gegen Sydney Joslyn gehört worden war, ward folgender Brief als Antwort darauf in der großen Halle vorgelesen:

*An die Gemeinde*

Ich benutze die Gelegenheit, um meinen Dank für die Kritik und den Rat auszusprechen, den ich gestern empfangen, und für die Offenherzigkeit, welche dabei dargetan wurde.

Ich wünsche Herrn Noyes für seine Offenherzigkeit zu danken; namentlich in Bezug auf längst vergangene Dinge. Ich erinnere mich der Zeit wohl, als ich mich ihm sehr nahe fühlte und frei und offen mit ihm mich zu unterhalten pflegte; ich halte das für meine glücklichsten Tage. Ich habe stets bedauert, ihn verlassen zu haben, wie ich es tat. Ich *liebte* ihn; und ich weiß sicher, dass ich ein besserer Mann und für ihn und die Gemeinde eine größere Hilfe geworden sein würde, wenn ich geblieben wäre. Ich bin sicher, dass meine *damalige* Liebe für ihn mir *bis jetzt* sehr genützt hat und im steten Zunehmen immerdar geblieben ist, trotz widriger Umstände, und in meinen dunkelsten Stunden erschien sein Geist und stärkte mich und half mir die bösen Geister vertreiben. Ich möchte meine Liebe für Herrn Hamilton und mein Vertrauen in ihn als Leiter bekennen. Ich danke ihm aufrichtig für seine lang andauernde Geduld mit mir, und für seine unermüdlichen Anstrengungen, mich Christo und der Gemeinde näher zu bringen.

Ich anerkenne Christus als den Beherrscher meiner Zunge und bin im Geist der Demut.

*Sydney*

Was mir indes bei diesen Kritikern am meisten auffiel, war nächst ihrem augenscheinlichen Nutzen in der Kunst Leute zu regieren, welche alle menschlichen Gesetze verworfen hatten, nicht die Offenherzigkeit, sondern vielmehr die Schlauheit derselben. Viele der Bemerkungen waren außerordentlich fein und tief durchdacht, und zeigten vortreffliche, durch tägliche Übung gestärkte Anlagen zur Analyse.

Ich darf nicht vergessen zu sagen, dass, obschon viele junge Männer gegen Sydney als Zeugen auftraten, nicht eine junge Frauensperson etwas gegen ihn zu sagen hatte. Die älteren Damen waren offen genug, und eine alte Dame trug eine Offenheit zur Schau, welche ein heidnischer Jüngling schwerlich stillschweigend ertragen haben würde.

Der Grund hierzu war, nicht weil ihn die Mädchen alle gern hatten, sondern weil sie als Mädchen und junge Frauen wenig mit ihm zu tun haben und deshalb keine seiner Fehler sagen konnten.

Hier aber stoßen wir auf eins der tiefsten von den vielen Geheimnissen am Oneida-Bache.

In der Familie existiert weder ein praktizierender Advokat, noch ein Arzt; im Gegenteil, sie haben vorgeblich keine Streitigkeiten und erfreuen sich vollkommener Gesundheit. Nach alter amerikanischer

Gewohnheit – eine Gewohnheit, welche den englischen Provinzen entlehnt ist – frühstückt die Familie um sechs Uhr des Morgens, speist um zwölf Mittags und nimmt ihr Abendbrot um sechs Uhr des Abends ein, fast so wie die Araber und die Naturkinder anderwärts gegen Sonnenaufgang, Mittag und Sonnenuntergang essen und trinken. Einige der schwächeren Heiligen essen Fleisch von Vögeln und anderen Tieren; die anderen nähren sich nur von Kräutern und Früchten. Vater Noyes isst aus Gewohnheit Fleisch, aber nur sehr wenig, da er durch Versuche gelernt hat, dass es zu seiner Gesundheit nicht nötig ist.

Eine Anzahl Heiliger zogen im vergangenen Herbste unter Newhouse nach Kanada, um Biber zu fangen, und kamen stark und gesund aus den Wäldern zurück. Niemand von der Familie trinkt Wein, außer bisweilen eine kleine Dosis Kirsch- oder Stachelbeerwein in Gestalt von Liqueur.

Ich versuchte drei oder vier Arten dieses selbstgemachten Weins, und stimme mit Vater Noyes überein, dass es für seine Leute besser ist, wenn sie sich ohne solche Getränke behelfen.

## 57. Pantagamie

Wie soll ich mit englischen Worten das tiefinnerste soziale Leben beschreiben, welches sich unter diesen religiösen Zeloten am Oneida-Bach vor meinen Blicken so offen kundgab? Einer arabischen Familie würde ich es leicht begreiflich machen können, und nichts von Wichtigkeit aus meiner Erzählung weglassen, denn die Araber haben es von ihren Vätern gelernt, Dinge bei ihren einfachsten Namen zu nennen. Wir Engländer haben eine andere Richtung; wir vertuschen die Natur durch ein zartes Stillschweigen; verwenden unsere Neugierde auf Tatsachen über Bäume, Vögel, Fische und Insekten, und hüllen in sorgfältiges Dunkel alles das, was sich auf das Leben und die Natur des Menschen bezieht.

George Cragin, einer der Söhne von Mary Cragin, ein junger, talentvoller und gebildeter, namentlich aber ein streng moralischer Mann, frisch von der Universität, woselbst er zum Doktor promoviert worden war, erzählte mir bei einem unserer Morgenspaziergänge die ganze Geschichte seines Herzens so, wie er dieselbe einem geliebten Bruder mitgeteilt haben würde – das erste Aufkeimen seiner Neigung – die Art und Weise, in welcher seine Liebe behandelt worden – sein Schamgefühl – seine leidenschaftlichen Begierden – seine Erziehung in der Kunst der Selbstverleugnung und Selbstkontrolle (welches die Disziplin seines Lebens als frommer Mann ist) von seinem Jünglingsalter an bis zu der Stunde, in welcher wir am Oneida-Bach mit einander sprachen. Diese kleine Geschichte der geheimen Bestrebungen einer menschlichen Seele ist das Verachtenswerteste, was ich je gehört oder gelesen habe. Ich schrieb sie nach den Worten des jungen Mannes nieder, als wir unter den Apfelbäumen saßen – diese Erzählung von dem, was er in der Schule der Liebe je gefühlt, gelernt und gelitten hatte; erzählt, wie er sie erzählte, mit ernsthaftem Gesicht, in bescheidener Weise und in wissenschaftlichem Geiste; aber ich habe nicht das

Recht, eine Zeile von dem Bekenntnisse drucken zu lassen, welches jetzt vor mir liegt. Ich sah am Oneida-Bache hundert Aufzeichnungen ähnlicher Art, obschon die meisten derselben weniger komplett in ihren Einzelheiten und der Ausführung waren.

Eines Tages, in künftigen Jahren, mögen solche Aufzeichnungen der Wissenschaft zugängig gemacht und vielleicht die Grundlagen zu neuen Theorien in der Physiologie und Staatswirtschaft werden. Jetzt sind sie versiegelt und müssen versiegelt bleiben. „Sie sind zur Seite gelegt", sagte Bruder Bolles, „diese Geschichten von Gemütsbewegungen, bis die Gesellschaft bereit ist, sie anzunehmen und zu benutzen; wenn die Philosophen anfangen, das Leben des Menschen so zu studieren, wie sie jetzt das der Bienen studieren, dann werden wir Bibel-Kommunisten im Stande sein, sie mit einer Menge sorgfältig beobachteter Fälle zu versorgen."

Der wahre Kern ihres häuslichen Systems ist eine Beziehung der Geschlechter zu einander, welche sie die „zusammengesetzte Ehe" nennen. Gütergemeinschaft, sagen sie, begreift Weibergemeinschaft in sich. Vater Noyes behauptet, dass es ein Fehler sei, entweder zu sagen, dass ein Mann nur einmal in seinem Leben lieben, oder dass er nur einen Gegenstand auf einmal lieben kann. „Die Männer und Frauen finden", sagt er, „dass im Allgemeinen ihre Empfänglichkeit für die Liebe nicht durch die Flitterwochen erlischt oder durch einen Liebhaber befriedigt wird. Im Gegenteil, die geheime Geschichte des menschlichen Herzens wird die Behauptung rechtfertigen, dass es im Stande ist, verschiedene Male und verschiedene Personen zu lieben. Das ist Naturgesetz." Daher ist bei der am Oneida-Bache lebenden Bibel-Familie die zusammengesetzte Ehe ihrer Mitglieder zu einander und zu allen die bemerkenswerteste Tatsache im Haushalte; ein Ritus, von dem angenommen wird, dass er beim Eintritt jedes neuen Mitgliedes in die Genossenschaft, ob Mann oder Frau, stattfindet, und welcher die ganze Körperschaft in einen Ehekreis verwandeln soll. Jeder Mann wird der Mann und Bruder jeder Frau; jede Frau die Frau und Schwester jedes Mannes. – Die Ehe selbst, als Ritus und Einrichtung, haben sie im Namen der wahren Religion für immer abgeschafft. Sie behaupten, dass eine so eigennützige und exklusive Einrichtung von allen ehrbaren Konfessionen in dem Augenblicke verworfen werden wird, von welchem ab die Welt von dem falschen Glauben abkommt, dass Liebe eine sündhafte Handlung sei.

Damit ich nicht in den Verdacht komme, als färbe ich durch Wort oder Farbe die wirkliche Lebensweise dieser eigentümlichen Brüderschaft, will ich eine Auseinandersetzung dieser sozialen Theorie geben, wie sie Vater Noyes selbst für mich ausgesetzt hat:

### Vater Noyes über die Liebe

„Die Gemeinde glaubt, im Gegensatz zu der Theorie der sentimentalen Novellisten und anderer Leute, dass die Neigungen kontrolliert und geleitet werden können, und dass sie weit bessere Resultate liefern werden, wenn sie recht kontrolliert und geleitet werden, als wenn sie sich ohne Zwang oder Führung selbst überlassen bleiben. Sie verwirft vollständig die Idee, dass die Liebe eine unvermeidliche Schickung ist, welche ihren eigenen Lauf haben muss. Sie glaubt, dass die Liebe und die Kundgebung derselben aufgeklärten Selbstkontrolle überlassen und als größte Wohltat behandelt werden soll. In der Gemeinde ist sie unter der besondern Oberaufsicht der Väter und Mütter, mit anderen Worten, der weisesten und besten Mitglieder; es wird öfters in den Abendversammlungen darüber Rats gepflogen, und sie ist ebenfalls der Kritik unterworfen. Die Väter und Mütter werden bei ihrer Behandlung dieses Gegenstandes durch gewisse allgemeine Prinzipien geleitet, welche in den Gemeinden ausgearbeitet und wohl verstanden sind. Das eine heißt das Prinzip der ansteigenden Gemeinschaft. Es wird für die jungen Leute beider Geschlechter für besser erachtet, wenn sie sich in Liebe mit Personen vereinigen, welche älter als sie selbst sind, und wenn möglich mit denen, welche geistig gebildeter und einige Zeit in der Schule der Selbstkontrolle gewesen sind. Das ist nur eine andere Form des gewöhnlichen Kontrastprinzips. Die Physiologen wissen recht wohl, dass es nicht wünschenswert ist, wenn Leute von gleichen Charakteren und Temperamenten sich mit einander vereinigen. Die Kommunisten haben entdeckt, dass es nicht wünschenswert ist, wenn zwei unerfahrene und geistig ungebildete Leute sich in Genossenschaft mit einander stürzen, dass es für beide weit besser ist, sich mit Leuten reiferen Charakters und von gesundem Verstande zu vereinigen.

Ein anderes in der Gemeinde wohl verstandenes Prinzip ist, dass es nicht wünschenswert ist, wenn zwei Personen ausschließlich zu einander Zuneigung fassen, – sich einander verehren und anbeten – wie populär auch dieses Gefühl bei sentimentalen Leuten im Allgemeinen sein mag. Sie betrachten ausschließliche und götzendienerische Ergebenheit als ungesund und schädlich, wo sie auch vorkommen mag. Die Kommunisten behaupten, dass das Herz frei sein müsse, alle Guten und Würdigen zu lieben, und nie ausschließlich oder götzendienerisch, oder in rein eigennütziger Liebe in irgendeiner Gestalt gebunden werden dürfe.

Ein ferneres in der Gemeinde wohl bekanntes und allgemein durchgeführtes Prinzip ist, dass niemand gezwungen werden kann, zu irgendeiner Zeit oder unter irgendwelchen Umständen die Aufmerksamkeiten derer anzunehmen, welche sie nicht gern haben. Die Gemeinden sind verpflichtet, alle ihre Mitglieder vor unangenehmen gesellschaftlichen Annäherungen zu schützen. Jeder Frau steht es frei, die Aufmerksamkeiten eines jeden Mannes abzulehnen.

Noch ein anderes Prinzip ist, dass es für die Männer am besten ist, bei ihren Annäherungen an die Frauen zu persönlichen Zusammenkünften durch Vermittlung einer dritten Person einzuladen, und zwar aus zwei wichtigen Gründen, nämlich: erstens, damit die Angelegenheit gewissermaßen zur Aufsicht der Gemeinde gelange, und zweitens, damit die Frauen ohne Verlegenheit und Zwang Anträge ablehnen können, wenn es ihnen beliebt.

Unter Einwirkung dieser allgemeinen Prinzipien verursacht es nur geringe Schwierigkeit, praktisch die soziale Theorie der Gemeinden auszuführen. Gerade durch diese Prinzipien regieren sich die Mitglieder selbst in dem Maße, wie sie an Bildung fortschreiten. Der Hauptzweck ist, jeden Selbstkontrolle zu lehren. Dies führt zum größten Glück in der Liebe und ist das Beste für alle…"

Die Art und Weise, wie man am Oneida-Bache lebt, gibt den Frauen große Gewalt, in weit größerem Maße, als sie sich unter dem Gesetze zu erfreuen haben; und diese Vermehrung der Macht ist ein Hauptpunkt in jeder neuen sozialen Einrichtung in den Staaten. Etwas von dieser vermehrten Macht der Frauen habe ich am Oneida-Bache gesehen und gefühlt, und Vater Hamilton versichert mir, dass es auf das Leben der Frau großen Reiz und großen Einfluss übt, was ich allerdings nicht zu sehen und zu fühlen im Stande gewesen bin. Die Damen scheinen alle geschäftig, munter und zufrieden, und diejenigen, mit denen ich über diesen Punkt gesprochen habe, sagen alle, dass sie mit ihrem Lose sehr zufrieden sind. Es gibt vielleicht eine Ausnahme von der Regel; eine Dame, deren Namen ich nicht erwähnen will, ließ den Wink fallen, dass sie eines Tages möglicherweise daran denken könne, nach Hause zu ihren Freunden zu gehen.

Zuerst erklärte die Welt gegen Oneida-Bach den Krieg, wie sie gegen Putney getan hatte; sie machte ihre Witze über die freie Liebe und lud Pistolen gegen die Gütergemeinschaft. Noyes verlangt nicht nur im Kampfe mit den Predigern der Baptisten und Independenten, sondern auch bei den gefährlicheren Konflikten mit den Madison-Farmern und Hirten, dass das am Oneida-Bache errichtete Reich Christi als ein Ganzes beurteilt werden müsse. „Das geschlechtliche Prinzip", sagt er, „ist eine Hilfe für das religiöse Prinzip"; und auf alle Klagen von außen antwortet er: „Betrachtet unsern glücklichen Kreis: wir arbeiten, wir ruhen, wir studieren, wir genießen; Friede herrscht in unserem Haushalte; unsere jungen Leute sind gesund, unsere jungen Frauen frisch; wir leben gut und vermehren uns nicht mehr, als wir wünschen!"

Mit der Zeit ward die Feindschaft der Welt überwunden; umso schneller, als die Welt anfängt zu sehen, dass die Mitglieder der Gemeinde, obschon sie das Neue Testament falsch auslegen mögen, wirklich ernstlich nach den Worten leben, zu denen sie sich bekennen. Vater Noyes ist jetzt populär in der Nachbarschaft, wo die Leute seine Schüler nach den Resultaten beurteilen. Aber ein Prophet kann nicht sein Leben auf einer kleinen Farm vergeuden, und seinen Schülern durch sein eigenes Beispiel zeigen, wie man leben muss. Noyes findet, dass es für ihn in größerem Maße und auf einem weiteren Felde Arbeit zu vollbringen gibt: er hat einen neuen Glauben zu erklären, einen intellektuellen Sieg zu erfechten; und weil er ein lebender Beweis dafür ist, muss er notwendigerweise öfters in New York, dem Mittelpunkte aller moralischen, kommerziellen und spirituellen Tätigkeit und Vermittlung leben. Dort hat die Familie ein Vorratshaus und dort wird „das Circulat" verkauft. Es ist genug für ihn, dass er die zwei

Ansiedlungen in Wallingford und Oneida von Zeit zu Zeit besucht; dort wird er als Prophet empfangen, und er wird, wie die Propheten vor Alters, flehentlich gebeten, täglich zwischen Menschen und Gott als Vermittler einzutreten.

Die Familie am Oneida-Bache besteht aus ungefähr dreihundert Mitgliedern. Die Bibel-Kommunisten sagen, man habe durch Versuche die Erfahrung gemacht, dass diese Zahl groß genug ist, um die Vergünstigungen und Tugenden, welche zu einer vollkommenen Gesellschaft gehören, zu nähren und zu entwickeln. Täglich werden solche, welche um Aufnahme nachsuchen, zurückgewiesen. Während ich am Bache wohnte, kamen drei oder vier Anerbietungen, und wurden zurückgewiesen, da die Lebensweise, welche hier geführt wird, nur als ein Versuch betrachtet wird.

Vater Noyes sagt mir, dass man jetzt die Grundlagen als gelegt betrachten könne. Wenn die Einzelheiten ausgearbeitet sind, sollen andere Familien in New York und in den Staaten von Neu-England gegründet werden.

Ehe ich den Berg Libanon verließ, hatte ich mit dem Ältesten Friedrich eine Unterredung über diese Leute.

„Sie können annehmen, dass sich die Bibel-Familien sehr stark vermehren werden", sagte Friedrich, der mit keineswegs freundlichem Auge ihr Wachstum beobachtet, „sie kommen den Begierden einer großen Anzahl von Männern und Frauen in diesem Lande entgegen: Männern, welche müde, Frauen, welche phantastisch sind; sie lassen im Namen der Religion den Leidenschaften, neben einem ausgeprägten Bedürfniss nach Ruhe, die Zügel schießen. Die Frauen finden bei ihnen ein großes Feld für ihre Neigungen. Die Bibel-Kommunisten geben der freien Liebe ein frommes Privilegium, und das Gefühl für freie Liebe wurzelt tief im Herzen von New York."

## 58. Jung Amerika

„Wir vermehren uns nicht mehr, als wir wünschen", sagte Noyes, als Summa der vielen Schönheiten und Vorteile von dem, was er und seine Leute die neue Bibelordnung nennen.

„Die Kleine Kinderfrage ist die große Frage der Welt", rief Bruder Wright unter den Spiritualisten in Providence. Was meinen diese Reformatoren? An zwanzig verschiedenen Orten haben die Leute jährlich eine Kleine-Kinder-Schau eingeführt, bei welcher sie Preise für das beste Specimen eines schönen kleinen Kindes geben: so viel Dollars (oder den Wert von Dollars) für schöne Zähne, klare Augen, feiste Wangen, fette Arme und Hände und für tausend namenlose Verdienste, welche ein Geschworenengericht von Damen bei diesen rosigen Jährlingen ausfindig machen kann. Was bedeuten diese Tatsachen? Wird Schönheit bei den Kindern selten? Ist die öffentliche Meinung zu dem Bewusstsein erwacht, dass wir abnehmen? Das kann kaum sein, denn Jung Amerika freut sich und lacht, und ist gerade so fett und rosig und heiter wie Jung England oder Jung Frankreich. Deuten diese Tatsachen darauf hin, dass kleine Kinder auf amerikanischem Grund und Boden selten werden? Wäre dies der Fall, dann würden die meisten Leute zu Bruder Wright's Ankündigung, dass die Kleine Kinderfrage die Hauptfrage der Jetztzeit sei, „Amen" rufen.

Nun habe ich mir sagen lassen, dass ein Resultat des schnellen Wachstums in der Gesellschaft und im Haushalte verwirrender weiblicher Sekten eine Tatsache ist, über welche die weiseren Männer und ernsteren Frauen von Neu-England – die große Majorität eines gesunden und frommen Volkes – sehr viel denken, obschon sie selten darauf öffentlich anspielen.

Was ich in diesem Lande gesehen und gehört habe, lässt mich glauben, dass seitens der Frauen in den höheren Ständen eine sehr eigentümliche und weitverbreitete Verschwörung existiert – eine

Verschwörung, welche keine Vorsitzenden, keine Sekretäre, keinen Hauptsitz hat; welche keine Versammlung hält, keine Platform (Parteiprogramm) aufstellt, keiner Abstimmung unterliegt, und doch eine wirkliche Verschwörung seitens vieler Angeberinnen der Mode unter den Frauen ist; deren Ende – wenn das Ende je erreicht werden sollte – die ziemlich verwirrende Tatsache sein dürfte: es würde keine Kleine Kinderschauen in diesem Lande mehr geben, weil es nicht länger Amerikaner in Amerika geben würde.

In Providence, der Hauptstadt von Rhode Island, in vielen Beziehungen eine Musterstadt – schön und edel, der Mittelpunkt von tausend herrlichen Bestrebungen – hatte ich eine Unterredung über diesen Gegenstand mit einer Dame, welche die Tatsachen so einfach auffasste, wie sie ihr, ihrer eigenen Aussage nach, von Worcester, Springfield, Neu-Haven her und aus hundert der reinsten Städte in Amerika bekannt waren. – Sie stellte dieselben in ihrer eigenen Färbung folgendermaßen dar: „Die erste Pflicht einer Frau ist: in den Augen der Männer schön zu erscheinen, so dass sie im Stande ist, dieselben an ihre Seite zu fesseln und einen Einfluss zum Guten über dieselben zu erlangen; nicht ein Aschenbrödel im Hause, eine Sklavin in der Küche und Kinderstube zu sein. Alles was in dieser Beziehung eine Frau verdirbt, ist gegen ihr eigenes Interesse, und sie hat das Recht, es zu verwerfen, gerade wie ein Mann eine Auflage verwerfen würde, welche ungerechterweise auf seine Ersparnisse gelegt werden sollte. Der erste Gedanke einer Frau sollte an ihren Mann sein, und dann an sich selbst, seine Begleiterin in der Welt. Nichts sollte je zwischen diese zwei kommen dürfen."

Ich erlaubte mir die Dame in Gegenwart ihres Mannes zu fragen, ob Kinder zwischen Vater und Mutter kommen, und sagte, dass ich selbst zwei Knaben und drei Mädchen habe, ohne je an dergleichen gedacht zu haben.

„Sie tun dies", sagte sie kühn, „sie beanspruchen die Zeit der Mutter, benachteiligen ihre Schönheit und zerstören ihr Leben. Wenn Sie diese Straßen hinabgehen (die von Providence), werden Sie hundert zarte Mädchen bemerken, welche eben zu jungen Frauen erblühen; in einem Jahre sind sie möglicherweise verheiratet; in zehn Jahren sind sie Hexen und alte Weiber. Anlässlich ihrer Schönheit wird sich kein Mann um sie kümmern. Ihre Männer werden keinen Glanz in ihren

Augen, keine Rosen auf ihren Wangen finden. Sie haben ihr Leben ihren Kindern geopfert."

Sie sprach eifrig und in der festen Überzeugung, dass das, was sie mir sagte, von irgendeiner Dame am hellen Tage vor aller Welt ausgesprochen werden könne. Es schien mir, als ob sie sich nicht bewusst sei, dass während sie stolz auf die Rechte der Frauen bestand, sie und alle diejenigen, für welche sie sprach, bereit seien, die Pflichten einer Frau aufzugeben; unbewusst auch, wie es mir schien, dass, während sie behauptete, der Verlust von Schönheit sei eine Folge häuslicher Sorgen, sie und diejenigen, welche gleich ihr denken, gerade das annehmen, was fast jeder Vater und jeder Ehemann bestreiten würde. Und doch ist im frommen Philadelphia und Boston, ebenso wie im verderbten Neu-Orleans und New York dieser Widerwille, eine Mutter in Israel zu werden, eine der radikalen Tatsachen, welche (wie mir gesagt wird) wohl oder übel zugegeben werden müssen. Die schnelle Abnahme der im Lande geborenen Leute ist in manchen öffentlichen Aktenstücken urkundlich. Was mir mein Freund in Saratoga darüber sagte, dass seine Landsmänninnen in hundert Jahren keine Nachkommen am Leben haben würden, drückt die Furcht mancher ernst darüber nachdenkenden Leute aus.

Die Behauptung, dass die Seltenheit heimisch geborener Kinder in den Vereinigten Staaten überhandnehme, wird möglicherweise vielen neu und fremd erscheinen, da wir in England zunächst fortwährend von der schnellen Zunahme Amerikas im Vergleiche mit Europa hören, nicht minder merkwürdig, welch ein hoher Wert in jenem neuen Lande auf jedes einzelne Kind gesetzt wird. In einigen Distrikten ist auch die Regel, welche wir in den Neu-England-Staaten und unter den höheren Klassen in Pennsylvanien und New York finden, nicht bemerkbar.

In Ohio und Indiana, und allgemein in der Tat im Westen, ist die Frau auf ihre Brut von Lieblingen stolz, und der Missouri-Boss, welcher keine schöne Dame zur Frau hat, freut sich über sein Regiment kräftiger Söhne. Hier in Neu-England, in New York ist es ganz verschieden von dem, was wir in jenen gesunden und kräftigen Städten im Westen sehen. Es kann möglicherweise nur Mode oder Raserei sein, aber in diesem Augenblicke nimmt (wie man mir sagt) Amerika aus Mangel an Müttern ab. In den großen Städten unter den Schollenköniginnen, welche in Monster-Hotels, unter den edleren Damen, welche in ihren eigenen Häusern leben, findet man sehr selten eine Frau, welche eine solche Brut wilder Jungen und Mädchen um sich hat, wie eine englische Mutter ihrem Vaterlande zu geben stolz ist.

Ich würde gern über einen so zarten Punkt mit der größten Rücksicht sprechen und mich einer angebrachten Verbesserung unbewusster Irrtümer gern unterwerfen. Man kann als Fremder nicht erwarten, in alle Tiefen dieses Geheimnisses häuslichen Lebens hineinzuschauen. Die Damen sind gewöhnlich zurückhaltend im Gespräche über solche Gegenstände, und mit Männern, welche nicht ihre Ärzte sind, ist es in der Ordnung, dass sie sich enthalten, andeutungsweise ihre Ansicht kundzugeben. Aber die Tatsache, dass manche dieser zarten und munteren Frauen nicht wünschen, ihre Zimmer voll rosiger Lieblinge zu haben, ist keine Sache der Folgerung. Anspielungen auf die Kinderstube, die in England und Deutschland von einer jungen Frau als Komplimente aufgenommen werden würden, empfängt man hier mit einem Lächeln, begleitet mit Achselzucken von unzweifelhafter Bedeutung. Man darf einer amerikanischen Dame, bei der man sich insinuieren will, nicht öftere glückliche Wiederkehr einer Taufe wünschen; sie dürften einen solchen Wunsch für eine Beleidigung ansehen; und wirklich habe ich eine junge und hübsche Frau vom Tische aufstehen und das Zimmer verlassen sehen, als sie hörte, dass ein englischer Gast ihr gegenüber einer derartigen Vergünstigung Ausdruck gab.

Und was kann, wenn sich das erst in Wirklichkeit so verhält, das Ende dieser Mode unter den oberen Klassen anders sein, als schnelles Verschwinden der alten amerikanischen Rasse? Staatsmann, Patriot, Moralist, das ist eine Frage, um Deine Gedanken zu beschäftigen. Die Irländer und Deutschen nehmen schnell jeden leeren Raum ein. Ist der Gedanke für jemanden angenehm, dass es in drei oder vier Generationen keine Amerikaner mehr auf amerikanischem Grund und Boden geben wird? Haben einer solchen Möglichkeit gegenüber die vielen edel denkenden Sekten, die vielen konservativen Schulen von Neu-England keine Mission zu unternehmen?

Diese Geschichte, welche in so trauriger Weise auf dem Fußboden eines jeden Zimmers, in das man tritt, geschrieben zu sein scheint, äußert sich auch im Allgemeinen durch die Zensustabellen. Wo sind die amerikanischen Staaten, in welchen die Proportion der Geburten im Vergleiche zu der der Bevölkerung am höchsten steht? Ist das im frommen Neu-Hampshire im moralischen Vermont, im nüchternen Maine der Fall? Alle Vorliebe für dieselben, alle Analogien würden uns dies erwarten lassen; aber die Tatsachen stimmen durchaus nicht mit der Vermutung überein. In diesen drei frommen, moralischen und nüchternen Staaten ist die Proportion der Geburten am niedrigsten. Die einzigen Staaten, in denen ein hohes und gesundes Verhältnis natürlicher Zunahme vorkommt, sind die wilden, von neuen Ansiedlern bewohnten Länder – Oregon, Iowa, Minnesota, Mississippi, – Staaten, von denen es heißt, dass es in ihnen wenig schöne Damen und keine schlechten Moden gibt.

Das merkwürdigste von allen bemerkenswerten Tatsachen ist das den übrigen Staaten von Massachusetts, dem religiösen Mittelpunkte von Neu-England, dem intellektuellen Lichte der Vereinigten Staaten, gegebene Beispiel.

In Massachusetts heiraten die jungen Frauen, werden aber selten Mütter. Die Frauen haben sich selbst zu Gefährtinnen ihrer Männer gemacht, zu begabten, schlauen, zuverlässigen Gefährtinnen. Zu gleicher Zeit geht die Macht Neu-Englands auf den bevölkerten Westen über, und die überwiegende Mehrzahl der werdenden Generation in Boston ist entweder von deutscher oder irischer Geburt.

Diese ziemlich trostlose Seite für Jung Amerika ist nicht eine Folge davon, dass die Deutschen und Irländer zusammen die auf der Scholle Geborenen an Anzahl übersteigen. Diese Nationalitäten sind zweifelsohne in großer Anzahl vorhanden, haben aber bis jetzt noch nicht das Übergewicht. Die Ehestandstabellen zeigen noch eine Überzahl auf Seiten der Eingeborenen, und nur wenn man die Geburten verzeichnet, laufen die Nachweise in anderer Richtung ab.

Nach der Konstitution der Vereinigten Staaten machen Zahlen die Stärke aus; Zahlen machen die Gesetze; Zahlen bezahlen die Abgaben; Zahlen verfügen über das Land. Die Macht ist auf Seite der Majorität; und die Majorität in Massachusetts geht auf die armen Irländer über, auf die Fenier-Kreise und die Molly Maguires.

Bis jetzt zählen die Fremdlinge nur eins zu fünf; aber da dieser fremden Minorität mehr Kinder geboren werden als der einheimischen Majorität, so verändert sich die Proportion mit jedem Jahre.

In zwanzig Jahren werden diese fremden Kinder die Majorität der Bevölkerung von Massachusetts sein. – Wie werden die intellektuellen Königinnen von Boston die Herrschaft einer solchen Klasse ertragen?

## 59. Sitten

„Was denken Sie von diesem Lande?", fragte mich eine englische Dame, welche zwei Jahre ihres Lebens in den mittleren Staaten Ohio und Kentucky zugebracht hatte. Obschon ich fünf ganze Tage lang in New York gewesen war, hatte ich mir mein endgültiges Urteil über die Verdienste von dreißig Millionen Leuten noch nicht gebildet, und deshalb antwortete ich, meiner Freundin feig ausweichend, dass es mir ein freies Land zu sein scheine. „Frei!", rief die Dame achselzuckend; „Sie sind jetzt noch ein Neuling hier; wenn Sie drei oder vier Monate hier gelebt haben werden, möchte ich gern das wissen, was Sie gesehen und gedacht haben. Frei! Die Leute sind frei genug; aber was sie Freiheit nennen, möchte ich für Unverschämtheit halten."

Diese Worte sind mir oft durch den Sinn gegangen; niemals mehr wie heute, als ich durch die Straßen von Philadelphia wanderte, nachdem ich nunmehr meine Aufgabe erfüllt und über zehntausend Meilen amerikanischen Grund und Bodens gewandert bin. Eine frisch von Mayfair angekommene Dame, welche nur das Benehmen wohlgebildeter Leute kennt, an die stillschweigenden Dienste ihrer Kammerjungfer und ihres Reitknechts gewöhnt ist, würde gewiss, wie meine Fragestellerin, in den Irrtum verfallen, dass die einzigen Freiheiten, welche in Amerika zu finden, die Freiheiten sind, welche die Leute sich gegen uns herausnehmen.

Alle Leute teutonischer Rasse sind geneigt, Fremde, welche sie zufällig antreffen, mit großen Augen anzusehen. Es ist eine Gewohnheit unseres Blutes. Die Norse-Götter hatten sie, und wir, ihre Erben, können kaum ein unbekanntes Gesicht, eine ungewöhnliche Kleidung sehen, ohne in unserem Herzen die Neigung zu verspüren, zu höhnen und zu werfen. In Gegenwart eines fremden Mannes nimmt ein Gentleman eine verächtliche Miene an, ein Grobian sieht sich nach einem passenden Steine um.

Wir nehmen diese Neigung auf allen unseren Wanderungen über den Erdball mit uns, die Engländer in Gestalt von Dünkel, die Amerikaner in Gestalt von Prahlerei.

Natürlich ist das nicht bei allen der Fall. Vorurteilsfreie, erfahrene, wohlerzogene Menschen werden nie ihren Stolz durch beleidigende Kälte äußern, noch ihre Macht durch ruhmredige Phrasen aufdrängen. Aber viele aus der großen Menge, welche weder vorurteilsfrei, noch erfahren, noch wohlgebildet sind, werden stets so tun, und es gibt deren so viele, dass bei einem Fremden leicht die Meinung Platz gewinnt, dass diese Zurückhaltung der Engländer, diese Prahlsucht der Amerikaner Kennzeichen der angelsächsischen Rasse sind. Ich mag nicht untersuchen, welche von diesen beiden Arten unsere Reichtümer, Gaben, Titel, unsere Macht und unsere Besitztümer – unsere Stärke, unsern Ruhm, unsere Überlegenheit – zur Schau zu tragen, für Leute andern Stammes am ärgerlichsten ist; Italiener und Franzosen versichern mir, dass sie sich am meisten durch unsern hochmütigen, unbeugsamen Dünkel beleidigt fühlen. Ein Yankee sagt zu ihnen deutlich, entweder wörtlich oder durch seine Miene: „Ich bin so gut wie Du und – besser." Und sie wissen das Schlimmste sofort. Ein Engländer sagt nichts; sie können sich gegen ihn nicht verteidigen, und sein Stillschweigen ist ärgerlich und tiefgehend. Nun sind wir Engländer aber sehr geneigt, über amerikanische Fehler so zu urteilen, wie die Franzosen und Italiener die unsrigen ansehen, mit dem Zusatze der Familiengereiztheit, so dass unsere Vettern auf der andern Seite aus derartigen Prüfungen in sehr zerlumptem und abgerissenem Zustande hervorgehen.

In einem alten Lande wie England, in welchem die Gesellschaft stärker ist als bei unseren Vettern in der neuen Heimat – wo persönliche Neigungen durch die im Namen der Mode handelnde öffentliche Meinung im Schach gehalten werden, – glauben gewöhnliche Männer und Frauen, dass ein glattes Gesicht, eine weiche Stimme, ein biegsames Wesen wichtiger sei, als es Beurteilern wie Mill erscheinen mag. Natürlich wird kein Mann von Welt, selbst wenn er ein Philosoph sein sollte, den Reiz eines wohlanständigen Benehmens gering anschlagen. Die Dame, welche neben mir bei Tische sitzt, welche wohlgekleidet ist, mit leiser Stimme spricht, ihre Speisen zierlich zum Munde führt, um deren Mund zu Zeiten ein süßes Lächeln spielt, erzeugt mir durch ihre Gegenwart einen positiven Dienst. Der Herr, der mir gegenüber sitzt und stets der Gesellschaft mit Worten und Mienen sagt, dass er so gut ist wie sie – ja besser als sie ist, der benimmt dem Gerichte allen Geschmack, dem Weine alles Bouquet. Gute Sitten können möglicherweise mehr wert sein, als die kursierende Scheidemünze der Gesellschaft; wenn aber diese kleinen Stücke Silber die echten Münzstempel haben, dann passieren sie für ihren vollständigen Wert allerwärts, zu jeder Stunde des Tages. Im Augenblick schnellen Bedarfes können wenige Cents im Beutel für einen Mann mehr wert sein, als ein in einer Bank deponierter Sack Dollars. Was guter Sitte so hohen Wert verleiht, dass sie zu einer der schönen Künste erhoben ward, ist die Tatsache, dass beim freien Verkehr zwischen Männern und Frauen nur die geringeren Pflichten der Gesellschaft, die der Gäste unter einander, möglicherweise in Frage kommen können. Auf der Straße, im Hotel, im Eisenbahnzuge kommt der Charakter eines Mannes selten ins Spiel. Was ein Mann ist, kann dem Vorübergehenden gleichgültig sein; was er tut, kann diesen Vorübergehenden entweder mit ergötzlichen Gedanken erfreuen oder ihn beschämen und peinigen.

Der Yankee in unseren Büchern und Lustspielen – der Mann, welcher stets an einem ellenlangen Stocke herumschnitzelt, seine Fersen zum Fenster heraussteckt, sein Primchen Tabak kaut, den Tabakssaft in dein Gesicht spritzt, während er in atemloser und unbewusster Laune zu deinem Erstaunen und Vergnügen durch eine Reihe von „Vermutungen, Meinungen und Erwartungen" (*guesses, reckonings, calculations*) rennt, woher du bist, woher du kamst, was du tust, wie viel Geld du wert bist, ob du ledig oder verheiratet bist, wie viel Kinder du hast, was du über das oder jenes denkst, ob deine Großmutter noch lebt oder tot ist – diese vollständige Verkörperung der großen Idee persönlicher Freiheit, ist nicht so gewöhnlich und lebhaft, als es vor zwanzig Jahren der Fall gewesen zu sein scheint. Ich habe überall nach ihm gesucht, von ihm nur, und noch dazu selten, den Schatten gefunden, und ihn sehr vermisst; er würde mir ein willkommenes, ablenkendes und humoristisches Element auf langen, ernsten, oft tausend Meilen in Stillschweigen zurückgelegten Reisen gewesen sein. Auf dem Wagen vom Salzsee nach Kearney, auf dem Boote von Omaha nach St.

Louis, im Eisenbahnwagen zwischen Indianapolis und New York habe ich mich oft danach gesehnt, einen der lebhaften Polterer ankommen zu sehen, welcher (wie wir gelesen haben) dich mit dem Stocke in die Rippen zu siechen, seine Nase in deine Unterhaltung zu stecken, der alles, was er nicht wusste, zu sagen und stets deinen Augenzahn herauszunehmen pflegt; aber er kam ebenso wenig auf meinen Wunsch, wie der witzige Droschkenkutscher in Dublin, der törichte Pascha in Damaskus, der pedantische Don in Madrid – diese Freunde unserer Phantasien, denen wir so gern auf dem Papiere begegnen, und die wir nie in Wirklichkeit im Leben antreffen! Statt dieses lockern Spaßvogels findest du an deiner Seite im Eisenbahnwagen, auf dem Dampfboote, bei Tische einen Mann, der witzig und gesprächig sein kann, welcher aber auch ernst und schweigsam ist; wenig Fragen stellt und kurze Antworten gibt; einen Mann, der mit sich selbst beschäftigt und zurückhaltend ist, im Ganzen, nach seinem Stillschweigen und seinem Stolze zu urteilen, eher ein Engländer als ein Yankee (nach dem Muster im Buche) an Gesprächigkeit und Pfiffigkeit.

Vielleicht schnitzelt er; vielleicht kaut er; ganz gewiss spuckt er. Was veranlasst einen Mann, zu schnitzeln, wenn er beschäftigt ist? – während er einen Feldzug entwirft, ein Gedicht macht, eine Stadt auslegt? Ist es eine englische Gewohnheit, die wir zu Hause verloren haben, wie das Schaukeln in Armstühlen und das Sprechen durch die Nase? Ich glaube kaum. Ist es ein Überrest irgendeines indianischen Gebrauches? Die Algonquins pflegten ihre Rechnungen durch Einschnitte und Kerben auf einem Zweige zu führen, und als Pocahontas nach England kam, brachte ihr Gefolge ein Bündel Rohr mit sich, auf dem sie alles das verzeichnen mussten, was sie bei den Bleichgesichtern sahen. Schnitzeln mag ein Überrest eines alten indianischen Gebrauches sein, und der Herr, welcher auf der Bank neben mir sitzt, kann möglicherweise, ohne an Pocahontas und ihr Gefolge zu denken, Notizen zu Ansprachen an seine Wähler auf seinen Stock schnitzeln. Ich möchte wissen, ob er das Tabakkauen in der Schule gelernt hat? Ich wäre neugierig, zu erfahren, wie ihm zu Mute war, als er zuerst die Prime in den Mund steckte?

Auf einem Eisenbahnzuge, in einem Ballsaale, auf der öffentlichen Straße hat man viel mit den Gewohnheiten und dem Benehmen eines

Mannes, aber nicht viel mit seinen Tugenden und Befähigungen zu tun. Auf meiner Reise von Columbus nach Pittsburgh brachte ich ungefähr zwanzig Stunden in Gesellschaft eines Missouri-Boss zu. Ein Boss ist ein Herr (das Wort ist holländisch und ist von New York nach Westen gegangen). In London würde er ein Kapitalist, in Kairo ein Effendi gewesen sein; in der einen Stadt würde er das Benehmen eines Gentleman gehabt, in der andern wie ein Fürst ausgesehen haben.

Es war ein guter Bursche, wie ich in Erfahrung brachte; aber er näherte sich in seiner Kleidung, seiner Sprache, seinem Benehmen durchaus nicht dem eleganten Maßstabe, welcher in Europa den Gentleman bezeichnet. Eine elegante Dame würde ihn nicht mit ihrem Fächer angerührt haben.

Woher kommt diese namenlose Grazie, dieses zarte und chevaleriske Benehmen, welches alle Ecken abrundet, alle Knoten ebnet und einen Mann in den Augen seiner Mitmenschen angenehm und begehrt macht? Ist es Sache der Rasse? Wir Engländer haben es nur in gewissem Grade; vielleicht etwas mehr von Natur, wie die Holländer. Es ist eine Gabe, die wir nie leicht und sofort erlangen; wir haben uns lange Zeit darum zu bemühen, und selten gewinnen wir sie, wenn wir es versuchen. Niemand, sagt ein altes Sprichwort, hat eine gute Sprache, ein leichtes Benehmen, eine vollkommene Gestalt, dessen Großmutter nicht eine echte Dame war; denn in der Gesellschaft bedarf es, wie in der Heraldik, dreier Generationen, um einen Gentlemen zu machen.

So deuten wir durch unsere gewöhnliche Sprechweise auf gute Art unsere Abstammung an, und durch den Ausdruck „wohlerzogen" drücken wir unser Gefühl für persönlichen Reiz aus.

Aber der Sprachgebrauch des Einzelnen reicht nicht aus, die Wirkung der allgemeinen Regel auszudrücken und zu erklären. Unter den gotischen Stämmen, bei denen die Neigung zu Einfällen im Individuum ausgebildet ist, kann diese äußere und nachgiebige Sanftheit des Benehmens langsam kommen und schnell gehen; es kann möglicherweise nur bei Leuten der Fall sein, welche Zeit und Muße haben, und durch sittliche Bildung und geistige Arbeit hervorragen. Beim Lateiner, Griechen, Araber scheint es fast, als ob es keiner Zeit zum Wachstum, keiner Anstrengung zur Verbesserung bedürfe. Ein italienischer Bauer hat oft bessere Sitten, als ein englischer Graf. Warum ist dies der Fall? Nicht weil ländliche Gewohnheiten eine liberale Erziehung sind, wie die Dichter vorgeben; ein englischer Pflüger findet, was grobe Dummheit und Ungeschick anbetrifft, in Europa nicht seines Gleichen, außer vielleicht am holländischen Landmann, dessen Name, „Boor", in unsere Sprache als der vollkommenste Ausdruck für einen Tölpel und Grobian übergegangen ist. Selbst der Italiener kann, so elegant auch sein Benehmen immer ist, mit dem schmiegsameren Griechen den Vergleich nicht aushalten. Ein Eingeborener von Athen, Smyrna, Rhodos wird dich mit einer Grazie rupfen, welche dich mehr als halb geneigt macht, ihm seinen Betrug zu vergeben. Aber auch er muss den Preis der leichten, ungekünstelten Schönheit, der Miene eines Arabers überlassen, bei dem jede Gebärde uns in der höchsten gesellschaftlichen Kunst unterrichtet. Wenn man in einer Stadt, selbst in der Wüste des Morgenlandes ist, fragt man sich immer unwillkürlich: Wer hat jenen Maultiertreiber sich zu verbeugen und zu lächeln gelehrt? Wer gab jenem braunen Scheik die geläufige Grazie?

Eine Dame, welche des Nachts in das Lager eines Arabers kommt, würde keine Furcht fühlen, wenn sie nicht durch vorhergehende Erfahrung gewarnt worden wäre; denn der Scheik, unter dessen Leinwandzelt sie sich befindet, hat in seltener Vollkommenheit die Gabe sich zu benehmen und zu sprechen, welche man im Westen bei Leuten vom höchsten Range nur suchen, aber nicht immer finden kann. Wie eignet sich der Beduine diese fürstliche Miene an? Nicht durch seinen Reichtum und seine Macht – eine Herde Ziegen und Schafe sind sein einziges Besitztum; nicht durch geistige Anstrengungen – er kann kaum lesen und schreiben.

Der Scheik, welcher dieses Vertrauen einflößt, ist weit davon entfernt, ein Fürst, ein Priester zu sein, der von Natur und durch Gewohnheit dazu gezwungen ist, Recht zu tun; er ist möglicherweise ein Dieb, ein Geächteter, ein Mörder in seiner Art, und hat einen Flecken Blut auf seiner Hand, die er mit so bezaubernder Grazie schwenkt. Und doch sieht er wie ein Fürst aus. Alle Orientalen besitzen diesen namenlosen Reiz. Ein syrischer Landmann bewillkommnet dich in seiner steinernen Hütte, macht das Zeichen des Kreuzes und hofft, dass „Friede mit dir" sei, in einer Art und Weise, die ein Kalif nicht besser machen könnte. Leichtigkeit ist das Element, in dem er lebt; Grazie scheint ihm zur zweiten Natur geworden zu sein, und er bewegt sich mit derselben Würde, wie seine Vollblutstute.

Wenn man vom Morgenlande abreist, lässt man etwas von der schönen Miene, der schmeichelnden Höflichkeit hinter sich. Man findet davon weniger in Alexandrien, als in Kairo; weniger in Smyrna, als in Damaskus.

Je weiter man westwärts kommt, desto mehr verliert man es; verliert es in einem Maße, welches man auf einer Karte andeuten könnte. Um mich deutlich auszudrücken: die Gabe, anscheinend zart und angenehm zu sein, die wir Manier nennen, nimmt in regelmäßiger Ordnung von Osten nach Westen ab; in Europa ist sie am besten in Stambul, am schlechtesten in London; in der Welt (soweit ich dieselbe gesehen habe) am besten in Kairo, am schlechtesten in Denver und am Salzsee. Und die Regel, welche die Endpunkte dieser großen Ketten bestimmt, trifft für alle Zwischenglieder derselben zu; man ist in St. Louis höflicher, als am Salzsee; in New York, als in St. Louis; in London, als in New York; in Paris, als in London; in Rom, als in Paris; in Athen, als in Rom; in Stambul, als in Athen; in Kairo und Damaskus, als in Stambul. Wenn ich je westwärts nach Kalifornien gehe, so erwarte ich in San Francisco schlechtere Sitten als in St. Louis und am Salzsee zu finden.

## 60. Freiheiten

Kann jemand, welcher die Wege der Natur kennt, sagen, was die Ursache des Verfalls der Sitten ist, welche man auf jeder Station einer Reise von Usbeyah nach der „Pennsylvanischen Allee" bemerkt? Was ist das Geheimnis der Kunst selbst? Woher kommt diese vornehme Fertigkeit, von welcher der Angelsachse so wenig und der Perser so viel besitzt?

An und für sich ist ein Perser weniger edel als ein Araber, ein Araber als ein Franzose, ein Franzose als ein Brite; warum sollte denn die niedrigere Rasse die höhere in gutem Benehmen übertreffen? Ist Manier nichts weiter als ein Name für Mangel an Freiheit? Ist diese sanfte Zurückhaltung, diese gedämpfte Stimme, dieser bittende Ton nichts weiter als ein Opfer individueller Gewalt an die soziale Ordnung? Sind wir höflich, weil wir nicht uns selbst angehören? Kurz, ist gute Sitte eine freie Fertigkeit oder eine sklavische Grazie?

Zwei Dinge können als angenommen erwiesen werden:

1. Man findet diesen Reiz in geschäftigen Staaten nur selten. Kein freies Volk hat großen Überfluss daran; jede unfreie Nation hat davon großen Überfluss. In Amerika hat ihn der Neger, der Cheyenne nicht; in Europa hat ihn der Grieche mehr als der Franzose; in Asien haben ihn der Perser und Hindu mehr als der Armenier und Türke.

2. Man findet ihn selten unter hochgebildeten Leuten. Ob in Künsten und Wissenschaften gute Sitten Mittelmäßigkeit bedeuten; geziertes Wesen ist nur ein Name für Mangel an Individualität, Erfindungsgabe, Mangel an Tatkraft. Leute, welche große Charakterstärke zeigen, haben selten feine Manieren,

welche Politur, Glätte und Gleichförmigkeit in sich begreifen. Daher nennt man Männer von besonders hohem Genie exzentrisch oder Originale.

Könnte nicht eine Regel angegeben werden, welche in ungefähr folgenden Worten annähernd die Wahrheit ausdrückt: ein Volk hat diese überaus große Grazie des Geistes in genauem Verhältnis zu der Länge und Stärke des Despotismus, unter welchem es erzogen worden ist?

Ich behaupte nicht, dass sich dies als die endliche Gestalt der Regel herausstellen wird. Bis jetzt haben wir noch wenig Material und keine festen Prinzipien für eine Wissenschaft über das Leben des Menschen. Wenn aber große Erfahrung und eingehende Beweisführung später einmal zeigen sollen, dass dies die Wahrheit ist, dann würden wir dadurch manches erklärt erhalten, was uns, soweit wir es jetzt zu beurteilen vermögen, nicht gerade zum Vergnügen gereicht.

Leute mit einer poetischen Ader sind, wenn sie hören, dass Nationen verfallen, gern geneigt zu trauern und fast zu verzweifeln. Dass Nationen in dem Maße, wie sie an Freiheit und Wohlhabenheit fortschreiten, an Manierlichkeit abnehmen, ist offenkundig, klar und allgemein begründet; man sieht es an jeder Gestalt, sieht es auf jeden Blick.

Gehe, wohin du willst, von Jerusalem nach Florenz, von Paris nach New York, überall ist es dieselbe Geschichte. Man hat bemerkt, dass die Effendi-Familien in Zion jetzt weit weniger herablassend sind, seitdem sie, nach arabischem Maßstabe, reich und frei geworden, als zur Zeit, wo die heilige Stadt ein arabisches Lager gewesen, welches von einem Pascha mit zwei Rossschweifen beherrscht wurde, der seine rohe Ungerechtigkeit am Jaffatore ausübte. Ein Grieche hat jetzt, nachdem er aufgehört hat ein Sklave zu sein, weit weniger angenehme Sitten, er ist weniger freundlich und zuvorkommend gegen dich. Der so glattzüngige römische Jude, der ehedem so freundlich und zuvorkommend gegen dich war, hat jetzt eine angezogene und unverschämte Weise angenommen. Das freie Florenz hat seinen Namen verloren, zart, einschmeichelnd und höflich zu sein, seit es aufgehört, in die Augen der Österreicher zu schauen und den Stiefel eines Österreichers untertänigst zu küssen. Frankreich hat seinen Ruf für Komplimente und Lächeln verloren, seit es sich in seinem Zorne erhob, die Tyrannen tötete und die Ketten brach. Ja, mit wachsender Freiheit scheinen die guten Sitten überall im Abnehmen zu sein. Ein Schwabe ist in Omaha weniger höflich, als in Augsburg; ein Mann aus Munster weniger so in Baltimore, als in Cork. Fritz wird nicht am Erie-See „Guten Abend" zu dir sagen; Pat wird nicht in New York seine Mütze vor dir abnehmen. Ist nicht dieser Wechsel das Resultat allgemeiner Gesetze? Und wenn dem so ist, welches sind diese Gesetze?

Wenn es den Anschein gewinnen sollte, als ob der gute Geschmack, welchen wir Manier nennen, nur ein Zeichen von langer Unterwürfigkeit unter den Willen eines Herrn ist, dann können wir darin einen geringen Trost finden, selbst wenn jener vorübergehende liederliche Strick seinen Tabakssaft auf unsere Stiefeln spuckt. Der Neger an der Ecke wird sie rein bürsten und diesen Dienst mit herzgewinnender Gelenkigkeit verrichten und untertänig dabei lächeln. Gestern war dieser Mensch ein Sklave und, weil in steter Furcht vor Püffen und Streichen, gezwungen, sich zu schmiegen und zu biegen. Sein Sohn wird seines eigenen Weges gehen und sein Enkel, der am Wahltage stimmfähig sein und ein Guthaben auf der Bank haben wird, dürfte nicht mehr so untertänig sein und zu den Füßen unserer Nachkommen liegen.

Wie jeder freigeborene Mann auf amerikanischem Grund und Boden wird er möglicherweise durch seine Haltung und Miene sagen: „Verlange von mir nicht, Dir zu dienen; bin ich nicht ebenso gut als Du?"

Es ist wohl bekannt, dass die rauen Freiheiten, für welche unsere Vettern durchschnittlich die ehrerbietigen Gewohnheiten ihrer Väter vertauscht haben, solider und fruchtbringender Art sind. Wenn sie ihr Geburtsrecht der Höflichkeit verkauft haben, so haben sie es nicht um ein Linsengericht getan. Man darf vielmehr in Wirklichkeit sagen, dass sie einen guten Markt für ihre Sitten gefunden und in Austausch für dieselben Häuser, Stimmen, Schulen, gute Löhne erhalten haben; ein vorzügliches Geschenk für sie selbst, eine glänzende Zukunft für ihre Kinder. Sie sind in der Gesellschaft emporgekommen, sie haben aufgehört Diener zu sein.

Beziehungen wie die eines französischen Kochs, eines englischen Kellermeisters, eines schweizerischen Bedienten zu seinem Herrn sind in diesem Lande etwas Unbekanntes, möge man auch danach am Ohio, am Delaware oder an der Seeküste suchen. Hier hat man keine Herren und keine Diener. Kein eingeborener Weißer will einen andern bedienen. Fragt eure Freunde in Richmond, in New York über den Geburtsort ihrer Diener; ihr werdet finden, dass Diener und Dienerinnen entweder alle Irländer oder Neger sind. Eine Dame kann keine eingeborene Kammerjungfer, ihr Mann keinen eingeborenen Reitknecht erhalten.

Bietet einem Höker von der Straße so viel Dollars, als man dazu braucht, um ein Dutzend Schreiber zu erkaufen, und es steht zu erwarten, dass er sagt: „Ich bin ebenso gut wie Sie; ich habe dieselbe Stimmberechtigung wie Sie; ich kann in den Kongress gehen, ebenso gut wie Sie; ich kann Präsident werden, ebenso bald wie Sie"; und die Tatsachen verhalten sich zwischen euch fast so, wie er sie dargestellt. Ein Schneider wohnt im Weißen Hause; einer der populärsten Präsidenten seit Washington's Tode war ein Holzfäller, ein Hinterwäldler. In diesem freien Lande stehen alle Karrieren offen.

Es ist dies stets in den Nordstaaten der Fall gewesen, und seit dem Kriege wird diese nordische Regel in jedem Teile allgemein. Selbst in Virginien wird es bald keine Weißen von niedriger Herkunft mehr geben. In Ohio ist Geburt nichts; ich habe mir sagen lassen, dass in Cincinnati kein Mann nötig hat, eine Großmutter zu haben. Jeder Mann muss sich selbst machen. Eben so wenig kommt es darauf an, was ein Mann vor einem Dutzend Jahren gewesen ist; ein Jahr ist in diesem schnellen Lande ein Zeitalter. Ja, diese liberale Anschauung geht so weit, dass, wenn sein Mann eine glatte Zunge hat und sich rein hält, der Umstand ihm nicht schwer auf dem Halse liegt, dass er eine Zeit lang in Auburn gewesen ist.

Morrisey, der Spieler in New York, der einst ein Faustkämpfer, dann ein Gefangener war und später eine Farobank hielt, kann weiße Glacés tragen und im Kapitol seine Stimme abgeben. Für den Mutigen, für den Unternehmungslustigen, für den Genialen ist jede Stellung im Lande ein erreichbarer Preis.

Kein weißer Eingeborener braucht deshalb zu verzweifeln, bis auf die Stufe eines Dieners herabsinken zu müssen; wie er es nennen würde; auf die Stellung eines Fremdlings und eines Sklaven. Wenn er je so tief fallen sollte, würde er für immer in der guten Meinung seiner früheren Freunde verlieren, wie ein Brahma, welcher seine Kaste verwirkt hat.

Eben so wenig findet man unter diesen freien Bürgern der großen Republik viel von dem zur Schau tragen der Unterwürfigkeit, worauf man in Frankreich und England stets eine Silbermünze erwartet. Kein eingeborener Amerikaner nimmt ein Trinkgeld an. Ein Droschkenkutscher mag dich betrügen, er wird aber nie einen Cent mehr von dir nehmen, als er fordert. Kein Packträger akzeptiert eine Gabe für seine Dienstleistungen; kein Dienstmann eine Belohnung für seine Schnelligkeit. Bisweilen weigert sich ein Zeitungsjunge, einen „Grünrücken" zu wechseln; mehr als einmal wurden mir einzelne Cents wieder in den Schoß geworfen. Daher kommt es, dass sich niemand anbietet, dir bei kleinen Verlegenheiten zu helfen; denn da niemand sich damit befasst, sich nach Geschenken umzutun, so kümmert auch niemanden deine Not. Wenn du entweder ein Neuling im Lande bist, oder dich nicht um die Gewohnheiten desselben kümmerst, kann es vorkommen, dass du dein Wasser selbst in dein Zimmer zu tragen, deinen Koffer selbst auf den Wagen zu heben, deinen Brief selbst zur Post zu tragen hast, kurz alles das tun musst, was man für dich in London für einen Schilling, in Paris für einen Frank tun würde. Wo ein Mann deiner Trinkgelder nicht bedarf, achtet er nicht darauf, dir gefällig zu sein.

Hilf dir selbst, – das ist das Motto eines Fremden, und in diesen freien Staaten notwendig.

Vielleicht ist das, was einem Reisenden mehr als alles andere in diesem Lande zum Vergnügen gereicht, die Freiheit, mit welcher sich jeder zu dem verhilft, was er gerade braucht. In einem Eisenbahnwagen wird sich jeder, welcher dazu Lust hat, an deinen Platz setzen, deinen Reisesack auf die Seite schieben und dein Buch aufnehmen. Der Gedanke, dich um Erlaubnis zu fragen, kommt ihm Stunden lang nicht in den Sinn. In einem Coupé in St. Louis lieh ich einem Manne ein Buch; er behielt es zwei Tage und Nächte, und fragte mich dann, ob ich es selbst lesen wolle. Als ich Ja sagte, erwiderte er einfach: „Es ist sehr unterhaltend; es wird Ihnen gefallen." Auf der Zentrallinie in Pennsylvanien kam eine Dame in mein Staatszimmer unter dem Vorwande, hinaus auf den Fluss zu schauen; sie behielt meinen Sitz, für den ich extra bezahlt hatte, bis ihre Reise zu Ende war. Wenn du bei

Tische nach irgendeinem Gerichte fragst, wird dein Nachbar, wenn er Appetit dazu verspürt, dir einen Teil davon, vor der Nase wegnehmen. Als ich die Salzseestadt verließ, packte mir Schwester Alice, die Tochter von Brigham Young, einige sehr schöne Äpfel in meinen Koffer, damit ich dieselben unterwegs verzehre. Auf einer Station auf den Ebenen fand ich, dass eine Dame, welche mit mir in demselben Wagen gefahren war, meinen Koffer geöffnet hatte und sich zu meinen Früchten verhielt; als sie sah, dass ich ihr vielleicht mit etwas erstauntem Gesichte zuschaute, sagte sie bloß: „Ich versuche, ob Ihre Äpfel besser sind als die meinigen." Im Westen schießt ein Mann deine Pistolen ab, versucht deine Handschuhe an. Jedermann glaubt die Erlaubnis zu haben, seine Kleider mit deinen Bürsten zu reinigen, sich das Haar mit deinem Kamme zu kämmen und sich in deinem Überzieher zu erwärmen.

Dies ist durchaus nicht in beleidigender Weise gemeint. Jedermann gibt und nimmt, leiht dir sein Büffelfell in einer frostigen Nacht und verhilft sich zu deinem Becher des Morgens am Brunnen.

Diese Sitte ist nicht schön, aber die Herzlichkeit gefällt; und du würdest unverständlich sein, wenn du dich beschweren wolltest.

Jedermann hat eine Art und Weise, die man in Europa originell nennen würde.

## 61. Gesetz und Rechtspflege

Als Sekretär Seward die Frage an mich richtete, welche jeder Amerikaner an einen die Vereinigten Staaten bereisenden Engländer stellt: „Nun, mein Herr, was denken Sie über unser Land?", wagte ich, zum Teil wenigstens im Scherze, zu erwidern: „Ich finde, dass Ihr Land so frei ist, dass niemand irgendwelche Rechte zu haben scheint." Wie bei allen dergleichen Redensarten war dies etwas übertrieben; aber es bezeichnet den Eindruck, welchen es auf mich gemacht hat.

Kein Volk der Erde, selbst nicht wir Engländer, von denen sie diese Tugend herleiten, rühmt sich so beständig und mit so vielem Rechte eine so gesetzliebende und zum Gesetze haltende Nation zu sein, wie diese Amerikaner. Da sie keine Staatsreligion, keine authentische Kirche haben, so klammern sie sich an das geschriebene Gesetz an, wie an einen Felsen während eines Sturmes, sei es nun das durch die Verfassung festgesetzte, das durch den Kongress bestimmte, oder nur das durch den obersten Gerichtshof gegebene.

Wenige Dinge stehen in diesem freien Lande über der Schikane erhaben. Das Licht, das in Europa auf den Thron fallen soll, fällt hier auf jeden Gegenstand, ob hoch oder niedrig. Nichts kann im Geheimen getan werden; niemand darf in Zurückgezogenheit leben. Jedermann fährt in einer Glaskutsche, und jedermann wirft, während er vorbeisaust, einen Stein nach ihm. Zensur ist die erste Pflicht der Welt; in manchen Gemeinschaften, wie zum Beispiel bei den Bibel-Kommunisten, wird die Kritik für die einzige regierende Gewalt gehalten. Das Leben ist eine Prozession auf dem Broadway. Von den eleganten Frivolitäten im Boudoir einer Dame in Madison Square bis herab zu den Torheiten, welche des Mitternachts in den Kellern des Louvre ausgeübt werden, ist in jener Stadt New York alles bekannt, wird alles gesehen und von der öffentlichen Meinung beurteilt. Man klagt die Kanzel an, verdächtigt die Presse, verdammt die Regierung. Das Kapital wird angegriffen, und Unternehmungen beobachtet. Jedermann denkt und beurteilt von seinem Standpunkte die zartesten, die heiligsten Dinge – Liebe, Ehe, Eigentum, Moralität, Religion. – Gesetz und Rechtspflege entgehen nicht immer dieser Wut nach populärer Debatte; aber durch allgemeine Übereinstimmung sind dies die letzten Gegenstände, mit denen man sich befasst, und sie werden nur mit ehrerbietiger Hand angefasst.

Das Gesetz wird, ob es nun konstitutionell oder allgemein, Staats- oder Munizipalrecht sein mag, von dem eingeborenen Amerikaner in hohen Ehren gehalten. Der Richter des obersten Gerichtshofes wird in Washington mit einer Ehrfurcht behandelt, wie sie dem Rechtskundigen in Europa nicht zu Teil wird; ein Respekt, dem ähnlich, welcher in Madrid einem Erzbischof, in Rom einem Kardinal gezollt wird. Die Richter des Staates nehmen die Plätze in der Gesellschaft ein, welche bei uns den Bischöfen zukommen. Selbst der Dorfrichter wird, obschon er von der Masse erwählt ist, stets der Squire genannt.

Diese Hochachtung vor dem Gesetze und vor allem, was gesetzmäßiger Autorität ähnlich sieht, ist in Amerika so vollständig, dass sie dem Reisenden beschwerlich wird, noch mehr aber Staunen verursacht. Jedem Hunde in Diensten wird mit solch unzweifelhafter Demut gehorcht, dass jeder Hund in Diensten in Versuchung kommt, ein Köter zu werden. Man findet in der Tat selten einen höflichen und zuvorkommenden öffentlichen Beamten. Er mag etwas Besseres sein, aber er ist zum wenigsten nicht hilfreich und ehrerbietig. Ein Zeitungsjunge verkauft dir den „Ledger" oder „Inquirer" (Zeitschriften) nicht, wenn er keine Lust hat. Ein Konstabler lässt sich kaum herab, dir den nächsten Weg zu zeigen. Ein Eisenbahnschaffner steckt dich in diesen Wagen, in jenen Wagen, unter die Damen, unter wüste Burschen, unter die Raucher, gerade wie es ihm passt. Eine Anzahl geschäftiger und freier Amerikaner kann dabei stehen, diesen Übermut der Autorität mit Achselzucken ertragen und sagen, dass sie es nicht ändern können. Herr Laurence Oliphant, ich und noch einige andere kamen mit dem Nachtzuge von Richmond nach Acquia Creek gegen ein Uhr des Nachts. Die Fahrt von hier nach Washington nimmt vier Stunden in Anspruch. Da wir sehr ermüdet waren und nur diese vier Stunden zur Ruhe hatten, baten wir, dass uns die Schlüssel zu unseren Kojen sofort gegeben werden möchten. „Ich werde mich mit Ihnen beschäftigen, wenn ich fertig bin", war die einzige Antwort, welche wir erlangen konnten, und wir – ein Schwarm Damen, junge Leute, Herren – warteten länger als eine Stunde, bis der Mann seine Angelegenheiten besorgt und seine Pfeife geraucht hatte. Und doch ward, außer von Herrn Oliphant und mir, kein Wort gesprochen. Der Mann war in Dienst; Entschuldigung genug in den Augen eines Amerikaners, zu tun, wie ihm beliebte. Sie denken ungefähr in folgender Weise über diese Frage: nimm die Stellung weg, und der Mann ist so gut wie wir sind; alle Männer sind frei und gleich; füge der Gleichheit eine Stellung hinzu, und er wächst uns über die Köpfe. Mehr als einmal habe ich meinen Freunden zu sagen gewagt, dass diese Gewohnheit, so gut sie auch an und für sich sein möchte, bei ihnen zum Extrem geworden sei und sie, falls sie dieselbe überhand nehmen ließen, noch in die Gemütsstimmung bringen könnte, der Anmaßung eines kühnen Despoten, welcher ihre Freiheiten, wie Cäsar, im Namen des Gesetzes und der Ordnung angriff, nachzugeben!

Bisweilen führt dieser tiefe Respekt zu eigentümlichen Situationen. Ich kann zwei Fälle nennen, von denen mir der eine am Clear Creek (klarer Bach) in der Nähe von Denver, der andere im Städtchen Caß in Pennsylvanien erzählt wurde.

Der „Schwarze Bär", ein Cheyenne-Krieger, welcher einen Weißen skalpiert hatte, wurde von den Leuten in Denver festgenommen. Jenseits auf der englischen Grenze würde er an Ort und Stelle verurteilt und gehängt worden sein, da über seine Schuld durchaus kein Zweifel war; aber die Amerikaner haben eine so erhabene Meinung für die Formalitäten der Rechtspflege, dass sie keinen Mörder zum Tode verurteilen, außer unter allen den zum Gerichtshofe eines Weißen gehörigen freien Bedingungen. Der „Schwarze Bär" ward von Colorado nach Washington, zweitausend Meilen vom Schauplatze seines Verbrechens, gebracht; er hatte einen geschickten Anwalt zu seiner Verteidigung; und da die Hauptzeugen seines Verbrechens weit weg waren, ließ ihm das Geschworenengericht alle seine Zweifel zu Gute kommen. Vom Gerichte freigesprochen, ward er, namentlich unter den romanlesenden Frauen, der Löwe der Stadt. Er ward nach dem indianischen Büro gebracht, er durfte dem Präsidenten die Hand drücken, Pistolen und Gürtel wurden ihm gegeben, und er kehrte in das Lager der Cheyennen als großer Häuptling zurück. Seinen eigenen Leuten erschien es, als ob er von den Weißen aus keiner andern Ursache gefeiert und beschenkt worden sei, als weil er den Skalp eines ihrer Brüder genommen.

William Dunn im Städtchen Caß, Pottsville, war Dirigent der Minen der New York und Schuylkill Companie; ein Gentleman und ein gebildeter Mann, welcher großen Einfluss über die Kohlenfelder in dieser malerischen und wohlhabenden Gegend Pennsylvaniens besaß. Ich brachte einige Tage in diesem herrlichen Distrikte zu und hörte die Geschichte von seinem Nachfolger. Dunn ging in Dienstangelegenheiten auf offener Straße am hellen Tage, als ein irländischer Arbeiter ihm begegnete und ihn um einen Feiertag ersuchte. „Du kannst keinen haben", sagte Dunn, „geh' wieder an Deine Arbeit." Ohne weiter ein Wort zu verlieren, zog der Irländer eine Pistole aus dem Gürtel und erschoss ihn. Der Mörder, der mit bluttriefenden Händen auf offener Straße bei der Leiche seines Opfers stand, ward nach Pottsville zum Verhör gebracht und – freigesprochen.

Auf diesem großen Kohlenfelde, auf welchem Flecken und Städte in zwölf Jahren aus dem Walde entstanden, sind die Irländer sechzigtausend Mann stark. Sie sind sehr arm, über alle Begriffe ungebildet; aber jeder Mann hat eine Stimme, und diese sechzigtausend stimmen zusammen wie ein Mann. Deshalb gewinnen sie alle Wahlen auf dem Kohlenfelde, erwählen die Richter, gehören den Geschworenengerichten an, kontrollieren die Gerichtshöfe. Unter diesen Leuten besteht eine geheime Gesellschaft, Molly Maguires genannt, deren Namen und Gewohnheiten von Irland eingeführt sind. Der Richter, welcher den Mörder verhört hatte, war von den Molly Maguires erwählt worden, die Geschworenen, welche ihm zur Seite standen, waren selbst Molly Maguires. Etliche zwanzig Molly Maguires traten vor und schworen, dass der Mörder sechzig Meilen von dem Platze gewesen, an welchem man ihn auf William Dunn hatte schießen sehen. Der Verteidiger legte dar, dass dies einer der vielen Fälle von falscher Identität sei, welche unsere Gerichtshöfe zierten; der Richter summierte den Fall im Geiste dieser Andeutung, und die Geschworenen brachten sofort den Ausspruch „nicht schuldig" ein. Dieser Schurke lebt noch.

Die große Gesellschaft, deren Diener ermordet worden, konnte nichts anderes tun, als einen andern zu engagieren. Ein Herr, dem sie den Posten anbot, weigerte sich ihn zu nehmen, wenn er nicht mit einem eisernen Panzer bekleidet werden könnte.

Wenn man über diesen Rechtsfall mit hervorragenden juristischen Persönlichkeiten in Pennsylvanien spricht, da antworten sie, dass diese Leute nicht bestraft werden können, und dass man warten und nach einem bessern Zustande der Dinge streben muss.

„Diese Verbrecher", sagen sie im Allgemeinen, „sind keine Amerikaner, sie kommen aus Europa zu uns, sind schmutzig, unwissend, brutal; sie trinken, sie zanken sich, sie bilden geheime Gesellschaften; in ihrem Vaterlande haben sie ihren Pacht mit einem Gewehre verlangt, bei uns bitten sie um einen Feiertag mit einer Pistole und verlangen höheren Lohn mit einer brennenden Fackel. Aber was können wir tun? Können wir diesen Einwanderern unsere Häfen verschließen? Sollen wir unsere Gerichtsführung, den Stolz von sechsunddreißig Millionen ehrbarer und treuer Leute ändern, um eine Bande ehrloser irischer Bauern zu bestrafen?" So vermuten sie, mit edlem Vertrauen auf das moralische Wachstum, dass dieser Übelstand sich selbst Abhilfe verschaffen muss, wie dies, ihrer Berechnung nach, in fünfundzwanzig Jahren der Fall sein wird. „Die Kinder dieser Molly Maguires", sagt der witzige und scharfsinnige Major von Philadelphia, Morton M'Michael, „werden anständige Leute sein; wir werden sie in unsere Schulen schicken und nach unserer Weise erziehen; deren Kinder wiederum werden reiche und gute Amerikaner sein, welche kaum von einer solchen Gesellschaft wie die Molly Maguires gehört haben werden."

## 62. Politik

Die Gesellschaft wird durch das Gleichgewicht zweier radikaler Mächte im Menschen zusammengehalten – Mächte, welche den zentrifugalen und zentripetalen Gewalten verwandt sind, welche unsere Planeten zum Umgange um die Sonne bewegen, – und dies ist der trennende Geist der Freiheit und der zusammenfügende Geist der Einigkeit.

Diese nach verschiedenen Richtungen hin stets tätigen Gewalten halten sich gegenseitig im Schach; die eine schüttelt Massen in Einheiten, die andere zieht Einheiten in Massen zusammen; und nur durch geschickte Verbindung derselben mit einander kann eine Nation sich eines politischen Lebens inmitten von sozialem Frieden erfreuen.

Bei allen lebenden Menschen sind sich Abstoßungs- und Anziehungskräfte fast gleich, wie die korrespondierenden Gewalten in allen sich bewegenden Dingen; aber einige Menschenrassen besitzen eine Kleinigkeit mehr von der ersteren Macht, andere wiederum eine Kleinigkeit mehr von der zweiten.

Die lateinische Rasse hat mehr Sinn für Vereinigung, als die gotische Rasse; die gotische Rasse ist hinwiederum mehr zur Freiheit geneigt, als die lateinische. Jede mag im Stande sein, öffentliche Ordnung mit persönlicher Unabhängigkeit zu vereinigen; aber die Pfade, auf denen sie verschiedentlich zu einem solchen Ende gelangen werden, weichen von der gemeinschaftlichen Linie ab und erreichen das Ziel durch Verschlingungen und Zickzackwege, welche für den andern kaum bemerkbar sind. Ein lateinisches Volk wird die Freiheit fürchten, nach der es verlangt; ein gotisches Volk setzt kein Vertrauen in die Regierung seiner Wahl. Vergleiche die Struktur einer teutonischen Kirche mit der der römischen; vergleiche das politische Leben Amerikas mit dem Frankreichs!

Rom hat eine Festigkeit der Organisation, welche weder London, noch Augsburg, noch Genf je erreichen kann; während London,

Augsburg und Genf eine Freiheit besitzen, nach welcher Rom nicht einmal streben kann.

In Frankreich geht die Tendenz der öffentlichen Meinung, nicht eines Vereines, einer Partei bloß, sondern der Gesamtmasse des Volkes dahin, die Autorität gegen die Forderungen persönlichen Rechtes aufrecht zu erhalten; in Amerika ist dagegen die Tätigkeit aller politischen Körperschaften, aller Kollegien und Korporationen, aller Privatlehrer, Agitatoren und Philosophen bald bewusst, bald unbewusst darauf gerichtet, die öffentliche Gewalt zu Gunsten individueller Rechte abzuschwächen.

Frankreich hat sein Freiheitsleben nicht vergessen, eben so wenig wie Amerika seinen Respekt vor dem Gesetze vergessen hat, denn dies sind elementarische Instinkte im menschlichen Herzen, ohne welche in irgend einer Zusammenstellung und Vereinigung die Gesellschaft, wie wir dieselbe verstehen, nicht existieren könnte. Aber in den großen Resultaten des Gedankens, in der allgemeinen Handlung der Politik neigt sich die eine Nation immer zur Militärherrschaft, die andere zur Herrschaft des Volkes hin; Frankreich sucht seine Sicherheit im Exerzitium, in der Disziplin, in der Kriegsmacht, Amerika in den Agitationen der Kanzel, in den Explosionen einer Presse, durch welche jedermann unverbrieftes Recht hat, zu reden und zu denken.

Jede dieser Neigungen schließt eine Gefahr für sich selbst ein. Wenn der Lateiner geneigt ist, die Unabhängigkeit dem Reiche zu opfern, dann ist es der Teutone nicht weniger, das Reich der Unabhängigkeit zu opfern. In Frankreich liegt die Gefahr in zu großer Zusammenziehung – in Amerika in zu großer Trennung – der politischen Einheiten.

Zwanzig Jahre bevor der Krieg ausbrach, war die Neigung der Menschen in den Vereinigten Staaten nach Trennung überaus groß gewesen; nicht in einer Gesellschaft, sondern in allen Gesellschaften; nicht in einer Körperschaft, sondern in allen Körperschaften; nicht nur zwischen Rasse und Rasse, sondern zwischen Männern derselben Rasse; nicht nur in dem Staate, sondern auch in den Kirchen; nicht in der Politik und Religion allein, sondern auch in der Wissenschaft, der Literatur, im sozialen Leben. Bis der Krieg über die Nation wie ein Gericht hereinbrach und sie aus ihrem Schlummer erweckte, war die moralische Atmosphäre Amerikas mit dem Feuer der Trennung erfüllt; fast jeder Mann mit intellektueller Kraft und angeborenem Genie im Lande ward oder schien durch eine innere Triebfeder von seinem Gehorsam gegen die natürlichen oder nationalen Gesetze weggetrieben. Gesellschaftliche Rechte, Klassenrechte, Eigentumsrechte – Staatsrechte, Countyrechte, Stadtrechte – Landrechte, Bergrechte, Wasserrechte – Kirchenrechte, Kapellenrechte, Tempelrechte, – persönliche Rechte, geschlechtliche Rechte, – die Rechte der Arbeit, der Scheidung, der Profession, – die Rechte der Polygamie, des Zölibats, der Pantagamie, – Negerrechte, Indianerrechte, gleiche Rechte, Weiberrechte, Kleine Kinderrechte; alle diese sind nur Beispiele von den Namen, unter welchen der allgemeine Wunsch nach Trennung Gestalt angenommen hatte und zur allgemeinen Macht geworden war. Welcher tüchtige Mann erhob damals seine Stimme zu Gunsten der Einigkeit? Wer bekümmerte sich um eine Zentralregierung, wenn er nicht Dollars daraus münzen und sie als Patronat oder zur Macht benutzen konnte? Wer lehrte die Armen, Ehrerbietung vor dem Gesetze zu haben? Sah man je in diesen Tagen die reichen, die geistreichen Mitglieder dieses stolzen Staates im Weißen Hause? Welcher Dichter, welcher Gelehrte machte es sich damals zur Pflicht, eine Freiheit zu achten, welche durch allgemeines Stimmrecht bewacht und kontrolliert ward? Ein geistreicher Mann nahm hier und dort eine Stellung, hauptsächlich in irgend einer fremden Stadt an, ging weit von seiner Heimat weg, nach einem Platze, an welchem er sein Vaterland vergessen konnte, während er ein Gedicht, eine Erzählung, eine Sittenlehre aus den Überlieferungen und Sagen einer fremden Rasse und eines fernen Jahrhunderts machte.

Irving ging nach der Alhambra, Bancroft segelte nach London ab. Rich machte sich in Paris vergnügt. Hawthorne dachte in Liverpool nach; Motley studierte über Schriften im Haag; Power wanderte nach Florenz; Mozier und Story schlugen ihre Zelte in Rom auf. Longfellow tändelte mit der „goldenen Legende" und schien die poetischen Themen, welche um seine Heimat lagen, vergessen zu haben. Niemand schien amerikanische Szenerie zu würdigen, niemand schien amerikanisches Gesetz zu achten. Für den Augenblick lag alles, was am hervorragendsten im Lande war, unter einer Verfinsterung.

Nicht wenige der geistreichsten Männer – die jüngeren Lichter der neu-englischen Schule – verleugneten ihre Bürgerrechte und erklärten sich, selbst während sie noch in Massachusetts, in Connecticut, in Rhode Island lebten, durch einen öffentlichen Akt aller künftigen Loyalität an die Vereinigten Staaten entbunden. Es ward gesagt, dass Ripley, Dana, Hawthorne, Channing, Curtis, Parker einige oder alle ihre allgemeinen Rechte in den amerikanischen Gerichtshöfen niederlegten, als sie es unternahmen, eine neue Gesellschaft auf der Bachfarm zu gründen. Boyle, Smith und Noyes waren nur drei von den tausend klugen Leuten, welche in Neu-England geboren, in der Gesellschaft dieses Landes gereift, in dessen Schulen erzogen, und die Erlaubnis hatten, dessen Evangelien zu predigen – und sich von der großen Republik abtrennten, ihrer Verteidiger spotteten und ihre Einrichtungen verspotteten. „Ha!", brüllte Noyes der Bilderstürmer, „glaubt ihr, dass der Himmel eine Republik ist, dass im Himmel eine Majorität herrscht, dass angelische Stellen durch Wahl zu erlangen sind, dass Gott ein Präsident ist, dass seine Minister dem Pöbel verantwortlich sind?" Und die Menge, welche ihn hörte, antwortete – Nein!

In der Kirche war es ähnlich wie auf dem politischen Felde. Die alte, stattliche Kirche, welche im Mutterlande Wurzel gefasst, hat seit Langem aufgehört, die populäre Kirche Amerikas zu sein, wenn Zahlen als sicherer Beweis für Macht genommen werden können; aber selbst diese Kirche der oberen Klassen, einer reichen, wohlanständigen, gut erzogenen Aristokratie, ist nicht ganz im Stande gewesen, der Wut, alles zu zerreißen und zu teilen, zu entgehen, welche ihre Nachbarn ergriff.

Die Prediger stellten, so zu sagen, ihre Arbeit ein, um höheren Lohn zu erlangen; und viele der Laien, welche durch solches zur Schau tragen weltlicher Motive, die denen, welche in Wall Street die Angelegenheiten beherrschen, verwandt sind, verletzt waren, vertauschten ihre Sekte gegen die der Bibel-Kommunisten, der Zitterer und der Universalisten.

Die Körperschaft der Wesleyaner, numerisch die größte Kirche in den Staaten, spaltete sich in zwei große Sekten – eine nördliche methodistische Episkopal-Kirche und eine südliche methodistische Episkopal-Kirche, eine Spaltung, welche durch die gerade zu jener Zeit plötzlich eintretende Wichtigkeit der Negerfrage provoziert, nicht verursacht ward. In der nördlichen Abteilung der Methodisten-Kirche gab es weitere Unannehmlichkeiten und eine zweite Spaltung wegen der Gewissensskrupel über die Gewalt der Bischöfe und die Rechte der Laien; letzterer Punkt ward hauptsächlich über die Frage erhoben, ob die Laien bei den Methodisten Rum verkaufen dürften. Aus dieser Trennung entstand eine neue religiöse Körperschaft, welche jetzt von sehr großer Stärke in den Vereinigten Staaten ist, die Wesleyanische Methodisten-Gemeinde. Es sind tatsächlich acht oder neun Sekten aus der ursprünglichen Kirche von Wesley und Whitfield gebildet worden, ohne die Apostaten zu rechnen, welche ganz und gar ausschieden.

Bezüglich der Anzahl sind die Baptisten zunächst am wichtigsten; eine Körperschaft, welche wie die Methodisten von heiligem Eifer begeistert ist, die man stark vor der Welt, dem Fleische und Teufel, aber schwach gegen diese Trennungsversuche fand. In kurzer Zeit war diese Körperschaft getrennt in Baptisten der alten Schule (von ihren Feinden Anti-Anstrengungs-[*anti-effort*]Baptisten genannt), die Sabbatarier, die Campbelliten, die deutschen Baptisten des siebenten Tages (*Seventh-day German Baptists*), die Tunker, die Baptisten des freien Willens (*Free-will Baptists*), mit ihrer Unterabteilung den freien Baptisten, und einige kleinere Parteien.

In der Independenten-(*Congregational*)Gemeinde, welche stolz darauf ist, in ihren Reihen die besterzogenen Geistlichen und Professoren der Vereinigten Staaten zu haben, entstanden zahlreiche Abtrennungen, einschließlich der Millennialisten, Tayloriten, und die merkwürdige, von einem ihrer Studenten am Yale College gegründete Ketzerei der Puritaner (*Perfectionists*). Aus den Millennialisten, welche glauben, dass die Welt untergehen werde und der Tag des Gerichts gekommen sei, entstanden die Milleriten, welche sagten, dass dies an einem bestimmten Tage geschehen werde. Die Puritaner, welche erklärten, dass die Welt bereits zu Ende und das Gericht bereits auf uns herabgekommen sei, spalteten sich in die Putneyiten und Oberliniten, Sekten, welche sich mit Kot bewarfen, lachten und sich freuten, wenn einer ihrer andersdenkenden Brüder in Sünde verfiel.

Große Unruhe brach über den Zufluchtsort der mährischen Brüder, das Dorf Bethlehem in den schönen Lehigh-Bergen, herein. Dort fingen junge Leute an, das Buch und das Gesetz in Frage zu stellen, bis die mährischen Brüder in Pennsylvanien einige Gebräuche verloren, welche sie bis jetzt als eine eigentümliche Kirche gekennzeichnet hatten.

Keine Sekte entging dieser Wut nach Abtrennung, nach Unabhängigkeit, nach Individualität; weder die Unitarier, noch die Omish, noch die Flussbrüder (*river brethren*), noch die Winebrenarier, noch die Swedenborgianer, noch die Schwenkfeldianer. Vielleicht können die „Herauskommer" (*come-outers*) als die letzte Frucht dieser Trennungswut angesehen werden, da sie sich von den älteren Kirchen (von den toten und sterbenden Kirchen, wie sie dieselben nannten) nur der Trennung wegen und allein in der Hoffnung lossagten, die religiösen Körperschaften, in denen sie erzogen worden, zu vernichten. Diese „Herauskommer" haben zwei Glaubensartikel: einen sozialen und einen dogmatischen; sie glauben, dass Mann und Frau gleich, und dass alle Kirchen tot und verdammt sind.

Alle diese Prüfungen hatte die Gesellschaft durchzumachen, und man kann nicht sagen, dass sie durch ihre Krankheiten ohne manche Wunde und Narbe gekommen ist; denn während alle Bande und Fesseln gelockert waren, fingen die Menschen an, mit einigen der heiligsten Wahrheiten ihr Spiel zu treiben. Das Eigentum ward angegriffen. In der Presse, auf der Kanzel ward gesagt, dass aller Privatreichtum vom allgemeinen Fond gestohlen sei, dass niemand ein Recht habe, Reichtümer anzusammeln, dass niemand ausschließlich für sich Frau oder Kind haben könne. Doktoren nahmen ihre Parabel gegen die Heiligkeit der Ehe wieder auf; die Weiber fingen an zu bezweifeln, ob es von ihnen wohlgetan sei, ihre Männer zu lieben und ihre Kinder zu warten. Manche Damen gaben den Ton an, über Mütter zu lachen; ja, es ward sogar in Boston, Richmond und New York ein Zeichen guter Erziehung, als eine mutterlose Frau bekannt zu sein. Schurken tauchten in jeder Stadt auf (einige derselben Männer, meistens aber Frauen), welche vorgaben, jungen Weibern die Kunst zu lehren, durch welche – wie man sagt, in einigen Ländern der alten Welt, z.B. Frankreich – die Naturgesetze oft zur Seite geschoben werden. Manches große Haus wird in New York gezeigt, in denen Kreaturen der Nacht wohnten, welche nach Amerika dieses scheußliche Gewerbe gebracht haben.

Religion, Wissenschaft, Geschichte, Moralität wurden von diesen Reformatoren, als der individuellen Freiheit hinderlich, bei Seite geschoben. Was war ein Kirchengesetz, ein Gebot für einen Mann, welcher willens war, alles selbst zu versuchen? Übermaß von Freiheit brachte einige auf den Kommunismus, andere auf die freie Liebe (*free Iove*). Was ist in Wahrheit dieses Dogma vollkommener Freiheit anders, als das Recht eines jeden Mannes, seinen Willen zu haben, selbst wenn sein Wille darauf gerichtet sein sollte, das Haus und die Frau seines Nachbars zu besitzen? Einige dieser braven Reformatoren, wie Noyes und Mahan, befestigten ein religiöses Gefühl als die Grundlage ihres Glaubens; andere wieder, wie die Oweniten und Fourieriten, ließen sich ein wissenschaftliches Axiom genügen; während eine dritte, poetischere Klasse, die Enthusiasten der Bachfarm, auf einen mystischen Mittelweg verfielen und aus Natur und Gerechtigkeit einen Gott machten. Alle diese Schulen praktischer Sozialisten sagten sich von der Welt los und schworen entweder ausdrücklich oder stillschweigend ihre Abhängigkeit von den Vereinigten Staaten ab.

Welcher edle Geist, so hieß es, würde sich durch Kirchengesetze, Dogmen, Präzedenzien und Gesetze unterjochen lassen? Jedermann müsste sich jetzt selbst Gesetz sein. Die Freiheit müsste ihren Tag haben. Der endliche Zustand der Freiheit, wie sie an's Chaos grenzt, ist der Zustand, in welchem sich niemand irgendwelcher Rechte erfreuen kann; und in vielen Teilen Amerikas war dieser Zustand des Fortschrittes am Vorabende des Krieges bald erreicht worden.

Kaum weniger ward das Familienleben durch diese erniedrigende Trennungswut gestört. Streitigkeiten, welche am häuslichen Herde entstanden waren, wurden in öffentliche Versammlungen und Frauenkongresse gebracht, die abgehalten wurden, um die eingebildetsten Streitfragen zwischen dem männlichen und weiblichen Geschlechte, zwischen Mann und Frau, Eltern und Kindern zu entscheiden.

Frauen erhoben ihre Stimmen gegen das Kinderwarten, gegen die Heiligkeit der Ehe, gegen die Permanenz der Ehegelübde. Sie verlangten Rechte, welche solche Muster ihres Geschlechtes, wie Lady Rachel Russell und Lady Jane Grey mit Trauer und Erstaunen erfüllt haben würden. Caroline Dall verlangte, dass die Frau das Recht haben solle, irgendein Gewerbe zu betreiben, welches sie wolle. Margaretha Fuller lehrte ihre Leserinnen, in der Ehe Gleichstellung zu erwarten. Mary Cragin predigte die Lehre der freien Liebe für Frauen, und tat das, was sie predigte. Eliza Farnham drang auf eine Revolution der Frauen gegen die Männer, und erklärte, dass ein weibliches Wesen durchweg edler sei, als ein männliches.

Was für eine rühmlich starke Konstitution muss diese junge Gesellschaft gehabt haben, um mit so geringem Nachteile den Angriff so vieler Gewalten zu ertragen! Welche Energie, welche Festigkeit, welcher Urstoff in dieser jungen anglo-sächsischen Republik!

## 63. Norden und Süden

Wenn die Negerfrage zum Vorwand für die Erbitterung des Nordens und Südens diente, lag die Ursache des Kampfes im Hafen von Charleston, welche den Bürgerkrieg herbeiführte, tiefer als der Wunsch der Herren im Süden, die ihnen eigenen Sklaven zu behalten. Der Neger war das Zeichen, und wenig mehr. Selbst das weiter gehende Recht eines Staates, nach seinem eigenen Willen zu leben, die Gesetze zu machen und umzustoßen, seine Unternehmungen auszudehnen oder zu beschränken, selbst Richter seiner Zeit zu sein, mit oder ohne die anderen Staaten zu handeln, war nur ein Vorwand und ein Stichwort. Die Ursachen, welche das Schlachtfeld in Virginien (an welchem ich schreibe) gebleicht haben, lagen noch tiefer. Ein Pflanzer-Krieg würde nicht einen Monat gewährt, ein Sezessionisten-Krieg nicht ein Jahr gedauert haben. Die Schranken fielen unter einem andern Namen, die Leidenschaften quollen aus einer reicheren Quelle. Kein so bettelhafter Einsatz, wie einer der genannten, trieb eine Million englischer Brüder zum tödlichen Kampfe. Aber wann sind Nationen je in den Krieg gezogen und hatten die wahre Ursache eines Krieges auf ihren Schildern eingegraben? Nationen tun gewöhnlich große Dinge aus armseligen Gründen; sie gebieten Russland im Namen eines silbernen Schlüssels Halt und machen Italien eines übereilten Wortes wegen. Die Menschen sind in allen Klimaten dieselben. Der Preis, um welchen der Süden mit dem Norden stritt, war nichts weniger, als das Prinzip nationalen Lebens.

Welcher Gedanke sollte allen sozialen Gewohnheiten, allen politischen Meinungen in dieser großen Republik zu Grunde liegen? In der Verfassung, welche selbst ein Kompromiss, das Machwerk eines Tages ist, ward dieser Frage eine offene Kluft gelassen. Jedes Jahr sah diese Öffnung weiter werden, und die weisesten Männer haben oft gesagt, dass diese Frage nur auf dem alten Wege durch ein unbeschränktes Opfer geschlossen werden könne.

Auf der einen Seite einer schwachen und ermattenden Linie lagen die zumeist von Kavalieren bewohnten Südstaaten: tapfere und stolze Männer, die Repräsentanten des Privilegiums, der Erziehung, der Ritterlichkeit, eine Klasse, bei welcher der Anstand, der durch Geburt, Kultur und Herrschaft kommt, in hohem Grade ausgebildet war. Auf der andern Seite der Linie lagen die zum größten Teil von Leuten puritanischer Abstammung bewohnten Nordstaaten: gewiegte Kaufleute, geschickte Handwerker, die Repräsentanten des Genies, der Unternehmung und der Gleichheit, eine Klasse, bei welcher die Tugenden, welche aus Glauben, Ehrgefühl und Erfolg entstehen, fast allgemein waren.

Hier stand der Lotus-Esser mit seinem Anstande und blasiertem Wesen, seinen Verfeinerungen und Traditionen; dort stand der Handwerksmann mit ideenreichem Kopfe, glaubensvollem Herzen und kräftigem Arme. Welcher sollte dieser großen Republik das Gesetz geben?

Im Süden gab es eine vornehme und eine geknechtete Klasse. Die eine kämpfte und regierte, die andere arbeitete und gehorchte. Zwischen diesen beiden Sektionen der Südländer gähnte ein mächtiger Abgrund, eine Kluft, welche Abstammung, Gestalt und Farbe teilte, denn der höhere Schlag war von reinem alten englischen Blute, Sprösslinge der Leute, welche die Zierden des Hofes von Elisabeth gewesen, während der niederere Schlag afrikanischer Abstammung war, Sprösslinge der Mango-Ebene und des Fiebersumpfes, Kinder von Leuten, welche selbst unter Wilden und Sklaven die niedrigste Stufe einnahmen. Über diese Kluft konnte keine Brücke geschlagen werden. Man glaubte, dass kein Versuch der Natur je geschehen könne, um die Extreme von Schwarz und Weiß mit einander verwandt zu machen. In den Augen ihrer Herren und Damen – zumeist in denen ihrer Damen – waren diese farbigen Versorger des Reisfeldes und der Baumwollenpflanze keine Menschen; sie waren nur Vieh mit den den Maultieren und Kühen zukommenden Rechten; sie hatten das Recht, für ihre Arbeit gefüttert, wohnlich untergebracht und milde behandelt zu werden – nach ihrer Art. In manchen dieser Staaten durften diese farbigen Leute nicht lesen und schreiben lernen; sie durften nicht heiraten, und nicht als Mann und Frau treulich zu einander halten; sie hatten keine Kontrolle über ihre eigenen Kinder; sie durften keine

Schweine, Enten, Kühe oder anderes Vieh besitzen, noch war ihnen gestattet, zu kaufen und zu verkaufen, ihre Arbeit zu vermieten, einen Familiennamen zu führen.

Unter einander hatten sie gewisse Abhilfsmittel gegen zugefügtes Unrecht; den Weißen gegenüber hatten sie keine. Um die traurig merkwürdige Phrase des Oberrichters Taney zu gebrauchen: ein Neger besaß keine Rechte, welche ein Weißer zu respektieren nötig hatte; mit anderen Worten: er hatte gar keine.

Es ist viel gesagt, dass es unter Leuten, welche auf diese Weise zum Missbrauch ihrer Macht versucht waren, weniger Verlust an Leben gab, als in irgend anderen Sklavenstaaten, selbst auf amerikanischem Grund und Boden. Im Vergleiche zu Kuba und Brasilien war Virginien ein Paradies. Ein Zug von Sanftmut beim Herrn, ein Schimmer von Pietät bei der Herrin hatte genügt, um die allerschlechtesten Pflanzer aus englischem Blute frei von den Brutalitäten zu machen, welche täglich weiter südlich in den spanischen und portugiesischen Städten ausgeübt wurden. Charleston war kein angenehmer Aufenthalt für einen Negersklaven; das Gesetz war nicht für ihn zur Zeit der Not; öfters hatte er die bitteren Früchte vom Zorne seines Tyrannen zu tragen. Er war nur zu bekannt mit der Knute, der Kette, dem Bluthund und dem Kerker; und dennoch war sein Leben gegen den Zustand eines Sklaven in Havanna, in Rio, in Domingo das eines verwöhnten und verzogenen Kindes. Der Prüfstein des glücklichen Zustandes eines Volkes ist das Gesetz seiner Reproduktion. Wenn eine Rasse über einen gewissen Punkt unterdrückt wird, protestiert die Natur gegen dieses Unrecht auf ihrem eigenen emphatischen Wege, die Rasse nimmt ab. Der Neger ist aber in jedem Sklavenstaate auf amerikanischem Grund und Boden im Aussterben begriffen, außer in denen, welche von Leuten der anglo-sächsischen Rasse regiert werden. Wie schlecht unser Gesetz und das unserer Abkömmlinge in Virginien und den Carolinen gewesen sein mag, die Tatsache ist überall auf diesem Kontinente lesbar, auf jeder Insel der umliegenden Seen, dass die englischen Pflanzer, und sie allein, dem Afrikaner die Möglichkeit zu leben gegeben haben. Wir haben vom Anfange bis zum Ende fünfhunderttausend Neger auf den Boden unserer dreizehn Kolonien gebracht; wir haben sie arbeiten und für uns schwitzen lassen; doch haben wir sie im Ganzen mit so viel Milde behandelt, dass sie jetzt, nach Köpfen gerechnet, neunmal stärker sind, als ihre eingebrachten Vorfahren. Statt dass im spanischen Amerika die Neger gegenwärtig neunmal stärker als ihre Väter sein sollten, sind sie kaum halb so zahlreich wie ursprünglich. Dies ist eine kleine, auf einer Zeile berichtete Tatsache; aber welche Trauerspiele von Weh und Tod verbirgt dies? Wenn die große Rechnung abgeschlossen wird, wenn alles, was wir getan, – alles, was wir unterlassen haben, – gegen uns vorgebracht wird, können wir uns dann nicht auf diesen Zuwachs der Neger in unseren Besitzugen als auf ein kleines Gegengewicht für unsere vielen Sünden berufen?

Ein Tourist aus der alten Welt – einer aus den müßigen Klassen – befand sich in diesen Palästen des Landes sehr zu Hause.

Die Häuser waren gut angelegt und gebaut, das Meublement reich, die Tafel und der Wein gut, die Bücher, die Kupferstiche, die Musik so, wie er sie in Europa gekannt hatte. Er fand Pferde und Diener in großer Menge, ausgedehnte Anlagen, schöne Wälder und Überfluss an Wild. An dem einen Platze konnte er ein wenig jagen, auf dem andern ein wenig fischen. Fast alle jungen Damen ritten gut, tanzten gut, sangen gut. Die Männer waren offen, kühn, gastfrei. Was am Platze unscheinbar war, fand entweder fern von den Augen des Fremdlings statt, oder es ward ihm ein komisches und malerisches Aussehen gegeben. Er hörte die Sklaverei im Scherze besprechen und ging hinab nach der Plantage, um ein Schauspiel zu sehen. Sam ward zu ihm gerufen, um Gesichter zu schneiden und zu jodeln. Da getanzt wurde und die Punschkanne umging, während die Neger sprangen und sangen, so wandte er seine Schritte in lustiger Verwirrung von der Szene heimwärts und hatte die Idee, dass der Schwarze seine Ketten eher liebe. In Missouri und Virginien habe ich es oft genug gesehen, wie Touristen durch die Leichtfertigkeit und das Gelächter einer Anzahl Neger getäuscht werden können. Ein Farbiger ist biegsam, liebend, gelehrig; um ein freundliches Wort, einen Trunk Whisky, einen augenblicklichen Scherz singt und tanzt er. Er ist sehr geduldig, sehr langsam.

Ich sah einst, wie in Omaha ein Flegel einen schwarzen Burschen auf der Straße schlug und fragte nach der Ursache: –

„Ich sagen, Schwarzer haben Recht zu stimmen", sagte der Bursche; „dieser Herr sagen Nigger sein Menschen durchaus nicht." Der Bursche beklagte sich durchaus nicht darüber, dass er geschlagen worden; ja er lachte sogar, als ob er es gern habe.

Wenn der Weiße sein Herr gewesen wäre, würde auch er gelächelt, und ich würde es möglicherweise für einen netten Scherz gehalten haben.

Der Süden ward für jeden englischen Gast angenehm gemacht; denn die Leute fühlten, dass die Engländer ihnen näher verwandt wären als ihre Brüder, die Yankees.

Ein sonniger Himmel, eine freundliche Wirtin, ein müßiges Leben und ein luxuriöses Lager ließen ihn allmählich die Grundlagen vergessen, auf denen dieses verführerische Gebäude stand.

In den Nordstaaten würde ein solcher Lotus-Esser nur weniges nach seinem Geschmack gefunden haben. Die Landhäuser waren – außer in der Umgegend von Philadelphia, wo der alte schöne englische Style noch Mode ist – nicht so räumlich und glänzend eingerichtet, wie im Süden; das Klima war viel kälter, und Gelegenheiten zu lungern gab es seltener. Er hatte nichts zu tun, und niemand hatte Zeit, ihm zu helfen. Da die Männer alle mit ihren Angelegenheiten beschäftigt waren, so jagten, fischten und tanzten sie nicht; sie sprachen fast von weiter nichts, als ihren Mühlen, ihren Bergwerken, ihren Straßen, ihren Fischereien; sie waren stets eifrig, eilig und in Gedanken versunken, als ob das Weltall auf ihren Armen ruhte und sie fürchteten, es fallen zu lassen. Auch die Frauen waren mit ihrer eigenen Sorge und Not zu sehr beschäftigt. Keine müßigen Morgenstunden in der Bibliothek, im Gewächshaus, auf dem Rasenplatze konnte man von diesen geschäftigen Geschöpfen erlangen, welche vom Frühstückstische in das Schulzimmer, an den Schreibtisch, an den Nährahmen gegangen waren, lange ehe der Gast seinen Vorrat von Komplimenten und Anekdoten ausgespielt hatte.

Es war wahr, dass, wenn man sie dazu bringen konnte, über Wissenschaft, Politik und Literatur zu sprechen, sie im höchsten Grade belesen befunden wurden; sie kannten vollständig das letzte Ereignis, die letzte Bewegung, das letzte Buch; sie waren kluge und gescheite Leute, denen nichts entging, welche die Gewohnheit hatten, ihre Kenntnisse zu sofortigem Gebrauche zu verwenden; bisweilen leisteten sie ihm auf unerwartete Weise wohl auch einen Dienst. Aber er, ein Fauler im Lande, erfreute sich nicht an ihrer schnellen Sprechweise.

Sie dachten wenig an ihn, an ihre eigenen Projekte viel. Wenn er sich strecken und träumen wollte, hatte sein Wirt mit einem Bankier in der Stadt zu tun, seine Wirtin einer Klasse im Schulzimmer Stunden zu geben. Man sagte ihm stets, er solle sich bis zum Nachmittage die Zeit allein vertreiben. Da gab es das Kohlenwerk zu besichtigen, die neuen Brüder zu inspizieren, die Dampfegge zu versuchen. Was kümmerte er sich um Kohle und Brüder und Egge! Er wollte eine Zigarette rauchen und mit dem allernächsten Zuge nach Richmond fahren.

In diesen sonnigen Städten im Süden, mit ihren Verandas, ihren angenehmen Rasenplätzen, war kein Mann beschäftigt, keine Frau in Eile. Jeder hatte Zeit zu Witz, Komplimenten und Geplauder. Der Tag ging mit Geschwätz hin. Niemand dachte an Arbeit, denn Arbeit war die Aufgabe des Sklaven. Arbeit war in diesen Städten gemein. Die Gesellschaft hatte gesagt, „du sollst nicht arbeiten und dem Fluche entgehen", und die Weißen würden ihre Hände nicht an den Pflug legen. „Arbeiten!", sagte ein kräftiger junger Mensch in Tennessee zu einem Manne, den er um Almosen anging; „Gott sei Dank, ich habe nie die geringste Arbeit getan, seitdem ich geboren bin; ich mag mich nicht ändern; Sie können mich hängen, wenn Sie Luft haben, aber Sie werden mich nie zur Arbeit zwingen." Aus diesen traurigen Worten sprach der Geist des Südens. „Ja, etwas waren wir im Irrtum", sagte ein Herr in Georgien zu mir, „unser Stolz wollte uns nicht lernen lassen. Wir hatten im Süden kaum einige Professoren. Unsere Leute waren gut erzogen und hatten eine gute Grundlage gelegt; wir hatten einige gutgeschulte Leute und mehr gute Sprecher; aber wir mussten unsere Lehrer und Lehrerinnen aus den Schulen unserer Feinde, aus Cambridge und Neu-Haven holen, und sie haben unsere Kinder fast gelehrt Yankees zu werden!" Lehren war Arbeit, und ein Georgier konnte weder arbeiten, noch wollte er die Würde der Arbeit anerkennen.

Bei einem der leidenschaftlichen Stürme, welche bisweilen über diese trägen Städte fegten, ward, da die Übelstände dieses erborgten Lebens klar zu Tage lagen, vorgeschlagen, eine große Universität im Süden zu gründen, und mit Aussicht auf liberal bedachte Lehrstühle die hervorragendsten Männer der Wissenschaft und Literatur aus Europa und auch aus dem Norden einzuladen; unter diesen Professor Agassiz, welcher als der oberste eingesetzt werden sollte.

„Und wie wird es um unsere soziale Stellung stehen?", fragte der große Professor, von dem ich diese Einzelheiten hörte. Hier lag der Haken. Die soziale Stellung eines Lehrers im Süden!

Ein Lehrer durfte nicht hoffen, irgendeinen Standpunkt in einem Sklavenstaate einzunehmen, und deshalb fiel der Vorschlag, die besten Männer einzuladen von Oxford und Berlin, ebenso wie von Boston und Neu-Haven herzukommen, zu Boden.

In den Städten im Norden gab es weder eine vornehme noch eine dienende Klasse. An ihrer Stelle gab es Männer von Bildung, Geschäftseifer und Unternehmungslust, Leute von ebenso reiner und erhabener Abstammung als die Ritterschaft im Süden, mit frischeren Ansichten, abgehärteteren Gewohnheiten und größerem Glauben. Das Mittelalter und das neue Zeitalter konnten nie zusammenkommen und in Frieden leben; jeder wollte Herr der großen Republik sein – auf der einen Seite die Ritterschaft mit ihrer Pracht und ihrem Laster, auf der andern Seite die Gleichheit mit ihrem Eifer und ihren Hoffnungen. Welches von diesen beiden Prinzipien – Privilegium oder Gleichheit – sollte diese große Republik regieren?

## 64. Farbe

Eine Möglichkeit blieb dem weißen Manne und dürfte ihm noch bleiben – hier in Virginien, ebenso wie unten in Alabama, Mississippi und den Carolinen ein soziales und politisches Leben, getrennt von seinem Bruder Engländer in Pennsylvanien, Massachusetts und Ohio, zu führen; – aber der Weg, den er dabei einschlagen muss, ist einer, von dem man allgemein glaubt, dass sein Stolz davor zurückschrecken, sein Geschmack zurückbeben muss – eine Familienverbindung mit der Negerrasse.

Lange ehe das hässliche Wort Miscegenation in Gebrauch kam und junge Damen in Locken und Chignons auftraten und öffentlich für eine Rassenmischung sprachen, hatten viele ehrliche und einzelne ernsthafte Leute das Dogma einer rettenden Eigenschaft im Negerblute gepredigt. Channing hatte für Anna Dickenson den Weg vorbereitet. In ihrer blumenreichen Prosa hatten die Lehrer von Neu-England auf ihren Neger-Klienten im Süden eine bewegungsfähige Natur übertragen, welche alles das, dessen sich sein weißer Bruder im Norden rühmen konnte, weit übertraf.

Was die harte und eigennützige Seite seines Verstandes anbetraf, dürfte möglicherweise der Weiße mit schärferer Macht verflucht sein; der Punkt war streitig; aber in allem, was geistige Natur betraf – religiösen Instinkt, Familienanhänglichkeit, gesellschaftliche Grazie – erklärte man den Neger für ein sanfteres, angenehmeres und höheres Wesen. Er war bei Weitem empfänglicher für Wunder und Träume, für die Stimme der Vögel, für das Geschrei der Kinder, für die Hitze des Mittags, für die Ruhe der Nacht. Er hatte ein feineres Ohr für Gesang, eine größere Neigung zum Tanz. Er liebte die Farbe mit weiserer Liebe. Er hatte größere Liebe zu seiner Heimath; fand größeres Wohlgefallen am Gottesdienste; hatte einen lebhafteren Sinn für die Vaterschaft Gottes. Diese eingebildeten Vorstellungen vom Neger – die in einem Studierzimmer in Neu-England tausend Meilen entfernt vom Reisfelde und der Baumwollenplantage entworfen waren – kulminierten in „Onkel Tom". –

Viele gute Leute im Norden hatten angefangen zu glauben, dass es für diese blassen und gallsüchtigen Schatten im Süden besser wäre, ihre Söhne und Töchter an solche hochbegabte und bewegungsfähige Geschöpfe zu verheiraten, um ihre Stärke und die Dichtigkeit der Muskeln ihrer Rasse wieder herzustellen. Als der Krieg ausbrach, verbreitete sich dies Gefühl; als er wütete und stürmte, ward dies Gefühl tiefer; und jetzt, nachdem der Krieg vorüber und der Süden geworfen ist, gibt es eine Partei in Neu-England, der Frauen angehören, welche die ganze weiße, südlich von Richmond lebende Bevölkerung an die Schwarzen verheiraten möchte.

Wieder und immer wieder habe ich Leute ernsthaften Gesichtes und unbescholtenen Lebens öffentlich und vor sympathisierenden Zuhörern erklären hören, dass die Ehe zwischen Weißen und Schwarzen den blässeren Stamm verbessern würde. In allen Fällen sollten diese Ehen aber weit davon entfernt stattfinden. Ich habe mehr als eine Dame angetroffen, welche sich nicht entblödete zu sagen, dass es ihrer Ansicht nach ein großer Vorteil für die schönen jungen Damen in Charleston und Savannah sein würde, schwarze Männer zu heiraten. Ich habe aber nie eine Dame angetroffen, welche gesagt hätte, dass es für ihre eigenen Töchter wohlgetan sein würde.

Der Krieg hat eine Änderung zu Gunsten des Negers herbeigeführt, welcher jetzt ein verwöhnter Sterblicher im Norden ist, „farbiger Gentleman" und nicht mehr wie ehedem „verdammter schwarzer Schurke" genannt werden darf. Er fährt in demselben Wagen auf der Straße, er hat das Recht, neben seinem weißen Bruder im Eisenbahncoupé zu sitzen, er darf dieselbe Kirche betreten und im anstoßenden Kirchenstuhle beten. Männer haben öffentlich Reden über ihn gehalten, Frauen in Vorlesungen seine Verdienste erklärt. Ich habe Kapitän Anthony, einen Redner in Neu-England, erklären hören, dass wenn er in den Südstaaten ein gutes Herz finden wollte, er danach unter einer schwarzen Haut suchen würde; wenn er einen guten Kopf zu finden wünschte, er diesen unter wolligem Haar suchen würde.

Dieser merkwürdige Ausspruch ward in Kansas, in einer der besten Reden, die ich je gehört habe, getan.

Der Neger ist hier in der Tat der Mann der Zukunft.

Da die Parteien sich streng die Waage halten und die Schwarzen möglicherweise zur Abstimmung zugelassen werden, so werden sie jetzt in Aussicht auf dieses Erbteil gesucht, geschmeichelt und liebkost. Während des Krieges bewährte sich der Neger als Mann: – die schwarzen und die braunen Burschen, welche in jenes Fort drangen (das jetzt Henry Pierman und seine Knaben besitzen), haben alle ihre Mitbrüder zu Männern gemacht.

Vor sechs Jahren konnte, wie ich mir sagen ließ, keine Dame in Boston, in New York, in Philadelphia einen schwarzen Diener in ihrer Nähe ertragen; ein Neger trank und stank, er war ein Betrüger, ein Lügner, ein Trunkenbold, ein Dieb. Ich finde nicht, dass dieses Gefühl ganz verschwunden ist; hier und da mag es noch einige Jahre anhalten; es hat sich aber sehr geändert und ich habe gehört, wie sehr zarte Damen in Boston und New York ihren Wohlgefallen für den Neger als Diener im Hause ausdrückten. Er ist sauber und willig, hat eine schnelle Hand, ist gut gelaunt und dankbar. Viele seiner Rasse sind schön und haben die Grazie und das Benehmen, welches man für die Anzeichen von Blut hält. Hier in Richmond und in allen Hotels von New York nach Denver bedienen die Neger bei Tische, rasieren dich und kleiden dich an, wichsen deine Stiefeln und warten dir auf. Von den vielen Hunderten, welche um mich gewesen sind, habe ich nie ein ungezogenes Wort gehört, nie ein finsteres Gesicht gesehen.

Einer der Neger, die wir in Leavenworth sahen, ward gefragt, ob er nicht zu heiraten und sich niederzulassen gedenke, da er sich ein gutes Stück Geld erspart habe. „Nein, Herr, ich nicht heiraten; keine weiße Dame mich haben wollen, und ich nicht weiße Frau mag, die mich wegen Geld heiraten." Auf unsere Frage, ob er nicht eine Frau seiner eigenen Rasse zu ehelichen wünsche, rief er aus: „Lord, Herr! Sie nicht denken, ich heiraten ein schwarzes Negermädchen?" Und doch war der Mensch ein Vollblutneger, schwarz wie ein Stück Kohle.

Dass der Neger sich vermöge seiner Anlagen, seiner Industrie, seiner Geselligkeit zu einer hohen bürgerlichen Stellung eignet, kann füglich angenommen werden. Manche Neger sind reich und gelehrt, praktizieren als Advokaten, predigen von der Kanzel, stolzieren auf der Bühne herum.

Viele haben den aufrichtigen Wunsch, zu lernen und vorwärts zu kommen. Da ist Eli Brown, Oberkellner im Richmond-Hotel, ein Mann mit klaren Augen, scharfer Zunge und gewandter Hand. Vor wenigen Monaten war er ein Sklave. Er lernte heimlich, in täglicher Furcht vor der Knute, lesen, und seit er seine Freiheit erlangt, hat er schreiben gelernt. Bei diesem Schwarzen habe ich mehr Sinn für Recht und Unrecht, Politik und Gerechtigkeit gefunden, als bei der Hälfte der Platform-Redner der Schule. „Sage mir, Eli, möchtest Du eine Stimme haben?", sagte ich zu ihm bei Gelegenheit einer Unterredung nach Tische, als er hinter meinem Stuhle stand. „Jetzt nicht, mein Herr", antwortete er; „ich bin noch nicht belesen genug und verstehe es nicht alles. Bisweilen wünsche ich wohl, meine Stimme abgeben zu können wie die anderen; in zwanzig oder fünfundzwanzig Jahren." Ist nicht ein Mann von so viel Verstand für Stimmfreiheit geeigneter als ein Schreier auf der Bierbank, welcher nicht weiß, wie viel er noch zu lernen hat?

Gestern Abend machte ich mit Eli die Runde durch die Stadt; nicht um die Vorrats- und Bierhäuser, die Singhallen und Höllen zu sehen, sondern in der Absicht, einen Blick in die Negerschulen zu tun. Sie befinden sich meist in Dachkammern oder unten in Kellern; armselige Räumlichkeiten, nur kärglich mit Bänken, Pulten und Büchern versehen. In einigen ist der Lehrer ein Weißer, in anderen ein Schwarzer oder Mischling. Alte Leute und Kinder waren in diesen ärmlichen Schulen gleich eifrig, zu lernen; Burschen von Sechzig kritzelten mit der Feder, und flachnasige kleine Knaben strengten sich bei ihrem ABC an. Alle arbeiteten mit Eifer und bemühten sich, die ersten großen Hindernisse zur Wissenschaft zu besiegen. Diese Leute warten nicht, bis die Welt kommt, sie durch große Stiftungen und ihre National-Schulen anzuspornen, sie haben selbst angefangen, sich von der Knechtschaft der Unwissenheit und des Lasters zu emanzipieren. In Richmond allein gibt es vierzig solcher Negerschulen.

Leuten gegenüber, welche von solchem Geiste beseelt sind, können die Pflanzer nicht länger stillliegen und in ihrem alten Stolze rosten. Kenntnis ist Macht, und der schwächere Mann kommt stets unter den Schlitten. Aber obschon der Pflanzer sich daran vorbereiten wird und muss, mit einer neuen Klasse auf seiner eigenen Besitzung zu konkurrieren, ist es deshalb notwendig, dass er sein Blut mit dem seines ehemaligen Sklaven verwischen muss?

Die Abneigung gegen den Neger als Genossen, selbst auf einen vorübergehenden Augenblick in einem Zimmer, einer Kirche, im Eisenbahnwagen, ist, obschon es in dem Maße, wie der Neger an Freiheit, Reichtum und Kultur zunimmt, sehr stark; nicht nur hier in Richmond, woselbst der Neger ein Ding war, welches sein herrischer Bruder kaufte und veräußerte, aushungerte, schlug und anspie, sondern auch im Westen und Norden, in Indianapolis, Cincinnati und Chicago, fern von dem Anblick und den Lauten einer geknechteten Klasse. Seit der Krieg beendet ist, hat der Neger das gesetzliche Recht, irgendein öffentliches Fuhrwerk zu benutzen, welches die Straßen mietweise befährt; aber in den meisten Fällen darf er das Recht nicht ausüben. Ein Droschkenkutscher würde ihn nicht fahren, ein Kondukteur ihn einen Wagen, in welchem Damen sitzen, nicht betreten lassen. Als ich durch Ohio fuhr, einen Staat, ins dem es eine große Anzahl farbige Leute gibt, fiel es mir auf, dass in keinem der Wagen schwarze Gesichter zu sehen waren; ich ging im Zuge nach vorn und fand da, zwischen dem Tender und dem Güterwagen, einen abgesonderten, über alle Beschreibung schmutzigen Stall, in welchem ein Dutzend freie Neger waren, welche desselben Weges gingen und denselben Fahrpreis wie ich bezahlt hatten.

„Warum fahren diese Neger getrennt? – warum reisen sie nicht in den gewöhnlichen Wagen?", fragte ich den Schaffner. „Na", sagte er, und sein Auge blitzte plötzlich auf, „sie haben das Recht dazu; aber, verdammt, ich möchte sie es tun sehen! Ugh!"

Der hässliche Schauder des Schaffners brachte mir einen schwarzen Ausdruck des „Großen Elen", eines meiner Cheyenne-Tröster auf den Ebenen, ins Gedächtnis. Hier in Virginien haben alle Eisenbahnkompagnien Verordnungen dahin gehend angeschlagen, dass wenn ein Neger seine Fahrt bezahlt hat, er in irgend einem Wagen fahren kann, den er will, unter den gewöhnlichen Bedingungen; aber, lieber Himmel! welcher Neger wagt es, seine Füße auf die Stufen des weißen Mannes zu setzen?

Sam liebt seine Freiheit; zu Zeiten kann es vorkommen, dass er seine Freiheit in beleidigender Weise vor der Nase seines früheren Herrn zur Schau trägt; aber er liebt auch seine Haut; und in einem Lande, in welchem jedermann einen Revolver trägt und so frei an ihm herumfingert, wie wir in England mit unserem Zigarrenetui tun würden, weiß Sam, wie weit er gehen darf und wo er aufhören muss. Gewohnheiten verändern sich nicht durch ein Gesetz auf dem Papiere; und der Tag eines vollkommen freien und freundlichen Verkehrs zwischen Weißen und Schwarzen ist noch weit entfernt.

In Massachusetts, in Rhode Island hört man zu Gunsten der Miscegenation sagen, dass dieser Plan, die Rassen und das Blut zu vermischen, nichts neues ist, sondern längst schon in Virginien, Carolina und Alabama stattgefunden hat. Diejenigen, welche dich darüber belehren, sagen dir, dass Miscegenation eine Tatsache, keine Theorie ist, eine Gewohnheit des Südens, kein Projekt des Nordens. Sie führen dich auf die Straße, in die Hotels und in die Barbierstuben; lassen dich die gelben Neger betrachten, von denen einige so blass wie die Mauren, andere so weiß wie die Spanier sind; und sie fragen dich, woher diese anglo-sächsischen Gesichtszüge, diese blaugrauen Augen, diese zarten Hände kommen? Sie zeigen dir eine Negerin mit goldenem Haar. Beweisen solche Dinge, dass sich das weiße Blut nicht mit dem schwarzen vermischen will? Segle nach New Port, fahre nach Saratoga.

Diese müßigen Plätze schwärmen von farbiger Dienerschaft, von denen jeder Mann, jede Frau als Beweis für die Wahrheit dienen könnte. Was man in New Port, in Saratoga sieht, kann man auch in Niagara, Longbranch, an den Libanon-Quellen, an jedem Badeorte in der Republik beobachten. Nördlich vom Potomac ist es etwas Seltenes, einen reinen afrikanischen Schwarzen zu finden. Deutliche Züge von entweder englischem oder spanischem Blute kann man bei fast allen sehen, in der Farbe, in der Haltung, im Umriss, in der Art und Weise.

Dieser blasse, weiße Neger, Pete, sieht wie ein Grande aus. Hier mein Freund Eli hat die Haltung eines Richters. Wer weiß, woher Pete und Eli diesen erhabenen Ausdruck haben?

In Virginien, in Carolina sieht man das schwarze, plattgedrückte Gesicht mit den dicken Lippen, der niedrigen Stirn, den offenen Nasenlöchern auf jeder Straße. Es ist kein schönes Gesicht zum Ansehen, obschon die Leute, welche diese Farbe und Gestalt haben, nicht so tierisch sind, wie man sie bisweilen bezeichnet. Viele von ihnen sind aufgeweckt und befinden sich wohl. Henry Pierman ist ein Vollblutneger. Aber selbst in Richmond haben diese Farbigen eine starke Beimischung von anglo-sächsischem Blute. Eli Brown ist ein Mischling, ebenso Pete; viele von den brauchbaren Leuten, unseren Dienern, sind Quadronen. Es ist deshalb gewiss, wie die Lehrer in Neu-England sagen, dass Miscegenation, statt im Süden etwas neues zu sein, seit langen Jahren gekannt und ausgeübt wird.

So weit indessen ist es nur auf der einen, der männlichen Seite geschehen, und der neue Plan, das Blut der Weißen und Schwarzen zu vermischen, scheint nur ein Zweig der mächtigen Reformtheorie zu sein, welche jetzt die ganze Gesellschaft bewegt und außer Fassung bringt – die Theorie gleicher Rechte für die Geschlechter. Bis jetzt hat Miscegenation den Männern freigestanden und war den Frauen versagt. Männliches anglo-sächsisches Leben ist längst in Negeradern übergegangen, und der scharfe Beobachter Kapitän Anthony, welcher sagte, dass er ein gutes Herz unter einer schwarzen Haut, einen guten Kopf unter wolligem Haar suchen wolle, gab den merkwürdigen Grund für seinen Glauben an Negermut und Negertalent: dass das beste Blut von Virginien und Carolina in den Adern seiner farbigen Rasse fließe. Zehn Generationen lang, behauptet er, hat die Jugend des englischen vornehmen Standes mit Negerinnen Liebschaften gehabt; fast während dieser ganzen Zeit ist die Zucht von Sklaven für den Markt ein Handelszweig im Süden gewesen. Kein Schamgefühl, sagt er, verhinderte einen Vater, seinem Erben eine hübsche Quadronin zur Spielgenossin zu geben, und die Früchte ihrer unerlaubten Liebe später zu verkaufen. Wenn nun, fährt Kapitän Anthony weiter fort, seine Jugend dahin, sein Herz verwelkt und sein Hirn stumpf war, verheiratete sich dieser Erbe eines vornehmen Hauses mit einer weißen Frau, welche ihm Kinder gebar und seinen Namen erhielt. Ist es nicht klar, sagt der Sprecher, dass die Stärke und Frische dieser vornehmen Familie in den Reihen der Neger zu suchen ist?

Warum, wendet der Reformator fragend ein, können solche Dinge auf der einen Seite erlaubt sein, und nicht auf der andern? Wenn es recht ist, dass ein Mann eine Negerin zur Geliebten hat, soll es einer Frau nicht erlaubt sein, einen Neger zu heiraten? Deshalb möchte es fast nach einem Überblicke der Tatsachen und Gefühle erscheinen, als ob diese plötzliche und beunruhigende Theorie der Miscegenation nichts anderes ist, als ein Versuch, alles das frei zu machen, was jetzt nur einigen freisteht; ein Versuch, gesetzlichen Standpunkt, moralische Billigung dem zu geben, was bereits Gewohnheit des stärkeren Geschlechtes ist.

Aber unter diesem stärkeren Geschlechte erregt, mit der seltenen Ausnahme von einem Dichter hier, einem Philosophen dort, diese Idee, die Liebe und Ehe zwischen weißen Frauen und schwarzen Männern Mode machen zu wollen, die wildeste Wut.

Herren, welche am Tische sitzen, ihre Suppe schlürfen und Terrapin[10] picken, ballen die Hände und nagen an den Lippen bei jeder Anspielung auf den Gegenstand. Die Amerikaner sind nicht ekel in ihren Scherzen, aber man darf in ihrer Gegenwart nicht über die Liebe schwarzer Männer für weiße Frauen scherzen. Bloß dafür, dass ein Neger da höflich ist, wo man glaubt, dass er kein Recht dazu hat, würde er gepeitscht, geteert und gehängt werden.

Keine Strafe würde für brutal und streng genug für einen solchen Sünder gehalten werden. Ein Freund, welcher wusste, was er sprach, sagte mir, dass er im Westen gesehen habe, wie ein Neger vom Pöbel ergriffen worden sei, weil er ein weißes Mädchen beleidigt habe; sein Vergehen war, dass er dem Mädchen einen Kuss gegeben und anscheinend die Absicht dabei gehabt, sich weitere Freiheiten herauszunehmen. Das Mädchen rief um Hilfe; er ward von einem in Ohio geborenen Soldaten gepackt, nach Fort Halleck geschleppt, dort gestoßen und getreten, geteert und gefedert, angebrannt, die Haut ward ihm bei lebendigem Leibe abgezogen, und zuletzt ward er halbtot in ein Fass gesteckt und auf der offenen Ebene ausgesetzt, bis sein Fleisch von den Wölfen und Geiern weggefressen war.

Mein Freund, der mir diese Geschichte erzählte, war in Missouri geboren und Soldat im Kriege gewesen. Er hatte keine Idee, dass ich über solche Einzelheiten entsetzt sein würde, die Strafe größer als das Verbrechen halten und den Ohio-Soldaten eines schweren Vergehens für schuldig erachten würde. Im Westen hält man das Leben leicht und nimmt es leicht. Niemand setzt den hohen Wert auf einen Tropfen

---

10   Terrapin, terapin, eine Süßwasserschildkröte

Blut, den wir aus dem älteren Lande darauf setzen. Ein Weißer zählt für wenig – für weniger als ein Pferd; ein Schwarzer zählt für nichts – für weniger als ein Hund. Alles dies wusste ich, und deshalb konnte ich meinen Freund verstehen.

Eine Zeit mag vielleicht kommen, wie Dichter träumen und Prediger prophezeien, wo der Neger-Mann und die anglo-sächsische Frau Mann und Weib sein werden; aber der Tag, an dem sie zusammen zur Kirche gehen können, um ihre eheliche Verbindung zu feiern, ohne den Zorn der männlichen Beschützer dieser weißen Frauen zu erwecken und deren Rache zu reizen, ist augenscheinlich noch weit entfernt.

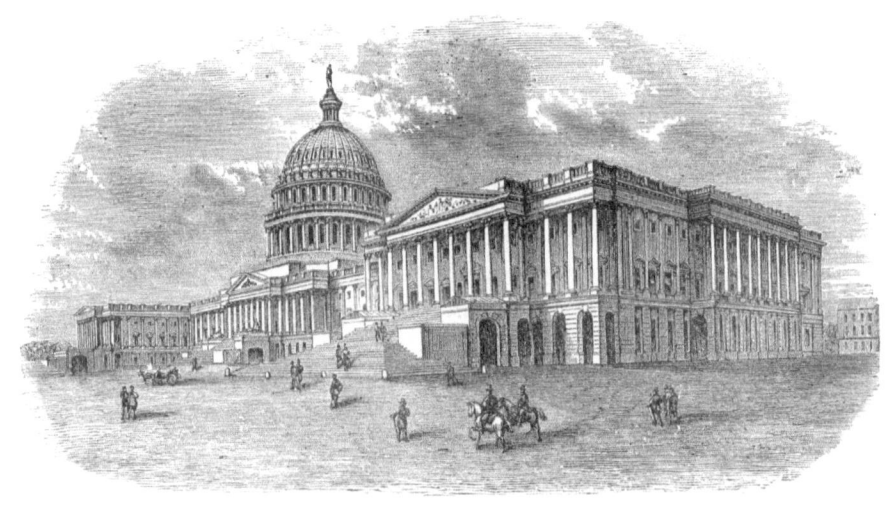

*Das neue Kapitol, Washington*

## 65. Rekonstruktion

Bei dem großen Kampfe, welcher jetzt allerorts über diese Theorie wütet, über die sicherste Theorie der Rekonstruktion – das heißt über das Prinzip und den Plan, wonach das neue Amerika wieder aufgebaut werden soll, – scheint jede Partei die Union in den Vordergrund zu stellen. Unter dem Dorne jenes glorreichen neuen Kapitols schienen Männer vom Norden und Süden gleich bereit und entbrannt für die Flagge. Alle Sprecher haben das Wort auf den Lippen, alle Schriftsteller das Symbol in ihrer Schreibart. Es scheint, als ob Einigkeit nicht nur das politische Glaubensbekenntnis der Beamten, sondern auch der innigste Wunsch eines jeden Mannes sei, welcher seinem Lande zu dienen wünschte. Kein anderer Ruf hat Aussicht, gehört zu werden. In dieses volkstümliche Verlangen nicht einstimmen, heißt, sich eines schweren Vergehens schuldig machen.

„Wir sind alle für die Union", sagte vor nicht einer Stunde eine Dame aus Virginien zu mir; „die Union, wie sie war, wenn wir es so haben können; unser einziger Wunsch ist, dazu stehen, wo wir im Jahre '61 standen." So weit wie man in Richmond hören kann, scheint dieser Ausdruck den allgemeinen Wunsch zu bezeichnen. Auch nördlich vom Potomac ist der Wunsch, dass mit den vergangenen fünf Jahren alle Sorge und aller Zwiespalt abgetan sein mögen, allgemein.

Bei den neuen Wahlen ist jeder Bewerber um ein Amt durch die öffentliche Leidenschaft, obschon oft gegen seinen Willen, gezwungen worden, für sich und seine Freunde die Parole der Nation auszunehmen; während er es in seinem Interesse findet, seine Feinde und deren Schildträger als Disunionisten anzuklagen – eine Anklage, welche in der gegenwärtigen Gemütsverfassung der Leute als Inbegriff aller Niederträchtigkeit, Verräterei und Korruption der Gegenwart und Zukunft erscheint, und überhaupt einen Mann solcher Unsauberkeit des Geistes und Körpers beschuldigt, als in der Redensart der Hebräer von den übertünchten Gräbern lag.

Union ist ein Wort der Anmut, der Milde und des Zaubers. Jeder Mann gebraucht es für sich selbst, jedermann beansprucht es für seine Partei. Disunion, ein Wort, das vor nicht dreißig Monaten in Richmond, Raleigh, New Orleans so gern gehört ward, ist jetzt ein Fluch, ein Stigma, ein Tadel. Seine Zeit ist vorüber. Republikaner nennen ihre demokratischen Rivalen Disunionisten; Demokraten heißen ihre republikanischen Gegner Disunionisten. Jede Partei schreibt das Wort Union auf ihre Wahlzettel; und dass dieses gemeinschaftliche Stichwort aus beiden feindlichen Lagern erschallt, ist geeignet, einen freien und unabhängigen Wähler zu verwirren, wenn er hingeht, seine Stimme abzugeben.

Selbst hier in Richmond, der Hauptstadt einer stolzen und unterlegenen Sache, in welcher die Straßen von Feuer geschwärzt, um welche die Felder noch von Blut getränkt sind, gibt es kaum einen andern Ruf bei den Verständigen, den Gemäßigten und den Hoffnungsvollen.

Es ist keine Frage, dass einige wenige mit leidenschaftlicher Wärme dem Andenken an die Vergangenheit anhängen; aber jeder vorübergehende Tag lichtet die Reihen dieser sentimentalen Märtyrer. Die jüngeren Leute, welche fühlen, dass das Leben vor ihnen, nicht hinter ihnen liegt, neigen sich alle einer größeren und praktischeren Anschauung der Dinge zu. Sie sehen, dass die Schlacht geschlagen, dass der Preis, um den sie gekämpft, verloren ist. Die Sklaverei ist vorbei. Die Staatsrechte sind vorbei. Der Traum der Unabhängigkeit ist vorbei. Leute, welche durch die Ereignisse hoffnungslos kompromittiert sind, welche fühlen, dass die siegreichen Staaten ihnen nie mehr politische Macht anvertrauen können, mögen ihren Genossen gegenüber aus der Verzweiflung ein Verdienst und eine Tugend machen. Aber die jüngeren Leute dieser Nation fühlen, dass Verstocktheit und Stillschweigen die Siege von Sherman, Sheridan und Grant nicht ungeschehen machen. Ich habe mir sagen lassen, dass außer den Frauen – einer Klasse von großmütigen und edlen, aber unlogischen und unpraktischen Denkern – nicht viele Personen im Süden die Aussicht auf Wiedervereinigung mit einer freien und mächtigen Republik, welche eben jetzt anfängt sich ihrer kolossalen Macht bewusst zu werden, mit einem andern Gefühle, als dem stolzer und ungestümer Freude betrachten.

Richmond ist jetzt nicht in der Stimmung nach großer Erregung; seit es in die Hände des Nordens fiel, ist es gewöhnlich stolz, kalt und zurückhaltend gewesen; aber sobald die bevorstehenden Wahlen ein wenig Leben darin erweckt hatten, richtete sich sein ganzer Enthusiasmus auf die alte Flagge.

Bei Gelegenheit eines neulich in der Stadt stattgefundenen Dinners brachte ein Politiker den Toast aus: „Die gefallene Flagge!" „Still, meine Herren", sagte ein Sohn von General Lee, „solche Dinge sind vorüber! Wir haben jetzt keine andere Flagge, als die ruhmreichen Sterne und Streifen, und ich will für eine andere weder kämpfen noch trinken."

Nach dem Tone und der Stimmung solcher politischen Debatten zu urteilen, wie man sie in Richmond hört, sehe ich keinen Grund (wie einige New Yorker Zeitungen) zu argwöhnen, dass dieser Patriotismus von Virginien das Resultat von Furcht oder List sei; denn nach meiner unmaßgeblichen Meinung könnte kein Unglück, sei es auch noch so groß, keine Entbehrung, sei sie auch noch so schwer, diese stolzen Virginier dazu bringen, eine Erneuerung der freundlichen Beziehungen auf anderen, als den üblichen politischen Grundlagen anzustreben. Die Rückkehr zu vernünftigeren Gefühlen seitens dieser besiegten Soldaten scheint die natürliche Folge der Ereignisse gewesen zu sein. Das Leben, welches vor ihnen liegt, ist ein neues Leben.

Die Sklaverei ist vorüber, und der durch die Sklaverei hervorgerufene Hass ist im Abnehmen. Die Leute müssen ihrem Geschicke entgegensehen, und es ist gut, dass sie das tun, ohne ihr Urteil durch solche verwirrende Leidenschaften beeinflussen zu lassen, welche gewöhnlich auf der verlierenden Seite sind. Wie sollen die Pflanzer ihren Platz behaupten – nicht nur in der großen Republik, sondern in Carolina und Virginien? Jetzt sind sie eine Aristokratie ohne dienende Klasse. Sie haben große Ländereien, aber sie haben kein Kapital, keine Mühlen, keine Schiffe, keine Arbeiter. Sie sind mit ungeheuren Schulden belastet. Sie haben kaum irgendwelchen direkten oder selbstständigen Verkehr mit fremden Nationen. Schlimmer als alles, sie sind auf ihren Feldern und in ihren Häusern von einer Bevölkerung niederer Rasse umgeben. Braucht es deshalb etwas mehr als einigen gesunden

Verstand, um einzusehen, dass die englische vornehme Klasse im Süden ihre Rechnung am besten findet, wenn sie in Gemeinschaft mit den englischen Bürgern des Nordens tritt, selbst wenn diese letzteren Bedingungen stellen sollten, wie sie ein verzeihender Vater seinem reuigen, verlorenen Sohne auferlegen würde?

Die Schwarzen sind stark an Zahl und halten zusammen; sie lieben das Geld und haben die Tugend, zu erwerben und zu sparen. Kann man die Neger hindern, reich zu werden, ihre Kinder in guten Schulen zu erziehen, nach Vertrauensposten und einflussreichen Stellungen zu streben? Sie werden sich einzeln und im Ganzen in die Höhe arbeiten. Der Tag ist nicht fern, wo in Staaten wie Alabama und Süd-Carolina der Wettkampf zwischen dem schwarzen und dem weißen Pflanzer im vollen Gange sein wird. Wenn dieser Tag kommt, wird es nicht besser für den Weißen sein, für sich eine Stütze an der Macht und der Unternehmungslust seines Bruders im Norden gewonnen zu haben?

In diesen halbtropischen Teilen der Republik vergeht der Weiße da, wo der Schwarze gedeiht. Die Natur hat deshalb den weißen Pflanzer zu seinem Nachteile auf den Boden im Süden gesetzt. Vielleicht noch weitere zwölf oder mehr Jahre lang werden die Neger, welche nur erst gestern noch in Ketten und Armut waren, arge Prüfungen auszustehen haben; denn sie sind mit dem Boden verwachsen; sie treiben weder Handel noch Gewerbe; sie haben nur wenig Geldmittel; sie haben keine wissenschaftliche Bildung; nur einige haben Freunde. Vor ihnen steht eine Welt, in welcher es ihnen freisteht zu arbeiten, oder zu verhungern. Zunächst müssen sie Diener in den Familien, Arbeiter auf den Plantagen werden, auf denen sie vor Kurzem Sklaven gewesen; doch ist in einigen Fällen der Neger bereits ein Pflanzer auf eigene Rechnung geworden, nachdem er in wenigen Monaten die nötigen Geräte und den Pacht eines Stück Landes erworben hat.

Man nehme zum Beispiel meinen Freund Henry Pierman, einen Neger, an, der sich dort unten in Harrison's Fort, in einem Blockhause mitten unter dem Dampf und Gestank der großen Schlachtfelder angesiedelt hat. Da kein Weißer solches Land pachten wollte, war die Dame, welcher es gehörte, und die ärmer und weniger stolz war, als sie in früheren Jahren gewesen, froh, ein großes Stück Wald an Henry zu verpachten. Das Blockhaus hat nur einen einzigen Raum, in diesem einzigen Gelasse wohnt er mit seiner schwarzen, artigen Frau, seinen vier Sprösslingen und einer Brut Hühner. Henry war ein Sklave, bis Grant sich durch diese furchtbaren Linien Bahn brach, und er durch die große Kriegstat frei ward, welche sein ganzes Volk befreite. Glücklicherweise für ihn war er Haussklave in einer der reichen Familien in Virginien gewesen, in welcher sich niemand um die Gesetze kümmerte. Eine der jungen Damen hatte mehr zum Spaße als im Ernst der Polizei Trotz geboten, indem sie ihn lesen lehrte. Da ihr Vater Gouverneur von Virginien gewesen, schlug sie dem Richter mit ihren zarten Fingern ein Schnippchen.

Henry las die Bibel und ward ein Mitglied der Baptisten-Gemeinde. Wie alle seine Brüder war er sehr empfänglich für religiöse Schwärmerei; er hatte bisweilen Träume und hörte Stimmen; er behauptet, dass ihm, als er noch ein Jüngling und Sklave gewesen, eine Stimme gesagt habe, er werde einst ein freier Mann werden, heiraten und Kinder bekommen, und eine eigene Farm in Pacht nehmen. Viele Jahre vergingen, ehe sein Traum in Erfüllung ging; schließlich fand er jedoch, dass die Verheißung seiner Jugend zur Wahrheit wurde.

Sobald die befreienden Armeen nach Richmond kamen, verließ er seinen alten Platz, obschon sein Herr ihn freundlich behandelt hatte und ihn gegen Lohn als Diener zu behalten wünschte; aber die Leidenschaft frei zu sein war bei ihm erwacht; Stimmen riefen ihn von der Stadt in die Felder; und ohne Geld, Pflüge oder Sensen, ohne Saat, Pferde oder Inventar irgendwelcher Art nahm er, nur von seiner schwarzen Frau unterstützt und umgeben von drei hungrigen Sprösslingen, das Waldland in Angriff.

Im vergangenen Jahre, seinem Probejahre, hatte er schwer zu kämpfen, aber er war mit Leib und Seele bei seiner Aufgabe, und er kam vorwärts. Früh und spät bei der Arbeit, schaffend und darbend, war er im Stande, einige Zwiebeln und Tomaten, etwas Getreide und Holz auf den Markt zu senden. Für den Erlös kaufte er Werkzeuge, und seine Pacht bezahlt er in natura. Durch Geduld kam er über den Winter.

Im zweiten Jahre dehnte er seine Unternehmung auf einhundertundvierzig Acker aus, und er hat jetzt zwei andere Neger zur Hilfe, von denen einer der Vater seiner Frau ist, den er in einer andern Soldatenhütte einquartiert hat. Mit dem einen Viertel seiner Erzeugnisse bezahlt er die Pacht; die übrigen drei Viertel teilt er in zwei gleiche Teile, von denen er einen seinen Gehilfen, den Negern abgibt, den andern für sich und seine Frau aber zurückbehält. Henry ist geschickt, strebsam und gottesfürchtig; seiner Kinder wegen, wenn nicht um seiner selbst willen ist er ehrgeizig. Einer seiner Knaben muss demnächst die Schule besuchen; bis dahin muss er auf der Farm arbeiten.

„Ich hörte die Engel sagen in meinem Traume", erzählte er mir in seiner Treuherzigkeit, „dass ich meine Kinder erziehen in der Furcht des Herrn, und wie kann sie in der Furcht des Herrn erziehen, wenn nicht sie lehren schreiben und lesen?"

Das Feld, auf welchem arbeitende Leute wie Henry Pierman etwas unternehmen können, ist außerordentlich groß. Zwei Drittteile des Bodens in Virginien sind noch nicht gelichtet. Dieser alte und schöne Staat ist überall reich an Bergwerken, an Wasserläufen, an Holz und Kohlen, welche ein prachtliebendes, sorgloses Volk unbenutzt ließ. Jedes Jahr wird die Anzahl von Negerfarmern auf den unbenutzten Ländereien Virginiens zunehmen sehen; und wenn die farbigen Leute reich und gebildet geworden sind, wie kann man sie von sozialer und politischer Macht fern halten? In manchen Staaten des Südens sind sie zahlreich; in dem einen Staate Süd-Carolina machen sie mehr als die Hälfte der Bevölkerung aus, so dass, wenn Süd-Carolina allein stünde und nach dem allgemeinen Stimmrechte regiert würde, es für sich selbst eine Negergesetzgebung beschließen, vielleicht einen Negergouverneur erwählen würde. Die dunkelfarbigen Leute nehmen schneller zu, als die Weißen. Mit der Zeit werden sie Schiffe und Bergwerke, Banken und Kornkammern besitzen; und wenn sie über Geld und Stimmen verfügen werden, wie will der Weiße im Stande sein, seine leichte und bequeme Oberherrschaft in diesen halbtropischen Staaten anders zu behaupten, als durch eine Verbindung mit seinen weißen Brüdern im Norden?

Wenn nun alle Hoffnung, alle Furcht den Süden und Norden darauf hindrängen, sich wieder zu vereinigen, so wünscht natürlich jede Partei, den Aufbau des neuen Amerika in der ihr am meisten zusagenden Weise zu bewerkstelligen.

Die Pflanzer im Süden, welche durch den Krieg ihrer Sklaven beraubt, mit persönlichen und Landesschulden beladen sind, würden es wahrscheinlich am liebsten sehen, dem alten Bündnisse als Gleichberechtigte, wo möglich als mehr denn Gleichberechtigte beizutreten. Unter der alten Verfassung waren sie mehr als Gleichberechtigte, da sie für sich selbst und für ihre Sklaven stimmten; und was sie ehedem waren, möchten sie gern wieder werden.

Aber die durch ihren jüngst erworbenen Ruhm stolz gewordenen Staatsmänner im Norden haben keine Lust, das Schwert eher in die Scheide zu stecken, bis sie vollständig die Zwecke gesichert haben, für die sie kämpften. Einer dieser Zwecke ist, in Zukunft zu verhindern, dass ein Pflanzer aus Charleston mehr Einfluss in den Nationalversammlungen ausübt, als einem Fabrikanten aus Boston, einem Bankier aus New York zusteht. Einen solchen größeren Einfluss hatte die Verfassung dem Pflanzer aus Charleston in seiner Eigenschaft als Sklavenhalter eingeräumt, da sich die Volksvertretung im Kapitol nach der Zahl der Bevölkerung richtete; fünf Neger zählten für drei freie Leute; und die Herren stimmten nicht nur für sich selbst, sondern auch für ihre Sklaven. Der politische Kampf wütet für den Augenblick einzig und allein um diesen Punkt.

Die zwei gemäßigten Parteien, zwischen denen der Kampf der nächsten Jahre hauptsächlich liegen wird, sind die republikanische und die demokratische Partei. Die Republikaner sind stark im Norden, schwach im Süden; die Demokraten, stark im Süden, sind schwach im Norden; aber jede Partei hat ihre Organisation und ihre Anhänger in jedem Staate der Republik. Sie haben andere Unterscheidungspunkte; aber der Hauptstreit, welcher sie jetzt trennt, handelt darum, welche Garantien man von den Rebellenstaaten verlangen soll, ehe sie in den Kongress kommen und an dem Kampfe und der Macht teilnehmen.

Die Republikaner sagen, dass alle Weißen in der Union, das heißt, alle Stimmberechtigten, vor der Wahlurne einander gleichberechtigt gemacht werden müssen; dass jedermann einmal und nur für sich wählt, ohne Unterschied zwischen Norden und Süden. Die Schwarzen lassen sie bei ihrer Berechnung aus; er ist für sie ein Minderjähriger, ein Weib, und hat kein Recht zur Wahl und zur Legislatur.

Diese Veränderung des Wahlgesetzes kann nicht eher gemacht und in Wirksamkeit gebracht werden, bis die Verfassung abgeändert ist. Dieses Dokument gründete die Stärke der Vertretung auf die Zahl der

Bevölkerung, ohne Rücksicht auf die Zahl der Stimmberechtigten. Die Neger zählten als Volk, und ihre Herren hatten den politischen Vorteil davon, dass sie im Lande waren. Im alten Amerika mögen die Pflanzer, welche diese Macht ausübten, die Ansicht der Neger treulich ausgesprochen haben, in wie weit nämlich die Neger Meinungen und Ansichten hatten; aber mit dem alten Amerika ist es für immer vorbei; der Pflanzer kann nicht länger für seine Sklaven einstehen, und sein Recht, nach dem alten Gesetze diese Stimme für Rechnung der Schwarzen abzugeben, muss aufhören. In Zukunft müssen alle Weißen in den Vereinigten Staaten gleiche Stimmberechtigung haben; deshalb haben die Republikaner ein Gesetz entworfen, welches die Verfassung dahin abändert, dass die Vertretung im Kongress sich nicht nach der Zahl der Personen, sondern nach der Zahl der Stimmberechtigten richtet. Es steht sicher zu erwarten, dass diese Bill im neuen Kongress die Majorität erlangen werde.

Die Demokraten behaupten, dass jede Abänderung der Konstitution illegal, revolutionär, unnötig ist. Sie sagen, und in der Theorie sagen sie so mit Recht, dass die Repräsentation sich auf die Bevölkerung gründen müsse, auf eine große, leicht festzustellende, stichhaltige Tatsache, nicht auf eine Grille, auf eine Laune des Augenblicks, auf eine bloß örtliche Bestimmung, welche heute getroffen, morgen widerrufen werden kann. Sie stimmen der Ansicht bei, zu welcher sich der gemäßigte Teil der Republikaner bekannt hat, dass ein Schwarzer in seiner gegenwärtigen Unwissenheit nicht fähig ist, seine Stimme abzugeben; sie fügen aber dann hinzu, dass, da der schwarze Mann nicht selbst seine Stimme abgeben kann, sein freisinniger und gebildeterer Nachbar, gleich den Wahlklassen in Europa, die Befugnis haben müsse, für ihn die Stimme in die Urne zu werfen.

Diese Demokraten haben den großen Vorteil, anscheinend zu dem Gesetze und der Verfassung zu stehen, aber man sieht, dass ihre Gründe gegen die Verfassungsbill unbegründet und ungesund sind. Präsident Johnson und sein Kabinett sind der Ansicht, dass dieses Amendement zur Verfassung nicht durchgehen darf.

Jede Partei findet im feindlichen Lager eine gewisse Sympathie. Die Radikalen im Norden bekämpfen das Amendement als ungesetzlich und unnötig, indem sie mit den Demokraten behaupten, dass die

Repräsentation auf die natürliche Bevölkerung basiert sein müsse, nicht auf die Anzahl der gesetzmäßig Stimmberechtigten; und dann wieder mit den Republikanern, dass alle Weißen an der Urne gleichberechtigt sein sollten, während sie wieder beiden Parteien gegenüber erklären, dass der Neger berechtigt sein solle, seine Stimme selbst abzugeben. In gleicher Weise sind die Gemäßigten im Süden nicht abgeneigt, sich mit ihnen unter den von den Republikanern vorgeschlagenen Bedingungen gleicher Berechtigung zu vereinigen, während sie an manchen Doktrinen festhalten, welche der Norden nicht gutheißen will.

Diese Partei des Friedens und Kompromisses ist vielleicht im Süden numerisch die stärkste; aber die Hoffnungen der fanatischeren Leute sind durch Präsident Johnson und dessen Agenten zu solcher Aufregung angestachelt worden, dass ruhige und vernünftige Ratschläge von den alten regierenden Klassen mit einer gewissen Steifheit und Ungeduld aufgenommen werden.

Wir dürfen diese Parteien nicht übereilt beurteilen.

Nach seinen Verlusten im Felde kann sich der Süden leicht überreden, dass er das Recht hat, viel zu fordern und so viel Vorteil als möglich aus der Meinungsverschiedenheit seiner Feinde zu ziehen.

## 66. Union

Das Haupthindernis einer Union also, wie sie die letzten Ereignisse möglich gemacht haben und wie sie das Interesse aller Parteien empfehlen möchte, liegt nicht in der Verschiedenheit des Temperaments vom Norden oder Süden, sondern in dem Vorhandensein eines Gesetzes auf dem Papier , für das jeder Amerikaner seiner Erziehung nach eine fast ebenso große Verehrung wie für das Wort Gottes haben muss. Wenn irgendetwas von Menschenhand Geschriebenes in den Augen dieser Leute heilig ist, dann ist es ihre Verfassung. Ein Fremder im Lande kann diese Verehrung kaum begreifen, die bisweilen sich bis zur Ehrfurcht steigert, mit welcher tapfere Virginier, praktische Pennsylvanier, muntere Neu-Engländer stets von ihrem Grundgesetze sprechen. Abgesehen von der Vorliebe, welche ein großes Volk für dieses Grundgesetz hat, macht es, von welchem Gesichtspunkte man es auch betrachten mag, auf einen Politiker keineswegs den Eindruck, als ob es die größte Errungenschaft des menschlichen Geistes sei. Es ist weniger als hundert Jahre alt und besitzt deshalb nicht den Nimbus, welchen das Alter verleiht. Es ist nicht auf englischem Boden gewachsen und englischem Verstande entsprossen, sondern es ist exotisch, und der fremden und gekünstelten Atmosphäre Frankreichs entnommen. An dem Tage, an welchem es eingeführt wurde, war es nichts anderes als ein Kompromiss, und stets hat es seit der Zeit dem Fortschritte der Vereinigten Staaten im Wege gestanden. Die darin enthaltenen Grundsätze sind in direktem Widersprüche zu dem vortrefflichen Dokumente, welches man oft in den Gesetzbüchern neben ihm findet, der *Unabhängigkeitserklärung*; denn die Verfassung leugnet, dass alle Menschen frei und gleich sind, und verweigert zahlreichen Volksklassen, nach ihrem eigenen Glücke zu streben.

Wer kann vergessen, wie oft und wie erfolgreich die Verfassung als Beweis dafür angeführt worden ist, dass der Negersklave von den

Gründern der Republik nicht als ein menschliches Wesen betrachtet wurde? Wenn alle Menschen durch ihre Geburt für frei und gleich erklärt werden, so ist es nur zu offenbar, dass die Geschöpfe, welche in Knechtschaft gehalten werden, *keine Menschen* sind. Aber jedermann weiß, dass die Unabhängigkeitserklärung die wahren und redlichen Ansichten der Gründer ausdrückte, während die Konstitution nichts anderes als den politischen Kompromiss eines Tages bezeichnete. Dieselben Männer, welche sie unterzeichnet hatten, wünschten sie abgeändert, und es stellt sich jetzt heraus, dass sie bei der ersten Erschütterung, welche das politische Gebäude dieses Landes betroffen hat, die Ursache von tausend Übelständen gewesen ist. Sie hat das Land auf einen solchen Standpunkt gebracht, dass möglicherweise Jahre vergehen können, ehe die Dinge, welche erreicht und nicht umzustoßen sind, mit den papiernen Gesetzen in Übereinstimmung gebracht werden können.

Wenn die Amerikaner damit beschäftigt sind, ihre Verfassung umzustoßen und zu verbessern, sind sie nicht zu der Frage berechtigt: Wozu ist diese Urkunde brauchbar? Im besten Falle, wenn der Buchstabe der Verfassung in jeder Einzelheit wahr ist – treu den Zwecken Gottes und dem Sittengesetze, treu dem Leben und den Hoffnungen des Volkes, in dessen Namen sie entworfen ist – ist sie nur eine Feststellung der Tatsachen. Sie ist ein Ding der Vergangenheit, eine Urkunde von dem, was das Volk gewesen, und was es ist. Aber diese Feststellung schließt auch Beschränkungen und Begrenzungen in sich. Warum sollte das Leben eines großen Kontinents einer Phrase zu Liebe eingeengt werden? Wie kann ein Land des Fortschrittes es unternehmen wollen, die Macht seines zukünftigen Wachstums zu beschränken? Mit welchem Rechte kann ein freier Staat es wagen, den Lauf der Gedanken und Ereignisse zurückzuhalten? In einem despotischen Staate, in dem die Menschen weder frei noch gleich sind, in welchem Wachstum nicht zu erwarten steht, in welchem man Wohlstand nicht wünscht, mag ein Papiergesetz, welches wie das der Meder und Perser unabänderlich ist, Berechtigung zur Existenz haben, denn unter einem solchen Gesetze kann das Volk nie hoffen, sich zu jenem höchsten Rufe emporzuschwingen, sich selbst Gesetz zu sein. In einem Lande wie Amerika sollte eine wahre Verfassung lebendige Tatsache sein, nicht ein Stück Papier und eine zweifelhafte Phrase. England hatte keine geschriebene Verfassung. Wie konnte es eine solche haben? Seine Verfassung ist sein Leben. Alles, was es je gewesen ist, was es getan, gelitten hat, das ist seine Verfassung, das ist es selbst. Was würde es bei dem Versuche gewinnen, diese Geschichte in einem Dutzend Artikel niederzuschreiben? Es würden eben so viel Fesseln sein. Kein Dutzend Redensarten wären im Stande, sein ganzes Wesen zu erschöpfen. Manches davon ist offenbar, anderes verborgen; niemand kann sich alles dessen erinnern, was vergangen ist, niemand kann alles das voraussehen, was vor uns liegt. Warum begnügt man sich nicht damit, die Nation leben zu lassen? Würde ein vernünftiger Mann daran denken, eine Verfassung für einen Garten zu machen, oder eine papierne Kette an die Stängel der Pflanze zu hängen? Und doch haben Menschen auf freiem Grund und Boden eher die Möglichkeit für sich, sich zu verändern, als Bäume und Blumen. Würde es jemand im Traume einfallen, eine Verfassung für solche Wissenschaften, wie Chemie, Astronomie, Physik, zu entwerfen? Wo man die Fähigkeit hat zu wachsen, da muss man Ordnung, Methode, Verständnis haben, nicht eine endgültige Theorie, kein unfehlbares Gesetz.

Und welches sind die von einer Verfassung zu erwartenden Vorteile? Fürchtet man sich, dass das Volk seine Grundsätze vergessen und seine Freiheit missbrauchen könne, wenn sie nicht am Wandern durch diese Bestimmungen auf dem Papiere gehindert wären? Das ist die allgemeine Befürchtung. Man sehe indessen, was diese Befürchtung in sich begreift, und ob alles das, was sie in sich begreift, wahr ist. Da die Menschen nicht von ihrer eigenen Natur, ihrem Instinkt und ihren Leidenschaften abgehen können, so muss man annehmen, dass die Verfassung ein anderes Leben hat, als das Volk; dass sie eine politische Fiktion, nicht eine moralische und soziale Wahrheit ist. Wenn die Verfassung in dem Fleische und Blute dieses tüchtigen und zähen Volkes ist, – wenn sie ein getreues Bild von dem ist, was es getan hat, von dem, was es ist – dann braucht man nicht zu fürchten, dass sie vergessen und verraten wird. Wenn sie ein fremdartiges Statut ist, welches Recht hat man, es ihnen aufzudrängen?

Wie es gegenwärtig um die Gefühle in Bezug auf Verfassung steht, glaube ich nicht, dass man jemand mit Geduld anhören würde, welcher vorschlüge, das Volk dadurch frei zu machen, dass man sie auf anständige Weise beseitigt. Die Zeit mag dafür kommen. Gegenwärtig träumt niemand davon, mehr zu tun, als ein fehlerhaftes Dokument an verschiedenen Stellen dadurch zu verbessern, dass man z.B. einige der schlechtesten der von den Sklaveneigentümern hineingebrachten Paragraphen verwirft. Nur die Radikalen schlagen vor, die Verfassung in Übereinstimmung mit der Unabhängigkeitserklärung zu bringen. Während aber die politischen Doktoren darüber arbeiten, würde es nicht für sie der Mühe wert sein, in Betracht zu nehmen – ob es nicht besser getan wäre, ihre Arbeit darauf zu beschränken, die anstößigen Theile wegzuschneiden? Warum wollen sie die Verfassung nicht durch Wegnahme ihrer Beschränkungen erweitern? Warum etwas einem Dokumente hinzufügen, was sie geständiger Maßen für fehlerhaft halten? Sie wissen, dass wenn diese papierne Schranke nicht im Wege gestanden hätte, die Differenzen zwischen Norden und Süden mit der Niederlage Lee's geendet haben würden. Warum also ihren Kindern neue Schwierigkeiten dadurch bereiten, dass sie dem Grundgesetze neue Kompromisse anfügen?

In wenigen Jahren wird der Norden und Süden wieder eins; die Staatsrechte werden vergessen sein, und der Neger wird seinen Platz gesunden haben. Eine freie Republik darf nicht hoffen, sich der Ruhe eines despotischen Staates zu erfreuen; darf nicht erwarten, die Ruhe Pekings mit dem Treiben San Franciscos, die Ordnung in Miako mit der Lebendigkeit in New York zu vereinigen. Ebbe und Flut kann man für die Zukunft vorhersagen; einmal wird die öffentliche Meinung nach Trennung, Persönlichkeit und Freiheit hin ebben; das andere Mal wiederum nach Vereinigung, Brüderschaft und Reich hinfluten; aber man darf annehmen, dass die Gefühlsströme von Osten nach Westen, von Westen nach Osten rollen können, ohne einen zweiten Schiffbruch herbeizuführen Der in der Verfassung ungewiss gebliebene Paragraph, in wie weit irgend ein Staat die Macht hat, sich von den übrigen Staaten ohne ihre Erlaubnis zu trennen, ist jetzt durch Tatsachen festgestellt worden. Ein Krieg wird über diese Frage nicht mehr entstehen; aber heiße Tage werden kommen, Leidenschaften werden angeregt werden, Redner werden ins Feld ziehen, obschon das Schwert selbst nicht wieder gezogen werden mag; die eine Sekte wird sich im Streite für die Menschenrechte, die andere Sekte für die Macht der Staaten erhitzen. Wer kann sagen, welche Wut am meisten entflammt?

Die eine Partei wird für persönliche Freiheit, die andere für nationale Macht einstehen. Diese Kräfte sind unsterblich. Das eine Jahrhundert wird für Unabhängigkeit kämpfen, das andere für ein Reich, gerade wie entweder die anglo-sächsische oder die lateinische Meinung die vorherrschende ist. Wenn sich diese beiden Mächte abgewogen haben werden, dann, und nur dann wird die Republik sich der größten Freiheit und der größten Macht erfreuen. Als die Armeen nach dem Falle von Fort Sumter in Kollision kamen, ward das wahre Banner des Krieges erhoben und die Schlacht auf breiteren Grundlagen angenommen. Der streitige Punkt war damals: welches Prinzip soll die große Republik auf ihre Flagge schreiben? Sollen ihre gesellschaftlichen Zustände auf die Prinzipien der Ritterschaft oder auf die der Gleichheit gegründet sein? Soll Industrie gebrandmarkt werden? Soll das neue Amerika ein Sklavenstaat oder ein freies Gemeinwesen sein?

Unter den Mauern Richmonds ward diese Prinzipienschlacht tapfer ausgefochten, und zwar geschah dies auf beiden Seiten mit einer Geschicklichkeit, einem Stolze und einer Tapferkeit, dass man sich dabei unwillkürlich der Angriffe von Naseby und Marston Moor erinnerte; aber die Kavaliere gingen unter, und das Mittelalter verlor damals den letzten Boden.

Als dieser kriegerische und abtrünnige Geist inmitten von Zerstörung und Feuer sein Ende fand, tauchte der mildere Geist der Freiheit und des Friedens, welcher längst nur in dem Herzen des amerikanischen Heeres geschlummert hatte, an die Oberfläche. Eine neue Ordnung ward begonnen, anfangs mit nicht viel Stärke, nicht ohne Furcht und Missgriffe, aber die Herrschaft edlerer Gefühle ward angebahnt, und jedes Auge kann sehen, wie dieselbe täglich an Stärke zunimmt und an Gunst gewinnt; trotzdem dass sie gegen List und Leidenschaft zu kämpfen hat, welche verderblicher sind als das Schwert. Jahre können vergehen, ehe im Süden der Wunsch in seiner ganzen Stärke hervortritt; aber die Herolde haben in das Horn gestoßen, und die Soldaten ihre Flagge erhoben. Lebensfülle muss mit der Zeit kommen; für den Augenblick ist es genug, dass der Wunsch nach Einheit neu erweckt ist.

Ja, hier in Richmond unter diesen tapferen Kämpen des Südens, aus die der Krieg mit tödlicher Wucht gefallen ist, – Männern, deren Glück gebrochen und denen das Liebste geraubt ist, geben viele zu, ja manche bekennen es sogar öffentlich, dass sie ihre Gesinnung entschieden geändert haben. Sie sind noch dieselben Männer, die sie vor dem Kriege gewesen, aber sie sind umgekehrt und haben ihr Gesicht nach einer andern Richtung hin gewendet. Man sagt, dass etliche nicht auf diese Weise wechseln können; sie hatten ihren Anteil an der Vergangenheit, und mit dieser fielen sie. Leute, deren letzte Handlung es war, auf ihrer Flucht die Stadt in Brand zu stecken und diese geschwärzten Mauern, diese zerbrochenen Säulen, diese leeren Durchgänge als eine Botschaft, als ein Andenken der Verzweiflung hinter sich zu lassen, mögen glauben, sie hätten das Recht, in den Städten des Südens gehört und beachtet zu werden; aber man fängt an zu verstehen, dass wenn solchen Leuten die Vergangenheit im Guten und Bösen angehört, die Welt eine Zukunft hat, an der sie keinen Anteil haben können. Die Sieger haben sie so gekennzeichnet, dass sie fernerhin keine Kommandostelle ausfüllen können. Ihre Freunde mögen über diesen Ausschluss betrübt sein; aber die Nation muss leben, und die Gesamtbevölkerung des Südens wird sich nicht für immer eine Rute aufbinden, am wenigsten solcher Leute wegen, die in ihrem Enthusiasmus sie dem Tode nahegebracht haben. – Die Strömung hat sich also gewendet; dieselbe See rollt und schwellt; aber die Ebbe der Trennung ist die Flut zur Union geworden.

Eine große Anzahl dieser Pflanzer sah, obschon etwas spät, ein, dass ihre feurige Hitze, ihre ungestüme Tapferkeit sie zu weit und zu schnell vorwärts getrieben hatte, so schnell, dass sie in ihrem Eifer für die Freiheit das Gesetz umgestoßen, so weit, dass sie bei ihrem Wunsche nach Unabhängigkeit den Einheitsstaat geopfert haben würden. In ihrer Leidenschaft, frei zu sein, hatten sie die rettende Macht und Tugend vergessen, die zur Ordnung und zum Gleichgewicht der Kräfte gehören.

Um ihren Lieblingswunsch – das Recht: allein zu stehen – zu erlangen, wollten sie die Gesellschaft in Stücke zerreißen und die Welt in ihrem Laufe um tausend Jahre zurückstellen. Sie sehen jetzt ihren Irrtum ein und möchten ihr Werk ungeschehen machen, insoweit als eine solche Tat ungeschehen gemacht werden kann. Einige wenige hängen noch an ihrem Stolze und ihrer Schwäche; sie lesen keine Verheißung am Himmel und wünschen das Schicksal Polens für den Süden. Andere unter ihnen mögen stillschweigen und die zerfallenden Straßen, die Yankee-Schildwachen, die lärmenden Neger in den Gässchen mit bitterem Lächeln betrachten; aber die Zeit wird auf die, welche so betrübten Geistes sind, ihre heilsame Wirkung äußern. Sie fühlen, dass sie sich, nachdem ihre Sache verloren ist, der Natur fügen müssen: ein Angelsachse kann nicht zu einem Polen herabsinken.

Ich sage nicht, dass hier in Richmond das Banner Robert Lee's in den Schmutz getreten wird; das ist nicht der Fall, noch darf dies so sein, da dies Banner nur über Leuten schwebte, welche die Waffen zur Verteidigung einer Sache ergriffen hätten, in welcher sie viel Ruhm fanden und deren sie sich nicht schämten. Ich sage nur, dass das Banner Lee's um seine Stange gerollt, zu den Dingen der Vergangenheit gelegt worden ist, mit seinen Falten vieles von dem ritterlichen Irrtum und der romantischen Leidenschaft des Südens bedeckend und verhüllend.

Diesem tapfern Volke ist die gesunde Vernunft, wenn nicht die Brüderlichkeit wiedergegeben worden. Sie sehen sehr wohl ein, dass vorüber vorüber ist, dass ihr Mut vergebens, dass der Kampf vorbei ist, dass eine Stellung im Lande noch gewonnen werden kann. Gegenwärtig sind sie nichts, weniger als die anderen Weißen, weniger als ihre eigenen Neger. Diese Stellung kann keine andauernde sein. „Die meisten unserer jungen Leute", sagte eben ein Virginier zu mir, „sind dafür, beizutreten"; das heißt, sich über den Streit zu einigen und ihre Sitze im Kongress einzunehmen; „sie möchten sich nicht gern den Anschein geben, als ob sie ihre alten Generäle verließen; aber sie wollen leben und sich nicht für immer fern halten." Diese jüngeren Leute, gegen welche die Bürger keinen Groll hegen, haben die letzten fünf Jahre nahezu vergessen. Die Jugend hat ihre Augen vorwärts gerichtet und sieht dort nichts als die Flagge.

Daher kommt es, dass man in denselben Straßen von Richmond Leute, welche gestern zu Pferde saßen, um für die Devise der Konföderation ins Feld zu ziehen, mit ungeheucheltem Bedauern und wirklicher Teilnahme von den Sternen und Streifen flüstern hört. Vor nicht ganz einer Stunde sagte ein Soldat aus Georgien zu mir: „Unser größtes Unglück war der Umstand, dass wir unsere Flagge wechselten; wir hätten das alte Tuch behalten, wir hätten kühn für die Union in die Schranken treten, wir hätten jene Yankees in eine ungünstige Stellung bringen, uns auf die Verfassung stützen und unsere Feinde zu Sezessionisten machen sollen, dann würden wir den Kampf gewonnen haben; denn der ganze Westen würde mit uns gewesen sein, und statt hier um diese geschwärzten Mauern herumzutreten, würden wir unsere Piquets am Niagara, unsere Schildwachen vor Fanieul Halle stehen haben." Vielleicht hat er Recht. Aber kommt nicht das Bedauern des Georgiers zu spät? Dachte man während des Krieges in den Südstaaten daran, an der alten Flagge festzuhalten, die große Republik aufrecht zu erhalten? Damals wollte man nur die Trennung. Wenn vernünftigere Gedanken gekommen sind, sind sie nicht durch Not, im Gefolge von Kampf und Verlust gekommen? Die, welche jetzt ihr Vertrauen in die Union setzen, welche auf das Kapitol, das Weiße Haus ihrer Sicherheit wegen blicken, hielten in jenen Jahren zu einer andern Doktrin, vertrauten auf Freiheit, Unabhängigkeit, Persönlichkeit. Dies Dogma schlug ihnen fehl. Isolierung war nicht durchzuführen, mit der Persönlichkeit kamen sie nicht durch. Gesetz und Politik waren gegen sie; die Instinkte der Gesellschaft waren zu stark für sie. Sie kämpften für ihr Projekt der Trennung; es schlug ihnen fehl, und sie verloren dabei den Preis und den Einsatz, alles das, wofür sie das Glück herausgefordert, fast alles, was sie auf den Würfel gesetzt hatten.

Es war ein Glück für die Welt, dass es misslang, und dass sie nach einem Naturgesetze und nach einer Bestimmung des Himmels verloren. Keine Kalamität in der Politik würde dem Erfolge eines Sklavenwesens gleichgekommen sein, welches auf den Ruin einer starken Republik gegründet ist.

Alle freien Nationen würden es gefühlt, alle ehrlichen Leute würden darunter gelitten haben; aber selbst mit ihrer missverstandenen Sache, mit ihrer Politik des Rückschritts, mit ihrem separatistischen Banner, wie kämpften sie! Leute, welche ruhmreich für ihren Glauben untergehen können, werden – wie falsch derselbe auch immer sein mag, stets auf die Einbildungskraft einer tapfern Rasse wirken und deren Zuneigung gewinnen. Obschon sie für eine schwache und verfehlte Sache kämpften, ritten diese Pflanzer von Virginien und Alabama in die Schlacht, wie sie zu einem Feste geeilt sein würden; und viele Leute, welche ihnen in diesem Falle und bei diesem Kampfe den Sieg nicht wünschten, konnten nicht umhin, mit ihnen so zu sagen in Reih' und Glied zu reiten, sich mit ihnen in das Kampfgewühl zu stürzen, ihrem feurigen Laufe mit blitzendem Auge und klopfendem Pulse zu folgen. Mut ist ansteckend. „Man sah auf einen Augenblick den Schimmer von Jackson's Schwert und keuchte und eilte dem Helmbusche Stuart's nach. Ihre Sünde war nicht auffallender als ihr Mut. Treu ihren falschen Göttern, ihrem uralten Glauben, bewiesen sie ihre persönliche Ehre durch Taten; diese Herren eines jeden Luxus unter dem Himmel kämpften mit Hunger und Krankheit, und gaben ihr an Luxus gewöhntes Leben im Graben und in der Bresche auf. Überall um diese Mauern, in sandigen Rissen, unter Blättern des Waldes und an einsamen Seen liegen die Gebeine von jungen und alten Leuten, welche einst der Stolz und die Stärke von tausend angelsächsischen Familien gewesen sind. Wenn doch ihre Sünde mit ein wenig Sand zugedeckt werden könnte!

Draußen an jenem lieblichen Hügelabhange, von dessen Gipfel die errötenden Wälder und die sich dahinschlängelnden Gewässer des schönen Virginien die Augen der Menschen auf Meilen und Meilen weit erfreuen, hat die Pietät des Nordens in viele Gräber, unter viele weiße Denksteine die Asche ihrer berühmten Toten gesammelt, von jungen Leuten, welche aus ihren Farmen in Ohio, ihren Mühlen in Vermont, ihren Schulen in Massachusetts kamen, die Sehnen, der Nerv, das Hirn der großen Familien von freien Männern, welche herbeikamen und ihre Choräle und Hallelujas sangen, die Wohlbefinden, Frieden, Liebe, Studium aufgaben, um ihr Vaterland von Trennung, Bürgerkrieg und politischem Tode zu erretten. Unter dem Gesange ihrer Choräle sanken sie am Wege hin; Hallelujas rufend wurden sie im Graben und aus dem Schlachtfelde von dem tödlichen Blei getroffen. Neu-England gab jenem Hügelabhange seine besten und tapfersten Leute. Ich kenne eine Straße in Boston, in welcher aus jedem Hause der Tod seine Ernte gehalten hat; in den Häusern des Dichters und Lehrers; ich habe Rachel mit stolzer Freude um die Söhne trauern sehen, welche nie mehr zu ihr zurückkommen werden. Diese Helden schlafen am Hügelabhange, in der Stadt, die ihnen trotzte, sie forderte und tötete; sie betraten dieselbe endlich als Sieger; und hier werden sie ihre stille Wacht halten, als Wachtposten einer hehren und heiligen Sache. Aller Ruhm sei ihnen für jetzt und in Ewigkeit!

Ebenfalls draußen an jenen Sümpfen und wüsten Stellen, an den verlassenen Brustwehren, am erstürmten Fort, am üppigen Flussufer, liegt die Asche eines gebrochenen und zu Grunde gerichteten Heeres von jungen Männern und alten Kriegern, welche von den Baumwollenländereien Louisianas, von den Landhäusern Georgiens, von den Reisfeldern Carolinas herbeigeritten waren, um für eine Sache zu kämpfen, welche sie als die rechte zu betrachten gelernt hatten; ebenso edle, tapfere, stolze Soldaten als die ihrer stärkeren und klügeren Feinde. Aber der Starke war im Rechte, und der Rechte war stark, und in dieser wütenden Umarmung unterlag die schwächere Seite.

Sie fielen zusammen, nachdem sie ihre Pflicht getan und ihre Leidenschaft verraucht war. Manch' zarter Liebesdienst, manch' feierlicher Gruß ward zwischen den fallenden Brüdern gewechselt, welche dieselbe Sprache redeten, dasselbe Gebet stammelten, ein Vaterland und einen Gott ihr Eigen nannten.

Sie starben auf demselben Felde und bleichten auf derselben Erde. Noch sammelt hier und da eine fromme Hand ihre Gebeine, wo die Krieger in der Schlacht fielen, und Seite bei Seite schlafen die feindlichen Brüder, Sieger und Besiegte, Unionisten und Sezessionisten den langen Schlaf in gemeinsamem Grabe.

Möchte es stets so sein! Möge der pietätvolle Norden, welcher ebenso edel in seinem Mitleide wie in seiner Tapferkeit ist, Vergangenes verzeihen! Die Toten sündigen nicht mehr, und der fromme Suchende sollte angesichts der Überreste eines Krieges nicht nach Staat und Partei fragen, sondern den Verirrten an seines Bruders Seite legen. Jener sonnige Abhang bei Richmond, auf welchem die untergehende Sonne zu zögern scheint, indem sie die schönen weißen Grabmäler mit Not überhaucht, sollte für den Norden und den Süden zugleich ein Ruheplatz sein, ein Zeichen des neuen Amerika, und ein unvertilgbarer Beweis der Wiedervereinigung sowohl, wie eine bleibende Urkunde ihres Kampfes.

ENDE

www.ingramcontent.com/pod-product-compliance
Lightning Source LLC
Chambersburg PA
CBHW031409230426
43668CB00007B/247